荆门年鉴

JINGMEN NIANJIAN

2024

（总第28卷）

荆 门 市 人 民 政 府 主管
荆门市史志研究中心 主编

方志出版社
Publishing House of Local Records

编辑说明

一、《荆门年鉴》是由荆门市人民政府主管，荆门市史志研究中心负责编纂的年度资料性文献。《荆门年鉴》创办于1997年，《荆门年鉴（2024）》为第28卷。

二、《荆门年鉴（2024）》除特载外，记述时限均为2023年1月1日至12月31日。

三、《荆门年鉴（2024）》以马克思列宁主义、毛泽东思想、邓小平理论、“三个代表”重要思想、科学发展观、习近平新时代中国特色社会主义思想为指导，坚持辩证唯物主义和历史唯物主义的立场、观点和方法，为认识荆门、了解荆门、研究荆门、建设荆门提供翔实资料和参考依据；为科学决策、指导工作提供可靠依据和最新信息；为开展爱国主义教育、社会主义思想教育提供纪实资料和市情教材。

四、《荆门年鉴（2024）》采用分类编辑法，设类目、分目、条目三个层次，部分分目下设次分目，以条目为基本记述单元，共设33个类目、统计资料和索引。个别包含多方面内容的条目，用楷体加层次性小标题提示。

五、《荆门年鉴（2024）》在保持框架结构基本稳定的基础上，对2023卷年鉴篇目作了适当调整，将原“经济综合管理”类目更改为“经济管理”类目，将原“新闻出版·广播电视”类目更改为“传媒”类目，使篇目设置更趋于科学、合理，更切合社会经济的发展。

六、《荆门年鉴（2024）》数字用法、标点符号用法分别采用国家标准《出版物上数字用法》（GB/T 15835—2011）、《标点符号用法》（GB/T 15834—2011），计量单位采用国家技术监督局1993年12月发布的《量和单位》系列国家标准。

七、《荆门年鉴（2024）》资料由各地、各部门提供，并经单位领导审查，具有权威性。书中所用全市性综合数据，以市统计局提供的数据为准，统计局未予统计和未提供的，以各部门提供的数据为准。

1983年的荆门城区　（罗荣　摄）

2023年的荆门城区　（罗荣　摄）

1996年的中天街　2009年的中天街

2023年的中天街

2023年中天街夜景

（陈锋　摄）

改造前的天鹅湖

改造中的天鹅湖

2023年的天鹅湖公园

2009年生态运动公园动工开建

2010年建设中的生态运动公园

2015年生态运动公园夜景

2012年生态运动公园周边景色

（陈锋　摄）

1993年荆门商业大厦外景 （罗荣 摄）

改造后的中商百货外景 （罗荣 摄）

改造前的浏河岛 （罗荣 摄）

改造后的浏河岛游园 （罗荣 摄）

焊枪绘宏图 （余国彪 摄）

玲珑轮胎生产线 （何梦雪 摄）

长城汽车智能化生产线 （罗荣 摄）

荆荆高铁特大桥转体 （刘翔飞 摄）

西电东输大通道——白鹤滩至华东两条直流特高压输电线路　（徐琼　摄）

碾盘山水利枢纽　（卓兵　摄）

荆门内陆港 （朱俊波 摄）

漳河观音寺大坝

漳河林家港大坝

漳河王家湾大坝

漳河鸡公尖大坝

漳河副坝 （陈亚男 摄）

中国特种飞行器研究所研制的水上飞机　（罗荣　摄）

爱飞客航空俱乐部飞行表演　（季青鸿　摄）

小蘑菇带动大产业　（余国彪　摄）

直播带货助农　（舒兵　摄）

硕果累累　（卓真真　摄）

丰收的喜悦　（余国彪　摄）

“一只鸡”畅销全国　（马沙娜　摄）

通过北斗卫星网络实现无人驾驶农机播种 （罗荣 摄）

2012年9月20日，荆门市第六届运动会开幕式在市生态运动公园体育馆举行

（张传松 摄）

2023年10月23日，中国公路

自行车公开赛在漳河环库公路举行

（王双娣　摄）

2023年10月13日，湖北村网大赛在京山市文峰体育馆举行

（罗荣　摄）

2023年11月，滑翔伞定点世界杯总决赛首次在中国（荆门圣境山）举办　（黎威晗　摄）

2019年9月28日，钟祥市石牌镇举办百名老人长桌宴　（戴远银　摄）

莫愁村的年味——游客欣赏莫愁女

春到农家　（钟国庆　摄）

表演　（何冰　摄）

掇刀区举办2023年元宵节民间文艺展演活动　（郝欢喜　摄）

2022年7月22日，荆门园博园举办“纳凉就业夜市”活动　（陈锋　摄）

市民共同助力创建全国文明典范城市　（王昌泉　摄）

助老行 （市公安局 供图）

老有所依——喜领养老金 （钟国庆 摄）

畅游春天——沙洋县曾集镇樱花部落　（余国彪　摄）

马河秋色　（黎志华　摄）

金凤来兮　（卓兵　摄）

生态荆门　蜂虎家园　（王昌泉　摄）

目　录

特　载

年度关注

大事记

市情概览

中国共产党荆门市委员会

荆门市人民代表大会

荆门市人民政府

中国人民政治协商会议荆门市委员会

中国共产党荆门市纪律检查委员会
荆门市监察委员会

民主党派·工商联

群众团体

法　治

军　事

经济管理

高新技术 · 开放开发

农业农村

水 利

工 业

交通·邮政·通信

商　务

金　融

住房和城乡建设

生态环境保护

科学技术

教　育

文化和旅游

传　媒

体　育

卫生健康

社会生活

县（市、区）概况

人物·荣誉

文献法规

统计资料

特　　载

胡亚波在荆门市高质量发展大会上的讲话

（2023 年 10 月 18 日）

40 载栉风沐雨，40 载春华秋实。今天，我们齐聚一堂，共谋荆门高质量发展。刚才，6 位代表深情讲述了与荆门同成长、共命运的奋斗故事，让人不由回想起那一段段艰苦创业、拼搏奋进的时光，令我们心生敬意、深感钦佩。正是一代代建设者，把青春韶华奉献在这里，把心血汗水浇洒在这片土地，才成就了今天的荆门。我们致敬所有的建设者，铭记他们的光辉业绩、传承他们的奋斗精神，争做时代的追梦人！

时光如歌，征途如虹。1983 年 8 月，经国务院批准，正式明确荆门市由湖北省直接领导，翻开了荆门改革发展的崭新一页。40 年来，历届市委、市政府团结带领全市人民励精图治、创新实干，谱写了一曲"百亿突破、千亿冲刺、两千亿跨越"的壮丽凯歌，书写了一部砥砺前行的奋斗画卷。"百亿突破"阶段，市委坚持改革开放搞活，农业生产能力大幅提升，荆门成为全国重要商品粮基地；初步形成以石化、建材、食品、机电为主的工业体系；江泽民、温家宝等党和国家领导人亲临荆门视察。11 年间，全市地区生产总值净增百亿，达到 116.6 亿元。"千亿冲刺"阶段，市委先后实施"富民强市""兴工富市"以及"工业强市、农业强市、旅游强市和生态宜居城市"等战略，钟祥、京山、屈家岭管理区相继划入荆门，形成今天的市域版图；格林美、福耀、李宁、中集等知名企业落户荆门，新洋丰、天茂集团、凯龙化工、京山轻机等本土企业快速崛起，"金龙泉"获评全省第一个中国名牌。2012 年，工业总量跻身全省第 4 位，荆门迈上"千亿经济总量、百亿财政收入"新台阶。"两千亿跨越"阶段，市委实施中国农谷和柴湖振兴发展双省级战略，致力"缩差领跑"，推进"12345"发展计划，打造产业转型升级示范区，成功创建国家高新区，亿纬动力、长城汽车、玲珑轮胎、弘毅电子、天顺风能、一道新能源等头部企业落户荆门，2019 年地区生产总值突破 2000 亿大关。党的十八大以来，在以习近平同志为核心的党中央举旗定向和省委坚强领导下，全市人民团结一心、携手奋进，各项事业取得全方位、开创性成就。40 年在历史长河中只是弹指一挥间，在荆门却是沧海桑田。

40 年来，我们聚焦发展、埋头苦干，综合实力实现大跨越。地区生产总值由建市之初的 16.6 亿元增长到 2022 年的 2201 亿元、增长 132 倍，一般公共预算收入由 1.67 亿元增长到 103.2 亿元、增长 62 倍。工业从化工产业"一枝独秀"到如今"4211"现代化产业体系初具雏形，通用航空和新能源新材料进入全省十大重点产业，动力储能电池产能全省第 1，汽车整车及重点零部件实现"荆门造"，工业总量连续 11 年居全省第 4 位。国之重器"鲲龙"AG600 在荆门完成水上首飞，习近平总书记发来贺电。荆门获批建设国家创新型城市，格林美建成国家电子废弃物循环利用工程技术研究中心，一批国家级、省级企业技术中心相继建成，入围全省高企百强的数量仅次于"一主两副"，荆门高新区跻身国家级高新区第一方阵。

40 年来，我们统筹推进、持续用力，城乡面貌实现大变样。城市规模不断扩大，规划建设漳河新区，中心城区建成区面积由 14 平方千米扩展到近 90 平方千米，常住人口由 8.2 万增长到 78 万，过去"一条窄路两排房、一把花生逛全城"的小县城，蝶变成"两山一轴、一中心六组团"的中等城市。城乡环境更加宜居，常住人口城镇化率达到 60.4%，人均居住面积从不足 5 平方米增加到 40 平方米，人均公共绿地从 5.1 平方米提升到 14.3 平方米，荣膺国家园林城市、国家森林城市、国家卫生城市，先后承办了湖北省油菜花节、省第 13 届运动会、爱飞客飞行大会、第 12 届中国菊花展、省第 3 届园博会。基础设施显著改善，获批国家"千兆城市"，"一屏观全域、一网管全城”的智慧荆门正快步走来;城区“三环六隧九射”路网架构成型,“三纵一横”铁路货运网建成,4条高速穿境而过,3条高铁加快建设,汉江航运功能不断提升。农村面貌明显改善,创建中国美丽休闲乡村4个、省级美丽示范村115个,农村越来越成为令人向往的诗意田园。

40年来,我们抢抓机遇、锐意进取,改革开放实现大突破。改革全面发力,土地按户连片耕种连续两年写入中央一号文件、农村集体产权制度改革经验入选第3届中国地方改革创新成果;“放管服”、国有企业、投融资等改革持续深化,土地、技术、劳动力等要素市场体系不断完善,先后获批全国通用航空产业综合示范区、全国首批市域社会治理现代化试点、国家社会信用体系建设示范区。外资外贸从无到有,自营出口2022年达到29.8亿美元,对外贸易额增长420倍;荆门国际内陆港一期建成运行,海关开关运行,保税物流中心封关营运,荆汉欧国际物流班列常态化运行,2022年跨境贸易便利度考核全省第3。改革开放成为当代荆门最显著的特征。

40年来,我们坚守初心、担当使命,人民生活实现大改善。从解决温饱到摆脱贫困,从总体小康到全面小康,“民亦劳止,汔可小康”的千年梦想成为现实。一路走来,居民收入持续增长。2022年,城镇、农村常住居民人均可支配收入分别为41273元、23952元,分别居全省第5、第3位,城乡可支配收入比缩小到1.72∶1,人民生活进入相对殷实富足阶段。21.9万名建档立卡贫困人口全部脱贫,210个贫困村全部出列,脱贫攻坚取得全面胜利。一路走来,社会事业持续进步。义务教育均衡发展,在全省率先通过国家“两基”达标验收。养老、医疗保障体系全覆盖,城乡低保应保尽保、保障水平逐年提高,在全省率先统一城乡医保制度、实施长期护理保险国家试点。运动休闲成为时尚,入选国家首批体育消费试点城市。全国文明城市首创首成,做文明事、当文明人成为行动自觉。一路走来,生态环境持续优化。获评全国循环经济示范城市,京山、钟祥成功创建国家生态文明建设示范区,全市大气环境质量明显改善。一路走来,社会大局保持稳定。平安荆门建设不断深化,扫黑除恶斗争取得重大成果,安全生产形势总体平稳。大力实施“两个畅通”工程,解决了一批群众急难愁盼问题。我们众志成城抗击新冠疫情,取得决定性胜利。幸福荆门的底色更亮、成色更足。

历尽天华成此景,人间万事出艰辛。回顾40年的奋斗历程,我们永远铭记,党中央、国务院的深切关怀和省委、省政府的坚强领导,引领荆门在正确道路上行稳致远;我们永远铭记,历届市委、市政府的接续奋斗和各位老领导、老同志的辛勤付出;我们永远铭记,各民主党派、工商联、无党派人士和社会各界的积极参与,以及驻荆部队、武警官兵、消防救援队伍和中央、省驻荆门单位的倾力相助;我们永远铭记,在各行各业、各条战线上的劳动者,在荆门创业发展的海内外投资者和情系家乡的天南地北荆门人。在此,我谨代表中共荆门市委、市人民政府,向关心支持荆门发展的各级领导、各界人士、各位朋友,表示最衷心的感谢!向所有为这片热土奉献智慧、洒下汗水的广大干部群众,致以最崇高的敬意!

不积跬步,无以至千里。走过40年奋斗历程,我们深切感受到,荆门经济规模之所以能够快速壮大,就在于始终坚守初心不动摇,坚持一张蓝图绘到底。40年的发展成就鼓舞人心,积累的经验弥足珍贵,获得的启示尤为重要:

必须始终坚持把自身发展放在全国全省大局中谋划和定位。这些年,我们注重把荆门所能与国家和湖北所需、群众所盼、未来所向有机结合,努力让荆门发展进入省级战略、纳入国家规划。只要我们始终坚持党的全面领导,坚定捍卫“两个确立”、坚决做到“两个维护”,立足新发展阶段、融入新发展格局,抢抓机遇、乘势而上,就一定能抢得先机、实现跨越。

必须始终坚持以人民为中心的发展思想。这些年,我们聚焦就业、教育、住房、医疗等重点领域,着力补短板、全力抗疫情,人民群众获得感不断增强。只要我们把人民群众安危冷暖时刻放在心上,做到发展为了人民、发展依靠人民、发展成果由人民共享,就一定能凝聚起奔向共同富裕、创造美好未来的磅礴力量。

必须始终坚持高质量发展。这些年,我们坚持发展第一要务,扎实推进“创新、协调、绿色、开放、共享”发展,综合实力不断提升。只要我们完整准确全面贯彻新发展理念,更加注重发展质量和效益,统筹推进流域综合治理,聚焦转型升级不动摇,着力推动城市和产业集中高质量发展,就一定能再造新优势、再创新辉煌。

必须始终坚持改革创新。这些年,我们坚持改革引领、创新驱动,突破了一些瓶颈制约,形成了一批在全国全省叫得响的成果。只要我们深入实施创新驱动发展战略、人才强市战略,打破思维定式、工作惯性和路径依赖,推动质量、效率、动力变革,就一定能把更多不可能变为可能,创造出走在前列的发展成就。

必须始终坚持生态优先、绿色发展。这些年,我们坚持生态立市,正确处理生态保护与经济发展的关系,探索出一条发展与保护相互协调、相互促进的有效路径。只要我们深入践行习近平生态文明思想,把良好生态作为最普惠的民生福祉,不以牺牲环境为代价换取一时的经济增长,下更大决心解决突出生态环境问题,就一定能把绿水青山变成金山银山,建成人与自然和谐共生的美丽荆门。

必须始终坚持全面从严治党。这些年,我们坚持从严管党治党,全面加强干部队伍建设,营造出风清气正的政治生态。只要我们坚定不移加强党的建设,持之以恒正风肃纪，树牢和践行正确政绩观，以“功成不必在我”的精神境界和“功成必定有我”的历史担当，下深水、亲自干、反复抓，始终保持“主动作为、勇于担当、攻坚克难、马上落实”的工作状态，就一定能把梦想变为现实，加快建成产业转型升级示范区。

凡是过往，皆为序章；征途漫漫，惟有奋斗。40年，是荆门发展史上的一个重要里程碑，更是续写新时代新辉煌的起点。党的二十大吹响了向第二个百年奋斗目标进军的时代号角。顺应历史潮流，走在时代前列，荆门的发展前景无限美好。

未来十年，荆门将进入利好机遇叠加释放期、荆楚新门户全面重塑期。伴随长江经济带、中部地区高质量发展、汉江生态经济带等国家战略深入实施，湖北建设全国构建新发展格局先行区、宜荆荆都市圈一体化发展深入推进，3条高铁如期通车，武天宜等高速公路加快建设，荆门得中独厚的区位优势，承东启西、接南济北的交通物流功能必将充分释放，在区域发展格局中的支点地位更加凸显，将由沿海开放的“后队”转变为新时代内陆发展的“前队”。

未来十年，荆门将进入产业转型成势见效期、经济实力突破跨越期。随着传统产业蝶变升级、新兴产业强势崛起，特别是荆门石化“油转特”、亿纬动力超级工厂等重大项目投产达效，荆门将建成国家绿色化工示范园区、全国动力和储能电池产业示范基地，“4211”现代化产业体系基本形成，工业总产值突破万亿元，GDP相继迈过3000亿元、4000亿元大关。

未来十年，荆门将进入城市能级蓄势提升期、人民生活持续改善期。随着城市新中心、高铁新城加快建设，国际能谷·锂电小镇、汽车小镇等产城深度融合，乡村振兴战略、美好环境与幸福生活共同缔造等深入推进，中心城区将达到“100平方千米、100万人口”的规模，跻身大城市行列；城乡发展更为协调，以县城为重要载体的就地城镇化格局基本形成，生态环境质量根本好转，“15分钟便民生活圈”全面覆盖，城市“烟火气”更盛、农村“幸福味”更浓，荆门将真正建成宜居韧性智慧成长之城。

同志们，新时代是奋斗者的时代，新征程是充满光荣和梦想的远征。让我们更加紧密地团结在以习近平同志为核心的党中央周围，在省委、省政府的坚强领导下，围绕打造产业转型升级示范区目标定位，解放思想、更新观念，振奋精神、勇争一流，努力把潜在优势转化为发展胜势、把现实机遇转化为发展成果，加快打造湖北建设全国构建新发展格局先行区重要支点城市，奋力谱写中国式现代化荆门篇章！

（市委办公室）

中共荆门市委常委会向市委九届六次全会的工作报告

(2024年1月5日)

胡亚波

2023年,在省委的坚强领导下,市委常委会团结带领全市干部群众,坚持以习近平新时代中国特色社会主义思想为指导,深入贯彻党的二十大和二十届二中全会精神、习近平总书记关于湖北工作的重要讲话和指示批示精神,认真落实省第十二次党代会和省委、省政府主要领导调研荆门讲话精神,坚持稳中求进工作总基调,完整、准确、全面贯彻新发展理念,锚定打造产业转型升级示范区目标定位,统筹做好强信心、稳增长、防风险、推改革、惠民生各项工作,全市经济社会发展和党的建设取得新的成绩。

一年来,市委常委会集中精力抓了五件大事:

一是扎实开展学习贯彻习近平新时代中国特色社会主义思想主题教育。牢牢把握主题教育总要求和目标任务,一体推进理论学习、调查研究、推动发展、检视整改。深化"思想引领、学习在先"机制,落实"第一议题"制度,市委常委会带头举办主题教育读书班、开展研讨交流,示范引领全市党员干部深刻领悟"两个确立"的决定性意义、自觉做到"两个维护"。坚持把"以讲促学"作为理论学习的重要载体,开展"我学习我来讲我来干"专题交流,市县党政主职讲好"发展课",市直单位"一把手"讲好"职能课",基层党支部书记讲好"实践课"。坚持把"四下基层"作为践行群众路线的重要抓手,解决制约高质量发展堵点和群众反映强烈问题417个。坚持把案例剖析作为改进工作的重要举措,聚焦"打造华中锂电之都"等272个正反面典型案例开展深度剖析,相关做法获中央主题教育办推介。

二是切实推动党的二十大和省第十二次党代会精神在荆门落地生根。坚持把学习贯彻党的二十大精神作为重大政治任务,持续抓好学习培训、宣传宣讲、研究阐释等工作,培育"理响荆门"宣传品牌,进一步推动党的二十大精神深入基层、深入人心。坚持把落实好省第十二次党代会精神作为贯彻党的二十大精神的具体体现,准确把握荆门所处历史方位和发展阶段,主动服务和融入全国、全省发展大局,全面对标学习泰州等地先进经验,进一步优化产业转型升级、产城融合发展等顶层设计和路径措施,切实把党的二十大精神和省委工作要求转化为高质量发展的"荆门行动"。

三是立足保护优先,深入实施长江经济带发展战略。认真落实习近平总书记在进一步推动长江经济带高质量发展座谈会上的重要讲话精神,坚持共抓大保护、不搞大开发,坚持生态优先、绿色发展,统筹推进长江高水平保护十大攻坚提升行动、长江经济带降碳减污扩绿增长十大行动。坚持以流域综合治理为基础统筹推进四化同步发展,科学编制荆门市流域综合治理和统筹发展规划,规划文本作为市级唯一附本案例呈报习近平总书记;做实产业发展正面清单、管控负面清单,协同推进漳河、长湖跨地域保护,完成汉江堤防加固三期工程并成功战胜汉江秋汛。扎实开展牌楼西河小流域综合治理省级试点,积极探索岗地型、城郊型小流域综合治理路径经验,受到省委肯定。

四是加快推进产业转型升级示范区建设。围绕加快建设"4211"现代化产业体系,全力推动传统产业转型升级和新兴产业发展壮大。坚持以"千企千亿技改"工程为抓手,加快改造提升化工、农产品加工、建材等传统产业,着力再造竞争新优势,荆门石化转型升级取得实质性进展,组建特种油品专精特新母公司,"油转特"、新能源等项目加快推进;磷化工加速向精细化、绿色化方向转型。着力培育壮大新能源新材料、汽车智能制造等新兴产业,不断夯实产业体系新支撑,新能源动力电池产业入选国家级产业集群,荆门跻身中国锂电产业特色城市十强;汽车产业链、供应链实现新拓展,长城汽车实现满产并成功切入新能源赛道。

五是成功召开全市高质量发展大会。在建市四十周年之际,召开全市高质量发展大会,全面梳理了40年来荆门在综合实力、城乡建设等方面取得的发展成就,进一步增强了全市上下立足新起点、奋楫再进发的信心和决心;系统总结了"六个必须始终坚持"(必须始终坚持把自身发展放在全国全省大局中谋划和定位,必须始终坚持以人民为中心的发展思想,必须始终坚持高质量发展,必须始终坚持改革创新,必须始终坚持生态优先、绿色发展,必须始终坚持全面从严治党)宝贵经验,为我们继往开来、接续奋进提供了重要指引;科学描绘了未来十年发展蓝图,以美好愿景凝聚起建功新时代、建设新荆门的强大合力。

一年来，市委常委会全面贯彻落实党中央决策部署和省委工作安排，统筹兼顾，突出重点，主要做了以下工作：

一、着力推动高质量发展

面对外部环境趋紧、经济下行等多重压力，牢牢把握高质量发展这个首要任务，坚持稳存量、抓增量、防变量，全面落实中央、省稳增长促消费一揽子政策，研究制定工业经济大发展、招商引资取得新突破等“八个一年”实施方案，加强经济运行分析研判，紧盯重点区域、重点企业精准调度，提振市场信心、增强发展动能，全市经济承压起步、稳中有进、持续向好，彻底扭转了近年来经济持续下行的颓势，地区生产总值、规上工业增加值等主要经济指标进位明显，实现从全省排名靠后向位居前列的跃升。

充分发挥投资对稳增长、优结构的关键性作用，围绕主导产业，聚焦头部企业、链主企业、重点配套企业开展产业链精准招商攻坚行动，实施重大项目攻坚年行动，强化项目全生命周期管理，科达利、一道新能源等重大产业项目竣工投产，形成了一批新的经济增长点。大力实施消费恢复和提升行动，研究制定加强服务业市场主体培育政策措施，持续提振大宗消费、拉动新型消费、激活文旅消费，新增入库限上商贸单位过千家。

大力实施创新驱动发展战略，着力建设国家创新型城市，加快构建以企业为主体的科技创新体系，荆门科技创新（武汉）离岸科创中心启动建设，格林美退役动力电池高值化利用实验室获批省重点实验室。成立动力储能电池产业技术创新联盟，产业链上下游企业协同开展技术创新，攻克了一批共性技术难题。我市“百强高企”数量居全省第4位。

着力推动数字经济与制造业深度融合，出台数字经济高质量发展若干政策措施，优化新一代城市数字公共基础设施布局，扎实推进国家“双千兆城市”试点示范，加快湖北移动荆门数据中心、国际能谷·锂电小镇工业互联网标识解析二级节点及应用平台建设，建成“智慧荆门”城市大脑、获评“智慧城市十大样本工程”。成立数字经济生态联盟，推动工业企业“上云用数赋智”。荆门获批省级中小企业数字化转型试点城市，荆门高新区获评首批省级数字经济标杆园区。

召开市委全会审议通过推动城市和产业集中高质量发展的实施意见，制定市县乡村四级规划管理导则，切实推进城市集中、产业集聚、土地集约。坚持全域一体、市县同步，中心城区着力构建“两山一轴、一中心六组团”城市格局，高标准规划建设锂电小镇等重点区域，全力打造产城融合发展示范区。指导各县（市、区）聚焦主导产业加快建设新型工业示范园区，支持钟祥创建国家级经开区。坚持“以亩产论英雄”，建立以亩均 GDP、亩均税收等为核心指标的考核评价机制。扎实推进京山市“双集中”省级试点，取得积极成效。

学习运用“千万工程”经验，加快推进以县城为重要载体的就地城镇化和以县域为单元的城乡统筹发展。出台推进强县工程实施方案，围绕全域规划、主导产业、营商环境等主题开展强县工程“月月讲”，梳理总结了一批制度成果和实践成果；指导各县（市、区）比选确定对标城市，加快培育主导产业，着力提升县城产业集聚、综合承载、辐射带动能力。全面推进乡村振兴，扛牢粮食安全政治责任，粮食种植面积、总产量实现“双增”，油菜种植面积、总产量均创历史新高；大力实施“六个一”工程，5个乡镇入选首批国家农业产业强镇。全面开展“清洁家园、保护环境”攻坚行动，城乡“颜值”持续提升。持续巩固脱贫成果，顺利通过全省巩固脱贫成果后评估考核。

协同推进宜荆荆都市圈一体化发展，联合编制都市圈发展规划和14个领域专项行动方案，完善工作推进体系，建立定期协商调度机制。强化交通硬联通，武荆宜、襄荆、荆荆三条高铁，武天宜高速等重点项目加快实施。推进产业协同，牵头打造荆襄宜储能电池产业集群，联合申报磷化产业国家先进制造业基地。推进政务服务共享，圈内通办事项达到638项。

二、坚定不移深化改革开放、优化营商环境

始终坚持正确改革方向，全面落实党中央重大改革部署和省委改革工作要求，基础性、关键性领域改革取得重要进展，第四届湖北改革奖获奖数量居全省第2位。持续放大农业农村改革成效，农村宅基地“两项试点”工作经验在全省推广，毛李镇双店村被确定为全国第二轮土地承包到期后再延长三十年试点地区。深化国有企业改革三年行动，改革成效获评全省A类等次。持续深化要素市场化配置改革，全面推行工业用地“标准地”出让，项目建设周期平均缩短半年以上。

坚持以控制成本为核心优化营商环境，全面对标对表一流，深入开展营商环境大幅改善年行动，制定实施60条巩固措施和95条优化措施，全面推进惠企政策“免申即享、直达快享”。进一步深化“高效办成一件事”改革，市县乡三级全面推行“一网通办”。建立金融首贷服务中心，全面推广“301”快贷融资模式，为中小微企业解决融资需求超千亿元。深入开展“解稳促”活动，常态化举办“政企早餐会”，用心用情解决企业实际困难，企业满意度第三方调查和信用监测排名居全省前列。全市新登记企业类市场主体2.6万户，同比增长51.5%。

全力打造内陆开放“新沿海”，着力推动外贸外资稳健增长。新开通中欧班列长城专列、荆门至宁波舟山港、荆门至广州南沙港等国际物流通道，荆汉（欧）班列常态化运营、货运量翻番，荆门国际内陆港获评全省首批多式联运示范工程，荆门保税物流中心（B型）进出口货值总量居全省第2位，外贸综合服务绩效评价全省第一。

三、深入践行全过程人民民主

坚持党的全面领导与发挥人大职能作用有机统一，支持市人大及其常委会高质量立法，在全省率先以区域协同立法形式出台《荆门市长湖保护条例》，对荆门市城市管理条例等4部法规进行集中修订，作出推动实施流域综合治理和统筹发展、设立"漳河(母亲河)保护日"等决定。支持市人大综合运用听取审议工作报告、执法检查、履职评议等方式，聚焦产业转型升级、生态环境保护、保障和改善民生等重点领域工作开展监督，监督刚性和实效不断增强。建成全省首个全过程人民民主研习实践基地，开展"聚力共同缔造·代表行动"，推动解决群众急难愁盼问题1860个，督办代表建议120件，票决民生实事项目187个，全过程人民民主的荆门实践不断丰富。

坚持党对政协工作的全面领导，支持市政协创新发展协商民主，聚焦改革发展大局协商议政、建言献策，围绕"推动园区产城融合"等课题开展专题协商、对口协商，围绕背街小巷整治等问题开展民主监督，形成关于加快农村养老服务体系建设等调研报告、建议案69篇，为市委科学决策提供了"政协方案"。持续擦亮"'荆'常来协商"品牌，推动委员工作室提档升级，做深做实"一线协商·共同缔造"行动，全面推进"三商"助办，委员提案全部办结。加强委员联系服务界别群众工作，组织开展"委员同行"系列主题活动，形成"司法为民服务""委员线上问诊"等特色品牌。

切实强化政治引领，深入开展全市统一战线"凝心铸魂强根基、团结奋进新征程"主题教育，进一步增强同心跟党走、共进新时代的信心与决心。创新开展基层统战工作，荆门获评全省基层统战工作突出单位。深入推进非公经济领域统战工作。积极探索党外知识分子和新的社会阶层人士统战工作新路径，推动留学人员、网络人士等群体优势与荆门高质量发展人才需求精准对接。深化民族团结进步创建，扎实开展援疆工作。坚持我国宗教中国化方向，宗教治理水平不断提升。切实加强港澳台、海外统战和侨务工作，成立荆门市海外联谊会、香港荆门同乡联谊会，完成市知联会、台湾荆门同乡会换届，爱国社团不断发展壮大。

深入学习贯彻习近平法治思想，进一步完善全面依法治市工作体制机制，一体推进法治荆门、法治政府、法治社会建设。全面推行行政执法"三项制度"，成功创建"全省法治政府建设示范市"。强化法治宣传教育，扎实抓好"八五"普法工作，全民法治意识和法治素养不断提升。延伸公共法律服务触角，市县乡村四级公共法律服务体系全面建立。持续深化司法责任制综合配套改革，新时代检察机关法律监督不断加强。

召开市工会第八次代表大会、共青团荆门市第九次代表大会、市第八次妇女代表大会。持续深化群团组织改革建设，健全组织体系和联系服务群众机制，推动群团组织和工作向群众生产生活最小单元延伸、向城乡社区强化、向"两新"组织和新就业群体拓展。

四、加强和改进宣传思想文化工作

深入学习贯彻习近平文化思想，着力巩固壮大奋进新时代主流思想舆论。全力提高城市辨识度，梳理提炼出"长江谷文明 荆楚新门户"城市形象宣传语和"厚道荆门"城市人文精神。精心策划组织经济社会发展成就主题宣传，发布"40年·40人·40事"，举办专题展览，开展系列主题采访活动。加大上宣外宣力度，中省媒体宣传推介荆门更加聚焦、更有力度。扎实推进媒体深度融合发展试点，开办《畅通工程·"荆"天办》公共对话栏目，有效解决了一批群众反映强烈、久拖未决的问题，获评全省媒体融合创新服务群众类最佳案例。

着力培育和践行社会主义核心价值观，推动理想信念教育常态化制度化，持续抓好党史、新中国史、改革开放史、社会主义发展史、中华民族发展史宣传教育。统筹推进文明培育、文明创建、文明实践，认真落实《荆门市文明行为促进条例》，突出项目化、清单化、体系化，推动创建常态长效、常创常新，进一步巩固拓展了全国文明城市创建成果。加强新时代文明实践中心建设，培育了"宝正好""京心示范"等文明实践品牌。

大力发展文化事业和文化产业，聚焦时代主题创作文艺精品，《双玉蝉》代表湖北参加全国戏曲会演。常态化开展文化惠民活动，成功举办第四届湖北省花鼓戏艺术节、致敬经典2023金秋音乐会。加强文化遗产保护和传承，沙洋城河遗址考古取得重要发现。加快建设运动休闲旅游城市，出台文化旅游产业转型升级实施方案，持续擦亮世界长寿之乡、中国网球之乡县域特色文化品牌，成功举办滑翔伞定点世界杯总决赛、中国公路自行车公开赛、湖北省首届"村网"等重大赛事，荆门获评2023年度最佳运动休闲旅游目的地。

压紧压实意识形态工作责任制，市委常委会定期研究意识形态工作，全力抓好省委巡视意识形态工作责任制专项检查反馈问题整改，开展意识形态工作专项巡察，抓好网络意识形态风险大走访大排查大化解、"清朗"系列等专项行动，开展舆情应对专题培训，各类意识形态阵地稳定可控。

五、切实保障和改善民生

坚持把就业作为最基本的民生，落实就业优先战略，加快实施全国公共就业服务能力提升示范项目，统筹做好高校毕业生、退役军人、农民工等重点群体就业工作，实施消除"零就业家庭"行动，新增城镇就业5.5万人。千方百计兜牢民生底线，长护险经验在全国推广，城乡低保再次提标，保障水平居全省前列。着力优化"一老一小"服务供给，建成社区养老服务驿站222个、幸福里食堂53个,在全省率先实现乡镇福利院县级直管,成功创建湖北唯一的全国首批婴幼儿照护服务示范城市。加大住房保障力度,有效解决了基本公共服务人员和低收入群体住房困难。

加快发展社会事业,大力实施优质教育资源均等化三年行动,加快补齐城区中小学教育资源短板,全市新增公办学校学位1.5万余个,213所义务教育学校纳入教联体建设。着力推动职普融通、产教融合,积极实施职业学校达标工程,订单式为全市企业培养急需技能人才。坚持医保、医药、医疗"三医联动",药品价格平均降幅达50%以上,公立医院高质量发展做法在全国推介,成为全国首批紧密型城市医疗集团建设试点城市。大力推进疾控体系改革和公共卫生体系建设,组建市县两级疾病预防控制局,成功通过国家卫生城市复审。

加快建设宜居韧性智慧成长型城市,深入实施城市品质提升攻坚行动,编制中心城区中轴线整体提升规划,强化城市风貌塑造,完善城市基础设施和公共服务配套,罗汉山隧道、漳河环库公路建成通车,白云大道、月亮湖北路改扩建完工,改造老旧小区207个,强化控违拆违、户外广告、店招店牌等专项整治,着力解决中天街等重点区域"停车难"问题,城市功能不断完备、城市品质持续提升、城市服务更有温度。大力推进青年友好型城市建设,坚持以产引人、以城留人,制定产业工人市民化、住房保障等支持政策,引导外出务工人员返乡、外地来荆就业创业。

六、加强生态文明建设

深入践行习近平生态文明思想,健全生态环境分区管控机制,统筹开展生态环境系统治理和保护修复,加快构建"一带两屏一平原"国土空间保护格局,荆门获评省级生态文明建设示范市。大力推动经济社会发展绿色转型,加快风光水火多能互补、一体发展,排污权交易总额居全省第2位。着力深化"三磷"治理,磷石膏综合利用经验做法在全省推广。

着力强化污染防治攻坚,全力打好蓝天保卫战,坚持"常态治理+应急管控"相结合,抓实工业源、移动源、扬尘源、生活源治理,争取上级专项资金2.2亿元,实施大气减排项目400余个,重污染天数、PM2.5浓度两项指标完成省定目标。全力打好碧水保卫战,认真落实河湖长制,建立并严格实施跨乡镇水质断面考核机制,深入推进长湖、竹皮河、天门河等重点流域水质攻坚,全面完成入河排污口整治,国控、省控断面优良比例均超省定标准,农村黑臭水体治理成功入选全国试点。全力打好净土保卫战,系统治理修复受污染耕地和建设用地380余公顷,安全利用率达100%。

持续抓好中央、省级环保督察、长江经济带生态环境警示片反馈问题整改,建立健全清单管理、领导领办、督查督办等机制,扎实开展生态环境突出问题"起底清仓"专项行动,176项整改任务已完成161项,其余15项正按时序推进。全力配合做好第二轮省级环保督察,对发现问题即交即办、立行立改。

七、高效统筹发展和安全

全面践行总体国家安全观,坚持把维护政治安全摆在首要位置,加强国家安全能力建设,制定涉政安全风险清单管理实施办法,强化涉政风险研判预警,推动建立全域联动、立体高效的防护体系。坚持以底线思维防范化解重大风险,分类处置、妥善化解地方债务,坚决遏制隐性债务增量,政府债务风险总体可控。积极防控金融风险,强化风险银行机构处置化解工作,中央巡视反馈的41起非法集资案件全部销号。

坚决守牢安全生产底线,严格落实安全生产责任制,紧盯危化、矿山、交通、燃气等重点领域,常态化开展"百日双扫"行动和专家指导服务,深入排查和有效化解各类安全风险隐患,抓实"岗前三分钟"警示教育等行之有效的制度措施,本质安全水平不断提升,安全生产事故起数、死亡人数连续三年实现"双降"。全面落实"两个责任",食品药品安全监管更加严格。

坚持以更大力度推动平安荆门建设,着力完善公共安全体系,常态化开展扫黑除恶斗争,扎实推进"雷火""披荆""斩棘"等重大专项行动,连续10年实现命案全破,全市社会大局保持稳定。坚持和发展新时代"枫桥经验",深入开展矛盾纠纷大走访大排查大化解,抓实领导干部接访下访包案,加大重点信访积案化解力度,主要信访指标呈现"四降一转"良好局面,东宝区成功创建全国信访工作示范县。

坚持党管武装不动摇,建立市县两级国防动员组织指挥体系,探索新时代基层民兵组织建设新模式,加快推进国家"双拥"模范城创建。完善退役军人服务保障体系,落实军地互办实事"双清单",及时帮助退役军人解决急难愁盼问题,军政军民团结根基更加牢固。

八、全面加强党的建设

深入学习贯彻习近平总书记关于党的建设的重要思想,始终把政治建设摆在首位,深刻领悟"两个确立"的决定性意义,坚持把"两个维护"作为最根本的政治纪律和政治规矩,出台并严格执行坚决维护以习近平同志为核心的党中央权威和集中统一领导的具体规定,确保习近平总书记重要讲话和指示批示精神、党中央决策部署在荆门不折不扣落到实处,相关专项考核得分全省第一。制定领导干部守底线负面清单,严格落实党政领导干部政治素质考察实施细则,考准考实干部政治素质。深化政治巡察,完成九届市委第三、第四轮巡察和对县级纪检监察机关的专项巡察,创新开展部分村(社区)交叉巡察。深入开展政治生态分析研判,并与"一把手"政治谈话有机衔接,针对性、有效性进一步增强。

认真贯彻新时代好干部标准,聚焦经济主战场选拔优秀干部,推动县级干部轮岗交流,领导班子整体功能不断提升。统筹做好年轻干部、女干部、党外干部和老干部工作,分领域分类别建立优秀年轻干部信息库,动态管理、优进绌退。切实发挥考核“指挥棒”作用,紧紧围绕中心工作,突出过程纪实,强化平时考核,以“考在平时”促进“干在平时”。

围绕激励干部主动作为、勇于担当、攻坚克难、马上落实,深入开展“提能力、转作风、抓落实”活动。广泛开展“对标找差、建功有我”大检视,着力强化“三个不够”专题整改,推动党员干部思想“破冰”。抓实岗位大练兵、擂台大比武,常态举办“干部大讲堂”暨“周周讲”活动,组织“业务讲堂”3100余场次。推行“实绩晾晒”,实行项目清单化管理,建立晾晒比拼榜、按实绩排位次,有效推动党员干部提能砺为,相关做法获省委肯定。

坚定不移走好新时代党的群众路线,以美好环境与幸福生活共同缔造为载体,深化党员干部“下基层、察民情、解民忧、暖民心”实践活动,全市近2万名党员干部下基层收集问题2.2万个、已解决1.7万个,中心城区涉房问题集中化解攻坚、农村快递服务全覆盖、既有住宅加装电梯、农村安全饮水扩面提质等工作受到群众广泛好评。大力实施“两个畅通”工程,受理各类诉求45万余件,办结率、满意率均达99.6%以上。坚持党建领航聚力,将共同缔造理念和方法融入到基层社会治理各方面、全过程,总结推广“大党委+大综治”“红管家”“红组带”等基层治理经验,加快建设“红色湾组”“红色哨卡”,构建起“纵向到底、横向到边”的城乡基层社会治理体系,我市被中央政法委确定为全国市域社会治理现代化试点合格城市。

坚持把基层党建作为党的建设基础工程,制定市县乡村“四级八岗”党建任务清单,深入实施“雁归农谷”工程,梯次培育乡村振兴“领头雁”,选树20名能人支书,调整135名不合格、不履职村党组织书记,引回农村能人1400余人。加强社区工作者职业体系建设,推动党员干部常态化下沉社区服务。加强国有企业、高校、机关事业单位和“两新”组织党建工作,探索重点产业集群党建新模式,组建新能源新材料等重点产业链党委21个。

坚持人才是第一资源,制定优化26条人才新政,组建人才发展中心,新建招才引智工作站21个,与20余所高校签订合作协议,常态开展招才引智活动,引进大学生3.2万人,是2022年的4倍多,实现了量的飞跃和质的突破。成立“博士创新创业联盟”,常态化开展学术研讨、项目诊断活动。建立“荆英卡”制度,组建“人才服务联盟”,整合各方资源,提供住房安居、子女教育、健康文旅等全方位服务,积极营造近悦远来的人才发展生态。

持续加强作风建设,锲而不舍落实中央八项规定精神及其实施细则,持续深化纠治“四风”,重点整治形式主义、官僚主义,扎实抓好违规吃喝、会风会纪等专项整治,严肃整治党员干部存在的推诿扯皮、办事拖拉等突出问题。打好精准问责、容错纠错、澄清查诬、教育帮扶“组合拳”,及时为受到不实举报的同志澄清正名,坚决为担当者担当、为干事者撑腰。

坚持不敢腐、不能腐、不想腐一体推进,强化办案引领,全年立案1335件、采取留置措施35人,持续释放了有腐必反、有案必查的强烈信号。注重标本兼治,强化以案促改,督促完善权力运行、资金管理等制度400余项。推动纪检监察监督与审计等各类监督贯通融合,监督合力和实效进一步增强。扎实推进党风廉政建设“宣教月”活动,推动清廉荆门建设向下延伸向深拓展向专发力。扎实开展纪检监察干部队伍教育整顿,着力锻造纪检监察铁军。

一年来,市委常委会坚持以习近平新时代中国特色社会主义思想为指引,带头旗帜鲜明讲政治,定期开展理论中心组集体学习,深刻领悟“两个确立”的决定性意义,增强“四个意识”、坚定“四个自信”、做到“两个维护”,自觉在思想上政治上行动上同以习近平同志为核心的党中央保持高度一致。带头强化“四个提高”,弘扬主动作为、勇于担当、攻坚克难、马上落实的工作作风,下深水、亲自干、反复抓,一丝不苟推动党中央决策部署和省委、省政府工作要求在荆门落地生根。带头践行群众路线,树牢正确政绩观,落实“四下基层”要求,深入开展调查研究,在基层一线解决群众急难愁盼问题。带头涵养风清气正政治生态,切实履行全面从严治党主体责任,严格落实中央八项规定精神及其实施细则,力戒形式主义、官僚主义。带头严肃党内政治生活,严格执行民主集中制,凝聚力和战斗力不断增强。

以上报告的是一年来市委常委会的主要工作。各位市委委员和同志们锐意进取、担当尽责,对市委常委会的工作给予了大力支持。请同志们对市委常委会的工作提出意见和建议,我们将努力加以改进,把各项工作做得更好。

(市委办公室)

政府工作报告

——在荆门市第十届人民代表大会第三次会议上

(2024年1月10日)

荆门市人民政府市长 陈家伟

现在,我代表市人民政府向大会报告工作,请予审议,并请市政协委员和列席人员提出意见。

一、2023年工作回顾

刚刚过去的2023年,是全面贯彻党的二十大精神的开局之年,是三年新冠疫情防控转段后经济恢复发展的一年。面对复杂严峻的外部环境、多重超预期因素的叠加冲击,全市上下坚持以习近平新时代中国特色社会主义思想为指导,全面贯彻落实党的二十大和省第十二次党代会精神,在市委坚强领导下,认真落实"八个一年"工作部署,攻坚克难、奋发作为,较好完成了市十届人大二次会议确定的各项目标任务,交出了一份稳中有进、持续向好的发展答卷。

这一年,经济发展打赢翻身仗。经济承压开局、逐月回升,GDP一季度累计增长4.7%、二季度累计增长6.3%、三季度累计增长6.6%,全年累计增长6.7%,增幅居全省第4位;规模以上工业增加值增长10.2%,增幅居全省第2位;固定资产投资增长6.8%,高于全省1.8个百分点;地方一般公共预算收入增长19%,高于全省6.5个百分点;社会消费品零售总额增长7.5%。粮食稳产增收,总产达到58.7亿斤。

这一年,产业转型强势破局。荆门石化被中石化总部确定为转型发展标杆企业,特种油专精特新母公司在荆门注册,成为全国最大的特种油生产基地。新能源动力电池产业跻身国家级集群,产值突破600亿元,荆门上榜全国锂电产业特色城市十强。汽车产业开启新能源赛道,整车下线12万辆。省级重点成长型产业集群达到13个、数量全省第一,荆门跻身全国先进制造业百强市。

这一年,城市活力有力迸发。《长江谷文明·荆楚新门户》城市宣传片亮相央视,"厚道荆门"城市人文精神进一步彰显。成功举办滑翔伞定点世界杯总决赛、中国公路自行车公开赛等重大活动,荆门荣获"最佳运动休闲旅游目的地"称号。钟祥荣登全国县域经济和社会综合发展、投资竞争力、科技创新、绿色发展、旅游综合竞争力五个百强榜单,京山入选国家农业绿色发展先行区、休闲农业重点县,沙洋入围国家现代农业产业园、农产品质量安全县。东宝牌楼西河小流域综合治理、京山县域"双集中"、荆门城市数字公共基础设施建设等工作纳入省级试点,走在全省前列。荆门智慧城市大脑入选全国十大样板工程。

这一年,民生福祉持续改善。城镇新增就业5.5万人,引进高校毕业生3.2万人。财政民生支出占比80%;城乡低保标准分别提升至800元/月、610元/月,分别居全省第2位、第3位。完成412个大气重点治理项目,空气质量改善幅度居全省前列。长期护理保险、公立医院高质量发展等经验在全国推广,我市成为全国公共就业创业服务示范城市、首批婴幼儿照护服务示范城市、紧密型城市医疗集团建设试点城市。创新实施"两个畅通"工程,对群众和企业诉求"一号通办",办结满意率99.67%,政务热线服务质量获评全国A类等级,《畅通工程·"荆"天办》荣获媒体融合创新案例"服务群众类"全省第1名。

一年来,我们聚焦"转型升级、跨越发展",主要做了以下工作:

(一)全力以赴稳增长,经济运行呈现新气象。深入开展重大项目攻坚行动,亿纬超级工厂等554个重大产业项目开工建设,一道新能源、天顺风电、恩捷隔膜、科达利结构件等216个项目竣工投产;"三条高铁"、武荆宜高速等重大基础设施项目加快推进,丰乐汉江大桥即将通车。优化招商引资体制机制,发挥商协会作用,深化产业链招商,承办第六届楚商大会产业发展论坛暨新能源高峰论坛、举办荆门·粤港澳大湾区经贸合作洽谈会等招商活动,全年新签约亿元以上项目650个,落地30亿元以上项目13个、百亿元以上项目3个。推动消费市场加快恢复,发放消费券及补贴资金1亿元,拉动汽车、绿色家居等消费近30亿元;建成京东(钟祥)数字经济产业园、浩儒电商产业园等平台,网络零售额增长25%;出台促进文旅消费政策措施,旅游收入增长70%。

(二)坚定不移强产业,转型升级取得新突破。培育壮大创新主体,新增国家专精特新"小巨人"企业18家、省级专精特新企业110家,入库科技型中小企业1188

家,高新技术企业达到670家,新物种“瞪羚企业”87家。京山轻机入选国家级工业设计中心,5家企业入选省“百强高企”。全市高新技术产业增加值增长14%。做大做强主导产业,荆门石化完成建厂以来最大规模技改,原油加工量、产值均创历史新高;新能源新材料、汽车智能装备、电子信息产业产值分别增长37.2%、35.7%、52.1%;“祥云”AS700民用载人飞艇获颁型号合格证,荆门宏图获省长江质量奖、市水务集团获提名奖。推动数字经济赋能,成立数字经济生态联盟,开展智改数转“三五”行动,新增国家两化融合贯标企业19家,我市获评国家“双千兆城市”、全省中小企业数字化转型试点城市,荆门高新区入选首批省级数字经济标杆园区、首批知识产权强省建设示范园区。出台新型工业示范园区建设指导意见,建立园办工作机制,县市区示范园区加快建设。出台加强服务业市场主体培育政策措施,新增入库规(限)上服务业单位1018家;其他营利性服务业企业营收增长29.9%,大幅高于全省平均水平。

(三)系统谋划促融合,城乡发展迈出新步伐。坚持全域一体、市县同步,制定市县乡村四级规划管控导则,推动城市和产业集中高质量发展。提升中心城区品质,编制城市中轴线整体提升规划,完成白云大道、月亮湖北路、荆山大道中段等道路改造,漳河环库公路、罗汉山隧道建成通车,城市规划展览馆开馆运行。开展城市环境专项整治,完成207个老旧小区改造、11个完整社区创建。高标准规划建设锂电小镇,16个重点项目加快推进。开展强县工程“月月讲”,系统谋划推进县域发展。纵深推进“六个一”工程,建成20个省级农业产业化联合体,“农谷壹号”“荆花”牌高油酸菜籽油入选“湖北特色菜籽油品牌”。建成高标准农田29.87万公顷,占永久基本农田面积的71%。坚持一县一品、一镇一特,举办湖北油菜花节、首届花卉苗木交易会、绿林网球英雄会等活动,胡集等5个乡镇入选首批国家农业产业强镇。以共同缔造理念推进“清保行动”,村镇面貌焕然一新。累计创建美丽乡村示范村117个,京山莲山村获评中国最美休闲乡村。完成公路桥梁“三年消危行动”,创建“美丽农村路”300千米,村级寄递物流综合服务网点全覆盖。推进巩固拓展脱贫攻坚成果同乡村振兴有效衔接,强化动态监测和产业联带、就业帮扶,守住了不发生规模性返贫底线。

(四)持之以恒推改革,营商环境得到新提升。市级全面对标泰州,各县市区对标沿海发达县市,学习先进地区改革发展经验。出台以控制成本为核心优化营商环境的若干措施,兑现惠企资金63.3亿元,其中减税降费31.2亿元,推行工业用地“标准地”出让、建筑区划红线内用水用气报装“零收费”。建立45家金融首贷服务中心,推广301快贷模式,为中小微企业解决融资需求1031亿元。常态化开展“政企早餐会”,举办第二届荆门“企业家日”活动,持续帮助企业纾困解难。全市新登记企业类经营主体26064户、增长51.5%。深入推进“放管服”改革,完善数据信息共享,“一窗通办”实现市县乡三级全覆盖,省内通办事项增至420项;开展项目交易全生命周期服务,规模以上工程建设项目实现远程异地评标全覆盖。实施守信联合激励和失信联合惩戒,推动诚信数据与智慧城市平台融合,信用监测排名居全省第3位。完善开放通道体系,开通中欧班列长城专列和荆门至舟山港、南沙港等国际物流班列,荆门国际内陆港获评全省首批多式联运示范工程,外贸综合服务绩效评价位居全省第一。

(五)用心用情惠民生,社会事业实现新进步。围绕群众急难愁盼问题,扎实办好民生实事。建立就业用工数据库,建设82家零工驿站,促成就业1.1万人次,帮助就业困难人员5385人实现就业。建立低收入人口动态监测机制,社会救助标准化被确定为国家级试点。做实基本医保市级统筹,医保改革获湖北改革奖。筹集公租房16242套,兑现购房补贴1.71亿元。强化“一老一小”服务保障,市颐养院建成运营,建成222个村(社区)养老服务驿站、53个幸福里食堂、103家工会爱心驿站、192个青少年希望家园假期托管班,新增婴幼儿托位数1759个。依托党群服务中心等阵地,设立暑期免费纳凉点2274个。优化教育资源配置,新增公办学校学位15190个,213所义务教育学校纳入教联体建设,市实验小学迁建、龙泉中学东片区综合改造等项目有序推进。实施公立医院高质量发展项目60个,完成69个公共卫生补短板工程,成功通过国家卫生城市复审。开展文化惠民、全民健身活动4800场次,市博物馆新馆开馆,钟祥获评省级全域旅游示范区,圣境山生态旅游区、屈家岭国家考古遗址公园获评国家AAAA级旅游景区。

(六)综合施策守底线,治理水平迈上新台阶。稳步推进流域综合治理和统筹发展,坚持流域统筹、单元控制、系统均衡,做实产业发展正面清单、管控负面清单,汉江堤防加固(三期)、长湖防洪达标治理等32个项目完工,战胜近40年皇庄站最高水位的汉江秋汛。牌楼西河60个重点治理项目加快推进,小流域综合治理试点向县市区延伸。强力推进污染防治攻坚,设立“漳河保护日”;全面整治619个入河排污口,国控、省控断面水质优良率分别为93.8%、95.5%;入选农村黑臭水体治理整市推进国家试点,获2亿元中央资金支持;完成受污染耕地安全利用373.4公顷、国土绿化6400公顷、治理废弃矿山128.07公顷,我市获评省级生态文明建设示范市。深刻汲取威龙船厂“4·14”闪爆事故教训,严格落实“岗前三分钟”和安全生产“明白卡”学习教育制度，深入推进重大事故隐患专项排查整治，事故起数、死亡人数分别下降20%、14%。开展打击治理新型违法犯罪“披荆行动”、传统侵财犯罪“斩棘行动”，创建“无诈村（社区）”1190个，刑事案件发案数实现“五连降”。以党建引领推进基层社会治理创新，推广“红管家”等基层治理经验，新建“红色湾组”“红色哨卡”8435个；完善矛盾纠纷多元化解体系，实施房地产、金融、政府债务等重点领域风险防范化解专项行动，完成“保交楼”任务，守住了不发生系统性风险底线，我市获评全国市域社会治理现代化试点合格城市。

（七）*久久为功转作风，自身建设有了新加强。*坚持党建引领，营造旗帜鲜明讲政治、对标对表抓落实的浓厚氛围。扎实开展主题教育，一体推进理论学习、调查研究、推动发展、检视整改；落实“四下基层”制度，深入开展“下基层、察民情、解民忧、暖民心”实践活动和“解难题、稳增长、促发展”活动，深入一线、破解难题，以实干实绩检验主题教育成果，实现主题教育与高质量发展互促共进。全面推进依法行政，主动接受各方面监督，办理人大代表建议113件、政协提案281件；提请市人大常委会审议地方性法规、议案2部，成功创建全省法治政府建设示范市。落实市委“提转抓”工作要求，干部工作状态和作风明显改变。严格落实中央八项规定及其实施细则精神，驰而不息纠“四风”。落实全面从严治党主体责任，压紧压实“一岗双责”，充分发挥审计监督作用，加强重点领域以及关键环节监督，切实营造风清气正的政治生态。

与此同时，我们统筹推进政府其他各项工作，国防动员和双拥共建深入开展，民族宗教、港澳台侨等工作扎实推进，消防救援、退役军人事务、信访、档案、保密、地方志、统计、仲裁、气象、机关事务、对口援建等工作不断加强，工会、妇女儿童、青少年、社会科学、科协、新闻出版、文艺、老龄、残疾人、红十字会等各项事业健康发展。

各位代表，回顾过去一年的工作，极其不易，成之惟艰。这些成绩的取得，根本在于以习近平同志为核心的党中央坚强领导，根本在于习近平新时代中国特色社会主义思想的科学指引，是省委、省政府关心关怀的结果，是市委团结带领全市人民拼搏奋进的结果，是市人大、市政协监督支持的结果。

2023年，也是地级荆门市成立40周年。40年来，在全市人民的团结拼搏下，荆门综合实力大跨越、城乡面貌大变样、改革开放大突破、人民生活大改善，地区生产总值增长132.3倍、工业总产值增长96.7倍，实现从传统化工城市到新兴工业城市的转型。40年的奋斗中，让我们深深感动、尤为敬重的是，全市干部群众同心同德、齐心协力，广大企业家克难奋进、创新创业，各行各业的建设者奉献付出、努力拼搏，260万荆门人民每个人都不平凡、每个人都了不起！

在此，我代表市人民政府，向全市人民，向人大代表、政协委员，向各民主党派、人民团体、无党派人士、离退休老同志，向驻荆门部队、武警官兵、中央和省驻荆门单位，向关心支持荆门发展的社会各界朋友，致以崇高敬意和衷心感谢！

在总结成绩的同时，我们也清醒地看到，经济社会发展还存在很多问题和不足，主要表现在：经济体量和城市能级还不高，县域经济发展增长乏力；产业链供应链竞争力不强，转型升级任务艰巨；科技创新支撑产业发展不足，以企业为主体的创新体系尚未形成；生态环保压力较大，社会民生领域还有不少短板；少数干部执行力不强，能力和水平还有待提升。对这些问题，我们一定高度重视，加大工作力度，认真加以解决。

二、2024年工作建议

2024年，是实施“十四五”规划的关键一年，是荆门加快转型升级、跨越发展的攻坚之年。做好今年的工作，意义深远、责任重大。虽然外部环境复杂严峻，但全国、全省仍处在重要的战略机遇期，荆门发展面临的有利条件远多于不利因素。我们正迎来政策机遇叠加期，中央经济工作会议提出“稳中求进、以进促稳、先立后破”，明确“继续实施积极的财政政策”“提升产业链供应链韧性和安全水平”“打造低空经济等战略性新兴产业”；省委部署“以流域综合治理为基础，谋划推进三大都市圈建设、城镇和产业集中高质量发展、供应链体系建设、数化湖北建设”等打基础、利长远的工作，支持荆门“打造产业转型升级示范区”，与我市城市定位、产业基础高度契合，争取各类试点示范和政策项目有更大空间。我们正迎来动能转换黄金期，中石化在荆门注册成立特种油专精特新母公司，相当于“再造一个荆门石化”；新能源新材料、汽车智能装备制造产业进入产能释放、全链条发展阶段，光伏、风电等产业集聚一批重大项目，将为经济增长提供强力支撑。我们正迎来区位优势重塑期，荆荆高铁年内通车，高铁新城初具雏形，荆门即将迈入高铁时代；随着宜荆荆全国性综合交通枢纽加快建设，在推进国内大循环和国家战略腹地建设中，我市“中部之中”的优势将更加凸显。经过多年接续发展，荆门发展基础持续夯实、发展活力加速释放、干事创业氛围更加浓厚，呈现潜力厚积薄发之势。我们要时刻牢记力量源于团结、奋斗开创未来，努力为荆门的今天尽心尽责、奋力打拼，为荆门的明天聚势赋能、增光添彩。

今年政府工作的总体要求是：以习近平新时代中国特色社会主义思想为指导，全面贯彻党的二十大、二十届二中全会、中央经济工作会议和省第十二次党代会、省委十二届五次全会精神,认真落实市委九届六次全会部署,坚持稳中求进工作总基调,完整准确全面贯彻新发展理念,着力推动高质量发展,全面深化改革开放,聚焦中国式现代化湖北实践,深入推进以流域综合治理为基础的四化同步发展,围绕稳预期、促增长、推转型、优环境、守底线、惠民生,全力建设产业转型升级示范区,全力争先进位,在湖北加快建设全国构建新发展格局先行区、加快建成中部地区崛起重要战略支点中作出更大贡献。

主要预期目标是:地区生产总值增长7%;城镇新增就业5.5万人以上;居民消费价格涨幅控制在3%左右;居民收入增长与经济增长基本同步;生态环境质量巩固提升,节能减排完成省定目标;粮食总产保持在58亿斤以上。

重点做好以下工作:

(一)坚持以稳增长为重中之重,着力巩固经济发展良好势头。扩大有效益的投资。紧盯国家重大战略、各类试点示范,抢抓万亿国债、中长期贷款、中央预算内投资扩大等机遇,谋划推进一批新基建、新质生产力、基础设施补短板等重大项目。优化产业链招商体制机制,推进招商政策市域统筹、招落服全链条调度、县市区园办实体化运作,建立以实际到资率为重点的考核机制,力争落地30亿元以上项目15个,引进一批链主企业、核心配套企业和延链补链企业。开展"三库""两算""三评"投资项目绩效综合评价,抓好"六类重点项目"建设,推动谦信化工等600个重大项目加快建设,确保美华新材料等260个重大项目建成投产。

激发有潜能的消费。实施大宗商品及重点商贸领域促消费计划,促进汽车、家电家居等大宗消费,推进中心城区商品房现房销售试点,构建房地产发展新模式。提升供给质量,大力发展数字消费、绿色消费、健康消费,积极培育文娱旅游、体育赛事、国货"潮品"等新的消费增长点,支持社交电商、直播电商等新业态健康发展,新培育年交易额50亿元以上电商园区2个、10亿元园区3个。优化消费环境,构建"15分钟便民生活圈",建设园博园夜经济聚集区,打造沙洋摩尔城、钟祥王府大道、京山莲山湖等一批新地标商圈。

培育有质效的经营主体。高质量完成第五次全国经济普查。巩固服务业攻坚成果,开展建筑业攻坚行动。健全经营主体梯度培育机制,提升"小进规""小进限""个转企"质效,新增企业类经营主体2.6万户,其中规上工业企业120家、限上商贸主体400家、资质等级建筑企业25家。实施"壮优工程",支持亿纬动力建设千亿级企业、格林美建设世界级企业;支持长城汽车冲刺300亿;支持一道新能源、明弘集团、鄂中生态等企业冲刺百亿;鼓励企业利用资本市场发展壮大,积极推动湖北航特、楚大智能等企业上市;新增省级及以上"专精特新"企业33家、创新型中小企业100家,加快形成大型企业顶天立地、中小企业铺天盖地、"专精特新"企业抢占高地的良好态势。

(二)坚持以新型工业化为路径,着力构建现代产业体系。发展先进制造业。完善"链长+链主+链创"机制,打造制造业强市。深入实施传统产业转型升级行动,实施100个重点技改项目;推动荆门石化"油转特""油转化"项目,抓好特种油高压加氢、2#催化装置改造等项目,打造特种油、化工产品"两个百万吨基地";加快世龙化工精制磷酸等项目建设,打造国家绿色化工示范基地。深入实施战略性新兴产业倍增行动,加快好电科技电池黏结剂、金泉新材料导电浆料等项目建设,拓展锂电全产业链;推动汽车产业向电动化、网联化、智能化转型,抓好精诚工科智能悬架、沿浦座椅骨架等项目建设,引进一批电机电控核心零部件企业;推动补齐通航制造业短板,着力打造全产业链。深入实施未来产业布局行动,聚焦新型储能、氢能、人形机器人等领域,抢抓未来产业发展先机。

推动现代服务业与制造业融合发展。发挥现代服务业对城市能级、产业发展的带动支撑作用,加快发展金融保险、科创服务、工业设计、检验检测等服务业,新引进1—2家股份制商业银行,支持格林美、宏图、航特等企业创建国家级工业设计中心,支持长城汽车、亿纬动力在荆设立检验检测中心。

培育数字经济。推进城市数字公共基础设施建设,加快移动大数据中心、5G基站等建设,建成城市数字公共基础底座平台,加强应用体系化标准化,促进网络化互联互通、智能化创新应用。深化数实融合,推进荆门高新区工业互联网和物联网建设,新建国家5G全连接工厂2家、智能制造示范企业8家。鼓励发展数字游戏、影视动漫、创意设计等数字业态,支持建设一批数字经济特色产业园区和企业。

(三)坚持以建设国家创新型城市为引领,着力激活内生发展动能。建设高能级创新平台。做实荆楚科创城,推动荆门科技创新(武汉)离岸科创中心投入运营。支持荆楚理工学院药物合成与优化、亿纬动力储能与动力电池、格林美退役动力电池高值化利用省级重点实验室建设,支持中航特飞所建设国家工程研究中心,支持中国石化在荆设立特种油品研发中心,带动上中下游企业协同创新。

营造高效率创新生态。实施高新技术企业倍增、科技型中小企业成长、新物种企业培育"三大计划",新增高新技术企业70家、科技型中小企业200家。支持头部企业开展关键核心技术攻关，加快解决“卡脖子”技术难题。加速科技成果转化，建设荆门技术交易大市场，新建一批技术转移示范机构，技术合同成交额达到165亿元。

建设高素质人才队伍。加大青年拔尖人才培养力度，持续实施“荆英卡”制度，引进硕博人才、高级专业技术人才、高校毕业生3.5万人以上，成立青年企业家协会，建设青年发展型城市。支持企业高薪揽才、柔性引才、个性用才，营造有利于人才辈出、人尽其才、才尽其用的发展环境。

（四）坚持以人为核心，着力推进城市和产业集中高质量发展。完善国土空间规划体系。健全与“双集中”相适应的规划体系，实现市域“多规合一”，引领全域一体化集中发展。严格落实国土空间规划，处置盘活存量低效用地，推动产业向功能区集中、工业向开发区集中、住宅向社区集中。

打造宜居韧性智慧城市。进一步优化中心城区“两山一轴、一中心六组团”空间格局，坚持滨水控宽度、临山控高度、整体控密度，强化天际线风貌色彩、空间形态等控制引导。树立经营城市理念，改革城市建设体制机制。推进城市品质提升“三年行动”，实施重点城建项目216个，加快荆东大道北段等内环道路建设，改造提升外环线，构建内畅外联的交通路网；抓好城市中轴线绿道、雨污分流管网改造等生态项目建设。完成245个老旧小区改造，推广完整社区建设，统筹布局充电设施。提升城市精细化、智慧化管理水平，实现城市运行“一网统管”，打造“全市一个停车场”，加快城市生命线安全监测向消防、电梯、管廊、建筑等领域扩展；以建设更高水平全国文明城市为统领，深入开展环境卫生、交通秩序、违法建设等专项整治，让城市生活更便捷、更舒心、更美好。

提升县城承载力。推广京山“双集中”试点经验，加快以县城为重要载体的就地城镇化建设。实施人口导入行动，以优质公共服务吸引农业转移人口到县城安家落户。实施产业培育行动，突出钟祥长寿之乡、京山网球之乡、沙洋油菜花海等地域品牌，支持每个县市区培育2—3个特色产业，实现县域差异化发展。实施功能完善行动，坚持绿色低碳发展、彰显地域特色，建设小型化、分散化、生态化基础设施，打造畅通有序、美丽智慧、生活舒心的现代化县城。

推进产城人深度融合。坚持以人为本、集约节约、绿色生态，以锂电小镇建设为引领，统筹推进汽车小镇、循环小镇、石化小镇建设，确保官堰湖未来学校等配套项目取得实质性进展、青年社区投入使用，打造全国产城融合发展示范区。推进钟祥国家级经开区和县市区新型工业化示范园区建设，实施企业进园、项目满园、服务入园工程，强化住房、子女教育、医疗卫生、文化体育等公共服务保障，推动产业工人向新市民转变。

（五）坚持以乡村全面振兴为重心，着力推进农业农村现代化。全面加快农业产业化。健全耕地数量、质量、生态“三位一体”保护制度，新建和改造提升高标准农田32万亩，保障粮食和重要农产品安全供给。深入实施中国农谷战略，全链条发展“六个一”工程，振兴农产品精深加工业，新增省级以上农业产业化龙头企业11家，支持沙洋、京山建设国家现代农业产业园，支持钟祥建设国家农业现代化示范区，打造“全国高油酸油菜产业发展第一市”。融入全省“江汉大米”品牌发展战略，做强蟠龙菜、风干鸡、豆腐制品、金龙泉啤酒等荆门特色食品，做大“荆品名门”农产品区域公用品牌。推进冷链仓储和专业市场建设，促进农产品高效流通。推动农业科技和种业振兴，与洪山实验室合作建立育种基地，力争楚宝黑头羊通过新品种审定。

全面实施乡村建设行动。学习运用“千村示范、万村整治”工作经验，完善村庄规划，探索推进城乡公交一体化、物流一体化、电力基础设施建设一体化。实施农田水利灌溉设施建设“三年行动”，提高农业抵御自然灾害能力。改造升级农村公路，新改建农村公路700千米，新建20个美丽乡村示范村。强化乡村建设管控，开展违规无序建房清查整治。打造“清保行动”升级版，实现垃圾全收集、污水全处理，构建美丽乡村风景线。深入推进脱贫人口和监测对象“万元增收行动”，确保万元以下脱贫人口“清零”，持续巩固拓展脱贫攻坚成果。

全面深化农村综合改革。整镇推进农村承包地“小田并大田”试点，稳步实施沙洋农村宅基地改革试点。巩固拓展农村集体产权制度改革成果，推动股份经济合作社规范运行。深化供销社综合改革，提升“耕种管收”社会化、全链条服务水平。

（六）坚持以打造内陆开放“新高地”为载体，着力增强经济发展活力。打造最优营商环境。坚持以降成本为核心优化营商环境，进一步降低制度性交易、物流、税费、融资、用能、用工成本。开展惠企政策落实专项督查行动。严格落实涉企案件经济影响评估制度，规范涉企执法行为，进一步优化法治环境。深化拓展“高效办成一件事”，迭代升级“四办”改革，“一业一证”改革拓展至38个行业。全面推广数字见证系统，打造公共资源“阳光交易”服务品牌。抓实“两个畅通”工程，实现各类诉求应接尽接、接诉即办，坚定不移做企业发展最坚强的后盾，让广大企业家放心干事、专心创业、安心发展。

提升对外开放能级。推动产业链供应链生态体系建设，融入全省重点产业供应链体系，牵头建好省级储能和动力电池供应链平台，支持楚象、建发等供应链龙头企业在荆设立子公司。推动荆门国际内陆港与荆门东站铁路直联,完善保税区功能,打造内外贸易集散地。推动多式联运体系建设,加快武荆宜高速、荆监高速等重点项目建设,推动中心城区铁路专用线、浰河综合码头及航道整治等项目实质性开工,抓好长荆和荆沙铁路改造升级、襄荆高速扩容、荆随高速等项目前期,优化城区铁路站场布局。推动外贸产业发展,建设国际贸易数字化平台,培育跨境电商、海外仓、市场采购贸易等新业态,新增进出口亿元企业35家,进出口总额增长9%以上。

共建宜荆荆都市圈。落实年度重点工作清单,推进50个重点项目建设,加强磷化、锂电、文旅等产业协作融合,共建产业联盟;建立横向生态保护补偿、跨市协商合作机制,推动漳河、长湖流域共保联治;做实"当枝松宜东"发展联盟,建设都市圈县域融合发展示范区;推动638项政务服务事项"圈内通办",加快公共服务便利共享。

(七)坚持以美丽荆门建设为抓手,着力推动绿色低碳循环发展。打好污染防治攻坚战。持续推进长江高水平保护十大攻坚提升行动、长江经济带降碳减污扩绿增长十大行动,扎实推进生态保护修复,高质量做好生态环保督察等突出问题整改。推进城北防护林建设。强化工业源、移动源、扬尘源、生活源污染治理和管控,推进40家重点企业环境绩效提升工程和380个重点治理项目,确保空气优良天数比例达80%以上;强化农业面源污染治理,持续推进农村黑臭水体、生活污水治理;实施废弃矿山修复工程,完成治理104.67公顷、退化林修复1633.33公顷,努力让荆门天更蓝、山更绿、水更清、环境更优美。

推进节能降耗。严格落实能耗"双控",推动重点用能企业开展节能改造,淘汰落后生产工艺、设备,确保能耗强度下降3%以上。大力发展绿色园区、绿色工厂,倡导绿色办公、绿色出行,让绿色低碳成为生活新风尚。

发展循环经济。巩固国家循环经济示范城市建设成果,加快建设废旧物资循环利用体系国家示范城市。支持格林美、金泉等发展新能源电池材料回收循环利用产业,打造电子废弃物循环利用、再生资源回收利用产业链;支持磷石膏综合利用产业与市政建筑、矿山采空区治理等应用领域深度融合,打造工业固废物综合利用产业链;支持推广绿色装配式建筑、绿色家居,打造农林废弃物资源化利用产业链,让循环经济点亮城市绿色未来。

(八)坚持以共同富裕为目标,着力保障和改善民生。促进就业创业。抓好高校毕业生、退役军人、就业困难人员等重点群体就业工作,动态消除"零就业家庭"。实施"产业工人万人轮训"行动,为进城务工人员提供均等化公共服务,力争中心城区吸引农村转移劳动力3万人。支持荆门青年创业园建设,促进在外人口回流。深化根治欠薪行动,让广大劳动者业有所就、劳有所得。

健全社会保障体系。深入推进社保全民参保。落实各项社会保险政策,减轻企业缴费负担。深化公办养老机构社会化改革,引进专业优质养老集团,打造区域康养基地;因地因需建设社区养老服务驿站和幸福里食堂,积极推进"银龄行动",建设老年友好型城市。巩固长护险试点成果,拓展基本医保覆盖面,完善基本医保、大病保险、医疗救助与惠民商保、职工医疗互助等多层次保障体系,把为人民造福的事情真正办好办实。

办好人民满意教育。提升学前教育"两个占比",新增公办幼儿园学位1230个。促进义务教育优质均衡发展,加快军马场学校初中部建设,完成市实验小学迁建、沙洋教育城建设,全力解决中心城区和县城学位紧张、大班额问题。推动高中教育多元发展,完成龙泉中学东片区改造并投入使用。规范民办教育,保障特殊教育。提升荆门职业学院、湖北信息工程学校办学水平,发展县域职业教育。支持荆楚理工学院建设"特色鲜明的高水平应用型大学",推进荆门通航职业技术学院招生办学。

建设健康荆门。深化医药卫生体制改革,做实紧密型城市医疗集团、县域医共体,建成省级区域医疗中心。巩固婴幼儿照护服务示范城市成果,优化生育托育服务供给。推进疾控体系改革和公共卫生体系建设,提升传染病防控能力和应急处置能力。开展影响群众健康突出问题"323"攻坚行动,深化爱国卫生运动,传承创新发展中医药事业,守护好人民群众身体健康和生命安全。

发展文化体育旅游事业。提升公共文化服务质量,推动公共文体设施升级。办好社区文化节、四季"村晚"等文化惠民活动。保护文化遗产,做好第四次全国文物普查,支持明显陵争创国家AAAAA级旅游景区。围绕擦亮荆门运动休闲旅游城市品牌,高质量办好滑翔伞定点世界杯总决赛、环漳河自行车赛、大学生网球邀请赛等高规格赛事,精心筹办市第9届运动会、第12届老年人健身大会和第12个老年节、中国(京山)网球节、钟祥长寿文化旅游节、沙洋油菜花旅游节暨江汉运河半程马拉松等重大活动,努力让荆门更有辨识度、更有烟火气、更有沉浸感。

(九)坚持以系统治理为导向,着力实现高质量发展和高水平安全良性互动。强化流域综合治理。全面推动流域综合治理和统筹发展规划落实,统筹做好水灾害防治、水资源节约、水生态修复、水环境治理,抓好竹皮河、浰河、长湖、天门河等重点流域治理;推进城市防洪排涝、汉江堤防升级、病险水库除险加固、灌区续建与节水改造等工程,加快鄂中丘陵区水资源配置、引江补汉输水沿线补水等重大项目前期工作,加快构建现代水网体系。高标准完成牌楼西河小流域综合治理省级试点任务,全域推进小流域综合治理试点。

防范化解重大风险。持续开展"百日双扫"和重大事故隐患专项排查整治，督促企业加大安全生产投入，提升本质安全水平。扎实推进应急能力建设专项行动，建设鄂西北应急救援基地荆门航空水上训练救援分中心，做实乡镇应急消防站，加强气象灾害监测站网建设，提高防灾减灾救灾能力。推动县域交通安全示范创建，统筹做好公共安全、食品药品安全监管，牢牢守住安全底线。

提升社会治理效能。坚持和发展新时代"枫桥经验"，深入开展美好环境与幸福生活共同缔造，推进社会治理体系和治理能力现代化。扎实做好民族宗教、外事侨务、对台工作，支持工会、共青团、妇联、社科联、科协、侨联、残联、红十字会等群团组织更好发挥作用。全面推进信访工作法治化，加强矛盾纠纷排查化解。完善社会治安防控体系，推进大部门大警种制改革，深化"情指行"一体化运行，强力打击整治违法犯罪。支持国防和军队现代化建设，加强军人军属、退役军人和优抚对象优待工作，争创全国双拥模范城市。推进保密、地方志、档案、气象等各项工作。充分发挥老龄协会等社会组织作用，健全完善纵向到底、横向到边的城乡社会治理体系，建设更高水平的平安荆门。

三、切实加强政府自身建设

牢记"三个务必"，践行为民宗旨，发扬斗争精神，当好执行者、行动派、实干家，推动政府自身建设开创新局面。

（一）强化政治引领。巩固拓展学习贯彻习近平新时代中国特色社会主义思想主题教育成果，始终用党的创新理论凝心铸魂，坚定拥护"两个确立"、坚决做到"两个维护"。坚定不移把加强党的领导贯穿政府工作全过程、各领域，一丝不苟贯彻落实党中央决策部署、省委工作要求，始终在市委领导下开展工作，把准政府工作政治方向。

（二）强化依法行政。自觉尊法学法守法用法，争创全国法治政府建设示范市。严格落实重大决策法定程序，提升科学民主依法决策水平。高质量办好人大建议和政协提案，深入推进政务公开工作，依法接受人大法律监督、工作监督，自觉接受政协民主监督，主动接受社会和舆论监督，加强财政审计、统计监督。加强重点领域政府立法，深化执法规范化建设，让行政执法有力度更有温度。

（三）强化务实重行。树牢正确政绩观，注重实际、推崇实干、务求实效，切实增强"八项本领"、提高"七种能力"。大力弘扬"四下基层"优良传统，以更实举措听民声、察民情、解民忧、暖民心。坚持下深水、亲自干、反复抓，不折不扣抓落实、雷厉风行抓落实、求真务实抓落实、敢作善为抓落实，进一步提高工作站位、提高工作标准、提高工作质量、提高工作效率，确保各项工作说一件干一件、干一件成一件。

（四）强化正心养廉。严格落实全面从严治党主体责任，始终以严的基调正风肃纪、以严的措施纠治"四风"，严格执行中央八项规定及其实施细则精神，推动政府系统党风廉政建设纵深发展。树牢过紧日子的思想，严控一般性支出、非刚性支出，把宝贵资金用在发展紧要处、民生急需处，用政府勤俭务实换取群众岁月静好。

各位代表！蓝图绘就千般景，奋楫扬帆万里程。让我们更加紧密地团结在以习近平同志为核心的党中央周围，在省委、省政府和市委的坚强领导下，接续奋斗、砥砺前行，加快打造产业转型升级示范区，奋力谱写中国式现代化湖北实践的荆门篇章。

名词解释：

1."八个一年"：指工业经济大发展的一年、产业转型升级初见成效的一年、交通等基础设施建设全面提速的一年、招商引资取得新突破的一年、消费快速反弹复苏的一年、营商环境大幅改善的一年、全国文明典范城市加快创建的一年、民生福祉不断提升的一年。

2."双集中"：指推进城市和产业集中高质量发展。

3."两个畅通"：指畅通群众和企业诉求解决渠道。

4. 智改数转"三五"行动：指"五方五进五解"专项行动，组织政府、通信、平台、高校、金融"五方力量"，开展进县市、进园区、进企业、进工厂、进车间"五进活动"，解决企业数字化转型不愿转、不敢转、不会转、无人转、无钱转"五难问题"。

5."六个一"工程：指一袋米、一壶油、一头猪、一棵菜、一只虾、一枝花工程。

6."油转特""油转化"："油转特"，指将原本用于汽油、柴油等燃料油的原材料转化为特种油蜡产品；"油转化"，指将原本用于汽油、柴油等燃料油的原材料转化为乙烯、丙烯等化工产品。

7."三库""两算""三评"："三库"，指目录库、储备库、实施库；"两算"，指结算、决算；"三评"，指项目绩效评价、行业绩效评价、区域绩效评价。

8."荆英卡"制度：指为我市高层次人才创新创业和生产生活提供优质服务的凭证，全市通用。

9."两山一轴、一中心六组团"："两山"，指西宝山—象山、东宝山生态绿楔；"一轴"，指山水城南北中轴线；"一中心"，指荆门市新中心（行政文化、商务商业、运动休闲综合中心）；"六组团"，指城市中心组团、东宝老城组团、城西新区组团、城北工业组团、绿色化工组团、高新产业组团。

10."四办"改革：指合法合规事项"马上办"、积极推行"网上办"、现场事项"就近办"、复杂事项"一次办"。

11. 学前教育“两个占比”:指公办园就读幼儿占比、普惠性幼儿园覆盖率占比。

12. “323”攻坚行动:指着力解决心脑血管病、癌症、慢性呼吸系统病3类重大疾病,高血压、糖尿病2种基础疾病,出生缺陷、儿童青少年近视、精神卫生3类突出公共卫生问题。

13. “百日双扫”:指365日扫风险点和隐患整改点。

14. “情指行”一体化:指情报、指挥、行动一体化警务运行机制。

15. “八项本领”“七种能力”:“八项本领”,指学习本领、政治领导本领、改革创新本领、科学发展本领、依法执政本领、群众工作本领、狠抓落实本领、驾驭风险本领;“七种能力”,指政治能力、调查研究能力、科学决策能力、改革攻坚能力、应急处突能力、群众工作能力、抓落实能力。

(市政府办公室)

年度关注

学习贯彻习近平新时代中国特色社会主义思想主题教育

【概况】 第二批主题教育开展以后，在省委主题教育办、省委第七巡回督导组指导帮助下，荆门市认真学习贯彻习近平总书记关于主题教育系列重要讲话和重要指示批示精神，坚决落实“五个更加注重”“四下基层”“三个实实在在”等重要要求，牢牢把握“学思想、强党性、重实践、建新功”总要求，不划阶段、不分环节，有机融合、一体推进理论学习、调查研究、推动发展、检视整改、建章立制等重点措施推动主题教育有力有序有效开展。2023年7月25日、12月18日，中央第十巡回指导组先后两次到荆门调研指导，对荆门市主题教育工作给予肯定。

【主要做法和特点】 组织领导坚强有力。全市各级党组织自觉把主题教育作为重大政治任务，坚决扛牢政治责任，统筹谋划、精心组织、扎实推进。高标准部署推动。市委常委会第一时间学习传达习近平总书记关于主题教育的最新重要讲话和指示批示精神，研究贯彻落实党中央决策部署和省委工作要求的措施举措，先后8次专题研究部署有关工作。市委主题教育办每月召开一次现场推进会，确保主题教育不跑偏、不漏项。常态化一线督导。市县两级“四大家”班子成员定期深入包联县（市、区）和乡镇、村（社区），开展主题教育调研督导300余次。市（县）直相关部门抓好分管行业领域，有序推动学校、医院、国企、“三新”群体等主题教育深入推进。全方位宣传引导。充分运用“报、网、微、屏、端”全媒体，深入宣传习近平总书记重要讲话和指示批示精神。及时反映全市主题教育进展成效，中央主题教育简报第95期推介荆门市坚持“四下基层”开展典型案例剖析调研的做法，省主题教育简报13次刊发荆门市工作经验。

理论学习入脑入心。抓实抓细“学思想”首要任务，努力实现以学铸魂、以学增智、以学正风、以学促干。集中研学。市委常委会带头举办主题教育读书班，开展专题辅导2次、交流研讨6次；全市县处级以上领导班子开展专题读书班118次、交流研讨452次，做到读原著、学原文、悟原理。深化“思想引领、学习在先”机制，坚持将学习习近平总书记重要讲话和指示批示精神作为各级党委（党组）会议“第一议题”，推动党的创新理论持续深化、内化、转化。开展党委（党组）理论学习中心组专题学习，市委先后围绕树立和践行正确政绩观、落实“四下基层”制度、全面贯彻习近平文化思想等主题开展专题研讨，研究落实措施。以讲促学。开办“学习贯彻习近平新时代中国特色社会主义思想，加快建设产业转型升级示范区”专题培训班，安排市级党政班子成员、县市区委书记轮流上讲台，结合分管工作谈体会、结合地方实际谈发展。开展“领导干部讲堂——我学习我来讲我来干”专题交流，组织全市85名市直单位主要负责人分批上台，围绕学了什么、悟了什么、下步干什么，谈收获、讲打算，以晾晒比拼促比学赶超，全年举办8期，40名市直部门党委（党组）书记上台交流。分类导学。持续开展“提能力、转作风、抓落实”活动，明确每周至少用半天时间开展集中学习，推动机关党员干部理论学习制度化、经常化。抓实基层党组织“三会一课”、主题党日活动理论学习，组织开展“书记讲给书记听”“党员讲给群众听”活动3000余场次，推动党的创新理论进基层。广泛开展离退休党员、流动党员、年老体弱党员、三新群体党员（新经济组织、新社会组织和新就业群体）“送关怀、送学习”活动，采取结对帮扶、线上线下相结合等方式增强学习效果。

“四下基层”凝聚民心。准确把握“四下基层”深刻内涵、时代价值和实践要求，丰富活动载体、形式和方法，推动“四下基层”工作任务同主题教育调查研究、为民办实事等重点措施衔接联动，确保主题教育质效。扎实抓好调查研究。用好“深、实、细、准、效”调研5字诀，聚焦贯彻落实习近平总书记重要讲话和重要指示批示精神、干部作风顽瘴痼疾、群众反映强烈突出问题、影响和制约高质量发展堵点难点问题，梳理确定15个重点方面、707个调研课题，推动党员干部深入一线察实情、寻对策。对收集整理的944个问题，逐项建立问题清单、任务清单、责任清单和成果转化运用清单,有效解决问题928个。确定“打造华中锂电之都”“钟祥市威龙造船有限责任公司‘4·14’较大安全事故”等272个正反典型案例,深刻剖析、总结经验、汲取教训。市委带头召开调研成果交流会,进一步找准解决问题、促进工作的思路办法。深入开展下基层察民情解民忧暖民心实践活动。紧盯群众关注的“床位、餐位、托位、学位、车位”等热点,由领导干部领办“一老一小”服务体系建设、农村寄递物流、既有住宅加装电梯等民生实事,带动全市近2万名党员干部立足岗位作贡献,解决群众身边事8.6万件。荆门市在深化实践活动中加强流动摊贩服务管理做法得到省委书记王蒙徽充分肯定,常态长效解决群众身边难题的做法得到省委副书记诸葛宇杰批示肯定,全省实践活动工作会在荆门参观现场、荆门市围绕“一老一小”服务体系建设作大会交流发言,成功创建全国婴(幼)儿托育照护示范城市。认真落实市领导包保化案、信访值周等制度,市县两级188名党政领导干部接访下访1632批、2402人次,化解积案1438件。大力实施“两个畅通”工程。对“两个畅通”平台收集的高频问题进行研判分析,系统梳理群众“衣食住行、业教保医”等方面的难点痛点堵点55个,由市县“四大家”领导领衔办理,推动从解决“一个问题”向解决“一类问题”转变。全年“两个畅通”平台共受理有效诉求45.78万件,办结45.63万件,办结率99.68%,满意率99.67%;举办《畅通工程·“荆”天办》电视问政41期,中天街商圈停车难、转供水转供电等20类40多个群众反映强烈、久拖未决的问题得到有效解决。

推动发展见行见效。聚焦高质量发展任务,靶向发力、精准施策,以发展实绩成效检验主题教育成果。进一步找准发展突破口。召开全市高质量发展大会,在更高起点上谋划荆门未来十年发展方向,进一步明确打造产业转型升级示范区的发展目标。突出抓好事关全局的重大问题,全域推进城市和产业集中高质量发展,推动荆门由粗放型外延式发展向集约型内涵式转变。制定出台实施意见,统筹推进42项重点任务,京山市成为全省县域“双集中”和就地城镇化试点,相关工作受到省委肯定。进一步做强发展硬支撑。着力培育重大增长点,全市100家重点企业同比新增产值126亿元,长城汽车产值突破100亿元,荆门石化加工原油量创历史新高,“油转特”“油转化”项目实质性启动,以亿纬动力为龙头的动力储能电池产能规模居全省第一位。着力增强发展动能,新增规上工业企业114家,新能源新材料、汽车智能装备、电子信息产业产值分别增长37.2%、16.3%、50.2%。着力提升创新实力,新获批省级专精特新企业110家,实现倍增;新认定瞪羚企业55家,总数居全省第四位。全市地区生产总值、规上工业增加值、固投、社零额、一般公共预算收入分别增长7%、8.5%、7%、8%、16.5%,其中地区生产总值、规上工业增加值、固投增幅均居全省第5位。进一步守牢发展底线。狠抓流域综合治理,划定13个三级流域片区、62个基础管控单元,落实管控负面清单和产业发展正面清单,荆门市流域综合治理规划文本成为省委向习近平总书记专题报告的唯一市级附本案例;东宝区牌楼西河成为全省小流域综合治理试点,调整优化种养结构、农村建房管理、生态绿岛等工作受到省委充分肯定。开展生态环保攻坚,重污染天数、PM2.5浓度两项指标完成省定目标,农村黑臭水体治理入选全国试点。加大政府隐性债务化解力度,牢牢守住不发生系统性金融风险的底线。

检视整改动真碰硬。坚持边学习、边对照、边检视、边整改,把问题整改贯穿主题教育始终,让人民群众切实感受到解决问题的实际成效。上下联动抓整改。加强与第一批主题教育单位沟通对接,对殡葬服务领域突出问题治理等需要配合解决的问题,主动认领、强力整改。认真查找“表现在下面、根子在上面”和单靠自身难以解决的问题,确定高中阶段学校办学攻坚提质、基层司法所规范建设、格林美省级重点实验室建设、汉江防汛受灾救助等4个问题,推动省市联动、同题共答。靶向发力抓整改。开展违反客观规律大干快上、举债搞“半拉子工程”“形象工程”“面子工程”问题、基层治理突出问题专项整治,起底问题线索11件、完成整改4件,有力推动了党员干部树立和践行正确政绩观。开展不担当不作为、群众身边腐败和作风问题专项整治,重点整顿殡葬服务收费乱象,办理行政处罚案件6起,制定出台专项文件规范城乡公墓价格。整治农村集体资源违规发包,清理合同3.3万份,发现问题合同1604个,已整改1395个、整改率87%,收回侵占集体土地364.03公顷,为集体经济增收962.02万元。全市村级非经营性债务已全部化解。开展国企领域突出问题、工程建设领域腐败问题、优化营商环境问题专项整治,查处问题582件、问责312人。分类指导抓整改。加强对行业、部门和地方主题教育督促指导,对基层党组织理论学习不深入、调查研究成果转化运用不够等问题及时提醒,对全市领导干部检视的585项问题重点督办、销号170项。将搞形象工程、工作简单化“一刀切”、执行走形变样、加重基层负担等问题纳入检视范围,坚决防止形式主义和各类“低级红”“高级黑”。

建章立制常态长效。坚持边实践边总结,对主题教育中好做法好经验及时以制度形式固定下来,建立健全行得通、做得实、长期管用的制度机制。健全党员干部常态化下基层制度。大力践行“四下基层”优良传统,市委研究印发《关于建立领导干部常态化“四下基层”制度的通知》,对深入基层宣传党的路线方针政策、开展调查研究、接访下访群众、现场办公解决问题等都作了比较明确的规定。要求市县两级“四大家”领导和市直部门主要负责同志每年下基层调研不少于60天,其中蹲点调研不少于3次；每年协调解决分管领域和事关本地本系统本单位改革发展稳定中的重要问题不少于3件，办理民生实事1—2件，每月到基层现场办公不少于1次等。健全常态化惠民生制度。着眼于推动从“解决一个问题”向“解决一类问题”转变，总结形成制度性成果133项，常态长效解决群众身边事。聚焦解决城市住宅二次供水矛盾，出台《荆门市中心城区二次供水设施管理工作实施办法》，在全国率先将小区二次供水设施集中移交给市水务集团统一管理，打通全市245个小区供水“最后一百米”；聚焦群众反映强烈的地下车位充电桩安装难问题，出台《荆门市人防工程内新能源电动汽车充电设施安装指引》，在全省率先破除人防工程安装新能源充电桩的制度和技术障碍；聚焦老年人就餐难，出台《荆门市社区（村）幸福里食堂建设运营管理办法（试行）》，构建了“养老机构+社区养老驿站+居家养老”“托育机构+社区托育驿站”等长效服务体系。建立发现问题解决问题闭环管理制度。印发《关于建立“两个畅通”工作调度机制》的通知，将全市34条政务热线和8个网络诉求平台归并到“12345”政务服务便民热线，完善市县两级工作调度、常态化督办、定期考核、纪律监督与工作监督协同等四项工作机制，建立群众和企业诉求“一键收集、智能研判、转交办理、督办考核”闭环管理机制，倒逼各地各部门改进工作方法，转变工作作风，构建及时解决问题的工作体系。

【取得主要成效】 通过主题教育，全市党员干部进一步锤炼忠诚干净担当的政治品格，政治判断力、政治领悟力、政治执行力明显提高，推动高质量发展本领、服务群众本领、防范化解风险本领不断增强，在以学铸魂、以学增智、以学正风、以学促干方面取得了明显成效。

在凝心铸魂筑牢根本上，进一步推进了党的创新理论内化于心、外化于行。自觉把学思想作为第一位的任务和贯穿始终的主线，坚持读原著、学原文、悟原理，全市党员领导干部带头学习、带头讲党课、带头开展学习研讨、带头检视整改问题，带动党员学习全员覆盖。在学思践悟习近平新时代中国特色社会主义思想的过程中，党员干部普遍深化了对这一个科学理论体系的重大意义、丰富内涵、实践要求的理解，进一步增进了政治认同、思想认同、情感认同，加强了对习近平新时代中国特色社会主义思想的世界观方法论和贯穿其中的立场观点方法的领会把握，增强了用党的创新理论武装头脑、指导实践、推动工作的自觉性。

在锤炼品格强化忠诚上，进一步稳固了坚定拥护“两个确立”、坚决做到“两个维护”的政治根基。始终把党的政治建设作为根本性建设，坚持用习近平新时代中国特色社会主义思想改造主观世界，做到在政治上忠诚虔诚、在思想上对标对表、在感情上至真至诚、在行动上看齐对齐，一丝不苟地推动习近平总书记重要指示要求和党中央、省委决策部署在荆门落地见行，在全面对标对表、推动落实中体现政治担当。通过主题教育，广大党员干部受到了一次全面的政治洗礼、党性锻炼，更加深刻领悟“两个确立”是新征程上战胜一切艰难险阻、应对一切不确定性的最大确定性、最大底气、最大保证，更加自觉做到“两个维护”。

在实干担当促发展上，进一步推动了荆门产业转型升级示范区建设。深刻领会习近平新时代中国特色社会主义思想的道理学理哲理，坚持好、运用好贯穿其中的立场观点方法，突出实践导向，真抓实干、务求实效。紧紧围绕省第十二次党代会赋予荆门打造产业转型升级示范区的重大历史使命，全力调结构、转动能、促融合，“4211”现代化产业体系初具雏形；大力实施强县工程，明确各县市区对标城市、发展定位和主导产业，县域差异化、特色化、集约化发展水平大幅提升，全市经济承压起步、稳中有进、持续向好，彻底扭转了近年来经济持续下行的颓势，实现从全省排名靠后向位居前列的跃升。

在践行宗旨为民造福上，进一步提升了人民群众的获得感幸福感安全感。牢固树立以人民为中心的发展思想，把为民办实事作为重要内容，紧紧抓住人民群众最关心最直接最现实的利益问题，做好惠民生、暖民心、顺民意的工作。各地各单位深刻检视在群众观点、群众立场、群众感情、服务群众等方面的差距，广泛收集查找上级批示交办、调查研究发现、“两个畅通”平台反馈的问题，立查立改、即知即改，以整改的实际成效取信于民。深化党员干部“下基层、察民情、解民忧、暖民心”实践活动，践行“四下基层”工作法，推动党员领导干部建立立行立改民生实事项目清单，调研成果转化运用清单，解决了一批基层群众的操心事、烦心事、揪心事，群众对各级党组织的信任度和工作满意度进一步提高。

在廉洁奉公树立新风上，进一步营造了风清气正的良好政治生态。坚持把检视整改贯穿主题教育始终，既解决思想根子问题，又解决实际工作问题。发扬自我革命精神，营造更严的氛围、采取更严的举措，推动全面从严治党向纵深发展。深刻剖析正反典型案例，扎实开好专题民主生活会，将专题民主生活会和组织生活会作为严肃党内政治生活的重要载体和整个主题教育的关键动作，深入查摆不足、找准问题根源、明确改进措施，做到见人见事见思想。通过主题教育，全市党员干部的政治意识、纪律意识、规矩意识持续提升，严的氛围进一步形成，风清气正的政治生态持续得到巩固。

【工作启示】 通过主题教育，全市广大党员干部在思想政治、能力作风、担当作为等方面得到了锻造提升，人民群众切实感受到主题教育带来的新变化新气象，主题教育达到预期目的。

抓实党的创新理论学习、强化理论武装是推动事业发展的不竭动力。新征程不可能都是平坦的大道,只有以习近平新时代中国特色社会主义思想为指引,才能找寻到爬坡过坎的智慧、凝聚起攻坚克难的力量,不断打开事业发展新局面。2023 年,面对经济形势复杂多变、下行压力持续加大、各种困难层层叠加的严峻挑战,荆门市坚持以习近平新时代中国特色社会主义思想为指导砥砺奋进,主要经济指标增幅稳中有升,发展含金量、含新量、含绿量进一步提升,人民群众获得感、幸福感、安全感进一步增强。实践证明,习近平新时代中国特色社会主义思想是指引我们战胜一切艰难险阻的强大思想武器,必须坚持不懈地推动学习贯彻习近平新时代中国特色社会主义思想走深走实走心,不断提高灵活运用科学理论的水平和能力。

站稳人民立场、切实改善民生是赢得事业发展的坚实根基。人民立场是党的根本政治立场。只有始终坚持人民立场,践行群众路线,全心全意为人民服务,才能得到群众的拥护和爱戴,事业才能一往无前。在这次主题教育中,广大党员干部沉下心走下去,深入基层开展调研,面对面听取群众意见,一大批群众关心关注的热点难点问题得到解决,受到人民群众广泛好评。实践证明,夯实党执政的基层基础、群众基础,是每一级党组织最核心、最重要,也是最根本的政治任务,必须始终坚持以人民为中心的发展思想,把实现好、维护好、发展好最广大人民根本利益作为出发点和落脚点,知民情、解民忧、暖民心,用看得见的变化回应群众的关切和期盼。

领导示范带动、以上率下是引领事业发展的强劲力量。领导干部是事业发展的主要谋划者、关键推动者,在扎实开展主题教育、推动高质量发展中起着至关重要的作用。这次主题教育中,领导干部带头加强学习,带头践行“四下基层”优良传统,带头解决人民群众急难愁盼问题,带头检视整改,为主题教育走深走实作出了良好的示范。实践证明,领导干部带头示范,就能形成同频共振、上下一心的局面。必须在抓好抓实普通党员干部推动事业发展的同时,大力培养发展“领头雁”,不断提高党员领导干部适应新时代、实现新目标、落实新部署的能力,形成以上率下、上行下效的良好局面。

时时检视整改、正本清源是促进事业发展的有力举措。共产党人最讲认真,这次主题教育中,各地各部门对标对表习近平新时代中国特色社会主义思想,认真检视在贯彻党中央决策部署,在贯彻新发展理念、构建新发展格局、推动高质量发展,在履职尽责等方面存在的问题,坚持动真碰硬,做到见人见事见思想,破解了一批影响事业发展的突出问题,夯实了党执政的基层基础力量,打通了贯彻落实党中央决策部署的“最后一公里”。实践证明,只有时时检视、认真整改,才能打扫政治灰尘,纠正行为偏差,让党员干部更加坚定信仰、更加忠诚向党、更加忠实为民。必须常常复盘反思,及时修正错误、正本清源,营造风清气正的良好政治生态,确保党中央、省委各项决策部署在荆门落地生根。

(市委主题教育领导小组办公室)

深化党员干部
下基层察民情解民忧暖民心实践活动

【概况】 2023 年,全市上下深入贯彻省委关于深化党员干部下基层察民情解民忧暖民心实践活动(以下简称实践活动)的部署和要求,不断完善实践活动组织领导机制、问题发现机制、工作推进机制,取得了一批有深度、有温度的实践成果。荆门市规范流动摊点管理的制度机制被省委书记王蒙徽在全省大会上肯定,并入选全省实践活动案例库和 8 个在全省推广案例之一。全省实践活动推进会在荆门参观现场、荆门市作大会交流发言,省实践活动工作简报 6 次推介荆门市经验做法。

坚持“四下基层”,推动党员干部深下实下。市、县两级“四大家”领导带头下基层,深入包联企业及项目、村(社区)等基层单位走访调查,发现问题、现场办公,推动化解难题矛盾。全市共有 22324 名党员干部深入基层走访调研,累计收集问题 50168 个,除立行立办解决的问题、因政策和条件所限暂不能解决的问题外,其余经梳理归并全部纳入市、县“四大家”和部门领导班子“三张清单”管理。全市各级领导班子“三张清单”累计纳入各类问题 10597 个,其中,2023 年制定三批“三张清单”,累计纳入问题 7703 个。用好“两个畅通”,拓展问题收集渠道。切实走好网上群众路线,发挥好“两个畅通”平台收集民情民意作用,拓宽问题发现渠道。市、县实践活动工作专班与“两个畅通”平台共同梳理群众反映的高频问题,建立市、县级领导领办机制,推动发现和解决问题从个性向共性转变,实践活动从“解决一个问题”向“解决一类问题”深化。其中,市实践活动工作专班从中梳理突出共性问题 23 件,提交市委专题会议研究后,建立了市“四大家”领导领办共性问题清单、任务清单、责任清单,由 17 名领导领衔办理、相关责任单位和县市区共同参与办理,推动了一批群众急难愁盼的民生问题得到有效解决,服务“一老一小”的养老、托育、幸福里食堂等设施品质、数量显著提升,农村寄递物流基本实现“村村通”,老旧小区加装电梯进展加快,城市务工者服务驿站组网成体系。

实施闭环管理,推动问题解决落地见效。严格落实问题收集、交办、督办、反馈闭环管理机制,建立健全“市级领导 + 职能部门 + 基层党组织 + 市场主体”多方联动格局，推动问题按时办结，确保民生实事惠民生。2023年，全市各级领导班子“三张清单”中纳入的7703件问题，除少数需持续办理的问题结转纳入下一年“三张清单”继续办理外，绝大多数已办结销号。如组织相关部门研究制定“一老一小”整体解决方案，建成社区（村）养老驿站179个、幸福里食堂53个、托育服务机构266家，构建“养老机构+社区养老驿站+居家养老”“托育机构+社区托育驿站”服务体系，成功创建全国婴（幼）儿托育照护示范城市。2023年12月23日，荆门市围绕“一老一小”服务体系建设在全省实践活动推进会上作交流发言，会前与会人员参观了荆门市“两个畅通”和“一老一小”工作现场。

狠抓基层基础，推动共同缔造试点扩面。根据省委统一要求，先后在全市组织开展三轮共同缔造试点，从培训宣传、建立组织、建章立制等方面入手，全面组织发动基层干部群众参与产业发展、美丽乡村建设、基层治理各方面工作，全市共同缔造逐步从“办实事、解难题、建项目”到“建组织、优机制、强善治”转变，共同缔造的理念和方法逐步转变为广大干部群众的思想和行动自觉，形成一批典型案例和制度性成果。如东宝区浏河社区探索出“小区熟人工作法”“小区自管工作模式”“大党委议事办事工作制度”“社区社会组织培育‘149’工作机制”等，钟祥市旧口镇形成了“以共同缔造理念推进农村人居环境整治提升工作法”等，为全市试点扩面奠定了实践和理论基础。根据省委统一部署，高标准谋划推进共同缔造扩面工作，先后召开动员培训会、工作推进会，制发《关于强化以县抓乡促村责任体系有序推进全市共同缔造试点扩面工作的通知》《给县市区委书记的一封信》，层层压实县（市、区）、乡镇（街道）、村（社区）各级党组织主体责任。

（市实践活动工作专班）

打造产业转型升级示范区

【概况】 打造产业转型升级示范区，是深入学习贯彻党的二十大精神，认真贯彻落实省第十二次党代会赋予荆门“打造产业转型升级示范区”的新定位、新目标，立足新发展阶段，贯彻新发展理念，以流域综合治理和统筹发展为统领，以城市和产业集中高质量发展为导向，积极探索符合荆门实际、代表未来发展方向的产业转型升级路径，聚焦“4211”产业体系[4个2千亿产业——新能源新材料、汽车智能装备、绿色化工、农产品加工，2个千亿产业——建材、数字经济（电子信息），1个千亿企业，10个以上百亿企业]，加快推动荆门产业转型升级。通过一年的努力，产业转型升级示范区建设成势见效，新能源动力电池、智能制造等13个产业进入全省重点产业集群、数量位居全省第一。2023年，全市实现地区生产总值2272.3亿元，同比增长6.7%，高于全省0.7个百分点，居全省第4位；规上工业增加值增长10.2%，高于全省4.6个百分点，居全省第2位；固定资产投资增长6.8%，高于全省1.8个百分点；高新技术产业增加值完成444.79亿元，居全省第7位。重点企业发展壮大，产值过百亿元的工业企业达到5家，2家企业上榜中国民营企业500强，数量居全省第2位。

主导产业特色鲜明。形成了绿色化工（976亿元）、农产品加工（406.4亿元）、汽车智能装备（482.5亿元）、建材（327.4亿元）等一批优势产业，化工产业覆盖有机和无机化工，农产品加工产业门类齐全，特别是动力储能电池产业已经形成了全生命周期产业链条。2023年，全市规上工业总产值2998.8亿元，规上企业总数达到1079家。掇刀区新能源动力电池产业集群跻身国家级产业集群，实现荆门“零的突破”；全市省级重点成长型产业集群达到15个，占全省总数的12.2%，数量居全省第一位，占全市工业企业营业收入的80%以上，跻身全国先进制造业百强市。

龙头企业带动较强。全市拥有百亿元以上企业5家（荆门石化374.2亿元、亿纬动力300.4亿元、格林美260亿元、长城汽车198.4亿元、新洋丰163.7亿元）；拥有10亿元以上企业36家。在全省的世界一流企业、民营企业100强、制造业100强中，荆门企业数均排前5位。培育形成国家级单项冠军4家（格林美、荆门宏图、宝源木业、金汉江），省级单项冠军（含隐形冠军）208家。

工业活力不断提升。现有高新技术企业670家，占规上企业70.6%；高新技术增加值444.79亿元，占GDP（2272.3亿元）比重达19.6%，2022年规上企业研发机构覆盖率38.99%（次年9月出上年数据），高于全省平均水平；工业投资和工业技改投资总量稳居全省第4位。拥有专精特新企业330家、“瞪羚企业”87家。荆门高新区的全国排名，从最初第111位跃升至第63位。重点企业增势强劲。2022年，亿纬超级工厂等554个重大产业项目开工建设，一道新能源、天顺风电、恩捷隔膜、科达利结构件等216个项目竣工投产，推动全市工业投资保持增长。荆门石化完成建厂以来最大规模检修提能，原油加工量、产值均创历史新高，全年加工原油596万吨，同比增长32%，完成产值374.2亿元，同比增长23.2%；亿纬动力、长城汽车新增产值均达百亿元以上。

【抓好产业转型升级顶层设计】 市委、市政府高度重视，统筹推进产业转型升级示范区建设工作。成立市委书记、市长为组长的工作领导小组，组建分管市领导牵头、相关市直单位主要负责人为召集人的绿色化工、汽车智能装备、新能源新材料等7个工作专班。聚焦“转型升级、跨越发展”主线,出台《荆门市打造产业转型升级示范区实施方案》,谋定产业转型升级示范区建设总目标,逐个产业确定转型升级发展方向和重点。研究制定《2023年荆门市产业转型升级示范区建设行动方案及项目清单》,细化分解7个产业年度实施计划,明确高位推进炼化特一体化发展等58项重点任务、100个重大建设项目、67个重大增长点。强化工作调度和督办考核,工作领导小组、分管市领导、工作专班常态化分层、分级研判工作形势,加强跟踪督办,研究解决问题,实施季度考核。

【推动传统产业蝶变转型】 深化“千亿技改”工程,2023年全市完成技改投资248.2亿元,推动石化、磷化、农产品加工转型升级。石化产业转型实现重大突破。利用中石化董事长马永生到荆门调研契机,争取省委、省政府大力支持,取得中石化总部对荆门石化“油转特”、650万吨/年产能开满开足,将荆门石化打造成为中石化系统转型发展标杆企业的明确支持意见。中石化集团确定在荆门注册成立中石化专精特新母公司,转型发展标志性项目“油转特”规划方案已获总部批准即将开工建设,低成本“油转化”项目确定,荆门石化实现中石化系统航天煤油应用领域新突破,全国最大的特种油基地呼之欲出,将实现再造一个荆门石化。荆门石化因地处内陆、原油加工量不足、生产装置规模偏小等问题造成的发展瓶颈获得有效突破,荆门石化原油加工量(596万吨)和销售收入(410亿元)均创造历史新高。同时,加快推进荆门国家原油(成品油)战略储备库、绿电制绿氢、页岩气和地热开发利用项目,打造中部地区能源备份基地。磷化产业转型初见成效。推动新洋丰、鄂中化工等重点磷化企业转型发展,全市高浓度磷复肥等新型肥料占磷肥总产量比重超2/3;加速形成精制磷酸等精细磷酸盐产业链和氟基、硅基新材料等伴生氟资源综合利用产业链,新能源电池重要前驱体磷酸铁年产能达18万吨。农产品加工产业品牌化、特色化步伐加快。打造优质稻米、高端油料、花卉苗木3条百亿级农产品产业链,全市油菜、禽蛋、香菇、小龙虾产业入选国家优势特色产业集群。组建桥米、油菜、生猪、蔬菜、食用菌、小龙虾、牛羊、花卉苗木、豆制品产业联盟等9个产业联盟,吸纳市场主体800余家,形成了资源共享、抱团发展的格局。建材产业高端化、智能化提速升级。推动玻璃产业向光伏玻璃等功能型玻璃转型,构建绿色家居建材产业绿色板材、配套材料生产、家具制造、产品包装、物流配送、专业市场全产业链,完成装配式建筑面积121万平方米。

【推动新兴产业做大培强】 突破性发展新兴产业,加快新能源电池、汽车智能装备产业聚链成群、强势崛起。新能源电池产业聚力强链补链。锂电产业链上下游企业快速集聚,形成“基础原材料制备—关键部件生产—电芯制造及模组封装—电池产品应用—废旧电池回收再制造”的全生命周期产业链,动力和储能电池产能达130吉瓦时,在建动力和储能电池项目产能75吉瓦时,新签约30吉瓦时锂电项目,2023年荆门跻身中国锂电产业规模全国前三,成功入选国家级中小企业特色产业集群。汽车产业破茧成蝶。长城汽车荆门公司在盘活猎豹汽车存量资产的基础上高速发展,获工信部插电式混合动力乘用车生产资质,量产车型达到6款,月产量突破1万辆。2023年,长城汽车荆门公司生产整车10.5万辆,产能利用率103%,产值198亿元,同比增长142.9%。以长城汽车为龙头,高标准打造汽车零部件产业园,聚集79家汽车零部件企业,汽车产业正向千亿级产业快步迈进。智能装备制造产业异军突起。一道新能源光伏组件、大族激光、埃斯顿机器人、瑞莱斯重型机床、田中精机电池隔膜涂布机、天顺风电、金塑风机等智能装备企业不断壮大,长城、格林美、亿纬创能、雄韬锂电等15家企业获评省级智能制造示范企业。航空制造蓄势待发。荆门市入选国家国产通用航空器创新应用试点;AG50完成PC取证,“祥云”AS700民用载人飞艇、“海鸥”300水陆两栖飞机完成TC取证,墨行通航M22轻型运动飞机首飞成功;联合航空工业集团,成功举办2023年航空工业应急救援综合实战演练;积极推进航空应急救援能力建设,完成鄂西北应急救援基地航空水上训练救援分中心建设。

【推进数字经济蓄势聚能】 产业数字化加速推进。开展智改数转“三五”专项行动,完成国家级两化融合贯标企业19家,省级上云标杆企业4家,省级两化融合示范企业30家,3家企业入选湖北首批5G全连接工厂,数量位居全省第三。数字经济核心产业爆发式增长。积极融入湖北“光芯屏端网”产业集群,全市电子信息产业完成产值644.3亿元,同比增长31%。电商园区不断壮大,电商园区不断壮大,东宝浩儒电商产业园年交易额已突破50亿元;钟祥京东数字产业园已有72家大体量零售类电商企业入驻,全省首个物流产地仓开仓投用;京山市数字经济科教城正在进行展厅建设;漳河新区数字经济产业园已投入运营,入驻我好喜欢等企业;沙洋风干食品电商产业园一期建成并投入使用。数字公共基础设施不断完善。建成投用荆门智慧城市大脑、城市数字公共基础底座平台、锂电小镇工业互联网标识解析二级节点及应用平台,加快建设湖北移动荆门数据中心、5G基站等建设,加强应用体系化标准化,促进网络化互联互通、智能化创新应用。荆门市获评省级中小企业数字化转型试点城市,成为全省3个国家“双千兆城市”之一,荆门高新区被认定为湖北省首批“数字经济标杆园区”。

【推动未来产业加速布局】 围绕新型储能、氢能、生物医药、人形机器人等未来产业，聚焦“卡脖子”技术清单，组织亿纬动力、格林美开展储能和动力电池领域国家级重大技术攻关，推动龙头企业积极参与省级重点研发计划和揭榜挂帅项目，抢抓未来产业发展先机。佑尔盛药业麻星宣肺止咳贴临床三期，梦阳药业肿瘤治疗引起心脏毒性Ⅰ类新药临床二期，荆门上清丸咽喉肿痛、口腔溃疡Ⅰ类新药获批，成为荆门市首个获批的国家一类中药新药（近30年全省共4个）。

（市发改委　市经信局）

推动城市和产业集中高质量发展

【概况】　推动城市和产业集中高质量发展（以下简称双集中），是为深入贯彻党的二十大和省第十二次党代会精神，认真落实省委、省政府关于推动城市和产业集中高质量发展的工作部署，着力解决荆门城市和产业发展不集中、不集约、不集聚的突出问题，加快建设产业转型升级示范区，深度融入宜荆荆都市圈，建功湖北建设全国构建新发展格局先行区。

转变发展理念、发展方式、发展路径。改变客观存在的城市“摊大饼”、园区“铺摊子”粗放发展模式，破除拼资源、拼消耗、拼政策传统发展方式，走出成本过高、效益不佳发展困局，牢固树立新发展理念，处理好整体推进与重点突破关系，探索集中集聚内生型发展实现路径，促进荆门由粗放型外延式发展向集约型内涵式发展转变，由追求规模和速度向更加注重质量和效益转变，由资源消耗型向要素节约型转变，实现更高质量、更有效率、更可持续发展。

提升城市能级和辐射带动力。坚决摒弃低效扩张、无序发展城市建设模式，解决中心城区空间多向离散发展，城市建设低效蔓延问题；解决“楼房上山、私房围城、建设无序、公共服务资源短缺”等问题。强化集中高效发展理念，统筹好城市发展当前与长远、规模与质效、利用与节约关系，推动城市布局集中、功能集成、产业集聚、要素集约、产城融合，全面增强城市集聚要素、配置资源、提供服务能力，实现经济量级突破、城市能级提升、发展层级跨越。

打造产业转型升级示范区。正视荆门产业布局分散、主导产业竞争力不强、产业链条不长、集约集群发展不够等突出问题，改变“捡到篮子都是菜”“样样都有、一样也拿不出手”“有企无群、有业无链”产业发展现状。突出地方特色，聚焦主导产业，强化链式布局、企业组团、集群发展，强化新型专业园区建设，推动产业链横向拓展、纵向延伸、高端迈进，奋力打造具有全国竞争力产业集群。

实现绿色低碳可持续发展。转变以牺牲资源环境为代价发展方式，重点治理土地低效利用、集约利用水平不高，特别是人均城镇建设用地偏高、亩均产出低于全省平均、存量建设用地未得到充分利用问题；整治高耗能、高耗水、高排放、高污染等问题。坚持降碳、减污、扩绿、增长协同推进，突出以“亩产论英雄”，更加注重经济密度、亩均产值，提升经济效益和发展韧性。

【工作目标】　到2025年，全市城市和产业集中高质量发展水平明显提升，中心城区首位度不断增强，经济发展主引擎作用不断凸显，县城集聚集约度不断提升，县域发展质效明显提高。

城市集中建设取得明显成效。全市常住人口城镇化率到64%。中心城区人口每年新增5万人左右，“六组团”（城市中心组团、东宝城区组团、城西新区组团、城北工业组团、绿色化工组团、高新产业组团）实现“15分钟便民生活圈”全覆盖，路网密度达到每平方米9千米以上，建成区人口密度达到每平方千米0.8万—1万人，人均城镇建设用地面积低于120平方米。推动以县城为重要载体的就地城镇化，加快县城人口集聚，县城建成区人口密度达到每平方千米0.6万—1万人。

产业集聚发展取得重大突破。全市工业总产值突破6000亿元，中心城区占比达60%以上；中心城区绿色化工、新能源新材料、智能装备三大主导产业产值达3000亿元以上，占中心城区工业产值80%以上；主导产业企业入园率达100%，千亿级企业实现“零的突破”、百亿级企业达10家以上；县市主导产业产值占县市城区工业产值的80%以上，主导产业企业入园率达100%。全市高技术制造业增加值占工业增加值比重18%以上，单位工业增加值能耗下降14%、水耗下降16%、二氧化碳排放量下降18%。

土地集约利用效率明显提高。全市亩均GDP达17.8万元，亩均税收、亩均固定资产投资不低于全省平均水平，中心城区亩均GDP达23.7万元。加快处置批而未供、闲置土地、低效用地、“僵尸企业”等存量用地，尽早实现消化清零。

【工作体系】　市委、市政府组建工作专班，配合省级专家团队完成中心城区专题调研。研究成果经省委审定后，迅速明确工作措施，第一时间推动成果落地落实。

强化顶层设计。由市委书记领衔，制定《关于推动城市和产业集中高质量发展的实施意见》，明确6大管控体系、48项重点任务和61个重点项目，并以市委全会的形式审议通过、印发执行。市人大常委会已将“双集中”纳入2024年立法调研项目，拟将相关工作机制及管控要求以立法形式予以固化。

完善推进机制。对照实施方案进一步制定细化任务清单，建立完善工作调度机制，实行"周调度、月通报、季过堂、年终考核"，全生命周期推动工作落实，确保压力传导到位、责任落实到位、措施推进到位。

注重宣传发动。市委组织部利用周四夜学时间给全市党员干部专题授课，宣传解读省、市关于"双集中"工作要求和安排部署，在媒体上开设专栏进行宣传报道，集中高质量发展已成为全市共识和共同行动。

【中心城区"双集中"发展】 围绕城市集中，加快构建中心城区"两山一轴，一中心六组团"空间结构，推进组团式发展，邀请知名专家来荆指导编制荆门市城市中轴线整体提升规划、城市中轴线绿道连通方案和凤凰湖二期规划方案，谋划实施一批重大城建项目，打造城市新中心；聚焦锂电小镇、汽车小镇、循环小镇、石化小镇等重点片区，完善服务功能，加快推进产城融合。围绕产业集聚，聚焦绿色化工、新能源新材料、智能装备三大主导产业，推进传统产业转型升级行动，实施100个重点技改项目；优化产业布局，加快新型工业示范园区建设，统一规划建设生产生活配套设施，推进产业集群集聚发展；打造质量高韧性强的供应链体系，紧紧围绕亿纬、格林美两家龙头企业，推动上下游产业链资源互补、配套耦合，形成一条从"镍钴锂资源—电池材料—电芯及组装—锂电池回收再生"的全生命周期动力电池产业供应链体系。围绕土地集约，组织开展批而未供、闲置土地、低效用地、"僵尸企业"等4个专项清理行动；从国土空间规划、城乡建设、产业发展、生态环境、城市安全等6个方面，明确管控要求，制定管控导则，形成完整的管控体系；截至年底，2022年耕地保护和矿产资源督察反馈耕地"非农化"问题65个，已完成整改55个；2023年自然资源例行督察反馈耕地"非农化"问题81个，已完成整改48个。

2023年12月23日全省发展和改革工作会议上，荆门市作为"双集中"工作先进典型发言。市人社局出台《加快推动中心城区人口集聚人才扎根行动方案》《推动中心城区产业工人市民化若干措施》等吸引人口政策文件，市经信局出台《推进新型工业化 加快建设制造强市的实施方案》《推动产业向园区集聚建设新型工业化示范园区的指导意见》等产业集聚政策文件，市自然资源局出台《荆门市民用建筑四级规划管控导则》《荆门市推进产业用地节约集约高质量规划利用管理办法》《荆门市批而未供土地、闲置土地、低效工业用地、"僵尸工业企业"用地专项治理三年行动方案》《关于开展"亩产论英雄"绩效考核 服务全市高质量发展的通知》等土地集约政策文件。

【"双集中"省级试点】 京山市确定为省级试点后，认真落实省委要求，科学处理好功能提升、产业培育、人口导入三者关系，下功夫解决"城市不紧凑、产业不集聚、就地扎根难"三个问题，加快实现以产聚人、以城留人。

聚焦功能提升，解决城市不紧凑问题。持续优化"一核两区一小镇"县城空间布局。涵养牛黄山生态绿核，强化治山理水，基本建成莲山湖自然生态公园。做优老城区，全年改造老旧小区75个，建成完整社区2个，打造15分钟便民生活圈。做强开发区，加快建设2个高品质产城融合社区，推进产城融合、职住平衡。做活网球小镇，加快布局网球运动休闲、温泉康养等现代服务业。全力提升公共服务品质。加强教联体建设，全年新改建学校3所，新增学位4000个，实现"零门槛入学"；建设紧密型医共体，市人民医院新院区年内建成使用，新增床位1500个，方便"县城看大病"；新建城区3个养老服务综合体，满足幸福养老需求。加快构建内畅外联交通体系，拓宽改造升级农村公路167千米，基本形成县乡"40分钟通勤圈"；完成G347改扩建，加快建设沿江高铁京山站，启动高铁连接线项目；加快建设中农储冷链仓储物流项目，健全农产品冷链物流体系。

聚力产业培育，解决产业不集聚问题。围绕"2+1"产业体系，加快建设新能源、智能装备制造2个新型工业示范园区，全年分别引进产业链项目16个、8个，开发区全年新增就业岗位5000多个。加快培育"网球+"特色产业，学习借鉴温布尔顿经验，做大网球赛事经济，全年举办赛事30场，其中，国际级赛事1场、国家级赛事11场，实现月月有赛事、全年不间断；做优网球培训产业，聘请网球大满贯冠军郑洁开办网球大师训练营，与武汉体育学院签约合作培养网球人才，加快建设湖北省网球学校新校区、全国网球训练基地，年内投入运营；积极与李宁集团、浙江天龙等对接洽谈，引进龙头企业发展网球装备制造产业。

加快人口导入，解决就地扎根难问题。健全以产聚人工作体系，完善智慧就业平台，优化"四单"培训机制；抢抓年底返乡高峰契机，组织好"接您回家·返乡季"活动，对97530名外出务工人员建档立卡、精准对接；加强家校联动，点对点联系29158名留守儿童家长，吸引回乡就业。优化以房留人政策体系，以优化保租房政策为突破口，满足快捷安居需求，共筹集房源2126套，已租赁930套；推行鼓励生育、支持人才购房等住房保障政策包，共向2391户发放住房补贴4956万元。

【"双集中"县市全覆盖】 始终坚持市县一体、全域推进，在加快中心城区"双集中"和京山省级试点的同时，安排部署"双集中"扩面推广工作。明确"一个蓝本"（京山试点模式），聚焦"两个重点"（城市和产业），解决"三个问题"（城市不紧凑、产业不集聚、人口不集中），突出"四个主题"（以县城为重要载体的就地城镇化、以人口为核心、完善城市功能、推动产业发展），建立"五个体系”（指标、政策、管控、项目、工作），提出“六点要求”（组织领导、专家团队、专班推进、时间节点、总结提升、统筹调度）。

沙洋县、钟祥市和屈家岭管理区按照省、市工作指南要求，参照京山试点模式，组织开展专题调研，并形成研究成果；对照研究成果，编制实施方案，建立完善指标任务、政策保障、约束管控、项目支撑等体系；坚持边谋划边实施，推动各项工作任务落实。借鉴京山市重点做活“网球+”文章的经验，突出地域特色。东宝区、高新区·掇刀区和漳河新区除借鉴京山试点经验外，重点衔接和落实中心城区“双集中”总体规划，在省专家组提出的“两山一轴、一中心六组团”的整体架构下，进一步明确自身定位，推动差异化、错位化、特色化发展，实现各组团之间、三区之间良性互动、优势互补。围绕城市集中、产业集聚、土地集约、人口集聚，加强与市直部门对接，抓好市级实施方案、六大管控体系落实落地。

6个县市区均完成推进城镇和产业集中高质量发展人口调查研究专题报告，修订完善政策体系、指标体系、项目支撑体系、管控导则，编制部分重点子规划。初步明确在深入分析人口调研成果基础上，根据人口流动状况，分三类明确“双集中”实施路径，实现差异化发展。全域人口减少，城区人口增加类（京山市、钟祥市）要加快以县城为重要载体的就地城镇化，吸引外出务工回流人口和农业转移人口到县城安家落户。围绕吸引人、留住人、服务人，完善政策配套，培育壮大主导产业，提升城市品质和教育、医疗、养老、就业、住房等公共服务功能。全域人口和城区人口同步增长类（高新区·掇刀区、东宝区、漳河新区）要重点围绕中心城区“双集中”总体规划，紧扣“两山一轴、一中心六组团”，积极探索城市更新的有效形式，不断优化服务功能，打造城市新中心，促进城市结构优化、功能完善、品质提升。推进“一区两园”建设，做大做强三大主导产业，加快推进产城融合发展。全域人口和城区人口持续减少类（沙洋县、屈家岭管理区）要强化集中建设理念，按照集中建设、功能聚焦的原则，严格控制城区规模，杜绝“铺摊子”“摊大饼”，着力解决城市建设不集中的问题。基于沙洋县人口大量向荆门城区集聚现状，沙洋县要积极推进与荆门城区一体化发展。

（李梦月）

建市40周年“40年·40人·40事”

【概况】 2023年是荆门建市40周年。为大力弘扬艰苦创业、实干兴市、创新包容的社会新风，生动展现40年来全市人民凝心聚力、接续奋斗的精神风貌，市委、市政府在全市范围内开展了荆门“40年·40人·40事”评选活动，评出40位在荆门40年建设发展中作出重大贡献，得到全市人民高度评价的个人，40件在荆门40年建设发展中产生过重大影响，推动城市发展且社会公认度高的事件，于2023年10月18日在荆门市高质量发展大会现场发布。

【建市40周年40人（按姓氏笔画为序）】

1. 王明洪，湖北明弘科技集团有限公司党委书记、董事长；
2. 毛可春，漳河镇清静庵逸夫小学副校长；
3. 艾华，荆门市人民医院护理部主任；
4. 卢修龙，湖北荆玻海龙玻璃制品有限公司董事长；
5. 叶子新，荆门市人民检察院原党组书记、检察长；
6. 皮志勇，国网荆门供电公司检修分公司二次检修二班班长；
7. 刘伟，漳河新区双井村党支部书记、荆门双井刘伟西瓜专业合作社理事长；
8. 刘金成，湖北亿纬动力有限公司总裁、荆门楚商联合会名誉会长；
9. 刘益谦，天茂实业集团股份有限公司董事长；
10. 刘海章，原荆门大学党委委员、学部委员会主任、语言学教授；
11. 许开华，格林美股份有限公司董事长、国家电子废弃物循环利用工程技术研究中心创立者、中国循环经济协会副会长；
12. 孙友元，湖北京山轻工机械股份有限公司董事长；
13. 严昌筠，荆门市志愿者联合会会长；
14. 苏玉梅，东宝区泉口街道浏河社区党委书记、社区主任；
15. 李大红，湖北金龙泉集团股份有限公司原党委书记、董事长；
16. 李国林，钟祥万僖文化旅游开发有限公司董事长；
17. 李鑫，荆门市气象局业务科科长；
18. 杨才学，洋丰集团董事长、新洋丰农业科技股份有限公司董事长；
19. 杨勇刚，中国石油化工股份有限公司荆门分公司党委书记；
20. 肖燕，沙洋县环卫所清扫工；
21. 何军权，荆门市残联党组成员；
22. 汪家科，荆门市消防救援支队应急通信与车辆勤务站政治指导员；
23. 张开勤，荆门市教育科学研究所原所长；
24. 张立，京山市罗店镇马岭村党支部书记、京山马嘉领农业科贸有限公司执行董事；
25. 张明文，中国特种飞行器研究所所长、党委副书记；
26. 邵兴祥，湖北凯龙化工集团股份有限公司党委

书记、董事长;

27. 林南啸,荆门市中医医院首席专家、主任医师;

28. 周家贵,湖北金汉江精制棉有限公司董事长;

29. 赵香平,荆门市东宝区人民法院党组成员、副院长;

30. 胡为义,东宝区牌楼镇来龙村党总支书记;

31. 胡忠诚,原京山县石龙乡党委书记、县人大常委会副主任;

32. 洪霞,屈家岭管理区丰盛家庭农场场长;

33. 盛常斌,京山盛昌乌龟原种场场长;

34. 焦知云,荆门市人大常委会原副主任;

35. 曾菊,荆门市湖北花鼓戏保护传承中心副主任;

36. 解德玉,原荆门石化总厂公安处月亮湖派出所民警;

37. 蔡维金,湖北宝源木业有限公司党委书记、董事长;

38. 廖承枫,京山市公安局党委委员、政工室主任;

39. 熊绪兴,钟祥市荆沙蔬菜种植专业合作社党委书记、理事长;

40. 潘典进,荆门市农业技术推广中心研究员。

【建市40周年40事(按发生时间为序)】

1. 建立省辖市及行政区划调整;
2. 战胜建市以来历史特大洪水;
3. 在全省率先推行国有企业承包经营责任制;
4. 成立荆门首家中外合资企业——湖北戴蒙德;
5. 推进东方百货传统业态转型升级,“穿在东方”“购家电到东方”成为荆城人生活新时尚;
6. 江泽民同志视察荆门;
7. 郭店楚简出土;
8. 第一家本土公司上市;
9. 明显陵被列入世界文化遗产名录;
10. 金龙泉被评为湖北省第一个“中国名牌产品”;
11. 长荆铁路、浩吉铁路建成通车;
12. 积分制管理助推社会治理;
13. 三环线建成通车;
14. “京山桥米”获评湖北首个中国地理标志保护农产品;
15. 襄荆、武荆等高速公路建成通车;
16. “长湖三部曲”获多个国家级奖项;
17. 建成全国首个特高压示范工程;
18. 福耀玻璃、李宁体育、长城汽车等一批知名企业先后落户;
19. 荆楚理工学院成立;
20. 钟祥市获评“世界长寿之乡”“中国长寿之乡”;
21. 中国现代最大的人工运河——引江济汉工程通水通航;
22. 实施两大“省级战略”;
23. 被确定为全省唯一整市推进国家现代农业示范区;
24. 京山荣获“中国网球特色城市”;
25. 荆门高新区晋级为国家高新技术产业开发区;
26. 沙洋“按户连片耕种”写入中央一号文件;
27. 完成脱贫攻坚和全面建成小康社会任务;
28. 象山大道、白云大道完成综合整治;
29. 通航产业“展翅高飞”;
30. 中心城区商圈逐步形成;
31. 三大考古遗址入选国家级考古重大发现;
32. 推进平安荆门、法治荆门建设,群众安全感持续增强;
33. “鲲龙”AG600在荆门完成水上首飞;
34. 保税物流中心(B型)、国际内陆港等对外开放重要平台建成;
35. 抗击新冠肺炎疫情取得重大决定性胜利;
36. 荆门高铁开工建设;
37. 在全省率先实现全国文明城市“首创首成”;
38. 着力构建“4211”产业体系,加快推动产业转型升级示范区建设;
39. 市委九届五次全会决定,推动城市和产业集中高质量发展,推进产城融合;
40. 持续深入打好碧水蓝天保卫战。

(陈　宇)

打造运动休闲之都

【概况】 筹措资金6000多万元,新建东宝圣境山体育公园、掇刀李宁郊野体育公园2个,省新全民健身示范工程项目11个,多功能运动场、社区健身房等项目10个,全市人均体育场地面积达到2.87平方米,居全国同类城市前列。生态运动公园体育场入选为“全国公共体育场馆开放使用典型案例”。

围绕“普及全民健身 缔造幸福生活”主题,举办湖北省“奔跑吧·少年”主题健身活动春季启动式、全民健身八进乡村等全民健身赛事活动1800场次,京山市在全国全民运动健身模范市县交流活动、首届湖北省青少年体育工作会上作典型发言。

成功举办中国公路自行车赛、滑翔伞定点世界杯总决赛、中国(京山)绿林网球英雄会等国家级、省级赛事活动80余场次,线下线上参与规模突破1000万人次,荆门获“2023最佳运动休闲旅游目的地”称号,荆门航空运动休闲体验之旅入选“中国体育旅游十佳精品线路”,“到荆门‘飞’起来玩”成为广大游客的共同选择。

全力备战省十六运会,荆门市金牌数、团体总分排名全省第7,市委书记两次批示肯定。省射箭队运动员王世坤和队友夺得成都大学生运动会男子复合弓团体决赛金牌，在全国射箭冠军赛、锦标赛上夺得团体冠军及金牌。湖北省（京山）网球学校在年度省级网球比赛中获金牌总数的70%以上。市体育艺术学校等3家单位入选新周期国家体育后备人才基地。

【荆门航空运动休闲体验之旅入选“2022中国体育旅游十佳精品项目”】 在2023年2月15日举行的第二届湖北（黄石）体育产业大会上，荆门航空运动休闲体验之旅入选“2022中国体育旅游十佳精品项目”。该线路由荆门旅游集散中心设计，曾入选2021年国庆黄金周精品体育旅游线路。结合滑翔、跳伞、航空、网球等荆门特色体育项目，荆门旅游集散中心以圣境山滑翔基地、爱飞客小镇、莫愁村、太子山王莽洞、京山网球小镇等作为重要支点，推出荆门航空运动休闲体验之旅精品线路。

【荆门城市形象宣传片在央视展播】 2023年5月，荆门城市形象宣传片在央视展播。其中，城市形象宣传语——“长江谷文明 荆楚新门户”首次亮相全国。宣传片拍摄荆门市漳河风景区、屈家岭国家考古遗址公园、明显陵、莫愁村、爱飞客小镇、圣境山滑翔基地等特色旅游景点，多角度呈现荆门文旅特色。“长江谷文明 荆楚新门户”口号是对荆门城市形象的创新性定位，既精准提炼荆门悠久的历史文化底蕴，又鲜明彰显荆门独特的重要地理区位优势，更蕴含新时代荆门发展的美好愿景，含义隽永、言简意赅、特色鲜明、易懂易记、便于传播。

【荆门获“2023最佳运动休闲旅游目的地”称号】 2023年9月23日，第十届文化和旅游融合与创新论坛在甘肃省武威市举行。论坛围绕“跨界深融，破圈生长”主题，探讨文化和旅游融合发展之道，通过实践案例分享理念和交流经验，共享学术成果，共商创新发展之策。本次论坛中，荆门市获“2023最佳运动休闲旅游目的地”称号。

【滑翔伞定点世界杯总决赛在圣境山滑翔基地举行】 2023年11月11日，滑翔伞定点世界杯总决赛开幕式在湖北荆门东宝圣境山生态旅游区举行，赛事由国际航空运动协会（FAI）指导，国家体育总局航空无线电模型运动管理中心、中国航空运动协会、湖北省体育局、荆门市政府主办，此项赛事首次在中国举办，将连续3年落户圣境山滑翔基地。来自中国、韩国、泰国、沙特、印度尼西亚、捷克、土耳其、西班牙、马来西亚、哈萨克斯坦等15个国家的30名滑翔伞运动员进入总决赛，最终中国选手陈洋、郭婧分别获得男子组、女子组年度总冠军。滑翔伞定点世界杯创始人之一、组委会技术官员Uga（塞尔维亚籍）参加开幕活动。国家体育总局航管中心主任贾冰为东宝区人民政府“滑翔伞运动共建单位”授牌，并宣布滑翔伞定点世界杯总决赛开赛。近年来，东宝区致力于打造“中国滑翔胜地”品牌，建设了亚洲最大的人工滑翔基地和世界首个以滑翔伞为主题的飞行大楼，举办一系列全国、全省高水平滑翔伞赛事，不断推广和普及滑翔伞运动。圣境山滑翔基地被国家体育总局航管中心授予“国家航空飞行营地”称号。

【生态运动公园入选2023年国家体育总局公共体育馆开放使用第一批典型案例】 4月14日，国家体育总局印发第一批公共体育场馆开放使用典型案例名单，荆门市生态运动公园体育场作为湖北省唯一一所公共体育场上榜，全国仅有4家体育场入选。本次入选的典型案例，是国家体育总局为落实开展公共体育场馆开放服务提升行动有关要求，组织第三方机构综合评审得出。生态运动公园体育场案例上榜，标志着荆门市体育场馆在创新运营管理机制、完善场馆硬件设施、提升场馆开放服务水平和场馆运营品牌能力塑造方面已见实效。生态运动公园从内部管理入手，融入现代管理理念，通过质量服务体系ISO 9001:2015标准认证，精准优化场馆运营管理工作控制程序，在高标准全面落实免费、低收费开放政策的同时，合理利用场馆空间，优化体育产业及相关业态，服务全年龄段人群健身。延伸服务触角，延长场馆开放时长，为社会体育组织免费提供办公与活动场所。积极推进体育惠民举措，免费开展体育公益培训与“国民体质监测”、国家体育锻炼标准测试等，有效丰富体育供给。不断完善场馆软、硬件设施，“智慧场馆”建设稳步升级。所辖场馆服务多家社会体育机构、组织，自创的公益性“生态运动杯”草根赛事持续向好发展，每年4000多人次参与，社会效益凸显。

【石龙镇、迎接村入选湖北省旅游名镇、名村】 省人民政府印发《关于命名湖北旅游名镇、旅游名村和旅游名街的通报》，对10个旅游名镇、20个旅游名村和5个旅游名街进行命名表彰，其中，京山市石龙镇入选湖北旅游名镇，漳河新区漳河镇迎接村入选湖北旅游名村。石龙镇位于京山市南部，是全域旅游“一核两极五廊”空间布局中南部的重要一极，位于中国农谷核心区，武汉至荆门的正中节点，与钟祥市长滩镇和屈家岭管理区接壤，是全国生态农业示范镇、粮食生产先进镇。境内有太子山、虎爪山两个国家级森林公园，石龙水库省级水利风景区，国家AAAA级旅游景区太子山生态旅游区，国家AAA级旅游景区潼泉湖休闲旅游区，国家AA级旅游景区龙台月季园、仙女紫薇园和太子山野生动物园。迎接村位于全国八大人工水库——漳河水库正中心，距离荆门城区6千米，荆门高铁站2千米，三面环水，四季分明，风景旖旎。迎接村坚守“绿水青山就是金山银山”发展理念，依托得天独厚的自然条件和区位优势，建成柑橘、茶叶等产业基地400余公顷。围绕主导产业特色元素，创办集“养老生活照护、文化娱乐养生、医疗健康管理”于一体的迎接老小孩养老中心和迎接亲子乐园,建设“漂浮在节气里”的二十四节气文化村、“半茶美宿”民宿基地、漳河院子餐饮集群、特色农副展品直播间及展示厅、游客接待中心等。变果园、茶园为游园,变社区、民居为景区的休闲体验和农业研学基地,让“迎接茶迎天下客”的好客文化家喻户晓。

【圣境山、屈家岭国家考古遗址公园被确定为国家AAAA级旅游景区】 2023年12月,圣境山、屈家岭国家考古遗址公园被省文旅厅确定为AAAA级旅游景区。圣境山生态旅游区面积5.4平方千米,是一个以滑翔伞运动为引擎,集体育运动、观光游览、休闲娱乐、康养度假、生态农业等多功能于一体,全季节、全客群、全时段的复合型生态旅游目的地。已建成圣境山滑翔基地、圣境花谷、金顶、紫薇古道等核心景点,景区内游客中心、生态驿站、旅游厕所、旅游标识标牌等基础设施健全。成功举办圣境山飞行艺术节、亚运会出征仪式、圣境山滑翔飞行冠军周、滑翔伞定点世界杯总决赛、全国滑翔伞定点联赛总决赛等一系列国际级和全国性赛事活动。先后获“航空飞行营地”“最佳俱乐部”“滑翔伞运动共建单位”“全国森林康养基地试点建设单位”等众多荣誉称号。屈家岭国家考古遗址公园于2017年列入国家考古遗址公园立项名单,2022年公布为第四批国家考古遗址公园,总面积402公顷。公园以保护遗址为前提,以考古科研为支撑,以“展现史前文明,体验农耕文化”为展示目标,以“屈家岭文化”为重点,将遗址博物馆陈列展示、考古发掘现场与山水田园风光相结合,形成了集科研、教育、游憩等功能于一体的特定公共文化空间,是一处具有文明溯源、农耕体验、生态休闲特色的文化遗产景区,2023年列入长江主题国家级旅游线路。

【钟祥市上榜省级全域旅游示范区】 4月25日,省文旅厅发布关于第二批省级全域旅游示范区创建单位名单,确定32个县(市、区)为第二批省级全域旅游示范区创建单位,钟祥市榜上有名。近年来,钟祥市着力加快发展全域旅游,围绕特色资源,不断创新旅游业态,持续打造“养生山水 长寿钟祥”“诗和远方 尽在钟祥”旅游品牌,进一步优化旅游空间布局,打造升级五大板块,培育壮大以明显陵、莫愁民俗村、历史遗存等为主体的历史文化板块,以客店、温峡、大口、石门、碾盘山等为主体的山水休闲板块,以石牌、柴湖等为主体的乡村田园板块,以探访长寿老人、品鉴长寿食品、传承长寿文化等为主体的长寿探秘板块,以镜月湖周边区域及九里、长寿等为主体的生态康养板块,进一步丰富“养生山水、长寿钟祥”品牌,构建“春可赏花品古、夏可避暑探洞、秋可登高望叶、冬可泡泉养生”的旅游新模式。

(市文旅局)

沙洋城河遗址考古发现入选“全国十大考古新发现”

【概况】 3月22日,国家文物局、中国考古学会在京发布2023年度全国十大考古新发现,湖北荆门屈家岭遗址入选。这是该考古项目继入选2023年“中国六大考古新发现”后,再获中国考古界大奖。

屈家岭遗址是屈家岭文化的发现地和命名地,地处大洪山南麓向江汉平原的过渡地带,是以屈家岭为核心,包括殷家岭、钟家岭和冢子坝等十余处地点为一体的新石器时代大型遗址,面积约284万平方米,距今约5900—4200年,是实证长江中游文明起源的重要大遗址。自20世纪50年代起进行过多次考古发掘之后,2015年至今,经国家文物局批准,湖北省文物考古研究院、荆门市博物馆、荆门市屈家岭遗址保护中心等单位在此持续开展考古工作,累计完成发掘面积6900平方米,取得重要收获。

2023年,考古队会同航测、水利学、环境考古领域的专家,对遗址进行了全面调查和综合分析。11月29日,国家文物局在京召开“考古中国”重大项目重要进展工作会,通报城河遗址的重要新发现:经系统勘探和多地点解剖,发现多组依势而建、规模庞大的史前水利系统。其中,熊家岭水利系统包括水坝、蓄水区、灌溉区和溢洪道等构成要素,是目前已知的构成要素最为完备的史前水利系统。熊家岭水坝可分为早晚两期,出土遗物、测年数据显示,晚期坝距今约4900—4800年,早期坝距今约5100—4900年。相关发现见证了长江中游先民的治水智慧,为史前治水研究提供重要新材料。反映了屈家岭文化人群通过建造一系列水利设施,调控古城用水的水资源管理模式,展现出长江中游新石器时代古人对自然的认知和改造。

专家认为,要素完备的水利系统,集抗旱与调蓄、生活用水和农业灌溉等多种功能于一体,标志着史前先民的治水理念从被动地防水御水转变为主动地控水用水,实现了从适应自然到改造自然的跨越。屈家岭遗址的治水范式,再现江汉平原早期治水文明的壮美图景,不仅为史前单体聚落的水资源管理和利用提供了细节支撑,而且也是研究早期人地关系、社会组织等问题的重要考古依据。大型中心聚落、高等级建筑和水利工程设施的集中出现,年代明确,结构清晰,工艺高超,多角度、多维度地展示出史前文化的发展高度和社会复杂化程度,是研究长江中游地区史前文明化进程的珍贵物证,为探索中华文明的形成与发展提供了关键样本。

【城河遗址】 城河遗址地处汉江西岸，长湖北岸。城河及其支流分别从遗址的西、南及东侧流经，于遗址东南方汇合。城河遗址为新石器时代古遗址，约4000年历史。遗址平面呈不规则椭圆形，面积约70万平方米。

2021年至2023年的考古工作，确认屈家岭南部台地存在以F38为代表的屈家岭文化高等级建筑区。揭露一座面积约510平方米的屈家岭文化大型建筑F38，依据建筑形制及特征，推测其为一处公共礼制性建筑。主体面积约340平方米，外围设施（或为廊道）现存面积约170平方米。发现F38有黄土台基和数量众多、体量巨大、建造工艺考究的“磉墩”，是已发现“磉墩”的最早形态，填补了中国建筑史的空白。

城河遗址东北边借用自然高岗为城墙，其余方向城垣为平地土筑。城墙外壁较陡直，内坡平缓。在城址东南角、北城墙西端西部、北城西端中部、南城墙中部各有一处缺口。西北、南、西城墙外有宽30—50米的城壕，城址西北部略内凹。

城河遗址发现了房址、灰坑、灰沟、陶窑、灶址、黄土台以及活动面、柱洞、红烧土坑等多类遗迹现象。

【王家塝墓葬】 墓地揭露出各类形式的独木棺墓、“一棺独享”的大墓、棺椁齐备的小型墓葬、小型合葬墓等墓葬形制，并发现墓葬中不同部位的置钺现象。考古工作表明，古人在此平整土地、营建墓地，并举办仪式活动，最终墓地南部逐渐演变为生产生活场所。相关研究为屈家岭文化葬仪提供了新认识。墓圹和棺木形制清晰，特征明确。绝大多数为竖穴土坑墓，但有少量墓一侧略带“偏洞”，棺木一半被嵌偏洞中，并且发现同穴多“室”合葬墓。超过70%的墓葬可见葬具，发现率和保存完整状况在长江中游史前墓地中非常少见。葬具痕迹包括独木棺和长方形边框的板棺，在长江中游首次大规模发现史前独木棺。M202、M155和M112开口面积分别为17.3平方米、14平方米和22.4平方米，是中国范围内已发现的同时期面积较大的史前墓葬。M202是一座同穴双“室”合葬墓。长方形竖穴土坑，开口长4.38米，宽3.95米，墓底距墓口2.5米。东、北侧有生土二层台。墓壁规整，局部保存明显的工具痕迹。墓底有两个平行的南北向墓室，中间以宽0.5米，高0.8米的生土梁相隔。生土梁顶部距墓口深1.7米。东、西两墓室均发现直壁弧底独木棺，棺内外均随葬六十余件磨光黑陶，同时在棺外发现漆盘、竹编器物等。墓葬填土随葬瓮、罐、缸等数件大型带盖容器。根据发掘时预留的填土堆积剖面观察，这些器物一般位于不同层填土的“界面”，应是伴随填土的逐层倾倒先后分别放置的。M155亦为南北向同穴双室墓，墓圹长4.68米、宽3.2米，中间留有生土隔梁，将墓葬分为东、西两室。独木棺保存完整、结构清晰，东室棺内、外随葬漆器和大量磨光黑陶，并在墓主右股骨附近发现玉钺及红色漆柄痕迹。钺长25厘米、刃宽13厘米，柄痕长度为60厘米。M112为同穴三室墓，位于墓地中部，东西长5.95米，南北宽4.1米。距开口深125厘米处发现三座平行的南北向墓室，亦以生土梁隔开。墓室形制均为长方形竖穴土坑状。中墓室较大，南北长2.9米，宽1.6米。东西两侧墓室面积明显较小。每个墓室内各埋葬一座独木棺，痕迹清晰。中墓室独木棺粗大，直径达1.5米，棺内可见石钺、象牙器、漆器以及大量磨光黑陶，棺外随葬暗红色大漆盘，棺木体量和随葬品丰富程度明显大于两侧墓室。结合填土中，中墓室上方集中填埋大量带盖容器的现象，似乎可以认为中墓室墓主的身份高于两侧墓室。

上述大型墓葬分别位于中部、西南、西北、东北四个位置。在每座或每两座大型墓葬周围，则分别分布数量不等的中型、次中型、小型墓葬，表现出明确的布局。

【水坝遗迹】 该遗迹为屈家岭文化时期人工堆筑的水坝遗迹，初步探明遗迹横跨城河支流河谷，南北长260米，西最宽处为39米，地面可见最大高度为6.5米，可能用于拦截城河支流水资源，从而在水坝北部区域形成蓄水区；水资源可借助北部岗地的人工沟进入城内，实现城内旱季供水、涝季排水功能。此外，在城内西部区域发现年代不晚于屈家岭文化时期的人工堆积，与城垣、水坝的堆积结构、性状相似，其东西两侧还有平行的大型壕沟，不排除为早期城垣的可能性。

【文物遗存】 城河遗址随葬品丰富，几乎所有墓葬都随葬陶器，少则数件，多则60余件。除陶器外，亦有玉钺、石钺、象牙器、竹编器物、猪下颌骨、漆器以及疑似木器等遗存。墓葬规模、葬具、随葬品等表现出明显的社会分化。在发掘区内，面积在10平方米以上的大型墓葬有7座。大、中型墓葬有体量巨大的棺木、精美的玉钺、石钺、漆器、象牙器以及大量磨光黑陶、猪下颌骨等遗物。在大、中型墓葬填土中，还发现随葬瓮、罐、夹砂红陶缸的现象。小型墓葬规模较小，葬具的使用率低，仅随葬数件陶器。甚至发现几座小墓共用一个器物坑的现象。

【研究价值】 城河遗址北城垣外侧的王家塝墓地是已发现的规模最大、保存最完整的屈家岭文化时期墓地，填补了长江中游地区缺乏史前大型墓发现的空白，对重新审视屈家岭文化的社会结构提供了重要的资料。而城垣、居址、墓葬三位一体的系统发现，为长江中游地区文明化进程研究以及认识该地区在整个中华文明形成过程中发挥的重要作用，提供了更全面的信息。湖北沙洋城河遗址反映了屈家岭文化人群通过建造一系列水利设施，调控古城用水的水资源管理模式，展现出长江中游新石器时代古人对自然的认知和改造；王家塝墓地多种形制的墓葬，反映了屈家岭文化社群结构的复杂性和社会分化现象，与良渚、寺墩展现的史前文明形态交相辉映，提供了探讨长江中游新石器时代文明进程的新证据。

(市文旅局)

荆门市获评全国市域社会治理现代化试点合格城市

【概况】 2023年10月,荆门市被中央政法委评为全国市域社会治理现代化试点合格城市。标志着荆门市承担的市域社会治理现代化试点工作圆满完成,平安荆门再添“国字号”荣誉。

2019年12月,中央政法委组织开展全国市域社会治理现代化试点工作。荆门市主动申报,经中央政法委批准,荆门市被确定为全国首批市域社会治理现代化试点地区(全省7个试点地市之一),从2020—2022年开展为期3年的试点工作。三年来,荆门市紧盯试点创建任务,认真担当履责、深入创新实践,着力补短板、强弱项、扬优势、固根基,圆满完成试点工作262个共性任务、6个省级区域特色任务,市级谋划“5+N”特色试点创新项目较好推行,积极打造共建共治共享的社会治理格局。针对社区治理“难点”“痛点”和群众“急难愁盼”问题,创造性推出城市社区“大党委+大综治”新机制;着力提升基层社会治理效能,提出构建市县乡村综治中心“4464”治理体系;坚持和发展新时代“枫桥经验”,创新矛盾纠纷多元化解机制;持续深入实施村(社会)社会治理积分制管理,构建人人有责、人人尽责、人人享有的社会治理共同体;实施“一社一警、一村一辅警、一法律顾问”工程,夯实社会治理基层基础。荆门市已建立市级社会治理创新项目库,收录县(市、区)创新试点项目39个,其中沙洋县“平安驿站”、京山市“乡村联片治理”、东宝区“五员议事”入选“2021全国社会治理创新100案例”。2023年2月,荆门市及沙洋县、钟祥市、东宝区被评为2021—2022年度平安湖北建设示范市、示范县(市、区)。

注重统筹谋划,强支撑、同发力。在市域社会治理现代化试点创建工作中,充分发挥党委领导的体制优势,把市域社会治理试点与推动经济社会高质量发展同谋划、同部署、同推进。注重制度化调度。将试点任务纳入全市“十四五”经济社会发展规划统筹谋划,出台荆门市“三年试点工作实施方案”“试点工作评价指标体系”,汇编政策文件35项、工作简报32篇、成果集39篇。市委常委会听取市域社会治理现代化试点工作汇报20余次,市委、市政府主要领导带头包联试点项目,每年至少开展4次专题调研,调度推动重大问题解决。市委平安荆门建设领导小组每月听取一次工作汇报,有力有序推动试点工作。注重项目化推进。将试点工作任务纳入平安建设和政绩目标考核项目内容,实行季通报、年考核。推进“5+N”试点,市级层面确定5个特色试点项目,县级实施“N”个自选项目,因地制宜创新推进。实施项目季度拉练,采取县市区轮流承办现场会的方式,晾进度、晒成绩,现场点评打分排位,营造比学赶超的浓厚氛围。注重清单化结账。坚持问题导向,组织12个专项工作组,下沉一线督导调度45个市直责任部门和7个县市区,根据“履职清单”将指引任务细化落实。结合“创新清单”,对收录入库的39个项目进行重点培育。对试点任务推进缓慢、落实不力等问题,动态制定“督办清单”,点对点向任务牵头单位党委(党组)发工作提醒函、督办函,限期整改到位,形成工作闭环。

坚持强基固本,增特色、扬优势。试点工作坚持以政治强引领、以法治强保障、以德治强教化、以自治强活力、以智治强支撑,不断抓基层、强基础、固根本,夯实市域社会治理“底盘”,塑造市域社会治理“荆门样本”。紧扣实际,推进综治中心实体化建设。综治中心是整合社会治理资源、创新社会治理方式、推动社会治理落实的基础工程。坚持以需求为主线,重点在综治中心的实战、实用、实效上下功夫,着力提升指挥、调度、处置能力,平安荆门建设纲举目张、全面推进。全域联动搭架构。出台《荆门市县乡村综治中心规范化建设实施办法(试行)》,构建横向部门资源整合、齐抓共管,纵向高效指挥调度、力量聚合的“4464”工作架构。即市、县、乡、村四级统筹联动,市县搭建社会治安综合治理中心、矛盾纠纷多元化解中心、公共法律服务中心、应急管理中心“四位一体”平台,乡镇(街道)实行“六心合一”,村(社区)建立“四站(室)”平台。统筹资源抓整合。按照“多中心合一、一中心多用”原则,整合网格化、信访、矛盾纠纷多元化解、公共法律服务等线下工作平台,统筹协调政法综治、公安、法院、司法、信访等单位常驻办公,相关部门轮驻,实现群众反映诉求、解决矛盾“只跑一地,只进一门”。因地制宜建机制。按照“做实市县、做强乡镇,做活村(社区)”理念,在阵地建设上,针对主城区3个行政区划相互交错、机构建制不全等实际,推进一体化建设,避免重复投入;针对乡村“空心化”以及一些乡镇仍保留传统片区管辖特点,探索了京山市四岭村联片治理、掇刀区麻城镇雷集片区治理两种乡村治理模式。在模式运行上,全市134个城市社区创建“大党委+大综治”机制,协调解决社区治理“疑难杂症”;在农村则重点推行“五员议事”模式。注重实效,推动矛盾纠纷源头化解。紧紧围绕新时代“枫桥经验”的核心内涵,创新“一站受理、一网解纷、一门办结、一地统管”模式,打造矛盾纠纷多元化解格局。分级分层“建”。制定出台矛盾纠纷多元化解制度,建立网上受理、在线查询、预约及远程视频网络调解平台,实现线上线下联合发力,让群众少跑路、零跑路。2021年,荆门市承办全省法院系统矛盾纠纷化解推进会，并在会上作经验介绍。科学务实"管"。各级"中心"实行案件"双向审核把关"机制、工作绩效考评机制、职级管理机制、人员能力提升培训机制，每年列支300万元用于解决调解员劳务报酬及调案补贴。建立健全诉调对接机制，即接即办、多级联动、提级办理，为群众提供多途径、多层次、多种类的纠纷解决"个性化方案"。灵活高效"用"。建立14类行业126名专家组成的全市矛盾纠纷调处专家库，设立专业调解委员会，建立"诉前调解＋司法确认"模式，打造"金牌调解员＋服务团队"，有效形成防止矛盾风险外溢的"四级屏障"。2022年，全市矛盾纠纷多元化解中心受理矛盾纠纷21856件，调处20799件，调处成功18214件，调处成功率88%。协同发力，打造共建共治共享社会治理格局。充分调动融合各方力量，推动政府治理和社会自我调节、居民自治良性互动，形成市域社会治理共同体。注重发挥积分制管理激励引导作用。自2016年以来，市委、市政府坚持把基层社会治理积分制管理作为全市改革创新"四个十"项目来推动，不断释放积分制管理在基层共建共治中的效能。全市1573个社区（村）全部实行积分制管理，142万个主体以积分的形式参与到社会治理中来，定向培育互助类、公益类、服务类社会组织232个。注重发挥群团组织"柔性"补位作用。团市委、妇联、工会、法学会等群团组织积极搭建沟通平台，拓宽与群众交流的渠道，力争让每名群众在组织中找到位置、发挥作用。全市注册青年志愿者23.1万人，志愿服务时长636.22万小时，位居全省第二。市妇联建立的婚姻家庭矛盾纠纷"解忧站"成为"国字号"家庭纠纷调解委员会品牌。注重发挥自治组织自管自治作用。充分发挥"湾长理事""和事佬工作室""李涛义务巡逻队""居民自管委员会"等基层自治组织作用，探索推行"五员议事"（社情民意信息员、政策法规宣传员、矛盾纠纷调解员、文明素养劝导员、特殊人群帮扶员）模式。全市有社区社会组织6625个，其中每个城市社区平均拥有10个，每个农村社区平均拥有5个，全市545个物业小区实现社区党组织领导下自管自治机制全覆盖。多措并举，构建立体化社会治安防控体系。打造"情指勤舆"一体化实战化工作平台。建立健全"情报、指挥、勤务、舆情"一体化实战化运行机制，稳步提升社会治安基础防范水平和源头治理能力。依托"智慧城市"，已建成1个智能底座、1个智能中枢、8个智慧应用，汇聚数据54.7亿条，共享数据22.36亿条。依托党政内网、政法专网平台，确保党政部门信息互通、情报共享、行动同频。智慧法院系统完成在线调解25246次，智慧检察系统办理技术检案2973件，智慧公安系统有效汇集公安、政务、社会面数据110亿条。抓实城乡智能安防。推进城乡视频图像资源分级整合、统一调取、智能研判，建立以"四道十九防"智能门禁系统为重点的"互联网＋智慧社区"模式和"十户联防＋e"为重点的智慧乡村模式，实现"一点登录、全网关联"和"开门留痕、进人留影"。全市共建成智慧平安小区603个，改造老旧小区578个。着眼大局，营造一流法治化营商环境。落实涉企案件经济影响评估制度。健全服务企业月度调度会、季度恳谈会、常态化督查和"红黑榜"通报制度，统筹制定4个大类91条重点任务清单，将涉企案件经济影响评估嵌入审理流程，随案发放涉企案件监督卡，审结涉企案件6942件。紧盯"执行合同""破产审判""保护中小投资者"三项指标，减少审案中程序空转，打造合同执行快车道。全市16个法治营商环境先行区试点创建项目顺利通过省优化办考评验收，先行区创建总数居全省第一位。深化司法便民举措。推动"项目警长制""共享法庭""检察服务e站""万所联万企"进园区，进规上企业，帮助查找法律风险点320个，提供法律意见建议560条，起草修改法律文书256件，提供优质高效的政法公共服务。开展建设性执法司法。贯彻"少捕慎诉慎押"刑事司法政策，完善"府院联动"机制，慎用查封、扣押、冻结等强制措施，将刑事案件对企业经营的影响降到最低程度，有效防止"办了一个案子、垮了一个企业、下岗一批职工"，全市不捕率51.7%、不诉率42.5%，同比分别上升22.8%和18.5%。

融入共同缔造理念，齐推进、助治理。运用共同缔造理念，促进市域社会治理与共同缔造深度融合，创新完善共建共治共享的社会治理新格局。坚持党建引领，牵住市域社会治理"牛鼻子"。坚持把党建引领贯穿市域社会治理的全过程、各方面，推进"共谋、共建、共治、共评、共享"，将党的政治优势和组织优势转化为治理效能。放大"大党委＋大综治"品牌效应，培育出"红领章""红管家""红旗连""红色物业""红色商圈"等一批"红色系列"党建引领基层社会治理创新品牌，把党组织的服务管理触角延伸到基层治理"神经末梢"。坚持群防群治，画好市域社会治理"同心圆"。在共同缔造活动牵引下，探索建立以群众为主体、多方共同参与的"一核多元"参与机制，凝聚基层社会治理力量。开展共同缔造试点，确定试点村（社区）189个，其中省级试点47个、市级试点142个，京山市成为全省运用共同缔造理念和方法推进基层治理体制机制创新的14个试点之一。继"全国文明城市""首创首成"后，积极引导全社会共创"全国文明典范城市"，市民文明素质和城市文明程度显著提升。全市累计表彰见义勇为先进群体和先进个人38件60人，评选荆门市道德模范64人，发布"荆门好人"912人，推荐上榜"中国好人"25人，评选"最美家庭"264户。坚持为民导向，共享市域社会治理"幸福果"。践行以人民为中心的发展思想，把增强群众获得感、幸福感、安全感作为基层社会治理的根本标尺，推动"一社（村）一警（辅警）一法律顾问"全覆盖，筑牢基层平安"压舱石"。3年来，聚焦黄赌毒枪诈等五类犯罪，实施快速、协同、链式、深度"四个打击"，强力攻坚，破案数、打击数、起诉数同比分别增长62.1%、161.4%、73.7%，全市扫黑除恶斗争民意测评满意率连续3年稳居全省第一方阵,2022年全市群众安全感达99.2%。

(李　俊)

实施“两个畅通”工程

【概况】　2023年,荆门市以创建全国市域社会治理现代化试点城市为抓手,大力实施畅通群众和企业诉求表达解决渠道工程(简称“两个畅通”工程),通过一门受理管全域、高效处置促化解、提前预警消隐患、强化督办转作风,着力解决群众和企业急难愁盼问题,市域社会治理体系和治理能力现代化水平不断提升。2023年,荆门市“两个畅通”平台共处办各类诉求46.7万件,涉及消费纠纷、工资拖欠、噪声污染、物业管理、房产交易、大气污染、城市客运、私搭乱建、土地征收、行政执法等方面,办结率和满意率均达99.9%以上。荆门“12345”政务热线服务质量获评全国A类等级,“12345”热线集体获“全国创新服务优秀单位”荣誉称号。

【整合优化平台】　市委、市政府在充分调研论证的基础上,将资源整合作为“两个畅通”工程的基础性工作,建立后台全打通、信息全归集、诉求全受理、办结全反馈的政务服务便民热线平台,实现了“12345”热线“一线应答”。横向归并,推动热线平台整合利用。按照“电话全归并、人员全集中、标准全统一、一网全受理、管理全规范”的要求,将市委书记专属版、“110”报警服务台(非警务类诉求)等35条政务热线和“解稳促”活动线上服务平台、智慧企业服务平台等8个便民利企服务平台整合归并到“12345”热线平台,提供7×24小时全天候服务。纵向贯通,实行热线平台“一链处置”。向上无缝对接省“12345”平台,实时汇聚上传全量数据,及时接收省级转派的各类诉求;向下建立覆盖市、县、乡、村四级联动的办理体系,实行统一分拨、统一处置、统一审核,确保诉求纵向转办不断档、快办结。优化功能,提升热线平台处办效能。加强平台智能化建设,上线智能座席助手、智能质检、智能在线客服、智能回访等应用场景,实现群众来电15秒快速接通,高峰时段实时来电实现全量接听或回拨,群众对通话服务满意率99.22%。建立企业服务专属表单,制作企业画像,根据企业基本信息,运用惠企政策知识库,分类解决企业诉求。平台已汇集全市企业信息7万条,汇聚相关政策信息9910条;与“110”高效联动,实现电话后台互转、工单系统互派,从源头上为基层派出所“减负增效”。2023年,“12345”与“110”联动处置各类诉求4619件,办结率和满意率100%。数字赋能,提高热线平台“智治”能力。从平台“接收、转派、办理、回访、评价”全流程处办环节入手,将“12345”热线平台纳入智慧城市大脑模块,依托智慧城市大脑核心“智治”能力,建设“两个畅通”数据智治分析平台,全量接入工单数据,通过对事件来源、处置状态、处置结果等多纬度分析研判,呈现治理全景态势,为科学决策、精准施策提供依据。全年汇聚诉求信息128万余条,信息预警40.8万条,编发工作周报52期、月报12期,及时为领导决策提供参考。

【建立工作机制】　建立诉求规范办理机制和工作流程图,把各级责任落实到工单办理全流程、各环节,实现从诉求受理到回访评价闭环管理。领导重视,高位督办。市委、市政府高度重视“两个畅通”工程,将其纳入政绩目标考核,建立按时接收、及时反馈、按期办结、满意率等为主要指标的考核评价体系,每季度对各成员单位“两个畅通”办理情况进行考评打分。建立市县两级调度机制,健全完善“领导靠前调度、政府办靠前协调、责任单位靠前落实”的工作闭环。市委书记对每期周报、月报作出指示批示,提出明确的办理意见;市长每月专题研究部署,调度处置反映比较集中的诉求;分管副市长每周专题调度督办一次重点诉求。春节期间,沙洋、钟祥群众反映乡镇村组供水矛盾突出,市委主要领导高度关注并作出批示,市政府立即专题研究部署,出台《荆门市农村供水保障三年行动方案(2023—2025)》,全面提高农村自来水普及率、供水保障率和服务水平,农村自来水普及率达94%。强化效率,接诉即办。推行“21515”限时办结制度,即紧急事项2小时办结,简单事项1日办结,一般事项5日办结,复杂事项15日办结。对一般咨询类事项,由话务员借助“知识库”当即予以答复。对紧急接诉即办事项,第一时间通知相关地方、部门和行业管理单位,严格落实限时办理和按时反馈要求,确保高效处置。分级调度,属地主办。对一般性问题,按照“属地管理优先”和“谁主管、谁负责”的原则,由各县市区和部门限期办理并答复诉求人;对重点难点堵点问题,建立分级分类调度制度,压实相关部门和县市区政府主要负责人责任,列出问题清单,实行销号管理。评价回访,倒逼真办。建立部门办理反馈、平台办结回访双重反馈机制。承办单位对已办结的事项,及时向群众和企业告知办理结果;对因客观原因暂时无法办结的事项,明确限期办结时间,按期兑现承诺;对要求过高或不合理诉求,反复宣讲相关政策,依法依规办理。同时,对诉求办理情况进行回访评价,对回访不满意的重点事项,通过发函督办、现场督办等方式,督促责任单位整改落实;对办理3次以上不满意事项进行研判分析、查找原因,对办理工作中不担当不作为和落实不力行为进行查处。2023年,市纪委监委针对“两个畅通”工作下发问题线索交办函33件。

【回应民生关切】　始终坚持人民至上,在推进“两个畅通”工程中，充分尊重群众主体地位，把群众组织起来、发动起来，让群众积极参与进来，着力构建共建共治共享的社会治理新格局。把平台作为政府服务群众的重要方式。紧盯群众生产生活需求，进一步完善平台服务功能，为群众提供更加方便快捷的服务。2023 年 8 月，“12345”热线平台上线“一号智能挪车”功能，并与公安信息系统对接（全省首家），简化挪车服务流程，为群众快速解决“挪车难”问题。开通“荆门 12345”微信公众号，为群众和企业提供政策咨询、求助、投诉、建议等掌上服务，定期发布受理、办理情况及政务动态信息，已受理各类诉求 500 多个，发布各类信息 300 余条，实现政务服务热线从“线上”向“掌上”延伸。把平台作为群众参与社会治理的重要途径。发挥电视、报纸等融媒体宣传作用，引导群众正确认识和拨打“12345”平台热线。举办《畅通工程·“荆”天办》公共对话媒体活动，邀请职能部门、基层单位、群众代表参与商议解决热点、难点、焦点问题，先后化解小区房产办证、物业服务等 70 多个群众高度关切的问题，获全省媒体融合创新案例“服务群众类”第 1 名。在《荆门晚报》开辟《推进“两个畅通”聚焦急难愁盼》媒体专栏，每周定期发布诉求办理情况，“两个畅通”工程逐步深入人心，社会关注度和参与度进一步提高。把平台作为源头化解矛盾的重要抓手。对群众和企业诉求实行日交办、周报告、月通报。每日一梳理，跟踪共性问题；每周一汇总，编发工作周报进行归纳分析。针对群众和企业反映比较集中的典型性、苗头性、集中性问题，分类进行建模、预警和处置，实现了精准发现问题、精细研判对策、精心服务群众，精准有效防范化解问题。对研判掌握的“一人多次”“一事多人”事项和群众聚焦的共性问题，提前介入、积极应对、精准施策。针对荆门中心城区反映强烈的城市住宅二次供水问题，“12345”热线及时向相关部门反馈，迅速研究解决办法，2023 年 6 月 13 日，全国首个二次供水设施产权向小区顺利移交。截至年底，共研判处理共性问题 1976 件，有效防止群众和社会情绪“井喷”。把平台作为保障社会安全稳定的重要载体。“两个畅通”平台建立了突发事项快速响应机制，应急响应成员单位组建专门值守力量，落实应急响应 30 分钟现场处置，2 小时反馈情况，24 小时上报结果，确保高效处置各类突发事项，推动职能部门全面排查类似隐患，防患于未然。2023 年 8 月 16 日，京山市永兴镇高速停车场一辆满载氯化氢的货车发生泄漏，“12345”热线接诉后立即启动应急处置，仅用 100 分钟成功将危化品车辆转移至危废场，隐患得以消除。2023 年，“两个畅通”平台针对群众反映的道路安全隐患、电线垂落起火、燃气泄漏、极端天气应急等各类突发事件 713 件，第一时间与应急成员单位高效联动，现场处置，排除隐患，全力保障人民群众生命财产安全。

【惠企专属服务】 将“两个畅通”工程作为优化营商环境的重要抓手，开设企业服务专席，提供惠企专属服务，全年受理企业诉求 2976 件，为企业提供快转、快办、跟踪、督办“一条龙”专属服务。精准精细推送政策。为让企业更迅速、更便捷、更精准了解政策，平台建立政策服务库，由各涉企主管部门负责收集整理国家、省、市最新政策，上传供企业掌握。截至年底，共汇集各级相关政策信息 1 万余条，企业用水、用电、用气数据 5 万余条，企业人才信息 6 万余条，进一步提高政策知晓率。规上工业企业实现全注册，更多企业通过平台渠道了解相关政策。2023 年，依托平台落实兑现免申即享惠企政策 54 项，惠及企业 123 家，金额 2535.45 万元；落实兑现企业申报类项目 8 项，惠及企业 57 家，金额 8159.26 万元。用心用情解决问题。着力为企业纾困解难，建立企业服务专家库，随时为企业提供专家咨询服务，对企业诉求实行“简单事项立即办、难点事项协调办、重大事项限时办”的分级分类办理机制，全面破解企业生产经营中的难点堵点痛点。2023 年 7 月，长城汽车荆门分公司开启双班生产，企业面临用工短缺的问题。通过“两个畅通”平台及时交办、跟踪办理，掇刀区、市人社局联合处办，帮助企业招工 6000 余人，有效缓解企业用工压力，公司整车下线 12 万辆，产值突破 200 亿元。建立健全长效机制。每周对企业诉求进行专项分类统计，深入分析研究，力争办理一件诉求、解决一类问题、建立一批制度。在各级政务中心建立“首席服务员”和帮办代办工作机制，实行“一对一”服务，有效提升了企业办事效率和项目工作进度。2023 年，全市新登记企业类经营主体 26064 户、增长 51.5%；新增入库规（限）上服务业单位 1018 家；百亿元企业达到 5 家，2 家企业上榜中国民营企业 500 强、7 家企业入围湖北民营企业 100 强，数量均居全省第 2 位。

（市行政审批局）

大事记

1 月

5日 中国人民政治协商会议荆门市第十届委员会第二次会议在荆门剧院开幕。

△ 荆门市十届人大二次会议在荆门剧院开幕。

8日 市十届人民政府第二次全体(扩大)会议召开。

9日 市委副书记、市长陈家伟带队到东宝区、京山市督导一季度“开门红”,调研城市规划发展、企业生产经营、项目建设运营等情况,检查安全生产工作。

△ 省侨联党组书记、主席施政一行到荆出席荆楚理工学院侨联成立大会,开展侨联工作调研。

10日 市政府与中建三局集团有限公司在武汉签订战略合作框架协议。双方将以此次战略合作框架协议签订为契机,进一步深化合作、携手共行,共同打造政企合作新典范,开启互利共赢新篇章。市委书记胡亚波,中建三局党委书记、董事长陈卫国出席签约仪式并致辞。市委副书记、市长陈家伟,中建三局党委副书记、总经理李琦代表双方签约。

18日 全市违规吃喝问题专项整治推进会召开。市委书记胡亚波出席会议并强调,要深入学习贯彻党的二十大和习近平总书记在二十届中央纪委二次全会上的重要讲话精神,全面落实中央纪委和省委工作要求,以严的基调、严的措施、严的氛围正风肃纪,推动专项整治走深走实,为荆门转型升级、跨越发展提供坚强作风保障。

△ 荆门市“博士创新创业联盟”和“人才服务联盟”成立。联盟秉承“创新、卓越、协同、共进”理念,以“集聚优质资源,赋能人才发展”为宗旨,致力打造“产业转型、跨越发展”的创新之源,“才聚荆楚 · 智汇荆门”的智力引擎,“大众创业 · 万众创新”的导师团队。市委书记、市委人才工作领导小组组长胡亚波出席成立大会,并宣布荆门市“博士创新创业联盟”和“人才服务联盟”正式成立。会上宣传了荆门市人才“引育留用服”一揽子措施并介绍了“荆英卡”分层分类服务办法;会议通过了《荆门市博士创新创业联盟章程》和联盟会长、副会长提名人选。

28日 市委书记胡亚波主持召开市委常委会(扩大)会议,学习习近平总书记在2023年春节团拜会上的重要讲话精神,听取市人大常委会、市政府、市政协、市中级人民法院、市人民检察院党组工作汇报,安排部署近期重点工作。会议强调,市人大常委会、市政府、市政协、市中级人民法院、市人民检察院“五个党组”要坚持以习近平新时代中国特色社会主义思想为指导,认真贯彻落实党中央决策部署和省委、市委工作要求,真正做到思想同心、目标同向、行动同步,共同推进荆门经济社会高质量发展。

2 月

1日 亿纬动力六、七、八、九区投产暨60吉瓦时超级工厂新项目开工仪式在荆门高新区 · 掇刀区举行。新开工项目总投资达108亿元,占地66.67公顷,主要建设60吉瓦时动力储能电池生产线及辅助设施,预计2024年二季度一期建成,年底全部投产。市委书记胡亚波出席活动并宣布亿纬动力超级工厂项目开工。市委副书记、市长陈家伟,惠州亿纬锂能股份有限公司董事长刘金成出席活动并致辞。

△ 市创城办召开会议,对创城工作进行安排部署。决定开展“清洁清理、整顿秩序”行动(以下简称“洁序行动”)。为推进全国文明典范城市创建,助力打造整洁、优美、干净有序的城市环境,市创城办以东宝区、荆门高新区 · 掇刀区、漳河新区为主体,全面开展“洁序行动”。此次行动的重点为“五大清理”。即清理暴露垃圾(杂物);清理小广告和遛狗不牵绳行为;清理楼道杂物;清理车辆乱停乱靠、行人乱穿马路,商户出店出线经营、流动商贩等交通秩序和经营秩序问题;清理破损、污损的公益广告。市创城办将对各区“洁序行动”开展督办检查,对工作开展不力的部门和单位进行通报。

3日 市委书记胡亚波率队赴福建省福州市,考察福耀集团福清总部，拜访集团董事长曹德旺，并就深化双方合作进行座谈交流。

8日 市九届纪委第三次全体会议召开。

△ 雄韬股份15吉瓦时锂电和10吉瓦时钠电产业园项目成功签约。项目选址京山市永兴街道，规划用地面积约30公顷，主要生产锂电池和钠电池等新能源产品，应用于新能源储能市场及5G通信、IDC数据中心市场等领域。

△ 省气象局与市政府签订“厅市合作”协议。双方将全面落实协议内容，共同推进荆门气象事业高质量发展。省气象局党组书记、局长柯怡明，市委书记胡亚波出席签约仪式并讲话。

10日 十堰市委书记黄剑雄，十堰市委副书记、市长王永辉率党政代表团到荆门市考察产业转型升级和经济社会发展情况。市委书记胡亚波，市委副书记、市长陈家伟陪同考察。

12日 台湾、荆门两地视频连线，共同举行台湾荆门同乡会新春团拜活动。市委常委、市委统战部部长刘振军出席团拜活动并致辞。

21日 市政府与中国节能环保集团签订战略合作框架协议。双方将按照“优势互补、互利共赢，平等协商、协同推进”的原则，围绕节能环保及相关领域开展广泛、深入的合作，协同整合技术、资本、资源等多方面要素，共同打造节能环保示范城市，共同构建价值创造与价值共享的合作发展新格局。市委书记胡亚波，中国节能环保集团有限公司党委书记、董事长宋鑫出席签约仪式并讲话。

△ 市委常委、市委统战部部长刘振军会见台湾荆门同乡会理事长李德珍。

△ 荆门市举办“戎耀荆盟”社会化拥军单位授牌仪式，标志着荆门市社会化拥军平台正式启动运行。首批76家企业（单位）入围平台，为现役军人、退役军人及其他优抚对象提供优待服务。市委副书记、市委政法委书记赵少莲，副市长、市公安局局长陈实出席仪式，并为拥军单位代表授牌。

23日 荆门市争创全国文明典范城市誓师大会召开。市委书记胡亚波出席会议并讲话。他强调，要深入学习贯彻习近平总书记关于精神文明建设的重要论述，全面落实党中央和省委关于文明典范城市创建的部署要求，以归零心态、攻坚姿态、决战状态，推动文明创建工作走在全省前列，力争进入全国优秀行列，争创全国文明典范城市，为荆门“转型升级、跨越发展”提供强大精神动力。

23日至24日 省政协党组副书记、副主席尔肯江·吐拉洪一行到荆门，调研“一线协商·共同缔造”行动、加强和改进市县政协工作及司法支持解决中小微企业融资等，走访看望政协委员。

3 月

1日 深化落实宽严相济刑事政策和少捕慎诉慎押刑事司法政策实务研讨班在荆门举行。省人民检察院党组书记、检察长王守安出席开班式并讲话。市委书记胡亚波出席开班式并致辞。

△ 生态环境部长江流域生态环境监督管理局副局长杨永德一行到荆门调研四湖流域（含荆门市长湖）生态环境治理情况。省生态环境厅副厅长李国斌、省生态环境厅监察专员史芳斌参加调研。市委常委、副市长雷华陪同调研，并汇报荆门市长湖流域生态环境治理工作进展情况。

△ 市委书记胡亚波与中铁十一局集团有限公司党委书记、董事长陈志明一行座谈。双方表示要加强沟通交流，深化务实合作，实现互利共赢，加快推动荆门建设产业转型升级示范区。

2日 荆门市动力储能电池产业技术创新联盟成立大会在星球国际大酒店召开。会议审议通过《荆门市动力储能电池产业技术创新联盟章程（草案）》，选举联盟会长单位、副会长单位、秘书长单位。副市长唐承凤宣布联盟成立。

△ 全市突出生态环境问题集中攻坚誓师大会暨2023年市生态环境保护委员会第一次全体会议召开。市委书记胡亚波出席会议并讲话。他强调，要深入学习贯彻落实习近平生态文明思想，切实增强军令如山、决战决胜的责任感和只争朝夕、昂扬向上的紧迫感，以壮士断腕、背水一战的勇气，不断推进生态环境保护取得新成效，为加快建设人与自然和谐共生的美丽荆门而努力奋斗。市委副书记、市长陈家伟主持会议。省生态环境厅驻鄂中专员办监察专员史芳斌到会指导。

△ 中国少年先锋队荆门市第四次代表大会以电视电话会议形式召开，市委常委、市委统战部部长、市少工委名誉主任刘振军出席主会场开幕式并讲话。

△ 荆门市举办干部大讲堂暨“练兵提能·周周讲”第一讲。市委常委、市委组织部部长刘富国出席并讲话。荆门化工循环产业园建设服务中心主任常杰以《荆门化工产业转型升级的路径》为题授课，来自市直各单位500名干部参学。

3日 市委书记胡亚波，市长陈家伟等市领导，与市委、市人大常委会、市政府、市政协机关干部以及荆门军分区官兵和市直部分单位工作人员分批到东宝区子陵铺镇四坪村义务植树点，参加中心城区2023年集中义务植树活动。

△ 市市场监督管理局考核批准两项社会公用计量标准，分别是车用尿素加注机校准装置、连续累计自动衡器（俗称皮带秤）检定装置。全市已建立94项社会公用计量标准，涵盖绝大部分强制检定计量器具，基本上能满足全市生产生

活计量需求。

3日至4日 省文化和旅游厅党组书记、厅长李述永带队到荆门,就荆门市文化和旅游、共同缔造活动试点等工作开展调研。

4日 “相约春天2023”荆门文旅消费季活动在生态运动公园盛大开幕。市文旅局发布赏花节活动和十大精品赏花旅游线路。此次文旅消费季活动包含潮玩文创、多彩“非遗”等11项旅游展销活动,湖北油菜花节、钟祥市首届牡丹花节等10项春季赏花活动,还有各种“春游荆门”主题系列活动。

7日 副省长盛阅春到荆门调研工业经济运行、安全生产、重点项目建设、汉江航运发展情况,要求锚定目标、担当作为、快干实干,奋力打造产业转型升级示范区。

△ 全市养老服务体系建设现场推进会暨荆门市颐养院·荆门市智慧养老服务中心揭牌活动举行。省民政厅党组书记、厅长陈昌宏出席相关活动并讲话,市委书记胡亚波现场宣布荆门市颐养院·荆门市智慧养老服务中心正式运营。

△ 荆门知音动漫文旅一体化综合项目签约仪式举行。副市长刘国芳出席签约仪式并讲话。湖北知音动漫有限公司就荆门知音动漫文旅一体化综合投资项目,分别与荆门城控集团、荆门公交集团公司、荆门职业学院签订投资协议。无锡众行车业科技有限公司与荆门高新区管委会签订共享单车生产线项目。该项目将结合荆门市文化基础、景区资源分布及城市规划现状,依托知音动漫的头部IP、原创内容、动漫技术、“粉丝”基础等资源优势,实现“产、教、文、旅”一体化的组合,打造“城市IP开发”“城市剧”“知音文旅出行”“知音动漫产业学院”“乡村振兴兴趣电商”5个项目。

△ 省人大城乡建设与环境资源保护委员会主任委员李昌海带队到荆,就“襄荆荆宜”大气污染传输通道区域联防联控情况开展调研。

7日至8日 宜昌市政协主席王均成率团到荆门,就荆门市“一线协商·共同缔造”行动、政协资政驿站等方面的经验和做法开展考察。

9日 荆门市举办推进市校合作共促乡村振兴对接活动,积极探索“政府+高校+企业”深度合作,全面开启乡村振兴新征程。

11日 市委书记胡亚波主持召开专题会议,研究中天街片区交通改善工作。他强调,要始终坚持以人民为中心的发展思想,运用共同缔造理念,发动群众积极参与城市建设和片区改造,持续完善城市功能,全面提升城市品质,更好满足人民群众对美好生活的向往,不断增强人民群众的获得感、幸福感和安全感。

13日 荆门市科技创新创业大会在荆门剧院召开。市委书记胡亚波出席会议并强调,要深入学习习近平总书记关于科技创新的重要论述,贯彻落实全国全省科技创新大会精神,推动荆门科技创新向纵深发展,奋力打造特色鲜明的国家创新型城市、湖北科技创新样板城市、“科创中国”创新重点城市。市委副书记、市长陈家伟主持会议。省科技厅副厅长杜耘在会上讲话。会议对《荆门市创新创业三年行动方案(2023—2025年)》进行解读。省市领导为荆门市动力储能电池产业技术创新联盟揭牌;为获评全省高新技术企业百强企业授牌;为省级以上科技创新创业平台代表颁奖。会上举行技术攻关企校合作集中签约活动。亿纬动力董事长刘金成、京山轻机董事长李健、英特利董事长贺明智、探梦科技总经理余为伟在会上作交流发言。

△ 市黄龙文武学校“残健融合励志教育基地”授牌仪式举行,为全省首家残健融合教育挂牌学校。

△ 山东东岳集团党委副书记、常务副总裁李玉文带队到荆考察,商谈合作事宜。

13日至17日 市委组织部、市人社局和荆门高新区·掇刀区组织开展“才聚荆门·产业引凤”沈阳大连高校招才引智专项活动。教育、卫健、国资系统及亿纬动力、格林美等37家企事业单位走进沈阳化工大学、东北大学、大连理工大学、沈阳工业大学、中国医科大学5所高校,全市174家用人单位共提供2365个岗位,计划招聘3688人。其中,“招硕引博”计划2052人,教育、卫健系统专项招聘197人,涉及机械制造、人工智能、车辆工程、教育学、学科教育、临床医学、护理学等多个专业。活动中,宣传推介荆门城市发展新貌、最新人才“引育留用”一揽子政策,与东北大学、大连理工大学、沈阳化工大学等高校签订校地、校企合作框架协议,成立荆门市招才引智人才工作站、就业联络站,选聘4位“最美家乡代言人”。

14日 2023年“少年军校”建设现场会召开,推广望兵石学校实施“少年军校”做法,部署安排全市“少年军校”建设工作,助推全国双拥模范城创建。市委副书记、市委政法委书记赵少莲出席会议并讲话。副市长陈实主持会议。荆门军分区副司令员徐申正等出席会议。赵少莲和徐申正共同为望兵石学校“全国国防教育示范学校”揭牌。

14日至17日 市委书记胡亚波率队赴上海、杭州等地开展招商引资活动,先后到太盟投资集团、上汽通用汽车有限公司、上海健麾信息技术股份有限公司、浙江争光实业股份有限公司、浙江吉利控股集团参观考察,并与企业负责人座谈交流,洽谈有关项目合作事宜。

15日 以“优化消费环境 提振消费信心”为主题,荆门市2023年“3·15”国际消费者权益日诚信宣传活动在生态运动公园广场举行。活动现场发布2022年度全市产品质量抽检结果、2022年度消费维权典型案例,为获“湖北省放心消费创建示范单位”的4家单位现场授牌。

17日 沙洋油菜博物馆新馆开

馆。中国工程院院士，华中农业大学、第三世界国家科学院院士教授傅廷栋，市委副书记、市委政法委书记赵少莲共同为新馆揭牌。

△ 荆门市党外知识分子联谊会教育分会成立大会在荆门职业学院召开。市委常委、市委统战部部长刘振军出席大会并为市知联会教育分会揭牌，荆楚理工学院副院长、市知联会会长杨希雄为市知联会教育分会会长单位授牌。

18日 2023年湖北省油菜花节暨荆门·沙洋第十五届油菜花旅游节在沙洋县曾集镇张池农耕文化体验园开幕。省文旅厅、省粮食局分别发布“2023湖北最美油菜花海”“2023湖北特色菜籽油品牌”评选结果，沙洋县油菜花海等10个花海被推介为“2023湖北最美油菜花海”，湖北荆品油脂有限公司“农谷壹号”高油酸菜籽油等10个菜籽油品牌被推介为“2023湖北菜籽油特色品牌”。沙洋县被授牌为“湖北省乡村振兴培训学院沙洋基地”“傅廷栋院士工作站沙洋产业示范基地”。本次油菜花旅游节主题为“乡村振兴 花开荆门”，由湖北省农业农村厅、湖北省文旅厅、荆门市人民政府主办。这也是荆门市第三次成为湖北油菜花节的主会场。

21日 “守护漳河母亲河，珍惜水资源，宣传水法，保护水环境，为春归候鸟护航”活动启动。市人大城环委、省漳河工程管理局、市水利和湖泊局等单位(团体)共同发布《关于珍惜水资源、保护水环境的倡议书》，呼吁市民为保护荆门水源地及生态环境积极贡献力量。

△ 荆门市保护漳河水库誓师动员大会在漳河之滨举行，节水志愿者、环保志愿者、民间河湖长、水库义务监督员代表等4000余人参加。市委书记胡亚波出席并宣布开幕。市委副书记、市长陈家伟主持大会。

22日 市政府分别与工行湖北省分行、中行湖北省分行、湖北银行、光大证券、长江财险、长江产业集团签订战略合作协议。

23日 市委书记胡亚波主持召开市委常委会会议，传达学习习近平总书记在中国共产党与世界政党高层对话会上发表的主旨讲话和在中共中央政治局第三次集体学习时的重要讲话精神，传达学习《中共中央关于开展全国纪检监察干部队伍教育整顿的意见》和全国、全省纪检监察干部队伍教育整顿动员部署会议精神，研究部署全市贯彻落实措施；传达《省纪委关于5起违规吃喝风腐一体典型案例的通报》，审议《关于开展推诿扯皮、办事拖拉等不担当、不作为作风问题专项整治实施方案》；传达学习习近平总书记关于督查工作重要批示精神，听取市委督查工作汇报，研究有关工作；传达学习全省老干部工作会议精神，研究贯彻落实措施。

△ 2023年“省专家博士后科技服务团”荆门行活动启动仪式举行。

△ 荆门市社会科学界联合会第五次代表大会召开。会议表决产生新一届市社科联委员会，程彻当选为新一届荆门市社科联主席。

△ 市政协在钟祥市旧口镇农兴村荆沙蔬菜种植专业合作社开展“委员同行·助推‘一棵菜’产业发展”活动。

23日至24日 副市长刘国芳率荆门代表团参加2023“相约春天 赏樱花”经贸洽谈暨世界500强对话湖北活动。荆门高新区·掇刀区与湖北航特装备制造股份有限公司签订总投资50亿元的新能源汽车一体式铝合金副车架四期项目。荆门市推荐的中航工业AG600水陆两栖飞机、泊鹭航空海王飞机、湖北鸿创科技股份有限公司超薄基板、湖北神地农业科贸有限公司健康产品等分别参加企业展和进出口商品精品展。

24日 市委书记胡亚波主持召开专题会议，研究荆门高新区·掇刀区及锂电小镇相关工作。他强调，要加快完成国际能谷·锂电小镇规划，举全市之力加快推进锂电小镇建设，锂电小镇打造成国内产城融合的新标杆，为荆门建设产业转型升级示范区提供有力支撑。

25日 2023年湖北省“奔跑吧·少年”主题健身活动在爱飞客极客公园举行春季启动式。

28日 荆楚理工学院与市公共检验检测中心签订合作发展框架协议，为荆门“转型升级、跨越发展”提供人才支撑。

△ 第二批“荆门名家”工作室授牌仪式暨市文艺家座谈会举行。市委常委、市委宣传部部长徐莉出席并为全市第二批“荆门名家”工作室授牌。

28日至29日 省工商联主席、省总商会会长党蓁一行到荆门走访调研，了解荆门市开展“万企兴万村”行动、非公有制企业投诉服务平台建设以及工商联基层组织建设等情况。

29日 市委书记胡亚波与韩国IEF国际交流联盟执行委员长申光伍一行座谈，双方就加强农产品加工、文旅产品开发和项目投融资等领域合作进行深入交流。

30日 2023年一季度中央在鄂企业和省属企业重大项目集中开工活动举行。市政府党组成员徐安军在荆门国家电投分会场参加活动。荆门分会场举行武汉至重庆高速公路天门荆门界至二广高速段项目集中开工仪式。

△ 全市2023年度首批“标准化安薪项目”授牌仪式举行，罗汉山隧道工程等9个项目入选。

30日至31日 省委外办主任章笑梅一行到荆门，围绕低碳环保领域的对外合作与交流，就联合国项目进展、重点外资企业发展等事宜开展调研。

31日 全国乡村医生综合赋能行动项目工作推进会暨京山市试点启动会召开。全国超声领域知名专家学者共130余人参加会议。

4 月

2日 荆门市第十一届老年人体育健身大会在荆门市体育文化中心开幕。本届赛事共有227支参赛队伍2000余名运动员参赛,设置比赛项目17个,是历届比赛时间跨度最长的一届。

4日 全市再生资源回收行业市场专项整治工作部署会召开。2023年,全市将推进绿色分拣中心规范建设运营,引导企业参照《再生资源绿色分拣中心建设管理规范》,因地制宜新建和改造提升5座综合型绿色分拣中心;实施再生资源中转站标准化建设,每个乡镇建设不少于1个再生资源中转站。改造提升现有回收网点440个,统筹推进废旧物资回收网点与生活垃圾分类网点“两网融合”。推进宾馆饭店、餐饮等领域禁止使用不可降解一次性塑料吸管、不可降解一次性塑料餐具等工作,完成“2023年底,县级以上建成区餐饮打包外卖服务,禁止使用不可降解塑料袋”的阶段性目标任务。

5日 湖北省生态环境保护委员会办公室公布2023年湖北省生态乡镇、生态村命名名单,荆门市3个乡镇(街道)、10个村(社区)上榜。生态乡镇为掇刀区团林铺镇、麻城镇,屈家岭管理区罗汉寺办事处。生态村(社区)为沙洋县李市镇刘淌村、马良镇童沙村、毛李镇三坪村,钟祥市九里回族乡边畈村,京山市永兴街道汀河村,东宝区子陵铺镇团堡村、仙居乡新坪村,屈家岭管理区长滩办事处潘畈村、易家岭办事处屈岭社区和苏台社区。截至2022年底,荆门市已成功创建国家生态文明建设示范区2个,省级生态文明建设示范区2个,国家级生态镇2个,省级生态镇48个,省级生态村576个。

△ “荆门医药产业班”人才培养计划项目启动。荆楚理工学院与市医药产业协会就“如何深入开展产教融合,培养荆门医药产业急需人才,建设医药现代产业学院”“如何将医药产业人才培养从理论教学与实践应用进行深度融通,培养出更多的高端医药专业人才”“如何使更多的人才留在荆门服务荆门”等问题展开深入探讨。双方确定将切实抓好签约项目实施,通过联合项目开发、共同培养、订单培育、智力引进等合作新模式,培养出更多服务荆门地方经济建设、具有创新创业精神和实践能力的应用型高级专门人才。

6日 市委书记胡亚波与上海九如城企业(集团)有限公司董事长谈义良一行座谈。双方表示,进一步加强交流、深化合作,共同推动荆门养老事业高质量发展。九如城企业(集团)将充分发挥企业的资源优势,采取“医、康、养、教、旅”相结合的模式,与荆门市开展广泛、务实的合作,助力荆门养老事业高质量发展。在荆门期间,谈义良一行到荆门市颐养院、国电长源社区养老服务驿站、荆门市康复医院进行实地考察。

7日 荆门九派通融媒体中心(荆门九派通传媒集团)干部大会在荆门剧院召开。市委常委、市委宣传部部长徐莉出席会议并讲话。会上,市委组织部相关负责人宣读了《关于成立中共荆门九派通融媒体中心委员会的批复》等文件;市委宣传部相关负责人宣读《省委编办关于设立荆门九派通融媒体中心的批复》等文件;荆门九派通融媒体中心负责人作表态发言。

7日至10日 2023世界大健康博览会在武汉国际博览中心举行。市委常委、副市长雷华率荆门代表团参加。本次博览会以“健康共同体·科技创未来”为主题。全市组织45家企业(机构)及荆品名门“六个一”工程农产品在生化药品馆与养老产业馆参展,其间还举行荆门大健康产业招商引资推介会暨项目签约仪式。共有11个项目签约,总投资93.1亿元。其中2个项目在2023世界大健康博览会开幕式上现场签约,总投资31.8亿元;氟系列医药品生产、中医药健康产业园、房车生产、休闲旅游、预制菜生产基地等9个项目在荆门大健康产业项目签约仪式现场签约,总投资61.3亿元。钟祥市、京山市、东宝区、荆门高新区·掇刀区、漳河新区分别在现场围绕健康食品、健康医疗、健康文旅等方向进行专题推介。

8日至9日 内蒙古自治区兴安盟盟委书记张晓兵率兴安盟考察团到荆门考察交流,并与荆门市缔结为高质量发展伙伴城市。双方将在经济、社会、文化等领域建立长期友好协作关系,充分发挥各自优势,探索开展多层次、多领域、多形式的交流与合作,促进两地优势互补、共同发展。

9日 全省“万企兴万村”行动现场交流会在泰康·京山农场举行。省委常委、省委统战部部长宁咏出席会议并讲话。他强调,要进一步提高政治站位,深刻认识开展“万企兴万村”行动的重要意义,切实增强“万企兴万村”行动的责任感和使命感,推动乡村振兴行稳致远。省委统战部副部长、省工商联党组书记庄光明主持会议。市委书记胡亚波致欢迎词。全国工商联社会服务部部长李飞,湖北省楚商联合会会长、泰康保险集团股份有限公司董事长陈东升出席并讲话。省工商联主席、省总商会会长党蓁在会上宣读《关于认定湖北省“万企兴万村”行动实验项目的通报》。

10日 全省统一战线“同心聚力·共同缔造”培训班在京山开班。举办此次培训班,旨在通过开班动员、专题辅导、现场观摩等方式,为参训学员提供开展“同心聚力·共同缔造”的路径和示范,为湖北加快建设全国构建新发展格局先行区贡献统战力量。省委常委、省委统战部部长宁咏出席开班式并讲话。省委统战部副部长李涛主持开班式。

10日至12日 省人大常委会副主任、省总工会主席刘雪荣带队到荆，蹲点调研基层工会建设情况，为基层工会办实事解难题。

11日 荆门军分区召开宣布中央军委国防动员部命令大会。省委常委、省军区司令员周月星出席会议，并宣读中央军委国防动员部命令和省军区党委党内任职通知，雷勇任荆门军分区大校、政委、党委书记。

△ 荆门中心城区招牌广告整治工作持续大力推进，截至4月10日，共拆除违法违规招牌广告376处，其中楼顶大型广告牌231处，其他门店招牌145处。

△ 电影《不丢人》在荆门市人民政府新闻发布厅举行开机新闻发布会。该部电影由荆门市委宣传部指导，武汉星光线文化发展有限公司出品，荆门市文化旅游发展有限公司联合出品。电影由张恩阳担任导演，荆门本土作家何红霞担任编剧，演员黄超、杨斯、孙思程、英壮、李翠翠等出演，预计2023年底在国内院线上映。

12日 安徽省芜湖市政协副主席孙四平一行到荆门学习考察“推动提案工作提质增效及提案成果转化”方面的做法和经验，并实地走访亿纬动力、长城汽车、园博园等地，了解政协提案服务和促进社会经济发展情况。

△ 民建荆门市委与市工商联联合开展纪念中央“五一口号”发布75周年暨民营企业家培训活动，为全市民营企业家代表授道答疑解惑，提高其对当前经济形势的把握能力，营造民营企业健康发展的良好环境。全国政协委员、民建湖北省委副主委、湖北经济学院校长方洁作题为《相约春天里 奋进正当时》的辅导报告，并与荆门市签订市校合作协议，为湖北楚菜研究院荆门分院授牌。

12日至13日 省政协主席孙伟到钟祥市，围绕开展主题教育、加强政协党的建设、加快培育突破性发展优势产业集群、推进“一线协商·共同缔造”行动等进行调研。

12日至14日 省政协书画院近20名书画名家来荆开展“春满荆城挥翰墨，凝心聚力促转型——省政协书画名家荆门行”活动，调研采风、创作交流。

14日 共青团荆门市委员会印发《关于命名2021—2022年度荆门市青年文明号的决定》，命名荆门市委书记专属版办公室等71个集体为“2021—2022年度荆门市青年文明号”。

15日 在收听收看全省安全生产紧急视频会后，荆门市召开会议，就贯彻落实工作进行部署安排。市委副书记、市长、市安委会主任陈家伟出席会议并强调，各地各部门要坚决贯彻落实省委、省政府领导批示精神，深刻吸取教训、坚持举一反三，全面深入开展安全生产隐患排查整治，把安全责任和各项措施落到实处，切实保障人民群众生命财产安全，全力维护社会大局安全稳定。

16日 省委副书记诸葛宇杰到荆门走访调研。在荆门市农创中心和湖北农青园艺科技有限公司，他详细询问产业联农带农等情况，强调要突出抓好龙头企业和农产品品牌培育，推进现代农业产业园、农产品加工园等载体建设，促进一、二、三产业融合发展，持续推动农业增效、农民增收。

17日至18日 省通信管理局党组书记、局长吴俊带领湖北电信、湖北移动、湖北联通、湖北铁塔、湖北广电、华为湖北代表处、中兴通讯、抖音集团、中金数谷、烽火通信等近20家企业负责人到荆门，开展工业互联网一体化进园区“百城千园行”调研。

18日 市委书记胡亚波主持召开县市区委书记“强县工程”座谈会，研究县城规划等工作。他强调，要认真学习贯彻习近平总书记关于县城规划管理相关工作的重要论述，坚持规划引领，强化要素保障，不断完善县城城市功能，提升城市品质，加快推进以人为核心、以县城为重要载体、以产业为纽带，产城融合、综合配套的新型城镇化。

△ 十堰市政协副主席朱云慧一行到荆门，学习考察发展新型电池产业的做法和经验。

19日 省慈善总会会长陈天会带领调研组到荆门，调研基层慈善组织机构建设和人才队伍建设等情况。

20日 中国交通信息科技集团有限公司党委书记、董事长袁航率队，考察荆门市智慧城市建设工作。

22日 第二届中国(武汉)文化旅游博览会在武汉国际博览中心开幕。荆门市组织市域景区、文创企业、民宿酒店、旅行社等70余家企业近200人参加本次博览会。荆门馆以“长江谷文明 荆楚新门户”为核心主题，通过展示以屈家岭国家考古遗址公园为代表的农耕文化、以郭店楚简为代表的楚文化、以世界文化遗产明显陵为代表的明文化，彰显荆门历史之韵；通过展示以荆门爱飞客小镇、京山网球小镇等为代表的国家级体育旅游精品线路，彰显荆门运动之趣；通过展示荆门园博园、龙泉公园、莫愁村等为代表的文化景点，彰显荆门文化之美；通过展示以漳河风景区、绿林风景区、黄仙洞、圣境花谷等为代表的名山胜水，彰显荆门旅游之乐。馆内设置荆门好礼、旅游特产、文创商品3块产品展示区域以及传统技艺展示台，参展商品近80个类别，参加直播带货企业70余家。博览会期间以县(市、区)为单位组织文旅企业开展景区推介、线上“优品优惠周”、直播带货等活动。

△ 欧美同学会医师协会副会长兼秘书长、中国医学科学院阜外医院结构性心血管病中心郑宏教授率领欧美同学会医师协会专家团队到荆，在荆门市中心医院举行定点帮扶合作医院揭牌仪式，并开展大

型义诊等活动。市委常委、市委统战部部长刘振军出席活动并为荆门市中心医院“欧美同学会医师协会定点帮扶合作医院”揭牌。

23日 4月23日是第28个“世界读书日”,市委书记胡亚波精心挑选了《中国式现代化:发展战略与路径》《县乡中国:县域治理现代化》《中国文化精神(彩图新校本)》3本好书,推荐给全市干部群众。

24日 省科技厅党组书记、厅长冯艳飞带队到荆调研科技创新工作。

25日 湖北省专利技术供需对接(荆门片区)暨知识产权质押融资入园惠企活动举行。省知识产权局副局长李述武、副市长刘克雄、荆楚理工学院校长刘建清出席活动并为荆楚理工学院专利转移转化中心揭牌。

△ 荆门市小龙虾产业联盟成立大会暨“一只虾”工程推进会召开。会议旨在贯彻落实市委农村工作会议精神,加快推进全市“一只虾”工程建设。市人大常委会主任、市“一只虾”工程链长汪在祥出席会议并为小龙虾产业联盟第一届理事会荣誉理事长等颁发证书。市人大常委会副主任谢继先宣读产业联盟第一届理事会荣誉理事长、理事长、副理事长、秘书长名单。副市长刘克雄主持会议。

△ 巴西湖北联谊会访问团来荆调研考察暨“侨商侨领荆门行”活动举行。

26日 荆门市文学艺术界联合会第六次代表大会召开。会议审议通过了市文联第五届委员会所作的工作报告、《荆门市文学艺术界联合会章程(修改章程)》,选举产生了市文联第六届委员会委员、主席、副主席、秘书长。韩少君当选为新一届市文联主席。

27日 市委常委会召开会议,传达学习习近平总书记在广东考察时的重要讲话精神和中央办公厅有关文件精神,传达学习习近平总书记关于信访工作的重要指示精神、全国全省有关信访工作会议精神、全省科技创新大会精神,研究贯彻落实措施。市委书记胡亚波主持会议并讲话。

28日 中国昆虫产业峰会暨第一届荆门昆虫产业论坛开幕。本次峰会的主题是昆虫产业化与大健康,旨在聚焦昆虫产业交流、成果转化,努力将峰会打造成荆门对外交流合作、产业资源链接、科技创新促进、城市品牌推广的平台。

5 月

4日 荆门市组团赴海口参加第三届中国国际消费品博览会,推介荆门市优质企业、优质产品。全市推荐参展企业共14家,其中4家企业成功参展,邀请采购企业10家。展会期间,参展企业神地汇丰科技有限公司实现销售31197元,成功对接10余家专业采购商,匹配多家优质供应链资源。荆门市美饰家智能家居科技有限公司接受现场咨询上百人次,意向合作企业7家。现场咨询金龙泉啤酒代理需求50余人,意向合作商21家。菲朗生物科技(湖北)有限公司与山西、甘肃等地企业达成初步合作意向,有望达成实质性合作。

△ “五一”期间,全市文旅消费市场大幅升温。全市共接待游客210.33万人次,实现旅游收入11.14亿元。

△ 共青团荆门市第九次代表大会召开。

5日 荆门市农机发展中心水稻机播(栽)新技术示范现场会在子陵铺镇七桥村举行。农机专家为来自市直单位及各县(市、区)观摩人员进行水稻有序精准抛秧、水稻同步侧深施肥等新技术理论培训,并演示有序精准抛秧机、无人驾驶插秧机、侧深施肥插秧机、水稻窄行机械插秧、水稻宽窄行机械插秧等水稻播种机械操作技巧。

6日 应荆门台湾青年创业中心邀请,台湾中华两岸民族文化艺术交流协会到荆开展文化艺术方面的交流与合作。

9日 新疆博尔塔拉蒙古自治州精河县党委书记王彬率党政代表团一行到荆门考察,就对口援建工作开展沟通交流。

9日至10日 省人大常委会副主任、民盟湖北省委会主委杨云彦带队到荆门,就汉江流域综合治理和盟务工作情况开展调研。

10日 广东省惠州市副市长黎炳盛带领政府代表团,到荆考察新型储能产业高质量发展工作。

△ 鄂北地区水资源配置工程汉江中下游2023年鱼类增殖放流活动在汉江(荆门段)举行。鄂北地区水资源配置工程建管局党委书记、局长李庆国出席并宣布增殖放流活动开始,荆门市副市长刘克雄致辞。此次增殖放流活动以“保护水生生物资源 促进生态文明建设”为主题,向汉江中下游投放胭脂鱼、赤眼鳟、细鳞鲴、黄颡鱼、鲢、鳙、草鱼、青鱼、鳊、鲂等10个品种26.9万尾。

△ 2023年湖北省轻骑兵行动荆门专场——“百名教授荆彩行”活动在荆楚科创城国际会展中心启动。

11日 中国书法家协会主席孙晓云,中国书法家协会分党组书记、驻会副主席李昕,省文联党组书记、常务副主席张士军率“简牍的世界——湖北先秦与秦汉简牍考察”活动考察组到荆考察。

13日 2023年荆门市双“百千万”劳动和技能竞赛启动大会暨第一届无人机操作员技能竞赛在荆楚理工学院开幕。

15日 市委书记胡亚波会见到荆门考察的山东省东岳集团董事长张建宏一行,双方就进一步加强交流、深化合作,共同推进荆门高分子材料产业项目高质量发展进行座谈交流。

△ 2023年“5·18”国际博物馆日湖北主会场暨荆门市博物馆开馆活动在市博物馆举行。主会场活

动举办“宜荆荆恩”城市群博物馆联盟轮值博物馆交接仪式，宣布“第七届（2022年度）湖北省博物馆纪念馆六大陈列展览精品奖”、“湖北省博物馆协会2022年学术研讨会获奖论文”、2023年湖北省文博“讲好荆楚故事”讲解大赛、“十佳推介文创产品”评选结果，并为获奖单位颁奖。

15日至16日 省人大常委会党组书记、常务副主任王艳玲一行到荆门宣传贯彻党的二十大精神，调研荆门市人大工作、“聚力共同缔造·代表行动”、代表联络站建设情况以及完善“双联系”机制和钟祥市“强县工程”推进情况。

16日 2023年荆门市漳河新区双井西瓜品牌推介活动暨“一棵菜”工程启动仪式在漳河新区双喜街道双井村举行。

16日至17日 省委常委、省委政法委书记肖菊华一行到荆门调研流域综合治理、河湖长制、林长制及基层社会治理工作，并主持召开沮漳河片区（襄阳、宜昌、荆门、荆州）流域综合治理工作会议，听取相关地方和单位工作情况汇报，研究部署下一步工作。肖菊华强调，要深入贯彻习近平总书记关于长江大保护的重要指示精神，认真落实中央和省委关于全面推进河湖长制工作的决策部署，坚决扛起工作责任，持续打好碧水保卫战，努力营造“河清、岸绿”的良好生态环境，为建设美丽湖北作出新的更大贡献。

17日 “百城千园行”工业互联网一体化进园区荆门站活动启动。此次活动主题为“工赋园区 数智未来”。

19日 市政府与中国建设银行湖北省分行签订战略合作框架协议。双方将以此为契机，建立全面战略合作关系，通过规划先行、政策引导、市场建设、融资推动，营造良好投资环境、金融环境、市场环境，共同推动荆门产业转型升级示范区建设和经济社会高质量发展。

△ 中欧班列（长江号）荆门国际内陆港长城汽车专列掇刀站首发仪式在荆门国际内陆港铁路作业区举行。专列满载55个集装箱110辆长城汽车，从荆门出发，直达欧洲。市委书记胡亚波出席活动，并宣布中欧班列（长江号）长城汽车专列出发。市委副书记、市长陈家伟致辞。湖北港口集团有限公司党委书记、董事长涂山峰在首发仪式上讲话。

△ 荆门市2023年小龙虾美食旅游文化节在沙洋县岳飞城·田园综合体开幕。现场发布《荆门市2022年小龙虾产业发展报告》，全市小龙虾产业联盟龙头加工、餐饮企业和养殖经营主体签订合作协议。

20日 市委书记胡亚波会见到荆门考察的北京山东企业商会名誉会长王兵，北京菜篮子集团有限公司党委委员、董事、常务副总经理付以彬一行，双方就开展项目合作进行交流对接。

23日 2023年中国观鸟之乡（京山）赏鸟周暨“太力杯”中国（京山）第十三届野生鸟类观鸟摄鸟大赛活动将于5月25日至28日在京山市举行。此次活动的主题是“大美京山 观鸟天堂”。中国观鸟之乡（京山）赏鸟周［原中国（京山）观鸟节］自2008年开办以来，已成功举办12届，参与人数逾40万人，2016年还成功举办了第七届亚洲赏鸟博览会。自2018年起，“京山观鸟”走出国门，走向世界，先后在柬埔寨首都金边和蒙古国首都乌兰巴托举办了中国（京山）国际观鸟节柬埔寨站、蒙古站活动，在国际上获得美誉。“中国观鸟之乡”已成为京山市城市名片。

△ 全国供销总社监事会副主任宗义一行到荆门，调研地方农产品特色产业助推“土特产”培育壮大、增加农民收入等工作。

23日至24日 国家自然资源督察武汉局局长王钊带队到荆门开展耕地“进出平衡”专项调研。

24日 荆门建市四十周年社科普及暨市第十二届科普宣传周活动启动仪式在龙泉公园举行。市人大常委会副主任刘启华，荆门爱鸟文化研究会颁发全国社科组织先进单位牌匾，唐承凤为段联合、王雯雯颁发2022年度全国社科工作先进个人证书并宣布市社科宣讲轻骑兵出征，程彻为省级科普基地（团结社区）授牌并宣布科普周活动正式启动。本届科普宣传周活动以“普及社会科学知识 提升全民人文素质”为主题，通过举办专题讲座、宣讲进基层、社科普及讲解员大赛以及“社科＋网络”宣传普及等活动，推动党的创新理论和社会科学知识下基层。

24日至25日 中国通用咨询投资有限公司党委书记王晓龙一行到荆门考察，就引进中韩食品加工、生物医药、智能制造产业园事宜进行沟通和交流。

25日至26日 全国绿化委员会办公室专职副主任、国家林草局森林资源管理司司长徐济德带队，到荆门调研森林可持续经营和林长制工作。徐济德一行前往钟祥市大口林场、盘石岭林场、农青园艺公司，分别调研了森林资源保护、国家森林经营试点、花卉产业发展工作；深入东宝区子陵铺镇石莲村、栗溪镇油茶生产基地，分别调研了林长制工作、油茶产业发展情况。

26日 市委书记胡亚波会见中铁大桥局集团有限公司党委书记、董事长张敏一行，双方就重点工程项目建设及相关合作事宜进行座谈交流。

△ 为进一步减轻群众高额医疗费用负担，助力防范化解因病致贫返贫风险，市医保局、市民政局、市财政局、市卫健委和荆门银保监分局五部门联合出台《荆门市惠民商业医疗保险实施方案》，建立荆门市惠民商业医疗保险（“惠荆保”）。

26日至30日 市委副书记、市长陈家伟率荆门市代表团赴韩国、日本开展友好访问和经贸洽谈，拜访企业商会，推动荆门与韩国、日本相关单位在经济贸易、科技创新、文化旅游等领域深度合作。在韩国期间,陈家伟拜访韩国 Ecopro 公司和三星建业株式会社。在日本期间,陈家伟拜访日本爱沃特株式会社,参观爱沃特国际医疗生活馆并见证荆门高新区·掇刀区与爱沃特株式会社签署深化合作备忘录。出访期间,陈家伟应邀赴韩国浦项市政府和市议会就推进友好城市建设作了交流会商。中国驻釜山总领馆总领事陈日彪在浦项会见代表团一行,表示将为荆门与韩国相关单位企业在经贸、文化等领域合作交流搭建平台、提供服务,助力荆门提升对外开放水平。

28 日 广东省湖北荆门商会 2023 高质量发展大会在佛山召开。市委常委、市委统战部部长刘振军出席会议并讲话。会上播放《遇见荆门》宣传片,市文旅局进行了文旅推介,漳河新区管委会相关负责人和东宝区电子招商相关负责人分别进行了招商推介。

30 日 副省长吴海涛到荆门、天门、孝感调研汉北河、汈汊湖河湖长制工作并召开座谈会,强调要深入践行习近平生态文明思想,坚决贯彻党中央、国务院决策部署,按照省委、省政府工作要求,积极履行河湖长工作职责,坚决守牢水安全底线,打造水清岸绿流域美的幸福河湖。

31 日 荆门市疾病预防控制局正式挂牌成立,全市疾控体系改革迈出实质性、关键性一步。副市长刘国芳出席仪式并揭牌。

6 月

1 日 市政府发布《荆门市人民政府关于授予第九届荆门市市长质量奖的决定》。荆门科顺新材料有限公司、湖北京兰水泥集团有限公司、湖北华醇食品有限公司、稳健医疗用品(荆门)有限公司 4 家企业获第九届荆门市市长质量奖,湖北航特科技有限责任公司、湖北梦阳药业股份有限公司、葛洲坝钟祥水泥有限公司、万华禾香板业(荆门)有限责任公司、荆门亿纬创能锂电池有限公司、湖北布实非织造布有限公司 6 家企业获第九届荆门市市长质量奖提名奖。全市已有 42 家企业获此殊荣。

△ 新疆博尔塔拉蒙古自治州党委常委、纪委书记、监委主任候选人陈光耀率考察组到荆门开展考察交流活动。

2 日 市委书记胡亚波会见中铁上海工程局集团有限公司党委副书记、总经理吴阿勤一行,双方就基础设施投资建设相关合作事宜进行座谈交流。

4 日 荆门高新区产城融合重点项目建设专题会议召开。市委书记胡亚波主持会议并强调,要解放思想、创新实干,对标先进、强化引导,坚持集约节约高效原则,加快推进荆门高新区重点项目建设,推进产城融合发展,为荆门高新区高质量发展注入蓬勃生机。

5 日 全市各民主党派、无党派人士和党外知识分子、新的社会阶层人士"凝心铸魂强根基 团结奋进新征程"主题教育动员会召开。

6 日 荆门市牛羊产业联盟成立大会召开。省农业事业发展中心总工程师肖后军,副市长刘克雄出席会议并为牛羊产业联盟第一届理事会理事长等颁发证书。会上宣读了荆门市牛羊产业联盟第一届理事会理事长、副理事长、理事、秘书长名单;市牛羊产业联盟第一届理事长作了就职发言。

6 日至 7 日 省委常委、省委政法委书记肖菊华带队到荆门检查防汛抗旱工作,调研平安建设和矛盾纠纷化解工作,走访联系企业。她强调,要更好统筹发展和安全,全力做好防汛抗旱工作,以共同缔造理念推动矛盾纠纷多元化解,为高质量发展营造平安稳定的社会环境。

7 日 "丹青翰墨香 两岸一家亲——台湾著名书画家李可梅书画展"在市博物馆新馆开展,340 余幅书画作品首次在荆门展出。省委台办主任程良胜出席活动并宣布画展开幕,市委常委、市委统战部部长刘振军致辞。李可梅携长女李德珍(台湾知名书画家、台湾荆门同乡会理事长)、弟子梅道冈(中华复兴艺术研究会秘书长、台北市湖北同乡会秘书)参加活动。开幕式上,荆门、台湾两地书画家将此前"共绘荆门美景"活动中共同创作的两幅画作《锦绣荆门》和《两岸百花万里香》,赠予荆门市博物馆永久收藏。当天还举行荆楚理工学院"李可梅工作室"揭牌仪式。掇刀区、龙泉中学、沙洋中学相关负责人分别代表家乡和母校,向李可梅、李德珍赠送鲜花和花篮。今年 94 岁高龄的李可梅,是台湾著名书画家,1929 年出生在原荆门县雷集乡举人湾(现荆门市掇刀区麻城镇三清村),其毕生夙愿是在家乡举办个人书画展,此次得以"圆梦",具有特别重要的意义。

7 日至 8 日 省司法厅党委委员、副厅长明平率队到荆门调研司法行政信息化建设工作。

△ 省政协副主席、农工党省委会主委杨玉华一行到荆门开展长江生态环境保护民主监督调研。

8 日至 9 日 由市中级人民法院、京山市人民政府主办的"象山法语"地理标志和区域品牌保护专题研讨会在京山市召开。

10 日至 12 日 中国石油化工集团有限公司党组书记、董事长马永生到荆门开展专题调研。

11 日 湖北大型廉政话剧《钱瑛》巡演在荆门剧院举行,荆门市千余名党员干部观看演出,同上一堂生动的廉政党课。市委书记胡亚波,市委副书记、市长陈家伟观看演出,并在演出结束后慰问演职人员。

13 日 省委副书记、省长王忠林到荆门京山市调研稳增长、产业转型升级、县域经济发展等工作。

他强调，要深入贯彻党的二十大和习近平总书记关于湖北工作的重要讲话、重要指示批示精神，落实省委工作部署，锚定高质量发展首要任务，加快新旧动能转换，持续提升规模能级，荆门全市为建设全国构建新发展格局先行区作出更大贡献。

14日 荆门市工会第八次代表大会召开。会议选举产生荆门市出席省工会第十四次代表大会代表；选举产生新一届市总工会领导班子，刘振军当选为新一届市总工会主席。

△ 武汉铁路监督管理局局长韩晓根一行到荆门，就铁路沿线安全环境治理和安全隐患排查整治工作开展调研。

14日至15日 省人社厅党组书记、厅长刘艳红一行到荆门，深入部分企业、学校调研新时代工匠体系建设工作。

15日 第七次归侨侨眷代表大会召开。大会听取并审议通过市侨联第六届委员会工作报告，选举产生市侨联第七届委员会委员和新一届委员会领导班子。高奎军当选新一届委员会主席。

16日 上海九如城企业（集团）有限公司董事长谈义良一行到荆门洽谈养老合作事宜。市政府与上海九如城企业（集团）签订战略合作协议，双方将按照“政府支持、社会运营、普惠可及”的原则开展合作，共同推进荆门养老事业高质量发展。

△ 市委书记胡亚波会见软通动力创始人、集团董事长兼首席执行官刘天文一行，双方就智慧城市建设、工业互联网和数字经济、职业教育、招商引资等领域相关合作事宜进行座谈交流。

△ 2023年新能源汽车下乡湖北荆门站暨“乐购长城 · 畅行荆门”活动在市生态运动公园东广场举行。活动聚集了包括长城汽车在内的众多新能源车商，展销车型50余款，众多热销车型以不同的优惠力度“直面”消费者。活动由中国汽车工业协会、湖北省经济和信息化厅、荆门市人民政府主办。

△ 荆门市汽车产业联盟（协会）成立大会在市生态运动公园广场举行。大会选举长城汽车股份有限公司荆门分公司担任联盟荣誉理事长单位，荆门市长新智能科技园有限公司担任联盟理事长单位，共有46家企业加入荆门汽车产业联盟（协会）。

17日 市委副书记、市长陈家伟会见到荆门考察的中华联合保险集团股份有限公司党委书记、董事长高兴华一行，就加强合作发展进行沟通交流。

△ 省委统战部调研组调研荆门市党外知识分子统战工作，并为荆楚理工学院“统战之家”揭牌。

20日 工业和信息化部中小企业发展促进中心主任单立坡带队到荆门调研中小企业高质量发展有关情况。

△ 荆门市“一壶油”产业联盟成立大会召开。副市长刘克雄出席会议并为荆门市“一壶油”产业联盟第一届理事会理事长等颁发证书。

△ 省委书记、省人大常委会主任王蒙徽主持召开省委专题会议，研究宜昌市、荆门市城市和产业集中高质量发展。会议指出，荆门市是宜荆荆都市圈重要节点城市，要锚定打造产业转型升级示范区的目标定位，做强优势产业，提升中心城区能级，着力推动高质量发展。要加快城市组团式发展，完善组团之间的快速交通网络，推动每个组团形成完整公共服务体系，不断增强城市集聚力。要立足产业发展基础条件，着力延链补链强链，培育壮大特色产业。要加强与央企战略合作，推动资源整合，同题共答推进产业转型升级。会议要求，宜昌市、荆门市要进一步统一思想认识，研究细化城市和产业集中高质量发展的方案，明确发展目标、发展路径、发展举措和重点项目，一张蓝图干到底，确保各项工作取得实实在在的成效。

24日 市委、市政府召开专题会议，研究荆门市城市和产业集中高质量发展工作。会议强调，要树牢集中集聚集约理念，找准城市和产业发展目标定位，增强发展的整体性、系统性和生长性，着力提高城市首位度和产业集聚力，加快推动荆门转型升级高质量发展。

△ 市政府办公室印发《关于贯彻落实全省更好服务市场主体推动经济稳健发展接续政策的通知》，出台26条接续政策措施，助推荆门经济稳健发展。此前，荆门市按照中央经济工作会议部署要求，抢抓经济恢复重要窗口期，出台16项政策措施，打通人流、物流、信息流、资金流存在的堵点痛点难点，引政策“活水”浇灌市场主体。新出台的26条政策措施涵盖实施金融助企稳岗、落实减税降费政策、减轻企业资金周转成本、提供低成本融资支持、降低交通物流成本、支持企业创品牌提质量晋能级等方面，旨在更好发挥政策稳预期、提信心、促发展作用，保持政策的连续性精准性。

25日 荆门市第八次妇女代表大会召开。会议选举产生市妇联第八届执委会主席、副主席。李玉泉当选为市妇联第八届执委会主席。

△ “雁归农谷 创汇荆门”党员能人回乡创业先进事迹报告会举行。沙洋县沙洋镇三峡土家族村党支部书记杨祖安、荆门北山慧菇农业科技有限公司创始人郭慧、湖北大金龙农牧科技发展股份有限公司总经理张子越、钟祥市正禾农牧有限公司总经理贺海云、京山绿丰家庭农场有限公司总经理李亚红、湖北青香现代农业集团有限公司董事长李华清、荆门华中农业股份有限公司总经理李容、荆门市漳河绿玉茶叶专业合作社理事长蔡高凡、京山市罗店镇马岭村党支部书记张立9名党员能人回乡创业代表作先进事迹报告。荆门市实施雁归农谷

“百千万”工程以来,全市已引回农村能人767人,其中党员能人375人,创办经济实体404个,提供岗位4278个,为乡村振兴注入强劲动能。

26日 市安委会全体(扩大)会议暨重大事故隐患专项排查整治2023行动推进会召开。市委书记胡亚波出席会议并强调,要深入学习贯彻习近平总书记关于安全生产和防灾减灾救灾等重要指示精神,始终坚持人民至上、生命至上,以“咬定青山不放松”的恒心,扎实做好当前安全生产各项工作,全力维护人民群众生命财产安全,为全市“转型升级、跨越发展”营造安全稳定环境。

△ 市级民间河湖长聘任暨履职培训会召开,民进沙洋支部、湖北桃树河生态农业股份有限公司、钟人礼等48个(名)团队、企业、个人被聘为新一轮荆门市市级民间河湖长。会上宣读《关于表彰市级优秀民间河湖长的通报》《关于聘任市级民间河湖长的通知》,对首届市级优秀民间河湖长进行表彰,为新任市级民间河湖长代表颁发聘书。首届市级优秀民间河湖长代表朱博、张保群分享履职经验,新受聘的市级民间河湖长代表张启云带领全体民间河湖长宣誓,并开展履职培训。2021年6月,市河湖长制办公室面向社会招募47名市级重点河湖民间河湖长,首批市级民间河湖长履职以来,切实发挥群众监督作用、广泛献计献策、深化协同治理,为建设造福荆门人民的幸福河湖贡献了自己的力量。

26日至27日 围绕“融合聚力建生态 数智赋能促转型”主题,荆门市数字经济生态联盟成立大会暨工业互联网助力数字经济高质量发展高端对话活动,在荆门国际会展中心举行。中国科学院院士、中国地质大学(武汉)校长王焰新,市委副书记、市长陈家伟,工信部中国工业互联网研究院副院长罗俊章,荆楚理工学院院长刘建清,省通信管理局党组成员易武,省经信厅二级巡视员郑汪洋等领导共同按下启动键,为荆门市数字经济生态联盟揭牌,并同时启动“智改数转 三五行动”。

27日 省人大常委会党组成员、副主任刘晓鸣一行到荆门开展水利工程管理立法调研。

△ 杭州趣链科技有限公司创始人兼首席执行官李伟,带领浙江数字经济考察团到荆考察交流,对接合作事宜,达成合作意向。

△ 荆门政协文史馆举行开馆揭牌仪式,正式向社会开放。文史馆位于市图书馆4楼北侧,总建筑面积800平方米,有藏书22168册。

28日 以“才聚荆门 产业引凤”为主题的荆门市人才周活动在九派通苑启动。市委书记胡亚波出席活动并宣布2023年荆门市人才周活动正式启动。市委副书记、市长陈家伟向决策咨询专家颁发荆门市“转型升级、跨越发展”决策咨询专家证书。市委常委、市委组织部部长刘富国为荆门人才集团揭牌。

△ 由市商务局主办,掇刀区政府、市烹饪酒店行业协会、九三学社荆门市委会承办的2023年“寻味荆门”美食文化节,于6月28日晚在星球广场开幕。活动现场共设置三大展区,其中,“宜荆荆都市圈魅力美食荟”主题展区以宜昌、荆门、荆州餐饮业的预制菜品和熟食等楚味菜品展示为主;荆品名门及金龙泉展区以“荆品名门”区域公用品牌相关产品展示展销为主;荆门特色食材展区邀请30家荆门美食商家参加展示展销,现场展销食品原材料、预制菜、成品菜、酒水饮料等,市民免费品尝。活动发布10道“来荆必点菜”、10道“来荆推荐菜”、10道“来荆特色小吃”名单。包含上述美食情况介绍以及荆门7个县(市、区)美食打卡地推荐的“寻味荆门”小程序同时上线发布,让荆门本地人以及来到荆门的旅客,知道在荆门吃什么、去哪里吃,打造独特的荆门地域美食记忆。

29日 荆门高新区化工产业人才联盟大会暨武汉工程大学荆门化工新材料产业技术研究院揭牌仪式举行。武汉工程大学校长王存文,市政府副市长刘国芳共同为武汉工程大学荆门化工新材料产业技术研究院揭牌并分别致辞。

△ 第三届“宜荆荆恩”大学生创新创业大赛暨“才聚荆楚·创立方”宜荆荆恩片区赛在荆门举行。省人社厅党组书记、厅长刘艳红,市政府副市长刘克雄出席活动并致辞。此次大赛,“宜荆荆恩”4地共有284个项目报名参加,经过评审、路演,共筛选出19个项目参赛,8个项目分获第三届“宜荆荆恩”大学生创新创业大赛一、二、三等奖,10个项目入围省“才聚荆楚·创立方”大学生创新创业大赛总决赛。其中,荆门市“探梦科技”“荆耕细作”项目分别获一、三等奖,另有“氢洁能源”“博物馆研学奇妙之旅”等3个项目入围省“才聚荆楚·创立方”总决赛。

30日 市委书记胡亚波在钟祥市走访慰问党员,强调传承弘扬党的优良传统,充分发挥党员先锋模范作用。

△ 荆门市实验小学和金虾路小学合并迁建项目开工活动举行。市委副书记、市长陈家伟出席活动并宣布项目开工。市实验小学创办于清光绪三十年(1904年),有着悠久的办学历史和深厚的文化底蕴。随着城市不断发展,地处中天街商业核心区的实验小学发展空间受到限制,生均教学、文体面积不足,校园安全隐患矛盾较为突出。在市委市政府高度重视、相关部门和东宝区不懈努力下,实验小学整体搬迁问题得到有效解决。市实验小学和金虾路小学合并迁建项目位于海慧路以北、金宁路以南、金虾路以东(原荆门宾馆),总用地面积44455平方米,建筑面积57054平方米,包含小学72个班、幼儿园12个班。拟建设教学楼4栋,平行布置;综合楼

1 栋,布置办公区和校史馆;综合体育馆 1 座,包含标准篮球馆和游泳馆;西侧设置 350 米环形跑道操场等,预计总投资 2.4 亿元。

△ 荆门至宁波舟山港国际班列首发仪式在荆门火车站铁路货场举行。副市长刘国芳出席并宣布荆门至宁波舟山港国际班列出发。班列将装载 30 个 40 尺集装箱无纺布、陶瓷纤维和棉短绒等出口产品,驶出荆门,通过铁海联运到宁波舟山港,最终到达共建"一带一路"国家、地区以及世界各地。

7 月

2 日 荆门市"希望家园"暑假班正式启动,这是荆门市连续 11 年实施"希望家园"公益项目。11 年来,青少年"希望家园"公益项目累计开设"希望家园"暑期班近 1900 个,9000 余名志愿者陪伴 65000 人次农村留守儿童度假。2023 年夏天,团市委联合市委组织部、市教育局、市人社局等部门在全市开设青少年"希望家园"暑期班 180 个,从中南财经政法大学、武汉理工大学、湖北第二师范学院、荆楚理工学院、武汉轻工大学等高校以及返乡大学生等群体中招募 600 名志愿者参与活动,为全市 5000 余名乡村留守儿童提供为期 1 个月的安全自护、兴趣培养、亲情补位等志愿服务。

2 日至 11 日 市委书记胡亚波率荆门市代表团赴爱沙尼亚、德国、意大利开展国际经贸交流合作与友城建设活动。通过拜访一批机构与企业,开展招商引资推介活动,深化友城合作交流,促进在谈项目加快落地,推动荆门市企业与欧洲相关企业和先进技术深化合作。出访期间,中欧低碳技术研发运营中心项目签约,新洋丰农业科技股份有限公司与德国康朴专家公司、湖北固润科技有限公司与德国 PhoSuMa 光子与可持续材料有限公司、京山轻工机械股份有限公司与意大利 SIMCA S RL 公司分别签署相关合作协议。

3 日 "才聚荆门 青春同行"2023 年高校学子看荆门活动举行。市委常委、市委组织部部长刘富国参加活动并与大学生进行交流。此次活动是 2023 年荆门市人才周"1 + 8"系列活动之一。活动邀请省内外高校大学生前往萨莱玛建筑科技有限公司、英博金龙泉啤酒有限公司、荆门市城市规划展览馆和华中国际青年公社·青宁自习室,参观荆门文化场馆、园区企业,近距离感受荆门发展变化,沉浸式体验荆门城市氛围。随后举行交流会,分享优秀青年代表的创业就业经历,宣讲荆门出台的招才引才政策。

4 日 中国荆门·爱沙尼亚招商引资推介会在爱沙尼亚萨莱玛市成功举办,来自爱沙尼亚的 20 多家企业参加活动。市委书记胡亚波、爱沙尼亚图纳集团董事会主席克里斯蒂安·莱多等出席活动。

△ 宜昌市代表团到荆门就科研平台建设、产业链供应链协作配套、园区共建等开展宜荆荆都市圈产业协同调研、考察。

5 日 荆门市"一壶油"工程现场推进会议在沙洋召开。市委副书记、市长陈家伟出席会议并强调,要聚焦产业链关键环节和短板弱项,狠抓强链延链补链,再加力度、再强措施、形成合力,切实把"一壶油"产业做大做强。

6 日至 7 日 国家医疗保障局副局长李滔一行到荆门,专题调研长期护理保险试点工作。

10 日 荆门市不动产登记中心与省内 16 个地市州开展"跨域通办"合作,提供查询转移登记、变更登记、抵押登记、预告登记、补换证、档案查询六大类高频登记事项服务。

△ 第 33 个节能宣传周活动启动,主场活动 7 月 12 日在荆门国际会展中心举办。7 月 10 日至 16 日是全国第 33 个节能宣传周,活动主题是"节能降碳,你我同行"。7 月 12 日是全国低碳日,2023 年活动主题是"积极应对气候变化·推动绿色低碳发展"。

△ 荆门市海外联谊会第一次会员大会暨成立大会召开。会员大会表决通过《荆门市海外联谊会章程(草案)》,选举产生第一届理事会会长、常务副会长、副会长、秘书长及理事,刘振军当选为会长。

13 日 全市领导干部警示教育大会举行,市委书记胡亚波出席并讲廉政党课。他强调,要深入学习贯彻党的二十大精神和习近平总书记关于加强党的纪律建设系列重要论述,贯彻落实全省领导干部警示教育大会精神,警钟长鸣,以案镜鉴,利剑高悬,纵深推进全面从严治党,为加快产业转型升级示范区建设提供坚强纪律作风保障。会上,与会人员集体观看警示教育片。市委常委、市纪委书记、市监委主任刘亚锋就《2023 年全市党风廉政建设宣传教育月活动方案》和《关于进一步发挥纪检监察职能作用,激励党员干部担当作为的十四条意见》作解读说明。

△ "学习驻村先锋 凝聚振兴力量"驻村"第一书记"先进事迹报告会举办。市委副书记、市委政法委书记赵少莲,市委常委、市委组织部部长刘富国,市政府副市长刘克雄等出席报告会,并为参加报告会的驻村第一书记颁发纪念奖牌。报告会上,钟祥市委办驻胡集镇罗山村第一书记江克富、掇刀区经信局驻团林铺镇松店村第一书记李艳琼、市委编办驻掇刀区团林铺镇大同村第一书记陈海林、市城管委驻东宝区栗溪镇栗树湾村第一书记姜晓明、市司法局驻京山市永漋镇上陈桥村第一书记黄友铃、京山市自然资源局驻曹武镇向畈村第一书记张本德、市自然资源局东宝分局驻马河镇三里岗村第一书记周莉、荆门住房公积金中心驻东宝区石桥驿镇灯塔村第一书记辛楚生、沙洋烟草专卖局驻沈集镇柴岗村第一书记

陈旺国、市水利和湖泊局驻钟祥市柴湖镇田坑村第一书记王文国和工作队员儿子王瀚骋等驻村干部结合各自实际,用质朴的语言、生动的事例,讲述了他们同当地群众想在一起、干在一起,全心全意帮助群众增收致富的感人驻村故事。

△ 新哈弗 H5 首批量产车在长城汽车荆门整车生产基地正式下线。新哈弗 H5 定位大型全用途硬派 SUV,集 SUV、MPV 和皮卡的优势于一身;2.0T 柴汽油发动机 + 采埃孚 8AT 黄金动力组合;采用全尺寸车身设计,车长 5.19 米,轴距 3.14 米,可满足用户对空间的多重需求。

13 日至 14 日 省政协副主席马旭明带队到荆门,调研"一线协商·共同缔造"行动、加强和改进新时代市县政协工作情况,走访看望政协委员。

17 日 由湖北省文化和旅游厅、荆门市人民政府主办,中共荆门市委宣传部、荆门市文化和旅游局承办,荆门市湖北花鼓戏保护传承中心协办的第四届湖北省(荆门)荆州花鼓戏艺术节在荆门剧院开幕。由荆门市湖北花鼓戏保护传承中心打造的大型现代花鼓戏《老家》在开幕式上首演。省文化和旅游厅党组书记、厅长李述永,市委书记胡亚波出席开幕式,并共同启动第四届湖北省(荆门)荆州花鼓戏艺术节。本届花鼓戏艺术节以"花鼓戏的盛会、老百姓的节日"为主题,旨在贯彻落实习近平总书记关于文化传承发展的重要讲话精神,集中展现湖北省近年来花鼓戏繁荣发展的丰硕成果,丰富市民群众的精神文化生活。本届花鼓戏艺术节共有荆州、随州、仙桃、潜江、天门、荆门 6 地 12 个院团参演,演职人员 650 人,创历届新高。

△ 省河湖长制办公室首次公布"十大典型案例"。荆门市《推进水系整治 建设水美乡村——荆门市东宝区幸福河湖建设探索与实践》案例入选。2017 年起,东宝区全面推行河湖长制,加快实现河湖长制从"有名""有实"到"有为"的提质升级,全力做好"水"文章。2020 年,东宝区以湖北省第一、全国第十的成绩,争取到全国第一批水系连通及水美乡村试点县项目。随后,东宝区结合乡村振兴,统筹各方力量,实施系统治理,协同推进九渡港河水系连通及水美乡村建设试点项目建设,在实践中探索出"五善并重、五化并举"精细化管护机制等,助推农旅融合发展,切实将"绿水青山"生态资源转化为"金山银山"发展动能,做到了以水美村、以水兴业、以水富民。

17 日至 18 日 中央农办秘书局副局长金三林带队调研进城落户农民"三权"转让工作。

18 日 "惠荆保"项目举行第一次全体会议暨共保协议签约仪式。仪式上,人保财险荆门市分公司、人寿保险荆门市分公司、太平洋保险荆门市中心支公司等 9 家共保单位签订共保协议以及与第三方平台公司签订合作协议。

△ 荆门市首批城市公园绿地向市民开放。首批选择荆门植物园、凤凰湖公园、龙泉公园、东宝山公园 4 个城市公园,开放绿地面积约为 4.2 万平方米,在开放的区域,可开展露营、野餐、瑜伽等轻型活动或运动。

19 日 荆门市"一枝花"产业联盟正式成立。会议选举产生荆门市"一枝花"产业联盟第一届理事会理事长、副理事长、秘书长。

19 日至 20 日 按照党中央关于开展主题教育和大兴调查研究部署要求,省委书记、省人大常委会主任王蒙徽到钟祥市、沙洋县、京山市调研,并主持召开县(市、区)委书记座谈会。他强调,荆门要深入学习贯彻党的二十大精神和习近平总书记关于湖北工作的重要讲话、重要指示批示精神,进一步解放思想、更新观念,振奋精神、勇争一流,把握科学思想方法和工作方法,深化体制机制创新,加快建设产业转型升级示范区。

25 日 湖北第二师范学院党委书记杨鲜兰一行到荆,调研走访"希望家园"暑期班和相关企业,并参加校地战略合作签约仪式。在东宝区与湖北第二师范学院校地战略合作签约仪式上,湖北第二师范学院分别与东宝区政府、东宝区教育局、共青团东宝区委,以及 3 家企业签订相关合作协议,并授牌。

26 日 市纪委监委机关、市委组织部、市委直属机关工委、市妇联联合举办市直单位领导干部及家属廉政谈话暨家庭助廉活动。活动以"清风传家 德润荆门"为主题,市直单位领导干部及家属近 800 人参加活动。市委常委、市纪委书记、市监委主任刘亚锋出席并作集体廉政谈话。活动中,与会人员集中观看了警示教育片和清廉小戏,揭晓了 2023 年度全市清正廉洁最美家庭名单,聆听了身边的清廉家风故事,并向全市发出家庭助廉倡议。

28 日 荆门市新的社会阶层人士联谊会(简称市新联会)第一届会员大会第一次会议暨成立大会召开。会议选举产生了市新联会第一届领导班子成员,同时成立了市新联会心理健康分会、职业经理人分会、网络人士分会、律师分会、公益分会 5 个分会。省市领导共同为市新联会揭牌,为各分会授牌。

30 日 市领导集中开展八一走访慰问,举办庆八一军民联欢晚会。八一建军节来临之际,市领导分别带队,走访慰问驻荆部队官兵、光荣院老战士、军休所军休干部、武警官兵等。晚会以"向军旗敬礼 老兵永远跟党走"为主题,军民欢聚一堂,同庆中国人民解放军建军 96 周年,共叙拥军爱民鱼水深情。

8 月

1 日 2023 年第一批湖北省 5G 全连接工厂评选结果揭晓,荆门市长城汽车荆门分公司工业互联网5G应用、楚大智能装备股份有限公司5G智慧运维产线、凯龙化工集团5G全连接工厂项目名列其中。此次荆门市新入选5G全连接工厂企业数量仅次于武汉、襄阳,位居全省第三。全市5G全连接工厂总数已达5家。

2日 省科协2023年智库(学会)专家荆楚行(荆门站)活动举行。

3日至5日 省信访局局长柯东海一行到荆门,对荆门市贯彻落实《信访工作条例》情况开展专项执法检查,并调研指导信访工作。

4日 中共荆门市委九届五次全体会议暨市委半年经济工作会议召开。会议审议通过《关于推动城市和产业集中高质量发展的实施意见》。市委书记胡亚波作了讲话,并就该实施意见(讨论稿)起草情况向全会作了说明。

6日至7日 省委常委、武汉市委书记郭元强,武汉市委副书记、市长程用文率武汉市党政代表团到荆门考察。

7日 "荆门青春驿站"揭牌仪式暨"博士创新创业联盟"创享沙龙活动举行。市委常委、市委组织部部长刘富国出席活动并为"荆门青春驿站"揭牌。揭牌仪式上,参加活动人员实地参观了位于漳河万达广场"荆门青春驿站"人才服务综合体,听取"荆门青春驿站"建设运营情况介绍,并为海逸酒店、维也纳国际酒店、飞行酒店等"荆门青春驿站"加盟酒店代表授牌。在"博士创新创业联盟"创享沙龙活动中,市人社局解读了国贴省贴省突省特等人才政策,2位在荆门就业创业博士分享了青春故事。

8日 市政府与中石化新星公司、中石化荆门分公司签订转型升级及新能源项目投资合作框架协议,共同探寻绿色高效发展之路。市委副书记、市长陈家伟,中石化新星公司执行董事、党委书记党力强,中石化荆门分公司党委书记杨勇刚代表三方签约。

△ 荆门"12345"官方微信公众号正式上线。公众号面向全市群众和企业,提供行政机关职能范围内的有关政策咨询、求助、投诉、建议等政务服务,同时会定期发布荆门市"12345"政务服务便民热线受理和办理情况,以及最新政务要闻等,为市民提供掌上政务服务平台,满足企业、群众多样化需求。

9日至10日 市委书记胡亚波,市委副书记、市长陈家伟率荆门市党政代表团赴江苏省泰州市考察学习,对标先进找差距,比学赶超谋发展,加快打造产业转型升级示范区。泰州市委书记朱立凡,泰州市委副书记、市长万闻华陪同考察并参加座谈交流。在两地交流座谈会上,与会人员一同观看了泰州、荆门城市宣传片。万闻华、陈家伟分别介绍泰州市和荆门市经济社会发展情况,双方就产业发展、城市建设、文化旅游、对外开放、民生事业等方面的工作进行深入交流。座谈会上,泰州市政府与荆门市政府签订了缔结友好城市协议。

10日 省文化和旅游厅党组书记、厅长、省文物局局长李述永一行到荆门,调研文化旅游市场、检查旅游景区安全生产、调度考古遗址公园建设。

14日 市委副书记、市长陈家伟带队深入相关镇村、路段和项目现场,调研督导省政府2023年十大民生项目荆门任务落实、市人大代表重点建议办理工作。2013年,荆门入选全国首批农村黑臭水体治理试点城市。陈家伟来到漳河镇夹园村刘湾子大堰黑臭水体治理项目现场,实地察看工程进展,详细了解全市105条农村黑臭水体治理项目试点工作推进以及纳入2023年省十大民生项目的10条农村黑臭水体治理任务完成情况。陈家伟要求,要持续强化项目监管与绩效跟踪,建立健全长效管护机制,将农村黑臭水体治理与实施乡村振兴战略、农村人居环境整治、美好环境与幸福生活共同缔造活动有机结合起来,按照"控源截污、清淤疏浚、水系连通、生态修复"目标要求,科学有效消除农村黑臭水体,确保水清岸绿流域美。围绕市人大代表关于"加强荆门三环线交通设施养护"和"构建更高水平全民健身公共服务体系"两个重点建议办理工作,陈家伟深入三环线沿线仔细察看交通设施养护情况,在漳河新区全民健身中心详细了解全市健身设施供给、健身活动开展等情况,并召集相关部门和城区"三区"负责人现场办公,督促做好整改工作。

15日 市政府教育督导室对各地各学校防溺水安排部署及工作开展情况进行专项督查,以织牢中小学生安全"防护网"。督查组先后到沙洋县、钟祥市、京山市、屈家岭管理区,对各地辖区内开放水域的警示牌、警戒线、救生绳、救生圈、救生杆等应急救援设施配备情况进行检查,现场督办整改问题;检查村(社区)、学校防溺水"四位一体"联防联控机制落实情况,查阅日常巡逻、宣传警示教育、家访、留守儿童等重点人群包保工作台账等资料,现场随机电话抽访部分学生家长,了解学校"五个一"(发送一封家长信、开展一次家访、召开一场家长会、签订一份家长承诺书、每周一次电话回访)开展情况,确保工作开展落到实处,全力防范溺水事故发生。

△ 市委书记胡亚波会见中国一冶集团有限公司党委书记、董事长陈阳一行,双方就开展多领域合作进行座谈交流。

18日 市委、市政府召开专题会议,研究荆门建设运动休闲旅游城市策划工作,明确文旅发展方向,安排部署重点工作。市委书记胡亚波出席会议并讲话,市委副书记、市长陈家伟主持会议。胡亚波强调,要深入研究,系统谋划,全力打造荆门特色文旅品牌。要聚焦运动休闲旅游城市目标定位,加快编制文旅产业策划方案,进一步优化区域布局,推动重大项目建设。要系统梳理荆门建设运动休闲旅游城市的比较优势和竞争优势,研究制定策划运营方案,全力把资源优势转化为发展优势。要加大宣传营销力度,进一步擦亮漳河水库、钟祥长寿之乡、京山网球之乡、东宝圣境山滑翔基地、爱飞客高空跳伞、屈家岭文化、郭店楚简等特色优势名片,不断提升品牌影响力。要抢抓机遇,积极融入宜荆荆都市圈发展,联合打造旅游精品线路,实现借势发展。要加强对外旅游协作,共享旅游市场,开创多赢局面。

△ 湖北省科技厅发布2023年入库湖北省科创新物种企业名单,荆门市湖北固润科技股份有限公司等55家企业入选科创新物种“瞪羚企业”,入选企业数量位居全省第四。

20日 市委书记胡亚波与中南大学校长、党委副书记、中国工程院院士李建成一行座谈,双方就开展多领域合作进行了深入交流。

△ 市委书记胡亚波会见中建三局有限公司党委书记、董事长陈卫国一行,双方就深化多领域合作进行座谈交流。

21日 国家医疗保障局公布全国医保反欺诈大数据应用监管试点地区名单,荆门市被正式确定为国家级反欺诈大数据应用监管试点地区。此次国家医疗保障局共批准全省试点11个、省本级试点5个、地市级试点47个。其中湖北省除荆门市外,还有武汉、黄冈两地承担地市级统筹区试点任务。此次试点的目标是致力于充分发挥医保大数据优势,创新医保基金监管方式,建立大数据分析模型,破解医保基金监管工作中欺诈骗保行为“发现慢、发现难、锁定难”等问题,提升医保基金监管效能和准确性。

22日 谦信(荆门)新材料有限公司年产60万吨乙酸项目在荆门化工循环产业园开工。市委副书记、市长陈家伟宣布项目开工。谦信化工是全球最大的乙酸酯制造商,也是国内最大的乙酸酯出口商。谦信(荆门)项目是谦信化工目前投资最大、产业链最长、一体化程度最高的项目。此次开工的一期年产60万吨乙酸项目,其产品广泛应用于轻工、医药、石油等化工行业;正在规划的二期项目计划发展乙酸酯系列产品,将进一步延伸乙酸产业链,为荆门化工产业发展注入强劲动力。

△ 市市场监管局(市知识产权局)发布《2022荆门知识产权发展报告》。这是荆门市首部关于知识产权发展的报告书。报告书共分知识产权发展状况、知识产权创造、知识产权保护、知识产权运用、知识产权人文环境建设、其他部门知识产权工作、知识产权发展数据比较分析、进一步推进知识产权高质量发展举措等8个章节,1.6万多字。全书全面系统地记录了荆门全市2022年在知识产权工作方面高起点谋划,加强政策引导与创新保护,推进知识产权强市建设,鼓励企业创新成果及时产权化,促进知识产权数量与质量双提升,全市知识产权创造主要指标保持稳定增长的成绩。编辑出版该书,是市知识产权部门首创,旨在为各地各相关单位提供可资借鉴的详细资料。

23日 “荆”耀香江 共襄未来 2023荆门·粤港澳大湾区经贸合作洽谈会暨香港荆门同乡联谊会成立活动在香港举行,20个项目签约落户荆门,总投资160.6亿元。香港荆门同乡联谊会、荆门高新区金融招商联络站(香港)分别在会上揭牌成立,沙洋县、钟祥市分别在活动现场作了招商推介。高端半导体芯片封测项目、数字经济产业园项目、锂电池电解液前驱体项目、索芙特喜田大健康产业园项目、蛋鸡生态养殖及蛋品销售合作项目、有机固废昆虫转化高值化利用项目等12个项目在活动现场签约。

24日 全省县域红十字会基层组织建设现场会在荆门市召开。省红十字会于2022年部署启动全省县域红十字会基层组织建设试点工作,先后遴选确定包括东宝区在内的36个县(市、区),整县推进红十字会基层组织全覆盖。会前,与会人员现场观摩了东宝区第一福利院红十字养老照护志愿服务基地、应急救护培训基地及钟祥市郢中街道宫塘社区、实验中学,实地了解红十字会基层组织建设情况。荆门市红十字会等3个市级红十字会和东宝区等6个县(市、区)相关负责人分别在会上作经验交流。

△ 市政府召开专题会议,研究荆门中心城区人口集聚工作。市委副书记、市长陈家伟强调,要认真贯彻落实省委、省政府决策部署和市委、市政府工作要求,紧紧围绕城市和产业集中高质量发展,着眼长远、系统研究,充分发挥各方力量,协调推进中心城区人口集聚,扩大城区人口规模,激发城市发展活力。各级各相关部门要进一步强化认识、坚定信心,将推进中心城区人口集聚作为经济社会发展的大事要事来抓,不断提升城市辐射力和人口吸引力。要进一步强化基础、提升品质,不断增强就业、教育、医疗、生态、交通、文化、体育、消费等方面的优质公共服务供给,让城市更加宜居宜业,更好吸引人、留住人。要进一步强化政策、全力支持,实施不同人口群体引流计划,完善制度体系,加强宣传引导,着力营造良好的引人、育人、留人、用人环境,做大人口规模,优化人口质量。要进一步强化领导、凝聚合力,统筹抓好组织、协调、指导、督查等工作,坚持全市“一盘棋”,部门整体联动,“三区”合力攻坚,把省委、省政府和市委、市政府部署要求转化为推动发展的实际行动,为荆门高质量发展提供坚实人力资源支撑。

25日 市委召开专题会议,传达省委“双集中”专题会议精神,研究推进全市城市和产业集中高质量发展。

△　全市工会2023年“金秋助学”活动助学金发放仪式举行。市总工会2005年启动“金秋助学”活动,累计发放助学资金2700余万元,帮助13000余人次,帮学子圆了上学梦。2023年,全市各级工会组织共筹集资金126万元,资助242名困难家庭子女上学。

25日至26日　省法治政府建设示范创建评估组评审专家、中南财经政法大学法学院院长陈柏峰带领评估组到荆门,对荆门市法治政府建设成效进行评估。此前,荆门市全国法治政府建设示范市指标完成率达100%。

27日至30日　市人大常委会主任汪在祥受市委、市政府主要领导委托,率荆门市党政代表团赴新疆博尔塔拉蒙古自治州精河县考察,看望慰问荆门援疆干部人才,走访慰问“双结双促”联系户,交流对接援疆工作。在精河县举行的对接交流援疆工作座谈会上,举行了援疆资金捐赠交付仪式,荆门市共向精河县交付援疆资金360万元。

29日　“砥砺四十年 奋进新征程”——2023年荆门市“学习二十大 榜样进基层”先进典型事迹宣讲报告会在九派通融媒体中心举行。报告会上,荆门市环保志愿者协会会长孙治斌、荆门市气象局业务管理科科长李鑫、钟祥市特殊教育学校建校团队代表、东宝区公路建设养护中心栗溪公路管理站站长韩士法、荆门市蓝天救援中心队长李梦丹等5位荆楚楷模结合个人经历,立足本职岗位,讲述先进事迹,诠释了榜样的精神内涵和时代价值。

31日　荆门市侨联青年委员会成立大会暨第一次会员代表大会召开,来自全市的30多名侨界青年代表参加会议。会议审议通过《荆门市侨联青年委员会章程》等,选举产生首届市侨联青年委员会会长、副会长、秘书长和理事。李晶晶当选为会长。

9　月

1日　荆门市发布第6号市河湖长令,宣布自即日起在全市开展碧水保卫战“幸福河湖共同缔造”行动,扎实推进“幸福河湖生态荆门”建设,守护造福人民的幸福河湖。根据要求,2024年3月前将实现“七个一”工作目标,即出台一批流域综合治理规划成果、打造一个幸福河湖建设试点、构建一套幸福河湖管护长效机制、整治一批农村小微黑臭水体、建成一个幸福河湖生态示范基地、形成一批“基层河湖长制+”典型案例、建立一套河湖管护村规民约,为建设全区域、整流域“幸福河湖”奠定坚实基础。

4日　市农机发展中心印发《荆门市2023年水稻低茬机收补贴试点方案》,计划在东宝区、掇刀区选择4家农机专业合作社,开展水稻低茬机收补贴试点工作。此次试点旨在通过水稻低茬机收补贴,探索建立降低机收留茬高度补贴机制,在全市范围内大力推广低茬机收技术,解决秸秆焚烧隐患,促进农业农村环境保护。实际操作中,市农机部门验收合格后,将按照每亩20元标准补贴4000亩田。

5日　在8月28日至9月3日的2023中国特色旅游商品大赛中,荆门市选送的寻楚骥·楚韵之尊组合茶具(紫砂)获得银奖。

7日　农业农村部办公厅、财政部办公厅公布首批国家农业产业强镇认定名单,荆门市钟祥市旧口镇(萝卜)、沙洋县曾集镇(油菜)、京山市雁门口镇(水稻)、掇刀区团林铺镇(油菜)、钟祥市胡集镇(水稻)5个镇上榜。全市实施该项目建设的7个镇(乡)紧紧围绕主导产业和优势特色产业,共争取中央资金3900万元,累计撬动社会及金融资金2.41亿元,培育引领家庭农场、农民合作社和龙头企业等市场主体962家,带动农民从业人数9.1万余人。

10日　市委书记胡亚波主持召开现场办公会,研究推进荆门石化转型升级工作。胡亚波强调,要强化机遇意识,树立进取意识,坚持稳中求进,全力推动荆门石化转型升级、高质量发展,为荆门城市和产业集中高质量发展奠定坚实基础。

△　全市人社部门集中发放全市首批失业保险稳岗返还资金,涉及资金规模3137万元,惠及企业2861家,稳定就业岗位12万个。近5年,全市已累计为10805家次企业发放稳岗返还资金15840万元,稳定就业岗位48万个。

8日　市人社局等三部门联合发文,确定2023年度(2023年7月1日至2024年6月30日)城镇职工基本养老保险、失业保险、工伤保险(以下简称社会保险)缴费基数月标准为6500元,个人缴费基数上限为19500元,个人缴费基数下限为3800元。

△　第八届“创客中国”湖北省中小企业创新创业大赛荆门地区选拔赛在荆门九派通融媒体中心举行,24个优秀项目进行了现场路演,其中企业组15个、创客组9个。参赛项目涉及医药健康、新材料、节能环保、食品深加工等多个领域。最终“精兵集结—智能机床组合集成技术解决方案”项目荣获企业组一等奖;“创客教育助力新时代的科学梦”项目荣获创客组一等奖。

11日　省农业农村厅办公室公布2023年度清廉村居典型村名单,荆门市8个村榜上有名。2022年,省农业农村厅启动清廉村居“5115”典型培育工程,荆门市在第一批有7个村被评为清廉村居省级典型村。此次被评为典型村的有京山市绿林镇向集村、温泉街道办事处莲山村,钟祥市旧口镇六井村、丰乐镇杨集社区,沙洋县毛李镇钟桥村,掇刀区团林铺镇四岭村,东宝区工业园新桥村,漳河新区漳河镇迎接村。

11日至12日　省政协副主席

张维国一行到荆围绕“创新实施文化惠民工程”“流域综合治理”课题进行专题调研,开展下基层察民情解民忧暖民心实践活动。

12日 市农机发展中心与黑龙江省建三江农管局青龙山农场签订水稻机收作业协议,荆门农机手将于10月3日前组织100台联合收割机赴青龙山农场开展水稻机收,预计到10月20日,每台收割机作业面积不少于400亩,按每亩最低65元计算,仅此17天就可为农机手增收260万元。

13日 根据市委巡察工作统一部署,九届市委第四轮巡察已完成对市农业农村局、市委党校、市史志研究中心、市机关事务中心首批4个单位的巡察进驻,标志着本轮巡察全面启动。九届市委第四轮巡察共组建4个巡察组,分3批次对市住建局、市农业农村局、市乡村振兴局、市委党校、市史志研究中心、市档案馆、市机关事务中心、市检验检测中心、团市委、市工商联、市供销社11个市直单位开展常规巡察。巡察期间还将同步开展选人用人和意识形态工作责任制落实情况专项检查。

14日 荆门市在武汉大学举办2023年秋季“才聚荆门·产业引凤”招才引智专项行动启动仪式暨首场校园巡回招聘会,在全省率先启动秋季招才引智专项行动。全市共有79家用人单位提供岗位344个、计划招聘2811人。其中,企业提供岗位275个、招聘2668人,其中硕博以上学历41人、本科学历2627人;市直卫健系统5家单位提供岗位69个、143人,其中本科30人、硕士113人、博士人数不限。本次活动还设置就业见习岗位专区,72家企事业单位发布优质就业见习岗位271个、2493人。

△ 三季度重大项目集中开工活动举行,主会场设在荆门锆辉智能制造基地项目现场(位于钟祥市新能源产业园),各县(市、区)设分会场。全市同步开工亿元以上项目188个,总投资656亿元,涉及新能源、高端装备制造等多个领域。市委书记胡亚波参加开工活动并宣布全市三季度重大项目集中开工。市委副书记、市长陈家伟参加活动并讲话。上海锆辉太阳能科技有限公司董事长杨从润致辞并介绍荆门锆辉智能制造基地项目情况。锆辉光伏产品智能制造基地项目总投资105亿元,分为光伏组件智能制造、光伏电站建设两大板块,主要建设5吉瓦光伏组件、5吉瓦高效(汤普康)光伏电池生产线和100万千瓦光伏电站。建成后,将成为以光伏组件智能制造为基础的“百亿级”光伏产品全产业链基地。

15日 市委书记胡亚波会见中铁七局集团有限公司党委书记、董事长王珂平一行,双方就推动地方与央企优势互补、开展多领域合作进行座谈交流。

△ 市关工委、市红十字会携手爱心企业福建省晋江市赛菲奴鞋业科技有限公司,在钟祥市洋梓中学举行爱心捐赠活动。市人大常委会副主任、市关工委主任舒君出席捐赠活动并讲话。东方鸟集团董事长、赛菲奴品牌创始人兼CEO汤武先向洋梓镇和张集镇中小学学生捐赠了1018双运动鞋,向4名品学兼优困难学子每人资助10万元助学金。

△ 荆门市延安精神研究会在沙洋县五里铺镇岳飞城召开2023年延安精神进基层教育基地授牌暨经验交流会,掇刀区白石坡中学、沙洋县五里铺镇金台村、东宝区仙居乡仙居社区等8家单位分别获授“延安精神进校园教育基地”“延安精神进农村教育基地”“延安精神进社区教育基地”。

16日 在第23个国防教育日到来之际,荆门市2023年下半年新兵入伍集中欢送仪式在市民兵训练基地举行。市委书记、荆门军分区党委第一书记胡亚波出席仪式并宣布2023年下半年入伍新兵出征。

17日 荆门市新的社会阶层人士联谊会职业经理人分会第一届会员大会第一次会议召开。大会表决通过了相关工作制度和管理办法,产生了第一届会长、副会长、秘书长、副秘书长及监事,湖北睿才人力资源管理有限公司总经理孔华林担任会长。

19日 “惠荆保”上线发布会召开,这标志着不具有理财投资性质的惠民商业医疗保险“惠荆保”正式上线。基本医疗保险参保人员(含城镇职工、城乡居民),不限性别、年龄、户籍、职业、健康状态,无须体检,均可关注“惠荆保”微信公众号在线投保。每人每年89元,最高可享290万元的医疗保障。

20日 “四十风华正青春——荆门建市40周年发展成就及展望”系列主题新闻发布会举行首场新闻发布活动——经济发展专场新闻发布会。

△ 未来有“锂”无限“荆”彩——宜荆荆都市圈创新创业大赛总决赛在荆门国际会展中心举行。大赛以“科技赋能转型升级 创新驱动跨越发展”为主题,由省科技厅、省高新技术发展促进中心指导,荆门市科技局、宜昌市科技局、荆州市科技局、恩施州科技局主办。大赛于3月中旬启动,来自宜昌、荆州、荆门、恩施四地的30多家锂电产业链相关企业或团队踊跃报名,最终“新型高比能高安全锂离子电池”等11个项目晋级总决赛,来自百杰瑞(荆门)新材料有限公司的“高纯氟化锂自动化技术的开发及应用”项目获得一等奖。

23日 以“聚寿乡·庆丰收·促和美”为主题的荆门市2023年中国农民丰收节开幕式暨钟祥“四宝”(米茶、葛粉、蟠龙菜、石牌豆腐)发布会在钟祥市举行。市委书记胡亚波出席活动并宣布荆门市2023年中国农民丰收节开幕。

△ 2023年全国科普日荆门主场活动暨有奖竞答活动在市体育文化中心举行。活动主题为“提升全民科学素质,助力科技自立自强”,分为

主题科普展览、市级学会科普活动、义诊咨询活动、科普教育学校和科普教育基地展教活动以及科普知识有奖竞答活动五大板块。

24 日 2023 湖北省滑翔伞冠军赛暨荆门运动休闲嘉年华百团万人游荆门活动在东宝区圣境山滑翔基地降落场正式开幕。此次比赛共有来自武汉、宜昌、随州、十堰、恩施等地的9 支代表队57 名运动员参赛,赛期2 天。运动休闲嘉年华百团万人游荆门活动涵盖了14 项运动休闲赛事,还有京山网球赛、环漳河自行车赛、沙洋乐山钓鱼赛等。

△ 市委理论学习中心组学习贯彻习近平新时代中国特色社会主义思想主题教育读书班举行集中研讨交流。市委书记、市委主题教育领导小组组长胡亚波主持会议并作读书班小结讲话。省委第七巡回督导组组长董永祥出席并讲话。赵少莲、刘亚锋、刘富国、徐莉、梁早阳、何平、刘振军、雷华等作交流发言。

25 日 “四十不惑·砥砺前行”2023 年荆门市“东方百货杯”第九届职工篮球赛在市体育文化中心正式开赛。市委常委、市委统战部部长、市总工会主席刘振军出席并宣布开赛。

25 日至 27 日 国务院发展研究中心党组成员、副主任余斌带领调研组一行到荆,围绕城市发展方向、产业布局等开展调研,为荆门打造“湖北建设全国构建新发展格局先行区重要支点城市”出谋划策。市委书记胡亚波主持召开调研交流会,并就荆门打造“湖北建设全国构建新发展格局先行区重要支点城市”初步构想作了说明。市委副书记、市长陈家伟陪同调研,并介绍了荆门经济社会发展情况。

26 日 湖北鄂中生态农业科技有限公司二期项目竣工投产暨三期工程开工活动在钟祥市胡集镇举行。

△ 京山中银富登村镇银行发布《碳核算信息披露报告(2021—2022 年)》。此报告是人民银行荆门市分行推动辖内金融机构有序开展碳核算的首次试点和实践,成功实现荆门市辖内金融机构碳核算零的突破。

29 日 中国(京山)绿林网球·英雄会暨第十届中国温泉旅游推广季系列活动在京山市国际网球赛事中心开幕。

10 月

7 日 “双节”期间,全市 702 家规模以上工业企业坚持生产,其中235 家连续生产,467 家提前复工复产,假期生产企业数占全市规模以上工业企业总数的 65.9%,完成产值 41.5 亿元,同比增长 4.5%。绿色化工、新能源新材料、汽车智能装备制造和建材等行业抓住生产黄金季,利用假期争分夺秒加快生产、扩大生产。

8 日 市委召开专题会议,研究中心城区房地产健康平稳发展和物业管理工作。市委书记胡亚波主持会议并强调,要深入学习贯彻习近平总书记关于住房工作的重要指示批示精神,把人口导入和安居工作摆在更加重要的位置,从供需两端精准发力,进一步完善住房保障体系,促进房地产市场健康平稳发展。

△ 荆门市进一步优化大学生购房补贴政策,取消毕业年限、就业范围和工作服务年限等。新政策补贴从2023 年9 月28 日至2024 年12 月31 日,对未享受荆门市(含县市)住房保障优惠政策的博士研究生、全日制硕士研究生、本科和专科毕业生,在中心城区首次购买新建商品住房,已完成商品房买卖合同网签备案,并取得不动产契税完税凭证的,按照每个家庭分别一次性给予10 万元、6 万元、4 万元、2 万元的购房补贴。

9 日 第 32 个世界精神卫生日主题活动在市人民医院东院举行。来自全市的精神残疾人及家属、志愿者参加。10 月 10 日是第 32 个世界精神卫生日,主题是“促进儿童心理健康,共同守护美好未来”。

10 日 市委书记胡亚波会见湖北文旅集团党委书记、董事长陈忠一行,双方就深化合作进行座谈交流。

△ 京山市完成荆门市首批“一码管地”土地全生命周期改革试点,项目顺利通过验收。“一码管地”即给每块新增建设用地一个独一无二的土地编码,贯通审批、供应、竣工验收等所有业务流程,实现省、市、县三级信息共享,防止出现违法用地情况,旨在提升土地精细化管理水平,同时推动政府数字化、智能化运行,优化土地资源“规、批、供、用、补、查、登”全业务流程,实现土地管理业务全面数字化审批。这次“一码管地”试点,新增执法流程,实现违法行为判定、立案、调查取证、案件处理、执行结案的在线办理和统一赋码,建立“随手拍”小程序,实时采集违法线索,在线交办核查。

△ 财政部印发《普惠金融发展专项资金管理办法》,自 10 月 1 日起,荆门市创业担保贷款政策有新调整。与此前相比,新办法通过进一步提升贷款额度、进一步降低申贷条件和进一步优化担保模式,加大财政支持创业就业力度。

11 日至 12 日 省退役军人事务厅党组书记、厅长杨爱东一行到荆门调研退役军人工作。

12 日 市委书记胡亚波会见中国城乡控股集团有限公司党委书记、董事长胡国丹一行,双方就有关合作事宜进行座谈交流。

13 日 全国首创的大众网球赛事——2023“湖北村网”在“中国网球之乡”荆门京山开赛。中国网球协会副主席、澳网温网女子双打大满贯冠军郑洁携手京山网球小将聂梦彤、曾灿阳、刘思睿等全国冠军与现场观众互动。

△ 湖北省宜荆荆都市圈乡村振兴“北斗 + 农机”实用技术现场推广会在掇刀区团林铺镇李集村举

办。宜荆荆都市圈区域内的60多家农村合作社参加推广活动,圆盘犁、液压型翻转机、无人驾驶拖拉机、旋耕施肥播种机、多功能精量气播机等一批新型农机设备在现场展示,各县(市、区)农机推广中心与部分农村合作社签订多项推广协议。

15日 市委书记胡亚波会见中国五冶集团有限公司党委副书记、总经理张刚一行,双方就深化合作进行座谈交流。

△ 湖北省2023年世界粮食日和全国粮食安全宣传周启动仪式暨"荆楚粮油促销季"活动在京山市文峰公园东广场举行。

16日至18日 新疆精河县教育系统代表团一行到荆门考察,就教育援疆工作开展沟通交流。

17日 荆门市公共交通集团有限公司与湖北亿纬动力有限公司签订战略合作协议。根据协议,湖北亿纬动力有限公司与荆门市公共交通集团有限公司将按照"优势互补、合作共赢、创新示范"的原则,在新能源车推广、新能源车充换电、电池回收利用、产研与市场合作等领域展开全方位合作,进一步加强城市新能源公交车、出租车的合作和推广,推动城市公交电动化,提高公共交通绿色化水平和能源利用效率,减少环境污染。

18日 荆门市高质量发展大会召开,市委书记胡亚波出席会议并讲话。他强调,要更加紧密地团结在以习近平同志为核心的党中央周围,在省委、省政府的坚强领导下,围绕打造产业转型升级示范区目标定位,解放思想、更新观念,振奋精神、勇争一流,努力把潜在优势转化为发展胜势、把现实机遇转化为发展成果,加快打造湖北建设全国构建新发展格局先行区重要支点城市,奋力谱写中国式现代化湖北实践荆门篇章。

△ 荆门市被中央政法委评为全国市域社会治理现代化试点合格城市。这标志着荆门市承担的市域社会治理现代化试点工作圆满完成,平安荆门再添"国字号"荣誉。

20日 市未成年人心理健康指导中心揭牌暨市新联会心理健康分会实践创新基地授牌仪式举行。

△ 荆门市花鼓戏《老家》参加第五届湖北地方戏曲艺术节展演。

△ 中国中小城市发展指数研究课题组、国信中小城市指数研究院联合发布2023年全国千强镇研究成果,钟祥市胡集镇和双河镇上榜全国千强镇名单,其中胡集镇列第189位,双河镇列第693位。

21日 2023中国公路自行车公开赛(湖北·荆门站)暨2023环漳河自行车赛配套活动——漳河新区柑橘文化采摘节在漳河新区爱飞客小镇开幕。副市长刘克雄出席活动并宣布开幕。此次柑橘文化采摘节以"大美漳河·喜庆丰收"为主题,旨在以橘为媒、以节会友,推介漳河品牌,弘扬柑橘文化,不断提高漳河柑橘的知名度和美誉度,推动漳河柑橘产业更大规模、更高品质发展。开幕式上公布了漳河柑橘专家评鉴活动评奖结果并颁奖,签订农业数字化供应链提升、柑橘产销对接合作等项目协议,推动漳河柑橘产业能级提升、购销两旺。

21日至22日 2023中国公路自行车公开赛(湖北·荆门站)暨2023环漳河自行车赛在漳河新区爱飞客小镇举行,来自全国各地的近1000名高水平自行车运动员和骑行爱好者参加。市委书记胡亚波,省体育局党组书记、局长水兵,中国自行车运动协会副秘书长孙连滨,市委副书记、市长陈家伟,省水利厅党组成员、副厅长潘颖,中国自行车运动奥运奖牌第一人姜翠华,湖北文旅集团副总经理吴传彪,北京势至山水文化传播有限公司董事长刘大可等出席开幕式,并共同为比赛鸣笛开赛。赵少莲主持开幕式。本次赛事为期两天,共设置男子公开组公路大组赛、男子公开组个人计时赛以及全民健身组骑游行3个竞赛项目。赛事期间,配套举办航空器静态展、柑橘文化采摘节、民俗特产展等活动。

△ 2023年秋季"才聚荆门·产业引凤"招才引智成都高校行活动举行。市委常委、市委组织部部长刘富国出席并推介荆门。活动先后走进四川大学和西南交通大学,并组织成都电子科技大学、成都理工大学、成都大学、西华大学、成都信息工程大学等十余所高校800余名学生参加。全市44家用人单位提供岗位252个、计划招聘1860人。

23日 荆门市2023年领导干部媒介素养能力提升培训班在北京大学开班,市委常委、市委宣传部部长徐莉参加开班活动并作开班动员。市直部分单位新闻发言人和县(市、区)党委、政府新闻发言人及联络员参加培训。

△ 市委书记胡亚波会见到荆门考察的湖北联投集团党委书记、董事长刘俊刚一行,双方就进一步深化合作进行座谈交流。

24日 市委书记胡亚波会见湖北农发集团党委书记、董事长朱万奎一行,双方围绕深化合作进行座谈交流。

△ 荆门市城投公司与宁波恒太商业管理集团有限公司签订民主街历史文化街区战略合作协议,携手打造文商旅融合型特色街区。民主街历史文化街区项目总建筑面积约7.2万平方米,由荆门市城投公司投资建设。此次签约后,项目将由宁波恒太商业管理集团有限公司负责运营。该项目将聚焦年轻潮流客群,锁定亲子互动、潮玩娱乐定位,努力将民主街历史文化街区打造成荆门的城市会客中心、旅游集散中心、市民休闲活动中心。

26日 全省四季度重大项目集中开工活动以视频连线方式举行,荆门市在沙洋经济开发区心悦多功能薄膜项目现场设分会场。市委副书记、市长陈家伟宣布全市四季度重大项目集中开工。四季度全市共有183个亿元以上项目集中开工，总投资550.7亿元。其中，投资50亿元以上项目2个、10亿元以上项目7个。先进制造业项目108个，总投资372.5亿元，占集中开工项目投资总额的68%；现代服务业项目18个，总投资35.4亿元，占6%；基础设施项目31个，总投资84.2亿元，占15%。

△　省住房和城乡建设厅印发《关于表扬2023年度湖北省"优秀环卫工人"和"优秀环卫企业"的通报》，荆门市10位环卫工人、2家环卫企业上榜。获表扬的环卫工人有荆彦平、李海啸、陈李玲、陈美珍、党宏梅、甘祥安、孟庆强、冯勇、胡韶宾、田喜华。湖北万向实业有限责任公司、荆门高能时代环境技术有限公司获优秀环卫企业。

27日　由国家应急管理部指导、中国航空工业集团有限公司主办、中航通用飞机有限责任公司和荆门市人民政府承办的航空工业应急救援综合实战演练在漳河机场举行。作为国内最大规模的多机种综合实战演练，此次演练以"打造国家航空应急救援关键力量"为主题，充分展示了近年来中国自主航空应急救援装备体系化发展成果，实战验证了航空应急救援战法研究、科技创新、装备研制、实战应用等科研生产成果。

△　荆门市举办数字化转型项目路演暨锂电产业数字创新论坛。本次活动主题为"海智助力数字 制造转型智造"，由市委组织部、市科学技术协会、国家海外人才离岸创新创业基地（武汉）主办。

28日　湖北农垦建垦70周年座谈会在屈家岭管理区（五三农场）举行。全省65家农垦国有农场和湖北农垦农场联盟负责人、劳模代表、企业代表等参加。

29日　市委书记胡亚波率荆门市党政代表团赴咸宁市，开展区域协作对接工作，共叙友情、共商合作、共谋发展。

30日　首届湖北（荆门·沙洋）花卉苗木交易会暨林业生态产品招商推介会在荆门启动，全省17个市（州）及相关县（市）林业系统代表、花卉苗木领域相关行业协会、企业及专家代表等400余人共聚荆门，围绕项目推介、招商洽谈、产业技术创新等主题开展系列活动。

31日　首届湖北（荆门·沙洋）花卉苗木交易会暨林业生态产品招商推介会在沙洋县十里铺苗圃产业示范园开幕。

11　月

1日　以"弘扬企业家精神 推进示范区建设"为主题，第二届"企业家日"活动举行。市委副书记、市长陈家伟出席活动并为"2023荆门民营企业50强"上榜企业代表授牌。市委副书记、市委政法委书记赵少莲为2023"专精特新"企业代表授牌。

2日　湖北省科技成果转化轻骑兵行动荆门专场"百家团队荆来揭"活动在荆楚科创城国际会展中心举行。副市长唐承凤出席并宣布活动启动。

5日　荆门市组织23家企业参展第134届广交会，设置44个展位，涉及通用机械及机械基础件、化工产品、食品、箱包等15个展区，共签订意向性合同2800万美元。

6日　省委常委、常务副省长邵新宇一行到荆门，调研粮食收储、现代种业产业链发展、投资和重大项目建设等工作。他强调，要深入贯彻落实党中央、国务院决策部署和省委、省政府工作要求，打造特色优质现代种业产业链，筑牢粮食安全底线；要发挥重大项目"顶梁柱"作用，以高质量项目支撑高质量投资，为稳增长奠定基础。

△　荆门通航圆满完成陕西省飞播造林任务，2架运五B飞机顺利从陕西省安康市返航。2023年度陕西省飞播造林任务自8月3日开始，荆门通航共投入4架运五飞机，累计飞行超310小时，完成总播种面积超2.87万公顷。

7日　荆州考察团到荆门就中心城区生活污水处理及竹皮河流域综合治理、湖泊与流域水环境治理等进行考察交流。

8日　第六届楚商大会楚商产业发展论坛暨新能源高峰论坛在武汉东湖国际会议中心举行。第十四届全国政协常委、经济委员会副主任马建堂发表主旨演讲，湖北省政府副省长盛阅春出席论坛活动并讲话。省楚商联合会会长，泰康保险集团创始人、董事长兼首席执行官陈东升致辞。惠州亿纬锂能股份有限公司董事长刘金成发表主旨演讲。荆门市委书记胡亚波出席活动并致辞，荆门市委副书记、市长陈家伟主持论坛开幕式。

△　中国科协海智专家服务团助力湖北生物产业发展暨省科协2023年海智专家荆楚行（荆门）活动在荆楚科创城国际会展中心举行。

10日至11日　咸宁市委书记孟祥伟，咸宁市委副书记、市长杨军率咸宁市党政代表团到荆门考察。

10日至13日　2023年滑翔伞定点世界杯总决赛在东宝区圣境山生态旅游区举行，赛事由国际航空运动协会（FAI）指导，国家体育总局航空无线电模型运动管理中心、中国航空运动协会、湖北省体育局、荆门市政府主办，这是此项赛事首次在中国举办，将连续3年落户圣境山滑翔基地。来自15个国家的30名运动员进入总决赛，最终中国选手陈洋、郭婧分别获得男子组、女子组年度总冠军。滑翔伞定点世界杯创始人之一、组委会技术官员Uga（塞尔维亚籍）参加开幕活动。国家体育总局航管中心主任贾冰为东宝区人民政府"滑翔伞运动共建单位"授牌，并宣布滑翔伞定点世界杯总决赛开赛。近年来，东宝区致力于打造"中国滑翔胜地"品牌，建设了亚洲最大的人工滑翔基地和世界首个以滑翔伞为主题的飞行大楼，举办了一系列全国、全省高水平滑翔伞赛事，不断推广和普及滑翔伞运动。圣境山滑翔基地被国家体育总局航管中心授予“国家航空飞行营地”称号。

12日 市委书记胡亚波一行到东宝区牌楼镇，调研牌楼西河小流域综合治理试点工作。他强调，要大力引进经营主体参与流域治理，加快推进工程项目建设，促进农业产业规模化发展，及时总结试点工作经验，为全市小流域综合治理提供借鉴。

13日 宜昌市副市长杨卫华率宜昌市党政代表团到荆门考察调研动力储能电池产业发展情况。

14日至15日 省委常委、省委宣传部部长琚朝晖一行到荆门调研宣传思想文化工作。

15日 根据《荆门市中心城区民用集中供热办法》规定，市中心城区将于11月25日至次年3月5日集中供暖。中心城区集中供暖于2016年12月1日正式开始，发展至2023年，供暖面积达到86.12万平方米，其中居民供暖面积75.46万平方米，非居民供暖面积10.66万平方米。共建二级换热站34座，辐射采暖小区38个。

16日 “宜荆荆都市圈”政协第一届书画作品联展暨榆林市政协书画作品邀请展在荆门市青少年活动中心开展。

17日至18日 2023年华侨华人创业发展洽谈会(简称华创会)荆门专场活动举行。来自海内外的70余名侨商侨领代表相聚荆门，共叙友情，共谋合作。省侨联党组书记、主席施政出席活动并为“检侨驿站”揭牌。

△ 象河流域水质由4月劣Ⅴ类提升至Ⅲ类、Ⅳ类，流域总磷值降至每升0.1—0.4毫克。

20日至22日 省政协主席孙伟在京山市、沙洋县、屈家岭管理区调研支柱产业发展、小流域综合治理和水环境安全、文旅融合发展。

21日 市公安局交警支队车管所为杭州青奇科技有限公司在荆门地区预备投放的500台“滴滴青桔”新型电动共享自行车集中办理了注册登记。相较以往，这批新车限速每小时25千米，增配智能头盔锁，不戴头盔无法骑行，保证驾驶人出行安全。

22日 市住建局会同市财政局、市自然资源局出台《荆门市中心城区国有土地上房屋征收房票安置办法》，2023年11月21日起施行，有效期2年。

24日 荆门市青年联合会第六届委员会全体会议、荆门市学生联合会第四次代表大会在荆门剧院召开。市委常委、市委统战部部长刘振军出席会议并讲话。会议选举团市委书记李立军为市青联主席，荆楚理工学院学生会主席张剑锋当选为市学联主席。

△ 荆门获评第十四届中国菊花展览会“室外景点大奖”。

25日 长城汽车首个高端越野制造基地——长城汽车荆门分公司2023年度生产的第10万辆汽车坦克500Hi4—T下线。市委书记胡亚波，市委副书记、市长陈家伟，长城汽车股份有限公司董事长魏建军，长城汽车股份有限公司副总裁孟树杰、刘向上等出席年度第10万辆整车下线仪式，胡亚波、魏建军在汽车上签字留念。

26日 全市“洁千村·迎新年”百日攻坚战动员会在京山市召开。

29日 省生活垃圾分类工作领导办公室印发《关于通报表扬生活垃圾分类共同缔造示范社区(村)的通知》，通报表扬全省生活垃圾分类共同缔造示范创建工作成效显著的100个社区(村)，荆门东宝区泉口街道浏河社区、漳河新区双喜街道凤凰湖社区、京山市新市街道白谷洞村、钟祥市九里回族乡杨桥村4个社区(村)获通报表扬。

30日 市光彩事业促进会第三次会员大会暨三届一次理事会议召开，回顾总结第二届理事会工作，选举产生第三届理事会领导班子。

12 月

1日 《荆门市住宅装饰装修合同(示范文本)》启用。

1日至2日 2023年秋季“才聚荆门·产业引凤”招才引智郑州高校行活动先后走进郑州大学、河南工业大学和郑州轻工业大学，举办招才引智推介会和专场招聘会。

4日 全省坚持和发展新时代“枫桥经验”先进典型名单出炉，荆门市4个创新工作法榜上有名，分别是沙洋县司法局高阳司法所的用好“法治高阳简报”化解民间纠纷工作法、钟祥市司法局双河镇人民调解委员会的群众“点单”调委会解纷工作法、钟祥市张集镇的“六章理事”工作法、东宝区泉口街道浏河社区的积分制管理解纷工作法。

△ 12月4日是第十个国家宪法日。2023年度荆门市“宪法宣传周”启动仪式暨集中法治宣传活动在天鹅广场举行。活动主题是“大力弘扬宪法精神，建设社会主义法治文化”。活动现场进行了宪法宣誓仪式，相关单位在现场设置法治宣传摊位和展板，为群众派发宣传资料、提供法律法规政策咨询服务。

4日至8日 爱沙尼亚图纳集团董事会主席克里斯蒂安·莱多一行到荆考察。图纳集团与荆门市签订《城市更新绿色低碳发展战略合作协议》。与东宝区人民政府、湖北农谷实业集团有限责任公司、市城控集团、市城管委、市住建局、市商务局分别签订《中天街商业绿岛项目协议》《乡建产业低碳转型升级示范区项目协议》《园博园转型升级项目民宿建设战略合作协议》《共建城市低碳便民服务设施项目合作协议》《共同构筑“绿色低碳荆门”合作协议》《共建新型商业场景合作协议》。

5日 荆门住房公积金中心出台住房公积金贷款缩期政策，在全市全面开展住房公积金贷款缩期业务，以满足公积金贷款职工家庭的需求，减少贷款利息支出。

△ 2023年第一批湖北省大学生创业扶持项目名单出炉，荆门市25个大学生创业项目获扶持资金131万元，其中8万元项目2个，5万元项目23个。

△ 湖北省工商业联合会发布2023湖北民营企业100强榜单、2023湖北民营企业制造业100强榜单、2023湖北民营企业服务业20强榜单，荆门19家企业入围。此次榜单以企业2022年度营业收入总额为标准进行排序。2023湖北民营企业100强入围门槛45.5亿元，比上年增加6.4亿元。

荆门市7家企业入围“2023湖北民营企业100强”，分别为天茂实业集团股份有限公司排第7位，荆门市格林美新材料有限公司排第17位，湖北亿纬动力有限公司排第27位，新洋丰农业科技股份有限公司排第28位，长城汽车股份有限公司荆门分公司排第55位，湖北鄂中生态工程股份有限公司排第57位，湖北京山轻工机械股份有限公司排第96位。11家企业入围“2023湖北民营企业制造业100强”，分别为荆门市格林美新材料有限公司排第8位，湖北亿纬动力有限公司排第13位，新洋丰农业科技股份有限公司排第14位，长城汽车股份有限公司荆门分公司排第31位，湖北鄂中生态工程股份有限公司排第32位，湖北京山轻工机械股份有限公司排第46位，湖北国宝桥米有限公司排第50位，湖北凯龙化工集团股份有限公司排第73位，荆门亿纬创能锂电池有限公司排第76位，格林爱科（荆门）新能源材料有限公司排第85位，荆门盈德气体有限公司排第87位。天茂实业集团股份有限公司入围“2023湖北民营企业服务业20强”，排第4位。

6日 工信部公布第六批国家级工业设计中心名单，湖北京山轻工机械股份有限公司工业设计中心入选，这是荆门市企业设计中心首次入选该名单。

7日 省委全面依法治省委员会办公室发布《关于第二批全省法治政府建设示范地区（单位）和项目命名的决定》，荆门市被命名为第二批全省法治政府建设示范市。

12日 省经信厅党组书记、厅长刘海军带队调研沙洋县工业经济运行情况。

14日 市委书记胡亚波主持召开专题会议，研究荆门市常态化项目谋划工作机制和2024年度市级政府投资计划、中心城区城建计划编制工作。胡亚波强调，要牢固树立全市“一盘棋”思想，坚持经营城市的理念，进一步深化政府投融资体制改革，不断提高财政资金使用效益，以改革创新推动经济社会高质量发展。

15日 湖北留学人员2023创新创业荆楚行（荆门）招商引资及项目推介活动举行。

16日至17日 中国建设科技集团股份有限公司党委书记、董事长文兵，中国城乡控股集团有限公司党委书记、董事长胡国丹一行到荆门考察。

18日 湖北森宝园艺有限公司“京山对节白蜡园艺师”品牌获“湖北省第一批劳务品牌领军企业”称号，获得奖补30万元。

△ 国家知识产权局发布2023年新一批及通过复核的国家知识产权示范企业和优势企业，荆门市7家企业上榜。荆门宏图特种飞行器制造有限公司、湖北博士隆科技股份有限公司2家企业获国家知识产权示范企业。荆门法麦克斯农业科技有限公司、湖北亨迪药业股份有限公司、湖北凯龙化工集团股份有限公司、湖北金泉新材料有限公司、新洋丰农业科技股份有限公司5家企业获国家知识产权优势企业。

20日 宜荆荆都市圈“一路清风”清廉家庭宣传教育线路发布暨荆门市首届家庭文化节启动仪式举行。

21日 荆门市青年创业者协会第二届会员大会召开。会议选举产生新一届理事会。荆门市探梦科技有限公司总经理余为伟当选会长。会议举行了会长交接仪式，向团市委确定的3家创业青年实习实训基地企业授牌，向会长、名誉会长、副会长和秘书长单位授牌。

22日 市政府与中南大学签订战略合作框架协议。双方将按照“优势互补、互惠互利、务实高效、共同发展”的合作原则，在决策咨询、科技创新与成果转化、人才交流培养、医疗卫生服务、中国农谷和数字乡村建设等领域开展深入广泛的合作，助推荆门“转型升级、跨越发展”和中南大学“双一流”建设。

△ 杭州市荆门商会成立大会在杭州召开，并同步召开荆门·杭州产业招商推介会。

22日至25日 第二届湖北非遗产品优惠展销季暨非遗嘉年华活动在武汉举办，荆门市夏氏丹药制作技艺、蟠龙菜制作技艺、葛娃葛粉制作技艺、荆楚梁家腊香鸡制作技艺4个非遗项目亮相非遗嘉年华。

26日 省文化和旅游厅发布关于确定17家旅游景区为国家AAAA级旅游景区的公告，荆门市圣境山生态旅游区、屈家岭国家考古遗址公园被确定为国家AAAA级旅游景区。

27日 省交通运输厅党组书记、厅长钟芝清率调研组到荆门调研交通运输和东宝区平安建设工作。

31日 《荆门市长湖保护条例》于2023年10月31日经市十届人大常委会第十四次会议表决通过，并于12月1日经省十四届人大常委会第六次会议审议批准，自2024年3月1日起施行。该条例是湖北省第一部湖泊保护方面的协同立法项目，对长湖流域生态保护与修复、筑牢长湖流域水生态保护红线、促进长江流域高质量发展具有重要意义。

（市史志研究中心）

市情概览

建置·人口

【建置区划】 商置权国。西周属权国、那处。春秋时期属楚国。秦属南郡。西汉,境内置编县、鄀县、当阳县。西汉中元元年(前149年),分江陵、编县置当阳县,属南郡。东汉建武元年(25年),复西汉建制。建安十三年(208年),曹操置襄阳郡,鄀县随属;建安十九年,当阳、编县归刘备荆州;建安二十四年,当阳、编县属东吴孙权荆州,鄀县属曹操。西晋沿吴制。东晋永和八年(352年),于编县置武宁郡,分编县北境立长宁县,分鄀县南境立乐乡县为郡属。隆安五年(401年),于编县故城置长林县,长林县与武宁郡俱立。又在长宁县侨立长宁郡,治长宁县。其后,武宁郡迁治于乐乡县,仍领乐乡县、长宁县。当阳、编县属南郡。南北朝时,宋、齐沿晋制。南朝宋泰始元年(465年),改长宁郡为永宁郡;西魏废帝元年(552年),在乐乡县设鄀州,领武宁、永宁二郡。后梁大定三年(557年),废编县入长林县;于长林县内方山置基州,辖章山、上黄二郡;又分长林县地置丰乡、绿麻二县为郡属。北周天和六年(571年),鄀、基二州划归后梁。隋开皇七年(587年),废永宁、武宁、章山、上黄四郡;开皇十一年,废长林县入长宁县;开皇十八年,改长宁县为长林县。大业元年(605年),废鄀、基二州,改绿麻县为章山县,章山、乐乡和丰乡县改属竟陵郡(治石城),长林县属南郡。唐武德元年(618年),废丰乡、章山二县入长林县,治上泉岗;武德四年(621年),长林县属荆州;恢复鄀州,治乐乡县;恢复基州及章山县;武德七年,废基州,章山县属郢州;武德八年,废郢州,章山县属荆州。贞观八年(634年),废鄀州,乐乡县入襄州;废章山县入长林县。建中三年(782年),析长林县立荆门县,属南郡,荆门县名始此;长林县治南迁至藻湖西岸。不久荆门县废,复归长林县。贞元二十一年(805年),复立荆门县,属南郡。唐末,废荆门县入长林县。五代,荆门属荆南国。天福五年(940年),置荆门军(治当阳),领长林县,属江陵府。不久,军废。后周显德二年(955年),废乐乡县,北境入宜城,南境入长林县。北宋建隆三年(962年),长林县移治蒙山东(今荆门城),为荆门城设治之始。开宝五年(972年),复置荆门军,治长林县,属荆湖北路,领长林、当阳二县。熙宁六年(1073年),军废,当阳、长林属江陵府。元祐三年(1088年),复立荆门军,仍领长林、当阳二县,属荆湖北路。大观元年(1107年),荆门军治南移于鸦雀铺南坡。靖康元年(1126年),长林县治随荆门军南迁藻湖长林城。南宋绍兴十四年(1144年),废当阳县入长林县,荆门军回迁鸦雀铺南坡岳飞城;绍兴十六年(1146年),荆门军及长林县治迁回蒙山东,恢复当阳县。端平三年(1236年),荆门军移治当阳,属江陵府,仍领长林、当阳县。元至元十四年(1277年),升荆门军为荆门府,属河南行省,领当阳、长林县。次年,府治移至长林县。天历元年(1328年),降府为州,属荆湖北道宣慰司,仍领长林、当阳县。长林县治自藻湖西岸移至广坪港石垱。明洪武九年(1376年),降荆门州为县,废长林县入荆门县,属荆州府。次年,废当阳县入荆门县;洪武十三年,升荆门县为州,复当阳为属县。嘉靖十年(1531年),升安陆州为承天府,荆门州改属承天府,仍领当阳县。清顺治三年(1646年),改承天府为安陆府,荆门州领当阳县属之。乾隆五十六年(1791年),升荆门州为直隶州,属湖北布政使司,领当阳、远安二县。

1912年,改荆门直隶州为县,属湖北省襄阳道,后改属荆宜道。1927年,废道,荆门县直属湖北省。1928年,分设沙洋市,隶属湖北省。1932年,属湖北省第七行政督察区。1936年,属湖北省第五行政督察区。1940年,侵华日军占据荆门,县治移驻三泉沟河;沙洋撤市复镇归荆门县。1945年,日军投降,县治迁回荆门城关,属湖北省第四行政督察区。

1949年1月,沙洋建市;7月,撤市复镇。1949年2月,荆门县城解放;8月,县人民政府成立,属湖北省荆州行政区督察专员公署,辖14个区,下设45个乡;9月,调整为10个区。1956年,辖2个区公所、9个指导组、1个县辖镇，下设58个乡、4个区辖镇。1958年秋，成立8个人民公社，下设58个管理区；不久，公社名称改用当地地名。1960年3月，沙洋镇与沙洋农场合并设沙洋市，隶属荆州地区专员公署；1961年，撤市复镇重归荆门县。1963年末，全县有12个区公所、2个县辖镇，下辖3个区辖镇、75个公社。1966年末，全县有12个区公所、2个县辖镇，下辖2个区辖镇、75个公社。1978年末，全县有2个县辖镇、16个公社。1979年11月，析荆门县城关镇及周边地区，设县级荆门市，县、市同属荆州地区行政公署。1983年8月，撤县并市，建立省辖荆门市；年末，荆门市下辖20个公社、1个区级镇、2个街办。1985年5月，设立东宝、沙洋两个县级区，东宝区政府驻泉口街道，沙洋区政府驻汉津街道。1988年末，荆门市辖2个区，35个乡（镇、街办）。1995年末，荆门市辖2个区、34个乡（镇、街道）。1996年12月，京山县、钟祥市由荆州市分别划归荆门市管辖和代管，国营五三农场区划随之调整到荆门市。1998年12月，沙洋撤区建县，县政府驻沙洋镇。2000年11月，以原荆门经济开发区地域，成立荆门高新技术产业园区，经省人民政府批准设立为省级高新区。2000年，荆门市辖1个区、2个县、代管1个市，共辖71个乡（街道、镇）。2001年3月，荆门市掇刀区成立，区政府驻掇刀石街道。2001年10月，以原五三农场地域，设立屈家岭管理区。2011年12月，以原东宝区漳河镇、原掇刀区双喜街道，成立漳河新区。2018年2月，经国务院批准，撤销京山县，设立县级京山市。2019年1月，京山市撤销新市镇、永兴镇，设立新市、永兴、温泉3个街道。2021年12月，钟祥市调整郢中街道，设立皇庄街道，将郢中街道的9个社区和4个村划归皇庄街道管辖。至2023年底，荆门市辖2个区、1个县、代管2个市和漳河新区、屈家岭管理区，下设11个街道、48个镇、2个乡，共61个乡级行政区。

（市民政局）

【人口】 2023年，全市常住人口255万人。其中，沙洋县38.82万人，钟祥市85.27万人，京山市53.1万人（含屈家岭管理区5.12万人），东宝区35.17万人，掇刀区42.64万人（含漳河新区8.01万人）。

（王 颖）

【少数民族】 全市共有少数民族41个，人口1.84万人，占全市人口的0.71%。人口排名前三的少数民族是土家族、回族、苗族。辖民族乡、村各1个，分别为钟祥市九里回族乡、沙洋县沙洋镇三峡土家族村。共有新疆、甘肃等地到荆门的维吾尔族、回族等少数民族外来务工人员1000余人，除在企务工600余人外，其他人员主要从事拉面馆、烧烤店、干果销售等行业。

（市民宗委）

自 然

【面积】 全市土地总面积1233951.35公顷，其中沙洋县214637.34公顷，钟祥市440339.87公顷，京山市353778.57公顷，东宝区167955.46公顷，高新区·掇刀区57240.11公顷（注：屈家岭管理统计在京山市和钟祥市内，漳河新区统计在东宝区和高新区·掇刀区）。

【地质地貌】 荆门市东、西、北三面高，中、南部低，呈向南敞开式，兼有低山坳谷区、丘岗冲沟区和平原湖区。东北部的钟祥、京山大部分地域地处大洪山南麓，地质特征为褶皱断块山地，主要由古生界、中生界碳酸盐岩、碎屑岩以及元古界变质岩构成，形成低山或丘陵。最高点为钟祥市客店镇的斋公岩，海拔1050米；西北部的东宝区地域是由大巴山东延至保康、南漳的荆山，海拔降至1000米以下，山文线由东西转为北西至东南，蜿延形成荆山余脉。主要由二叠三叠纪石灰岩组成，形成坳谷、冲沟分割起伏和缓的低山、丘陵或岗地。中、南部汉江两岸的钟祥市、京山县部分和沙洋县大部分地域，主要分布于新生代沉降盆地之中，由于江河冲积和湖泊淤积，形成平原湖区。最低点为沙洋县境内的长湖湖底和京山县永隆镇潘家湾河床，海拔27米。区域内地势平坦，土壤肥沃，湖泊密布，河网交织，堤坝纵横，是荆门市粮棉集中产区。

【主要资源】 *土地资源* 荆门市地处荆山余脉和大洪山南麓，南部为江汉平原，境内地貌种类多样，地层发育较为齐全，土地资源较为丰富。地貌按自然地形基本分为山地、丘陵、冈地和平原湖区四类，主要以丘陵和冈地为主体结构，呈现“三山一水五分田，一分道路和家园”的国土空间格局。根据2022年度国土调查成果显示，全市土地总面积合计1233951.35公顷。按其利用状况分类，耕地494969.47公顷、园地13760.76公顷、林地421126.23公顷、草地2744.66公顷、湿地1864.13公顷、城镇村及工矿用地102422.7公顷、交通运输用地23860.74公顷、水域及水利设施用地156346.36公顷、其他土地16856.3公顷。

矿产资源 荆门是江汉平原矿藏密集地区，境内矿产资源丰富，分布较为集中。尤以非金属矿具有矿种多、储量大、品位高的特点。全市已探明有金属、非金属、能源和水汽四大类50余种，占湖北省已发现137个矿种的36.5%。已探明储量并正在开发利用的矿产主要有磷块石、水泥用灰岩、硅石、白云岩、重晶石、建筑石料用灰岩等16种。矿产资源在空间上的分布集中连片，为

集中开采、运输和加工提供了便利的条件,市内这些矿产的开发已形成了相当稳固的矿业基础,生产力布局与矿产分布基本一致,匹配程度好。荆门地热资源较丰富,已初步查明4处,荆门中心城区1处、京山1处、钟祥2处;水温26℃—60℃,水量大者可达8000吨/日以上,小的仅80吨/日。荆门中心城区十里牌地热水温52℃,涌水量大于3200吨/日。

根据《荆门市矿产资源总体规划(2021—2025年)》,荆门市主要矿产资源累计查明资源储量:石膏141380.1万吨,居全省第1位,开采矿区8个,已全部关闭;水泥用灰岩141096.7万吨,居全省第1位,开采矿区11个;建筑石料用灰岩36455.2万立方米,居全省第2位。

植物及野生动物资源 森林资源。根据2023年度森林资源监测数据显示,全市林地面积42.95万公顷,森林面积36.36万公顷,森林覆盖率达到29.47%,森林蓄积量达到2718.63万立方米。

植物资源。根据各县市区植物资料汇总,全市维管植物(含引进品种)有186科927属2323种。其中,蕨类植物28科45属84种,裸子植物9科25属72种,被子植物149科857属2167种。全市有珍稀濒危保护植物29科53种。其中,蕨类植物1科1种,裸子植物4科5种,被子植物24科47种。在珍稀濒危的53种植物中,属于国家重点保护一级的2种,国家重点保护二级的40种,国家级拟公布的珍稀濒危保护植物11种。

动物资源。根据各县市区调查数据统计汇总,全市现有陆生野生动物300多种,按动物类别分,有兽类20多种,爬行类20多种,两栖类20多种,鸟类200多种;按保护级别分有国家一级保护动物中华秋沙鸭等10多种,国家二级保护动物有红腹锦鸡等60多种,主要分布在全市低山丘陵和湿地区域,省级重点保护和国家"三有"陆生野生动物200多种。

(市自然资源局)

水资源 荆门地处荆山余脉和大洪山南麓向江汉平原过渡带,辖1个县、2个市、4个区,国土面积1.24万平方千米。区域内气候温和、物产丰富。年平均气温15.6℃—16.3℃,日照年均2000小时,湿度74%;年均降雨1000毫米左右,年均降水100—126天,年际变差3.05倍,年蒸发量800—1200毫米。

荆门市地处汉江中下游,境内有汉江、漳河、长湖、府澴河四大水系。境内最大河流汉江自北向南贯穿全境,境内河道曲长154千米,流域面积9362平方千米,占荆门市国土面积的76%,两岸堤防总长361.3千米,其中遥堤39.5千米,干堤14.9千米,支堤13条261.4千米,围堤45.5千米。西为漳河水系,在荆门境内干流全长11.56千米,流域面积671.8平方千米,占荆门市国土面积的5%。南为长湖水系,流域面积1998平方千米,占荆门市国土面积的16%。东为府环河水系,流域面积372.2平方千米,占荆门市国土面积的3%。流域面积50平方千米以上河流93条,湖泊46个,水库756座,其中大型水库7座(荆门市管理的水库有惠亭、温峡口、石门、黄坡;省水利厅管理的水库有漳河、高关;孝感市管理的水库有郑家河)、中型水库31座(市管水库25座)、小型水库718座,水闸797座,泵站741座,塘堰12.6万处,667公顷以上灌区61个,其中大型灌区4个(漳河三干渠、温峡口、石门、惠亭),重点中型灌区7个,一般中型灌区50个。境内有分蓄洪区16个(汉江12个、长湖4个)。总蓄引提水能力53亿立方米,有效灌溉面积20.75万公顷,旱涝保收面积16.35万公顷。初步形成防洪、排涝、抗旱三大工程体系。

荆门市多年平均水资源总量为41.82亿立方米。其中多年平均地表水资源量为40.752亿立方米,多年平均地下水资源量为14.8981亿立方米。地下水资源量与地表水资源量间不重复计算量为1.0709亿立方米,荆门市自产水量较少,但客水较为丰富,汉江中游控制站钟祥皇庄水文站多年平均年径流量481亿立方米。荆门市平均产水系数(水资源总量/降水总量)为0.189,产水模数(水资源总量/地区总面积)荆门市平均为13.58万立方米/平方千米。

荆门市多年平均年水资源总量占全省的4.014%,全省排第9位。以2020年统计口径计算,2020年荆门市水资源总量占全省的5.9%,全省排第8位,人均占有水资源量863立方米,在全省17个地市州中居第5位,高于全省人均483立方米的水平;亩均用水量310立方米,居全省第9位,高于全省亩均304立方米的水平。

(市水利湖泊局)

【气候】 *气候特点* 荆门市2023年气温偏高,降水偏少,降水时空分布不均。荆门站平均气温17.7℃,较历年平均值偏高1℃,为历史最高值。年平均降水量825.8毫米,比历年平均偏少14.1%,其中夏季偏少33.3%。全年频率最多风向为北西北风(NNW),其次为北风(N)。年初气温偏高,降水量明显偏少;春季出现2次倒春寒过程,5次强对流过程;夏季6月16日入梅,7月10日梅雨结束,梅雨期持续22天,梅雨强度偏弱,局部降雨强度大,极端性强,出梅后晴热高温;秋季暴雨、连阴雨过程多,降水大部偏多;冬季有雾、霾、寒潮、低温雨雪。

气象要素 降水 2023年降水量荆门825.9毫米,与历年相比偏少14.1%;钟祥1110.9毫米,偏多13%;京山911.6毫米,偏少15%。冬季1至2月降水量荆门28.7毫米、钟祥49.1毫米、京山28.4毫米,与历年同期相比,荆门偏少五成,钟祥偏少二成,京山偏多六成。春季降水量荆门224.3毫米、钟祥387.8毫米、京山320.5毫米,与历年同期

相比，荆门偏少一成，钟祥偏多四成，京山偏多一成。夏季降水量荆门304.2毫米、钟祥373.3毫米、京山324.3毫米，与常年同期相比，荆门偏少三成，钟祥偏少二成，京山偏少四成。秋季降水量荆门220.7毫米、钟祥248毫米、京山177.1毫米，与历年同期相比，荆门偏多三成，钟祥偏多四成，京山基本持平。12月荆门47.9毫米、钟祥52.7毫米、京山61.3毫米，与历年同期相比，荆门偏多1.9倍、钟祥偏多1.7倍、京山偏多1.9倍。

气温　2023年全市平均气温荆门17.7℃、钟祥17.3℃、京山17.7℃。与历年同期相比，荆门偏高1℃，为自1958年建站以来最高值；钟祥偏高0.4℃；京山偏高0.7℃。春季冷空气活动频繁，气温起伏较大，季平均气温荆门偏高0.9℃，钟祥偏高0.5℃，京山偏高0.7℃。夏季平均气温偏高，荆门偏高0.9℃，为历史同期第9位，钟祥偏高0.2℃，为历史同期第11位，京山偏高0.5℃，为历史同期第18位，高温日数（日最高气温≥35℃的天数）荆门17天、钟祥16天、京山16天。秋季平均气温偏高，荆门偏高1.3℃，为历史同期第5位，钟祥偏高0.6℃，为历史同期第9位，京山偏高0.7℃，为历史同期第8位。

雨日　2023年全市出现降水荆门125天、钟祥131天、京山124天，与历年同期相比荆门偏多12.9天，钟祥偏多19.5天，京山偏多8.8天；出现小雨以上量级22—30天；中雨以上量级8—13天；大雨以上量级2—3天。

日照　全年日照时数荆门1801.3小时、钟祥1949.9小时、京山1639.9小时，与历年同期相比，荆门偏多10.4%，钟祥偏多14.3%，京山偏少12.5%。

表1　2023年荆门站气象要素一览表

要素 \ 月份		1月	2月	3月	4月	5月	6月	7月	8月	9月	10月	11月	12月	全年
降水量（毫米）	累计值	10.6	18.1	23.2	100.1	101.1	169	88.9	46.3	138.9	27.1	54.7	47.9	825.9
	距平%	-56.2	-41.6	-54.2	22.1	-19.5	24	-51.2	-66.4	100.1	-58.6	35.4	183.4	-14.1
气温（℃）	平均值	6.3	7.3	13.7	18	21.1	25.2	28.6	29	24.05	19.4	12.9	6	17.7
	距平值	2.3	0.7	2.5	0.9	-0.8	-0.2	1	1.9	1	1.6	1.2	-0.2	1
雨日（天）	累计值	6	8	11	11	17	14	13	7	13	11	8	6	125
	距平值	-1	0	1	0	5	3	1	-3	4	2	0	0	13
相对湿度（%）	平均值	55.5	66	62.7	67.5	79.6	77.3	82.6	70.9	77.4	70.1	65.9	66.7	70.2
	距平值	-13.4	-3.2	-7.3	-3.8	8.3	-0.1	1.6	-7.3	4.5	-0.2	-4.5	-0.6	-2.2
日照（小时）	累计值	143.8	73.5	145.1	182.8	122.9	145.8	163.8	236.4	137.8	160.9	154.3	134.2	1801.3
	距平值	56.8	-23.2	21.7	26.2	-20.2	0.41	-10.3	20.8	-5.4	17.7	26.6	24.3	10.4
最大风速（米/秒）	风速	10.4	10.3	11	12.7	11.7	10.2	10.5	9.9	11.3	9.3	11.1	10.2	10.7
	距平值	1.2	0.6	0.8	2.5	2.1	1.4	1.1	0.2	1.7	0.2	2	1.1	1.2

【年度气候事件】　低温雨雪天气　年初1月至2月气温相比同期偏高，气象干旱持续。2月全市共有3次冷空气过程，分别出现在1日至2日、8日至9日、21日至23日。其中2月2日全市局部出现零星小雪，风力加大，气温明显下降。23日全市阴天有小雨，北部部分山区出现降雪，风力增大。

春季强对流、倒春寒　2023年，荆门市春季有5次冷空气过程、5次较明显的强对流过程和2场倒春寒天气。4月2日至3日大到暴雨，局部伴有短时强降水、雷暴大风等强对流天气，过程累计雨量达到100毫米的有9站，雨量最大122.2毫米（京山天门观站）。4月17日夜间出现雷雨大风天气，沙洋南部中到大雨。4月22日至23日出现大风降温降水天气，伴有雷电，累计雨量达到50毫米有32站。5月3日至5日部分地区暴雨，伴有局部短时强降水、雷暴大风等天气，达到暴雨的有38站。5月25日至26日出现了一次较强降水过程，伴有雷电、短时强降水，部分地区大到暴雨。3月中下旬出现倒春寒，15日至24日连续10天阴雨寡照，4月21日至23日出现倒春寒。

入梅偏早、出梅偏晚、梅雨强度偏弱　6月16日，荆门市进入梅雨期,较常年同期(6月17日)偏早1天;7月10日出梅,较常年同期(7月9日)偏晚1天。2023年荆门区域内梅雨强度偏弱,荆门梅雨量94.1毫米,较历年同期偏少34.7%。梅雨期天气气候异常,降水分布不均匀,局部降雨强度大。6月16日至19日,荆门市大部地区暴雨,部分地区大暴雨。其中16日有25站次暴雨(其中国家站4站次),5站次大暴雨;17日有10站次暴雨(其中国家站1站次),2站次大暴雨,过程累计有27站降水100毫米以上。出现两次荆门市北部地区短时强降水的强对流天气,分别是7月2至3日、7月6日。

出梅后强对流天气　出梅以后多强对流天气。7月13日至14日,京山出现局地大暴雨、罗店镇暴雨,钟祥北部、掇刀、京山北部有局地大雨。7月19日至20日,掇刀南部、沙洋北部、钟祥、京山出现暴雨,其中钟祥中部大暴雨、沙洋北部和掇刀南部局部大暴雨,东宝、掇刀北部和沙洋中部大雨。累计有14站大暴雨、50站暴雨,累计雨量最大的站点是掇刀区樊桥165.3毫米。7月24日至25日,全市雷雨大风天气,局部大到暴雨。累计雨量监测有1站暴雨、2站大雨。8月1日和21日,出现分布不均的雷阵雨天气,两次过程分别出现10站暴雨、25站大雨和1站暴雨、6站大雨。8月26日至27日,大部地区出现大到暴雨,局部大暴雨,强降水中心主要在东宝北部、钟祥北部和东部、京山大部。累计有6站大暴雨、50站暴雨、51站大雨。进入秋季以后,9月10日至12日,大部出现强降水天气,部分地区暴雨到大暴雨,有6站达到暴雨、18站大雨,小时雨强最大75.4毫米。9月18日至20日,全市中北部大到暴雨,东宝中北部、钟祥北部大暴雨,累积雨量最大220.7毫米,小时雨强最大77毫米。

盛夏持续高温　受大陆高压及西太平洋副高压控制,荆门市夏秋两季出现多阶段高温天气,强度大、范围广。荆门站大于35℃高温日有20天,大于37℃酷热日有2天。其中8月高温发展最盛,8月4日至5日、11日至12日、15日至18日、22日至23日全市大部分乡镇和街道日最高气温超过35℃,其中5日和17日最高气温超过37℃,部分乡镇和街道最高气温超过39℃。

秋冬雾霾　2023年秋冬季节荆门市雾或霾天气多发。1月5日至6日、11日至12日早晨,出现能见度小于1000米、局部能见度小于500米的大雾。2月5日、16日、23日早晨,局部地区出现能见度小于500米、局部能见度小于200米的大雾天气。3月共出现3次大范围雾过程:3月5日、3月9日、3月10日早晨大部地区出现大雾天气。其中3月9日早晨掇刀、钟祥、沙洋、京山出现能见度小于200米的浓雾,3月10日京山出现能见度小于50米的强浓雾。3月霾日日数为6—7天,PM10浓度爆表,出现重度污染,其余以轻度污染为主。11月27日至28日早晨部分地区出现能见度小于500米、局部地区能见度小于200米的大雾天气。12月30日早晨部分地区出现能见度小于500米、局部地区能见度小于200米的大雾天气,31日大部地区出现能见度小于200米的强浓雾,部分地区出现能见度小于50米的特强浓雾。

秋季寒露风　下半年内,全市多次出现强冷空气。9月20日出现了强降温天气过程,荆门日平均气温由28.7℃降至18.9℃,24小时降幅达9.8℃。20日之后大部地区日平均气温维持在22℃以下,达"寒露风"标准。

寒潮降温　11月8日至11日出现强冷空气天气过程,平均气温下降13℃左右,伴有偏北大风。12月8日至11日出现寒潮天气过程,平均气温下降10.4℃—12℃。13日至17日和19日至22日出现弱冷空气降温天气过程,平均气温分别下降5.2℃—6℃和3℃—4℃。

(钱　宪)

生态环境质量

【环境质量】　空气环境质量　PM2.5浓度为43.8微克每立方米,好于考核目标(45.2微克每立方米)1.4微克每立方米;同比下降1.4%,改善幅度在全省13个考核城市中排名前三。重污染天数7天,同比下降2天。综合指数、PM10、臭氧、一氧化碳等指标均同比实现进位。

水环境质量　全市国、省控断面水质均达标,除竹皮河为Ⅳ类外,其他断面均达到Ⅲ类以上,国控省控断面水质优良比例分别为93.8%(目标81.3%)、95.5%(目标86.4%),劣Ⅴ类水体比例为0,比2022年分别提升12.5%、9.1%。

土壤环境质量　全市受污染耕地安全利用率、污染地块安全利用率均为100%。磷石膏综合利用率69.09%,完成省定年度目标。

【总量减排】　全年实施减排项目422个,2021—2023年全市累计减排氮氧化物6085吨、挥发性有机物5791吨,化学需氧量6782.77吨,氨氮605.13吨,总磷100.8吨。

(市生态环境局)

经济社会发展

【概况】　荆门市辖沙洋县、钟祥市、京山市、东宝区、掇刀区5个县(市、区),以及漳河新区、屈家岭管理区2个功能区。全市下设2个乡、48个镇、11个街道,4个办事处,3个镇级区,1340个村,242个社区。全市国土面积12339.5135平方千米,耕地面积494969.47公顷。年末,全市常住人口255万人,常住人口城镇化率61.2%,比上年末提高0.85个百分点；户籍人口282.71万人，户籍人口城镇化率43.46%。人口出生率4.29‰，人口死亡率8.02‰，人口自然增长率-3.73‰。全年全市地区生产总值2272.29亿元，比上年增长6.7%。其中，第一产业增加值303.83亿元，增长4.1%；第二产业增加值876.52亿元，增长7.5%；第三产业增加值1091.94亿元，增长6.8%。三次产业结构比为13.4∶38.6∶48。全年全市一般公共预算收入122.79亿元，比上年增长19%，其中税收收入84.07亿元，增长17.8%。全市一般公共预算支出310.04亿元，比上年增长9.1%。年内，荆门石化被中石化总部确定为转型发展标杆企业，特种油专精特新母公司在荆门注册，成为全国最大的特种油生产基地。新能源动力电池产业跻身国家级集群，产值突破600亿元，荆门上榜全国锂电产业特色城市十强。汽车产业开启新能源赛道，整车下线12万辆。省级重点成长型产业集群达到13个、数量全省第一，荆门跻身全国先进制造业百强市。创新实施"两个畅通"工程，对群众和企业诉求"一号通办"，办结满意率99.67%，政务热线服务质量获评全国A类等级，《畅通工程·"荆"天办》获媒体融合创新案例"服务群众类"全省第一名。

全年全市实现农林牧渔业总产值551亿元。全年全市农林牧渔业增加值329.76亿元，比上年增长4.4%。全年粮食种植面积46.92万公顷，比上年增加1673.33公顷；棉花种植面积3060公顷，减少86.67公顷；油料种植面积17.09万公顷，增加1.37万公顷；蔬菜种植面积5.68万公顷，增加1600公顷。全年粮食产量293.49万吨，比上年增产1.4%；棉花产量0.32万吨，增产4.9%；油料产量44.51万吨，增产8.1%；蔬菜产量203.44万吨，增产3.9%；园林水果和果用瓜产量67.69万吨，增产3%。2023年完成人工造林3013.33公顷，其中国土绿化造林1400公顷，新造油茶林1613.33公顷。全年猪牛羊禽肉产量38.42万吨，比上年增长4.6%。其中，猪肉产量30.63万吨，增长5.5%；牛肉产量1.23万吨，增长5.5%；羊肉产量0.66万吨，增长0.5%；禽肉产量5.9万吨，增长0.2%。禽蛋产量14.43万吨，增长4.7%。年末生猪存栏224.18万头，比上年增长2.9%；全年生猪出栏390.45万头，比上年增长4.1%。全年水产品产量52.3万吨。年末，全市农业机械总动力526.69万千瓦，比上年增长1.3%。机耕面积60.88万公顷，机播面积43.754万公顷，机收面积52.714万公顷。全年水利建设土石方1052.46万立方米，治理水土流失面积1.083万公顷。全年兴建安全饮水工程34处，年内改善供水人口42.6万人。推进乡村全面振兴，建成高标准农田29.867万公顷，占永久基本农田面积的71%；实施农业"六个一"工程（一袋米、一壶油、一头猪、一棵菜、一只虾、一枝花工程），创建1个国家级现代农业产业园、2个国家级优势特色产业集群；以共同缔造理念推进"清保行动"，创建美丽乡村示范村115个。推进巩固拓展脱贫攻坚成果同乡村振兴有效衔接，强化动态监测和产业联带、就业帮扶，守住不发生规模性返贫底线。

2023年，荆门市工业增加值798.14亿元，比上年增长7.8%。年末全市规模以上工业企业1079家。全年规模以上工业增加值比上年增长10.2%。按经济类型，轻工业下降0.5%，重工业增长14.1%。年末，全市高新技术企业670家，科技型中小企业1188家。全年规上高新技术产业增加值442.94亿元，比上年增长13.9%。全年规模以上工业企业营业收入2933.53亿元，比上年增长7.9%；利润总额160.06亿元，增长3.5%；应交增值税53.87亿元，增长88.6%。工业产品销售率97.37%。全年全市具有资质等级的总承包和专业承包建筑业企业完成总产值198.12亿元，比上年增长5.9%。新开工房屋建筑施工面积363.61万平方米，比上年增长0.5%。

全年全市完成固定资产投资比上年增长6.8%。其中，第一产业投资下降14.8%，第二产业投资增长11.6%，第三产业投资增长3.3%。民间固定资产投资增长6.4%，基础设施投资增长10.2%，建筑安装工程投资增长1.8%。全年房地产开发投资134.74亿元，比上年下降12.6%，其中住宅投资111.74亿元，下降14.2%。年末商品房待售面积213.32万平方米，下降5.1%，其中商品住宅待售面积125.79万平方米，增长6.5%。

全年全市社会消费品零售总额1042.13亿元，比上年增长7.5%。按经营地统计，城镇消费品零售额746.11亿元，增长7.4%；乡村消费品零售额296.02亿元，增长8%。其中，限额以上企业（单位）消费品零售额359.58亿元，增长0.1%。推动消费市场加快恢复，发放消费券及补贴资金1亿元，拉动汽车、绿色家居等消费近30亿元；建成京东（钟祥）数字经济产业园、浩儒电商产业园等平台，网络零售额增长25%；出台促进文旅消费政策措施，旅游收入增长70%。全年新登记市场主体76908户，比上年下降1.8%。其中，新登记企业类24476户，增长43.5%。年末全市有各类市场主体393172户，比上年增长12.7%。其中，企业类85847户，增长24.4%。全年全市货物进出口总额163.3亿元，比上年下降13.5%。其中，进口46.4亿元，下降18.6%；出口116.9亿元，下降11.3%。全年实际使用外资2218万美元，比上年下降35.9%。年末全市金融机构本外币各项存款余额3318.76亿元，比年初增加327.78亿元。其中，住户存款2573.35亿元，比年初增加322.2亿元；非金融企业存款417.52亿元，比年初增加12.67亿元；机关团体存款295.50亿元，比年初减少7.59亿元。年末金融机构本外币各项贷款余额1956.04亿元，比年初增加221.95亿元。其中,短期贷款512.53亿元,比年初增加86.25亿元;中长期贷款1334.05亿元,比年初增加157.62亿元。全年保险业原保费收入81.77亿元,比上年增长10%。其中,财产险公司实现原保费收入24.9亿元,增长10%;人身险公司原保费收入56.88亿元,增长10%。保险赔款及给付28.31亿元,增长21.2%。其中,财产险公司赔付支出16.28亿元,增长23.2%;人身险公司赔付支出12.02亿元,增长18.7%。

全年全市交通运输、仓储和邮政业增加值95.6亿元,比上年增长15.2%。全年公路、水路货物周转量1403484万吨千米,比上年增长19.6%;旅客周转量53862万人千米,比上年增长25.9%。年末公路里程16992千米,比上年增长2.2%。其中,等级公路里程(包括一、二、三、四等)16334千米,增长2.4%;农村公路14932千米,增长2.6%。中心城区出租车800辆。全市民用汽车拥有量503720辆,比上年增长4.9%。全年完成邮政行业业务总量15.17亿元,比上年增长15.8%。邮政业全年完成邮政函件业务41.52万件,包裹业务2.74万件,快递业务总量22869.76万件,其中出口业务8191.53万件。完善开放通道体系,开通中欧班列长城专列和荆门至舟山港、南沙港等国际物流班列,荆门国际内陆港获评全省首批多式联运示范工程,外贸综合服务绩效评价位居全省第一。全年完成电信业务收入20.05亿元,比上年增长2.2%。年末本地固定电话用户18.92万户,其中,城市用户12.16万户,农村用户6.76万户。年末移动电话用户265.77万户。互联网宽带接入用户136.87万户,比上年增长15.9%。

全市立项实施科技计划项目112项,其中省级41项、市级71项。专利授权量4868项,其中发明专利439项。全市技术合同成交金额155.17亿元,比上年增长89.2%。全年科技成果转化214项。新增国家专精特新"小巨人"企业18家、省级专精特新企业110家,入库科技型中小企业1188家,高新技术企业达到670家,新物种"瞪羚"企业87家。京山轻机入选国家级工业设计中心,5家企业入选省"百强高企"。全市高新技术产业增加值增长14%。新能源新材料、汽车智能装备、电子信息产业产值分别增长37.2%、35.7%、52.1%;"祥云"AS700民用载人飞艇获颁型号合格证,荆门宏图获省长江质量奖。新增国家两化融合贯标企业19家,荆门市获评国家"双千兆城市"、全省中小企业数字化转型试点城市,荆门高新区入选首批省级数字经济标杆园区、首批知识产权强省建设示范园区。年末,全市有产品质量检测机构88个,法定计量技术机构4个。全年强制检定计量器具70349台(件),企业获得强制性认证证书255张。全市有地理标志保护产品3个,地理标志证明商标18个,农产品地理标志19个。全市有天气雷达观测站点2个,卫星云图接收站点4个,国家级气象站4个,区域自动气象站126个;地震台站2个,地震遥测台网3个。

年末,全市有各级各类学校674所,其中大学2所、中等职业教育学校12所、普通中学132所、小学186所、特殊教育学校4所、幼儿园338所。年末,在校学生352989人,年内毕业生97230人。全市专任教师24325人。全市有公共图书馆6个,公共图书馆藏书量186万册,博物馆6个。年末,全市广播综合人口覆盖率100%,电视综合人口覆盖率99.8%。

年末,全市有卫生机构1967个,其中医院、卫生院107个,疾病预防控制中心6个。卫生机构人员数24831人,其中卫生技术人员20484人。卫生技术人员中,执业(助理)医师7872人,注册护师、护士9812人。全市卫生机构床位数20311张,其中医院、卫生院床位数18410张。全年举办大型体育活动28次。在省级及以上青少年体育竞赛获奖牌467枚,其中金牌150枚。全年开展群众性体育活动152次,本年新建全民健身路径283条。成功举办滑翔伞定点世界杯总决赛、中国公路自行车公开赛等活动,荆门获评"最佳运动休闲旅游目的地"称号。年内电脑体育彩票销售额49809万元。

全年城镇新增就业5.5万人,引进高校毕业生3.2万人。全市城镇常住居民人均可支配收入43543元,比上年增加2270元,增长5.5%;农村常住居民人均可支配收入25772元,比上年增加1820元,增长7.6%。全年居民消费价格比上年下降0.3%,八大类商品价格呈现"五涨三跌"。年末,全市参加城镇职工基本养老保险人数80.65万人,参加城乡居民基本养老保险人数123.19万人。参加城镇职工基本医疗保险人数49.6万人,参加城乡居民基本医疗保险人数198.32万人。做实基本医保市级统筹,医保改革获湖北改革奖。长期护理保险、公立医院高质量发展等经验在全国推广,荆门市成为全国公共就业创业服务示范城市、首批婴幼儿照护服务示范城市、紧密型城市医疗集团建设试点城市。参加失业保险人数27.11万人,年内领取失业保险金人数5331人。参加工伤保险人数30.98万人。年末全市城镇居民最低生活保障对象12725人,农村得到最低生活保障救济人数34799人。财政民生支出占比80%;城乡低保标准分别提升至800元/月、610元/月,分别居全省第2位、第3位。建立低收入人口动态监测机制,社会救助标准化被确定为国家级试点。发放住房租赁补贴612户,补贴金额99.99万元。分配入住公租房1078套。年末,全市养老机构91家,养老机构床位数13695张。社区服务中心63个,社区服务站308个。

推进流域综合治理,汉江堤防加固(三期)、长湖防洪达标治理等

32个项目建成完工。牌楼西河60个重点治理项目加快推进，小流域综合治理试点向县市区延伸。推进污染防治攻坚，设立“漳河保护日”；完成412个大气重点治理项目，PM2.5改善幅度居全省第4位；全面整治619个入河排污口，国控、省控断面水质优良率分别为93.8%、95.5%；完成受污染耕地安全利用373.4公顷、国土绿化6400公顷、治理废弃矿山128.07公顷，荆门市获评省级生态文明建设示范市。全市城市建成区（中心城区）面积72.26平方千米，建成区绿化覆盖率43.3%，供水总量8371万吨，天然气供气量15939万立方米。中心城区污水排放量6786万吨，污水处理量6786万吨。全市各级环境监测机构4个，全年环保施工项目385个。全年环境污染治理投资总额369210.97万元。集中式饮用水水源地水质达标率100%。

（市史志研究中心）

风景名胜

【概况】 荆门市有国家A级旅游景区23家，其中AAAA级10家，AAA级9家，AA级4家；有湖北旅游强县1个，为京山市；省级旅游名镇3个，为客店镇、绿林镇、漳河镇；省级旅游名村9个——东宝区仙居乡三泉村、京山县绿林镇双桥村、钟祥市客店镇赵泉河村、钟祥市郢中街道皇城村、钟祥市客店镇南庄村、沙洋县纪山镇纪山村、钟祥市客店镇马湾村、沙洋县曾集镇张池村、东宝区子陵铺镇金泉村；湖北旅游名街有钟祥市莫愁村；入选乡村旅游重点村国家名录的有钟祥市客店镇南庄村、钟祥市客店镇马湾村；入选乡村旅游重点镇国家名录的有钟祥市客店镇；市内还有湖北省全域旅游示范区京山市、钟祥市客店镇。

明显陵　（市文旅局 供图）

【钟祥市明显陵文化旅游区】 明显陵是国家AAAA级旅游景区，世界文化遗产、全国重点文物保护单位，是中国中南地区最大的一座帝陵。整个陵园为双城封建，红墙黄瓦，金碧辉煌，蜿蜒起伏于山峦叠嶂之中。陵园由30余处规模宏大的建筑群组成，疏密有间，错落有致，尊卑有序，建筑掩映于山环水抱之中，相互映衬，如同“天造地设”。

【钟祥市黄仙洞景区】 黄仙洞是国家AAAA级旅游景区，是以自然生态为主体的山岳型风景名胜旅游区，该处的喀斯特典型地貌——2万多平方米的“云盆”景观，是世界溶洞之奇观。娘娘寨位于黄仙洞出口，地形地貌奇特，以喀斯特盲谷、四周喀斯特低山丘陵为主要的汇水盆地，景区内遍布名泉溪流，四季气候宜人，被称为“最适宜人类生存的世外桃源”。

【荆门市绿林山景区】 绿林山风景区集山、水、林、泉、洞于一线，集历史文化、山水风光、参与体验、素质拓展于一体。这里有中国唯一保存完好的古兵寨群——绿林寨，有“湖北新九寨”之称的美人谷瀑布群，有极具灿烂历史文化底蕴的“中国大汉文化村”，有刺激浪漫的鸳鸯溪漂流，有世界一绝空山洞石编钟，有华中地区最大的素质拓展基地和真人CS野战基地。

【荆门市彭墩乡村旅游世界】 彭墩村自然条件得天独厚，农耕历史文化丰富悠久，2011年被农业部、国家旅游局授予“全国休闲农业与乡村旅游示范点”；同年又荣获“全国生态文化村”称号。景区内有着风格独特的农民新居、农耕文化博览园、千弓荡情人岛、彭墩文化艺术中心广场、垂钓乐园、野外烧烤、有机果蔬采摘园、太空水莲基地、香樟园、枇杷园、桂花园等十多处。

【湖北省漳河景区】 漳河的美在于山、在于水，更在于山水和谐的统一。两岸青山，一河绿水，山俊秀，水柔美，相辅相成，相映成趣。漳河不仅景色绚丽、引人入胜，还拥有许多历史古迹，有诗圣曾居住过的“杜甫沟”、关公试刀的“祭公剑”、修建于清代的“乐天处”等。

【钟祥市汇源农谷体验园】 中国汇源农谷体验园地处大口国家森林公园内，园区有太空农业展示馆、果蔬创意农场、植物迷宫、水生植物观赏区、研学课堂、科技展示馆、传统美食体验街等项目。景区获得“全国乡村休闲旅游示范点”、国家地理标志产品、国家AAAA级景区等称号。

【荆门市京山市太子山生态旅游区】

这里有高耸如云的松杉,硕果满枝的果园,波光粼粼的渔湖,流金溢彩的村落。景区内主要建设有王莽洞、石仓雨林、藏佛洞、蝴蝶镜潭、游步道、樱花园、灵芝园等景点,其中尤以神奇地下探险溶洞王莽洞称险,以树石藤相依相生的自然景观石仓雨林显奇,以隐藏无穷玄机的天然佛洞藏佛洞显灵,被誉为“生态保健园,天然健身房”。

【荆门极客公园】 这里有全国最长的航空文化展示带,水轰5、鲲龙600、歼20等26架飞机组合成大型室外飞机博物馆;这里有亚洲最大的360度沉浸式全球幕影院,飞跃名山大川,驰骋浩瀚宇宙,裸眼感受震撼的多维视觉冲击;这里有华中最大的军事体验基地,顶尖的装备,逼真的室外造景,再现宏大的战争场面;极客之舟、三栖模型基地、热气球主会场、飞行营地等等,让您的飞行之梦从这里起航。

【圣境山生态旅游区】 该区以滑翔伞运动为引擎,集体育运动、观光游览、休闲娱乐、康养度假、生态农业等多功能于一体,建有圣境山滑翔基地、圣境花谷、金顶、紫薇古道等核心景点。先后成功举办圣境山飞行艺术节、亚运会出征仪式、圣境山滑翔飞行冠军周、滑翔伞定点世界杯总决赛、全国滑翔伞定点联赛总决赛等一系列国际级和全国性赛事活动。荣获“滑翔伞运动共建单位”“国家航空飞行营地”“最佳俱乐部”“全国森林康养基地试点建设单位”等众多荣誉称号。

【屈家岭国家考古遗址公园】 该公园是我国长江中游地区发现最早、最具代表性的新石器时代大型聚落遗址,距今5100—4500年,是“屈家岭文化”的发现地和命名地。屈家岭文化时期是长江中游新石器时代最为兴盛和辉煌的时代,实现了长江中游史前文化的空前统一和繁荣,开启了长江中游地区的早期文明。屈家岭遗址的发现,表明长江流域同黄河流域一样,是中华民族的摇篮。

【荆门市龙泉公园】 该园1999年被列为中国百家名园之一,是一座既具地方特色又有时代气息的新型综合性公园,是市民休憩、娱乐、教育、交流、审美的场所,是反映荆门市物质文明和精神文明建设的重要窗口。全园依山傍水。以象山(南宋以前称蒙山)为中心充分利用特有的人文自然景观和所处的地理位置达到了“极目楚天舒“的境界。

【钟祥市博物馆】 钟祥博物馆以明文化为主题,园林式、多功能。整个建筑宛如自然山水画中的印鉴,内部“日”字形主馆与“月”字形附馆,吸收中国汉字印章的骨架,从空中俯瞰,组成“明”字结构,凸显了明代帝王文化。馆内设有明代帝王厅、楚文化厅、陶瓷字画珍品厅、长寿文化厅、李济纪念馆等五个系列的基本陈列以及临时展厅和多媒体厅。

【京山花台山景区】 旅游区已建成农事体验基地、进口水果采摘体验田,星空露营基地,芍药花海基地,自然生态垂钓基地,中华蜜蜂养殖基地等六大功能服务板块。以山水林田为生态本底,以田园花卉为景观改造重点,以体验活动设计为核心,以时尚野营为特色,打造湖北省首个儿童友好型乡村旅游区,塑造荆门亲子乡游品牌。

【沙洋樱花部落】 该部落是以樱花观光为主导,自然山水、农业体验、亲子休闲、精品民宿、特色餐饮为核心的大型赏花风景区。园区占地面积50余公顷,定植樱花树2万余株,拥有樱花品种40余种,能让游客从早樱的寒绯樱一直观赏到晚樱松月,再加上园里的牡丹、紫藤、蔷薇和油菜花,不仅能让大家从3月初到4月底都畅游在“当樱花爱上油菜花”的浪漫风景里,还能惬意在不同时期的花海之中。

【钟祥万紫千红植物园】 万紫千红植物园定位于“赏、游、居、食、习”,徜徉在景区就是一场山水花事的际遇:茅舍为家,春水煎茶,农耕垂钓,品茗赏花,或徒步、或骑行、或自驾,在山水之间,享其乐无穷。一年四季,花季不断。除此之外,休憩在马厩酒店,饮食在石门云松餐厅也是万紫千红植物园推出的独特旅行体验项目。

【京山潼泉湖休闲旅游区】 每到4月潼泉湖的山坡上开满鲜艳的杜鹃花,沐浴在暖暖的阳光下,绽放出艳丽夺目的色彩。潼泉飞瀑位于潼泉湖景区大门口,是上游“珍珠泉”“乌龙池”“狮子泉”“花椒池”四股泉水汇聚后冲向垭口的壮丽景象,瀑布宽幅48米,落差42米,主流瀑布分三叠飞流而下,蔚为壮观。

【荆门花博园】 花博园立足“科普研学+生态农旅”产业发展定位,建有科普研学区、休闲游乐区、民俗文化村、园林园艺中心等功能园区,配备精品温室大棚、昆虫展示中心等基础设施,能够满足科普研学、花木繁育、培训教学、观光休闲等多业态发展需求,是荆门市中心城区规模最大的集“产、学、研、教、游”等功能于一体的三产融合综合体。

【荆门市博物馆】 新馆展陈以《中国通史》为逻辑,共设有“远古传说·汉漳晨曦”“上古传奇·汉漳漪澜”“惊世典籍·郭店楚简”等6个固定陈列。“楚塞三湘接,荆门九派通”,走进新馆,源远流长的荆楚文化,被学术界誉为“改写中国思想史”的郭店楚简,创造了中国考古史上十项“第一”的包山楚墓,都设有相应展厅。一件件文物馆藏静静陈列,让跨越5000年的时空画卷重现在人们眼前。

【沙洋县岳飞城景区】 该景区主要依托五里铺镇金台村特有的岳

飞历史文化底蕴、良好的乡村自然生态资源和便利的交通条件,以再现岳飞城为主线、以生态休闲为辅线,倾心打造集爱国教育、文化研学、生态体验、亲子游乐等多功能于一体的乡村文化旅游休闲区。

【沙洋油菜博物馆】 新升级后的展馆通过图文、实物、模型、雕塑、灯箱、画屏、参与体验等多种方式,展示了油菜的起源和进化、人类利用油菜的历史和文化、油菜的功用价值和民生意义、关于油菜的农业生态与农业文化遗产保护以及中国著名油菜产区沙洋县的油菜产业发展,是集科普性、学术性、文化性、体验性于一体的主题博物馆。

【纪山寺】 纪山寺始建于隋开皇年间,初取名红梅寺,后更名长眉寺,又名白雀寺。唐朝初年,由尉迟恭改建并更名为纪山寺,已有一千多年历史。寺内古迹石碑尚存,保存着明永乐十年(1412 年)冶炼的大铁钟,时逾 610 多年,钟上铭文清晰可见。寺内一潭圣水,久旱不涸,久雨不漫,寺周古木参天,遮天蔽日,奇花异树,四季常青。寺内有世界目前保护最好的楚墓群。

【仙女紫薇园】 华中地区面积最大的紫薇园,总面积 430 余公顷,景区通过收集省内外 82 个紫薇优良品种,营建了 100 公顷苗木观光园和 4 公顷的品种收集和采穗圃,品种丰富、花色齐全。内部树木成荫、河流环绕,其中紫薇花种植面积 130 余公顷,园内可俯视石门水库全貌,波光粼粼,特别是夏季园内红花似海、远方山峦苍翠,是一处特色赏花、观光休闲、郊游野营的胜地。

【太子山月季园】 园区内月季品种众多,有 10 万多株月季,300 多个品种,几十种颜色,10 余种造型,花开时节月季花海一眼望不到尽头。除月季观赏外,园区内还打造有亲子乐园,拥有双人自行车、弹弹网、多人秋千、彩虹转转桶、水上吊桥、喊泉等娱乐设施,赏花的同时培养孩子运动能力,增进亲子关系。

(市文旅局)

中国共产党荆门市委员会

重要会议

【中共荆门市委九届五次全体会议暨市委半年经济工作会议】 中国共产党荆门市第九届委员会第五次全体会议暨市委半年经济工作会议,于2023年8月4日召开。出席全会的市委委员45人、候补委员9人。有关方面负责人和部分市第九次党代会代表列席会议。全会由市委常委会主持。会议审议通过了《关于推动城市和产业集中高质量发展的实施意见》。市委书记胡亚波作了讲话,并就该实施意见(讨论稿)起草情况向全会作了说明。

全会指出,推动城市和产业集中高质量发展,是转变发展理念、发展方式、发展路径的迫切需要,是提升城市能级和辐射带动力的现实选择,是打造产业转型升级示范区的必由之路,是实现绿色低碳可持续发展的关键抓手。全市上下要深入贯彻党的二十大精神和习近平总书记关于树立和践行正确政绩观重要论述,全面落实省委十二届四次全会、省委专题会议和王蒙徽同志在荆门调研讲话精神,切实增强推动城市和产业集中高质量发展的思想自觉、政治自觉、行动自觉,努力实现经济量级突破、城市能级提升、发展层级跨越。全会提出,力争到2025年,全市城市和产业集中高质量发展水平明显提升,中心城区首位度不断增强,经济发展的主引擎作用凸显,县城集聚集约度不断提升,县域发展质效明显提高,在全省率先构建全域推动城市和产业集中高质量发展新格局。

全会强调,推动城市和产业集中高质量发展的主要任务是,突出集中集聚发展,推动中心城区组团式发展,构建"两山一轴、一中心六组团"城市空间结构,建设城市新中心,提升城市功能品质,推进产城融合,提升县城承载力,建设宜居智慧韧性成长型城市;聚焦绿色化工、新能源新材料、智能装备三大优势主导产业,优化产业布局,加快新型工业示范园区建设,打造质量高韧性强的供应链体系,推进产业集群集聚发展;坚持"亩产论英雄",构建完善国土空间规划体系,加大闲置和低效用地处置力度,推动产业向园区集中、人口向城镇集中,杜绝城市建设"摊大饼",避免项目布局"下跳棋",推进土地集约节约利用。要认真落实管控要求,严格国土空间规划管控、城市建设管控、乡村建设管控、产业发展管控、生态环境管控和城市安全管控,加快构建城市和产业集中高质量发展管控体系。要强化保障措施,压实主体责任,完善配套政策,建立考核体系,确保各项目标任务落地见效。要深入学习领会习近平总书记在中央主题教育工作会议上的重要讲话精神,认真落实省委关于开展主题教育的安排部署,推动主题教育扎实有效开展。要从紧从实抓好各项工作,锚定全年经济增长目标不动摇,确保主要经济指标增速高于全省平均、高于上半年,主要指标在全省争先进位。要围绕构建"4211"现代化产业体系,完善相关配套政策和实施细则,逐个企业、逐个产业研究推进,加快转变发展方式。要系统推进流域综合治理,落实单元管控负面清单,持续改善生态环境质量。要着力抓好安全生产工作,着力保障和改善民生,着力维护社会大局和谐稳定,守住守牢发展底线。事业是干出来的,底线是守出来的。要牢固树立正确政绩观,坚持打基础利长远,一张蓝图绘到底,杜绝"新官不理旧账";坚持以人民为中心的发展思想,着力解决人民群众急难愁盼问题,杜绝漠视侵害群众利益;坚持一切从实际出发、实事求是,杜绝形象工程、面子工程、"胡子工程";坚持统筹发展和安全,守牢安全发展底线,杜绝重特大安全事故发生;坚持五湖四海、公道正派,杜绝远近亲疏、任人唯亲;坚持全面从严治党、严管与厚爱相结合,激励担当作为,杜绝失之偏颇、失之于软。要始终坚持正确工作方法,吃透上情,摸清下情,做好结合文章;抓牢工作重点,形成有效成果。要纵深推进全面从严治党,抓好省委巡视反馈问题整改,坚持民主集中制,讲规矩、守纪律,履其职、尽其责,守牢廉洁底线。

【荆门市高质量发展大会】 2023年10月18日,荆门市高质量发展大会召开,市委书记胡亚波出席会议并讲话。他强调,要更加紧密地团结在以习近平同志为核心的党中央周围，在省委、省政府的坚强领导下，围绕打造产业转型升级示范区目标定位，解放思想、更新观念，振奋精神、勇争一流，努力把潜在优势转化为发展胜势、把现实机遇转化为发展成果，加快打造湖北建设全国构建新发展格局先行区重要支点城市，奋力谱写中国式现代化荆门篇章。

胡亚波在讲话中指出，1983 年 8 月，经国务院批准，正式明确荆门市由湖北省直接领导，翻开了荆门改革发展的崭新一页。40 年来，历届市委、市政府团结带领全市人民励精图治、创新实干，谱写了一曲“百亿突破、千亿冲刺、两千亿跨越”的壮丽凯歌，书写了一部砥砺前行的奋斗画卷。40 年来，荆门聚焦发展、埋头苦干，综合实力实现大跨越；统筹推进、持续用力，城乡面貌实现大变样；抢抓机遇、锐意进取，改革开放实现大突破；坚守初心、担当使命，人民生活实现大改善。走过 40 年奋斗历程，荆门经济规模之所以能够快速壮大，就在于始终坚守初心不动摇，坚持一张蓝图绘到底。40 年的发展成就鼓舞人心，积累的经验弥足珍贵，获得的启示尤为重要：必须始终坚持把自身发展放在全国全省大局中谋划和定位，必须始终坚持以人民为中心的发展思想，必须始终坚持高质量发展，必须始终坚持改革创新，必须始终坚持生态优先、绿色发展，必须始终坚持全面从严治党。

40 年，是荆门发展史上的一个重要里程碑，更是续写新时代新辉煌的起点。未来十年，荆门将进入利好机遇叠加释放期、荆楚新门户全面重塑期；未来十年，荆门将进入产业转型成势见效期、经济实力突破跨越期；未来十年，荆门将进入城市能级蓄势提升期、人民生活持续改善期。顺应历史潮流，走在时代前列，荆门的发展前景无限美好。

陈家伟说，荆门跨越“四十不惑”，更显成熟与稳重，彰显坚韧与担当，承载追梦与豪情。奋进四十载，荆门实现了从传统工业城市到新兴工业城市的转型，从中部小城到区域性中心城市的跨越。展望新征程，我们将高举习近平新时代中国特色社会主义思想伟大旗帜，在省委、省政府的坚强领导下，团结带领全市人民，以城市和产业集中高质量发展为方向，以流域综合治理和统筹发展为牵引，以实现共同富裕为目标，加快建设先行区重要支点城市，奋力谱写中国式现代化荆门篇章，努力创造无愧于历史、无愧于时代、无愧于人民、无愧于先辈的新业绩。

市委副书记、市长陈家伟主持会议。市委副书记、市委政法委书记赵少莲，市人大常委会党组书记、主任汪在祥，市政协党组书记、主席丁岱等出席会议。曾担任过荆门市党政主职的部分退休老同志，在荆离职未退休的正厅级领导同志，曾担任过市“四大家”领导的在荆离退休的老同志等受邀出席会议。市委常委，市人大常委会、市政府、市政协领导同志，荆门军分区司令员，市中级人民法院院长、市人民检察院检察长等出席会议。

（市委办公室）

重要决策和文件

【深入开展学习贯彻习近平新时代中国特色社会主义思想主题教育】 市委于 9 月 13 日印发《中共荆门市委印发〈关于在全市深入开展学习贯彻习近平新时代中国特色社会主义思想主题教育的实施方案〉的通知》。文件指出，习近平新时代中国特色社会主义思想是全党全国各族人民为实现中华民族伟大复兴而奋斗的行动指南。党的十八大以来，在习近平总书记掌舵领航下，在习近平新时代中国特色社会主义思想科学指引下，全市上下坚决打好三大攻坚战，全面建成小康社会，高效统筹疫情防控和经济社会发展，奋力推动产业转型升级示范区建设。文件要求，开展主题教育，要把深入学习贯彻习近平新时代中国特色社会主义思想作为根本任务，牢牢把握“学思想、强党性、重实践、建新功”的总要求，坚持学思用贯通、知信行统一，把习近平新时代中国特色社会主义思想转化为坚定理想、锤炼党性和指导实践、推动工作的强大力量，始终保持统一的思想、坚定的意志、协调的行动、强大的战斗力，努力在以学铸魂、以学增智、以学正风、以学促干方面取得实实在在的成效。要充分借鉴运用第一批主题教育成功经验，端正学风、改进作风，努力实现凝心铸魂筑牢根本、锤炼品格强化忠诚、实干担当促进发展、践行宗旨为民造福、廉洁奉公树立新风的目标。要把主题教育与深化党员干部“下基层、察民情、解民忧、暖民心”实践活动结合起来，与开展“提能力、转作风、抓落实”活动结合起来，与荆门建市 40 周年活动结合起来，引导全市党员、干部努力锻造“主动作为、勇于担当、攻坚克难、马上落实”的过硬作风，奋力谱写荆门高质量发展新篇章，为建好示范区、建功先行区作出积极贡献。

【贯彻落实《中共湖北省委、湖北省人民政府关于加快建设全国构建新发展格局先行区的实施意见》】 为深入贯彻落实《中共湖北省委、湖北省人民政府关于加快建设全国构建新发展格局先行区的实施意见》（鄂发〔2023〕5 号，以下简称《实施意见》）和《省委办公厅、省政府办公厅印发〈贯彻落实《中共湖北省委、湖北省人民政府关于加快建设全国构建新发展格局先行区的实施意见》工作方案〉的通知》（鄂办文〔2023〕26 号）精神，市委办公室、市政府办公室于 6 月 12 日印发《市委办公室、市政府办公室印发〈荆门市贯彻落实《中共湖北省委、湖北省人民政府关于加快建设全国构建新发展格局先行区的实施意见》工作方案〉的通知》。文件要求，要完善工作机制，市委、市政府对全市贯彻落实《实施意见》负总责，对涉及全局性、长远性的重大问题以及跨区域、跨部门的重大事项，加强战略谋划和统筹协调；要强化学习宣传、大力推进实施、严格考核督办，凝聚推动先行区建设的强大合力。

【流域综合治理和统筹发展】 市委办公室、市政府办公室于2月22日印发《市委办公室、市政府办公室关于印发〈荆门市流域综合治理和统筹发展规划任务分工方案〉和〈2023年荆门市流域综合治理和统筹发展工作要点和重点项目清单〉的通知》。文件提出，要以流域综合治理为基础，统筹推进高水平保护和高质量发展，到2025年，全市地区生产总值达到3000亿元，工业总产值达6000亿元以上，高新技术产业增加值占GDP比重达20%以上，现代服务业提速升级，农业现代化水平不断提升，“4211”(4个两千亿产业、2个千亿产业、1个千亿企业、10个以上百亿企业)产业体系初步建立，产业转型升级示范区建设取得重大突破。到2035年，江河安澜、山川灵秀、协调有序、美丽宜居的国土空间全面形成，建成宜居、韧性、智慧城市，城乡社会治理新格局全面建立，基本实现共同富裕。文件对流域综合治理和统筹发展底线管控任务进行了明确。

【打造产业转型升级示范区】 市委、市政府于1月30日印发《中共荆门市委、荆门市人民政府关于印发〈荆门市打造产业转型升级示范区实施方案〉的通知》。文件强调，要以习近平新时代中国特色社会主义思想为指导，深入贯彻落实党的二十大精神和习近平总书记视察湖北重要讲话精神，立足新发展阶段，完整、准确、全面贯彻新发展理念，构建新发展格局，以深化供给侧结构性改革为主线，以高质量发展为首要任务，以改革创新为根本动力，以高端化、智能化、绿色化、数字化、集群化发展为主攻方向，统筹发展和安全，着力构建以先进制造业为主导，传统优势产业提质增效、新兴产业发展壮大、现代服务业提速升级的现代化产业体系，加快建设全国动力储能电池产业示范基地、国家绿色化工示范园区、国家农业现代化示范区、国家循环经济示范城市，奋力实现转型升级、跨越发展。到2025年，全市地区生产总值力争达到3000亿元，工业总产值6000亿元以上；产业提质增效，三次产业结构调整至10:43:47，高新技术产业增加值占GDP比重提升到21%以上；绿色低碳转型，全市单位GDP能耗和二氧化碳排放量比2020年分别下降14.5%、20%以上，能源消费总量得到合理控制，全市空气质量优良天数比例达到省定目标；集约集群发展，“4211”产业体系初具规模(4个两千亿产业，2个千亿产业，1个千亿企业，10个以上百亿企业)，产业转型升级示范区建设取得重大突破。到2030年，“4211”产业体系基本形成，经济发展“含金量、含新量、含绿量”显著提升，全市地区生产总值达4500亿元以上，工业总产值突破万亿元，基本建成产业转型升级示范区。

【全面推进乡村振兴】 市委、市政府于4月24日印发《中共荆门市委、荆门市人民政府关于做好2023年全面推进乡村振兴重点工作的实施意见》。文件指出，2023年全市“三农”工作总的要求是，以习近平新时代中国特色社会主义思想为指导，全面贯彻党的二十大精神，深入贯彻习近平总书记关于“三农”工作的重要论述，认真落实省第十二次党代会和市第九次党代会部署要求，全面实施乡村振兴战略，一体推进农业现代化和农村现代化，持续擦亮“中国农谷”金字招牌，奋力答好打造产业转型升级示范区的“农业答卷”，加快从农业大市向农业强市跨越。文件要求，要保障粮食和重要农产品稳定安全供给，持续巩固拓展脱贫攻坚成果，拓宽农民增收致富渠道，推进农业农村突出生态环境问题集中攻坚，加快推动农业产业化成势见效，扎实推进宜居宜业和美乡村建设，完善政治法治德治自治智治“五治融合”乡村治理体系，进一步强化工作保障，全面做好2023年全面推进乡村振兴重点工作。

【推动城市和产业集中高质量发展】 市委、市政府于8月19日印发《中共荆门市委、荆门市人民政府关于推动城市和产业集中高质量发展的实施意见》。文件指出，推动集中高质量发展，是转变发展理念、发展方式、发展路径的迫切需要，是提升城市能级和辐射带动力的现实选择，是打造产业转型升级示范区的必由之路，是实现绿色低碳可持续发展的关键抓手。文件要求，要突出集中集聚发展，建设宜居智慧韧性成长型城市，构建“两山一轴，一中心六组团”的城市空间结构；要聚焦优势主导产业，推进产业集群集聚发展，推动中心城区三大主导产业突破性发展；要坚持“亩产论英雄”，推进土地集约节约利用。管控要求方面，要严格国土空间规划管控、严格城市建设管控、严格乡村建设管控、严格产业发展管控、严格生态环境管控、严格城市安全管控，坚持“一张蓝图绘到底”。到2025年，全市城市和产业集中高质量发展水平明显提升，中心城区首位度不断增强，经济发展的主引擎作用不断凸显，县城集聚集约度不断提升，县域发展质效明显提高。

【推进强县工程】 市委、市政府于12月6日印发《中共荆门市委、荆门市人民政府关于印发〈荆门市推进强县工程实施方案〉的通知》。文件指出，要以习近平新时代中国特色社会主义思想为指导，深入贯彻习近平总书记关于“三农”工作的重要论述，以增加农民收入为目标，以缩小城乡差距为关键，以改革创新为动力，以“四化同步”为抓手，运用共同缔造理念和方法，加快推进以县城为重要载体的城镇化和以县域为单元的城乡统筹发展，建设宜居宜业和美乡村，全面推进乡村振兴，提升县域综合实力和整体竞争力，为打造产业转型升级示范区奠定坚实基础。文件要求，要加快推进以县城为重要载体的城镇化，重点是做大做强县域经济、建设绿色低碳县城、提升县城服务水平。要加快推进以县域为单元的城乡统筹发展，重点是要构建县镇村协调发展的三级城乡体系，构建一、二、三产业融合的发展体系，构建统筹县城、乡镇、村庄的三级服务体系，构建政府、社会、村民共建共治共享的治理体系，以及建设美好农村人居环境。要完善政策体系，强化财政、金融、要素保障、改革创新等政策支持。到2025年，县域经济实力明显增强，城乡发展差距明显缩小，基层治理水平明显提高，农村人居环境明显改善。

【加强新时代党建引领推进基层社会治理创新】 市委办公室于12月20日印发《中共荆门市委办公室印发〈关于加强新时代党建引领推进基层社会治理创新的实施意见〉的通知》。文件指出，要坚持以习近平新时代中国特色社会主义思想为指导，全面贯彻落实党的二十大和省第十二次党代会精神，坚持党建引领、系统集成、问题导向、共建共治、统筹兼顾，创新常态化有效治理和应急管理动态衔接的基层社会治理机制，推动工作整合、平台整合、力量整合、资源整合，把治理体系转化为体系治理，变被动应付为主动作为，变事后处置为事前预防，变各自为战为合力共为，变行政包揽为共同缔造，实现基层组织和服务的有效覆盖，进一步提高基层社会治理社会化、法治化、智能化、专业化水平。文件要求，要健全党全面领导基层社会治理体制机制，坚持党对基层社会治理的全面领导，构建纵向到底、横向到边的组织架构。要优化基层社会治理基本单元，压实乡镇（街道）主体责任，分类重构社区治理单元，规范网格化管理。要加强基层社会治理能力建设，加强基层社会治理队伍建设，推动资源服务平台"三下沉"，建立健全民情民意收集处理闭环机制，加强四级综治中心规范化运行。要提升基层社会治理效能，强化基层社会治理组织领导，建立"市级主导、县级主推、乡级主责"的工作推进机制。

【优化教育资源配置推进教育优质均衡发展】 市委办公室、市政府办公室于12月24日印发《市委办公室、市政府办公室关于印发〈荆门市优化教育资源配置推进教育优质均衡发展行动计划〉的通知》。文件要求，要优化教育资源布局，科学编制学校布局规划，推进小规模学校合理撤并，加快城区学校扩容增位。要均衡硬件资源配置，推进基础教育学校标准化、职业教育学校达标工程建设，整体提升高等教育学校办学能力。要加强教师资源建设，优化教师编制管理，拓宽教师招引渠道，深化"县管校聘"改革，加强教师培养培训。要推进优质资源共享，全面建设县域教联体，加快推进教育数字化，不断提升教科研水平。要促进社会资源利用，用好教育发展基金，支持民办教育发展，用好社会教育资源。到2025年，学校布局更加优化，城镇学校入学难、"大班额"问题基本解决，农村小规模学校、教学点设置更加科学；资源配置更加合理，学校硬件设施、教师资源配置、数字化校园建设能够满足教育教学活动需求，达到义务教育优质均衡验收标准；教育发展更加均衡，全面办好老百姓"家门口"学校，实现城乡教育一体化发展，有效缓解"择校热"，全市教育发展均衡差异系数达到国家标准并低于全省平均水平；保障体系更加健全，严格落实财政教育投入"一个不低于""两个只增不减"要求，完善农村义务教育经费保障体系，坚持城乡教育投入同标准，实现县、镇学校整体办学水平基本达到荆门中心城区学校办学水平，为城市和产业集中高质量发展提供支撑，为"十四五"建设高质量教育体系夯实基础。

【大兴调查研究】 市委办公室于4月20日印发《中共荆门市委办公室印发〈关于在全市大兴调查研究的实施方案〉的通知》。文件指出，调查研究是我们党的传家宝，是做好各项工作的基本功。党的十八大以来，以习近平同志为核心的党中央高度重视调查研究工作，习近平总书记对调查研究作出系列重要论述，为我们大兴调查研究、做好各项工作提供了根本遵循。文件要求，在全市大兴调查研究，要紧紧围绕全面贯彻落实党的二十大精神、推动荆门高质量发展，始终奔着问题去、盯着问题改，实行问题大梳理、难题大排查，着力打通贯彻执行中的堵点淤点难点。各级党委（党组）要立足职能职责，围绕做好事关全局的战略性调研、破解复杂难题的对策性调研、新时代新情况的前瞻性调研、重大工作项目的跟踪性调研、典型案例的解剖式调研、推动落实的督查式调研，突出重点、直击要害，结合实际确定调研内容。各级党委（党组）要高度重视调查研究工作，作出专门部署，科学精准做好方案设计、过程实施、监督问效等各个环节工作。党委（党组）主要负责同志负总责，抓好本地本部门本单位调查研究的推进落实；班子其他成员各负其责，抓好分管领域和分管单位的调查研究工作。各级党委办公室、组织、宣传等部门要结合职能职责，做好统筹协调、宣传引导、督促指导、成果转化等工作。领导干部要带头开展调查研究，改进调研方法，以上率下、作出示范。

【建立领导干部常态化"四下基层"制度】 市委办公室于12月19日印发《中共荆门市委办公室关于建立领导干部常态化"四下基层"制度的通知》。文件指出，宣传党的路线方针政策下基层、调查研究下基层、信访接待下基层、现场办公下基层(简称“四下基层”)是习近平总书记在福建工作期间大力倡导并身体力行形成的工作方法和工作制度,是党的群众路线的继承和创新,是当前各级党组织做好群众工作的“金钥匙”。文件要求,全市各级领导干部要深刻把握“四下基层”的基本内涵、时代价值、实践要求,坚持人民至上、为民造福的价值追求,坚持领导带头、全员参与、问题导向、务求实效的基本原则,大力践行一线工作法,认真执行“四下基层”各项制度,常态化下基层掌握社情民意、化解矛盾纠纷、解决突出问题、指导推动发展,不断增强群众工作能力、提升群众工作水平,密切党同人民群众的血肉联系,筑牢团结奋斗的群众基础,凝聚起打造产业转型升级示范区的强大合力。

【争创全国文明典范城市】 市委办公室、市政府办公室于2月23日印发《市委办公室、市政府办公室关于印发〈荆门市争创全国文明典范城市三年行动计划(2023—2025年)〉的通知》。文件要求,要紧密围绕市委、市政府中心工作,把争创全国文明典范城市作为加强公民思想道德教育、全面提升城市形象、共同缔造美好生活的重要举措,向着环境更美、治理更优、素质更高、特色更足、形象更好的目标稳健前行。要深入实施好理想信念提升、文明素养提升、志愿服务提升、基础设施提升、文明交通提升、绿色生态提升、市场环境提升、文化惠民提升、社会安全提升、城市形象提升十大行动,突破性推进文明城市建设向更高层次迈进。要按照“一年打基础、两年上台阶、三年创一流”的工作目标奋力攻坚,力争到2026年,荆门在全国文明城市创建测评中排名全国前列,进入全国文明典范城市行列。

【违规吃喝问题专项整治】 市委办公室、市政府办公室于1月19日印发《市委办公室、市政府办公室印发〈关于全市开展违规吃喝问题专项整治的工作方案〉的通知》。文件指出,要以习近平新时代中国特色社会主义思想为指导,深入学习贯彻习近平总书记关于全面从严治党、加强作风建设的重要论述和指示批示精神,突出问题导向,突出领导干部,以自查自纠筑基,以监督检查攻坚,以查办案件震慑,贯通监督、办案、整改、治理,集中时间、集中力量、集中精力整治违规吃喝问题,坚决防止“四风”反弹回潮,教育引导党员干部牢记“三个务必”,推动构建清清爽爽的同志关系、规规矩矩的上下级关系、亲清统一的新型政商关系,为全市打造产业转型升级示范区提供坚强作风保障。文件明确,此次整治重点是:党政领导干部、国有企业负责人违规接受私营企业主宴请,为其“站台背书”、搞利益勾兑和权钱交易;领导干部之间违规相互吃请、“组团吃喝”,搞“小圈子”、相互请托办事、说情打招呼等问题;纪检监察干部甘做“局中人”,违规接受宴请,接受请托插手案件、打探案情等问题;在企业和单位内部餐厅、私人会所或私人会所性质的场所等隐蔽场所违规吃喝问题;违反招商引资、商务接待、公务接待规定,超标准、超范围吃喝、饮酒。文件要求,要深入进行动员部署,联动发力开展检查,纠树并举系统施治,同时,也要把握政策策略,严格区分正常公务、商务接待与违规吃喝问题,保护支持市场主体发展与说情打招呼问题的界限,既严肃整治违规吃喝不正之风,又积极维护“亲清”政商关系,激励广大党员干部担当作为、干事创业。

(市委办公室)

政研(改革、财经)工作

【概况】 市委政研室紧盯中央、省政策导向,紧贴领导思路、紧跟重大部署,坚持把文稿服务作为“主战场”,把推动改革作为“责任田”,把财经谋划作为“常耕地”,发挥参谋助手、改革推手等职能作用,以高水平决策服务推动荆门高质量发展。

【政研工作】 文稿服务。坚持把政研工作放到“国之大者”“省之大计”“市之大事”中找准坐标定位,自觉站在国家所需、荆门所能、群众所盼、未来所向中加强研究谋划,让决策服务更好赋能高质量发展主战场。共起草各类讲话、汇报等文稿420余篇。观大局、谋大势。深入思考荆门在全国全省发展格局中战略定位,深刻总结荆门建市40周年发展成效,为市委作出“荆门即将迎来量质齐升、跨越发展的新阶段,2023年必将是工业经济大发展的一年、产业转型升级初见成效的一年、交通等基础设施建设全面提速的一年、招商引资取得新突破的一年、消费快速反弹复苏的一年、营商环境大幅改善的一年、高水平全国文明城市加快创建的一年、民生福祉不断提升的一年”重大判断,为市委决策提供现实分析、数据支撑,获市委主要领导肯定。谋定位、找路径。落实《湖北省流域综合治理和统筹发展规划纲要》,锚定打造产业转型升级示范区目标定位,以“建好示范区、建功先行区”为引领,深入开展调查研究,40次易其稿形成主题汇报材料,把省委赋予荆门的新定位细化为项目化、可实操的推进路径。2023年6月8日,在全省专题交流中,省委主要领导对荆门汇报给予高度肯定。蹚试点、出经验。针对东宝区牌楼西河小流域综合治理和京山市县域“双集中”2个省级试点,抽调精干政研干部,深入一线定期驻点办公,协助试点地方研究谋划各类问题。市委主要领导向省委汇报试点情况,得到省委多次肯定,为形成可复制可推广经验奠定坚实基础。理思路、促发展。常态化、系统化梳理市委主要领导在现场调研、专题会议、随思随想时重要观点,举一反三、归纳总结,形成体系完备的工作部署,适时转化到市委全会、经济形势分析会、强县工程座谈会等重要讲话和《产业转型升级实施方案》《关于推动城市和产业集中高质量发展的实施意见》中,做到驾驭全局有思路、协调各方有方法。

调查研究。坚持把深入调查研究作为提升政研水平的第一道程序,聚焦全市经济社会发展战略性、全局性问题,大兴调查研究之风,统筹开展决策调研、问题调研和典型调研,形成一批内容实、价值高、操作性强的调研成果和市委主要领导署名文章。其中,《转型升级跨越发展 推动示范区建设成势见效》被湖北《政策》杂志刊登,《"宜荆荆"全国性综合交通枢纽荆门建设路径》被《湖北调查研究》杂志刊登,《对标先进找差距 比学赶超促跨越》获市委书记批示,《群众呼声就是行动的哨声》入选市地党政主要领导干部"破难题、促发展、办实事、解民忧"典型案例。

党刊编辑。坚持党刊姓"党",按照"理念之变、创新之策、权威之刊"办刊要求,围绕贯彻落实党的二十大、省第十二次党代会、高质量发展、乡村振兴、改革创新、党的建设、探索实践、调查研究、主题教育等栏目,贴近基层、优选稿件,不断擦亮"全国城市优秀党刊"名片。高质量出刊《荆门研究》6 期。

【全面深化改革】 坚持把全面深化改革作为助推高质量发展的内驱力,依托改革应变局、开新局。全年实施改革项目 84 项(国家试点 10 项、省级试点 8 项,承接省级重点改革项目 28 项,跨年度改革事项 24 项)。市医保局、浏河社区党总支书记苏玉梅、湖北亿纬动力有限公司获得第四届湖北改革奖单位、个人、企业奖,荆门市获奖数量居全省第 2 位。

把改革靶点瞄向发展难题。针对产业转型、城市发展、生态保护、市域治理等制约荆门长远发展的体制机制问题,充分考虑群众切身利益,谋划制定改革工作要点,分解具体改革项目,真正把推动改革的过程转化为破解难题的过程。把攻坚重点落到主责肩上。牢牢把握市级层面抓改革重在落实这一主要特点,充分发挥领导干部以上率下抓改革的示范作用,继续落实各级班子成员领衔推进重难点改革项目制度。对市级领导领衔的改革项目进展情况实行"每月安排、季度通报",领衔市领导亲自研究部署、亲自督导推动。市级领导领衔重难点改革项目 17 个。把督察焦点放在项目实施。在全省率先创新性运用任务预告书、进度预警书、整改意见书和问责建议书,倒逼各地各单位加快改革项目落地。

【财经工作】 落实财经工作制度和湖北省财经委员会工作要点,每季度召开经济形势分析会,分析当前经济形势,安排部署下阶段重点工作,推动全市经济高质量发展。

(祝文霞)

组织工作

【概况】 2023 年,全市组织系统坚持以习近平新时代中国特色社会主义思想为指导,忠诚履职、锐意进取,组织力量在中心大局中充分彰显,组织优势在大事要事中充分发挥,为推动荆门"转型升级、跨越发展"提供了坚强组织保证。全市有基层党组织 7487 个、党员 16.6 万人。

【组织开展习近平新时代中国特色社会主义思想主题教育】 认真谋划、周密组织,一体推进理论学习、调查研究、推动发展、检视整改等重点工作,推动全市主题教育走深走实,中央主题教育简报第 95 期刊发荆门市开展典型案例剖析调研做法,省主题教育简报 13 次推介荆门市工作经验。推动规定动作落实到位,聚焦"关键少数",高质量筹备好市委常委班子主题教育专题读书班、调研成果交流会、专题民主生活会等重大活动。坚持分类精准指导,针对不同领域党员实际提出 8 类具体要求,做到全员参与、不留死角。丰富活动载体形成鲜明特色,着力解决学习形式不丰富、学用结合不够紧的问题,谋划开展"我学习我来讲我来干"专题交流,带动全市广泛开展"书记讲给书记听""党员讲给群众听"活动 3000 余场次,推动党的创新理论入脑入心。践行"四下基层"优良传统,组织制定全市党员干部常态化"四下基层"工作方案,落实落细领导干部直接联系群众制度,组织党员开展"立足岗位作贡献"活动,主题教育期间全市解决高质量发展重难点问题 157 个、群众和市场主体反映强烈的突出问题 806 个、为民办实事 8.6 万余件。

【理论教育培训】 持续抓好习近平新时代中国特色社会主义思想教育培训,围绕学习贯彻党的二十大精神,举办 11 期轮训班、主体班,实现干部轮训全覆盖。围绕学深悟透新思想,打造"干部大讲堂"暨"周周讲"学习平台,每周一个主题,市级领导带头讲、市直部门专题讲、知名专家现场讲,全年举办 24 期,每场 600 余人座无虚席。围绕干部学习习惯养成,建立周四集中学习制度,推行"科长讲业务",全市组织"业务讲堂"3100 余场。围绕提高基层教育培训覆盖面,推动阵地向下扎根,试点打造 10 所乡镇(街道)党校,建设张文秋故居等培训基地 21 个。推动师资向下流动,市县党校实行积分制管理教学,组织教师在基层开展"四进一讲"等活动 200 多场次。推动课程向下拓展,量身打造新思想、乡村振兴、党建引领基层治理等 5 类案例式课程,让基层干部学得会、用得上。

【干部队伍建设】 着眼荆门事业发展需要,公道正派选干部、配班子。坚持以干事创业导向选用干部,认真贯彻落实"四个注重选拔、四个坚决不用",突出专业、实绩、基层导向,扩大干部工作民主范围,充分听取分管市领导意见,关注干部群众"口碑",新提拔"80后"干部29人,11名硕博进班子,轮岗交流40余名县级干部,班子整体功能不断提升。坚持以"提转抓"活动历练干部,立足干部能力作风实际,针对性组织"提能力、转作风、抓落实"活动。紧密融入主题教育,全面开展"对标找差、建功有我"大检视、"三个不够"专题整改,举办数字经济等13个专题研讨班,选派56名干部到对标城市、产业园区锻炼,组织技能比武620场次,推行项目清单化,建立晾晒比拼榜,推动3.3万名干部提能砺为。坚持以精准考核识别干部,建立平时考核、专项考核、年度考核"三位一体"考评体系,围绕中心加强公务员考核的做法在全省公务员座谈会上发言交流。紧扣示范区建设使命任务细化169条考核内容,实行"人""事"同考。将省委书记王蒙徽调研荆门时提出的"擦亮长寿之乡品牌、网球之乡品牌"等重要要求纳入考核内容,推进特色品牌打造。强化过程纪实细化平时考核,建立月调度、季考核、年评定机制,每季度召开大会通报考核排名,以"考在平时"促进"干在平时",全市439名考核优秀的公务员得到奖励和提拔重用。推行干部评级管理,根据业绩、考核、关键时期表现加减评级,立体式、精准化识别干部。坚持以严管厚爱激励干部,细化154名招硕引博人员身份整改操作办法,分类化解700余名公务员登记遗留问题。用好干部"监督特别档案",对36名干部约谈提醒、6名干部诫勉。针对"退出岗位领导管理难"问题,出台《进一步加强退出领导岗位履职管理的通知》,压实单位日常管理主体责任,明确干部每月报告履职清单,实行工作表现与职级晋升挂钩。

【基层党建引领】 深入推进以共同缔造为载体的实践活动,办好京山"深化共同缔造推进党建引领基层治理体制机制创新"全省试点,探索"红纽带·大片区治理"等基层治理20项工作制度。围绕人居环境整治、特色产业发展、基层治理创新,分类办好45个市级共同缔造教学点,举办21期基层党组织书记"金土地""金钥匙"专题交流,推进基层干部掌握共同缔造的理念和方法。坚持边实践推进、边总结提升,大力推进"一老一小"服务体系、既有住宅加装电梯等工作,群众获得感明显提升。规范流动摊贩管理得到省委书记王蒙徽肯定,推动民生问题常态长效解决得到省委副书记诸葛宇杰批示肯定,省实践活动工作简报6次推介荆门经验,荆门市成为第三次全省实践活动工作会现场观摩点并在大会上作交流发言。高质量发挥党建引领作用,制定"四级八岗"66项党建任务清单,压实各级党组织责任。实施雁归农谷"百千万"工程,鼓励1413名能人回乡创业,选树20名能人支书,调整135名不合格村党组织书记。持续开展基层党组织评星定级,评定五星级党组织1511个,整顿转化74个软弱涣散党组织。出台激励村集体经济发展和村干部担当作为的20条措施,推行村干部奖励报酬与村集体经济经营性收入增量挂钩制度,年收入10万元以上的村增长27.4%。举办驻村第一书记和能人回乡创业事迹报告会,激发党员干部干事积极性。坚持党建赋能产业发展,成立新能源新材料、汽车智能装备制造等21个产业链党委,覆盖企业1251家,助力企业纾困解难,全市100家重点企业新增产值126亿元。坚持"先把服务做进去、再把作用带出来",建设160个"暖心驿站"、1489个休憩服务点,服务群众76万余人次。规范党员教育管理,开发全市党员教育管理平台,构建党员教育、管理、监督的有形抓手,对基层新发展党员进行全流程监控,有效解决了少数地方不守程序、降低标准等违规问题。

【人才"引育服用"】 坚持人才引领驱动,全周期推动人才"引育服用",2023年引留大学生3.2万人,同比增长近310%。打好"组合拳"形成全域引才格局,发挥园区和企业引才主力军作用,设置招才总量前三名奖励20万元的引才"伯乐奖",将人才政策实施对象扩展到在荆央企和省属企业,提升用人单位积极性。翻倍提升来荆人才津贴标准,取消对大学生享受购房补贴的就业范围、毕业时间等限制条件。统筹调剂事业编制300名,设立人才专项编制,保障高层次和急需紧缺专业人才用编需求。拓展人才招引新阵地,与东北、西北等70余所高校建立合作渠道,选聘"最美家乡代言人"400人,集中开展招才活动118场次。搭建平台促进人才要素互联互通,成功创建省级人才基地,打造2个"一站式"人才服务阵地,依托格林美和亿纬动力等链主企业打造省级人才驿站,带动人才链式发展。成立博士创新创业联盟等5个创新联合体,引导955名专业人才"智汇基层",解决了一批基层实际问题,转化了固废资源综合利用等一批科技攻关成果。"精准滴灌"助力人才成长,集中实施"荆门英才引领计划",加强跟踪培养,从发展环境、要素保障等方面大力支持,2023年新遴选市级重点人才(团队)82人(个),入选省级重点人才项目8人(个),其中"BR计划"1人、"青年拔尖人才"1人。构建人才服务新生态,建立"荆英卡"制度,组建"人才服务联盟",吸纳46家市场主体加盟,分层分类提供医疗、教育等公共服务,无差别提供文旅、法律等市场服务,精准提供配偶随迁、婚恋交友等个性服务,让各类人才在荆享受礼遇、安心乐业。

(市委组织部)

机构编制

【概况】 2023 年，荆门市委编办深入学习贯彻习近平总书记在二十届中央编委第一次会议重要讲话精神，认真贯彻落实中央和省委、市委关于机构改革部署要求，聚焦服务“双集中”、县域经济发展、产业转型升级示范区建设，着力加强体制机制和机构编制保障。市委编办在全市 2023 年政绩目标半年考核中居前列，机关党支部被评为 2023 年五星级党组织。

【重点领域改革】 根据中央、省委统一部署，推进党政机构改革，着手制定全市机构改革初步方案。服务保障智慧城市建设、全国文明城市创建等，设立市城市运行管理中心（筹）、市精神文明建设指导中心（筹）等机构，增强工作统筹力度。深化疾控体系改革，在市县卫健部门挂牌成立疾控局，补齐公共卫生服务短板。推进执法监督改革，在市司法局加挂市政府行政执法监督局牌子。配合深化国防动员、行政复议体制等改革，及时研究提出体制机制和机构编制调整意见。调整市委直属事业单位设置，将荆门日报社、荆门电视台合并为荆门九派通融媒体中心，完成“三定”工作。在钟祥市开展事业单位改革试点，整并“小弱散”事业单位 89 家，收储编制 331 名，向重点领域投放编制 652 名，有关做法被中国机构编制网、省委《调查与研究》、《湖北日报》等宣传推介。提升基层应急管理效能，在东宝区探索乡镇应急管理体制改革，整合应急救援、安全生产等职责，采取“区管乡用”模式，将区级执法人员下沉乡镇。完善全市消防救援体系，组建市县乡消防勤务机构，支持招录配备专兼职消防人员 146 名，提升消防救援保障能力。

【机构编制配置】 在县（市、区）统筹设置开发区产业园办，提升“招落服”能力，服务产城融合。在市发改局加挂能源局牌子，保障全市能源经济发展。在市委组织部设立人才发展中心，强化人才服务和平台建设。梳理荆门高新区重点产业服务职责，设置 3 个个性化服务中心，配齐人员力量 108 人，重点产业服务得到保障。管好用活人才专项编制，为经信、招商、商务、园区建设等领域调配专项编制 110 名。针对中心城区教师编制紧缺的问题，建立 2000 名的全市教师编制周转池，为掇刀区、漳河新区和市直学校调剂编制 416 名，破解教师编制的区域结构性矛盾。为解决高职院校编制不足的问题，推进高职院校人员总量管理改革，为市属 2 家院校核定人员总量，主要用于引进管理人员和教学骨干，人员不纳入编制管理，享受在编人员同等待遇，扩大单位用人自主权。深化资源服务平台“三下沉”，对县市区委托乡镇（街道）办理的民生服务事项取消 10 项，保留 41 项，确保符合基层实际需求和承接能力。支持农村订单定向免费医学生用编 27 名、农村中小学义务教育教师招聘用编 225 名，进一步配齐配强基层力量。

【机构编制管理】 做好十二届省委第二轮巡视选人用人专项检查机构编制类问题整改，对反馈县（市、区）存在的 24 个问题，专题安排督办整改工作，及时指导县（市、区）制定整改方案并督促落实，已全部整改销号。强化日常监督，对 5 个县（市、区）开展机构编制专项检查。在市委第四轮巡察工作中，对市直 11 家单位人员编制管理等情况进行检查，印发《关于进一步加强和规范机构编制管理的通知》，推进机构编制管理制度化、规范化。开展“机构编制违规违纪违法问题预防体系建设”专题调研，全面检查机构编制纪律要求执行情况，系统梳理问题表象及成因，完成课题研究报告，制定贯彻落实《机构编制监督检查工作办法》的具体措施，重申机构编制工作有关规定要求，遏制违规问题增量，推动存量问题整改消化。违规问题预防体系建设项目被省委编办评为 2023 年全省“五重”优秀项目。积极争取市委编委领导重视支持，针对部分事业单位取消行政性收费后运行困难的问题，将市物流局等 7 家单位纳入财政全额保障。推进招硕引博直接进机关人员的整改，将 72 人调入事业单位“回炉”，做好编制调整工作。

（市委编办）

宣传工作

【理论武装】 把学习宣传贯彻习近平新时代中国特色社会主义思想作为首要政治任务，深入学习贯彻习近平文化思想，认真落实“思想引领、学习在先”机制，市委理论学习中心组全年开展集中学习 16 次，举办专题辅导 10 场。召开全市党委（党组）理论学习中心组学习经验交流会，常态化开展中心组理论学习旁听，持续规范理论学习中心组学习、提升学习效果。组织“两团多队”“五路大军”，构建“十进十讲”大宣讲格局，线上线下宣讲习近平新时代中国特色社会主义思想和党的二十大精神 3900 余场。打造理“响”荆门微宣讲平台，推出理论宣讲微视频 100 多期，网络点击量超 200 万人次。组织社科专家围绕贯彻党的二十大精神和省十二次党代会精神的荆门实践，推出重点课题 34 个。在全省率先开展“马克思主义专家基层（荆门）行”活动，率先组建“社科宣讲轻骑兵”深入基层开展理论宣传宣讲。

【新闻宣传】 策划开展“我和家乡共成长 我与荆门共奋进”等建市 40 周年系列报道。深化与新华社、人民网等主流媒体的战略合作，3200

多篇(件)稿件在中省主流媒体刊发。完善新闻发言人制度,联合北京大学开办荆门市领导干部媒介素养能力提升班,全年召开新闻发布会27场次。全力推进全国地市级媒体深度融合发展试点工作,正式组建荆门九派通融媒体中心(荆门九派通传媒集团),有序完成机构整合、班子组建、新媒体平台资源整合等工作。策划推出公共对话节目《畅通工程·"荆"天办》,41期节目解决群众急难愁盼问题64个,受益群众达80万人次,节目获评2023年度全省媒体融合创新案例服务群众类最佳奖。开展4场"蝶变荆门——2023年网络媒体荆采行"主题活动,策划推出"从新遇见荆彩"网络宣传,话题阅读量过亿人次。网信普法工作经验在全省作交流发言。

【践行社会主义核心价值观】 组织开展"学习二十大 感恩奋进的荆门答卷"百姓宣讲、学习贯彻党的二十大精神读书分享会、建市40周年等群众性活动200余场次。大力培育先进典型,2人获评第九届湖北省道德模范、评选20名第七届荆门市道德模范;1个集体入选2022"荆楚楷模"年度人物、2人入选2023"荆楚楷模"月度人物;1人入选"中国好人",选树"荆门好人"季度人物55人、年度人物10人;命名23个"学雷锋活动示范点"、28个"岗位学雷锋标兵"。组织开展榜样宣讲交流活动180余场次。全域推进廉洁文化建设,分层分类打造28个专题课程精选菜单,推出清廉主题作品100余件,开设2条"廉洁公交"线路,打造了"家风博物馆""红廉博物馆"等廉洁文化点22个,开展廉洁文化活动200余场次。常态化开展"书记荐书""经典诵读"等阅读活动300余场。

【文化文艺事业】 屈家岭遗址成功创建国家考古遗址公园,新石器时代遗址入选"2023年中国考古新发现",城河遗址史前"水坝"入选2023年度国内十大考古新闻。苏家垄墓群、马家垸城址等得到妥善保护。举办纪念"郭店楚简"出土30周年系列活动。市博物馆新馆顺利开馆。举办"荆门名家"工作室授牌仪式。召开全市文艺家座谈会。成功举办第四届湖北省(荆门)荆州花鼓戏艺术节,《一双布鞋》入选第三届全国花鼓戏优秀剧目展演,《老家》入选省文艺精品创作扶持项目。举办新春音乐会、金秋音乐会、社区文化节等文化惠民活动3000余场。举办第三届全国花鼓戏优秀展演剧目惠民演出。完成2023年度农村公益电影放映场次16000余场,暑期公益电影进社区工作经验做法被"学习强国"平台转发。大力弘扬"厚道荆门"的城市人文精神。拍摄制作《长江谷文明 荆楚新门户》城市宣传片。推出城市文化IP"荆楚520",以微故事展示经济社会蓬勃发展新变化,发布短视频189部,点赞量超500万次。结合建市40年发布"40人·40事",举办建市40周年成就展,编纂《荆门市40年大事记》。

【文化产业】 制定《荆门市文化旅游产业转型升级实施方案》等,落实各类惠企奖补550多万元,为6家文旅企业发放贷款11.1亿元,"五经普"中初步登记文化市场主体4096家,预计比"四经普"翻一番。打造"跟着赛事游荆门"运动休闲旅游新模式,成功举办滑翔伞定点世界杯总决赛、中国公路自行车公开赛、湖北首届"村网"等高规格赛事80余场次,吸引线上线下观众1000余万人次,全网关注点击量超1.5亿次。荆门市获评"2023年度最佳运动休闲旅游目的地"。以"文化赋能+IP打造"升级改造园博园,打造有故事、可体验、能互动、必打卡的全域性全天候荆楚风韵沉浸式园区,努力为后园博园时代探索一条文旅融合发展的新路径。

【意识形态管理】 严格落实意识形态工作"七纳入"工作要求,将意识形态工作纳入市委全会报告内容,纳入年度党委(党组)民主生活会、述职述廉报告重要内容。市委常委会专题研究意识形态工作4次。召开市意识形态工作联席会议2次,每月组织成员单位开展意识形态领域风险隐患排查。严格落实属地管理和主管主办责任,加强对重点阵地管理,对2021年以来市级层面举办的25场哲学社会科学类讲座论坛报告会活动开展专项清理。严打严办"扫黄打非"领域重点案件,全年办结案件62起,成功侦破涉案金额1.5亿元的非法经营出版案件,纳入全国挂牌督办案件。推出了全省首个"扫黄打非"IP动漫形象"荆风侠"。全过程指导督办十二届省委第三轮巡视的5个县(市、区)做好党委落实意识形态工作责任制情况专项检查反馈的78个问题整改。组织对市司法局党委等10家市直单位开展意识形态专项巡察。全市意识形态领域总体态势向上向好。

(文 华)

·网络安全与信息化·

【网络正面宣传】 坚持主旋律传导,做大正面宣传。以习近平新时代中国特色社会主义思想引领网络空间,围绕中心大局,组织网络媒体开设"强国复兴有我""创建全国文明典范城市""建市40周年"等重点专题专栏126个,总浏览量超1亿人次。市县两级融媒体在中省主流网络媒体刊发涉荆稿件共计7595篇,其中《荆门:让"华中锂电之都"成色更足》等一批稿件在人民网、新华网等中省主流网络平台刊发。坚持全要素生产,塑造网宣品牌。持续打造网络媒体"荆采行"网宣品牌,组织开展4场"蝶变荆门——2023年网络媒体荆采行"主题活动,组织中省驻荆网络媒体、市直重点网络媒体记者及网络大V探访企业一线,推出多类型融媒体产品,全网累计综合浏览量3000余万人次。策划推出“从新遇见荆彩”网络宣传，话题阅读量达9200万人次，互动量2.9万人次。《建市40周年 看家乡变化》系列专题作品，被省委网信办评为湖北省2023年“网络宣传好作品奖”。《多措并举让民营经济底气更足》《美丽乡村建设还需问需于民、问计于民》等多篇网评文章被“学习强国”学习平台、荆楚东湖评论等平台采用。市网信办获得湖北省网络宣传引导工作“创六优”竞赛“网络内容建设优秀集体”称号。

【网络综合治理】 将网络意识形态工作纳入各地各部门年度考核内容，每季度对各县市区和市直单位开展网络意识形态工作督查，以督压责、以督促改，整改薄弱环节、弥补短板漏项。组织举办全市网络意识形态工作培训班。在市委党校主体班培训中开设网络意识形态工作相关课程。开展50多个专项行动，实地检查网站146家，注销及关闭非正常网站39家，处置涉黄涉赌有害信息3205条。开展网上违法和不良信息月度巡查监测，共巡查监测属地102家网站存在违法和不良信息264条。制作推出小视频《挖呀挖呀挖》网信普法“七进”版，被省委网信办采用并在全省推广。推出原创网信动漫IP形象大使“荆小信”。网络普法工作经验在全省网络生态治理培训会上作交流发言。

【维护网络安全】 贯彻落实《荆门市党委(党组)网络安全工作责任制实施细则》，定期全面排查、分析研判网络安全风险点，发现网络隐患及时处置。依托网络安全态势与应急指挥平台，监测发现网络安全风险隐患54个，指导督促相关部门单位完成网络安全隐患整改，确保全市网络安全稳定。全市国家网络安全宣传周活动期间，播出广播、电视公益广告271次，发送网络安全公益短信约120万条次，累计发放宣传折页及资料2万余册，公益宣传短片点击量50万余次。网络安全态势感知平台被湖北省国家网络安全宣传周组委会评为2023年全省网络安全技术创新典型实践案例。会同市公安局、市大数据局，邀请奇安信科技集团股份有限公司、同卓信息技术有限公司参与，开展2023年荆门市网络安全攻防演练活动。对全市54家党政机关企事业单位200余个网站平台信息系统进行攻击演练，提交83个有效战果并形成报告，报市委网信委主要领导，推动网络安全责任制压紧压实。

【构建网上网下同心圆】 召开全市网络知名人士服务高质量发展座谈会、网络名人培训班，网络名人队伍不断壮大、影响力不断增强。搭建网络大V等群体工作平台，组织中央、省、市各级网络媒体及本土网络大V参加大型新媒体采访活动。《你要写荆门，就不能只写荆门》获得“大V写荆彩”比稿大赛三等奖，“主播胡老师工作室”被省委网信办评为2023年度湖北省正能量网络大V工作室，荆门新闻网(抖音号)获评2023年走好群众路线“百佳新媒体账号”。抓实网络文明建设支撑。策划开展“我的志愿之路”专题活动，积极推动社会主义核心价值观网络传播。组织开展荆门市2023年“争做中国好网民”工程暨第十五届网络文化节活动。组织开展“网络中国节”系列主题活动，策划推出了凸显节日习俗的主题图文、微视频、动漫、H5、小程序等优质网络文化产品。荆门人才超市管理有限公司、沙洋县职业技术教育中心获评2023年湖北省全民数字素养与技能培训基地。

(童　璞)

精神文明建设

【概况】 坚持以习近平文化思想为引领，紧紧围绕学习宣传贯彻党的二十大精神主线，大力培育和践行社会主义核心价值观，以创建全国文明城市为总目标和总抓手，统筹推进文明培育、文明实践、文明创建，持续深化“五大文明创建”，城乡环境面貌和市民文明素养进一步提升，为荆门“打造产业转型升级示范区”提供了强大精神动力和丰润的道德滋养。

【文明培育】 将社会主义核心价值观培育融入《荆门市文明行为促进条例》，深入开展“我们的节日”系列主题活动3200余场次；常态化开展道德模范和身边好人选树活动，组织开展第七届市级道德模范命名工作，共命名20名市级道德模范。积极推荐申报第九届省级和全国道德模范，其中省级道德模范入选2名，1名省级道德模范申报全国道德模范。评选出“荆门好人”季度人物55人，推荐入选“中国好人”季度人物2人。“中国好人”季度人物邹爱华作为湖北省唯一代表登上央视《中国好人》特别节目，向全国人民讲述孝老爱亲的故事。广泛开展“十星级文明户”“好婆婆”“好媳妇”等评选活动，依托荆门文明网、文明荆门微信公众号等平台常态宣传道德模范等先进事迹，引导群众广泛参与，培育文明风尚。持续拓展“讲文明树新风”等公益广告刊播力度。对中心城区公益广告进行“拉网式”排查，更换、新设各类公益广告近千幅。在城区各商超、交通场站、机关企事业单位及公交车、出租车车体等利用电子显示屏滚动播出公益广告，实现“随处可见”。联合市市场监管局开展“太一杯”公益广告征集推广活动，遴选各类公益广告作品24件。持续推出《文明创建》《文明培育》《最美荆门人》《暖新闻》《文明坚守 我们在行动》等专栏，刊发各类稿件140余篇，九派通、荆楚520等新媒体平台制作播出创城系列短视频90多条(期)。上报各类信息和短视频341条，其中被《湖北精神文明建设》简报采用信息11

条,“文明湖北”微信视频号采用短视频35条。“文明中国”主题采访报道组走进荆门,近距离探访文明创建经验做法,《楚风古韵今犹在 文明荆门花常开》在多家媒体刊发。

【文明实践】 坚持“一点一品”,以点带面,形成以京山市温泉街道环惠亭湖“五色”文明实践示范带为龙头,沙洋县文明实践“七色行动”示范圈、钟祥市文明有“邻”实践示范带、东宝区“七彩志愿服务”示范圈、掇刀区“孝慈”文化示范巷等展示带为支撑的文明实践示范带集群,全线全域全面升级全市文明实践阵地网络文化展示、公共服务、志愿服务、产业带动等功能。以“两看一走访一评议”的形式,对全市新时代文明实践中心(所、站)工作进度、建设质量和使用效益进行系统盘点,并推荐打造2个新时代文明实践省级示范中心、5个省级示范所、6个省级示范站。整合综合文化服务中心、党群服务中心、妇女儿童之家、社工站等各类阵地资源,建强八大服务平台,打造文明实践综合体,实现“一站多用”。拓展新时代文明实践点530余个,打造王鸿举、刘剑锋等典型模范和优秀志愿者特色工作室28个,构建了“中心(所、站、点)+志愿服务站(岗)、特色工作室”点多面广、功能完备的“15分钟文明实践志愿服务活动圈”。发挥文明单位协调联动作用,推动市级行业组建壮大巾帼、网络文明等具有自身特色和优势的志愿服务队伍。各机关单位严格落实党员干部下沉社区“双报到”制度,各村镇积极发挥“五老协会”和“乡贤”作用。全市组建志愿服务队2792支,打造学雷锋志愿服务站(岗)1726个,注册志愿者66.5万人。以服务群众精准到位为目标,线上线下全面对接群众需求,精准解决群众急难愁盼。常态化组织开展理论宣讲、移风易俗等文明实践活动9.8万余场,让群众在家门口参与并享受文明实践成果。京山市获批2023年湖北省文化志愿帮扶新时代文明实践活动示范点,并承办全省文旅志愿服务项目交流会。精准打造“四点半课堂”“就业大蓬车”“我是您的家庭医生”等普惠性文明实践志愿服务项目52个,以点带面推动文明实践深入开展。东宝区金象社区“朝夕美好”项目和沙洋县“守护花蕾”项目分获全省新时代文明实践志愿服务项目大赛金奖和铜奖。

【文明创建】 制定《三年行动计划(2023—2025年)》和《2023年度十大专项提升行动工作方案》,对创建任务进行“年度化、项目化、清单化”分解。以“十大专项提升行动”为抓手,持续开展“周五洁城”活动,有序实施交通秩序、停车难、城市绿化(亮化、美化)、城市出口通畅工程等专项提升行动,加快推进精致城市基础设施更新等项目,改造提升老旧小区29个,升级改造农贸市场18个,电动车免费上牌近8万辆,建成停车位1580余个。多渠道收集群众反馈问题1.8万多个,整改率超98%,群众“槽点”集中的“三无”小区管理、电动车随意乱窜、路网循环不畅等问题得到有效解决。持续深化文明村镇创建,以共同缔造和“清洁家园、保护环境”行动为抓手,群策群力、全员参与、共建共享美好生活家园,农村人居环境进一步改善。将移风易俗、社会主义核心价值观纳入村规民约,以“一约四会”为依托,积极开展宣传教育,抵制高价彩礼、推动移风易俗专项行动向纵深发展,农村办宴席比例减少40%,平均每户人情开支下降60%。推动全域乡风文明,全市先后获评全国文明镇1个、省级文明镇(乡)12个;全国文明村9个、省级文明村41个;县级文明乡镇全覆盖,县级文明村占比达73%,为全面推进乡村振兴铸魂塑形赋能。钟祥市客店镇邵台村入选十二批全国“一村一品”示范村镇。京山市源泉村《爱心驿站助力养老服务积分管理引领乡村治理》获评全省“一约四会”优秀典型案例。《“南庄四话”:农民说上村里事 发展驶入快车道》入选湖北省“文明村镇创建巡礼”十大典型案例。深入贯彻落实《关于深化新时代文明单位创建工作的意见》精神,实施文明单位创建提质增效行动。把助力巩固脱贫攻坚成果和乡村振兴有效衔接纳入2022—2023年度市级文明单位申报考核的重要指标,其中370个市级文明单位(校园)结对帮扶率100%、干部职工在社会扶贫App注册率100%。各级文明单位指导参与文明村镇创评,以线上线下等模式开设职业技能、电商运营、种养知识等技能培训班400个,受训人员2万余人。推动文明单位创建向基层一线单位、企业及“两新”组织倾斜,加强统筹规划、宣传引导和全面动员,拓展文明单位创建的覆盖面和影响力。以动态管理评估为手段,深化文明校园创建工作,在全省文明校园创建工作推进会上,海慧中学以《阳光合育“慧”就文明“海”》为主题作交流发言。开展“扣好人生第一粒扣子”主题教育实践活动1400余场,将社会主义核心价值观融入教育教学全过程,促使学生形成良好的思想品德和行为习惯。不断加大未成年人思想道德建设工作力度,评选2023年度市级“新时代好少年”15名,钟祥市兰台中学王可为入选2023年度省级新时代好少年。组织申报2023年“童心永向党 筑梦新时代”全省乡村学校少年宫项目建设成果展示活动,报送节目18个,5个作品获奖。制定下发《荆门市未成年人心理健康专家库管理办法(试行)》,组建市级未成年人心理健康教育专家库,第一批入库人选20名并发放聘书。以寻找“最美家庭”为主线,广泛开展文明家庭创建活动,出台《关于进一步加强家庭家教家风建设的实施意见》,覆盖城乡的家庭教育指导服务体系不断完善,家校社协同育人机制更加健全。组织参加2023年“家书传家风”万户家庭讲家风故事音视频征集宣传活动,获评二等奖1个、三等奖1个。

在市级主流媒体、新媒体宣传报道文明家庭先进事迹、优秀家风故事等130余篇。打造2023年市级家风家教实践基地和清廉家庭宣传教育基地10个,推荐省级家风家教实践基地3个,省级家庭亲子阅读体验基地5个。对省级和全国文明家庭加强日常跟踪和管理,及时更新家庭情况有关信息。京山市人民检察院韩龙玲家庭入选全国最美家庭。

（刘　涛）

统战工作

【概况】 2023年,市委统战部在市委和省委统战部的坚强领导下,坚持以习近平新时代中国特色社会主义思想为指导,锚定“两个走在前列”总目标,着力“建机制、建平台、建赛道”,在2023年度全省市(州)统战工作考评中排名第二,并在全省统战部长会议上作经验交流发言。市委统战部获“全省基层统战工作突出的市州党委统战部”“2023年度全省统战信息工作通报表扬单位”等荣誉称号,市民宗委获评“2023年度全省民族宗教工作系统信息工作先进集体”,2名机关干部分别获全省统战信息工作先进个人、全省民族宗教工作系统信息工作先进个人。全市统战系统40人获省级以上个人荣誉,京山市委统战部等15个单位获省级以上集体荣誉。

【基层统战工作】 召开全市统一战线“同心聚力·共同缔造”培训暨工作推进会、全市统一战线“同心聚力·共同缔造”拉练活动暨现场推进会、2023年全市基层统战工作总结暨全市统一战线“同心聚力·共同缔造”现场会,举办培训班21批次,组织比武拉练20次,开展宜荆荆民进“作风建设”主题年推进会暨“同心聚力·共同缔造”现场交流会、“同心聚力·绘就美好幸福生活”墙绘作品展等活动30余场次。

4月9日至11日,全省统一战线“同心聚力·共同缔造”培训班在京山市举办,现场观摩6个实践创新基地。“同心聚力·共同缔造”京山模式在全省出圈,共吸引42批次1300人观摩学习。按照省委统战部部署,对各层级样板点打造标准、类型和数量等进行明确。各地各领域共创建18个市级社会服务品牌、55个县(市、区)级样板点和69个乡镇(街道)级样板点,其中获得省级授牌2个,市级命名授牌24个。形成了东宝区子陵铺镇七桥村“共同缔造 和美七桥”、京山市新市街道白谷洞村“白谷烟树·快乐老家”等一批可推广、可复制的典型经验。按照“应下尽下、真下常下”工作要求,共发动统战干部、民主党派成员、无党派人士、非公有制经济人士、党外知识分子和新的社会阶层人士2000余人下基层400余次,与群众合力修路开渠、挖塘清淤、整治环境,完善基础设施,发展特色产业,发现并解决问题100余个,惠及群众2万余人。“加强统战工作力量建设”做法被中央统战部《每日汇报》刊发。

【党外知识分子和新的社会阶层人士统战工作】 以“凝心铸魂强根基、团结奋进新征程”主题教育为契机,支持引导党外知识分子、新的社会阶层人士学思想、强根基、重履职、建新功。在各级知新组织创新设置“政治指导员”,对主题教育开展情况进行指导,确保主题教育深入开展、落地见效。把党外知识分子、新的社会阶层人士培训纳入全市干部培训总体规划,全年共举办培训班3期,培训代表人士200余人。市委常委、市委统战部部长刘振军先后8次带队到荆门党外知识分子、新的社会阶层人士数量多、层次高、结构多元的“空白领域”调研,利用8个月的时间先后完成市知联会换届,成立市知联会卫健、教育、国企、金融、农业分会,市新联会及心理健康、网络人士、职业经理人、律师、公益分会,并配套打造高标准实践创新基地25个,推出“新型智库”“金融连心桥”“荆益汇”和“金领营”商学院等系列品牌。指导各县市区在乡镇、学校、医院等地成立分会组织20个,在市县商会、行业协会、农业专业合作社、园区等平台建立联络站52个,实现县级知联会新联会、镇级联络站、村级联络点“三个全覆盖”。扎实开展党外知识分子服务地方发展供需对接工作,深化荆门市与荆楚理工学院产学研合作,全年共促成合作项目67个。充分发挥市知联会卫健分会作用,争取“欧美同学会医师协会定点帮扶合作医院”在荆门揭牌,国内、国际顶尖医疗专家定期到荆开展学术研讨、临床示教、公益义诊等活动,助力健康荆门持续发展;发挥市知联会农业分会作用,牵线搭桥“中国杂交油菜之父”傅廷栋院士团队在荆门设立院士工作站,成功试种高油酸油菜,助力荆门成为当前全国最大的高油酸油菜制种和种植基地;发挥市新联会公益分会作用,积极开展助残、助农、助学、助老、助幼等社会公益活动,做实“少年急救官”公益项目,所属社会组织荣获“湖北省优秀社会组织”“湖北省学雷锋实践基地”等荣誉;发挥市新联会网络人士分会作用,创新开展“i荆门·e起购”首季网络购物节系列活动,全年共开展同心服务团走基层活动6期,直接带动农副产品销售6500余万元,相关做法被中央统战部官网、《湖北日报》等媒体宣传报道;积极开展湖北留学人员创新创业2023荆楚(荆门)行活动,邀请33名科技、创新创业等领域的海归博士来荆路演,与40名有人才技术需求的本地企业负责人对接,推动海归专家与荆门市企事业单位深入交流合作。

【多党合作工作】 以“一支部一品牌”“一党派一重大活动”为抓手,扎实开展参政议政、长江生态环境保护民主监督、社会服务等工作,呈现出“点上有特点、面上有亮点、整体有进步”的良好局面。深入推进领导干部与党外代表人士联谊交友制度,市领导带头与民主党派成员联谊交友,面对面、心贴心交流,将思想政治引领融入日常。坚持以各民主党派市委会为主体开办民主党派“联合大讲堂”,共举办6期,覆盖各民主党派基层组织负责人、党派成员1130人次。指导各民主党派立足自身特色,谋划开展“一党派一重大活动”,相继举行纪念中共中央发布“五一口号”75周年座谈会、“喜庆二十大·共筑同心圆”荆门市民主党派书画作品展等系列活动,拍摄多党合作成果宣传视频5部,充分展现中国共产党领导的多党合作成果,不断筑牢思想根基。立足党政关注、群众关切选题,以市委办公室文件印发《荆门市政党协商计划》。相继就智慧城市建设、国际能谷·锂电小镇建设等召开专题政党协商会5次,56个方面224条具体意见建议得到了市委、市政府采纳。各民主党派市委会主委带头到对口县市区调研20余次,开展长江生态环境保护等重点问题民主监督活动10余次,围绕《荆门市长湖保护条例》进行立法协商,选派134名党派成员担任“益心为公检察云平台”志愿者,共同守护长江生态环境。长江生态环境保护民主监督工作获民革中央、民盟省委、农工党省委等调研组充分肯定。结合“同心聚力·共同缔造”,深化“一支部一品牌”建设,开展各具特色的社会服务。民盟市委会联合市知联会教育分会等统战组织,在全市范围内开展家风传承教育;民建市委会联合各地统战联络站,开展“生态地膜、助农富农”活动;民进市委会联合市新联会公益分会等组织,开展全市环保教育“小手拉大手”活动;农工党市委会发挥自身优势,开展“农工助医·‘精’彩家园”行动,为精神障碍群体提供经常性关心关爱;九三学社市委会联合市知联会农业分会,开展科技文化卫生“三下乡”活动,助力乡村振兴。全年共开展社会服务130余次,参与成员超过千人次,受益群众2万余人。市委常委、市委统战部部长刘振军相继走访调研5个民主党派,协调党派基层组织经费、办公场所等具体问题,推进党派基层组织规范化标准化建设。经协商对党派机关工作实行积分制管理,充分调动各民主党派工作积极性。指导完善党派理论学习中心组学习、民主生活会、民主评议、工作述职等制度,5个民主党派市委会均成立内部监督委员会,建立健全内部监督工作机制。通过《荆门日报》“荆门统战”公众号等平台加大警示教育力度,形成有力震慑,强化广大党外干部纪律规矩意识。

【非公有制经济领域统战工作】 印发《关于全市年轻一代民营经济人士教育培养实施意见》及年度培训计划,举办全市年轻一代民营经济人士培训班、全市民营经济人士理想信念报告会、全市民营企业家座谈会等活动15场次,覆盖2300余人次。先后成立南宁荆门商会、太原荆门商会、杭州荆门商会3家异地商会和荆门市鲁商联合会、市智慧商务服务促进会2家市工商联所属商协会,吸纳市茶业协会、市园林行业协会2家协会为市工商联所属商协会,指导5家所属商会按期完成换届,织密组织网络,建强工作阵地。利用商会成立或换届契机,广泛宣讲党的二十大精神和习近平总书记关于做好新时代民营经济统战工作的重要指示精神,宣传荆门发展定位、区位优势、发展潜力以及市委、市政府的决心,引导民营企业稳预期、提信心。举办第二届“荆门企业家日”,首次发布“荆门民营企业50强”榜单,承办第六届楚商大会产业发展论坛暨新能源高峰论坛,开展“走南闯北荆门人”大型主题采访活动,在全社会传递尊重企业家、关爱企业家、支持企业家的强烈信号;针对企业财务办税、人力资源、团建婚恋、后勤服务等共性需求,在全国率先打造“荆掌柜”企业全生命周期运营服务平台,线下入驻企业12家,线上入驻企业800余家,开展业务活动80余次,为玲珑轮胎、新宙邦等企业控制节省成本超1亿元;完善荆门“工业淘宝”,线上产销对接平台入驻企业596家,智能撮合对接事项130余项,线下组织产销对接、银企对接等活动38场次,为191家企业解决资金需求47亿元;实施“烟火气”升腾行动,预计实现旅游收入250亿元,同比增长70%;实施“才聚荆楚、智汇荆门”行动,开展42场招才引智活动,引进大学生3.2万人,同比增长近300%;实施企业家“领航”行动,选聘173名专家教授任“科技副总”“农博士”,常态化开展企业帮扶、技术指导和人才培养等活动。健全市级领导包联服务企业体系,34位市领导、70个市直部门包联102家重点企业,解决企业诉求83个,回访率100%,企业满意度100%;畅通“高层直通车”渠道,常态化开展“暖心三个一”活动,开展政企早餐会10次,为75家民企解决问题103个;将非公经济投诉服务中心“联企e站”平台纳入全市“两个畅通”便民利企政务服务信息平台,通过线上、线下渠道收集企业诉求1047个,已解决938个,正在解决109个,已解决问题回访率100%,企业满意度98.56%,被省工商联采用典型案例14个。聚焦主导产业,深化以商招商,在北京、上海、成都、太原、杭州等地组织开展7场较大规模的商会联谊交流和招商推介洽谈活动,促进商会企业回乡投资或引荐客商来荆投资项目40个,投资总额395.6亿元。将“万企兴万村”纳入乡村振兴和强县工程进行统一部署、一体推动,承办全省“万企兴万村”行动现场交流会,京山农场等项目被认定为全省首批“万企兴万村”行动实验项目,5个项目现场签约,投资金额56.8亿元。承办汉江流域城市工商联(总商会)经贸交流联席会第九次会议,15个村企结对帮扶重点项目现场签约,投资金额13.72亿元。全年共组织469家民企结对帮扶503个村,兴办产业项目472个,投入资金101亿元。按期完成市光彩会换届工作,指导5个建制县市区全部成立光彩会组织,全市新增300余家民企参与光彩事业,拿出1500万余元开展各类慈善活动,充分展现了荆门民企富而思源、富而思进、富而思报的良好形象。"保障民企合法权益"工作经验被中央统战部《每日汇报》刊发。

（市委统战部）

外事工作

【概况】 2023年,荆门市委外事工作委员会办公室以习近平新时代中国特色社会主义思想和习近平外交思想为指导,深入贯彻党的二十大精神,紧紧围绕中央、省委和省委外办对外工作部署和要求,按照荆门市外事工作委员会会议精神和"12345"的总体工作目标,创新工作思路,搭建对外交流平台,拓展国际合作空间,着力推动"两个服务"落地见效。

【服务国家总体外交】 坚持党管外事原则,召开中共荆门市委外事工作委员会全体会议,聚焦服务国家对外工作大局和荆门开放发展,科学谋划荆门市对外领域重大工作总体布局,推动形成大外事服务大开放、促进大发展新格局。严格落实国家安全审查和监管制度,创建"国家安全教育课堂",对涉外工作人员和因公出国(境)人员开展国家安全和反间防谍知识教育。持续完善境外安全风险防范体系,妥善处理各类领事保护与协助案(事)件,坚定维护荆门人员、法人在海外的合法权益。定期召开荆门市外事工作委员会成员单位联席会议,协同推进落实荆门市重大涉外活动、重点涉外项目、重要涉外事项的跟踪服务。做好外宾来访接待、因公出访等重要外事任务。

【对外交流与合作】 与韩国浦项市友好交往有成果。市委副书记、市长陈家伟出访期间,与浦项市政府、市议会负责人会见,就进一步推进荆门市和浦项市在友城建设、经贸合作、人文交流等方面交换意见。6月,中国人民对外友好协会正式批复荆门市与韩国浦项市建立友好城市关系。与爱沙尼亚萨莱玛市友好交往有进展。市委书记胡亚波出访期间,与爱沙尼亚萨莱玛市政府市长会见,两市签订建立友好合作关系备忘录。经贸合作有新亮点。市长陈家伟出访日韩期间,拜访已投资或合作的企业2家,有意向赴荆投资企业2家,签订合作协议3个,与日本湖北商会建立了沟通联系。市委书记胡亚波访欧期间,3家企业与德国、意大利企业签订合作协议2个,东宝区政府与爱沙尼亚图纳集团子公司Saaremaa Holding OU公司签订《低碳建筑研发运营中心》项目协议。市委书记胡亚波率团赴爱沙尼亚萨莱玛市,举办中国荆门·爱沙尼亚招商引资推介会,活动期间,来自爱沙尼亚的20多家企业参加活动,与近10家企业达成合作意向。市长陈家伟访问韩国浦项市期间,在浦项国际烟火节开幕式上推介荆门市,取得积极效果。通过保持联系、邀请回访等方式,日本爱沃特集团常务董事长尾上英俊、德国Phosuma光子与可持续材料公司创始人Bernd Strehmel博士夫妇到荆门回访考察,进一步巩固国际交往成果。精心策划韩国IEF国际交流联盟执委会委员长申光伍一行在荆门考察活动,洽谈合作。加强对美交流工作,通过邮件、电话等形式与美国友城里奥兰曹市加强对接联系,筹备参加湖北—美国中部市长圆桌会,市长陈家伟在活动中作主题推介发言,并与美国密西西比州牛津市市长会谈。

【外事服务与管理】 坚持以点突破、以融为基,推进外事工作"一地一品"品牌建设,开展"外事参访重点单位"创建活动,以品牌创建活动统筹运用资源、拓宽对外交往渠道。命名首批10个"荆门市外事参访重点单位",并通过实地调研走访、集中培训指导和经验交流分享等方式提升各外事参访重点单位的硬件水平和外事服务技能。设计历史文化、产业发展、乡村振兴、绿色环保等主题外事参访线路6条,不断丰富外事参访内容,为外事参访提供标准化、多样化参访路径。在荆门广播电视台各频道滚动播放领事保护宣传片,开展领保进社区、进企业、进学校、进乡镇、进机关的"五进"活动,向市民发放领事保护政策宣传资料,对海外风险防范开展常态化宣传,切实提升广大市民海外安全防范意识,覆盖机关、社区、学校和企业共12场次,赴涉外企业开展调研指导10次。

2023年,共审核或审批因公出国(境)团组26批81人次,助力国际交流交往,促进经济社会发展。通过提前网上预审指导、接受邮件寄送材料、落实容缺办理等"外事惠企"服务机制,对申请企业实行全部"马上办",特殊情况"加快办",助力企业将国外人才和紧缺技术"引进来",为企业办理邀请外国客商到荆门商务洽谈79批151人次。加强对APEC商务旅行卡的宣传、申报、管理工作,助力企业更方便"走出去",共受理APEC商务旅行卡9批20人。

（市委外办）

市直机关党建

【概况】 2023年,市委直属机关工委在市委正确领导下,坚持以习近平新时代中国特色社会主义思想为指导,深入学习党的二十大和省十二次党代会精神,按照"围绕中心、建设队伍、服务群众"要求,以贯彻落实新修订的《中国共产党党和国家机关基层组织工作条例》为抓手,统筹推动市直机关党的建设高质量发展,圆满完成各项工作任务。

【思想建设工作】 下发《关于指导市直机关基层党组织开展学习贯彻习近平新时代中国特色社会主义思想主题教育的实施方案》,提出抓实市直机关基层党组织主题教育的3个方面10条具体推进措施。要求市直机关以支部为单位制定学习计划,每周组织一次集中学习,每月开展一次研讨交流。结合主题教育讲专题党课工作安排,开展基层支部书记优质党课评选活动。工委班子成员带队到市直机关进行主题教育调研督导2次,督促市直机关查漏补缺,深化主题教育学习成果。持续开展"书香机关"创建活动。举办荆门市"学习党的二十大 感恩奋进的荆门答卷"百姓宣讲暨"重温经典名著 夯实信念之基"读书分享活动,深入学习贯彻党的二十大精神,宣传展示荆门建市40周年经济社会发展取得的巨大成就。组织市直机关党员参加由中央和国家机关工委《旗帜》杂志社举办的"学思想 强党性 共奋斗"知识挑战赛,荆门14位同志入选全省100名复赛选手名单,代表湖北省参加全国线上团体复赛,以优异的成绩展现荆门机关干部良好形象。组织市直单位结合"领导荐书""读好书撰好文"活动开展优秀文章评比活动,收集文章91篇,评选优秀文章24篇。深入开展"岗位练兵"活动。举办2期"通用业务公开课",提高市直机关干部职工岗位技能知识。配合市委组织部组织市直单位1889名干部开展49场闭卷考试,实现领导带头、全员参加、人人过关。举办3次行业系统情景演练观摩会,通过现场观摩学习,集中检阅岗位练兵成果,促使各部门互相取长补短、改进提高。在市直机关开展"我讲我的业务"活动,班子成员和科长讲业务覆盖率100%。举办市直机关擂台比武,通过现场讲解和幻灯片展示的方式,展示市直机关岗位练兵成果。

【组织建设工作】 下发市直机关党组织换届提醒,对27个市直机关党组织换届选举工作及届中调整的13名机关党组织书记、15名机关专职副书记进行审批,全年下达批复文件88份。与市委组织部联合下发《关于印发〈荆门市直机关党建四级责任清单(试行)〉〈荆门市直机关党建六岗任务清单(试行)〉的通知》,进一步完善党建工作责任体系。锻造过硬党务干部队伍。注重分类分层培训,举办1期市直机关党务干部培训班、2期市直机关基层党支部书记培训班,共培训党务干部和基层党支部书记519人,其中专职党务干部88人,基层党支部书记431人,首次实现基层党支部书记培训全覆盖。全年市直机关党组织共举办小型党务干部培训班25场次,培训基层党务干部1300余人。提升党员教育管理服务水平。严把入口关,规范审批发展党员68人,转正预备党员84人。举办入党积极分子和预备党员培训班,培训入党积极分子264人、预备党员136人。关爱老党员和困难党员,为76名老党员发放"光荣在党50年"纪念章,对困难党员进行走访慰问并发放慰问金。用活市内现有教育资源,命名荆门市漳河爱飞客党员干部教育基地作为荆门市市直机关党员干部教育基地,引导市直机关党组织通过学习基地鲜活的史料和人物故事,开展主题党日、实地践学、理论研讨等党性教育活动。开展"三创"活动做优党建品牌。引导市直机关紧贴中心工作和部门职能特点,创建自信自立的机关党建品牌,涌现出"红色荆楚企业娘家""荆帼红 她力量""荆门党员健康直通车"等一大批党员干部认可、助推业务工作、提升单位形象的荆门机关党建"优质名片"。组织市直机关党建品牌展示比赛,全市机关党组织踊跃参加,10支代表队进入决赛并获奖。结合工委领导班子片区联系点制度,由班子成员带队开展"三创"活动拉练2次,分组观摩学习、交流经验。在《荆门日报》2版开辟专栏,对20个机关党建品牌、20个红旗党支部、30名五星党员标兵、10名优秀党务干部先进典型事迹进行集中宣传。加大对外宣传机关党建

1月13日,"学习党的二十大 感恩奋进的荆门答卷"百姓宣讲暨"重温经典名著 夯实信念之基"读书分享会集中展演活动在荆门剧院举行

(市委直属机关工委 供图)

工作力度,全年在《湖北机关党建》杂志等省级以上媒体发表文章16篇,在《荆门研究》杂志发表文章2篇。

【党风廉政和作风建设】 加强组织领导,清廉荆门建设协调小组办公室印发《关于进一步强化清廉机关建设组织领导的通知》,构建全市清廉机关建设"1+7"工作格局。开展3次业务培训,1次示范观摩,2次拉练督办,推进清廉机关建设。新增6家单位作为清廉机关建设示范单位,清廉机关示范单位总数达到12家。加强信息报送,撰写的1份专报得到市纪委书记批示肯定,1篇经验材料被中央和国家机关工委旗帜网站及中宣部主管的党建网报道。开展2次明察暗访,涵盖26个市直机关单位、食堂、窗口,点对点下发通报11份,督促相关问题单位报送整改报告11份,促进市直机关尤其是服务窗口干部职工转变工作作风,提高工作效率和服务质量。印发《关于加强市直机关纪检工作的通知》,明确市直部门机关纪委工作职责。印发《关于深化机关党员干部纪律教育工作的通知》,要求市直部门机关纪委做好受处分党员干部教育管理、以案促改、用"身边事"教育"身边人"警示教育工作。联合市纪委监委、市委组织部、团市委和市妇联等部门开展多轮警示教育活动。

【精神文明建设】 全年共批复市直机关工会换届、委员增补等请示56次,进一步健全市直机关工会组织。举办2023年市直机关工会干部培训班,对78家市直机关工会主席(干部)进行政治理论辅导、业务知识培训和八段锦实操培训,提升业务水平。举办2023年市直机关职工运动会,设置羽毛球、网球和乒乓球3项赛事,市直机关360余名干部职工参加比赛,178人获奖,营造健康文明、昂扬向上的机关职工文化氛围。开展文明创建。根据创建全国文明典范城市要求,制定下发《荆门市城区"大清扫、大清理、大清洗"专项提升活动实施方案》,组织发动市直机关干部按要求到包联社区开展洁城活动,市直单位干部职工累计协调解决问题5404个,清扫点位4470处,发动群众参与洁城超30万人次,就7处洁城创建顽疾出台制度性长效措施。

【党建引领基层治理】 结合党员干部下基层察民情解民忧暖民心实践活动和共同缔造活动,采取"2345"推进工作法,市直机关党员干部运用"荆楚红管家"App线上填报"双报到双报告"情况和下基层情况,实现市直机关党员干部下基层全覆盖。全年市直机关党员干部下基层3.65万人次,建言献策456条,为社区群众办实事、好事1495件,提供帮扶资金708.15万元。

(朱万山)

巡察工作

【概况】 2023年,市委巡察工作领导小组办公室(以下简称市委巡察办)认真学习贯彻落实党中央、省委、市委巡视巡察工作新精神、新要求和新部署,坚决扛牢巡察政治责任,不断推动荆门巡察工作向深拓展、向专发力、向下延伸,以高质量巡察护航荆门高质量发展。

【巡察向深拓展】 市委坚持把巡察工作作为"书记工程"来抓,做到方案必审、工作必议、整改必听。2023年,先后召开市委常委会会议、市委书记专题会议6次,传达学习中央、省委巡视巡察新精神,审议九届市委巡察工作五年规划,研究部署巡察多项工作。特别是市委书记胡亚波听取巡察情况汇报时"点人点事"52个,巡察震慑力不断强化、以巡促治作用持续显现。聚焦党的二十大精神和习近平总书记关于湖北工作的重要讲话、指示批示精神以及省第十二次党代会精神贯彻落实情况,锚定省委赋予荆门"打造产业转型升级示范区"的新定位、新使命,坚持把巡察监督贯穿全市经济社会发展全过程,统筹谋划开展2轮常规巡察,对21个市直单位围绕中心、服务大局情况开展"政治体检",向4个市直部门制发巡察建议书,针对性提出工作建议78条,确保以高质量巡察监督为高质量发展保驾护航。探索对"一把手"巡察监督具体化精准化常态化,制定《关于建立被巡察党组织政治生态画像和评价体系的实施意见(试行)》,重点围绕贯彻落实党中央重大决策部署和省市工作要求、履行全面从严治党第一责任人责任等方面,全面加强对"一把手"监督,撰写的被巡察单位"一把手"和领导班子的专题材料作为重要巡察成果向巡察工作领导小组报告。市纪委监委机关、市委组织部对被巡察党组织的"政治画像"评价报告综合运用。

【巡察向专发力】 市委巡察机构准确把握"四个聚焦"监督重点、"四个对照"监督标准、"四个紧盯"监督路径,在具体化的基础上进一步瞄准靶心、精准发力。探索实行"清单式巡察",建立分领域分部门的《市县巡察监督规范指引》,将监督检查方向细分为认识层面、措施层面、制度层面和效果层面等四大类53项指标和73条评判标准,使各巡察组查找问题的路径更加清晰,方式方法更加明确,评价标尺更加统一。按照"缺什么、补什么"的原则,开展"订制化培训",先后举办全市巡察干部培训班和村(社区)交叉巡察专题培训班,分类分领域科学设置20余门课程,邀请省委巡视办领导和市直相关职能部门专家现场授课,并组织专题研讨、专题交流、专题分享,不断提升市县巡察干部工作本领。开展巡察信息管理不规范专项整治,按照省委巡视办工作要求,先后召开领导小组会、部署会、现场会、推进会等专题会议10余次,下沉督导10余次,印发工作提示和通报3期。对业务骨干开展“三大平台”实操培训,组织市县224名巡察干部开展信息化工作培训。邀请市机要和保密局进行信息安全隐患排查2次,针对自查出的问题,新采购国产计算机23台,优化机要室设置,出台信息化工作制度10余项,确保以全系统动员、全覆盖培训、全链条管理、全方位优化,强力推进市委巡察信息管理不规范专项整治。为破解广大党员干部群众对巡察工作了解不够、认识不够、参与不够的问题,市委巡察办创新“五个一”巡察政策专题宣讲套餐。每轮巡察进驻时,在被巡察单位播放“一部宣传片”、讲授“一堂理论课”、发放“一本宣传册”、组织被巡察党组织“一把手”开好“一次动员会”、签订“一份承诺书”,全年开展政策宣讲20余场次,签订承诺书30余份,发放宣传册2600余份,着力营造同向发力、同题共答良好巡察氛围。《荆门:抓实“五个一”政策宣讲 营造良好巡察工作氛围》被中央纪委国家监委网站刊发,荆门经验向全国推介。

【巡察整体推进】 市委巡察机构切实发挥巡察综合监督优势,示范带动县级巡察整体推进,以常态化的巡察监督促进提升基层治理效能,助力打通全面从严治党“最后一公里”。坚持上下联动,下好“先手棋”。市委巡察办利用两轮巡察间歇期,统筹5个县(市、区)党委巡察机构,组建5个交叉巡察组对全市部分重点资源富集村、软弱涣散村、城市社区,探索开展“推磨式”交叉巡察,巡察共发现面上问题283个,移交问题线索26件,有效破解“熟人社会”监督难题。坚持一体推进,统筹“专项巡”。在第四轮常规巡察期间,市委巡察机构根据省委统一部署,迅速组织5个专项巡察组,开展对县(市、区)纪委监委机关专项巡察,巡察共发现面上问题251个、问题线索4件。九届市委第四轮巡察与县(市、区)纪委监委机关专项巡察齐头并进,巡察利剑作用充分彰显。坚持守正创新,打好“主动仗”。在常规巡察和专项巡察中,进一步强化同题共答,充分调动被巡察单位主动深入自查问题的积极性;探索对重点职能部门二级单位延伸巡察后,形成问题清单机制,不断延伸巡察触角,有效发挥了巡察监督“显微镜”作用;深化纪巡协作,组织召开巡察发现问题线索会商研判专题会议,发挥市纪委监委专业优势,共同把好问题线索质量关,实现巡中移交问题线索3件;创新巡中成案、立行立改“新打法”,提升问题底稿质量,在交叉巡察中实现巡中成案,并推动立行立改解决群众急难愁盼问题21件。

【巡察成果运用】 市委巡察办充分发挥统筹督促作用,全力推动责任落实,促进健全整改机制,推动深化成果运用,扎实做好“后半篇文章”。严格落实市委书记点人点事台账管理,将书记点人点事向被巡察单位重点反馈,专班持续督办。实行“双反馈、双签字”机制,组织被巡察单位分管市领导和单位党组织主要负责人参加巡察反馈会,并要求在巡察整改报告上“双签字”,进一步压紧压实被巡察单位整改主体责任。将巡察整改情况纳入党委(党组)主要负责人向市委常委会述职述廉重要内容,列入76家市直单位领导班子和领导干部政绩考核目标重要内容,做到以考督责、以述压责。九届市委第二轮、第三轮反馈的782个问题,2023年被巡察党组织整改完成753个,整改完成率96.3%,修订完善相关制度机制115个,挽回经济损失2400余万元。坚持巡察整改从反馈严起,市纪委监委机关、市委组织部积极派员参加巡察反馈会,从反馈之日起即介入整改监督,并将反馈情况在媒体上集中公开;组织专班对被巡察党组织的整改方案进行“过筛式”审核,列席指导巡察整改专题民主生活会,市纪委监委派驻纪检监察组对巡察反馈问题整改实行贴身跟踪监督;建立纪检监察机关、组织部门和巡察机构“三方联审”机制,建立巡察整改大台账,对巡察整改进展情况报告严格审核,并出具审核意见,保证问题整改销号合规。督促被巡察单位对整改完成情况在政府网站上进行公开,确保巡察结果经得起人民和历史的检验。坚持纠建并举、举一反三,深化巡察成果综合运用,切实做到以巡促改、以巡促建、以巡促治,推动监督、整改、治理有机贯通。加强巡察机构与纪检监察机关会商研判和信息交流,提高问题线索的质量。建立问题线索提前移交机制,对影响较大、事实清楚的问题线索及时移交,推动边巡边查、巡中成案。纪检监察机关优先办理巡察移交问题线索,有效提升问题线索办理质效。围绕领导班子“一岗双责”履行不到位、资金使用监管缺失、工程项目管理不规范等方面,向相关职能部门制发8份巡察建议书,督促相关部门对55个共性问题点完成自查整改;认真梳理巡察发现共性问题清单,市纪委监委机关、市委组织部根据清单分别印发工作提示,督促各市直单位深入查找本单位在全面从严治党、基层党组织建设、选人用人等方面存在的突出问题,并做到解决一处问题、堵塞一批漏洞、建立一套制度,推动共性问题由点及面、由表及里全面深入整改。

【巡察队伍建设】 市委巡察机构以主题教育和教育整顿为契机,深入开展“提能力、转作风、抓落实”活动,以严管厚爱努力锻造堪当新时代新征程重任的高素质巡察干部队伍。建立铸魂大讲堂。深入开展学习贯彻习近平新时代中国特色社会主义思想主题教育,举办主题教育专题读书班,组织开展专题辅导2次、集中学习研讨交流7次。主要负责人为巡察机构全体干部讲专题党课,领导班子成员分赴包联巡察组讲专题党课4次，不断提高巡察干部政治判断力、政治领悟力、政治执行力。深入开展“四下基层”，结合工作实际确定“专职巡察干部配备”“对年轻巡察干部教育监督管理”“提高村（社区）巡察质效”“破解抽调人员难题”等4个课题开展专题调研，班子集体领办民生实事5件，全年到县（市、区）巡察机构和市委各巡察组开展“巡察铸剑·护航有我”现场调研20余次，推动主题教育走深走实。塑造励能大平台。深入开展“提能力、转作风、抓落实”活动，坚持每星期“周一领学”“周四研学”，组织“享书香、当利剑、开新局”读书提能月活动，常态化开展“理论半月谈”“我讲我的业务”“巡察亮剑”主题演讲等活动30余场次，先后开展党性教育、读书分享、业务交流等67场；全面启动“匠心铸剑·薪火传承”导师带徒活动，开展“小切口”师带徒活动70余次；常态化开展“周公示、月晾晒、季评比”活动，每周见人见事调度重点工作，每半月到组督导，每月到县（市、区）巡察机构指导，每季度评选“红旗科室”，每年评选“五星党员”标兵，掀起了广大巡察干部争当先进的热潮。同时，注重讲好荆门巡察故事，中央纪委国家监委外网、省纪检监察内外网和《湖北巡视巡察》累计采用荆门市稿件37篇，在其他主流媒体上刊发62篇。锻造淬火大熔炉。落实“巡察机构要同步落实好纪检监察干部队伍教育整顿”要求，出台《巡察干部“十带头、十严禁”行为规范》《巡察干部仪表言行基本规范》等制度规范7项，组织巡察干部签订“八小时”内外自律承诺书、保密承诺书160余份；持续开展思想能力作风大检视，发现并整改问题80余个，做到即知即改、立行立改；聚焦“上班松懈、会纪松弛、驻点违规、清廉失守”等10个方面，每月开展突击检查，并严肃处理反面典型。2023年以来，累计与市县巡察干部谈心谈话167人次，下发工作提示12期，促进市县巡察机构教育整顿工作同频共振、同向发力。

（市委巡察办）

党校工作

【概况】 市委党校坚守“为党育才、为党献策”初心，坚持以党的二十大精神为指引，围绕中心大局，大胆改革创新、勇于攻坚克难，全面实施“五创五建”行动计划，推动各项工作全面提质、整体提升。

【干部培训】 高质量完成主体班和各类专题班培训任务，全年主体班共开设班次14个，培训学员591人次；举办各类专题班34个，培训学员2328人次，培训规模和学员满意度同比大幅提升。课程体系初步形成。围绕理论教育、党性教育、市情教育、能力提升编制课程体系指南，形成了4大板块347个专题的课程库。探索全周期全链条党性教育模式，着力打造党性教育“十堂课”，被中央党校《工作通讯》刊发。教学质量大幅提升。牢固树立“课比天大”理念，集中精力抓“六课”：抓集中磨课，每月组织教师集中打磨精品课，实行人人过关；抓基层研课，每月组织教师深入基层，开展调研走访座谈，了解基层实际和干部培训需求；抓校长听课，每学期校领导班子成员推门听课，了解和掌握教师教学状态和学员反映，填写教学评价表向教师反馈；抓学员评课，每堂课结束后学员对教师授课质量作出评价，评价结果在学校公示栏进行公示；抓名师说课，采取“请进来”和“走出去”方式，邀请全国名师为党校教师上示范课并说课，引领教师专业成长；抓全国引课，全年邀请5名中央党校专家、10名全国和省级党校系统精品课程获得者到校授课。2023年，一门课程获评省社院精品课竞赛二等奖。

【创新办学】 探索“党校＋基层”理论共学模式，开展“新春走基层”“四进一讲”等活动，推动党的创新理论“飞入寻常百姓家”。探索“党校＋学员”教学共管模式，组织学员参与教学设计，实施教学评价，邀请优秀学员上讲台；配备自学辅导员，引导学员自主学习。探索“党校＋党校”干部共培模式，与外市外省多所党校和干部培训机构建立合作关系，组织学员到外地考察学习，开阔视野。探索“党校＋分校”阵地共建模式，加大对县市区党校业务指导，与沙洋县签订荆门乡村振兴学院共建共管协议，形成干部培训整体优势。探索“党校＋高校”师资共享模式，与荆楚理工学院签订合作协议，柔性引进博士团队。

【科研咨政】 围绕荆门县域经济高质量发展、干部能力建设、党建引领基层社会治理等5个方面开展课题研究，全年教师公开发表各类理论文章177篇，其中国家级18篇，省级79篇。在《荆门日报》开设专栏宣传推介建市40周年改革发展经验，刊发理论文章7篇。全年有4篇专报、经验材料获市领导批示，其中3篇被市委主要领导签批。16篇文章在全省党校系统深入学习宣传贯彻党的二十大精神理论研讨会、党史党建专业理论研讨会等活动中获奖，其中4篇获评一等奖。

【理论宣讲】 组建10余支宣讲队，承担全市70%以上集中宣讲任务。推出主题教育宣讲“菜单”，打造一堂高质量“标准课”和11门精品专题课程，面向各地各单位提供“点单”宣讲，全年累计宣讲190余场次，受众超过10万人。

【服务中心】 编撰《习近平新时代中国特色社会主义思想荆门实践案例选编》，分别送中央党校和省委党校。荆门市“两个畅通”工程、党建引领基层社会治理等经验已纳入中央党校教学案例库,“长期护理险和医养结合”经验已进入2023年中央党校秋季学期主体班课堂教学。每月为亿纬动力、长城汽车等企业送教上门义务进行党员培训,受到企业高度认可。主动参与京山市城市和产业“双集中”、东宝牌楼西河小流域综合治理试点工作研究。

(贯淑雅)

信访工作

【概况】 全市信访系统深入学习贯彻习近平总书记关于加强和改进人民信访工作的重要思想,以聚焦“贯彻二十大、落实新条例、开创新局面”主线,统筹推进源头治理、积案攻坚、示范创建等专项行动,全市信访工作呈现“化解快、上行少、秩序好”良好态势。2023年,全市信访总量13453件次,其中集体上访194批1982人次,批次同比下降9.34%,人次同比下降32.67%。

【发挥职能作用】 来访事项转送、交办、督办。全年国家信访局共向荆门市转交来访信访件95件,其中转送件93件、督办件2件。省信访局共向荆门市转交来访信访件333件,其中转送件146件、交办件187件。来信事项转送、交办、督办。国家信访局共向荆门市转交来信信访件559件,其中转送件523件、交办件14件、督办件22件。省信访局共向荆门市转交来信信访件282件,其中转送件260件、交办件9件、督办件13件。网上投诉事项转送、交办、督办。国家信访局共向荆门市转交网上投诉信访件1981件,其中转送件1793件、交办件65件、督办件123件。省信访局共向荆门市转交网上投诉987件,其中转送件839件、交办件66件、督办件82件。落实信访部门“三项建议权”。2023年,市县两级信访部门提出改进工作建议49件,被采纳42件;提出完善政策建议15件,被采纳12件;提出追究责任建议16件,被采纳16件。

【落实工作责任】 推动党委政府研究布局。市委常委会、市政府常务会先后5次听取全市信访工作情况汇报,安排部署信访源头治理、信访积案化解、全国示范县市区创建、群众信访不担当不作为问题整治等工作,做到责任落地、任务落实、措施落细。推动强化统筹协调。发挥市信访工作联席会议统筹协调机制作用,组织召开全体(扩大)会议、协调督办会议、工作调度会议、工作约谈会议,实行“日研判、周调度、月通报、季分析”,对单项工作持续落后、整体工作连续两月排名末位的地方,及时提醒县(市、区)委书记,推动工作部署落地。推动领导带头示范。市委、市政府主要领导先后40余次批示信访工作,全年接待信访群众14批15人次,反映的有关问题全部化解到位。在主要领导示范带动下,市、县两级党政领导班子成员接待群众1755批1937人次,化解信访问题1500余件。推动责任体系健全。将信访工作纳入全市7个县(市、区)、53个市直部门政绩目标考核,每季度开展量化评分,以精准考核推动责任上肩、工作落地,有力推动全市信访工作“进位、突破、向好”。在保持及时受理率、按期答复率两个100%基础上,省级以上求决类初次信访同比下降58.98%,位居全省前列。

5月17日,市信访局开展《信访工作条例》实施一周年集中宣传月活动

(市信访局 供图)

【夯实基层基础】 坚持和发展新时代“枫桥经验”,深入开展信访问题源头治理专项活动,聚焦矛盾前端化解,补齐基层治理短板。开展矛盾纠纷排查。组建以村干部为核心、以党员为骨干,以社区工作者、志愿者、“五老”人员为支撑的矛盾纠纷团队,分组包联到村湾、网格,分块定责到人员、团队,开展“横向到边、纵向到底”的矛盾纠纷大排查,对排查出来的矛盾纠纷全部建立台账,落实等级管理。畅通信访工作渠道。在全市所有乡镇(街道)、村(社区)和机关企事业单位张贴“一县一码”海报、发放宣传资料,运用政府网站、微信公众号等广泛宣传,让“一县一码”随处可见、随手可用,方便群众“扫码”反映诉求,最大限度减少“网转访”,市级及以下

网上信访占比70.9%，群众信访“倒金字塔”结构得到实质性扭转。及时就地化解矛盾。传承发扬“枫桥经验”和“浦江经验”，培育推广钟祥“信访超市”、沙洋“党建+信访”、京山“一周办结制”、东宝区“积分制管理”、掇刀区“红管家”等一批基层治理品牌，绝大多数矛盾纠纷在基层得到就地解决。规范信访工作秩序。开展《信访工作条例》落实年和宣传月活动，组织该条例进乡村、进社区、进学校、进企业、进单位，推动该条例和信访工作进党校教育培训内容，累计开展各类学习培训322场次，培训党员干部11.8万人次，印发宣传册、折页、海报20余万份。8月，省委检查组对荆门市贯彻落实条例情况开展专项执法检查，省委检查组对荆门市主要领导高度重视、注重收集社情民意、积极践行“枫桥经验”等“三个亮点”予以高度肯定。

【推动积案化解】 坚持以人民为中心的发展思想，千方百计解决群众诉求，着力推动信访积案化解。国家、省信访局交办重点信访积案全部按期办结到位，实现动态清零。落实领导包案化解。国家、省信访局交办重点信访积案全部落实县级以上领导包案，国家信访局交办积案全部交由市、县(市、区)两级党政领导包保，其中36名市领导包保国家、省信访局交办积案72件。主要领导逐案调度。2023年9月26日，市委组织召开全市重点信访积案专题调度会议，对上级交办的12个重点积案进行现场调度。会议逐案听取案件进展情况、逐案分析制定化解途径、逐案提出具体工作要求，强力推进工作落实。联席会议督办推进。落实“日分析、周通报、月调度、季分析”机制，全年市信访工作联席会议4次调度中省交办重点积案，对化解上报事项逐一核实核查，对化解进度滞后的地方及时督办指导，推动案件实质化解。

【创建示范县市】 推进“全国信访工作示范县市区”创建工作，以沙洋县、京山市为重点培育对象，力争至少成功创建1个全国示范县(市、区)。主导全域共创。全力推动创建工作，明确创建目标、标准、措施、要求，各县(市、区)同步开展示范乡镇、示范村居创建，上下协同联动，推进全域共创。强化调度监管。对照创建评定指标和市州年度考核细则，坚持每日盯网巡网，每月统计调度，强化工作预警，及时下发提醒函、督办函，组建工作专班实地督办、压实责任、加强指导。严肃追责问责。针对工作不力的地方和部门，及时提请市委约谈相关地方党委主要负责人，进一步压实县(市、区)属地责任和党政主要负责人第一责任人责任。2023年，共对2个县(市、区)党委主要负责人和分管负责人以及8个乡镇(街道)党委书记进行约谈提醒。

(李小雷)

老干部工作

【概况】 截至2023年底，全市有离休干部100人，其中，沙洋县5人，钟祥市32人，京山市20人，东宝区3人，掇刀区1人，漳河新区0人，屈家岭管理区1人，市直38人。全市有退休干部29554人，其中，沙洋县3632人，钟祥市9396人，京山市6223人，东宝区2498人，掇刀区1080人，漳河新区59人，屈家岭管理区628人，市直6038人。

【离退休干部思想政治建设】 落实老干部政治待遇，召开市直老干部形势通报会，通报全市经济社会发展情况；组织老干部赴京山市参观考察，了解县域经济发展情况；全市重大会议和重要活动坚持邀请老同志出席，听取意见建议。加强老干部思想建设，组织全市离退休干部党员参加学习贯彻习近平新时代中国特色社会主义思想主题教育，为全市404个离退休干部党支部配发主题教育学习资料6000余本，印发工作提醒3期；组织收听收看全国离退休干部网上专题报告会5期；发放《党员生活》24期3600份、《离退休干部党支部学习参考》6期798份，印发象山夕阳红宣传卡6期12000余份，引导全市离退休干部党员深学笃行。规范干部荣誉退休机制，指导46家市直单位举办荣退仪式，全市共为1998名干部举办干部荣誉退休仪式644场。

9月20日，荆门市建市40周年暨市老年大学建校35周年老干部文艺晚会上的民乐演出 (市委老干部局 供图)

【离退休干部党组织建设】 市委办公室印发《关于加强新时代离退休干部党的建设工作的具体措施》,以"三个纳入"为抓手(将离退休干部党建工作纳入本地区本部门党的建设总体布局、纳入年度党建工作考核体系、纳入党组织书记抓基层党建工作述职评议考核),实现抓离退休干部党建责任网络全覆盖。持续开展"六好"示范党支部创建工作,全年申报创建市级示范党支部13个、复核市级示范党支部4个;对市直单位离退休干部党支部进行评星定级,评选出五星党支部55个、四星党支部53个、三星党支部5个。

【离退休干部服务管理】 做好春节、重阳节走访慰问、老干部生病住院看望慰问等工作,协助做好老干部丧事办理工作。建立健全"五必访"工作制度并严格贯彻执行,做到重大节日必访、老同志生病住院必访、老同志整岁生日必访、老同志去世必访、老同志有特殊困难必访。印发《荆门市市直老干部特困帮扶基金管理使用办法》,实施离休干部"一人一策",在职干部职工"结对"牵手离休干部、家庭医生随访等机制,开辟绿色就医通道,让离休干部享受亲人般的关心爱护。全年全市落实老干部及遗属困难帮扶资金61.946万元,帮扶430人。

【老干部学习活动场所建设】 推进老干部学习活动阵地建设,新建市老干部活动中心项目1万平方米主楼已封顶,老年大学向基层延伸工作提前超额完成省定任务,建成乡镇(街道)老年大学65个,覆盖率100%;建成社区老年大学(学习点)85个,覆盖率75.2%。召开全市老年大学向基层延伸工作拉练活动暨老干部工作推进会,创办2023年度全市老年大学教师训练营,进一步提升办学水平。开展基层老年大学市级示范创建工作,全年共创建市级示范项目20个,确保基层创办老年大学有标杆、有样板。开展形式多样、特色鲜明的文体活动,举办建市40周年暨市老年大学建校35周年系列活动(文艺展演、书法绘画摄影作品展览、主题征文展示)、全市老干部第四届门球赛、"爱在重阳·以棋会友"第三届老干部象棋比赛、市老年大学建校35周年校园文化艺术节活动,近7000人次参加,观看网络直播及回放17.6万人次。

【老干部作用发挥】 围绕宣传习近平新时代中国特色社会主义思想和党的二十大精神,累计开展宣讲活动近2000场。结合网吧义务巡逻、青少年防溺水、法治素养大提升等活动,开展各类宣讲近1300场次。新建"五老工作室"4个("心理健康教育"工作室、"产业育人"工作室、"法治教育"工作室、留守儿童服务中心"爱心妈妈"工作室),吸纳"五老"人员226名,分层分类组建"银发生辉"队伍,为老同志参与基层治理提供必要条件。以开展"四进四送"(老干部、老年学员进社区、进乡村、进机关、进学校、送知识、送技术、送文艺、送健康)活动为重点,将老同志优势转化为实实在在的社会效益,全年全市共计5109人次参加"四进四送"活动。

(张俊俊)

对台事务

【对台交流】 依托台湾荆门同乡会、荆门姊妹联谊会、荆门市台协和中华文化经济交流协会等平台,线上开展台湾荆门同乡会新春视频团拜、"荆"彩连"台"第二届荆台职业技术教育交流、"荆"彩连"台"首届荆台青少年才艺交流,线下开展荆台书画家共绘荆门美景、"丹青翰墨香 两岸一家亲——台湾著名书画家李可梅书画展"、荆门市台胞台属中秋联谊会等活动,有力促进了荆门与港澳台三地交流交往。全年共举办对台交流活动7次,居全省第三,获省台办通报表扬。

【对台招商引资】 采取"走出去、请进来、搭平台"等多种形式,以内陆台商为重点,大力开展以台引台、以商招商。市委常委、市委统战部部长刘振军率团赴上海招商考察,拜会全国台企联会长、上海冠龙阀门节能设备股份有限公司董事长李政宏。市委副书记、市长陈家伟带队赴武汉拜会来鄂参加湖北·武汉台湾周的中国国民党副主席连胜文一行,就有关合作意向进行交流探讨。组织各县市区分管台侨工作负责人赴黄石、仙桃等地学习考察台资经济发展,举办全市台资项目建设观摩暨台资经济督办工作会议,推动"招商引资、项目拉练、服务台企"活动进一步走深走实。全年实际利用台资3215万美元,同比增长39%;新增台资企业5家(湖北统之祥食品有限公司、荆门勇曜电子有限公司、湖北农耕季生态农业有限公司、湖北捷尚家政有限公司、京海通〈湖北〉文化教育有限公司),投资471万美元。

【服务台企发展】 认真落实《荆门市关于逐步为台湾同胞在荆工作生活提供同等待遇 支持台资经济发展工作的实施办法》,扎实开展"我为台胞台商送温暖"活动,走访重点台企6家,慰问台胞台商台属43人次,为8家台企解决急难问题13个,为湖北真味生物科技有限公司、湖北京镭电子科技有限公司、京山京台渔业有限公司3家台企争取省台办75万元专项扶持资金,为湖北楚江湾农业科技有限公司协调公租房2套,将35名常住台胞全数纳入社保医保体系。扎实开展涉台纠纷排查工作,协调解决台企安评环评、厂房承重不足等问题,帮助台胞龙士荣从台迁移父母骨灰到老家安葬,妥善化解台属刘辉福信访事件,实现了涉台矛盾纠纷零发生。针对夏季高温和企业生产经营特点,市县两级同步对全市台资企业开展安全生产大检查,保障台企安全生产。服务台胞、荆台民间交流等成果获国台办《两岸关系》等杂志推介肯定。

（市委统战部）

接待工作

【概况】 2023年，市对外合作交流中心紧紧围绕市委、市政府中心工作，以习近平新时代中国特色社会主义思想为指导，认真贯彻落实中央八项规定实施细则精神和国内公务接待管理规定，以“特色接待、完美服务、打响品牌、发挥作用”为目标，深入挖掘地域特色，探索文化赋能，打造接待品牌，圆满完成各项工作任务，助推荆门建设产业转型升级示范区。2023年，全年接待各级各类宾客457批次8140人次（同比上年271批5339人次，批次上升68%），其中政务接待273批次3820人次，商务接待170批次2744人次，会务接待14批1576人次；其中部级72人次，厅级1986人次，县级及其他6082人次。

【重要接待】 重点接待多位国家部委领导和省领导。完成中央主题教育第十指导组、中纪委国家监委第六督导组、最高检党组第二巡视组、中组部专题调研组、省委主题教育第七巡回督导组、省委组织部换届督导组、省委组织部考察组、市州党政领导班子运行和优秀年轻干部专题考察组、省第三生态环境保护督查组、小流域综合治理试点工作调研组、民族宗教工作检查督查组等各类团组；荆门市党政代表团赴江苏泰州考察团、兴安盟党政代表团、新疆精河县党政代表团、武汉市党政代表团、十堰市党政代表团、咸宁市党政代表团等党政代表团；湖北省第六届楚商大会（产业发展论坛暨新能源高峰论坛）、航空应急救援综合实战演练活动、武汉国际能谷·锂能小镇产业园项目签约活动、2023年滑翔伞定点世界杯总决赛开幕式、2023中国公路自行车公开赛、中国昆虫产业峰会暨第一届荆门昆虫产业论坛开幕式、2023荆门市高质量发展大会、2023荆门市新春团拜会、2023年湖北省油菜花节、巴西湖北联谊会访问团、浙江数字经济考察团、2023年总共十次政企早餐会等大型会议活动；热情接待多位重要客商。

【接待服务】 围绕服务全市中心工作，发挥接待工作载体作用、推介作用和信息渠道作用，全力为荆门经济社会发展当好联络员、服务员、宣传员和推介员。坚持横向和纵向联动，与各级各部门和县市区紧密配合，整合地方优势资源和接待力量，使接待工作与全市中心工作同频共振。规范接待运行机制，形成秘书长负总责、对外合作交流中心统筹安排、各地各部门具体落实的“大接待”工作格局。严格执行中央八项规定及其实施细则精神，明确公务接待范围、标准、要求等，进一步规范公务接待。建立健全接待工作规章制度、工作规程，严格执行公务接待公函制、清单制、审批制、报账制等，实行预算管理，严格费用审核。规范接待服务流程和标准，制定重大活动指导机制、重大活动外出接待服务机制和重大活动复盘机制等，提高接待工作程序化、制度化、规范化水平。坚持从细处入手、小处用力，在服务细节中力求尽善尽美，强化全过程跟进服务，在迎接、住宿、就餐、乘车、参观、会议、送别等每个环节，做到专人负责，确保环环相扣，力争做到零差错、零失误。一方面充分挖掘本地资源，建立特色产品信息库，宣传推介国宝桥米、高油酸菜籽油、漳河鱼虾、石牌豆腐、非遗产品——矮子馅饼、八角雪枣等特色产品；另一方面选好特色食材，展示荆门楚菜传承制作技艺，“楚菜精做、土菜新做”，让客人吃出特色、吃出印象。坚持以人为本，提供个性化服务，让客人感受接待温度。第一时间了解客人习惯和需求，避免客人“水土不服”。对每一位来过的重要客人建立一人一档，便于日后接待服务更加精准。深度挖掘地方文化，在细节中体现特色，在特色中体现文化，从而赋予接待工作丰富内涵和活力。在接待中运用各种载体宣传推介荆门，通过硬件软饰、摆件器皿、桌景布台、席签手卡、特色美食、组合菜牌，积极宣传展示荆门人文历史、

3月，爱沙尼亚驻华大使参观爱沙尼亚在荆门的企业

（市对外合作交流中心　供图）

资源优势和发展成果。先后打造“郭店楚简、爱飞客文化、长城汽车、油菜花海、园博园”等主题桌景。挖掘荆门历史文化、生态文化、竹简文化、象山文化、长寿文化、非遗文化、运动休闲文化等文化元素。

【单位更名】 2023年5月,原“荆门市接待服务中心”更名为“荆门市对外合作交流中心”,仍为正县级事业单位。

(汤文迪)

党史方志

【党史编研】 完成《中国共产党荆门历史》(2002—2012年)书稿撰写。及时启动撰写工作,已完成初稿,字数约10万字,记述党的十六大至十八大前夕荆门党组织领导荆门人民推进经济社会发展、加快振兴崛起的光辉历史。荆门市正史编写走在全省前列。开展新时代荆门党史专题研究。撰写《非凡十年“荆”彩答卷——党的十八大以来荆门高质量发展综述》专题资政报告,约2.5万字,记述了党的十八大到二十大期间,市委领导荆门人民贯彻落实习近平新时代中国特色社会主义思想,推动高质量发展的生动实践。文章获省委党史研究室通报表彰,受到市委、市政府主要领导和分管领导的批示肯定。编辑《2023年中国共产党荆门大事记》。逐月逐条收集整理党史大事要事资料,书稿总字数约4万字。编写上报《湖北党史人物故事》相关资料。组织开展荆门党史人物资料收集,编辑形成了曾志、胡孟平等30个荆门党史人物故事并按期上报省委党史研究室,总字数约5万字。参与《荆门文脉》编撰工作。该书编撰由市委统一部署,市史志研究中心负责红色基因板块的图文书稿撰写,按期完成撰写工作。

【方志编纂】 高标准完成《荆门年鉴(2023)》编纂出版工作,全书约90万字,类目分目设置更加合理,更加突出时代、荆门地域特色。《荆门年鉴(2022)》获评湖北省年鉴编纂出版质量优秀等次。完成《湖北年鉴(2023)》荆门市部分资料的编纂工作并及时上报,约4.5万字。

【建市40周年专题活动】 2023年是荆门地级市成立40周年,围绕这一主题,开展了建市40年来荆门发展历史系统梳理和研究。组织撰写《荆门建市40年的发展历程和启示》专题资政报告,总字数7000余字,总结荆门建市40年来的发展历程、巨大变化和历史启示,为更好推进全市社会主义现代化建设提供历史借鉴,受到市委主要领导和分管领导的批示肯定。参与荆门建市“40年40人40事”评选工作。向市委、市政府“40年40人40事”评审委员会推荐建市40年来最有影响力的80个候选事件,并参加全市“40年40人40事”评选。参与筹办《荆门市建市40周年成就展》,负责“市史速览”板块。根据市委统一部署,编撰出版《荆门市40年大事记》,约13万字,系统梳理和记述荆门建市40年的发展历史及大事要事,图文并茂、内容翔实,向全市公开发行,引起强烈反响,受到市委、市政府主要领导和分管领导的批示肯定。

【宣传教育】 开展史志宣传工作,信息《〈荆门市40年大事记〉出版发行》被中央党史和文献研究院官网刊载。《荆门日报》刊载《潜心史志四十载 资政育人铸辉煌》,综合反映史志部门成立40年来取得的丰硕成果;开办“红色记忆”专栏,宣传荆门地方党史。联合荆门日报社,专版宣传荆门建市40年来发生的40件党史大事。

(市史志研究中心)

档　案

【概况】 市档案馆新馆2022年8月正式投入使用,面积1.2万平方米,总投资约1亿元,其中库房面积约3500平方米,对外服务用房2900平方米,业务技术用房3380平方米。配有智能密集架、环控系统、保管保护利用设备、信息化装备等设施设备,档案收、存、管、用条件得到了极大改善。县级档案馆建设稳步推进,沙洋、京山、东宝已建成新馆并投入使用,钟祥、掇刀新馆正在建设中。全市各级机关、事业单位档案目标管理全覆盖,共有省特级63家,省一级1085家,省二级13家。特色建档精彩纷呈,构建以格林美为标杆的民营企业档案管理示范点、以钟祥长寿文化为标杆的地方特色文化建档示范点、以沙洋县五里铺镇档案馆为示范的乡镇档案管理示范点,开展楚菜建档、市情档案、红色档案、族谱档案等收集工作。档案业务培训有声有色,全市各级档案部门组织开展档案业务培训2000余人次,从业人员业务水平不断提升。

【档案数字化建设】 市档案馆以全省最高分通过测评,被批准为“湖北省示范数字档案馆”。京山市档案馆数字档案馆、漳河工程管理局数字档案室顺利通过测评,东宝区档案馆数字档案馆、荆楚理工学院档案馆正在加紧创建,其他在建综合档案馆均同步启动数字档案馆建设工作。要求立档单位在移交纸质档案时同步移交电子档案,做到电子档案接收数量逐年上升。市档案馆数字化率达100%,5个县级综合档案馆有4个数字化率达98%以上。在全省率先开展业务数据归档,荆门住房公积金中心业务数据归档试点工作已基本实现在线归档功能，为推动荆门档案工作数字化转型升级积累了经验。

【档案法治宣传】 强化档案行政执法与行政监督，加强执法队伍建设，开展档案执法检查近200家，对档案中介公司实行年检备案制度，强化对中介市场的监管。市县两级档案主管部门加强对辖区机关、团体、企业事业单位和其他组织的档案工作监督和指导。推进档案普法工作，深入学习宣传新修订的《档案法》，开展档案普法“五进”活动和“法律七进”活动，利用“6·9”国际档案日和“12·4”宪法日契机，向广大群众开展法律法规宣传近3000人次。

【档案征集接收】 市县两级档案馆通过多种方式督促立档单位移交已到保管期限的档案，加大档案接收进馆力度，全市馆藏600多个全宗80余万卷(件)。广开渠道，征集各类图书、实物档案，4000余卷(件)，馆藏档案资源不断丰富。推进招商引资合同进馆，做到应进尽进。明确项目投资额度5亿元以上的合同移交市档案馆，项目投资额度5亿元以下的合同，由各县(市、区)向所在地档案馆移交。形成统一规范标准在全市范围内施行，设立招商引资合同全宗号，对所有进馆合同分年度、分项目进行规范整理。按照省档案局统一安排部署，对各(市、区)区疫情防控和脱贫攻坚档案的整理、目录建库和数字化工作进行督办。全市共进馆脱贫攻坚档案5179卷、18501件，疫情防控档案99卷、37224件。市档案局、市档案馆联合印发《关于转发〈重大活动和突发事件档案管理办法〉的通知》，组织对大唐新能源事业部屈家岭二期41兆瓦和三期31.5兆瓦农光互补光伏电站项目进行档案验收。钟祥市档案馆跟踪指导碾盘山水利水电枢纽工程、沿江高铁钟祥段、钟祥市群众文化服务中心四馆一校等重点工程项目档案管理，确保及时归档、规范建档。其他几个县(市、区)馆也积极参与地方重点项目和重大活动档案管理。

【档案服务利用】 推动宜荆荆都市圈区域档案数据中心建设，为社会提供档案查询“馆际联动、区域通办”服务，全年接待5000余人次，利用档案5万余卷(件)。查档环境不断改善，查档方式不断丰富，提供网络查档、电话查档、跨馆查档、快递送档等服务，做到了“让数据多跑腿，群众少跑路”，群众查档满意率达100%，收到群众送来感谢信、感谢锦旗10余份。档案开放更加多元。利用档案馆爱国主义教育基地，全年接待中小学生以及社会各界开展爱国主义教育活动2万余人次。全市各级档案部门举办档案展览10余个，接待参展1万余人次。组织“奋进新征程·兰台谱新篇”征文活动和“红领巾读档人”活动，均获省级表彰。

【档案安全管理】 全市各级档案馆(室)均按要求配备监控视频、恒温恒湿设备、消防灭火设备、铁门铁窗等硬件设施设备，确保档案安全。制定《档案馆库安全、保卫、防火制度》《档案馆库房管理制度》等一系列制度，规范档案库房管理。对市档案馆库房和全市档案馆(室)定期开展安全检查，整改安全隐患，守住安全底线。

(市档案馆)

荆门市人民代表大会

综　述

【概况】 2023年，市十届人大常委会在市委的坚强领导下，坚持以习近平新时代中国特色社会主义思想为指导，紧扣加快建设全省产业转型升级示范区目标定位，依法履职、积极作为，全年制定地方性法规1件、修改4件，听取和审议市“一府两院”工作报告22件，开展法律法规实施情况检查5项、调研视察32项，作出决议决定10件，督办代表建议120件，各项工作取得新进展新成效，为推动荆门高质量发展和民主法治建设作出了人大贡献。

在坚持党的全面领导中体现人大自觉。开展学习贯彻习近平新时代中国特色社会主义思想主题教育，把握主题教育总要求和目标任务，坚持学习教育、调查研究、检视问题、整改落实有机融合。坚持思想引领、学习在先，先后举办读书班、开展交流研讨、参加专题辅导16次，领导班子成员带头讲好专题党课，推动理论学习入脑入心。坚持党的领导，市委常委会首次专题听取全市立法工作汇报，就法规立项等提出明确意见；市委书记胡亚波先后6次对人大工作和人大调研考察报告作出书面批示，多次对人大工作提出明确要求，强调人大要聚焦经济运行、流域综合治理、大气污染防治等加强监督；全年向市委请示报告重大事项32次。常委会党组发挥在履行立法、监督、决定、任免等法定职责中把方向、管大局、保落实作用，保证党的领导在人大工作中得到全面贯彻和有效执行。贯彻落实市委部署，坚持把人大工作放到全市大局中谋划推进，做到市委有号召、人大有行动。常委会先后就推动实施《荆门市流域综合治理和统筹发展规划》、设立“漳河（母亲河）保护日”等作出决议决定，把市委的主张转化为全市人民的共同意志和自觉行动。

在坚持强基固本中加强人大自身建设。加强常委会党组和机关党组建设，认真履行全面从严治党主体责任，持之以恒贯彻中央八项规定及其实施细则精神，人大党的建设向纵深推进。根据市委“提能力、转作风、抓落实”活动部署，对标“四个机关”要求，深入开展“对标找差、建功有我”大检视，破除少数干部“二线”思维、“躺平”心态。加强履职能力建设。修改完善《荆门市人民代表大会议事规则》。建立常态化学习机制，坚持在常委会调研、执法检查之前，组织开展专题讲座，提高常委会组成人员依法履职能力。坚持机关领导、委室负责人带头讲业务，邀请专家走进机关讲法律等知识，先后就民法典及预算审查、职业教育法、宗教事务条例等开展专题培训17次。完善干部成长机制，在立法业务、公文写作等方面开展师徒结对，带动年轻干部成长。加强智慧人大建设，建成常委会无纸化阅文系统，优化代表履职网络平台。

在坚持守正创新中擦亮荆门人大工作品牌。加强代表工作能力建设改革项目全面推进，全省首个全过程人民民主研习实践基地功能不断完善、影响力不断提升。东宝区司法局在全省人大基层立法联系点工作会上作典型发言，全省市州人大首个展示和宣传人民代表大会制度的主题公园加快建设，荆门人大援疆工作经验全省推介，全市代表之家、代表联络站规范化建设等工作得到省人大常委会的充分肯定。讲好荆门人大故事、代表故事、民主故事，设立“漳河（母亲河）保护日”、龙泉代表小组履职事迹、督办代表重点建议等120余篇次经验稿件被人民网、中国人大网、“学习强国”学习平台等中央、省权威媒体刊载，2370多条次新闻稿件在各级平台发布，《湖北荆门人大全过程人民民主研习实践基地挂牌》获第31届中国人大好新闻奖，“市委有肯定、全省有位次、社会有影响”的成效更加明显。

（魏小虎）

重要会议

【市十届人大二次会议】 2023年1月5日至8日，市十届人大二次会议召开。本次会议应到代表364人，实到326人。大会主席团由48人组成，胡亚波、赵少莲、汪在祥、刘富国、陈前华、丁萍、舒君、邵祖江、刘启华、谢继先、何永斌为主席团常务主席,陈前华兼大会秘书长。会议听取和审查市人民政府工作报告、国民经济和社会发展计划报告、财政预算报告、市人大常委会工作报告、市中级人民法院工作报告、市人民检察院工作报告,并作出相应决议。会议选举陈家伟为荆门市人民政府市长,王卫平等10名同志为荆门市第十届人民代表大会常务委员会委员,丁萍等37人为湖北省第十四届人民代表大会代表。

【市十届人大常委会各次会议】 1月4日,市十届人大常委会举行第九次会议。市人大常委会主任汪在祥主持会议并讲话。会议决定任命陈家伟为荆门市人民政府副市长,表决通过关于接受李涛辞去荆门市人民政府市长职务请求的决定、关于陈家伟为荆门市人民政府代理市长的决定、关于代表变动情况和补选代表的代表资格审查报告。

2月28日,市十届人大常委会举行第十次会议。市人大常委会主任汪在祥主持会议并讲话。会议传达了省十四届人大一次会议精神(书面)。审议了关于提请审议《荆门市人民代表大会常务委员会关于推动实施〈荆门市流域综合治理和统筹发展规划〉的决定(草案)》的议案,并作出相关决定。审议了关于2023年荆门市本级政府投资重点项目资金安排情况的报告。审议了关于2022年度生态环境状况和生态环境保护目标完成情况的报告,并进行满意度表决,表决结果为满意。决定免去向长福的市人大常委会副秘书长职务。任命胡志强为市农业农村局局长,免去李宏伟的市农业农村局局长职务。

4月21日,市十届人大常委会举行第十一次会议。市人大常委会主任汪在祥主持会议并讲话。会议审议了《荆门市长湖保护条例(草案修改稿)》、《荆门市人民代表大会常务委员会关于集中修改部分地方性法规的决定(草案修改稿)》、《荆门市国土空间总体规划(2021—2035年)(草案)》、市人大常委会法制工作委员会关于2022年度规范性文件备案审查工作情况的报告,表决通过了市人大常委会2023年履职测评工作方案,并对市中级人民法院关于执行工作情况的报告、市经济和信息化局关于企业技术改造专项资金绩效管理情况的报告、市人民政府关于荆楚科创城建设情况报告审议意见办理情况的报告、关于贯彻实施乡村振兴促进法和湖北省乡村振兴促进条例情况报告审议意见办理情况的报告、市监察委员会关于优化营商环境监察监督工作情况报告审议意见办理情况的报告进行满意度表决,表决结果均为满意。决定任命周俊杰为市人民政府副市长、李波为市市场监督管理局局长,决定免去陈晖的市市场监督管理局局长职务;任命向芬为荆门市中级人民法院立案二庭庭长、吴林周为荆门市中级人民法院审判监督第二庭庭长、刘俊为荆门市中级人民法院执行局执行一庭庭长、李欢为荆门市中级人民法院立案一庭副庭长、马晶晶为荆门市中级人民法院立案一庭副庭长、熊蓓为荆门市中级人民法院民事审判第二庭副庭长;免去向芬的荆门市中级人民法院行政审判庭副庭长职务、吴林周的荆门市中级人民法院执行局执行一庭庭长职务、刘俊的荆门市中级人民法院审判监督第二庭庭长职务、胡少魁的荆门市中级人民法院立案二庭庭长职务、李欢的荆门市中级人民法院立案二庭副庭长职务、张之元的荆门市中级人民法院审判员职务;任命杨传梅为荆门市人民检察院检察委员会委员、孙俊龙为荆门市人民检察院检察员。

6月20日,市十届人大常委会举行第十二次会议。市人大常委会主任汪在祥主持会议并讲话。会议书面传达了全国省市人大常委会负责同志学习班精神。审议了市人民政府关于贯彻实施《中华人民共和国职业教育法》情况的报告、关于企业国有资产管理情况的报告、关于全市高质量充分就业情况的报告、关于行政复议工作情况的报告、关于《荆门市人民代表大会常务委员会关于加强漳河水库水生态环境保护的决定》贯彻实施情况报告审议意见办理情况的报告,并进行满意度表决,表决结果均为满意。审议了关于贯彻实施《荆门市人民代表大会常务委员会关于进一步优化营商环境的决定》情况的报告,并进行满意度表决,表决结果为基本满意。决定任命姚劲松为市人大常委会副秘书长;任命王华忠为市国防动员办公室主任;任命丁凤彩为市中级人民法院副院长、审判委员会委员、审判员,周加友、丁俊蓉、李国林、周沂、吴林周、胡少魁为荆门市中级人民法院审判委员会委员;任命王源渊为市人民检察院副检察长、检察委员会委员、检察员;免去王源渊的市中级人民法院副院长、审判委员会委员、审判员职务,唐定斌、许德明的荆门市中级人民法院审判员职务;免去丁凤彩的市人民检察院副检察长、检察委员会委员、检察员职务。

8月23日至24日,市十届人大常委会举行第十三次会议。市人大常委会主任汪在祥主持会议并讲话。会议审议了《荆门市长湖保护条例(草案修改二稿)》、市人大常委会执法检查组关于检查《荆门市文明行为促进条例》实施情况的报告、市人民政府关于2023年上半年国民经济和社会发展计划执行情况的报告、市中级人民法院关于2023年上半年工作情况的报告、市人民检察院关于2023年上半年工作情况的报告;审议了市人民政府关于2022年市级财政决算的报告、关于2022年度市级预算执行和其他财政收支的审计工作报告,并通过了有关决议。表决通过了《荆门市人民代表大会常务委员会关于集中修改部分地方性法规的决定》、关于设立“漳河(母亲河)保护日”的决定。审议了市人民政府关于中心城区大气污染防治情况的报告、关于化工产业发展情况报告的审议意见办理情况的报告,并进行满意度表决,表决结果均为满意。听取和审议2023年市政府部分工作部门主要负责人履职情况报告,并进行满意度测评。任命王银环为市人大常委会预算工作委员会副主任,免去蒋永斌的市监察委员会副主任职务,任命夏朝阳为市中级人民法院副院长,罗肖、孙艳青、吴瑶琼、杨周琦为荆门市中级人民法院审判员,免去许道恒的市中级人民法院副院长、审判委员会委员、审判员职务,任命文质彬、郭盼为荆门市人民检察院检察员。

10月31日,市十届人大常委会举行第十四次会议。市人大常委会主任汪在祥主持会议并讲话。会议表决通过《荆门市长湖保护条例》、关于废止和宣布失效部分规范性文件的决定、关于市级预算审查监督的办法。听取和审议市政府关于荆门市国民经济和社会发展第十四个五年规划纲要实施情况中期评估的报告、关于2023年市级预算调整方案的报告,表决通过了有关决议。审议市人大常委会执法检查组关于检查《荆门市农业面源污染防治条例》实施情况的报告、市政府关于《荆门市民用建筑装饰装修管理条例》实施情况的报告、关于市十届人大二次会议代表建议办理工作情况的报告、关于2023年荆门市本级政府投资重点项目资金安排情况报告的审议意见办理情况的报告、关于2022年度生态环境状况和生态环境保护目标完成情况报告的审议意见办理情况的报告,并进行满意度表决,表决结果均为满意。听取和审议关于2023年市人大代表重点建议办理情况的报告,并进行测评。

12月15日,市十届人大常委会举行第十五次会议。市人大常委会主任汪在祥主持会议并讲话。会议表决通过关于召开荆门市第十届人民代表大会第三次会议的决定。审议了市政府关于提请审议《荆门市城市餐饮油烟污染防治条例(草案)》的议案、关于提请审议《荆门市沮漳河流域水环境保护条例(草案)》的议案、市政府关于2022年度市级预算执行和其他财政收支审计整改情况的报告、关于2022年度国有资产管理情况的综合报告,听取和审议市经信局、市城控集团、市交旅集团关于审计查出问题整改情况的报告,并进行满意度表决,表决结果均为满意。听取和审议市政府关于贯彻实施《荆门市人民代表大会常务委员会关于进一步优化营商环境的决定》情况报告审议意见办理情况的报告、关于企业技术改造专项资金绩效管理情况报告审议意见办理情况的报告、关于企业国有资产管理情况报告审议意见办理情况的报告、关于《中华人民共和国职业教育法》贯彻实施情况报告审议意见办理情况的报告、关于全市高质量充分就业情况报告审议意见办理情况的报告、关于行政复议工作情况报告审议意见办理情况的报告、关于全市法院执行工作情况报告审议意见办理情况的报告,并进行满意度表决,表决结果均为满意。

(李劲松)

人大监督

【概况】 2023年,市人大常委会紧扣围绕中心服务大局这一鲜明主题,用好宪法赋予的监督权,着力增强监督刚性和实效。

【经济工作监督】 聚焦宏观经济运行,听取和审议国民经济和社会发展计划执行情况的报告,对市级重大项目建设情况进行专题视察,支持政府深入贯彻新发展理念,推动稳增长、调结构、防风险,促进经济稳中向好、提质增效。常委会组成5个调研组,深入各县市区和22个市直部门,开展"十四五"规划纲要实施情况中期评估调研,审议并批准"十四五"规划纲要实施情况中期评估的报告。聚焦发挥财政资金保障作用,听取和审议2023年市本级政府投资重点项目资金安排情况的报告,推动政府加大民生项目和智慧城市建设投入,提高财政资金使用绩效,有效发挥财政资金对产业转型升级的引领作用。聚焦打造一流营商环境,加强对贯彻《市人大常委会关于进一步优化营商环境的决定》情况的监督,促进营商环境政策完善和落实。聚焦乡村全面振兴,开展全市乡村人才振兴、农产品质量安全、全市牛羊及蔬菜产业发展等情况专题调研或视察,形成高质量调研视察报告,提出35条针对性建议并督促落实,推动乡村振兴质量更高、成色更足。

【预算审查和国有资产管理监督】 围绕深化人大预算审查监督工作重点向支出预算和政策拓展,修订完善市级预算审查监督办法,推进人大预算联网监督工作,深化预算联网监督平台数据综合应用。听取和审议关于财政决算、预算执行、预算调整、审计工作等7个工作报告,审查批准2022年市级财政决算。紧盯审计查出突出问题整改,听取和审议审计整改情况综合报告的同时,听取和审议市经信局、市城控集团、市交旅集团审计整改情况专项报告,督促相关单位开展殡葬管理服务、养老服务等重点民生资金专项整治。加强对财政专项资金使用的监督,听取和审议企业技术改造专项资金绩效管理情况的报告,发挥企业技改专项资金的引导作用。围绕做好国有资产管理工作,组织常委会组成人员集中视察市属国有企业投资运营情况,听取和审议全市企业国有资产管理情况的报告,促推进一步深化国企改革,防范化解债务风险,增强企业内生动力,更好服务发展大局。

【城乡建设和生态环保监督】 紧盯事关城乡建设的全局性和难点问题,组织开展全市国土空间规划情况专题视察，审议《荆门市国土空间总体规划（2021—2035）》，推动构建国土空间开发保护新格局，全面提升国土空间治理能力。组织开展中心城区老旧房屋鉴定和危房处置工作专题调研，督促有关方面加强城市危房和老旧房屋安全管理，推动危房整治和老旧小区改造，切实保障群众住房安全。紧盯污染防治重点领域和关键环节，听取和审议2022年度生态环境状况和生态环境保护目标完成情况、中心城区大气污染防治情况等报告，开展长湖水环境保护与生态修复、漳河水生态环境突出问题整改专题调研，对秸秆露天禁烧进行专项督办，有效推动大气污染防治、城东城南片区异味整治、磷石膏综合利用等工作，荆门市生态环境质量持续改善。紧盯中心城区噪声污染问题，坚持市区联动，召开专项整治督办推进会，开展明察暗访，有效推动噪声扰民治理，还老百姓和谐安宁的空间。

【民生领域监督】 聚焦补齐职业教育短板，听取和审议职业教育法实施情况的报告，督促政府加大职业教育投入，优化师资队伍结构，深化产教融合发展，促进职业教育更好地满足荆门发展需要。针对“就业难、用工荒”，听取和审议全市高质量充分就业情况的报告，推动有关部门落实政策引导就业、服务帮扶就业、创业带动就业、培训提升就业等举措，推动实现更高质量充分就业。围绕群众关注的热点难点，开展反家庭暴力法实施、民宿高质量发展、全市3岁以下婴幼儿照护服务等情况专题调研，促进有关方面改进工作。聚焦全市应急管理体系建设、安全生产工作，创新监督方式，邀请第三方专业机构开展评估，通过暗访活动、引进“外脑”，准确定位风险源，针对问题清单加强跟踪督办，增强监督实效。关注社会大局和谐稳定，开展城市各民族群众互嵌式发展、台湾同胞投资保护法律法规实施及荆台交流情况专题调研，促进交往交流交融、共同繁荣发展。

（魏小虎）

人事任免

【人事任免】 坚持党管干部与人大依法任免相统一，依法任命国家机关工作人员，顺利实现市委人事安排。2023年，市人大常委会共依法任免国家机关工作人员45人次，其中，任职30人次，免职15人次；接受辞职2名。常委会主任会议组织宪法宣誓10人次。

【履职测评】 经市委同意，市人大常委会确定了市科技局局长王展欧、市水利湖泊局局长孙瑞、市商务局局长谭洪星、市城管委主任张洪林、市审批局局长黄勇、市招商局局长张龙等6名政府工作部门主要负责人为年度测评对象，全面了解测评对象的履职情况，听取其依法履职情况的报告并开展满意度测评。8月，6名测评对象均被评为满意。

（郭远静）

代表工作

【阵地建设】 3月，全省首个全过程人民民主研习实践基地在荆门修建落成。协调市委党校组织学员到基地研学3批184人次。基地先后接待省人大常委会、省委组织部、省委党校领导调研指导，接待西藏人大、新疆人大、华中师范大学、宜昌人大、十堰人大、孝感人大、潜江人大等单位考察交流33批636人次。5月15日，省人大常委会党组书记、常务副主任王艳玲一行到荆门调研，对荆门人大全过程人民民主研习实践基地和掇刀区白庙街道油城社区人大代表联络站建设给予充分肯定。筹建全省第一个展示和宣传人民代表大会制度的主题公园。

【代表行动】 开展“聚力共同缔造”代表行动，通过设置“回音壁”、代表亮身份、入网格、访选民等形式，让群众便捷找得到代表、反映得了情况。2023年，全市五级人大代表参与代表行动3万余人次，活动参与率96.5%，收集建议2470多条，解答或推动解决问题1690余件。深化“人大代表接待日”活动，各县市区收集并推动解决人民群众的急难愁盼问题1200余件。探索搭建人大代表联系人民群众平台，联合荆门广播电视台开办“代表来了”栏目2期，把演播厅搬到村和社区，受到人民群众欢迎。

【建议办理】 按照“内容高质量、办理高质量”要求，围绕办前沟通、办中参与、办后评价“三个关键点”，不断做实建议办理各环节。在市十届人大二次会议上代表提出的120件建议办理中，所提建议当年已经解决或基本解决91件，占76%；正在解决21件，占18%；已列入规划逐步解决4件，占3%；因条件限制暂时难以解决留作参考4件，占3%。闭会期间建议63件，均已办理完毕。

【履职服务】 推动完善代表小组活动前集中学习制度。创新开办“人大代表讲堂”5期，每期邀请1—2名五级人大代表就人大工作、如何履职等进行交流；制作“人大代表讲堂”视频，上传市人大常委会门户网站和市人大代表履职平台，组织各级人大和人大代表观看，推动线上学习全覆盖。增强市人大代表异地培训质效，组织150余名市人大代表及人大工作者赴深圳、北京、重庆进行系统培训。严格落实人大代表执行职务的补贴、补助。

（郭远静）

荆门市人民政府

综　述

【概况】 2023年,是全面贯彻党的二十大精神的开局之年,是三年新冠疫情防控转段后经济恢复发展的一年。在市委坚强领导下,认真落实"八个一年"工作部署,攻坚克难、奋发作为,完成了市十届人大二次会议确定的各项目标任务,交出一份稳中有进、持续向好的发展答卷。

【坚定政府工作正确方向】 把坚持和加强党的全面领导贯穿政府工作各领域全过程,推动全市政府系统深刻领悟"两个确立"的决定性意义,切实把"两个确立"转化为做到"两个维护"的思想自觉、政治自觉、行动自觉。

开展习近平新时代中国特色社会主义思想主题教育。把握主题教育总要求和目标任务,一体推进理论学习、调查研究、推动发展、检视整改。认真落实"思想引领、学习在先"机制,把学习传达习近平总书记重要讲话和指示批示精神作为市政府党组会议、市政府常务会议第一议题,全年市政府党组(扩大)会、市政府常务会共组织传达学习47次;举办主题教育读书班、开展研讨交流,始终用习近平新时代中国特色社会主义思想凝心铸魂,将其转化为坚定理想、锤炼党性和指导实践、推动工作的强大力量。带头落实"四下基层"制度,班子成员领办10个课题,开展正反面案例解剖式调研,实现主题教育与高质量发展互促共进。

贯彻落实党中央决策部署、省委工作要求和市委工作部署。坚持对标对表,认真学习贯彻党的二十大和二十届二中全会精神,对党中央决策部署和省委工作要求,做到第一时间学习传达、第一时间研究部署,奋力把决策部署转化成为荆门高质量发展的生动实践。坚持从严从实,抓好中央、省级环保督察、国家长江警示片反馈问题整改,扎实开展生态环境突出问题"起底清仓"专项行动,176项整改任务已完成158项,其余18项正按时序推进。坚持系统推进,清单化落实市委工作部署,以钉钉子精神抓好落实,确保落到实处、形成长效。

全面加强政府系统党的建设。扛牢管党治党政治责任,落实严肃党内政治生活的新要求,落实"三会一课"等制度,全力抓班子、带队伍、正风气。坚守意识形态阵地,狠抓意识形态工作,落实意识形态工作责任制,对错误思潮、错误言行敢于亮剑、勇于斗争。贯彻落实党的民族宗教政策,全力增进民族团结、促进宗教和谐。严格执行各项规章制度,认真执行民主集中制,严格落实市政府党组工作规则、常务会议议事规则、"三重一大"决策制度,做到科学决策、民主决策、依法决策。认真执行重大问题请示报告制度,重大事项、重要工作及时主动向市委请示报告,重大问题及时提交市委研究决定。

【加快产业转型升级示范区建设】 坚持稳中求进工作总基调,完整准确全面贯彻新发展理念,抓实抓牢发展第一要务,以流域综合治理为基础的四化同步发展,奋力推动经济质的有效提升和量的合理增长。

抓投资强企业,经济运行持续向好。地区生产总值一季度增长4.7%、二季度增长6.3%、三季度增长6.6%,全年增长7%、高于全省0.5个百分点。1—11月,全市规模以上工业增加值增长9.9%、居全省第2位;固定资产投资、地方一般公共预算收入分别增长7%、16.5%,高于全省1.7个、4.8个百分点;社会消费品零售总额增长8%。推动重大增长点扩产提能,对100家重点企业和67个预增产值过亿元增长点,实行"一对一"包联服务,产值过百亿元的工业企业达到5家;2家企业上榜中国民营企业500强,居全省第2位;荆门宏图获第九届长江质量奖(全省仅5家)。推动项目投资提速,优化招商引资体制机制,深化产业链招商,新签约亿元以上项目650个,其中百亿元以上项目4个;亿纬超级工厂等554个重大产业项目开工建设;一道新能源、恩捷隔膜等216个项目竣工投产;三条高铁等一批重大基础设施项目加快实施;申报中长期贷款项目351个,投放及使用金额均居全省前列。推动消费提振,发放消费券及补贴资金1亿元,拉动新能源汽车、绿色家居等消费近30亿元;建成京东(钟祥)数字经济产业园、浩儒电商产业园等平台,网络零售额增长25%;出台进一步促进文旅消费政策措施,成功举办滑翔伞定点世界杯总决赛、中国公路自行车公开赛、网球节等重大活动,荆门获"最佳运动休闲旅游目的地"称号。

抓创新促转型,现代产业体系加快建立。省级重点成长型产业集群达到13个,数量全省第1,荆门跻身中国锂电产业特色城市10强、先进制造业百强市。以科技创新引领产业发展,谋划建设武汉(光谷)离岸基地,京山轻机入选国家级工业设计中心,入库科技型中小企业1188家,新增国家专精特新"小巨人"企业18家、省级专精特新企业110家,高新技术企业达到670家,5家企业入选省"百强高企",新增省级科技创新平台13家。高新技术产业增加值增长14.4%,居全省第4位。以技改焕新推动传统产业转型,荆门石化完成建厂以来最大规模技改检修,"油转特"项目获批,成立特种油品专精特新母公司,荆门石化原油加工量、产值均创历史新高。以链式发展培育新兴产业,新能源新材料、汽车智能装备制造、电子信息产业产值分别增长37.2%、18.9%、50.2%,亿纬产值突破300亿元、长城汽车整车生产12万辆。以系统思维加快融合发展,狠抓数实融合,成立数字经济生态联盟,支持成立数字经济生态联盟,荆门成为国家"双千兆城市",荆门高新区入选首批省级数字经济标杆园区;狠抓产城融合发展,锂电小镇建设骨架拉开,各县市区新型工业示范园区加快建设;狠抓先进制造业与现代服务业融合发展,其他营利性服务业企业营收增长29.8%,高于全省18.9个百分点。

抓城乡强县域,城市能级不断提升。出台城市和产业集中高质量发展意见,制定市县乡村四级规划管理导则,实现市域"多规合一"国土空间规划全覆盖。坚持中心城区组团式发展,编制城市中轴线整体提升规划,构建"两山一轴、一中心六组团"空间结构;白云大道改造、罗汉山隧道等重大工程竣工;完成207个老旧小区改造、11个完整社区创建。荆门智慧城市大脑入选全国十大样板工程。大力实施"强县工程",出台"强县工程"实施方案,系统谋划推进县域发展,加快推进以县城为重要载体的城镇化和以县域为单元的城乡统筹发展,钟祥荣膺全国县域经济和社会综合发展百强县,京山获评全国县域旅游发展潜力百佳县,沙洋荣获全国农产品百强县。推进乡村全面振兴,建成高标准农田29.87万公顷,占永久基本农田面积71%,实现粮食总产293万吨;大力实施农业"六个一"工程,创建1个国家级现代农业产业园、2个国家级优势特色产业集群;以共同缔造理念推进"清保行动",创建美丽乡村示范村115个。

抓开放优环境,发展活力更加充沛。出台以控制成本为核心优化营商环境措施,企业满意度第三方调查居全省第2位,信用监测居全省第3位。深入推进"放管服"改革,完善数据信息共享,"一窗通办"实现市县乡三级全覆盖,规模以上工程建设项目实现远程异地评标全覆盖。千方百计助企纾困,直达快享兑现惠企资金63.3亿元,减免公路通行费1.21亿元、减税降费13.83亿元;大力实施"两个畅通",对群众和企业诉求"一号通办",办结满意率99.94%;新登记企业类经营主体21120户、增长32.1%。扎实做好要素保障,推广"301"快贷融资模式,为中小微企业解决融资需求1031亿元,推行工业用地"标准地"出让、建筑区划红线内用水用气报装"零收费",推动中心城区供热同城同价,清理批而未供土地3491公顷、闲置土地571.4公顷。积极畅通开放通道,"三条高铁"建设进度超预期,荆门国际内陆港获评全省首批多式联运示范工程,外贸综合服务绩效评价居全省第一,宜荆荆全国性综合交通枢纽建设取得实质性进展。

【增进人民群众福祉】 牢固树立以人民为中心的发展思想,加强基础性、普惠性、兜底性民生建设,不断提升群众的获得感、幸福感、安全感。

守牢流域安全底线。深入推进流域综合治理,坚持流域统筹、单元控制、系统均衡,做实产业发展正面清单、管控负面清单,汉江堤防加固(三期)、长湖防洪达标治理等32个项目建成完工,牌楼西河小流域治理省级试点取得重大进展。持续打好污染防治攻坚战,完成412个大气重点治理项目,PM2.5改善幅度居全省第4位;全面整治619个入河排污口,国控、省控断面水质优良率分别为93.8%、95.5%;完成受污染耕地安全利用373.4公顷、国土绿化6400公顷、治理废弃矿山128公顷,荆门市获评省级生态文明建设示范市。大力推进绿色低碳发展,严格落实"三线一单",健全生态环境分区管控机制,严把"两高"项目准入关,对188个重点建设项目实行环评审批跟踪服务。

兜牢民生保障底线。民生支出占比稳定在80%以上。前三季度城乡居民人均可支配收入分别达到29098元、17533元,居全省第5位、第2位。实施城市、婴幼儿托育照护示范城市、紧密型城市医疗集团建设试点城市。坚持就业优先,建立就业用工数据库,建设82家零工驿站,促成就业1.1万人次、帮扶就业困难人员5385人实现就业,城镇新增就业5.5万人、招引大学生3.2万人,"零就业家庭"动态清零,荆门市入选全国公共就业服务能力提升示范项目。提高保障标准,中心城区、县城、农村低保分别提升至800元、750元、610元;常态化开展防返贫监测帮扶,强化产业联带、就业帮扶和公益帮扶,守住了不发生规模性返贫底线。聚焦"一老一小",市颐养院建成运营,建成222个村(社区)养老服务驿站,新增婴幼儿托位数1759个。扩大服务供给,优化教育资源配置,新增公办学校学位15190个,213所义务教育学校纳入教联体建设;实施公立医院高质量发展项目60个,完成69个公共卫生补短板工程;开展文化惠民、全民健身活动4800场次。

筑牢安全发展底线。深刻汲取钟祥威龙船厂"4·14"闪爆事故教训,严格落实"岗前三分钟"和安全生产"明白卡"学习教育制度,深入开展安全隐患排查整治,事故起数、死亡人数分别下降15.8%、10%。深入推进命案积案攻坚,刑事案件发案数实现"五连降","两抢"案件发案数全省最低。推广"红管家"等基层治理经验,新建"红色湾组""红色哨卡"8435个。实施房地产、金融、政府债务等重点领域风险防范化解专项行动,完成保交楼任务,守住了不发生系统性风险底线。完善矛盾纠纷多元化解体系,社会大局和谐稳定。

【提升政府治理效能】 加快转变政府职能,加强政府自身建设,建设人民满意的服务型政府。

强化依法行政。全面贯彻落实习近平法治思想,自觉尊法学法守法用法。健全完善政府规范运行的体制机制,修订《荆门市人民政府工作规则》,完善市政府常务会议、市政府周碰头、专题会议等机制。主动接受各方面监督,办理人大代表建议113件、政协提案281件;提请市人大常委会审议地方性法规、议案2部,出台《荆门市户外广告和招牌管理办法》。扎实推进"八五"普法各项工作,深化执法规范化建设,成功创建全省第二批法治政府建设示范市。

强化务实重行。牢固树立正确政绩观,注重实际、推崇实干、务求实效,切实增强"八项本领"、提高"七种能力"。坚持下深水、亲自干、反复抓,大力弘扬"四种作风",做到"四个提高"。建立健全周例会调度、每日工作动态、情况反馈、督查落实、考核评价机制,严督实查、跟踪问效。

强化清正廉洁。严格落实全面从严治党政治责任,压紧压实"一岗双责"。严格落实中央八项规定及其实施细则精神,驰而不息纠"四风"紧盯项目建设、资金使用、国有资产、资源配置等重点领域和关键环节,持续加强审计监督,严防廉政风险,营造风清气正的政治生态。

(市政府研究室)

重要会议

【市十届人民政府第二次全体(扩大)会议】 1月8日,市十届人民政府召开第二次全体(扩大)会议。会议强调,要紧扣发展第一要务,把握好经济发展的方向、趋势和路径,顺势而为、乘势而上,全力推动经济社会高质量发展。要厘清发展思路,始终胸怀"国之大者""省之大计""市之大事",站位全局抓发展谋划,研判政策抢抓发展机遇,把培育和服务市场主体作为抓发展的最基础性工作;要坚持系统施策,更好地统筹疫情防控和经济发展、统筹发展和安全、统筹城乡区域和资源环境、统筹国内国际两个市场两种资源,在多重目标中寻求动态平衡;要把住发展关键环节,在抓重点、补短板、强弱项上下功夫,抓实稳增长、促转型重点,补齐现代服务业和创新不足的短板,解决县域经济发展不够的弱项,以关键突破推动整体提升。要始终与荆门人民有盐同咸、无盐同淡,始终把人民至上、为民造福作为最大政绩,把发动群众、依靠群众作为最大底气,把人民满意、群众高兴作为最高标准,坚守为民初心,厚植为民情怀,倾情为民奉献。

【全市安全生产电视电话会议】 2月28日,全市安全生产电视电话会议暨市安全生产委员会2023年度第二次全体(扩大)会议在荆门剧院召开。市建设和城(乡)燃气专委会、市综合交通专委会、市消防专委会以及钟祥市、东宝区政府负责人分别作述职发言。

【全市突出生态环境问题集中攻坚誓师大会】 3月2日,全市突出生态环境问题集中攻坚誓师大会暨2023年市生态环境保护委员会第一次全体会议召开。省生态环境厅驻鄂中专员办监察专员史芳斌到会指导。会上,与会人员集中观看了荆门市生态环境保护专题片,对《荆门市2023年突出生态环境问题集中攻坚工作方案》进行了解读。市大气污染防治攻坚战指挥部、市经信局、市农业农村局、钟祥市分别作表态发言;市发改委、市公安局、市自然资源局、市生态环境局、市住建局、市交通运输局、市水利和湖泊局、市城管委和其他县(市、区)作书面发言。

【全市优化营商环境暨招商引资工作会议】 3月8日,全市优化营商环境暨招商引资工作会议召开。会议强调,要深入贯彻习近平总书记关于优化营商环境的重要论述,全面落实全省优化营商环境大会精神,坚定信心、铆足干劲,踔厉奋发、勇毅前行,奋力推动营商环境大提升、招商引资大突破,以优异成绩向建市40周年献礼。会上播放了优化营商环境暗访短片,通报《荆门市2022年全省优化营商环境评价情况》和《2022年度荆门市市直单位服务企业满意度第三方调查报告》,京山市、钟祥市、市市场监督管理局主要负责人作表态发言。宣读了《荆门市招商引资工作领导小组关于嘉奖2022年度以商招商突出贡献人士的通报》和《荆门市人民政府关于聘请荆门市招商大使的通知》,对2022年度以商招商突出贡献人士进行表彰,市领导为市级招商大使代表颁发聘书。荆门高新区·掇刀区、中荆集团主要负责人作招商引资交流发言。

【荆门市科技创新创业大会】 3月13日,荆门市科技创新创业大会在荆门剧院召开。会议强调,要深入学习习近平总书记关于科技创新的重要论述,贯彻落实全国全省科技创新大会精神,推动荆门科技创新向纵深发展,奋力打造特色鲜明的国家创新型城市、湖北科技创新样板城市、"科创中国"创新重点城市。会上省科技厅副厅长杜耘对《荆门市创新创业三年行动方案(2023—2025年)》进行了解读。省市领导为荆门市动力储能电池产业技术创新联盟揭牌;为获评全省高新技术企业百强企业授牌;为省级以上科技创新创业平台代表颁奖。举行了技术攻关企校合作集中签约活动,亿纬动力董事长刘金成、京山轻机董事长李健、英特利董事长贺明智、探梦科技总经理余为伟在会上作交流发言。

【市第十届人民政府第二次廉政工作会议】 3月31日,在收听收看省政府廉政工作会议后,市第十届人民政府随即召开第二次廉政工作会议,就贯彻落实工作进行部署和安排。会议强调,全市政府系统要在市委坚强领导下,扎实做好党风廉政建设工作,敢于斗争、善于斗争,勇于自我革命,为"转型升级、跨越发展"提供坚强政治保证,以优异成绩迎接荆门建市40周年。

【2023年一季度经济形势分析会议】 4月24日,2023年一季度经济形势分析会议暨项目建设和招商引资拉练活动举行。会议指出,荆门当前难中有进的发展态势良好,各项先行指标整体向好,一批重点项目蓄势待发。全市上下要保持发展定力,坚定发展信心,聚焦当前重点工作,找准问题症结,靶向发力,全力以赴抓好各项工作落实,奋力实现二季度时间过半、任务过半目标。与会人员集中观看了县(市、区)拉练项目、工业示范园区视频展示,并对拉练项目打分;会议通报了全市一季度招商引资工作情况、全市政绩目标一季度考核结果、各县(市、区)一季度综合经济考评打分情况、全市一季度项目拉练评分情况。市经信局、钟祥市、屈家岭管理区、沙洋县、漳河新区先后在会上作表态发言。

【全市河湖长制和耕地流失问题整改工作会议】 5月18日,全市河湖长制和耕地流失问题整改工作会议召开。会议强调,加强河湖保护治理、抓好耕地流失问题整改,事关发展大计,事关群众福祉。各地各部门要进一步提高政治站位,坚定不移扛起治水兴水、守牢耕地保护红线的政治责任,以最严格措施落实耕地保护制度、推进河湖保护治理,不断提升人民群众获得感、幸福感、安全感。

【相关领域安全隐患专项排查整治工作推进会】 5月23日,全市住建、城管、自然资源及生态环保领域安全隐患专项排查整治工作推进会召开。会议强调,要深入学习贯彻习近平总书记关于安全生产的重要指示精神,时刻紧绷安全之弦,全面排查安全隐患,常思常想、常查常抓、常听常析,把风险隐患消灭在萌芽状态,切实提高风险隐患排查整改质量。会上,市自然资源局、市生态环境局、市住建局、市城管委相关负责人围绕各自领域对安全隐患排查整治工作进行通报部署,钟祥市、京山市、东宝区、荆门高新区·掇刀区相关负责人作表态发言。

【全市稳增长工作推进会议】 6月25日,全市稳增长工作推进会议召开。会议强调,要深入贯彻落实党中央、国务院决策部署,按照省委、省政府和市委工作要求,坚定信心、精准施策、攻坚克难,奋力实现"双过半",为完成全年目标任务奠定坚实基础。各地各部门要认真落实全省稳增长工作推进会精神,集中精力抓好工业、投资、消费等重大支撑,工作能快则快、项目能开则开、政策加快落实,全力推动经济平稳健康发展。

【市安委会全体(扩大)会议暨重大事故隐患专项排查整治2023行动推进会】 6月26日,市安委会全体(扩大)会议暨重大事故隐患专项排查整治2023行动推进会召开。会议强调,要深入学习贯彻习近平总书记关于安全生产和防灾减灾救灾等重要指示精神,始终坚持人民至上、生命至上,以"咬定青山不放松"的恒心,扎实做好当前安全生产各项工作,全力维护人民群众生命财产安全,为全市"转型升级、跨越发展"营造安全稳定环境。会上,与会同志集体观看了荆门市安全生产事故警示教育片和"岗前三分钟"、风险明白卡落实情况暗访片。沙洋县、钟祥市、京山市、东宝区、荆门高新区·掇刀区、市住建局、市交通运输局分别围绕相关主题作交流发言。会议书面审议了《市安委会成员单位"三管三必须"职责清单》。

【全市领导干部警示教育大会】 7月13日,全市领导干部警示教育大会举行。会议强调,要深入学习贯彻党的二十大精神和习近平总书记关于加强党的纪律建设系列重要论述,贯彻落实全省领导干部警示教育大会精神,警钟长鸣,以案镜鉴,利剑高悬,纵深推进全面从严治党,为加快产业转型升级示范区建设提供坚强纪律作风保障。会上,与会同志集体观看了警示教育片,解读了《2023年全市党风廉政建设宣传教育月活动方案》和《关于进一步发挥纪检监察职能作用,激励党员干部担当作为的十四条意见》。

【2023年"全市民营企业金融服务质量提升年"活动工作推进会】 7月21日,"全市民营企业金融服务

质量提升年”活动工作推进会召开。会议指出，全市各金融机构要加大对民营企业金融服务和信贷营销力度、帮扶力度。要紧盯目标，严格落实活动中既定的各项工作任务。在同待遇、拓渠道、降成本、优服务上下功夫，持续打好优化民营企业金融服务“组合拳”，增强精准性、直达性、便捷性。民企金融专班要加强统筹调度，细化工作措施，全力推动各项任务落实落地。及时掌握金融机构对接民营企业提供金融服务的实际情况，压实各方责任，推动民营企业金融服务质量提升。

【研究分析上半年全市经济工作会议】 7月24日，市政府召开专题会议，分析上半年全市经济运行情况，研究部署下半年经济工作。会议指出，在省委、省政府和市委的坚强领导下，全市上下克难攻坚、砥砺前行，经济发展实现了从“艰难起步”到“逐月回升”再到“总体向好”的转变，指标进位态势明显，产业转型成效初显，项目投资提速提效，市场预期有效提振，民生保障持续加强。会议强调，必须咬定目标不放松，全力以赴抓落实，坚决打好三季度攻坚战。

【全市农村“清洁家园、保护环境”行动推进会】 8月7日，全市农村“清洁家园、保护环境”行动推进会在京山市召开。会议强调，全市上下要以高度的政治责任感和深厚的为民情怀，学习借鉴“千万工程”经验，聚焦群众最关心、最现实、最急需的事，持续深入开展“清保”行动，提升农村人居环境质量，为建设宜居宜业和美乡村作出新的更大贡献。与会人员现场观摩了杨集镇双墩村泰康·京山农场田园综合体建设、新市街道白谷洞村水美乡村建设、四岭村农村人居环境整治长效模式和温泉街道莲山村党建引领农村人居环境整治。市农业农村局通报了全市农村人居环境整治提升“清保”行动进展情况。京山市、市水利和湖泊局、市生态环境局、市城管委分别作交流发言。

【全市稳增长暨第五次全国经济普查工作推进会】 8月31日，全市稳增长暨第五次全国经济普查工作推进会议召开。会议指出，当前荆门经济形势回升向好的态势在巩固，长期向好的基本面没有改变。要坚持扩大有效投资，尽快建立完善投资项目绩效综合评价体系，加强“目录—储备—实施”三库建设，狠抓项目前期，加快建设入库，提高项目质效。要加快产业转型升级，围绕城市和产业集中高质量发展，持续打好传统产业转型“攻坚战”，新兴产业培育“提升战”，加快构建“4211”现代产业体系。要坚持优环境稳增长，全力助企纾困解难、优化政务服务、做好要素保障，促进市场主体健康发展。扎实做好第五次全国经济普查工作，确保各方面数据既“颗粒归仓”又“粒粒饱满”。要狠抓工作规范，狠抓挖潜扩量，狠抓全程监管，全面做好法人和产业活动单位清查工作。

【全市2023年秋季学期学校周边环境综合整治“百日行动”推进会】 9月13日，全市2023年秋季学期学校周边环境综合整治“百日行动”推进会召开。会议指出，各相关部门要提高站位，充分认识开展“百日行动”的重要意义，校园安全是教育发展的基本底线，也是社会关注的热点和难点问题，关系师生员工的生命财产安全和社会的发展与稳定。要突出重点，深入开展学校周边环境综合整治，各地、各部门、各校要组织学习宣传，主要做好重点场所整治、重点人员管理、交通安全整治、重点隐患排查四方面工作。

【全市三季度经济形势分析会】 10月24日，全市三季度经济形势分析会议暨项目拉练活动举行。会议总结分析了前三季度经济工作，安排部署四季度工作，动员全市上下迅速行动起来，以决战决胜之势，全力冲刺四季度，坚决打好经济发展攻坚战，确保实现全年目标，推动湖北建设全国构建新发展格局先行区重要支点城市建设破题开局。上午，与会人员现场观摩了东宝区、荆门高新区·掇刀区拉练项目，通过视频观看了沙洋县、钟祥市、京山市拉练项目，并对拉练项目打分。下午召开的经济形势分析会议通报了全市三季度政绩目标考核结果、全市三季度经济运行情况、综合经济考核情况、项目拉练评分情况。荆门高新区·掇刀区、市发改委在会上作交流发言，屈家岭管理区、市招商局、沙洋县作表态发言。

【2023年秋冬季大气污染防治工作暨全市小流域综合治理试点工作推进会】 11月3日，2023年秋冬季大气污染防治工作暨小流域综合治理试点工作推进会召开。会议强调，各地各部门要压实责任、形成合力，扎实做好大气污染防治各项工作，切实改善环境空气质量。高度重视秸秆露天禁烧和综合利用工作，进一步加大宣传引导，严肃追责问责，切实从源头消除露天焚烧隐患。各地要迅速成立组织体系，摸清底数，找准问题，明确目标，运用共同缔造理念，发动群众和市场主体，因地制宜推进小流域综合治理试点工作。

【全市林长制、耕地保护工作会议】

11月29日，全市林长制、耕地保护工作会议召开。会议要求，要以更大力度造林增绿，坚持生态保护与绿色发展并重，聚焦造绿扩总量、透绿增色彩、用绿提效能，加快推进国土绿化质量提升，不断加强林业资源保护与开发利用，为群众增收、企业增效、社会增色。要切实增强耕地保护的思想自觉、政治自觉和行动自觉，坚决落实耕地保护制度，严格耕地用途管制，严肃处置违法违规占用耕地问题，以“长牙齿”的硬措施坚决制止耕地“非农化”，防止耕地“非粮化”。要大力开展高标准农田建设，不断提升耕地质量，统筹好耕地保护和高质量发展的关系，牢牢守住耕地保护红线和粮食安全底线。

【全市消防救援站建设现场推进会】 11月29日，全市消防救援站建设现场推进会召开。会议要求，要完善布局规划，整合现有资源，因地制宜、科学合理布设消防救援站点，着力构建“1+N”一站多点的应急救援网格体系。要加快建设进度，确保按期完成乡镇消防救援所实体化运转、微型站整体提升等既定目标任务，构建快速反应的区域性立体应急救援体系。要确保建设质量，精细核算成本、精致配备设施、精准使用管理。会前，与会人员还集中参观了荆东消防救援站和新园路特勤消防救援站建设运行情况。

【全市农房建设管理工作现场会】 12月13日，市政府组织市农业农村、自然资源、住建部门相关负责人到东宝区栗溪镇调研农村建房点情况，并召开全市农房建设管理工作现场会。会议指出，农村建房问题是推进乡村振兴和美丽乡村建设的重要课题，各部门要充分正视和理解当前农民建房管理存在的问题和面临的新形势，针对突出问题要把握其中的自然、政策和现实逻辑；要健全管理机制，畅通“批”的渠道，实施全过程监管，扛牢“管”的责任，落实“五个第一时间”，严格“控”的要求，对农房管理中的好经验要善于总结和推广。与会人员实地观摩了毛坪村、插旗村农村建房点情况。现场会上，市建筑设计研究院介绍了《荆门市农村建房技术导则》有关要求，相关部门分别汇报了相关工作。

【市政府重点工作推进会】 12月13日，市政府召开重点工作推进会议。会议指出，全市上下紧紧围绕产业转型升级示范区建设，克难攻坚、奋发作为，经济运行呈现承压起步、逐月回升、整体向好的态势。全年工作收官在即，要争分夺秒抢政策机遇、拼工作效率、争成绩成效，确保圆满完成全年目标任务，交出一份振奋人心的答卷。

（市政府办公室）

政策研究

【以文辅政】 坚持以人民为中心开展文字服务工作，坚持与领导关注点、工作着力点同频共振，全年共起草市政府主要领导讲话、汇报材料等综合性文稿600余篇，其中，起草的政府工作报告、经济工作会议讲话等重要文稿受到市政府主要领导和社会各界肯定。10余次高质量完成市政府主要领导接受《人民日报》、央视、人民网等中央、省级主流媒体专访，有力擦亮“荆门经验”、传递“荆门声音”。

【调查研究】 以高质量调查研究推动市政府研究室工作高质效运转。精准谋划课题。围绕“转型升级、跨越发展”战略谋划及“八个一年”发展目标落实落地、市委实施方案明确的15个方面重点内容，结合全市政府系统2023年重点调研课题计划、2024年政府工作报告和研究室工作实际，确定重点调研内容和方案，扎实开展调查研究。精心组织实践。受市委、市政府委托，邀请国务院发展研究中心党组成员、副主任余斌一行6位专家，为荆门经济社会发展“把脉问诊”，并将专家发言整理成册，送市领导参考。坚持党组书记带头，党组成员领题调研，多次带领机关干部实地调研重点项目、重点企业、特色工作，做到以调研实践推进参谋服务工作。科学提出对策。坚持问题意识，深入实际、深入群众，把情况摸清、把问题找准、把对策提实。通过举办调查研究成果交流会，进一步推动成果转化工作。关于打造电子废弃物循环利用全产业链调研部分建议被市政府采用。与市行政审批局联合调研撰写的《实施“两个畅通”工程 推进市域社会治理体系和治理能力现代化——荆门市“两个畅通”工程典型经验》被省政府内刊《政府调研》刊发。

【提升服务质效】 着力为民办实事、解难事、做好事，以实际行动提升人民群众的获得感、幸福感。党组班子成员带头认领民生实事，帮助油城社区解决新型综合社区服务体建设资金缺口、老年大学小区“红色驿站”建设和62栋住宅楼雨污管道堵塞等民生问题，帮助钟祥市柴湖镇茂泰蔬菜种植专业合作社有效转办“荆品名门”宣传等问题，帮助东宝区兆泰电气有限公司有效转办综合楼办证问题，帮助掇刀区旭捷新材料有限公司有效转办供热纠纷问题。发动机关党员助力农村产业振兴，以每人认养1棵黄桃树的形式，积极支持绿林镇全力村黄桃产业发展，帮助全力村实现黄桃产业产销两旺。

（市政府研究室）

行政审批、政务服务

【概况】 市行政审批局贯彻落实党中央、国务院关于优化营商环境的决策部署以及省委、省政府工作要求，以“高效办成一件事”改革为抓手，统筹推进政务服务标准化规范化便利化，加快推进跨层级联动、跨部门协同、跨事权整合，完善线上线下融合泛在可及的政务服务体系，让群众企业体验感更好、满意度更高。2023年，市县两级线下办结事项126.9万件，市县乡村四级通过“湖北政务服务网”申办事项22.68万件，好评率99%以上。

【优化政务服务环境】 编制《荆门市政务服务事项目录(2023年版)》,梳理市县乡村四级事项1172项,确保政务服务依标而行。全面推行“一窗通办”。作为全省试点,在市县乡全域推进以“无差别综合窗口”为核心的“一窗通办”改革,试点上榜“全省优化营商环境先行区”。市县两级政务服务中心围绕自然人和法人两个全生命周期,根据事项的关联性,分类整合设置跨部门无差别综合窗口,打造“前台综合受理、后台分类审批、综合窗口出件”的集成服务模式,乡镇(街道)将除派出所外的事项全部纳入综合窗口办理。优化调整大厅功能布局,设置完善叫号引导、帮办代办、制证出证、办不成事反映等辅助性窗口,开展入驻综合窗口事项梳理及委托授权,通过政府购买服务配备综合窗口工作人员并开展“全科”培训,开发建设综窗统一工作台和统一叫号系统,实现服务窗口由“专科”向“全科”转变,服务方式由“一事跑多窗”向“一窗办多事”转变。持续优化“一网通办”,市县乡村四级依申请政务服务事项“一网通办”率达99.54%。探索智能审批,在湖北政务服务网荆门特色服务专区上线运行智能审批系统,首批9个行政许可事项实现“秒批智办”。持续拓展“一事联办”和“跨域通办”。完成“居住证办理一件事”主题试点工作,全年共新增10项创新主题,在湖北政务服务网“一事联办”专区上线运行。新增4个“一业一证”创新行业上线运行。加强“宜荆荆”都市圈政务服务通办合作,都市圈通办事项增至638项。推行首席服务员制度,在不动产登记、企业开办、工程建设项目审批等高频领域优选20名业务骨干担任首席服务员,实现跨部门、多事项“一人受理、全程服务”。强化电子证照归集与应用,对100类43452个高频证照证明申请材料开展“免提交”标记,实行网上申报在线调用电子证照。推进“扫码亮码”建设,升级荆门市统一受理平台和电子证照库系统,市县两级政务服务中心所有办事窗口配备“扫码亮码”设备,实现线下窗口办件通过“扫码亮码”授权调用电子证照。积极探索电子证照在非政务服务领域应用,实现电子身份证在中心城区义务教育学校招生系统、市不动产登记系统、湖北公共招聘网·荆门站网页端、“鄂汇办”App、荆门自来水公司等服务场景的应用,有效提高身份信息采集核验的准确性和便捷性。拓展“信用+审批服务”应用场景,实行信用免审和容缺办理事项54个、证明事项告知承诺事项314个,办理信用审批2149件,实现“信用越好、办事越快”。扎实开展政务服务领域突出问题专项整治,排查整改问题28个,政务环境持续优化。

【工建建设项目审批制度改革】 推进工程建设项目审批制度改革,实现统一审批流程、统一信息数据平台、统一审批管理体系、统一监管方式。坚持“减放并转调”总体思路进行政策设计,推动工程建设项目从立项用地规划许可、工程建设许可、施工许可到竣工验收4个阶段全生命周期审批环节更少、流程更优、时限更短。出台“告知承诺+容缺受理”制、区域评估、联合审图、联合验收、联合测绘、“标准地”等具体措施,构建起标准明确、权责清晰、运转高效的工作格局。更新13类项目标准流程图,项目审批申报材料减少30项,工程建设项目全流程审批时限压减至25个工作日内,简易低风险项目全流程审批时限压减至9个工作日内。推行分段式联合验收,整合各类专项验收,按不同项目类型和工程建设节点,分阶段开展指导服务。实行并联审批,中心城区10千伏及以下电力、中低压天然气、供水等接入外线工程建设项目实现一表申请、一窗受理、并联审批、联合勘验、同步办理、统一出件,办理总时限压减至5个工作日内。实现“一套图纸”数字化管理,施工图一次申报,全程在线应用。建成上下联通、横向贯通的全市工程建设项目审批管理系统,系统已累计受理工程建设项目3082个,办理审批服务事项12495件,为全市工程建设项目审批管理和营商环境优化提供了坚实支撑。强化与省政务服务、省供电公司等业务系统的互联互通,推动建设项目“一个入口”统一登录、“一个平台”在线审批、“一套标准”跨部门跨层级业务协同,加快打通数字壁垒。构建智能预警体系,动态监测审批服务办件数、并联审批率、项目基本信息完整率、超时率等关键指标,发现问题实时调度、及时整改。

【智慧城市建设】 围绕打造“宜居、韧性、智慧、成长”城市的工作目标,全力推进新型智慧城市建设,智慧城市大脑一期建设完成、二期项目加快实施,城市数字公共基础设施建设全面启动。制定《荆门智慧城市建设三年行动计划(2023—2025年)》,建立“一组、一办、一班、一中心”工作机制,筹建市城运中心,印发城运中心工作指导意见、运行机制等文件,为智慧城市建设奠定体制机制基础。荆门智慧城市大脑一期项目按照“1+1+N”(1个智能底座、1个智能中枢和N个智慧应用)总体构架建成运行,形成“互联互通一张网、城市大脑一朵云、数据汇集一个湖、物联感知一平台、治理要素一张图、数据智治一中枢”的“六个一”支撑体系。加快实施智慧城市二期29个应用项目,充分发挥城市大脑底座、中枢能力,确保各应用标准统一、集约规范、适度超前、实用管用。全面启动城市数字公共基础设施建设,着力打造城市CIM平台、“一标三实”、编码赋码融合数据底座。深入挖掘城市大脑赋能潜力,基于三大中台、五大共性能力平台和基础应用功能,拓展开发“城市内涝联动处置”“精准招商”“青少年防溺水”等50项场景应用。构建“一网统管”体系,梳理城市治理10

大领域、2400余项标准化权责清单，通过“观、管、防、处”有机结合，实现“一屏观全域、一网管全城”。赋能2023年环漳河自行车赛事，实现“保障资源数字化、赛事进程可视化、指挥调度智能化”，支撑赛事圆满举办。提升“i荆门”运营质效，集成16项主题160余项服务，实名注册用户逾60万人。

【公共资源交易监管】 聚焦公共资源交易全过程监管，着力抓整治、降成本、促改革，更大力度规范市场秩序、激发市场活力。依托大数据分析和智慧监管，深挖围标串标线索，严厉打击招投标违法违规行为，交易市场进一步规范。取消投标报名等“非法定”环节，全流程网上办理保证金退还、CA数字证书等，全面推行保险、保函等替代现金缴纳涉企保证金，全年累计免收投标和履约保证金4.87亿元，降低投标和质量保证金0.64亿元。推行容缺受理，执行容错清单，引导市场主体自觉守法、自觉纠错。推进“评定分离”改革，开展评定分离项目490个，交易金额166.1亿元。全市推广招投标电子证照“一网通投”，每年为市场主体节约资金100万元。推进综合监管联动执法改革，基本实现县级全覆盖。常态化开展远程异地评标，实现优质专家资源跨地区、跨行业共享，全市规模标准以上的政府投资项目远程异地评标率100%。深化全流程电子化改革，扩展招标投标数字化业务链，沙洋、京山、掇刀作为试点通过省局验收。2023年，全市进场交易项目8010个，交易额329.71亿元，节约资金20.26亿元。

（刘伟民）

公共资源交易

【概况】 2023年，全市公共资源交易额同比增长37.88%，达380亿元，节约财政资金14.42亿元，交易额增幅连续两年位居全省第一方阵。市场主体活跃度显著提升，平台新注册市场主体1495家，参与招标采购活动市场主体达到14375家。2023年优化营商环境政府采购考核指标排名全省第一，品牌化工作思路及项目交易全生命周期服务、重点项目交易“绿色通道”等经验做法在全省复制推广。免收减收投标保证金、履约保证金25.5亿元，“政采贷”平台发放贷款355笔12.84亿元。完成跨省、跨市远程异地评标评审655次。完成“评定分离”项目301个，交易金额94.1亿元。

【构建大市场平台】 邀请光谷联合产权交易所、碳排放权交易和矿产资源交易实务培训，开阔系统内人员的视野，增强对国内要素市场交易业态的认知，为拓展要素类交易打好提前量。按照“应进必进”“能进则进”原则，和国有平台公司（市城投、中荆投、农谷投、鄂旅投）、交易平台（土地和矿业权交易中心、农村产权交易中心、光谷联交所荆门公司）对接，打通平台间交易信息数据系统，实现线上信息同步发布、数据同步归集，同步发布国土出让、产权交易、分散采购等各类交易信息268条，线下积极支持进场交易和光谷联交所荆门公司驻场服务。

在工程建设招投标领域省内常态化远程异地评标的基础上，积累总结“省域”“市域”“县域”远程异地评审经验，由招投标领域扩展至政府采购领域，“朋友圈”由省内扩展到省外，先后与福州市、广州市、佛山市、威海市、益阳市等23个省外城市签订远程异地评标合作协议，采用“1+N”模式完成荆门—益阳、威海、株洲、绵阳、北京等跨省、跨市远程异地评标655个，交易额112.5亿元，有效推动区域资源共建共享。

在上年全市交易规模增长82%基础上，全市上下以“量的快速增长”为重点，全面拓展交易服务范围，将服务对象从“公”向“民”延伸，选取100家重点民营企业提供进场交易服务，全市公共资源交易范围不断延伸。2023年，全市进场交易项目（标段）数9408个，同比增长63.42%，交易额380亿元，同比增长37.88%，累计节约资金14.42亿元，交易额增幅连续两年位居全省前列。

【优化交易采购营商环境】 全面对标对表省交易（采购）中心《降低交易成本优化营商环境工作措施》16条和荆门市《以控制成本为核心优化营商环境的若干措施》53条，结合荆门市交易采购工作实际，制定《荆门市公共资源交易2023年优化营商环境任务清单》，明确业务服务事项“全程网办”、持续免收“两金”、容缺受理、建设开发数字见证服务系统、推行“评定分离”、“一网通投”、全面落实政府采购政策功能等15项工作任务和37条具体工作措施，全年交易（采购）平台新注册市场主体1495家，参与招标采购活动市场主体14375家，市场主体活跃度显著提升。

全面落实各项惠企政策，免收减收保证金25.5亿元，退付历史沉淀保证金900多万元，全市历史沉淀保证金基本清零。在招投标领域全面推行保函（保险）替代现金缴纳投标保证金和履约保证金，保函费率由8‰降低至最高6‰，开具保函、保单、保险2760份，替代现金形式缴纳涉企保证金0.8亿元。前三季度荆门市中小企业中标成交政府采购项目（含政府采购工程建设项目）总金额39.4亿元。

在全市范围内全面推行电子营业执照“一网通投”“标证通”“评定分离”“电子合同”和招标计划提前发布等优化营商环境典型经验复制推广工作，平台新注册电子证照市场主体350家，调用证照信息5250余次，节省CA证书费、密钥管理费、投标代理交通费等成本100万元。

累计公开发布各类项目招标计划632条,共涉建设资金约385.9亿元,发布采购意向公告270条;市本级已完成开标的101个工程建设项目,选择签订电子合同的项目22个,占到进场交易项目总数量20%以上。

在交易采购系统全流程电子化基础上,按照"实用管用、急用先行"原则,启动建设数字见证、"中标贷"融资服务平台和优化营商环境数据实时分析系统建设,政府采购平台新增在线合同签订、履约验收、在线询问、湖北中小企业优惠认定、采购平台监管信用评价、四方互评、专家抽取等功能。进一步完善中心硬件设施,评标区域封闭式"一门管理",专家进门身份验证,布控110个智能摄像头实现交易区域全覆盖,重点对专家抽取室进行升级改造,新增透明玻璃隔断,外挂双向显示屏,实现抽取人员、抽取方式、抽取过程全透明。

【打响特色品牌】 推动服务转型,延伸服务链条,由过去传统的项目进场"交易中"服务主动延伸至"交易前""交易后"全生命周期服务,"交易前"主动对接,组建以业务骨干为成员的交易前延服务专班,通过上门定制服务、宣传培训推介、提前发布对接等方式,进一步提高市场主体、荆门造产品参与交易采购的意识、能力和竞争力。"交易中"减绊降负,在项目实施阶段,制定实施《证明事项一承诺惠企政策一清单制》,政策服务提速;全面应用电子营业执照"一网通投""评定分离""电子合同",线上服务提速,建立重点项目清单,在招标受理中制定最优服务流程,推行告知承诺制,实行容缺受理,"绿色通道"提速。"交易后"综合评价,在标后履约阶段,联合市住建局、荆门广播电视台实施"阳波看项目"栏目,对22个进场交易重点项目进行媒体评议,形成了积极、正面的社会效应,补齐服务链条的最后一环。

按照"分事行权、分岗设权、分级授权"要求,进一步健全制度规则,制定《市公共资源交易中心工作规程和内控制度》。重点推进开评标、专家抽取、现场见证、行政监督等关键环节现场公开化,面向社会公开聘请社会监督员,主动邀请监管部门、社会监督员、市场主体和媒体代表,常态化开展公众"开放日"活动,畅通社会监督渠道。积极配合完成招投标领域专项整治行动和"双随机、一公开"执法检查活动,制定实施《场内行为规范》《服务差错行为公示办法》等系列配套规则。实施重点岗位风险管控常态化宣教,组织开展一轮亲清政商关系大讨论、一轮重点岗位风险隐患大排查等"五个一"专项活动,拟定重点岗位风险负面清单,加强日常督促提醒和纪律约束,着力规范公职人员与交易采购各方主体特别是与市场主体的工作来往。

(市公共资源交易中心)

人事人才工作

【人才队伍建设】 全市新增取得职业资格证书或职业技能等级证书的18606人,其中取得高级工以上职业资格证书或职业技能等级证书的5613人。有各类评价机构40家,其中,企业25家,技工院校2家,社会培训评价组织13家。可评价职业237个,除去同类重复职业(工种),全市评价机构可开展评价职业(工种)100个。

指导建成省级高技能人才培训基地1家,推荐入选省级技能大师工作室1家;新建荆门"大工匠"工作室5家,累计建成45家。入选享受国务院特殊津贴专家4人、享受省政府专项津贴专家2人。组织开展湖北省博士后科技服务团荆门行活动,对接企业20家、项目30个、博士后专家10名。入选省级博士后创新实践基地备案建设1家。兑现湖北航特博士后创新实践基地补助资金100万元。

全市评审各类职称3584人。开展农民技术人员职称评审,有109名农民技术人员通过评审取得职称,其中高级8名;继续推行"基卫高""乡教高"专项评审新模式,全市288名乡村教师取得"乡教高"职称,8名基层医师取得"基卫高"职称。服务企业职称评审"直通车",建立职称评审绿色通道,助力企业专业技术人才队伍建设,共有152人通过"直通车"获得中初级职称;服务高层次人才"绿色通道",推荐1人认定高层次人才,直通正高级工程师职称;推荐12家民营企业中26名有特殊贡献的高管参加全省生产经营管理人才高级经济师专项评审,共有19人取得高级经济师。

【大学生引(回)荆】 探索招才引智"新路径"。围绕市委、市政府提出的"引留3万人来荆工作生活"目标,组建市级引才工作专班,市委常委、组织部部长任组长,实施"大学生引(回)荆"计划,全年新招引大学生3.2万人,同比增长309.24%,圆满达成既定目标。学子代言吸引人才。先后组织"学子看荆门""考生看荆门"等活动6场,邀请1000余名荆门籍学子"看家乡变化、为家乡代言、回家乡立业"、500余名事业单位考生代表"飞滑翔伞、开卡丁车、赏荆门景"。选聘400余名荆门籍在校大学生担任"最美家乡代言人",助力人才招引。产业引凤招揽人才。持续擦亮"才聚荆门·产业引凤"工作品牌,聚焦优势产业需求,累计征集优质岗位36178个,先后赴西北、西南、东北、广东及省内74所高校招才引智,接收简历21986份。6月8日,举办"百县进百校"湖北工业大学专场招聘,时任省委常委、常务副省长董卫民,省人社厅党组书记、厅长刘艳红现场调研,给予充分肯定。高校设站直引人才。与大连理工大学等10余所高校共建"招才引智工作站""就业联络站",

建立校地定向引才机制。建强基地集聚人才。新建50个就业见习基地,打造5个市级示范基地,组织大学生实习实训4688人、就业见习1156人。湖北亿纬动力有限公司积极创建国家级就业见习示范基地,已进行公示。

搭建双创培育"新载体"。做强"荆创汇"品牌。连续3年举办"荆创汇"青年创业大赛,邀请省、市知名创业导师开展项目提升培训,累计350余个项目参赛,29个项目获得无偿资金扶持。《湖北日报》以《荆门助青年创业者逐梦成长》为题进行专门推介。办好"宜荆荆"赛事。承办第三届"宜荆荆恩"大学生创新创业大赛暨"才聚荆楚·创立方"宜荆荆恩片区赛,省人社厅党组书记、厅长刘艳红出席活动并致辞。荆门市"科教装备助力科技强国梦""荆耕细作创意工厂"2个项目分获一、三等奖。打造"梦工场"平台。以全国公共就业服务能力提升示范项目为契机,组建"百人创业导师(讲师)团",与荆楚理工学院共建"大学生创新创业梦工场",免费向在校大学生开放,组织大学生创业培训5000余人、在孵项目87个。用好"专家库"资源。深入开展"院士专家企业行"活动,为企业匹配18名专家教授,帮助解决技术难题31个,促成科技成果转化项目52个,达成合作协议15个。组织参加湖北"智慧之光"活动,现场签约1个5亿元以上的项目。

优化人才服务"新礼遇"。立足"青春有梦·荆门有家"理念,建成"荆门青春驿站"服务综合体,优选12家酒店挂牌加盟青春驿站,面向外地来荆人才提供"7天免费入住+就业创业"等一站式服务。出台"荆英卡"实施办法,对本地人才分层分类提供教育、医疗、科研等14项"一卡通"服务,已发放"荆英卡"3835张。上线"荆才码"微信小程序,实现人才政策"一码集成"、人才认定"一码通办"。成立"博士创新创业联盟",已邀请257名在荆博士加入,先后举办博士沙龙、专题讲座、人才疗养等活动11场。组建"人才服务联盟",吸引46家店商加盟,为高层次人才提供专属服务。

【事业单位人事管理】 全年全市各级各类事业单位招聘1789人,其中搭乘省级考务平台招聘849人、招硕引博214人、市直部分事业单位专项招聘55人、教育系统教师专项招聘668人、援疆援藏专项招聘3人。全年完成对全市256家事业单位岗位设置方案进行调整、核准。完成市直事业单位1696人次岗位认定工作。专业技术高层级岗位人员选聘规范严谨,全市专业技术五级及以上岗位共选聘96人,其中五级45人、四级36人、三级15人。完成荆门市直271家事业单位,8206名事业单位工作人员年度考核工作。推进县以下事业单位管理岗位职员等级晋升工作,全市完成晋升职员等级1577人,其中五级1人、六级22人、七级233人、八级1253人、九级68人。

(市人社局)

机关事务

【概况】 2023年,市机关事务服务中心坚持以习近平新时代中国特色社会主义思想为指导,认真贯彻落实党的二十大和习近平总书记关于机关事务工作重要指示精神,完整准确全面贯彻新发展理念,坚持勤俭办一切事业,大力推进以资产管理为基础的集中统一管理,全速推进办公用房权属统一登记,持续加强公务用车日常监管,深入推进公共机构绿色低碳转型,努力提升机关服务保障效能,为荆门打造产业转型升级示范区展现担当作为。

【办公用房管理】 按照《荆门市党政机关办公用房权属统一登记工作实施方案》,统筹组织协调,化解产权不清、手续不全等诸多历史遗留问题,完成市政务中心、市财政局等22处办公用房权属统一登记,占市直党政机关登记任务的73%。统筹现有房源,为市委办、市发改委等7家单位调配办公用房30间、面积1200平方米,有效保障正常办公需求。坚持非必要不维修原则,审批4家单位维修申请,驳回3家单位维修申请;依规依程序对鉴定为D级危房的原教育局办公楼审批拆除。完善办公用房信息管理平台功能,更新办公用房底数,建立"以图管房"模块,充分发挥平台动态监控作用。开展使用办公用房违规配备宿舍问题清理,清查市、县两级党政机关全覆盖,未发现违规问题。

【公务用车管理】 编制市级公务用车年度配备更新计划,核定配备更新公务车53辆,全年共审批更新50辆。出台全市鼓励党政机关公务用车优先采用新能源汽车措施,要求机要通信、执法执勤、城区作业、保有多台应急车4类情形公车更新必须选用新能源车,2023年全市审批更新新能源汽车72辆,占比51.06%。落实"三必查两必访"监管制度,组织暗访抽查80余次,编发督查通报3期。在全省率先设计定制印有"荆门市公务用车加油卡"标识的专用加油卡,组织市级单位换发专用加油卡992张,将城区293辆综合执法执勤车辆接入荆门城市大脑,实现数据互联互通,公车监管不断规范。

【公共机构节能】 加强统筹协调,组织全市党政机关成功申创国家级节约型机关347家,其中市级63家、县(市、区)级284家,全省仅荆门市、荆州市、神龙架林区建成率100%,走在全国前列。联合市分类办开展2023年生活垃圾示范单位创建工作,成功创建省级公共机构垃圾分类示范点6家、市级示范点30家。督促公共机构全面停止使用不可降解一次性塑料制品，其所属餐饮、住宿等场所逐步实现直饮净水机、玻璃杯等替代塑料瓶装水。印发《荆门市机关食堂反食品浪费工作成效评估和通报制度实施方案》，对6家食堂进行抽查评估。采用合同能源管理模式对现有能源结构进行技改，先期以市政务中心地下室照明系统改造、沙洋人民医院节能改造为试点，逐步在全市公共机构推广，全市近30家单位采用合同能源管理模式实施节能技改，引入社会资本2000万元，改造面积30万平方米，综合节电率30%，节水率20%。

【重点项目建设】 严把项目建设安全关、质量关、进度关，加快推进民兵装备仓库项目建设，各单体工程已完工。组织实施原市委大院老旧小区改造，改善院民和老干部生活环境。配合实施海慧路东段延伸工程，完成市委大院15处门面房和周转房拆迁工作。组织完成政务中心前广场照壁、大楼门廊改造、屋顶防雷塔安装等市政务中心功能完善项目。

【标准化建设】 2021年4月，市机关事务服务中心被国家标准化管理委员会确定为国家级标准化试点，2023年10月，高分通过省市场监管局牵头组成的专家组现场验收，位列全省第一方阵。系统编制《机关事务标准化管理规范》，全面实施机关事务79项具体标准，重点实施机关食堂管理、机关办公院区物业管理、公务用车保障与服务3项地方标准，将标准化的理念、流程、方法嵌入机关运行管理和服务保障全过程，有效提升机关事务规范化建设水平。

【国有资产管理】 加强荆门剧院管理，严格绩效考评，联合财政等部门组建考评小组，通过现场检查、资料核查、外部调查等方式，对荆门剧院PPP项目投资方的运营绩效、内控管理进行综合评价，核定拨付项目可用性费用，确保物有所值。强化市“四大家”机关存量房、出租门店和翠竹园市场的经营管理，规范收取租金400余万元，及时足额减免门面租金63万元，切实为企业和个体工商户减负。积极盘活国有资产，将市人社局、市财政局等9家单位12宗闲置房屋资产划转至荆资置业发展有限公司，配合中荆公司资产重组和经营。配合市城投公司完成市“四大家”出租门店等资产置换工作，完成市政务中心建设移交“后半篇文章”。

【机关后勤服务】 坚持“事务俱细五心服务”理念，全面提升物业、餐饮、会务服务品质，增强服务对象体验感，针对部分单位因加班原因而产生的夜晚及双休日供冷需求，优化夏季供冷时段；及时回应因“周四夜学”需解决就餐问题的强烈呼声，组织政务中心食堂统一为参学干部职工提供晚餐，受到服务对象一致好评。全年高质量提供会务服务680场次，保障干部职工就餐40万人次。设置市政务中心信访接待室，协助信访、公安等部门做好接访工作，维护正常办公秩序。常态化开展安全巡查，完成电梯、消防、空调等设备巡查检修2000余次，及时排除化解风险隐患。

【公务用车保障】 突出安全行车管理，全面推行“五个一工作法”，即每日发送一条安全提醒、每日组织一次安全晨检、每月开展一次隐患大排查、每月举行一次安全教育培训、每半年委托专业修理厂对车辆进行一次全面“体检”，全年未发生安全事故。优化派车流程，与服务单位建立常态化沟通机制，实行预约派车，科学合理调度，全年为40多家市直单位提供车辆保障9000余辆次，安全行驶里程82万余千米。强化车辆运行成本控制，落实单车核算制度，完善“一车一档”台账，定期分析评估控制，2023年车辆运行费用下降12%。

（袁　欣）

中国人民政治协商会议荆门市委员会

综　述

【概况】 荆门市政协坚持以习近平新时代中国特色社会主义思想为指引，在中共荆门市委坚强领导下，深入开展学习贯彻习近平新时代中国特色社会主义思想主题教育，用党的创新理论凝心铸魂，筑牢团结奋斗的共同思想政治基础；引导全市各族各界人士围绕建市四十周年忆成就、话发展，增强建设荆门美好明天的共识和信心；着力发挥专门协商机构作用，围绕全市经济社会发展中的大事要事深入协商议政，“‘荆’常来协商”的品牌擦得更亮；坚持以积分制管理为牵引，以建好做实委员工作室为载体，广大委员联得更紧、干得更实；认真落实省委、市委关于加强和改进新时代市县政协工作的意见，着力解决“两个薄弱”问题，各项工作取得新进展。

【增强政治自觉】 坚定拥护“两个确立”、坚决做到“两个维护”，进一步增强做好新时代人民政协工作的政治自觉。坚持用习近平新时代中国特色社会主义思想武装头脑、指导实践、推动工作。深入学习习近平新时代中国特色社会主义思想和党的二十大精神，全年开展研学活动42场次，坚决把思想和行动统一到中央决策部署上来。持续深化委员读书活动，开展各类学习交流46场次，在省政协交流分享12次，3篇文章被《人民政协报》刊载。举办“政协讲堂”4期，开办“学习井冈山精神 贯彻党的二十大”委员培训班，感悟红色信仰，汲取奋进力量。坚持党对政协工作的全面领导，就制定年度协商监督计划、委员联系服务界别群众等重要工作，12次向市委专题汇报。健全政协党的组织体系，成立5个专（工）委功能型党支部、21个委员工作室党小组。扎实开展主题教育，市政协党组紧扣主题教育目标任务、总体要求，8次召开会议专题研究部署。围绕“大兴调查研究 提高建言资政水平”等主题，讲授专题党课19场，交流学习体会20篇，开展专题研学、一线调研、基层宣讲等活动63场次，向市委提交农村安全饮水、推进老旧小区改造、大气污染源项精细化管控等20篇调研报告，促进“中心城区部分区域停车难”“葛洲坝社区中心湖污染防治”等122个问题得到解决。

【推进政治协商】 切实发挥专门协商机构作用，围绕全市改革发展、民生福祉建言聚力。聚焦全市中心工作资政建言，常委会围绕事关产业转型升级示范区建设的全局性、战略性问题开展整体协商，十届二次全会期间，提交的39篇大会发言，427条意见建议，为市委、市政府科学民主决策提供重要参考。争取省级层面对荆门支持，在省政协十三届一次全会作题为《抢抓产业风口 打造华中锂电之都》的大会发言，被省政协转为提案办理。着眼促进民生改善务实协商，常委会坚持协商于民、协商为民，聚焦“加快农村养老服务体系建设”，深入全市23家各类乡镇养老机构，面对面听取市场主体和服务对象诉求，从“构建大养老格局”“一体化发展养老产业”等方面提出建议。着力推进政协协商深度嵌入基层治理，创建25个“一线协商·共同缔造”行动示范点，开展一线协商436场次，形成“放心路”“养老驿站”等160多个共同缔造成果，总结提炼一线协商“六步工作法”，进一步丰富“有事好商量”基层实践，“‘荆’常来协商”品牌逐渐深入人心。围绕全市重点工作同心聚力，市政协主席会议成员分别包联英采化学、大族激光等58个重大项目和企业，承担农业产业化“一头猪”工程、建设高水平全国文明城市、大气污染防治、优化营商环境、秸秆禁烧等工作专班任务，协调解决企业融资、项目供电等实际问题257个。

【拓宽民主监督渠道】 积极拓宽民主监督渠道，在把准定位、提升实效中推动更好落实。着力增强提案工作质效，推动提案办理“三商”助办由重点提案向面上推开，围绕“推进高新区产城融合发展”“打造华中锂电之都”，提请市党政主要领导督办协商。围绕“创建漳河旅游度假区”

“加强基层应急管理体系和能力建设”等重点提案开展“三商”助办132场次。着力搞好专项监督,围绕“水利基础设施补短板”“农贸市场管理”“高铁新城建设”等14个选题开展专项监督、专题视察。“农村集体产权制度改革”的监督报告在省政协交流,“基层卫生队伍建设”监督成果被湖北经视报道。推动开展联合监督,加强与新闻舆论监督相结合,将社情民意信息纳入《畅通工程·“荆”天办》电视节目,委员们面对面向有关部门提出监督建议,推动“工商小巷环境整治”“外卖骑手交通安全监管”等问题得到解决。选派86名委员担任党风廉政建设等各类监督员,参加环保督察、检察院听证会等活动,助力职能部门改进作风、提升效能。

【拓展统战功能】 深化拓展统战功能,为荆门高质量发展汇聚力量。加强与民主党派合作共事,密切与各民主党派、工商联、有关人民团体联系,开展联合调研、联动协商活动89次,党派团体反映社情民意信息84条,立案提案230件。创新文史宣传工作,荆门政协文史馆建成开放,打造“存史、资政、团结、育人”新平台。运用新媒体传播政协“好声音”,全年在省级以上各类媒体刊播推送稿件368篇,《政协委员的每个舞台都精彩》通讯获湖北省第十九届“政协好新闻”一等奖。开展建市四十周年系列活动,围绕建市四十周年聚共识,开展“我为转型升级献一策”活动,向市委、市政府报送228条意见建议。举办首届“宜荆荆都市圈”政协书画作品联展暨榆林市政协书画作品邀请展,与榆林市政协缔结友好政协,扩大对外交往“朋友圈”。

【促进委员履职】 着力发挥主体作用,广大委员为国履职、为民尽责展现新面貌。以积分制管理促进委员积极履职,坚持通过积分考核履职实绩、落实目标任务,涌现20多名200分以上的高分委员,全年报送社情民意信息569篇,编发79期,数量、质量均大幅超过往年。强化积分运用,选树25名优秀政协委员,评选出一批优秀政协提案、社情民意信息,在政协全会上表彰。深化做实委员工作室,将工作室作为委员联系群众的重要阵地,制定出台《委员联系服务界别群众的实施意见》,着力推进工作室信息化建设,常态化开展一线协商、兴办实事等活动176场次,涌现出“司法服务为民”“委员线上问诊”等特色品牌持续擦亮委员同行届度品牌,聚焦“委员同行·。乡村振兴”“委员同行·兴企强市”主题,常态化开展“五讲五送”“三走访三对接三推进”系列活动。推动实施“一棵菜”工程,发展蔬菜种植、中药材培育等产业,带动55个村3600多户农民群众增收致富。

【提升履职效能】 全面加强和改进市县政协工作,着力提升履职效能。深化“一委一品”创建,强化专(工)委联系委员、团结各界功能,承办学习培训、调研视察、走访联谊等活动152场次,完成发展村集体经济、提升基层普法质效、改善民营经济金融环境等调研协商课题27个,向省政协报送各类调研成果36篇,打造了“委员同行·平安共创”“教科卫体委员在行动·助力幸福荆门建设”“蓝天行动”“文史资料五进”“三进三促一联”等工作品牌。加强“模范机关”建设,开展“岗位练兵”,全年列出42个课题,秘书长班子成员、各专(工)委主任带头讲课,推动机关上下讲政治、强本领、提效能。服务保障省政协及外地政协来荆调研考察27批次。有针对性解决“两个薄弱”问题。联合市委督查室开展专项督查,推动各县(市、区)政协健全机构、充实力量,全面落实以政协商等工作要求,探索形成了“积分管理”“委员同向·助力百强”“‘京’心协商”等系列工作品牌。

(市政协办公室)

重要会议

【政协荆门市第十届委员会第二次会议】 2023年1月5日至7日,中国人民政治协商会议荆门市第十届委员会第二次会议在荆门剧院举行。会议通过了政协荆门市第十届委员会第二次会议关于常务委员会工作报告的决议、政协荆门市第十届委员会第二次会议关于市政协十届一次会议以来提案工作情况报告的决议、政协荆门市第十届委员会提案委员会关于市政协十届二次会议期间提案审查情况的报告、政协荆门市第十届委员会第二次会议政治决议。市委、市政府领导出席委员发言大会,参加4个联组讨论,与委员们共商高质量发展大计。

【十届六次常委会议】 1月5日在双泉温泉酒店召开。会议审议通过了关于市政协常委会工作报告的决议(草案)、提案工作报告的决议(草案)和市政协十届二次会议政治决议(草案)。会后,上述决议草案作进一步修改完善后提交全体委员讨论和审议。市政协副秘书长、各委室负责人,市纪委监委派驻市政协机关纪检监察组组长,市政协十届二次会议各讨论组召集人列席会议。

【十届七次常委会议】 1月6日在双泉温泉酒店召开。会议听取了各讨论组关于讨论情况的汇报,审议通过了关于市政协常委会工作报告的决议(草案)、提案工作报告的决议(草案),审议通过了市政协十届二次会议政治决议(草案)及关于本次会议期间提案审查情况的报告(草案),并决定提交全体会议审议通过。市政协副秘书长、各委室负责人，市纪委监委派驻市政协机关纪检监察组组长，市政协十届二次会议各讨论组召集人列席会议。

【十届八次常委会议】 2月21日在行政服务中心西附楼召开。会议传达学习了省政协十三届一次会议精神，分组讨论并审议通过了市政协2023年工作要点、重点督办提案，协商通过了有关人事事项，听取了市政协各专(工)委2022年工作情况及2023年工作计划汇报。

【十届九次常委会议】 6月28日在行政服务中心西附楼召开，市委书记胡亚波到会听取意见建议并讲话。会议传达学习了4月28日中央政治局会议精神，省委专题研究部署深化共同缔造工作有关会议精神，省委、市委市政府专题研究荆门城市和产业集中高质量发展有关会议精神。与会人员观看了《描绘产城融合“新画卷”》专题片。市政府通报了关于推动园区产城融合情况。会议听取了市政协各调研组调研情况汇报。部分市政协委员和民主党派代表作大会发言，围绕会议主题建言献策，市自然资源局、市住建局、东宝区政府、掇刀区政府作回应发言。会议审议通过了《市政协关于推动园区产城融合的建议》及2023年民主评议提案办理工作被评单位。

【十届十次常委会议】 9月25日在行政服务中心西附楼召开。市委副书记、市长陈家伟到会听取意见建议。会议传达学习了习近平总书记关于养老服务工作的重要指示批示精神、省委十二届四次全体会议精神和市委九届五次全体会议精神。市政府通报有关情况。市政协副主席程彻作主题发言，6名市政协委员作口头发言，7名市政协委员作书面发言；市民政局、市卫生健康委、市医保局主要负责人作互动回应。会议审议通过了《市政协关于加快我市农村养老服务体系建设的建议》，审议通过了有关人事事项。

【十届十一次常委会议】 12月28日在行政服务中心西附楼召开。会议听取了市政府关于《政府工作报告(征求意见稿)》的起草情况说明、市纪委监委关于全市党风廉政建设情况通报、市中级人民法院2023年工作情况通报、市人民检察院2023年工作情况通报、市政府办公室关于市政协十届二次会议以来提案办理情况的通报。会议听取了市委统战部关于市政协委员调整情况的说明。会议协商讨论并审议通过了市政协常委会工作报告(草案)、提案工作报告(草案)及两个报告的报告人建议名单(草案)；审议通过了关于召开政协荆门市第十届委员会第三次会议的决定，审议通过了市政协十届三次会议议程(草案)、日程(草案)，大会执行主席及各次大会主持人名单，秘书长、副秘书长名单，列席人员范围，分组办法及召集人名单，通过决议和选举表决方式的决定；审议通过了有关人事事项。会议书面通报了市政协2023年度重点提案办理情况。听取了市政协2023年度民主评议提案办理工作被评单位提案办理情况的汇报，并进行了提案办理工作民主评议。9个提案办理工作被评单位评议结果均为满意。

(市政协办公室)

协商议政

【重点提案协商督办会】 4月25日，市委书记胡亚波督办市政协《关于推进荆门高新区产城融合发展的建议》重点提案。强调要准确理解产城融合的内涵，明晰发展路径，明确企业、园区、政府、市场主体的角色定位。要坚持专业人做专业事，通过社会化、市场化的方式解决企业在交通、住房、医疗、购物、教育、休闲娱乐等公共服务方面的需求，让企业专注产品生产和研发，减轻企业负担。要坚持经营城市的理念，算好投入产出账、综合效益账，坚持“以亩产论英雄”。5月12日，市委副书记、市长陈家伟督办《抢抓产业风口 打造华中锂电之都》重点提案。要求各级各部门要落实提案办前“先磋商后启动”、办中“先会商后实施”、办后“先面商后答复”的“三商”助办机制，以这次提案办理为契机，抢抓发展机遇，坚定不移培育动力电池产业竞争新优势。要坚持创新驱动，加快建设公共技术平台，构建以企业为主体的科研体系，引进培育高层次创新人才，着力打造产业发展“强引擎”。

【“提升送法下乡质效”界别协商调研】 8月17日，市政协组织工青妇、社会福利和社会保障界别部分委员，到钟祥围绕“提升‘送法下乡’质效 筑牢乡村法治基石”开展界别协商调研。市政协副主席刘德舜参加活动。

【“优化城区教育资源配置缓解入学难”界别协商调研】 5月12日，市政协副主席李志珍带领市政协教科卫体委员会、市政协教育体育界委员工作室委员，就“优化城区教育资源配置，缓解入学难”开展调研与界别协商。

【“一线协商·共同缔造”行动示范点创建拉练活动】 7月4日至5日，市政协组织开展“一线协商·共同缔造”行动示范点创建拉练活动。活动中，与会人员利用一天半时间，先后前往沙洋县岳飞城田园综合体，钟祥市柴湖镇沙楼村，东宝区泉口街道葛洲坝社区、龙泉街道凤台社区，掇刀区麻城镇朱庙村、雷集村，白庙街道杨湾路社区、长源热电社区、月亮湖社区，现场观摩学习9个示范点经验做法，了解工作开展情况。随后召开座谈会，听取“一线协商·共同缔造”行动示范点创建工作情况汇报，杨湾路社区、雷集村主要负责人在会上作交流发言。

（市政协办公室）

民主监督

【解决群众防水痛点民主监督】 12月11日，市政协主席带队开展解决群众防水痛点专项视察和界别协商活动，重点就防水问题进行专项视察监督。

（市政协办公室）

委员活动

【“委员同行·助推‘一棵菜’产业发展”活动】 3月23日，市政协在钟祥市旧口镇农兴村荆沙蔬菜种植专业合作社开展“委员同行·助推‘一棵菜’产业发展”活动。省政协农业和农村委员会主任吕文艳，市政协主席出席活动并讲话。市政协副主席郭志泉主持。市政协秘书长朱秋娣参加活动。

【“委员同行·兴企强市”委员企业高校行活动】 4月14日，市政协走进荆门职业学院，开展“委员同行·兴企强市”委员企业高校行活动。市政协副主席刘德舜、陈刚参加活动。活动中，18家委员企业在荆门职业学院2023届毕业生校园招聘会上设置专题展位，为该校毕业生提供就业岗位。在随后召开的“委员企业高校行”产学研对接会上，各委员企业分别介绍合作需求，并与学校负责人进行了详细交流。

【“520委员同行 与你有约”活动】 5月20日，“激情五月，醉美圣境”，由市政协智慧同商会、女企业家协会、湖北视界联合举办的“520委员同行 与你有约”——荆门市中小企业“促消费 稳增长”产品展示和“寻荆食楚”电商上线活动在圣境花谷拉开帷幕。市政协副主席刘德舜出席活动。

（市政协办公室）

中国共产党荆门市纪律检查委员会
荆门市监察委员会

综　述

【概况】 2023 年，在省纪委监委和市委坚强领导下，全市各级纪检监察机关坚持以习近平新时代中国特色社会主义思想为指导，深入贯彻党的二十大、二十届中央纪委二次全会和省纪委十二届二次全会精神，坚定拥护“两个确立”、坚决做到“两个维护”，纵深推进党风廉政建设和反腐败斗争，紧盯市委中心工作开展专项监督、专项整治，从严从实开展主题教育和教育整顿，严管严治锻造纪检监察铁军，纪检监察工作高质量发展取得新成效，为全市经济社会发展承压起步、稳中有进、持续向好提供了坚强有力的政治、纪律和作风保障。全年全市共受理信访举报 915 件次，处置问题线索 2862 件，立案 1334 件，给予党纪政务处分 1256 人，留置 35 人，移送司法机关 28 人，挽回经济损失 9905 万元。

【纪检监察队伍建设】 结合工作实际对市本级内设机构和派驻（出）机构改革，撤销 3 个派驻（出）机构，增设 3 个内设部室，进一步优化力量配备、资源配置。完成市、县、乡三级 671 人监察官等级首次确定工作，完成市管企业纪检监察机构规范化建设各项改革任务。加强各类监督体系贯通协同，出台《关于加快推动纪检监察监督与各类监督贯通协同的工作机制》《市纪委监委与市属企业出资人、监管部门加强监督贯通协同实施细则》，构建以党内监督为主导、各项监督一体推动的监督格局。开展“法规制度执行年”活动，落实常态自查、交叉检查、集中评查等督导检查制度，提高规范化、法治化、正规化水平。建立健全办案安全管理和案件质量管理机制，探索开展“岗前三分钟”安全警示教育，靶向防范办案安全风险。用好深学习、实调研、抓落实工作法，市纪委监委领导班子成员带头弘扬“四下基层”优良传统，推动形成调研成果 40 余项。

（市纪委监委机关）

2 月 8 日，中国共产党荆门市第九届纪委第三次全体会议召开

（市纪委监委机关　供图）

重要会议

【市九届纪委第三次全体会议】 2023 年 2 月 8 日，中国共产党荆门市第九届纪律检查委员会第三次全体会议在荆门召开。全会审议通过了市委常委、市纪委书记、市监委主任刘亚锋代表市纪委常委会所作的《深入贯彻落实党的二十大精神 坚定不移推进全面从严治党 高质量服务保障荆门“转型升级、跨越发展”》工作报告。

【第二届特约监察员聘请会议】 2023 年 8 月 7 日，市监察委员会召开第二届特约监察员聘请会议,王小林、王丽莉、王贤敏、安从斌、许阳波、孙治斌、张子越、李文波、陈永根、张旭平、何红霞、陈伶俐、李晓泉、周健、周平林等15人聘为特约监察员。市委常委、市纪委书记、市监委主任刘亚锋出席会议并讲话。

【市纪委监委机关干部大会】 2023年12月19日,市委书记胡亚波出席市纪委监委机关干部大会,对全市纪检监察工作和干部队伍建设提出要求。会上宣布了省委关于市纪委监委主要负责人调整的决定,李青松任市委常委、市纪委书记,提名为市监委主任候选人。荆门市第十届人民代表大会第三次会议于2024年1月12日选举李青松为荆门市监察委员会主任。

(市纪委监委机关)

纪律检查和监察调查

【统筹推进主题教育和教育整顿】 市纪委常委会认真落实"第一议题"制度,传达学习习近平总书记重要讲话和重要指示批示精神40次,推动全系统在以学铸魂、以学增智、以学正风、以学促干上见实效。将10个专项整治项目纳入主题教育整改整治内容,建立定期沟通、监督推进、整改问责、情况报告等"四项机制",发现和督促整改问题1049个,推动全市上下以工作实绩解难题、惠民生、促发展。始终把开展教育整顿作为纪检监察机关的重大政治任务,谋划开展"政治忠诚大讨论""警示教育大家谈""对标找差大检视""学习提能大练兵"等活动,市县两级纪委监委同步开展干部队伍状况专项分析、同步接受专项巡视巡察。同时,以刀刃向己、自剜腐肉的态度坚决清除"害群之马",全年立案纪检监察干部20人,给予党纪政务处分18人,调离纪检监察系统2人。

【加强政治监督】 聚焦习近平总书记重要讲话和重要指示批示精神,围绕落实党的二十大战略部署,持续强化政治监督,统筹推进长江大保护、耕地保护等25个专项整治和专项治理走深走实。其中,长江大保护专项监督立案46件,处理处分169人;耕地保护专项监督立案34件,处理处分119人。充分发挥政治生态分析研判联席会议作用,将分析研判发现问题与信访举报分析、述责述廉等有机衔接、贯通推进,对梳理发现的14个突出问题及时提请市委常委会专题研究、督促整改,切实打造"自查—整改—治理—提升"的工作闭环。以盯住"关键少数"带动"绝大多数",常态化开展上级纪委监委负责人同下级"一把手"政治谈话工作,并将谈话情况作为对各地各单位日常监督的重要参考,推动各级党委(党组)主体责任和"一把手"第一责任落实落细。

【服务保障发展大局】 出台《关于全市纪检监察机关服务保障打造产业转型升级示范区的意见》,制定监督清单,强化"室组地"联动,实时掌握情况、定期调度进展、精准跟进推动。其中,工程建设领域专项整治立案126人,留置29人;交通物流枢纽建设专项监督查处问题136个,立案17人;深化殡葬服务领域突出问题专项治理,获全省综合考核第一名。稳步推进优化营商环境"督落实、抓提升、促进位"专项监督,服务保障全市营商环境大幅改善年行动,严肃查处损害营商环境问题86个,处理处分140人。坚持严管与厚爱并重,出台激励党员干部担当作为的"十四条意见",营造干事创业良好环境;严格落实"三个区分开来"要求,推动各地各部门运用容错会商机制处置典型案例;为受到不实举报的党员干部澄清正名206人次,查处诬告陷害行为11起;常态化推进回访帮扶工作,帮助受处理处分干部重振信心、重拾干劲。

【一体推进不敢腐不能腐不想腐】 高质量办理一批严重违纪违法案件,持续释放有腐必反、有案必查的强烈信号。深化以案促改、以案促治,把查办案件与强化监督、深化改革、完善制度、促进治理、推动发展贯通起来,制发纪检监察建议书515份,督促相关地方和部门完善权力运行、资金管理等制度442项。健全完善清廉荆门建设协调推进机制,推动清廉荆门建设向下延伸、向深拓展、向专发力。扎实开展全市党风廉政建设宣传教育月活动,协助市委出台深化党员干部纪律教育工作的意见,市委主要领导讲授专题廉政党课,拍摄并组织观看《利剑除弊 治乱清源》警示教育片和《一双布鞋》《一张照片》《一颗人参》等3部清廉小戏,推动全市党员干部形成遵规守纪的良好自觉。

【纠治"四风"】 锲而不舍落实中央八项规定及其实施细则精神,建立"四风"问题"平时常查、节日必查、逢查必报、快查快办"长效机制,持续发挥明察暗访"小分队"作用,将抓违规吃喝、抓会风会纪与防范享乐主义奢靡之风反弹回潮结合起来,全天候、精准化、机动式开展监督检查。全年查处违反中央八项规定精神问题217个,问责处理290人,给予党纪政务处分234人。协助市委以"两个畅通"为抓手开展不担当不作为问题专项整治,全年查处问题188个,问责248人,给予党纪政务处分118人,相关工作经验得到省纪委监委主要领导批示肯定,省内省外推介,成为全省加强作风建设的品牌。全力整治群众身边腐败和作风问题,实行"一个整治项目、一个市领导分管、一个部门牵头、一个方案部署、一个专班推进"

的高规格工作机制，层层传导压力，倒逼责任落实，全年查处群众反映强烈的突出问题353个，处理处分373人，给予党纪政务处分180人。市纪委常委会专题部署信访积案化解“攻坚行动”，“一案一策”、综合施策，125件存量重复举报全部化解，基本实现“把信访举报量降下来，把群众满意度提上去”的目标。

【政治巡察】 协助省纪委监委对省委第三轮巡视整改工作开展集中审核和实地核查，进一步压紧压实被巡视县（市、区）党委的整改主体责任。修订九届市委巡察工作五年规划，开展2轮对21个市直单位的常规巡察，统筹5个县（市、区）对重点村（社区）的交叉巡察，组织对5个县（市、区）纪委监委机关的专项巡察，深化纪巡协作、巡审联动，共发现面上问题1240个，巡察利剑作用不断彰显。强化巡察整改和成果运用，实行“双反馈、双签字”机制，形成“市委重视整改、分管市领导领衔整改、被巡察单位全力整改、纪检监察机关和组织部门监督整改、巡察机构协调整改”工作闭环，九届市委第二轮、第三轮巡察整改完成率达到96.3%。深入推进市、县巡察规范化建设和巡察信息管理不规范专项整治，制定《市县巡察监督规范指引》《巡察报告质量评估办法》等制度17项，探索建立“清单式巡察”和“巡察政策微宣讲”机制，巡察监督精准性和有效性进一步提升。

（市纪委监委机关）

民主党派·工商联

中国民主同盟荆门市委员会

【思想建设】 民盟市委会理论学习中心组专题学习中共二十大和民盟十三大、习近平总书记考察湖北等重要讲话精神，组织开展“凝心铸魂强根基 团结奋进新征程”主题教育活动。结合纪念中共“五一口号”发布75周年，开展征文活动，主委程彻撰写的《团结奋斗的伟大实践和伟大启示》获中共湖北省委统战部征文二等奖，《延安精神在新时代的继承和发展》被湖北省延安精神研究会评为优秀论文，并在《湖北日报》《党员生活》《阅读时代》刊发。学院总支副主委刘娜撰写心得文章《矢志不渝跟党走 同心共圆中国梦》入选民盟省委优秀征文集。成功举办“共筑同心圆 助力示范区”演讲比赛活动，展现新时代盟员的担当精神和作为。承办民主党派联合大讲堂第四期宣讲活动，民盟象山支部主委、荆门城建高铁片区投资有限公司副总经理张运昊宣讲荆门高铁新城建设及产业发展规划。通过加强政治理论学习，不断夯实多党合作的共同思想政治基础，提高民盟市委会政治把握能力。

【参政议政】 两会期间，荆门民盟20名盟员代表、委员积极履职，提交大会发言3篇、集体提案20件、代表建议和委员个人提案10余件，《抢抓产业风口 打造华中锂电之都》大会发言，纳入市政协重点提案办理，由市长陈家伟亲自领衔督办。在省政协月度专题协商会议上，程彻主委作主题发言。在市政协常务会上，主委程彻，盟员汤金花、刘军伦、张琰作了专题协商发言，盟员张运昊被特邀宣讲《荆门高铁时代面对的机遇和挑战》。盟员汤金花、黄艳萍被市政协表彰为优秀政协委员。先后参加五次政党协商会，作主发言一次，辅助发言四次，围绕荆门产城融合、高铁时代应对人才“虹吸效应”、智慧城市建设、汉江流域综合治理等贡献民盟智慧力量。民盟中央先后有6个论坛开幕，民盟荆门市委会组织提交9篇论文，其中周定锋、黎晓晨、阳芳3人的论文被民盟中央采纳，其余6篇论文被编入民盟省委《2023年度参政议政文集》。与民盟省委农业科技专门委员会联合开展深化农村土地流转制度改革调研，形成高质量调研报告《有序推进耕地流出整改 永续乡村产业振兴留白》《破解农村土地细碎化 探索公共治理之道》呈报民盟中央，以社情民意形式呈报全国政协。完成盟省委招标课题《以共同缔造理念打造城乡基层社会治理共同体》、市委统战部调研课题《汉江流域生态环境保护的民主监督方法探索》。

【民主监督】 继续做好对口钟祥市长江生态环境保护民主监督工作。民盟市委会组成专班开展实地调研，积极向民盟湖北省委汇报争取支持，组建由湖北省人大常委会副主任、民盟湖北省委主委杨云彦牵头、由省内专家学者组成的调研组，到荆门就汉江流域综合治理问题开展专题调研，为汉江流域保护“把脉问诊”，形成高质量调研报告呈报湖北省委、省政府，并以社情民意的形式通过民盟中央上报国务院。

【社会服务】 成立民盟荆门同心法律服务团并开展中小企业行活动，通过巡回开展专题辅导、法律沙龙、上门走访、调研座谈等方式，为各县市区中小企业提供优质高效法律服务，助力中小企业成长，服务全市经济高质量发展。先后在掇刀区、沙洋县、东宝区为中小企业开展专题讲座活动，100多家中小企业受益。民盟掇刀总支与掇刀区委统战部在掇刀军马场学校建立盟校共建实践基地，组织盟员对学生宣讲科普知识，开展心理辅导，成为统战系统24个共同缔造示范点之一。民盟市委依托老盟员叶忠藻在子陵镇美满村打造“民盟家风传承教育基地”，依托盟员黄艳萍在石桥驿镇普坪村打造“民盟产业扶贫实践基地”。“一支部一品牌”彰显服务特色。掇刀总支与象山支部联合开展“护苗驿站”系列活动，先后在张场小学、何场小学、军马场学校、江山小学开展公益助学活动。沙洋总支在社区打造“同心聚力 共同缔造”实践创新基地。东宝总支组织盟员开展“传统文化进校园”活动。学院总支赴十里铺镇建阳小学开展系列联谊活动。海慧支部开展“反诈宣传进校园 护航青春助成长”活动，直属同心小组儿童节给孩子们赠送服装、书籍。

（民盟荆门委办公室）

中国民主建国会荆门市委员会

【概况】 2023年，在民建湖北省委和中共荆门市委领导下，民建荆门市委以提质增效、争先创优为主基调，将“凝心铸魂强根基 团结奋进新征程”主题教育贯穿思想政治建设、参政党建设、参政党履职各领域，聚力新赛道、奋进新征程，为打造产业转型升级示范区贡献民建智慧力量，受到社会各界好评。全市有会员429人，平均年龄51.2岁，其中经济界人士309人，民营经济人士84人。中高级以上职称251人。

【思想建设】 4月12日，举行“不忘初心、永跟党走——我为荆门转型升级献一策”纪念中共中央发布“五一口号”75周年集体签名活动，发布《“五一口号”永相传 多党合作开新局》倡议书，号召全市民建会员矢志不渝跟党走、围绕中心献良策、服务大局开新局，奋力开创民建事业新局面。丁萍撰写的《把握方位明大势，复兴伟业带队伍》获湖北省民主党派纪念中共中央发布“五一口号”75周年主题征文优秀奖。陈才锐撰写的《必须坚持好发展好完善好中国新型政党制度》被中共湖北省委统战部、湖北省社会主义学院等编入《第二届东湖论坛系列成果》。举办民营企业家培训会，邀请全国政协委员、民建省委副主委、湖北经济学院校长方洁为全市400多名民营企业家代表授课，现场答疑解惑，坚定民营企业家发展信心。10月25日至27日，赴上海、江苏开展“凝心铸魂强根基、团结奋进新征程”主题教育联学活动，先后瞻仰民建中央爱国主义教育基地——胡厥文生平陈列馆，考察学习嘉定、扬州民建开展主题教育的先进做法，进一步学实招、取真经、强担当，助力荆门打造湖北省产业转型升级示范区。

【组织建设】 全年吸纳20个新会员，大多数来自经济界。湖北鄂中生态工程股份有限公司、福耀玻璃（湖北）有限公司、湖北承天建设发展集团有限公司、湖北佳悦新材料科技有限公司、荆门市渝楚化工有限公司等5家会员企业上榜“2023荆门民营企业50强”，占比10%，吕培华荣获“湖北省先进工作者”称号，陈才锐获评民建中央思想政治建设工作先进个人、民建中央优秀通讯员，杨明炜当选为省政协委员，杨胜男、杨禹彤提名为市政协委员，杨明炜和赵晓岚入选中国民主党派陈列馆会员风采，龚道华当选湖北统促会成员，段文杰、李沛泽当选为省青年工作委员会委员。组织400多名会员参加联合大讲堂、湖北省先进事迹报告会和民营经济人士培训会，推荐1名会员参加中央社会主义学院培训，推荐4名会员参加省社会主义学院培训，推荐1名企业家会员参加中国非公经济论坛，推荐10名会员参加秋季党外干部主体班学习。用好湖北民建省委会员企业诉求反映机制，先后赴湖北光合生物科技有限公司、湖北佳悦新材料科技有限公司、中房集团荆门公司等36家会员企业，听取企业的经营状况和呼声诉求，现场协调解决现实问题，化解湖北白鹿春实业股份公司不良贷款本息4600万元，成立光合生物上游企业聚能新材料科技（荆门）有限公司，处置荆门福寿居集团全部不良银行贷款。3月2日，民建荆门东宝总支“会员之家”在会员企业国力灯饰挂牌启用，民建湖北省委组织部部长张何，中共荆门市委统战部副部长李新阳为民建会员之家揭牌。5月19日，民建荆门掇刀总支部“会员之家”在启博网络传媒揭牌启用。市人大常委会副主任、民建市委主委丁萍为民建“会员之家”揭牌，“会员之家”思想政治建设阵地作用、组织生活载体作用、参政履职平台作用得到发挥。10月27日，丁萍主委代表民建荆门市委与民建嘉定区委签订《缔结友好地方组织协议书》，开启荆嘉两地民建组织友好交往新篇章。

【参政议政】 围绕打造全省产业转型升级示范区，向中共荆门市委建言《坚持数字双向赋能，闯出智慧荆门新路子》《打造一个长青产业 做好两个基础服务》《兴业招才 以才兴城》《以项目建设为抓手 推动荆门澜安水清产业兴》，助力荆门在发展主导产业、建设锂电小镇、招引“三高”人才、流域综合治理和统筹发展等领域科学研判、民主决策、稳健推进。在市政协十届二次会议大会发言上，建议“多措并举，推动民营小微企业企稳回暖”，为民营经济发声呼吁，助推市政府出台《关于印发荆门市以控制成本为核心，优化营商环境的若干措施》。杨明炜、黄斌、王贞、谢文龙获评优秀政协委员，《关于消除碑凹山隧道安全隐患的建议》《做精“荆门好礼”，下好六个功夫》《关于推动荆门市大学毕业生本地就业的建议》3件提案获得荆门市年度优秀提案。先后向民建省委、市政协提交80多篇社情民意，其中《关于抓紧实施“卤水提锂”省级战略，抢抓“白色石油”争夺战主动权的建议》获评湖北省政协优秀社情民意。开展长江生态环境保护民主监督，调研汉江沙洋段和安洼水库等地水生态保护和修复基本情况，建议强化饮用水水源地保护，完善乡镇集中式饮用水水源地保护区标志设置。聚焦重点流域水域治理，重点提升汉江、竹皮河、西荆河、长湖等重点流域水质。加强重点湖泊保护，对重点湖泊水质问题进行现场踏勘，并提出整改方案,抓紧实施。

【社会服务】 建设“同心聚力·共同缔造”示范点。在沙洋县李市镇刘淌村开展实业兴乡、科技兴乡、文化兴乡等社会服务活动,帮助打造村主导产业,组织多次务工招聘,开展多次下乡义诊。湖北光合生物科技有限公司捐赠20公顷全降解生态地膜,会员肖明艺绘制主题墙绘,会员黄仁华受聘水果栽培首席专家,为共同缔造美好环境与幸福生活贡献党派力量。湖北经济学院校长方洁与荆门市政府副市长陈实签订新一轮市校战略合作协议,发挥湖北经济学院教育、科研、人才优势和荆门市资源、产业、政策优势,建立更加紧密的战略合作关系。赴东宝区仙居乡三泉村举行“科技下乡、支农富农”可降解地膜捐赠仪式,爱心捐赠价值10万元可降解生态地膜,防止农村田间地头的“白色污染”。联合湖北慈善思源爱心基金,向荆门市东宝区6所学校捐赠40个“思源爱心图书角”,为40间中小学教室配置专属阅读天地。联合卓讯互动等9家互联网企业对荆门市10个困难学生,进行每年度4800元为期3年的帮扶。组织渝楚化工、宏博职校、友联五金、筱宴春商贸、培公酒业、万杰汽车、东灿新能源、仙之灵食品、培公酒业等会员企业,以及杨华登、官军、杨海波等会员捐款捐书价值20余万元,被荆门日报社评为“爱心手拉手,成长心连心”捐资助学大型公益活动“爱心大使”。

(民建荆门市委办公室)

中国民主促进会荆门市委员会

【概况】 民进荆门市委会成立于1987年12月,有3个总支、16个支部,9个专委会,有会员350人(女会员147人)。市委会在省委会综合考评中获第二名。沙洋支部获“民进全国宣传思想工作先进集体”。原主委张开勤、会员曾菊入选荆门“40年·40人”。

【思想建设】 深入开展“凝心铸魂强根基,团结奋进新征程”主题教育,团结引领全市广大民进会员深刻领悟“两个确立”的决定性意义,增强“四个意识”、坚定“四个自信”、做到“两个维护”。承办民主党派联合大讲堂1期,邀请武汉大学教授吴传清作流域综合治理和四化同步发展辅导报告。会员孙治斌代表民进在全省民主党派先进典型事迹报告会上作宣讲。在纪念“五一口号”发布75周年征文活动中,市委会获省委会优秀组织奖,会员获省委会一等奖1名,三等奖1名,优胜奖8名,会员李宁波的撰写的文章《人,从,众 凝聚人心,汇聚力量》获省委统战部、民进省委会征文双一等奖。在庆祝第39个教师节征文活动中,会员获省委会二等奖1名,三等奖1名,优秀奖10名。

【参政议政】 会员杨拾宜撰写的《关于小学生书包超重情况的调研报告》获民进中央参政议政成果二等奖,杨拾宜、朱博撰写的2篇调研报告在省政协专题协商会上作书面交流。丁建军撰写的调研报告在省政府研究室《政府调研》刊发,获省政协副主席王红玲肯定性批示。围绕智慧城市、锂电小镇、人才强市、流域综合治理重点调研课题,在4次政党协商会上建言。在市政协十届二次会议上,市委会共提交集体提案22件,立案22件,民进2件提案被列为市政协领导领办提案,2件提案被评为市政协十届一次会议优秀提案,1件提案荣获民进省委会优秀提案建议奖,1件提案被民进省委会评为地市优秀建言成果,1件社情民意被副市长唐承凤批示。按照对口掇刀长江生态环境保护民主监督安排,市委会主委先后2次率专家组一行深入掇刀调研,提出意见建议,助力掇刀流域综合治理和统筹发展。

【社会服务】 市委会依托社会服务四基地,结合共同缔造,持续开展送教、送法、送文化等公益活动。举办宜荆荆民进“作风建设”主题年推进会暨“同心聚力·共同缔造”现场交流会,市委会《落实习近平生态文明思想 助力“同心聚力·共同缔造”》相关经验入选省委统战部主办的第二届东湖论坛“2023年湖北省学习贯彻习近平总书记关于做好新时代党的统一战线工作的重要思想十佳案例”。支持沙洋支部深化“民间河湖长”品牌,建设潘集湖生态环境保护基地,深化河湖保护。掇刀总支打造“六一课堂”环保教育品牌,开展青少年生态文明教育。依托“门外翰书画院”,成立“彭金淋工作室”,开展文化惠民活动。借力市人大龙泉小组,成立“周健工作室”,持续加强漳河保护。

(民进荆门市委办公室)

中国农工民主党荆门市委员会

【概况】 2023年,在农工党湖北省委会和中共荆门市委领导下,在市委统战部支持和帮助下,农工党荆门市委会紧紧围绕参政议政中心,以组织活动和阵地建设为载体,积极联系服务界别群众,各项工作取得了一定成绩。在农工党省委会成立四十周大会上,荆门市委会被省委会表彰为全省先进地方组织,高教支部、医卫综合支部被表彰为全省优秀基层组织,5名党员被表彰为全省先进党务工作者和优秀党员。

【思想建设】 组织开展“凝心铸魂

强根基 团结奋进新征程”主题教育活动，把学习中共二十大精神作为首要政治任务，市委会成员带头在市委会议和基层组织活动上学习宣讲二十大精神。组织召开“荆门市纪念中共中央发布‘五一口号’75周年座谈会”，全市各民主党派100余人参加。组织开展荆门市民主党派联合大讲堂第二次宣讲活动，邀请省委会刘晖博士授课，全市各党派和无党派人士代表120人参加培训。组织开展纪念“五一口号”75周年征文活动，征集感想、诗歌6篇，征集庆祝省委会成立四十周年党员心声31篇。创作拍摄《重温初心跟党走 携手奋进新征程 同声共赞新时代》短视频，用集体放歌的形式，展示农工党参与多党合作事业的丰硕成果。组织基层党员到团林铺镇陈集村、宜昌许家冲等地开展红色学习教育，重温“血与火的考验”光辉历史，深化思想政治引领。

【参政议政】 组织开展各类调研活动25次，参加政党协商会、市政协议政性常委会议等调研7次，分别就智慧城市、锂电小镇等提出建设性意见建议。参加市政协生活垃圾分类处置利用、产城融合、农村养老服务体系建设等调研活动，向市政协、省委会报送社情民意信息39件，被省委会采用36件。承担的省委会重点调研课题《促进我省农产品冷链物流体系建设》被省委会采用，并报送至省政协。关于预制菜的重点调研成果被荆门市政府采纳为2023年重点工作，并被市政协列为重点督办提案。在省、市、县“两会”上积极建言献策，调研成果转化的110件提案建议被各级组织采纳。制定调研课题目录，对参政议政工作任务进行分配量化。党员在市政协十届九次、十次常委会议上发言，围绕会议主题建言献策。市委会9篇社情民意信息、调研报告被农工党中央《信息专报》采用，并上报全国政协。到东宝区、漳河新区开展长江生态环境保护民主监督工作，了解工业污染治理情况。配合省委会对荆门开展长江生态环境保护民主监督工作，广泛听取界别群众在工业废水、废气、磷化工污染治理等方面的意见建议。基层党员参政履职成果藏书收藏荆门市政协文史馆，在市图书馆农工党专区，收藏和展示基层农工党员著作、论文集等履职成果210多件。

【社会服务】 打造“农工助医·基层义诊”“农工助医·‘精’彩家园”“农工助医·法务为民”三大品牌。针对乡村、社区老年人群就医需求，提升基层医疗服务能力。关心关爱精神障碍群体，助力建设多维度、有支撑、可持续的精神障碍患者救治康复与关爱服务体系。发挥农工党员律师作用，把高质量的法律服务与界别群众的实际需求联结起来，助力化解涉及界别群众的矛盾纠纷。加大服务界别群众阵地建设力度，全年建成使用13处，其中“同心聚力·共同缔造”示范点1处，“大健康”实践创新基地1处，“法务为民”“助力乡村振兴”等社会服务阵地5处，建设荆楚理工学院支部、文体支部党员之家2处，党员工作室4处。开展“走基层”活动，拜访荆楚理工学院党委、市疾控中心党委，看望慰问支部党员，了解基层组织和基层党员工作生活情况。赴党员校外培训机构——金口才教育学校、石化英才学校、王者艺术舞蹈学校、新超越会计培训学校走访调研，为党员企业解决困难和问题。开展社会服务活动，深入柴集村、赵庙村，长岗、青山、长宁太和社区，以及亿纬动力、福力德鞋业，开展免费义诊，赠送价值12万元的药品和日常医疗防护用品，受益3000多人。发起关心关爱精神、身体障碍儿童群体倡议活动，组织农工党员捐款15000元。

（农工党荆门市委办公室）

九三学社荆门市委员会

【概况】 2023年，九三学社荆门市委员会下设9个支社。年内，发展新社员13人，社员总数333人。其中，中高级职称社员278人，女性社员122人。支持基层组织建立社员之家3个、社员名家工作室1个。九三学社荆门市委会获九三学社湖北省委会“2023年度社会服务工作先进集体”“2023年参政议政先进集体三等奖”。

【思想政治建设】 坚持常态化学习和中心组专题学习，通过主委会议、全委会议、理论学习中心组学习会、座谈研讨会等多种形式，持续深入学习领会习近平新时代中国特色社会主义思想，认真学习贯彻中共二十大和社十二大精神，及时传达学习中共二十届二中全会，全国、全省、全市两会，社十二大、社省委八届二中会及省市统战工作会议等精神，不断提高领导班子和广大社员的“五种能力”。着力构建多方位传播矩阵，讲好多党合作故事，奏响同心奋进最强音，展示蓬勃向上新形象，在中央、省、市各级主流媒体和统战平台发表信息70余篇。

【主题教育】 认真开展“凝心铸魂强根基 团结奋进新征程”主题教育，成立主题教育领导小组，出台工作方案和工作清单，强化统筹推进，注重督促指导，将理论学习、调查研究、助力发展、检视整改贯穿全过程，切实将主题教育效果转化为助推发展的强大动力。积极组织社员参加社中央政治辅导网络课堂、湖北九三网络课堂，举办中共二十大精神集中宣讲会、“艺赞二十大，共绘同心圆”书画展、九三学社先贤肖像展，开展两次红色教育活动，举办三期线上“荆门九三讲堂”，参加市委统战部举办的“五一口号”75周年座谈会、主题教育培训班、民主党派联合大讲堂、书画摄影展、主题演讲比赛等活动。

【参政议政】 围绕省委、市委决策部署重点任务、影响经济社会发展关键因素、群众关心热点问题,深入调查研究,积极建言资政,广泛凝聚共识。全年参加中共荆门市委召开的政党协商会4次,围绕智慧城市建设、流域综合治理等中心工作,在充分调研的基础上,向市委、市政府提出具有针对性和可操作性的意见建议。认真参与人民政协政治协商,聚焦乡村振兴、基层社会治理、保障和改善民生等难点问题深入调研,十届二次会议期间,提交集体提案、个人提案40余件。社情民意信息员队伍围绕长江生态大保护、城市建设、民营经济发展、医疗卫生、乡村振兴战略等领域,开展调查研究,共上报各类社情民意60余件。开展对口京山市、屈家岭管理区长江生态环境保护民主监督工作,对两地生活污水处理、小微水体保护、工业污水处置、农业面源污染等问题进行调研,推动政策落实落地。

【社会服务】 按照“尽力而为,量力而行,发挥优势,注重实效”的原则,精选服务内容,打造品牌项目,社会服务工作成效显著。不断深化科技文化卫生“三下乡”品牌,分别在七桥村、鸦铺村、双龙村等地,开展科技支农、文化普及、义诊咨询、扶贫帮困等形式多样的社会服务活动近20场次,服务群众2000余人次。助力乡村振兴战略实施。建立新庙村“‘同心聚力·共同缔造’实践基地”、团林镇“九三学社助力乡村振兴实践基地”、来龙村“中南财经政法大学乡村振兴实践基地”。启动“折翼天使·新爱九远”公益项目,招募首批爱心企业6家和爱心人士10人,为残障人士提供“幼年康复、少年扶学、成年助业”全程帮扶。组织发动广大社员参与公益活动,在全社开展“抗震救灾,情系灾区”募捐活动,136名社员共计向甘肃积石山县灾区募捐51550元;为长宁实验学校困难学生筹集爱心款22850元。

(九三学社荆门市委办公室)

荆门市工商业联合会

【概况】 荆门市工商联现有会员8468个,其中市直属商(协)会会员2113家,各县市区工商联会员6355家。荆门市工商联(总商会)执委会(理事会)由157人组成,其中主席(会长)1人,常务副主席(常务副会长)1人,专职副主席(副会长)3人,兼职副主席(副会长)24人,秘书长1人,常委(常务理事)25人,执委(理事)102人。

【政治引领】 市县两级工商联共开展党的二十大精神宣讲、习近平新时代中国特色社会主义思想进企业、民营经济人士形势政策培训15场次,覆盖全市民营经济人士1600余人次,及时把党的声音和关怀传递到商会和企业,引导民营经济人士稳定预期、提振信心。按照五年轮训200名年轻一代民营经济人士的总体目标,制定印发《关于加强全市年轻一代民营经济人士教育培养工作的实施意见》和《2023年度全市年轻一代民营经济人士教育培训工作方案》,首期40名学员在市社会主义学院接受为期5天的理想信念教育培训。举办全市民营经济人士理想信念报告会,7名民营经济人士代表作先进事迹报告发言,140余名民营企业家现场聆听,向先进典型学习。联合民建荆门市委会,邀请全国政协委员、民建湖北省委副主委、湖北经济学院校长方洁为全市200余名民营经济人士作形势政策教育专题辅导报告。

【参政议政】 组织开展全市中小微企业专题调研,走访座谈商协会34家、中小微企业692家,收集有效调查问卷531份,深入分析当前民营企业发展面临的突出困难问题,反映企业意见诉求,提出对策建议,撰写专题调研报告呈送市委、市政府领导参阅,受到市领导批示肯定。利用市两会、政企早餐会等平台,反映民营企业呼声和诉求,促进营商环境持续优化。其中,市工商联在市政协十届二次会议上的发言《坚持政企协同 加速转型升级》得到市领导肯定。向省工商联上报调研成果10篇、实践创新成果10篇,分别有3篇和4篇获得省工商联通报表扬,在全省市州中位居前列。配合全国工商联、省工商联开展上规模民营企业调研、社会责任调研、绿色发展调研、营商环境评价等工作,完成调查问卷800余份,获评2023年度湖北省民营企业调查点工作先进单位。

【民企服务】 深化法律服务。坚持市、县一体,联合司法部门深入开展“法律服务月”暨“万所联万会”法律大讲堂活动。发挥市总商会人民调委会机制作用,累计受理各类矛盾纠纷443件,成功调解318件。认真履行涉案企业合规改革第三方监督评估机制管委会办公室职责,组织办理12家涉案企业合规整改工作,工作经验获评2023年全省工商联系统实践创新成果二等奖。促进银企对接。积极参与全省“民营企业金融服务质量提升年活动”,配合人行对接省级“重点企业融资服务平台”入库企业189家,市级入库229家,对接率95.08%,新增贷款余额21.9亿元。联合工行举办惠企特色金融产品推介会,覆盖工商联执委企业120多家。跟进解决问题。通过“联企e站”“政企早餐会”及专题协商、工作调度等多种渠道方式，及时协调解决企业困难问题。对涉营商环境投诉类问题，纳入市“两个畅通”工作机制督办落实清单。2023年，累计协调解决民营市场主体各类问题诉求655个，综合回复率100%。市工商联被省政府办公厅表彰为“全省中小企业成长工程先进单位”。

【组织建设】 推进示范创建。持续推进“四好”商会创建，指导加强所属商会改革和规范化建设。新成立商协会2家，吸纳发展所属商协会2家，指导7家所属商协会完成换届，58家乡镇（街道）商会全部完成登记。推行行业引领。推行市工商联企业家副主席副会长行业引领模式，按产业领域和行业关联度将企业家副主席副会长和执常委企业分组，由企业家副主席副会长牵头组织开展互动交流活动，加强优势互补，促进产业合作，引导行业规范有序发展。相关经验获评2023年全省工商联系统实践创新成果一等奖。加强商会党建。开展商会党建两个覆盖“百日攻坚”行动，加强所属商会和直属会员企业党组织规范化建设，创建党建示范点5家。坚持党建引领清廉民企建设，完善评价机制，全市培育清廉示范民企商会20家。省纪委监委《楚天风纪》对荆门市工商联、钟祥市工商联及3家民企推进清廉民企建设经验做法予以刊载宣传。

【承办第六届楚商大会楚商产业发展论坛暨新能源高峰论坛】 按照第六届楚商大会工作部署，荆门市会同省楚商联合会承办楚商产业发展论坛暨新能源高峰论坛专题活动。第十四届全国政协常委、经济委员会副主任马建堂，省政府副省长盛阅春，省楚商联合会会长、泰康保险集团创始人、董事长兼首席执行官陈东升，亿纬锂能股份有限公司董事长刘金成等重要领导和嘉宾出席活动，500名楚商精英、新能源产业领军企业家和专家学者共襄盛会。论坛活动签约项目27个、总投资357.6亿元。《人民日报》、新华社、新华网、《湖北日报》等各级主流媒体相继对此次活动进行宣传报道，综合浏览量近500万人次。

【承办全省“万企兴万村”行动（京山）现场交流会】 4月9日，全省“万企兴万村”行动现场交流会在泰康·京山农场举行。省委统战部副部长、省工商联党组书记庄光明主持会议。市委书记胡亚波欢迎词。省委常委、省委统战部部长宁咏，全国工商联社会服务部部长李飞，湖北省楚商联合会会长、泰康保险集团股份有限公司董事长陈东升等出席并讲话。省工商联主席、省总商会会长党蓁在会上宣读了《关于认定湖北省“万企兴万村”行动实验项目的通报》。荆门市泰康·京山农场、钟祥农青园艺室内高档盆栽花卉2个项目获全省首批“万企兴万村”行动实验项目认定。荆门市有5个项目上台签约，总投资56.8亿元。

【承办汉江流域城市工商联（总商会）第九次经贸交流联席会议】 9月24日至25日，汉江流域城市工商联（总商会）经贸交流联席会第九次会议在钟祥市召开。省工商联二级巡视员陈止戈，市委常委、市委统战部部长刘振军出席会议并讲话。来自汉江流域陕、豫、鄂3个省15个城市工商联的负责人和相关村企签约代表参会，开展工作交流，深化合作共建，推进“万企兴万村”行动向纵深发展。15对村企结对代表进行汉江流域城市“万企兴万村”行动重点项目签约，投资金额13.72亿元。

【发布2023荆门民营企业50强榜单】 经过企业自主申报、县市区动员把关、市直单位审核会商、市委市政府审核同意等环节，在11月1日第二届荆门“企业家日”活动中，市工商联发布2023荆门民营企业50强榜单。全市共有77家2022年度营业收入在2亿元以上的企业参与50强申报，其中50强企业2022年度营收总额1842亿元，50强入围门槛达4.36亿元。这是荆门市首次发布民营企业50强榜单。

【开展优秀民营企业家典型宣传】 配合荆门建市40周年主体活动，组

11月8日，第六届楚商大会楚商产业发展论坛暨新能源高峰论坛在武汉举行

（市工商联　供图）

织推荐、广泛宣传“40 年 · 40 人”经济发展突出贡献民营企业家 12 名。策划开展“走南闯北荆门人”专题宣传,全媒体传播亿纬锂能董事长刘金成、格林美董事长许开华等 20 多名在外打拼荆门籍成功人士和来荆创业发展优秀新荆门人先进事迹,大力营造尊商亲商重商浓厚氛围。

(市工商联)

群众团体

荆门市总工会

【概况】 2023年,市总工会坚持以习近平新时代中国特色社会主义思想和党的二十大精神为指导,认真贯彻落实市委和省总工会决策部署,坚持服务大局、服务职工、服务基层,聚焦主责主业,积极担当作为,着力推动全市工会工作干在实处、取得实效。

【政治思想引领】 持续深入开展党的二十大精神宣传宣讲。组织“先锋号”劳模(工匠)宣讲队,走进湖北大峪口公司、长城汽车、金虾河社区等企业和社区开展宣传宣讲活动32场。举办学习党的二十大精神暨工会新闻宣传信息通讯员培训班,120多名市直各产业(委、局)、大中型企事业及市直机关工会的相关代表参训。开展习近平新时代中国特色社会主义思想和全国工会十八大精神、省工会十四大精神宣传宣讲活动12场。举办以“中国梦·劳动美——建功示范区 当好主力军”为主题的全市职工(网络)宣讲比赛和以“奋进新征程 建功新时代”为主题的全市“欢庆五一·致敬劳动者”文艺会演。宣讲比赛线下决赛活动通过央视频、云上荆门等现场直播,在线观众16万人次。发动职工积极参与省总工会组织的“最美劳动者”摄影作品征集活动,市总工会获最佳组织奖,市实验小学田鹏的作品《点滴之“爱”》获一等奖。组织职工参加全省职工主题征文比赛,市总工会获优秀组织奖,葛洲坝钟祥水泥有限公司杨帆、刘啸、张传武的作品《让创新之光点亮企业前行灯塔》获特等奖。组织开展“玫瑰书香·悦读悦美”活动,优秀征文《怀念我妹》获全省一等奖。组织开展首届“最美劳动者”短视频创作大赛,在市总工会视频号陆续展播20期。开展2023年跨年迎新马拉松线上赛活动,2万多名职工参加。围绕荆门建市40周年,举办以“四十不惑·砥砺前行”为主题的2023年度荆门市职工全民健身赛事活动,涵盖羽毛球、乒乓球、网球、篮球和围棋等项目,仅市级赛事参赛人数近2000人。开通市总工会视频号,构建市级主流媒体和市总工会网站、微信公众号、视频号、《荆门职工》为主体的全方位传播矩阵。全年视频号编发视频105个,《工人日报》发稿5篇,中工网发稿24篇,《湖北日报》和长江云发稿6篇,39篇信息在省总工会网站发稿,163篇信息在市级各媒体播发。全市工会系统未发生负面舆情。

【激励干事创业】 激活产改工作动能。加强产业工人队伍建设改革典型项目建设,新洋丰科技股份有限公司作为省产改典型项目被授予湖北省五一劳动奖状。推荐命名1个省职工(劳模、工匠)创新工作室,打造10个荆门职工(劳模、工匠)创新工作室,补助创建资金15万元。宝得瑞“一种精细化籽油过滤装置”等2个项目获全省职工百优“五小”成果奖。开展劳动技能竞赛。组织开展第一届无人机操作员技能大赛、荆门新能源汽车产业集群劳动和技能竞赛等10多场竞赛,荆门新能源汽车产业集群劳动和技能竞赛在湖北卫视、湖北新闻黄金时间播出,《荆门市总工会以双“百千万”劳动和技能竞赛助推高质量发展》在《工友》和《荆门职工》杂志上刊发。开展“鄂有绝活”和省“工友杯”第六届职工创业创新大赛荆门分赛区初赛,市总工会获技能竞赛优秀组织奖,2个“双创”项目和1个“鄂有绝活”项目获得优秀奖,“交通工匠杯”职业技能竞赛获得个人、团体第1名。加强先进典型选树。组织推荐20名职工获得省劳动模范和先进工作者荣誉,评选表彰20个市五一劳动奖状、39名五一劳动奖章、21个工人先锋号。向第二届大国工匠创新交流大会暨大国工匠论坛申报论文,荆楚工匠皮志勇相关经验以图片和视频形式在湖北展区展览交流。营造劳动光荣氛围。分3批组织60名劳模和一线优秀职工疗休养。投入2.85万元体检经费,对19名全国劳模进行体检。下发5.432万元荣誉津贴,惠及56名破产改制退休劳模。在九派通客户端开设专栏,5月持续宣传劳模先进事迹;在《荆门日报》“工会园地”专栏、荆门广播电视台“工会之窗”专栏、《荆门晚报》“工会就在你身边”专栏,持续宣传劳模工匠先进典型事迹。

【维护职工合法权益】 依法推进集

体协商工作。开展百人以上建会企业集体协商和新就业形态劳动者群体集体协商,探索能级工资集体协商,全面提升集体协商工作质效。全市开展行业集体协商6个,覆盖企业63家,覆盖职工4755人;开展集体协商企业21家,覆盖职工2306人;正常经营、百人以上建会企业142家,已签订集体合同132家,集体合同建制率达93%。屈家岭五三机械有限公司集体协商案例入选《全省工会优秀集体协商案例选编》。钟祥"饿了么"集体协商工作经验做法,入选省总工会编印的《湖北工会特色亮点工作汇编》。全域推进"法院+工会""人社+工会"劳动争议诉调裁调对接工作。全年受理"法院+工会"劳动争议裁调对接事项247件,办结241件,调解成功156件,调解成功率65%,为劳动者挽回经济损失512.36万元。受理"人社+工会"劳动争议裁调对接事项82件,办结69件,调解成功51件,调解成功率74%,为劳动者挽回经济损失490.94万元。深入推进"尊法守法·携手筑梦"服务农民工公益服务行动。组建15支"暖新法律服务队",重点对接42家新就业形态劳动者集中的企业,开展普法和法治体检服务。各级工会开展"美好生活民法典相伴"等公益普法活动60余场次,发放法律宣传资料2万余份,累计解答职工法律咨询5000余人次,覆盖职工5万名。探索推进安全卫生防护"工具包"项目试点工作。联合市应急局、市卫健委印发《关于推广应用国际劳工组织中小企业职业安全卫生防护"工具包"的通知》,有序推进"工具包"项目试点工作。市总工会代表湖北工会系统就职业安全卫生防护工作在全国总工会专题会议上发言交流经验。积极推进"劳动关系和谐同行"专项行动。开展劳动关系和谐企业创建活动,全市市级以上和谐劳动关系企业295家,其中国家级3家、省级20家。钟祥市总工会刘家林获评2023年度湖北省金牌劳动关系协调员,沙洋县后港镇劳动争议调解争议服务站被列为全国第一批基层劳动关系公共服务样板站点培育单位。

【提升职工生活品质】 加大职工帮扶工作力度。筹资349.6万元向342个建档困难职工家庭发放生活救助、医疗救助和子女助学救助,筹资60万元帮扶300名荆襄磷矿困难职工。大力宣传"惠工卡",近5万名职工及其家属免费申领补充医疗保险。加大职工普惠服务力度。联合人社部门举办"春风行动"系列就业服务活动40余场次,推介优质岗位3万余个。分3批次为荆门供电公司、市民兵训练基地、亿纬小镇建筑工地等一线工人发放8万元清凉物资。开展工会救助和引入社会公益力量筹资195.25万元,帮助568名学子圆上学梦。筹集资金122万元开展"两节"送温暖活动,走访企业20余家,户外工作点位30余个,慰问困难职工(农民工)1385人次、新就业形态劳动者360人次。指导基层工会通过"i荆门"App参与助农消费,全年机关企事业单位采购脱贫地区农副产品1320余万元。举办"相约荆城 会聚良缘"青年职工交友联谊活动,吸引120余名单身青年职工现场参与、13万人在线观看。制发《关于落实为高层次人才购买荆英卡·文旅卡政策的通知》,引导相关单位工会为全市1381名高层次人才购买荆英卡·文旅卡。开展"女职工关爱行动",为50669人实施免费"两癌"筛查。加大服务阵地建设力度。因地因需制宜,采取与人社部门零工驿站、社区党群服务中心共建共享等多种途径,规范建设103个工会驿站并全部在高德地图上线,超额完成省总下达的目标任务,为职工提供纳凉歇脚、阅读充电、就业培训等多样化服务。掇刀区总工会《爱心驿站与零工驿站共建 让"小驿站"发挥"大作用"——荆门掇刀小广场爱心驿站》的视频,在湖北省总工会视频号展播。推荐掇刀区长坂坡社区"CBP加油站"参评全总"最美工会户外劳动者服务站点"。开展职工书屋示范点创建活动,新建1家省级职工书屋示范点,5家市级职工书屋示范点。开展爱心母婴室创建工作,新增"爱心母婴室"3个。建设市级"模范职工之家"11家、"共享职工之家"12家。推进市工人文化宫功能性改造项目,完成项目初步设计审批。谋划建设新的综合性运动场馆,完成项目建议书编制。加大社会组织服务力度。推进服务职工社会组织的孵化和联系引领工作,市县两级工会共联系引导劳动领域社会组织120家,服务范围涵盖劳动竞赛、心理咨询、安全培训等各大领域,指导其开展爱心粥屋、送电影下乡、相亲会等服务项目50多个。联合蓝天社工拍摄工会联系社会组织宣传片《回答》,扩大工会联系社会组织工作影响力。

【筑牢工会基层基础】 抓实"建会建家·共同缔造"行动。坚持党建引领,助力基层治理,制发《关于加强全市"小三级"工会建设的实施方案》,加快健全基层工会组织体系。市县两级工会召开"小三级"工会建设推进会11次。全市新建社区工会组织63家,村工会组织670家,全市70个乡镇(街道)、9个开发区(工业园区)、236个社区和1193个村已建立工会组织,乡镇(街道)、开发区(工业园区)、社区工会组织做到了全覆盖,村工会建会率达89%,其中Ⅰ类、Ⅱ类村做到了全覆盖。持续抓好新就业形态群体建会入会工作,全市新就业形态企业237家,建会221家,新就业形态工会组织建会率93%;新就业形态劳动者23953人,会员22755人,入会率95%。市总工会加强"小三级"工会组织建设的经验被省实践活动专班第32期简报刊发,并在全省"小三级"工会组织建设推进视频会议上作经验交流发言。沙洋县推进"小三级"工会建设经验被《湖北日报》

头版头条刊发。省委实践活动专班到荆门调研，对荆门市工会参与建设的东宝区南台社区共同缔造试点给予高度评价。抓实职代会制度规范化建设。全市202家国有企业已全部建立职代会和厂务公开民主管理制度。在119家百人以上非公有制企业中，109家建立了职代会制度和厂务公开制度，职代会建制率和厂务公开建制率92%。抓实智慧工会建设。强力推进“智慧工会”信息采集工作，全市各级工会开展培训200余次，“智慧工会”平台已录入工会组织4218家，录入会员350190人。掇刀区总工会在2023年“湖北工会”App全省工会干部培训班（第一期）上做交流发言。抓实工会经费审计。开展爱心母婴室、职工子女托管班、社会化工会工作者等专项资金专项审查。组织召开市总工会七届八次全会和荆门市工会第八次代表大会，配合省总工会开展湖北省工会第十四次代表大会有关筹备和组织工作。策划提炼机关党建品牌——“工心向党 播撒阳光”（简称“阳光工会”），以“支部进企业（社区）共映党旗红”“踏访红色足迹 赓续红色基因”等主题活动为载体，着力打造面向阳光、充满阳光、播撒阳光的“六型工会”（“伞”字型工会、暖心型工会等）。深入贯彻落实市委关于“提能力转作风抓落实”要求，持之以恒开展“岗位大练兵、作为大比拼”活动，以人人讲业务、专家辅导、周四夜学、知识竞赛等方式强化业务培训，着力补齐干部知识缺陷、能力短板、经验弱项。

（市总工会）

共青团荆门市委员会

【概况】 团市委坚持以习近平新时代中国特色社会主义思想为指导，贯彻落实中央、省、市群团改革要求，扎实推进共青团改革攻坚，全面提升共青团的引领力、组织力、服务力和大局贡献度，团的各项事业蓬勃发展。

【青少年思想政治引领】 强化青少年理论武装。持续开展“青年大学习”“红领巾爱学习”，全市参学97万人次，实现思想政治教育常态化，并在湖北省共青团宣传思想文化工作会上作交流发言。坚持“线上+线下”“大课+小课”“清单+点单”相结合，推进党的理论“青年化”阐释、“元素化”解析，组织青年宣讲团、红领巾巡讲团开展宣讲490场，覆盖3.7万余人次。做好团员和青年主题教育。坚持“一把钥匙开一把锁”，针对不同领域团员青年，“量身定制”团员和青年主题教育工作清单，依托“三会两制一课”机制和网上团课，深入推进四个专题学习，全面覆盖全市5268个团组织89397团员，覆盖率100%。讲好青春故事。积极选树青年五四奖章、“两红两优”、“向上向善好青年”等青年典型310名，举办优秀青年代表事迹分享活动10场，带动全市青少年弘扬和践行社会主义核心价值观。聚焦青年关注热点，不断创新宣传形式、丰富宣传内容，累计推送文章305篇，在国家级、省级主流媒体开展宣传30次，发布《青春为家乡代言·我是青年推荐官》微视频4期，总阅读量超百万人次。

【服务中心大局】 助力基层社会治理。助力高水平文明城市建设，在中心城区18个交通路口常态化开展文明交通劝导志愿服务，劝导不文明行为300余起，累计服务时长达3万小时。启动2023年荆门市“阳光少年”青少年儿童安全公益行项目，开展主题活动179场，覆盖青少年2万余名。完成2023中国公路自行车公开赛（湖北·荆门站）暨2023环漳河自行车赛志愿服务工作。全市有志愿服务队伍2276支34.3万人，全年志愿服务时长757万小时，人均服务时长位居全省第一。深入推进“共同缔造”。构建团组织引领，“青年社团、青年社会组织、青年志愿服务队、网上青年社群”协同的“1+4”团青组织体系，开展环境保护、困难帮扶、文明劝导等活动1000多场。对接华中科技大学、荆楚理工学院组建高校“共同缔造”青年实践队，强化智力支撑，参与3个村（社区）规划设计，助力共同缔造。深入推动青年创新创业。以市青年创业者协会为纽带，为创业青年提供交流学习、专业培训、项目孵化、资金扶持“一站式”“全流程”精准服务。实施“青创贷”“新农人”“大学生创业贷”等项目，累计发放创业贷款5663万元。举办“青年创业大讲堂”、青年创业论坛等各类培训40余场，培训创业青年2500人次。全力服务乡村振兴。聚焦全市农业产业化，实施乡村振兴青年耕耘行动，在全市遴选农村青年致富带头人，开展农村青年实用人才培训，组织农村电商直播带货。全年先后承接全国青联乡村振兴服务团走进荆门主题交流活动和全省农村青年致富带头人“特色种养”省级示范培训班。

【青少年成长发展】 搭建青年成长平台。出台荆门市“青年拔尖人才培养计划”，遴选首批60名各行业领域青年人才，给予专项培养支持。做好“博士服务团”到荆挂职联系协调工作，落实8名挂职博士工作生活保障，定期开展交流活动。举办菁英学子看家乡、高校学子看荆门等活动，组织1000名省内外大学生沉浸式体验荆门产业发展。强化青少年权益维护。发挥新时代希望工程育人功能，在全市建设青少年“希望家园”暑期班180个，招募志愿者600名，服务城乡儿童5000余名。在全省率先开展“希望家园·周末课堂”试点，创造性在企业园区开班设点，不断延长服务链条，相关工作被省实践活动简报刊登。开展“青少年服务季”活动，实施“希望伴飞”计划，完善“12355”青少年服务台建

7月2日,荆门市青少年"希望家园"暑期班启动仪式

（团市委　供图）

设,护航青少年健康成长,惠及21万名青少年。解决青年现实需求。打造"才聚荆门 一见'青'心"青年交友活动品牌,常态化开展青年联谊交友活动36场,覆盖青年2400余人。深入产业链重点企业,开展"扎根荆门 共促发展"沉浸式调研,了解企业青年员工现实需求,针对性解决青年问题困难,调研报告获市委书记批示。开展"下基层察民情 解民忧暖民心""三联五助""我为青年办实事"活动,开设"青年信箱",收集意见建议150多条,帮助解决问题20个。

【基层组织建设】 先后组织召开共青团荆门市第九次代表大会、中国少年先锋队荆门市第四次代表大会、荆门市青年联合会第六届委员会全体会议和荆门市学生联合会第四次代表大会,进一步凝聚奋进力量。纵深推进县域共青团基层组织改革。全方位加强改革工作指导、调度,推动县域共青团基层组织改革工作全域整体上台阶、争一流。钟祥市改革工作经验2次在全团进行交流分享,沙洋县、钟祥市改革工作在中期评估被团省委评为"好"等次,京山市改革典型案例在全省推广。大力夯实团的基层基础。落实团支部理论学习、组织生活、团员先进性评价、团员发展、对标定级、学社衔接各项要求,全年新发展团员6908人,团员发展核查100%;学社衔接率、升学衔接率99.9%。持续扩大社会领域团建覆盖,提升非公有制企业建团数量和质量,新成立社会领域团组织382家,超额完成建团目标。依托党建阵地、社会公益类空间场所等青年聚集阵地,在全市建设"青年之家"205个,建强共青团工作阵地。深化全面从严治团。纵深推进全面从严治团三年行动计划,联合市委纪委监委、市委组织部、市委直属机关工委印发《2023年全市年轻干部廉洁教育"八个一"活动方案》,举办年轻干部、团干部廉政教育短训班,进一步筑牢团干部拒腐防变思想防线。

【共青团荆门市第九次代表大会】 5月4日,共青团荆门市第九次代表大会开幕。团省委副书记蔡伟伟,市委常委、市委统战部部长刘振军出席开幕式并讲话。市人大常委会副主任任舒君、市政府副市长唐承凤、市政协副主席刘德舜出席开幕式。唐承凤主持会议并宣布大会开幕。团市委书记李立军代表共青团荆门市第八届委员会作题为《高举团旗跟党走 争做先锋建新功 为推动荆门"转型升级、跨越发展"贡献青春力量》的工作报告。会议选举产生共青团荆门市第九届委员会委员、候补委员,并表决通过关于工作报告的决议。随后,召开共青团荆门市委九届一次全会。会议选举产生共青团荆门市第九届常务委员会委员,李立军当选为共青团荆门市第九届委员会书记,雷莉、万少龙、侯婕(挂职)、吴优(兼职)、余为伟(兼职)当选为共青团荆门市第九届委员会副书记。

【全国青联、湖北青联农业农村界别学习党的二十大精神暨乡村振兴服务团走进荆门主题活动】 3月21日至23日,全国青联、湖北青联农业农村界别学习党的二十大精神暨乡村振兴服务团走进荆门主题活动举办,来自全国青联农业农村界别和湖北青联有关界别委员代表30余人,集中参加党的二十大精神专题辅导,组织召开学习贯彻全国"两会"精神座谈会,实地考察荆门市沙洋县、东宝区乡村振兴示范基地和招商项目,近距离感受荆楚大地乡村振兴的勃勃生机。为进一步发挥青联组织优势,汇聚青春力量,服务地方发展,共助乡村振兴,22日下午,"乡村振兴·青年耕耘"主题座谈暨荆门市乡村振兴招商引资项目推介会在荆门乡村振兴学院召开。全国青联副主席王萌萌,团省委书记周森锋,团省委副书记、省青联主席林桢栋,荆门市委常委、市委统战部部长刘振军出席,全国及省、市青联委员代表和荆门市创业青年150余人参加。

【荆门市青年联合会第六届委员会全体会议和荆门市学生联合会第四次代表大会】 11月24日,荆门市青年联合会第六届委员会全体会议和荆门市学生联合会第四次代表大会召开。市妇联党组书记、主席李玉泉代表群团部门致贺词。团市委书记、市青联五届主席李立军主持会议。市委常委、市委统战部部长刘振军在充分肯定市青联和市学联工作后指出，全市广大青年要坚定理想信念，在志存高远中锚定青春航向；要坚持求真务实，在勤奋学习中不负青春韶华；要矢志艰苦奋斗，在担当作为中展现青春风采；要引领文明新风，在修身立德中彰显青春本色。开幕会后，市青学联分别召开第二阶段会议，总结市青联五届委员会和市学联三届委员会工作，谋划今后五年市青联、市学联工作总体方向和工作任务；选举产生新一届市青联、市学联领导机构。

【荆门市青年创业者协会第二届会员大会】 12 月 21 日，荆门市青年创业者协会第二届会员大会在星球国际大酒店召开。市委常委、市委统战部部长刘振军出席大会闭幕式并讲话。第二届荆门市青年创业者协会全体会员参加会议。刘振军勉励广大青年创业者，要立场坚定有情怀，矢志奋斗有理想，坚持创新有追求，致富思源有担当，在推动科技创新、繁荣城乡经济、带动群众就业等方面发挥积极作用，成为推动经济社会发展蓬勃力量。

（团市委）

荆门市妇女联合会

【概况】 2023 年，市妇联坚持以习近平新时代中国特色社会主义思想为指导，全面贯彻党的二十大、省十二次党代会和市委九届五次全会精神，锚定“打造产业转型升级示范区”目标定位，团结带领全市广大妇女为全市经济社会高质量发展作出了积极贡献。

【筑牢干部思想根基】 围绕“学思想，强党性，重实践，建新功”总要求，深入开展学习贯彻习近平新时代中国特色社会主义思想主题教育。开展为期 7 天的专题读书班，班子成员各领办 1 个调研主题，形成 4 篇高质量调研报告，制定问题清单 3 个、高质量发展重难点问题清单 1 个，班子成员领办并完成民生实事 6 件，推动解决一批制约妇女儿童发展的问题。

【凝聚妇女奋进力量】 分层分类深化“巾帼大学习”“巾帼大宣讲”“巾帼大宣传”。学习贯彻党的二十大精神和习近平总书记关于妇女儿童和妇联工作重要论述，深入开展学习贯彻习近平新时代中国特色社会主义思想主题教育，切实将学习成效转化为坚定“两个确立”、做到“两个维护”。按照“广泛选种、精心育种、全面播种”工作思路，实现全市 65 个乡镇“红色种子”全覆盖，新培育广场舞骨干成员 1300 名，开展党的二十大精神等创新理论宣讲活动近千场次，覆盖妇女群众近 10 万人。用好新媒体矩阵发出“巾帼好声音”，办好“荆门市妇女联合会”微信公众号、视频号和网站，开辟巾帼大学习、你好妇代会、喜迎妇女十三大等专栏，组织“妇联好声音云接力”“党的二十大金句我来读”等活动，引领广大妇女跟党奋进新征程。

【激发妇女建功立业】 开展手工和家政技能培训 150 期，培训妇女群众 8000 余名，联合市总工会、市人社局举办家政技能大赛。围绕荆门高质量发展，开展“建功示范区 巾帼展风采”系列活动，引领全市广大女性立足岗位建功立业，开展争创“巾帼文明岗”、争做“巾帼建功标兵”、争建“巾帼建功先进集体”活动，选树优秀典型 100 个。推荐中国农谷科学研究院获评“全国巾帼文明岗”。开展市级巾帼科技创新工作室创建工作，梦阳药业等 10 家科技型企业（实验室）创建成功。推荐华中农业股份有限公司获评“全国巾帼现代农业科技示范基地”。实施“扎根荆门 共促发展”专项行动。深入亿纬动力、格林美、长城汽车等产业链重点企业开展沉浸式调研，帮助重点企业女职工解决联谊交友、成长发展、城市融入等问题，不断优化女职工成长和发展环境。

【彰显家庭文明力量】 持续打造“家美、家教、家礼、家廉、家和”示范，举办荆门市首届家庭文化节，发布“宜荆荆”都市圈“一路清风”清廉家庭宣传教育线路，创作《清风传家》主题歌曲、命名 10 个家风家教实践基地和清廉家庭宣传教育基地，选树全国最美家庭 1 户，荆楚最美家庭 1 户，荆楚书香家庭 5 户，市级“最美家庭”121 户。开展“树清廉家风 · 创最美家庭”家庭助廉活动。出台《荆门市深入推进清廉家庭建设与各清廉载体建设融合共建的实施方案》，形成清廉家庭“全域”共建格局。全面贯彻落实《家庭教育促进法》《湖北省家庭教育促进条例》。开展全市家庭教育现状调研，印发《荆门市家庭教育指导服务三年行动计划（2023 年—2025 年）》。联合挂牌成立荆门市家庭教育指导服务中心，组建家庭教育专家队伍 60 人。征集“万户家庭讲家风故事”优秀音视频 141 件。联合市教育局等部门评选全市中小学校“家书传家风 清风润万家”优秀主题作品 423 件。

【汇聚妇儿维权力量】 持续深化“建设法治荆门 · 巾帼在行动”活动，开展“三八”妇女维权周活动，开展反家暴、宪法宣传、禁毒防艾宣传累计 297 场次，发放资料 5 万余份。加大“以案说法”宣传力度，联合市中级人民法院开展荆门市维护妇女儿童合法权益典型案例征集发布活动。召开荆门市维护妇女儿童权益暨“平安家庭”建设组会议和维权重点工作推进会。落实好维权“五项机制”，打击性侵、家暴、拐卖妇女等严重侵犯妇女儿童权益的违法犯罪行为，围绕未成年人防性侵工作，组建 5 个督查组赴基层开展督查，深入 3610 个单位开展专项执法检查，下达整改书 489 份，开展专项宣传宣讲活动覆盖3.4万人次。推动婚姻家庭风险隐患早发现、早报告、早干预,市级家调委2023年受理案件337件,调解成功225件,市级“12338”热线接待来电来访382件,全部办结。开展“平安家庭”示范创建活动,推选6户家庭获评湖北省“平安家庭”示范户,21户获评市级“平安家庭”示范户。做实妇儿关爱。开展“写给城市管理者的一封信”儿童友好城市主题书信征集,倾听儿童心声,征集作品6000余份,358件获评省、市一二三等奖。关注女性健康,组织适龄妇女“两癌”免费筛查39.4万人,争取并发放“两癌”救助资金76万元。关爱留守儿童,实施“把爱带回家 暖童心护成长”“彩虹行动”等,结对帮扶留守困境儿童1104人,服务留守流动儿童12636人次。关心女大学生,实施“金凤工程”,为9名困难女大学生发放救助金4.5万元。

【夯实基层组织力量】 召开荆门市第八次妇女代表大会,选举产生市妇联新一届领导机构。全市1580个村(社区)实现100%村(社区)妇联主席进“两委”,100%村(居)委会配备女干部。深化实施“基层妇联领头雁培训计划”,分级分类培训赋能,举办妇女干部素质提升、“巾帼援疆行动 履职能力提升”荆精妇联领头雁培训等培训15期,培训各级妇女干部2430名。推进基层组织“破难行动”,制定《荆门市关于推进“十四五”时期妇联改革的实施方案》。构建“纵向到底、横向到边”基层组织体系,建立市、县、乡、村四级妇联组织1649个,“妇女之家”“妇女微家”1566个,妇女小组2742个,在新经济组织、新社会组织等领域中因地制宜建立各类妇女组织378个。实施“妇女之家效能提升行动”,开展妇女之家规范化建设和示范创建,评选市级示范妇女之家20个,选树省级“最美妇联人”1人、市级“最美妇联人”20名。深化共同缔造推进基层治理工作,在《中国妇女报》宣传京山市白谷洞村探索“妇女同心会”试点建设工作经验。深化“党员干部下基层察民情解民忧暖民心”实践活动,深入基层开展调查研究,收集民情民意,领办完成民生实事14件,形成调查报告4篇,提出有针对性意见建议和措施40余条。开展“执委进万家 姐妹回娘家”“巾帼敲门 暖心到家”行动,组织全市1.7万余名妇联执委、妇联干部走访慰问妇女群众26000人次,送出爱心物资3000余份,药品17万盒,价值近200万元。实施公益项目17个,投入资金35万元,服务近2万名妇女儿童。

【荆门市婚姻家庭辅导站揭牌】 2月22日,荆门市婚姻家庭教育辅导站揭牌仪式在东宝区人民法院城区法庭举行。

【纪念“三八”国际妇女节113周年暨优秀女性事迹宣讲活动】 3月7日,荆门市妇联在市妇女儿童活动中心举办“巾帼心向党 建功示范区”纪念“三八”国际妇女节113周年暨优秀女性事迹宣讲活动,市委常委、市委统战部部长刘振军,市人大常委会副主任丁萍,市政协副主席刘德舜出席活动。

【荆门市第八次妇女代表大会】 6月25日,荆门市第八次妇女代表大会召开。省妇联党组成员、副主席彭艳红,市委常委、统战部部长刘振军出席开幕式并讲话。市人大常委会副主任丁萍、市政府副市长刘国芳、市政协副主席刘德舜出席开幕式。

【“宜荆荆”都市圈“一路清风”清廉家庭宣传教育线路发布暨荆门市首届家庭文化节启动仪式】 12月20日,荆门市妇联牵头举办“宜荆荆”都市圈“一路清风”清廉家庭宣传教育线路发布即荆门市首届家庭文化节启动仪式。宜昌、荆州、荆门、恩施四地妇联主席共同点亮“一路清风”清廉家庭宣传教育线路。省妇联党组成员、副主席张莉君,市委常委、统战部部长刘振军出席活动并讲话。

(罗颖彤)

荆门市科学技术协会

【概况】 2023年,荆门市科协坚持以习近平新时代中国特色社会主义思想为指导,扎实开展主题教育,围绕“四服务”工作职责,主动作为、勇于担当,全面推动“三科一家”提质增效,为产业转型升级示范区建设提供人才和智力支持。

【擦亮“科创中国”品牌】 聚焦“科创+产业”,畅通科技供给与产业需求,将“科创中国”打造为科协服务企业发展与产业创新的重要载体,助力产业转型升级。发挥融通平台作用。建设“科创中国”数字平台,入驻专家1030人,入驻组织35个,发布科技成果1286项、技术人才服务需求710项,616项需求分配服务团对接。组建科技服务团和站点。先后与中国生物工程学会、中国国土经济学会、华中科技大学科协、湖北省激光学会签订科创中国试点城市建设合作协议。成立湖北麦麦农业科技有限公司、新洋丰农业科技股份有限公司2个海智工作站和中国国土经济学会荆门服务站等3个学会服务站,邀请12家科技服务团将荆门作为服务对象。广泛汇聚科创资源。举办乡村振兴百县千村工程活动、中国科协海智专家服务团助力湖北生物产业发展暨省科协2023年海智专家荆楚行活动、科创中国·智慧农业产学融合发展大会等6场大型活动。活动邀请36名院士专家进行学术报告和路演,68名专家教授参与洽谈交流,签订16项合作协议。科创中国·智慧农业产学融合发展大会入选2023年“科创中国”试点城市系列品牌活动项目,此

11月23日，科创中国·智慧农业产学融合发展大会签约仪式在荆门举行
（市科协　供图）

项目全国获批24个，湖北省仅1个。

【院士专家工作站运行管理】　按照好中选优的原则，新建湖北豆邦休闲食品有限公司专家工作站、湖北神地农业科贸有限公司专家工作站等5家省级专家工作站。开展“星光闪耀 聚才赋能”行动，对11家管理规范、成果转化突出的院士专家工作站评星定级，促进规范有序运行。

【课题研究学术交流】　邀请中国航空学会、华中科技大学、湖北省激光学会、荆楚理工学院等单位参与《关于提升我市企业科技创新能力的对策建议》《荆门低空产业路径研究及发展思考》等5个课题研究，整理汇编《2023年度荆门市最美科技工作者建言献策集》，为党委政府科学决策服务。支持高校和学会开展学术年会、学术交流，先后邀请俄罗斯自然科学院外籍院士胡文祥、爱丁堡大学万雷博士、中国化工学会监事长华炜等9名专家教授到荆作学术报告。邀请英国南安普顿大学教授王益华和荆楚理工学院教授到市医药企业进行交流。

【实施全民科学素质规划纲要】　调整、增补全民科学素质工作领导小组，建立健全市政府牵头、成员单位各司其职工作体系。完善综合协调、督查考核、经费投入和表彰奖励等工作机制。针对不同人群，组织开展科普“双百”、科普助力“双减”、产业工人技能提升等十大攻坚行动。开展科普讲座和科普志愿服务“双百”活动291场次，直接参与群众5.6万人次。

【加强科普能力建设】　做好科技馆免费开放工作，全年展厅开放267天，接待6.6万人次。构建“1＋N”科技馆体系，启动荆门市青少年科技馆改造和钟祥市科技馆新馆建设，市健康科普馆、城市规划展览馆等4个专业化场馆投入运营，全市确定23家小微科普馆打造科普教育联盟。评选京山市对节白蜡产业科普基地等5个样板特色产业基地，荆门市竹园小学等3个样板科普教育学校，沙洋县长林社区等5个样板科普惠民社区，发挥示范作用。壮大科普人才队伍，全市注册科技志愿队由26支增至95支，注册科普志愿服务者由1100人增至6400人。

【科普创新发展】　搭建多层面立体化“科普网”，运用“互联网＋”技术，拓宽科普范围。荆门科协抖音号上线运行，制作发布科普短视频37个，浏览量超过36万人次。联合市气象学会以及126所中小学校，开展新疆、河南、安徽等多省大型气象科普线上活动，吸引6万人观看。举办2023年荆门市科普知识网络竞答活动，累计38万人次踊跃参与答题。印发公民科学素质自测题系列读本3万册。引导中小学生开展科普实践活动，组织参加第九届全国青年科普创新实验暨作品大赛，参赛作品获评创意作品项目三等奖；参加第37届湖北省青少年科技创新大赛，推荐5件作品分获一、二、三等奖；组织参加2023湖北省科普短视频大赛，“探索火箭发射科学奥秘”获青少年组一等奖，荆门市科协被评为优秀组织单位。开展科技下乡活动，519名科技特派员深入田间地头开展惠农政策宣讲、技术服务。

【市科协第六次代表大会】　1月9日，荆门市科协第六次代表大会召开，208名代表参加会议。湖北省科协党组成员、副主席朱志斌以视频形式讲话；荆门市委常委、市委统战部部长刘振军出席开幕式并致辞。会议选举产生市科协新一届领导机构，审议通过荆门市科协第五届委员会工作报告、《荆门市科学技术协会实施〈中国科学技术协会章程〉细则》，宣读荆门市科协第六届委员会关于授予市科协名誉主席的决定和倡议书。

【“全国科技工作者日”活动】　举行2023年度荆门市“最美科技工作者”发布仪式，中国特种飞行器研究所前沿创新部部长、研究员王明振等20人获2023年度荆门市“最美科技工作者”称号。

（王红丽）

荆门市社会科学联合会

【概况】　召开学习贯彻党的二十大

精神座谈会、习近平文化思想学习交流会、第二届马克思主义专家座谈会、城市形象座谈会等多场专题研讨会，开展党的二十大精神理论宣讲20场次，编发理论阐释文章20余篇。在全省市州率先组建30人社科宣讲“轻骑兵”队伍，成员主要来自市社科联机关、高校、党校和社团优秀青年骨干，深入基层开展宣讲活动20多场次。其中，5名社科宣讲轻骑兵获评2022—2023年度优秀回乡志愿宣讲员。

【智库建设】 2023年，荆门市社科联智库课题立项数量33项，其中，与产业发展相关的课题占比60%，《荆门市农业产业组织联农带农富农调研报告》《荆门市人才引领驱动产业转型升级路径研究》等3篇报告得到市委书记批示，两篇报告通过湖北省社科联内刊上报省委、省政府。

【社团管理】 制定出台《市社科类社团意识形态“十不准”负面清单》，组织16个直属社科类社团学习。组织召开全市社科类社团工作会议，集中学习研讨习近平总书记在文化传承发展座谈会上的重要讲话精神。举办全市社科类社团主题教育推进会暨社团骨干培训班，推动市社科联主题教育走深走实。实行社团党建“四抓四促四早”工作方法，相关经验做法被市委组织部微信公众号“荆门基层党建”刊播。荆门市爱鸟文化研究会获评4A等级社会组织。

【调研成果】 6月至7月，荆门市社科联组织调研组先后赴常州、绍兴、宣城等地了解农村养老体系建设等情况，学习当地红色文化保护与传承经验，整理形成《推动农村养老服务体系建设 实现全体老年人享有基本养老服务》等多篇建设性成果。

【《市域治理积分制荆门探索》出版发行】 该书是荆门市10余年来持续打造“积分之城”实践总结和理论研究的首部专著，经中国文史出版社公开出版发行，被国内重点高校、新型智库收录。该书完整展现积分制理论指导市域治理实践、市域治理实践丰富积分制理论的全过程，是荆门市社科联挖掘荆门优秀文化、研究荆门发展实际、发出荆门社科声音、扩大荆门对外影响力的又一最新成果。

【社科联第五次代表大会】 3月23日，荆门市社会科学界联合会第五次代表大会召开。省社科联党组书记刘爱国出席会议并讲话，省社科院党组书记张忠家出席会议并致贺词，市委常委、市委宣传部部长徐莉出席会议并讲话。市人大常委会副主任舒君出席会议。市政协副主席、市社科联主席程彻作工作报告。会议表决产生新一届市社科联委员会，程彻当选为新一届荆门市社科联主席。

【荆门建市四十周年社科普及暨科普宣传周活动】 5月24日，荆门建市四十周年社科普及暨市第十二届科普宣传周活动启动仪式在龙泉公园举行。科普宣传周活动以“普及社会科学知识 提升全民人文素质”为主题，通过举办专题讲座、宣讲进基层、社科普及讲解员大赛以及“社科＋网络”宣传普及等形式多样的活动，推动党的创新理论和社会科学知识下基层。启动仪式上，市社科联党组书记祝海滨宣读省社科联党组书记刘爱国对荆门市首支社科宣讲轻骑兵队伍的勉励信，开展公关礼仪培训、社科知识竞答、全民健康养身、剪纸艺术普及、现场咨询等活动。

【团结社区被命名为湖北省社科普及教育示范基地】 12月5日，荆门市东宝区龙泉街道团结社区被湖北省社科联命名为“省级社会科学普及教育基地”。12月18日，湖北省社会科学联合会《关于公布2023年度省级社科普及示范基地的通报》，团结社区获评15家“湖北省社科普及示范基地”之一。

（刘婉亭）

5月24日，荆门市社科宣讲“轻骑兵”出征动员仪式

（市社科联　供图）

荆门市归国华侨联合会

【概况】 2023年5月，市委统战部、市侨联合署办公，在市委统战部增设侨胞联络科，承担侨联职能工作，

履行侨务工作职责。邀请省侨联党组书记、主席施政到荆宣讲第十一次全国归侨侨眷代表大会精神，采取举办读书会、绘制文化墙、制作宣传栏等多种形式，引领侨界群众坚定固守圆心，深化思想共识。开展侨情调查，对全市华侨华人、归侨侨眷和侨资企业、侨社团进行详细摸底，建立完善侨情数据库，做到了底数清、情况明、信息准。成立全市首个高校侨联组织——荆楚理工学院侨联，指导各级侨联开展“侨胞之家”典型选树活动，对已建“侨胞之家”提档升级，西门社区、月亮湖社区被确定为全省“侨胞之家”典型选树单位，相关经验做法在省委统战部简报上刊发。

【交流合作】 先后成立荆门市海外联谊会、市侨商联合会、市侨联青年委员会，同步建立澳门、美国、加拿大、日本、法国等地联络站，强化侨务及海外统战工作平台载体建设。举办“华创会荆门专场”，邀请70余名海内外侨胞侨领、企业家代表到荆参加，华创会期间签约引进招商项目16个，总投资176.5亿元，海外人才专场吸引22名留学博士与荆门市企业签约合作。开展“侨商侨领荆门行”活动，邀请巴西湖北联谊会访问团一行12人、意大利西部六省一市华侨华人联谊会一行7人到荆开展经贸交流合作。举办2023年荆门市侨界“侨联四海，情满中秋”联谊活动，开展“家乡的味道”“情浓端午 粽享欢乐”茶话会等主题活动，协助省侨联等有关部门开展“走近历史 纪行荆楚”2023海峡两岸青年考古研学营、“追迹中国”夏令营等活动，不断在经济文化交流中系牢情感纽带，相关经验被中央统战部《每日汇报》刊发。

【服务维权】 把“以侨为本、为侨服务”作为侨务工作出发点和落脚点，变“侨界群众跑腿办事”为“党员干部为侨跑腿办事”，优化涉侨行政审批流程，实行华侨回国定居、非华侨身份认定等事项“线下一次性办结”制度，赢得侨界群众普遍赞誉。完善《服务联系侨界群众》《“三个一”暖侨行动》等制度，全年走访调研侨企27家、走访慰问归侨侨眷102人次。持续实施“侨爱心工程”，为50名白内障患者进行免费手术治疗，帮助他们重见光明。成立全省地市级首家“检侨驿站”——东宝区西门社区“检侨驿站”，建立涉侨纠纷在线诉调对接入驻人民法院调解平台，通过组织庭审观摩、专题检察开放日、以案释法、在线调解等形式，不断提升维护归侨侨眷和海外侨胞合法权益工作的能力和水平。广泛发动侨务工作者和侨界群众参加全省涉侨法律法规网络知识竞赛，参与人数全省第二，总分排名全省第三，扩大涉侨法律法规的宣传面和知晓度。

（市委统战部）

荆门市文学艺术界联合会

【概况】 2023年，在市委领导下，市文联积极发挥党和政府联系文艺工作者的桥梁纽带作用，坚持“二为”方向，贯彻“双百”方针，充分发挥文学艺术“举旗帜、聚民心、育新人、兴文化、展形象”的使命任务，团结带领全市文艺工作者围绕中心、服务大局，为推动荆门高质量发展贡献文联智慧和力量。

市文联文艺资源开发利用再上新台阶。中国文联党组成员、副主席董耀鹏，中国书协主席孙晓云，省文联党组书记、常务副主席张士军，省文联党组成员、副主席马尚云，省文联党组成员、副主席王永平等领导先后到荆门调研指导工作、开展文艺活动。

【意识形态工作】 将意识形态工作纳入党组学习重要内容，结合学习宣传党的二十大精神和主题教育活动，组织干部集中学习15次，专题研究意识形态工作3次，通过领导班子成员上党课、廉政警示教育、下基层调研、座谈会、指导文艺活动等多种形式，向机关干部和市级文艺家协学会负责人传达意识形态工作有关文件精神。注重牢牢掌握意识形态工作主动权，每月召开会议，对文艺战线意识形态进行研判汇总，定期报送意识形态重大风险排查化解进展情况。落实意识形态阵地管控工作，按照信息公开程序发布信息，对市文联、市作协所办《作家林》杂志及县（市）区文联所办《掇刀文艺》《京山文学》《沙洋文艺》等文学杂志，严格执行三审意见制处理稿件，防止出现意识形态苗头性问题。制定干部包联协（学）会任务清单，对于各类文艺活动的开展从策划到实施进行严格指导把关。

【主题文艺活动】 围绕市委、市政府中心工作组织开展系列主题文艺活动。为深入学习贯彻党的二十大精神，组织策划书法、诗词、戏曲等20多场特色宣讲，推送300余件优秀文艺作品，让党的二十大精神飞入寻常百姓家。围绕打造产业转型升级示范区、荆门建市40周年，组织“我眼中的荆门”建市40周年摄影美术书法作品专展、建市40周年地标版图版画展、第三次硬笔书法作品展、建市40周年老干部书法绘画摄影展、“城市记忆”庆祝建市40周年美术作品展等展览，展出摄影书法美术作品近1000余幅。举办庆祝荆门建市40周年“著名作家、名刊主编荆门行”（“我为漳河写首诗”）、“奋进新时代 诗颂荆门”建市40周年诗词创作大赛，创作一批高质量主题诗歌，提升荆门辨识度、显示度。湖北省油菜花旅游节期间，组织文艺家开展油菜花旅游节文艺采风，开展以“楚韵水乡 花海沙洋”为主题的摄影大赛活动，组织编印《遇见沙洋》摄影作品集。围绕清廉

9月28日，“我眼中的荆门——建市40周年摄影美术书法作品展”开展

（市文联 供图）

建设，组织开展“清廉润心”主题诗词征文活动、“翰墨写清廉 光影耀沙洋”诗词书画摄影展、“清廉京山”文艺作品征集大赛等活动，让廉文化深入人心。围绕共同缔造，组织开展群众作品集《群众之声》征稿、评选、编辑及出版工作。围绕书香荆门建设，开展“4·23世界读书日 清廉书香伴成长”读书公益活动。

【文艺创作】 组织引导广大文艺工作者自觉坚持以人民为中心的创作导向，始终把出精品、出人才作为文联工作的重中之重，繁荣发展荆门文艺。出版《疼那么短 痛那么长》《钟祥大明三藩王》《代沟》等多部文学作品，在省级以上重点刊物发表文学作品500余篇。小说《公道在人心》《苍耳》《穷的不是命》等在全国性征文比赛中获奖。近300幅美术作品入选各级展览并获奖，其中版画《大工业时代 NO.1》、水彩画《生命之器》、油画《光阴的故事》等入选国家级展赛。蒯冲、张传松、黎志华等6位摄影家摄影作品入选2023年第三十届湖北省摄影艺术展。胡小锋书法作品入选中国书协主办的全国第三届书法临帖展，余天军、李敏、谢红兵等近20人书法作品入选尚意·湖北省第二届行草书法作品展。舞蹈作品《恋爱的犀牛》参加湖北省中青年艺术表演人才大赛暨新人新作展演，舞蹈《万泉河水》《灼灼千姿》等在“金蕾杯”少儿国风艺术展演、2023桃李杯少儿舞蹈比赛中获奖。大型现代花鼓戏《老家》入选2023年湖北省文艺精品创作扶持项目。亚芬作词、洪凯作曲的歌曲《听见中国》（段友芳首唱），获批“2023年度国家艺术基金资助项目”，《红领巾向太阳》《最美中国》《潮涌长江》等获国家级省级奖项，歌词作品《春暖花开》《巴王寨》《春风化正雨》等发表于《词刊》《歌曲》等国家级刊物。推荐王雄、孙军、孙兵、周红生、邓妮娜、赵友农、官琼梅7名会员加入国家级协会。

【文艺惠民】 始终把丰富人民群众的精神文化生活放在首位，广泛开展形式多样的文艺惠民活动。全年组织20余支文艺志愿者服务队伍，深入开展文艺“六进”（进农村、进社区、进学校、进企业、进机关、进军营），做到文艺充分满足人民需求，文艺的成果由人民共享。开展“文明盈门、福送万家”万副春联大拜年、省文联举办的“幸福生活 共同缔造”荆楚红色文艺轻骑兵助力乡村振兴文艺惠民演出走进钟祥、“助力乡村振兴 共建大美沙洋”公益墙绘，以及戏曲进乡村，传统民间文艺面塑艺术进校园，书画艺术、剪纸艺术、红色收藏进社区等活动40余场次，10万多名群众受益。文艺惠民成果丰硕，夏鹏飞、毛鹤林被湖北省文联表彰为第八届湖北省优秀文艺志愿者。

【油菜花旅游节文艺采风活动】 3月18日，2023年湖北省油菜花节暨荆门·沙洋第十五届油菜花旅游节在沙洋油菜花基地隆重开幕，市文联联合沙洋县文联举办2023年油菜花旅游节文艺采风活动，组织荆门市作协、市美协、市摄协近20名文艺家赴沙洋县曾集镇张池农耕体验园油菜花基地采风交流，采风作品被择优发表在《荆门晚报》《荆门日报》《作家林》等报刊杂志上。

【市文联第六次代表大会】 4月26日，荆门市文学艺术界联合会第六次代表大会召开。省文联党组书记、常务副主席张士军，市委常委、市委宣传部部长徐莉出席会议并讲话。市人大常委会副主任刘启华、市政协副主席刘德舜出席会议。会议审议通过市文联第五届委员会所作的工作报告、《荆门市文学艺术界联合会章程（修改章程）》，选举产生市文联第六届委员会委员、主席、副主席、秘书长。

【我眼中的荆门——建市40周年摄影美术书法作品展】 9月28日，由市委宣传部、市文联主办，市摄影家协会、市美术家协会、市书法家协会、市城市公园管理处协办的“我眼中的荆门——建市40周年摄影美术书法作品展”在龙泉公园拉开帷幕。展览为期11天，展出摄影作品216幅、美术作品80幅、书法作品54幅，参展作品题材广泛，涉及自然风光、人文景观、城市变化、经济社会发展等内容，从不同视角讲述荆门动人故事，描绘人民幸福生活，反映建市 40 年取得的成就。

（余欢欢）

荆门市残疾人联合会

【概况】 2023 年，全市残疾人工作坚持以习近平新时代中国特色社会主义思想为指导，深入学习贯彻党的二十大精神和习近平总书记关于残疾人事业的重要指示批示精神，全面贯彻落实中国残联、省残联八代会精神，围绕市委、市政府决策部署，聚焦重点、精准施策，以更高标准提升服务水平、更大力度保障残疾人权益，有力推进全市残疾人事业全面发展，为全市经济社会高质量发展作出积极贡献，残疾人获得感幸福感安全感显著提升。

【残疾人社会保障】 做好困难残疾人生活救助，走访慰问困难残疾人 2381 户，发放慰问金及物资总计 134.53 万元。加强部门配合，做好“两项补贴”“跨省通办”“全程网办”工作，全市 1.61 万名残疾人享受困难生活补贴，3.74 万名残疾人享受重度护理补贴。实施“阳光家园计划”，为 1066 名就业年龄段智力、精神和重度肢体残疾人提供托养服务。

【残疾人就业创业】 制定《荆门市残疾人就业创业服务攻坚提升行动实施方案》，大力抓好就业创业扶持、辅助性就业、农村就业帮扶、盲人按摩管理、职业技能提升等工作，落实个人就业创业扶持、辅助性就业机构补贴、超比例安排残疾人就业奖励等扶持政策，促进 1000 多名残疾人稳定就业。推进分散按比例和集中就业，对 392 人次分散按比例安排就业、超比例安排以及集中就业单位给予奖励补贴，扶持 2 家集中安残单位。成立荆门市残疾人就业创业孵化基地、残疾人文创基地，试点成立掇刀区残疾人农创产品促进会，为残疾人就业创业提供更广阔平台。其中，文创基地辅助性就业经验《培育文创产业 打开助残增收新局面》在《中国残疾人》杂志刊登。推进“农机创业路 自强借东风”农村残疾人就业帮扶，中国残联先后两次到荆门专题调研给予充分肯定。

【残疾人民生服务】 推进民生实事，做好“为全市 3960 名持证残疾人提供基本型辅助器具适配服务、为困难残疾人家庭实施无障碍改造 240 户”工作。以民生实事为依托，在青山社区、黑豹辅具等建立 4 个爱心辅具驿站，辐射服务城区 1.3 万名残疾人。推进“互联网 + 辅助器具服务”，通过“线下体验、线上下单”方式，为全市 4419 名残疾人开展适配服务。推进无障碍环境建设，将落实无障碍督导、残疾人家庭无障碍改造、信息无障碍同时发力、同步推进。会同市住建局等部门参加《畅通工程“荆”天办》节目，联合开展无障碍督导，解决无障碍热点问题 10 多个。做实做细残疾人家庭无障碍改造项目，打造“量身定制”“一户一册”适配方案，完成改造任务 469 户，提升残疾人居家生活质量。与联通公司签署战略合作协议，推出惠残专属套餐，满足残疾人信息交流无障碍需求。

落实残疾儿童康复救助和残疾儿童生活补助制度，为 1110 名 0—14 岁残疾儿童实施康复救助和发放生活补贴。结合残疾预防日、爱眼日、爱耳日等节点，运用短视频、公益广告、图片展等形式开展残疾预防宣传教育活动，提升社会各界残疾预防意识。残疾人教育方面，推动随班就读保障支持体系建设，做好“一人一案”送教上门服务等工作。在荆门市石化第一小学开展融合教育试点建设，残疾儿童少年融合教育得到有效发展。实施“圆梦助学”残疾学生资助项目，对 22 名考取普通高等院校的残疾人大学生、研究生给予入学资助，发放助学资金 7.1 万元。

【残疾人文化生活】 成立荆门市残疾人文化艺术协会，创办残疾人文创基地，吸纳青年画家吴金洁、省级残疾人工匠曾祥兵等艺术人才，为残疾人搭建起高质量、多元化的文化交流平台。组织开展“残疾人文化进家庭五个一”“残疾人文化周”“康复体育进家庭”“冰雪运动季”等活动，残疾人精神文化生活不断丰富。组队参加省第十一次残运会，勇夺 82 枚奖牌，游泳项目居金牌榜第一。做好省残疾人游泳基地服务保障工作，培养选送运动员袁伟译在杭州亚运会勇夺二金一银二铜，有效促进残疾人平等参与、融合共享。

【残疾人权益保障】 完善残疾人权益保障法律法规体系，做好残疾人法律援助、司法保护、法律服务、残疾人信访等工作，守牢残疾人领域重大风险。开展残疾人保障法、残疾人就业条例、残疾预防和残疾人康复条例等法治教育、普法宣传，提升残疾人依法维权的意识和能力。注重残疾人矛盾纠纷排查化解，处理残疾人信访 110 件人次，办结率和群众满意率 100%。落实残疾人公交爱心卡政策，有效维护残疾人合法权益。

【残疾人事业宣传】 弘扬社会主义核心价值观，讲好荆门残疾人故事，传播残疾人事业声音，开展全国助残日、残疾预防等专题专版宣传。办好荆门残联微信公众号和网站，开通抖音和视频号，利用新媒体平台用短视频形式将党的声音、政策法规、残联形象等向公众传播，残疾人事业传播力、影响力得到有效提升。市残联党组成员何军权被荆门市委评选为“40 年 · 40 人”突出贡献个人，并作为优秀代表受邀参加杭州亚残运会火炬传递活动。培育助残志愿服务项目，打造“圆梦爱心帮扶会”“荆门义工联”等一批有影响力的助残组织。荆门市义工联申报的助残服务项目“心手相牵 共享阳光”获湖北省“关爱我的残疾人兄弟姐妹”志愿助残服务大赛三类项目资助。开展“学雷锋纪念日”畅游圆博园、“心手相牵 共享阳光”荆门市第二届轮椅马拉松比赛等20多场次阳光助残志愿活动,服务残疾人2000余人次,形成志愿助残向上向善的良好社会风尚。

【残联组织建设】 按照中国残联章程和省残联要求,严格换届程序和选举办法,召开市残联第七次代表大会。各级残联、基层组织进一步健全,干部队伍得到充实。推进“残疾人之家”建设,全市打造东门社区、幸福社区两家省级示范“残疾人之家”,服务近百名残疾人,“残疾人之家”成为残疾朋友温暖的港湾。各专门协会积极组织本类别残疾人开展形式多样的活动和服务项目,组织活力不断增强,有效促进残疾人社会融合。深化“互联网+政务服务”,简化残疾人证办理、政务服务流程,实现办事“只跑一次”,为残疾人提供优质便捷的暖心服务。

(龙慧玲)

荆门市红十字会

【概况】 2023年,市红十字会紧紧围绕市委、市政府决策部署,坚持以打造“群众身边的红十字会”为目标,扎实推进主责主业,全面抓好年初目标实现,红十字改革、应急救护培训、基层组织建设等核心业务在全省先后7次作经验交流,全省县域红十字会基层组织建设现场会在荆门召开,市领导多次对红十字工作作出肯定批示。

【机构改革】 坚持高位推进红十字会改革,市委召开常委会听取红十字会工作汇报,研究解决红十字会改革发展重大问题,全面推动各项改革任务落地。市、县(市、区)红十字会全部按期召开会员代表大会选举产生新一届红十字会理事会和监事会,全部配备专职副监事长,制定出台《红十字会理事会工作规则(试行)》《红十字会监事会工作规则(试行)》,召开理事会工作会和监事会工作会,理事会决策、执委会执行、监事会监督的新型治理体系有效运行。推进信息化建设,拓展红十字会官网官微功能,加强内网建设,数字化红十字会建设稳步推进。

【基层组织建设】 探索出台《荆门市红十字会基层组织设置办法及运行机制》《荆门市红十字会基层组织“四个基本”建设方案》《荆门市红十字会基层组织议事规则》《荆门市红十字基层组织重点公共服务事项清单》《荆门市红十字会基层组织建设实务指南》,推进红十字会基层组织科学化、规范化、标准化建设,全市建立各类基层组织2186个,其中,全市乡镇(街道)、村(社区)、学校、医院、机关、事业单位100%建立红十字会,市、各县(市、区)教育和卫生健康部门全部成立行业红十字会。荆门、钟祥基层组织建设经验,先后两次被中国红十字总会专题报道。

【救护培训】 统筹推进应急救护培训“进社区、进农村、进机关、进企业、进学校、进军营”“六进”活动,利用“5·8”世界红十字日、“5·12”防灾减灾日、“9·9”公益日、“12·5”世界志愿者日等重大纪念日,举办应急救护培训专场,在云上荆门、直播荆门抖音开展“掌握急救知识,创造幸福生活”应急救护知识培训线上直播活动,线上参与人数4.75万人,“人人学急救,急救为人人”的理念广泛传播。全年宣讲应急救护知识83506人次(超省定任务29506人次),救护员培训7480人(超省定任务780人)。

【阵地建设】 采取市县联动筹资方式,在东宝区建立应急救护培训基地,在东宝第一福利院建立“博爱卫生室”,在掇刀区建设“博爱驿站”,在4个城市社区建立“博爱家园”,在车站、商场、景区、公园等人口密集公共场所投放自动体外除颤仪182台。依托阵地开展应急救护知

8月23日,全省县域红十字会基层组织建设现场会在荆门召开

(市红十字会 供图)

识培训，提供突发事件应急处理，组织人道服务公益活动，传播红十字精神与文化等，有力助推“健康荆门”建设和文明典范城市创建工作。

【志愿活动】 广泛招募、吸引社会各阶层、各行业人员加入红十字志愿者队伍，在中国红十字会志愿服务信息平台、荆楚志愿红平台新增注册红十字志愿者1707人、团体会员53个，个人会员1128人，建立具有特色的红十字志愿服务队47支。全年深入社区、农村组织开展“博爱暖夕阳”“让健康与爱同行”“微光行动、益起筑爱”和2023环漳河中国公路自行车公开赛等红十字志愿服务活动80多场，先后有3个红十字志愿服务集体获评全国先进集体，4人获评全国优秀红十字志愿者。

【“三献”工作】 在无偿献血上，组织开展无偿献血志愿活动100多场次，组织红十字志愿者6000余人次参与无偿献血，发放宣传资料5000余份，全市无偿献血26932人次，献血量达8721300毫升。在造血干细胞捐献上，新增造血干细胞捐献志愿者血样入库324人（超额完成320例省定指标任务），全年回访捐献志愿者3970人次，电话沟通4000多次，造血干细胞累计捐献成功35例。在人体器官捐献和遗体捐献上，面向社会大力宣传《人体器官捐献和遗体捐献条例》，加强人体器官捐献志愿登记培训，全市登记自愿捐献人体器官1647例（超额完成省定任务），收集潜在人体器官捐献信息45例，实现捐献7例，登记自愿捐献遗体35例，实现捐献1例。

【筹资帮扶】 着力攻坚克难，加强人道筹资工作，全市筹集资金和物资2135.21万元（资金1775.18万元，物资约360.03万元），提前完成省红十字会下达的420万元任务。其中，在第二届“湖北数字公益节”活动中，市县两级募集3.75万余元捐赠资金；拜访大中型企业募集39.12万元；“9·9”公益日期间线上筹集20.73万元，线下筹集4万元。加强人道帮扶，实施“失智老人”关爱项目，为400多名失智老人送去4200多件护理用品和慰问物资。开展“博爱送万家”活动，为450户困难群众家庭发放装有食用油、大米、毛毯等物资的“博爱家庭包”。

（袁　静）

荆门市计划生育协会

【概况】 2023年，荆门市计划生育协会深入学习党的二十大精神，认真贯彻落实习近平总书记关于卫生计生工作的重要指示批示精神，围绕服务人口和卫生健康工作，着力开展基层建设、家庭健康服务等重点工作，充分发挥群团组织作用。

【宣传服务】 加强面向社会宣传力度，全市计生协会组织通过线上线下多种渠道，结合学习宣传贯彻党的二十大精神和优生优育相关政策措施，开展群众喜闻乐见的宣传活动。5月中旬，市计生协会联合荆楚理工学院开展青春健康同伴教育暨“5·29”会员活动日宣传服务活动，为230多名学生开展“护航青春 助力成长”的青春健康同伴教育活动。市计生协会与东宝区计生协会联合开展“优生优育健康知识进社区”暨“5·29”会员活动日，组织专家宣讲优生优育、生殖健康等方面的知识。全年全市市、县两级计生协会开展线下宣传教育活动50多场，印发宣传资料5万多份。加大向《人生》杂志、省计生协会信息报送力度，推进基层会员关注中国计生协和省计生协微信公众号，增强新闻媒体宣传教育效果。掇刀区和漳河新区计生协会等单位及个人获得2023年度省计生协会宣传工作通报表扬。

【基层建设】 按照2023年全省计生协会“基层建设年”工作要求，各县、乡计生协会畅通参与社会治理、服务乡村振兴、建功共同缔造的渠道，提升乡、村级计生协会参与基层社会治理能力。沙洋县计生协会被省计生协会确定为首批“湖北省新时代计生协会综合发展先行区建设试点单位”，为全市深化计生协会改革起到示范引领作用。6月中旬，市计生协会组织市、县（市、区）计生协会及项目负责人等20余人，先后赴武汉、黄石、仙桃、荆州等地学习考察家庭健康促进项目建设工作。推动县乡级基层协会组织设置、活动方式和服务模式创新，督促县、乡、村级协会组织开展换届工作，全市7个县（市、区）有62个乡级和1227个村级计生协会完成换届选举工作。组织实施基层卫生健康服务队伍能力建设项目，向基层推广使用家庭健康指导员培训教材，开展家庭健康指导员培训工作，全市市、县、乡三级累计培训2351名家庭健康指导员并颁发证书。

【走访慰问】 全市各级计生协会持续组织开展走访慰问活动，2023年春节和中秋节前后，市、县两级计生协会会同志愿者集中走访慰问计生特殊家庭、“三留守”家庭和基层困难计生干部等重点对象。市计生协会累计走访48户重点对象，详细了解走访对象身体状况和生活情况，要求村（社区）加强与当地卫生医疗机构联动，做好计生特殊家庭和“三留守”家庭个人防护和老年重症患者及时救治工作。

【计生保险】 全市各级计生协会干部积极推进计生系列保险工作落实落地，把计生系列保险作为为计生家庭排忧解难、提供服务的有效途径。市计生协会会同市卫生健康委联合印发《关于做好2023年度计划生育系列保险工作的通知》,全年为637户计生家庭理赔147.43万元,有效增强计生家庭抵御意外风险的能力,为构建和谐社会起到积极促进作用。

【暖心行动】 市卫健委联合市计生协会印发《关于深入开展“暖心行动”实施方案》,要求将计划生育特殊家庭帮扶工作作为新时期优化生育政策促进人口长期均衡发展的一项重要内容,为计划生育特殊家庭提供全方位帮扶,到2025年实现“暖心行动”关怀帮扶工作规范化、制度化、常态化的任务目标。各地深入推进“暖心行动”活动,各县(市、区)计生协会累计组织“暖心家园”活动28场,计生特殊家庭成员参加活动317人次。

【优生优育】 全市实施2个省计生协会“优生优育指导中心”项目(荆门市妇幼保健院和京山市妇幼保健院分别实施)和2个“向日葵亲子小屋”项目(钟祥市石牌镇儿童服务中心和掇刀区白庙街道官堰社区分别实施)。其中,省计生协会“优生优育指导中心”项目定期开设儿童早期发展课程、家长课堂和妇幼健康讲座,开办丰富多彩的孕校课程,为准妈妈提供科学、权威的育儿知识,通过医教结合早教课程,针对婴幼儿神经心理发育特点开展“一对一”指导。“向日葵亲子小屋”项目结合“优生优育进万家”活动,组织开展丰富多彩的亲子活动,开展入户指导和干预服务。

【青春健康】 荆楚理工学院在继续实施省计生协会“青春健康·同伴教育”项目的基础上,成功申报实施省计生协会“青春健康·沟通之道”项目。11月中旬,市计生协会与荆楚理工学院联合举办省计生协会家庭健康促进行动荆门项目启动仪式暨“青春健康·沟通之道”师资培训班。荆楚理工学院先后在本学院及钟祥市石牌中学、东宝区文峰中学等8所大中专学校举办知识讲座和专场活动15场,直接参与人数3300人次。

【家庭健康】 东宝区龙泉街道塔影社区申报实施省计生协会“家庭健康服务中心”项目,通过整合社会资源、优化布局,建设约220平方米的家庭健康服务活动中心,组建7支志愿服务队,招募志愿者100余名,选派5人参加中医健康养老护理员培训,先后为130名婴幼儿提供早期教育、临时托育等专业服务,为21名留守儿童提供暑期课业辅导,为50余名务工子女提供“红领巾”讲堂活动,组织开展“关爱女性呵护健康”“关爱银龄守护健康”“优生优育健康知识进社区”等16场主题活动,1200余人享受健康服务。该项目受到社区周边居民热烈欢迎并积极参与,取得良好的宣教及社会效益。12月,塔影社区代表就该项目实施在全省计生协会工作会上作典型交流发言。

(赵　燕)

法　　治

地方立法工作

【人大立法工作】 2023年，坚持重大立法事项报市委研究审定，先后向市委专题报告2023年度立法计划编制情况、长湖保护协同立法工作情况、地方性法规集中修改情况、全省立法工作会议精神等。为贯彻落实省委关于区域协同立法的工作要求，报请市委同意将《荆门市沮漳河流域水环境保护条例》增列为2023年度立法计划审议项目。充分发挥市人大常委会党组把方向、管大局、保落实的重要作用，常委会党组会议多次听取立法计划编制和实施情况、备案审查工作情况，常委会主要领导和分管领导多次领衔开展立法项目专题调研，协调解决立法中的重大问题。

按照2023年度立法计划安排，积极开展立法项目的调研、论证、修改、评估、审议、表决等工作。《荆门市人民代表大会常务委员会关于集中修改部分地方性法规的决定》已由荆门市第十届人民代表大会常务委员会第十三次会议于2023年8月24日通过，并经湖北省第十四届人民代表大会常务委员会第五次会议于2023年9月27日批准，于2023年11月3日起施行。《荆门市长湖保护条例》已由荆门市第十届人民代表大会常务委员会第十四次会议于2023年10月31日通过，并经湖北省第十四届人民代表大会常务委员会第六次会议于2023年12月1日批准，将于2024年3月1日起施行。12月15日，对《荆门市沮漳河流域水环境保护条例》《荆门市城市餐厨油烟污染防治条例》进行了第一次审议。

坚持在立法工作中践行全过程人民民主，以实现人民对社会治理的有序参与。通过发函、公告等方式，广泛征求省人大常委会法工委，市“一府一委两院”，市直单位，县（市、区）人大常委会，漳河新区、屈家岭管理区党工委，基层立法联系点，市人大常委会立法顾问、立法咨询专家，市人大代表等各方面关于长湖保护条例、集中修改部分地方性法规决定等法规草案的意见建议，对收集到的500余条意见，逐条梳理研究，形成了5份近10万字的研究报告。组织立法调研组赴云南、江苏等地学习湖泊保护立法等工作经验；组织立法工作专班到市人大代表龙泉小组，听取部分代表对长湖保护条例草案文本的修改建议；召开4次专题座谈会，听取市直有关单位、流域所在地县级政府关于长湖管理机构设置、绿色发展等内容的意见建议；联合市委统战部召开立法协商座谈会，征求工商联、各民主党派、无党派代表人士对长湖保护条例草案文本的意见建议。在法规表决前，分别委托省地方立法研究和人才培养基地中南民族大学、华中科技大学对集中修改部分地方性法规的决定草案文本、长湖保护条例草案文本开展立法中评估，认真研究吸收专家评估意见。在编制2024年度立法计划过程中，组织召开评估会，邀请市人大有关专委会、部分立法咨询专家和市人大代表对立法计划建议项目的合法性、可行性等进行评估。

全年向省人大常委会报送3件规范性文件、1部地方性法规备案。依法接收制定机关报送备案的规范性文件20件，办理公民书面提出的审查建议4件，督促相关单位纠正《钟祥市残疾人两项补贴实施方案》等3件规范性文件，对7件规范性文件作废止或者宣布失效处理。不断总结备案审查工作经验，备案审查“荆门经验”入选《备案审查研究》一书，案例被《法治日报》宣传报道，市县两级备案审查工作经验在全省人大系统推介，开创了中省媒体、平台齐点赞的新局面。编印《荆门市人大常委会规范性文件备案审查工作制度汇编》，推动规范性文件备案审查工作制度化、规范化、标准化。

（市人大常委会办公室）

【行政立法工作】 市政府向市人大常委会提交《荆门市城市餐饮油烟污染防治条例（草案）》《荆门市沮漳河流域水环境保护条例（草案）》2部法规议案，出台政府规章《荆门市户外广告和招牌设置管理办法》。市司法局围绕市人大常委会、市人民政府2023年立法计划，认真做好统筹协调、督促指导、调研论证、审查修改等工作。起草《荆门市人民政府2023年规章立法计划》,6月28日提请市委全面依法治市委员会第五次会议审议通过,报市政府研究同意后以市政府办公室名义印发。督促指导市生态环境局、市城管委按时间节点做好《荆门市城市餐饮油烟污染防治条例》《荆门市沮漳河流域水环境保护条例》《荆门市户外广告和招牌设置管理办法》草案起草阶段的调研论证、参阅件编制、征求意见、草案送审稿报送等工作。在法规、规章草案审修过程中,通过报纸、网站、移动客户端等渠道发布公开征求意见稿和说明,征求意见时间不少于30日。深入调查研究,采取实地考察、走访调研、召开立法审查会、调研座谈会等多种方式,开展专题调研16次。10月11日,召开《荆门市城市餐饮油烟污染防治条例》专家论证会;12月7日,召开《荆门市户外广告和招牌设置管理办法》专家论证会。严格按照立法法、规章制定程序条例规定,重点把牢行政许可、行政强制、行政处罚等关口,确保法规、规章草案符合宪法法律和有关上位法规定,同时注重体现地方特色,合理安排结构和篇幅,提高立法针对性、有效性和可操作性。开展涉及行政复议的政府规章清理工作,清理政府规章6件。

(市司法局)

政法委与综治

【概况】 2023年,全市政法机关坚持以习近平新时代中国特色社会主义思想为指导,深入贯彻落实习近平法治思想,全面贯彻落实中央决策部署和省委、市委工作要求,围绕年初确定的7个政法创新项目、23项重点工作、72项目标任务,守牢政治底线,全力维护社会大局稳定,持续提升矛盾纠纷防范化解法治化水平,努力建设更高水平的平安荆门、法治荆门,为加快"转型升级、跨越发展"贡献政法力量。

【防范化解风险】 全面开展社会稳定风险评估,共开展社会稳定风险评估207件,准予实施206件,暂缓实施1件。开展涉法涉诉重复信访专项治理,省委政法委交办荆门涉法涉诉信访积案22件,其中法院19件、检察1件、公安2件,已全部化解。2023年发放司法救助资金201万元,涉及救助案件70件73人,其中,公安机关救助12件12人、救助金额31万元;检察机关救助17件18人、救助金额49万元;审判机关救助37件39人、救助金额107万元;司法机关救助4件4人、救助金额14万元。开展预防未成年人违法犯罪、命案防范工作、县域交通安全管理约谈警示,多层级开展治安乱点、交通险点、危爆行业滚动挂牌整治,最大限度消除风险隐患。市县两级分层分级开展涉稳风险清单动态管理,对重点领域、重点行业、重点部位开展拉网式、滚动式排查,建立健全风险清单,常态化推动风险清单一月一更新、一月一销号。围绕提升人民群众安全感,公安机关先后部署开展一系列专项行动,打击整治盗抢骗、黄赌毒等人民群众反映强烈的违法犯罪,成功侦破部督一批重点案件,2023年全市刑事拘留数、行政拘留数、逮捕率分别同比上升44.16%、22.68%、50.42%;实现连续10年133起命案全破,2023年再破本地命案积案7起,命案积案攻坚成果创近10年新高。检察机关共批捕各类刑事犯罪嫌疑人808人,起诉2147人;两级法院共受理各类刑事案件1869件,审结1662件,判处罪犯2090人。坚持和发展新时代"枫桥经验""浦江经验",深入开展矛盾纠纷大走访大排查大化解"红袖章"行动,各地各部门结合下基层察民情解民忧暖民心实践活动,组织引导党员干部敲门入户,通过"扫楼""扫村"、巡逻巡查、信息收集等,及时发现和解决各类矛盾纠纷、安全隐患。全市共入户走访10374户家庭,化解矛盾纠纷3102件。全市矛盾纠纷调解有效率环比上升17.17%,"深化共同缔造 构建解纷平台"项目获评"新时代湖北政法工作优秀创新成果"二等奖。

【平安建设】 积极创建全国首批市域社会治理现代化试点地区(全省7个试点地市之一),精心培育城市社区"大党委+大综治"新机制、市县乡村综治中心"4464"治理体系、社会治理积分制管理、"一区一警、一村一辅警、一法律顾问"工程等特色试点创新项目39个。2023年4月,荆门市顺利通过省级验收,9月被中央政法委评为全国市域社会治理现代化试点合格城市。开展"一感一度一率一评价"民意测评工作,组织7个督导组对各县(市、区)群众安全感满意度开展包联督导,采取面访和电话测评相结合的方式,开展社情民意自评自查,完成测评样本1360份。测评期间,全市各级政法机关开展向"两代表一委员"报告政法工作活动,采取"请进来、走出去"等方式,实现全市1918名党代表、1648名人大代表、1539名政协委员全覆盖,广泛听取代表委员对平安荆门建设的工作意见和建议,增强代表委员对政法工作的理解和支持。完善市综治中心应急指挥平台,完成省市县乡四级7个县市区73个乡镇(街道)视频会议系统建设,实现视频监控融合通信快速指挥调度。推动协同办案平台流转刑事案件2541件,线上流转率位列全省第一。组织开展全市综治网格化系统培训会20余场,累积培训2400余人,提升基层网格员的业务技能和水平。开展"平安细胞"创建,组织实施"平安荆门建设示范乡镇(街道)村(社区)"创建活动,按照"全面创建、年度命名、动态管理"的原则，全市72个乡镇（街道）、1574个村（社区）积极开展平安创建。同时推动创建活动向学校、医院、湾组、网格、楼栋、家庭延伸，2023年创建平安学校102所（省级7所），平安家庭示范户21户（省级6户），平安示范公路5个。荆门市和沙洋县、钟祥市、东宝区分别获评"平安湖北建设示范市"和"平安湖北建设示范县（市、区）"称号，沙洋县再次捧得全国平安建设最高奖——"长安杯"。

【优化法治化营商环境】　全力服务营商环境。深入企业开展问卷调查，收集到各类涉企问题30余个，全部"点对点"交办。组织开展涉企执法案件评查60件，发现纠治问题5个。组织召开涉企案件专项点评会，聘请湖北兴联律师事务所专业律师1名，对7件涉企典型案例点评讨论，由评查点评律师逐案出具正式评查综合分析报告，形成评价结论，并通报到单位。市检察院深化涉案企业合规改革，依法办理企业合规案件32件，促进涉案企业合规经营。市司法局全面推行柔性执法，督导市直17个行政执法单位出台实施包容审慎监管"四张清单"，涉及435项事项。

全力服务流域综合治理。市委政法委制定《荆门市政法机关服务保障流域综合治理和统筹发展具体措施》，明确政法各部门在推动立法、执法司法等方面职责任务，助力荆门打造产业转型升级示范区。市检察院牵头起草《宜荆荆恩神生物多样性保护公益诉讼协作机制》《荆门市建立检察公益诉讼制度与生态环境损害赔偿制度衔接机制》，推动形成全方位流域保护工作格局，同时开展流域综合治理交叉、巡回检察，立办流域综合治理领域公益诉讼案件137件，办理的某气体公司环境污染案，获评全省检察公益诉讼典型案例。

持续优化公共法律服务。以"两个畅通"和"12345"转办件办理为抓手，推出优化营商环境"新六条"等便民利企服务措施，解决停车位不足、交通安全设施不齐等民生实事180余项，惠及群众8万余人。市法学会开展全市首席法律咨询专家工作，组织200名法学法律工作者开展公益法律服务100家民营企业活动，主动对接包联企业，坚持每月实地调研、每周电话微信联系，大力宣传惠企政策，积极帮助企业解决存在的困难和问题1000余个。市中院创新推进"共享法庭"进工业园区、"破产案件府院联动"，共受理涉企案件4624件，办结率94.3%，做法被省委常委、政法委书记肖菊华批示肯定。市司法局组织"万所联万会"活动，18家律所对接28家商（协）会，开展"法治体检"32场次，16个律所成立"暖新法律服务小分队"，主动对接35家"两新"企业，提供免费法律咨询1万余次。

【政法队伍建设】　坚持从严治警。完善教育管理监督长效机制，压实"一把手"和领导班子全面从严治党主体责任和监督责任，定期开展政治性警示教育，全市政法系统开展廉政教育253场次，参训12941人次。全面落实《中国共产党政法工作条例》（以下简称《条例》），全市政法各级党组织积极推动《条例》和省委实施细则落实落地，开展《条例》贯彻落实督查反馈意见对照检查整改，共查找问题123项，制定整改措施282条，建立健全各项工作制度21项、健全完善各类工作指引89套。严格执行重大事项请示报告制度，2023年，市县两级党委政法委向省委政法委、同级党委，政法单位党组（党委）向同级党委政法委请示报告各类重大事项共795次。认真落实委员述职、政法委列席同级政法单位民主生活会等制度，修订完善并严格执行《中共荆门市委政法委员会全体会议工作规则》，确保党对政法工作的绝对领导落在实处。结合市委《关于开展推诿扯皮、办事拖拉等不担当、不作为问题专项整治的实施方案》，在全市开展专项整治，聚焦领导干部"关键少数"，聚焦行政执法、社区矫正、案件办理等重点领域和关键环节，重点整治贯彻落实防止干预司法"三个规定"中的突出问题，每月对过问或干预、插手办案等重大事项的填报工作进行提示，重点提醒尚未消灭"零报告"的部门和"重点人"，年度系统填报司法机关内部人员过问案件1件次，落实第一种形态处理1人次。

强化能力提升。各县市区、市直政法各单位分层分级分系统组织政治轮训116场、11962人次，实现政法干警全覆盖。结合深入学习贯彻党的二十大精神、省第十二次党代会精神及市委九届五次全会精神，开展第二批主题教育活动，有效促推政法干警"提能力、转作风、抓落实"。开展"练兵提能·夜学""以政治说办案、讲工作"等学习研讨474场次、业务技能培训1107场，组织全市政法综治干部1700余人次参加全省"政法大讲堂"两期辅导培训。加强政法网军建设，积极组织参加全省政法宣传舆论工作培训学习，邀请大楚网网络舆情处置专家现场专题授课，组织网评拉练、实战演练，提高意识形态领域舆情预判、分析、处理能力。

加强工作宣传。举办平安建设年度新闻发布会，向社会发布全市平安荆门建设突出成效和创新举措，营造"平安创建人人知晓，平安创建人人参与"的浓厚氛围。大力弘扬英模精神，不断提振队伍士气，2023年，全市政法系统获表彰奖励的个人186人、集体84个，其中59名个人、32个集体获省部级以上奖励；市见义勇为促进会共表彰奖励见义勇为先进群体和先进个人8件11人，发放奖金4.9万元。同时，建立健全联席会议机制、新闻资源优先共享机制、重大新闻通报反馈核实机制等制度，发动市级主流媒体、各政法系统新媒体中心平台同步推出“荆门政法先锋”“五个十佳”“夏季行动”“弘扬英烈精神 铸牢忠诚警魂”等系列报道,联合7家本地媒体推动“荆牌调解”“小荆说反诈”“小荆说法”等自创宣传品牌,其中沙洋特大跨境赌博案、漳河黑广播案、钟祥迷信消灾诈骗案、沙洋平安驿站、京山承枫义警队等一批典型案例报道被新华社、中央电视台、《法治日报》、《人民公安报》、《湖北日报》推介,2600余篇(条)稿件见诸于中央、省主流媒体,4900余篇(条)新闻报道在本地实现全媒体推送。

(周子茗)

法治政府建设

【概况】 坚持以习近平新时代中国特色社会主义思想为指导,深入学习贯彻习近平法治思想,坚决落实国家、省关于法治政府建设的决策部署和工作安排,推动法治政府建设取得显著成效。

【推进法治政府建设】 市委多次召开市委常委会会议、市委全面依法治市委员会会议,市政府定期召开市政府常务会议研究法治政府建设重点工作。健全习近平法治思想常态化学习机制,着力深化“六个纳入”,在全市营造学习贯彻落实习近平法治思想浓厚氛围。严格落实领导干部任前考法等制度,参考率、合格率、宪法宣誓覆盖率均100%。出台并落实《荆门市依法行政能力提升三年行动方案(2023—2025年)》,高标准创建省法治政府建设示范市,对标100项考核指标,扎实推进法治政府建设各项工作。向省委全面依法治省委员会推荐创建项目4个,已成功创建全省法治政府建设示范市。

【提升政府履职效能】 深入推进“放管服”改革。完善数据信息共享,“一窗通办”实现市县乡全覆盖,省内通办事项增至420项。实施守信联合激励和失信联合惩戒,推动诚信数据与智慧城市平台融合,信用监测排名居全省第3。整合“12345”等各类热线,建立群众和企业投诉“两个畅通”工作机制,对群众和企业诉求“一号通办”,办结满意率显著提高。创新开办公共对话节目《畅通工程·“荆天办”》,有力解决群众和市场主体反映的急难愁盼问题。不断优化法治化营商环境。出台以控制成本为核心优化营商环境的若干措施,推进政策兑现提速,在全省率先对“认定类”惠企政策实行“免申即享”,建立“快审快兑”绿色通道,基本实现“3+3”天兑现,“免申即享”政策扩面至51项。市直24个部门出台实施包容审慎监管“四张清单”,涉及事项554项。全市63个试点获批全省优化营商环境改革先行区。全省行政执法监督工作现场推进暨业务培训会在京山召开,京山市行政执法监督“一体四化”先进做法在全省推广。全面加强应急体系建设。持续开展“百日双扫”行动,督促企业落实“风险明白卡”“岗前三分钟”等安全制度。严格危化、矿山、燃气等重点领域安全监管,落实重大隐患分析、隐患周调度、专家服务保留反馈等制度,共排查整改重大隐患1103处。推动基层应急管理改革,按照“1个专用办公场所、至少3名专职人员、1辆消防车辆”的标准,49个乡镇挂牌建立应急站。

【提高依法决策质量】 推进重点领域地方立法。认真落实市人大常委会2023年度立法工作计划,组织起草《荆门市城市餐饮油烟污染防治条例(草案)》《荆门市沮漳河流域水环境保护条例(草案)》2部地方性法规,按程序提请市人大常委会审议。出台《荆门市户外广告和招牌设置管理办法》政府规章。严格依法决策。印发《荆门市人民政府2023年重大行政决策事项目录》,将6项重大行政决策纳入目录,严格遵循公众参与、专家论证、风险评估、合法性审查、集体讨论决定等法定程序。向省政府、市人大常委会报备规范性文件15件,报备率达100%。加强行政规范性文件监管。严格执行行政规范性文件及重大决策合法性审查工作机制,共审核市政府及市政府办公室文件6件、市政府常务会议议题40件,提出审核意见254条。全年各地各部门共报送备案行政规范性文件50件,清理市政府规章及规范性文件301件,其中失效或废止50件,修改7件。

【规范公正文明执法】 深化行政执法体制机制改革。推进街道综合执法规范化,全市街道综合执法中心在行政执法服装标识、行政执法程序、行政执法文书等方面初步实现统一。推行行政裁量权基准制度,市直21个重点执法部门公示行政裁量权基准。推进行政执法规范化建设。落实行政执法“三项制度”,市县乡行政执法“三项制度”实现全覆盖。全市公示行政执法信息132.3万条,配备执法音像记录设备3573台(套),重大执法决定法制审核率达100%。加强行政执法监督。深化行政执法协调监督工作体系建设,市县两级全部设置行政执法监督局,启用“人民政府行政执法监督专用章”。加大个案监督力度,2023年办理行政执法监督案件221件,发出行政执法监督建议书(意见书)176份,吊销或暂扣执法证件19个,调离执法岗位8人,约谈、通报批评70人,纪检监察机关移送案件线索37件。

【行政权力监督制约】 主动接受各方监督。全市各级人民政府及其部门切实履行主体责任,自觉接受党内监督,主动接受人大、政协监督,提请市人大常委会审议地方性法规、议案2部,高效办理人大代表建议113件、政协提案281件,办复率达100%,满意度达95%以上。接受司法监督,落实司法建议和检察建议,办复率达100%。实施领导干部自然资源资产离任审计,审计监督实现全覆盖。持续加强政务公开。坚持"公开为常态、不公开为例外"原则,通过政府门户网站、政府公报、新闻发布会、政务微博微信、移动终端App等平台,实现政务数据发布常态化,"中国荆门"网站更新政务信息2万余条,有效回应社会关切。不断深化行政复议体制改革。优化行政复议各环节全流程,推行"简案快办、繁案精办"繁简分流审理机制,全市各级行政复议机构共收到行政复议申请371件,审结266件。严格落实行政机关负责人出庭应诉机制,全市行政机关负责人出庭应诉率达100%。强化行政复议监督,全市纠错类行政复议决定书专函抄告上一级行政机关共18份,向纪检监察机关移送问题线索10条。创新"复议+调解"模式,市级行政复议机构调解和解率达56.44%。认真落实行政机关负责人出庭应诉制度,应诉率为100%。

【公共法律服务】 多形式深化普法宣传教育。深入推进"八五"普法,严格落实"谁执法谁普法"责任制,推动"谁主管谁普法""谁服务谁普法"工作机制全覆盖。通过"八五"普法成果展览、法治主题征文、组织法律"七进"、拍摄普法小课堂和小剧场等形式,深入开展法治宣传教育。培养乡村(社区)"法律明白人"4441名,实现村(社区)全覆盖。多举措优化公共法律服务。建设完善实体、热线、网络"三大平台",畅通法律援助渠道,受理法律援助案件1394件,认罪认罚案件1820件,授受咨询1.9万余件,为群众挽回经济损失3000万元。高标准提供司法鉴定服务,全年办理司法鉴定事项3258项。多维度增强基层治理效能。整合人民调解、行政调解、司法调解、仲裁调解和综治调解等,实现一体平台、一站服务、一门办结,形成共享、多元、聚合、高效、惠民的新时代矛盾纠纷化解品牌,全年调解纠纷3万余件,调解成功率达90%。荆门市多元纠纷调解工作荣获"新时代湖北政法工作优秀创新成果奖"。推进社区矫正智能化建设,全市落实智慧矫正中心独立办公场所5个,社区矫正对象无脱管、漏管及再犯罪。投入760余万元,完成了39个司法所的建设,全市63个司法所全部达3人以上,基层法治建设主力军作用逐步显现。

(市司法局)

公　安

【平安稳定工作】 2023年,在市委、市政府和省公安厅的坚强领导下,荆门市公安局以"情指行"一体化实战化机制为牵引,统筹发展和安全,全力做好防风险、保安全、护稳定、抓改革、强队伍、促发展各项工作,全市政治社会大局保持安全稳定。

重大安保工作 完成全国、全省两会,建市40周年,2023环漳河自行车赛等30余场重大安保任务,全市重点部位聚访次数、人数均呈大幅下降,较上年同期分别下降57.6%、61.5%,为全市高质量发展营造良好的社会治安环境。

守住反恐防暴底线 常态化开展反恐实战演习演练,全年各地组织开展反恐实战演练30余次。

化解信访矛盾 对重点信访案件和人员落实"四包"责任制,实现了"零非访、零事故、零通报"目标任务。全市公安机关领导干部接访233批次,其中市局党委成员带头约访、接访、下访,接待信访群众44批次。中央联席办、国家信访局、省委政法委、省信访局交办重复信访件化解率95.7%。

【服务社会发展】 优化营商环境服务经济市场。全面推进"项目警长制",持续深化"放管服"改革,全力服务高铁建设等重大项目、重点企业,严打涉企突出违法犯罪,最大限度为群众和市场主体纾困解难,保护企业家和市场主体合法权益。出台《荆门市公安机关优化营商环境服务企业发展若干措施》,明确490余名"项目警长"贴身服务重大项目、重点企业。严厉打击扰乱市场经济秩序、侵犯知识产权、制售伪劣产品、合同诈骗、欺行霸市、电信网络诈骗等侵害企业和群众合法权益行为,严禁违规插手经济纠纷干预经济活动,持续开展涉企执法问题专项整治,在重点企业和工业园增设警务室,实现防控阵地和服务关口前移。全年查处各类涉企经济犯罪案件111起,有力保障企业合法权益。其中打击处理涉高铁违法犯罪23起,服务保障高铁项目建设工作受到市委、市政府主要领导多次批示肯定。大力推进"放管服"改革,以"两个畅通"为抓手,推出便民利企"四不罚""两便利""新六条"服务,解决各类民生实事180余项,惠及群众8万余人。市公安局在全市37个职能部门"高效办成一件事"考核中名列前茅。

推动生态文明建设。2023年市公安局切实贯彻落实省委省政府、市委市政府关于打好大气污染防治攻坚战的决策部署,深入开展大气污染防治攻坚专项行动,强化成品油市场整顿,常态开展禁放鞭炮行动。同时结合"下察解暖"、美好环境与幸福生活共同缔造等活动,落实河湖长制,积极参与污染防治攻坚、超载超限综合整治等重点治理,加大涉环境犯罪打击力度,建设生态美丽家园。开展移动源污染常态治理。严把机动车注册登记、转移登记、车辆年检“三道关口”;严防扬尘源污染,引导大货车进站免费清洗;严查尾气超标,会同生态环境部门常态化开展路检路查,完善遥感监测非现场执法机制,提升全市大气环境质量。加大涉环境犯罪打击力度。以“雷火2023”“昆仑2023”等专项行动为牵引,强化行刑衔接,侦办涉“林、地、矿、野、渔、火”现行案件30起,办结并移送起诉往年积案6起,其中侦破1起涉案价值达2700余万元的非法采矿案,坚决遏制破坏资源犯罪高发多发势头。

【平安荆门建设】 坚持和发展新时代“枫桥经验”,以打击整治一体化为重点助推“市县主战”,扎实开展清剿毒品、“昆仑”、扫黑除恶、打击治理新型违法犯罪“披荆行动”、打击整治传统侵财犯罪“斩棘行动”,强力打击整治黄赌、枪爆、电诈、毒品等违法犯罪,继续保持对现行命案的快速反应和打击力度。

严厉打击犯罪 以“雷火2023”“夏季行动”“8·23”清剿毒品犯罪等专项行动为牵引,主动顺应犯罪结构、手段、方式变化规律,先后破获一批公安部督办的系列盗掘倒卖文物案、系列贩卖毒品案以及系列电诈团伙案,刑事打处共计300余人。始终坚持以民意为导向,对影响群众安全感的小案开展集中攻坚,破获“两抢一盗”刑事案件596起,抓获违法犯罪嫌疑人857人,发案同比下降27%。侦破电诈现发案件570起,破案率同比提升12个百分点,起诉涉诈犯罪嫌疑人510人,同比上升26.8%,实现破案率、起诉人数“双提升”。

命案侦办工作 全年11起现行命案全破,实现全市连续10年134起现行命案全破,命案现案破案率持续保持100%,全年再破本地命案积案9起,创近十二年来新高。

常态化扫黑除恶 2023年提起公诉2起恶势力集团案,在侦4起恶势力组织案件,捣毁4个涉网黑犯罪团伙,侦破涉网黑案件23起。

社会治安防控 严格落实重大敏感节点公安武警联勤武装巡逻,落实“1、3、5分钟”快速响应机制,切实提高见警率、管事率。全年共出动警力1.7万余人次,抓获各类现行违法犯罪嫌疑人252人,取得了良好的安全效果和社会效果。

【基层社会治理】 强化大抓基层意识,发挥“一居一警、一村一辅”作用,有序推进“一标三实”,深入开展“找堵防”工作,完善社会治安防控体系建设,推进更高水平平安荆门建设。

基层基础建设 深化“枫桥式公安派出所”创建,全面抓实“派出所主防”各项措施,下发《关于进一步激励民警扎根基层派出所建功立业若干措施》等文件,向基层派出所倾斜。召开全市“找堵防2023”暨“强基工程”推进会、项目拉练活动,全面落实派出所长和社区民警进“两委”班子,全市233个社区居委会、1573个行政村均落实了“一居一警”“一村一辅”,推动了基层党建与警务治理有机融合。凝聚多方力量建设社区警务团队,做实社区警务,擦亮沙洋“平安驿站”、掇刀区“李涛义务巡防队”、东宝“红色顺风车义警联盟”等经验品牌,其中沙洋“平安驿站”经验受到省委常委、政法委书记肖菊华充分肯定,得到多家中省媒体推介。涌现出了京山“民调团队驻所”、钟祥“莫愁义警”、东宝荆楚理工学院“反诈工作室”等一批社区警务团队新典型。全市共组建220个平安类社会组织,队员19230人,实现了“一区一品”“一区多品”的均衡发展态势,群防群治力量进一步壮大,进一步夯实基层社会治理根基。以执法办案管理中心提质增效为牵引,深化执法规范化建设,扣好执法“第一粒扣子”,让人民群众感受到公平正义。

矛盾纠纷化解 坚持和发展新时代“枫桥经验”“浦江经验”,结合“下察解暖”实践活动和“找堵防”专项行动,以189个共同缔造试点为抓手,发挥专职社区民警、驻村辅警“10号球员”作用,深入开展“找堵防”,推广应用沙洋县精障人员智能服务管理平台,加强社会治安重点场所、重点行业、重点部位、重点领域、重点要素管控,构建“家、邻、情、医、债”矛盾纠纷多维联动排查体系,完善建设。推动市平安办开展2轮党政部门负责人命案防范约谈,将矛盾纠纷源头化解和命案防范责任压实到属地党委政府,推动矛盾纠纷源头化解。

安全隐患整改 认真汲取2023年4月14日钟祥市某造船厂重大安全生产事故教训,严格落实安全生产规章制度,检查涉爆企业和爆破作业现场258家次,下达隐患整改通知书68份。2023年,开展校园安全检查700多家次,排查整改问题隐患300余处,提请市委政法委、市平安办先后两次组织召开中心城区涉校未成年人违法犯罪预防工作约谈会,保障校园安全稳定。强力推进事故预防“减量控大”工作,三环线、347国道、348国道、342省道已整改道路隐患211处,全市交通事故死亡人数同比下降3.9%,未发生死亡3人以上较大事故,在全省交通事故预防“减量控大”综合考核中位居第一方阵。

【公安改革工作】 坚持系统观念,在建立完善新型警务运行模式上聚焦发力,以大部门大警种制改革为突破口,2025年前逐步实现公安机构职能体系符合新时代要求、体现公安性质特点、机构编制管理制度基本健全的目标,警务效能实现质的飞跃。抓住城市数字公共基础设施建设、“智慧城市大脑”“一标三实”建设契机,打牢“智慧公安”“科技兴警”发展基础。

推进大部门大警种制改革 精心谋划机构改革,按照“做精机关、做优警种、做强基层、做实基础”原

则，确定市级机构“4 + 12”模式、分局机构“3 + 5 + N”模式，形成初步“三定方案”。全市5个分局24个派出所全部由股级升格为科级机构，其中2个派出所为正科级机构，同步核增54名科级领导职数，将企业改制后的月亮湖分局全面交由属地分局托管，推进职责整合、人员融合。

完善“情指行”一体化运行机制　严格落实省委“8号文”精神，外部健全完善“3 + X”预警处置机制，内部探索形成“接警即研判、接警即支援、接警即剥茧、接警即规范”的“一接四即”工作机制，建立市县所（站）三级公安机关“情指行”一体化作战体系，完善数字化、可视化、扁平化指挥调度平台，提升实战化水平，形成“研交办督结”工作闭环，最大限度为基层松绑减负，全力支撑“市县主战、派出所主防”。

深化基层警务运行机制改革　以落实“派出所主防”为主线，深化“两队一室”改革，健全“两队互为协同、一室支撑两队”的警务运行机制，精准管控治安要素、推动风险隐患源头治理，提升主防效能，组织全市69名派出所所长赴荆州和孝感考察学习“两队一室”改革先进经验，全市14个15人以上派出所全部完成改革目标。完善派出所工作考评体系，把辖区群众安全感、满意度作为衡量派出所工作的主要指标，统筹利用社会各方面的力量资源，推动构建共建共治共享的基础社会治理体系。

深化公安执法责任体系改革　聚焦扣好执法“第一粒扣子”，以执法办案管理中心提质增效为牵引，统筹推进市县两级执法办案中心建设，局直单位及分局所有刑事案件及六类重点行政案件全量进入市局执法办案管理中心办理，配置管理、案管、案审、合成作战、执法监管、集中送押等职能民警22人、辅警26人，实现24小时值班运行，医疗体检区、随身物品寄递、物价鉴定网上申报等配套措施已全部到位。实行执法办案“积分制”，推行“红黑榜”、案件评查、瑕疵案件办理民警“回炉重塑”等问责措施，发布“红黑榜”案例32起，通报整改执法问题1852件，1名大队长、8名所领导、6名民警到法制部门进行一周“回炉重塑”，34名民警受到问责处理。

（刘丹娜）

检　察

【概况】　2023年，在市委和省检察院正确领导下，全市检察机关坚持以习近平新时代中国特色社会主义思想为指导，积极践行习近平法治思想，深入贯彻党的二十大精神，认真落实省第十二次党代会、九届市委历次全会精神，充分发挥检察职能为大局服务、为人民司法、为法治担当，各项检察工作全面推进，年度检察工作综合考评排名全省第三，连续八年位居全省前列，获评全市政绩目标考核“立功单位”。3项经验获最高检推广，6项工作在全省政法、检察系统会议上交流发言，15项工作获省检察院主要领导批示肯定；16个案（事）例获评全省典型、优秀案（事）例，19个集体、35名个人获市级以上表彰奖励。

【维护安全稳定】　树牢总体国家安全观，共批捕各类犯罪嫌疑人888人、起诉2403人。常态化推进扫黑除恶斗争，起诉3件24人。在公安机关“雷火2023—夏季行动”等专项行动中，强化提前介入、集中攻坚，依法起诉各类危害社会安定的刑事犯罪1464人。积极防范化解金融风险，起诉非法吸收公众存款、洗钱等犯罪35人，1个集体、2名个人获评全省“打击治理洗钱违法犯罪三年行动”成绩突出集体和个人。

【优化法治营商环境】　出台《关于充分发挥检察职能 服务保障荆门打造产业转型升级示范区的意见》，与宜昌、荆州、恩施检察机关会签服务宜荆荆都市圈高质量发展的实施意见，以法治之力助推高质量发展。深推优化法治化营商环境专项检察活动，对1166件涉市场主体案件快速流转、优先办理；严厉打击侵害市场主体合法权益犯罪，批捕15人、起诉37人；做实案件社会调查和影响、风险研判，对涉市场主体案件不批捕24人、不起诉74人。全市检察机关承担的4个“全省优化营商环境先行区创建改革事项”顺利通过省级验收，35个优化营商环境典型案（事）例被省检察院采用。深化涉案企业合规改革，依法办理企业合规案件14件。服务保障创新驱动发展，推进知识产权检察综合履职，与行政机关建立保护联络工作机制、与外省检察机关建立跨区域保护协作机制、与市侨联构建常态化合作机制，办理侵犯知识产权刑事案件9件29人，民事、行政诉讼监督案件2件；涌现出全省知识产权保护工作成绩突出的集体1个、个人2名，东宝区检察院检校共建做法入选为“全省知识产权检察保护工作十大典型案（事）例”。

【助力流域综合治理】　开展“充分发挥检察职能 助力流域综合治理”专项工作，起诉非法采矿、污染环境等犯罪71人，立办公益诉讼案件141件，1件督促整治环境污染案件获评“全省检察公益诉讼典型案例”。积极践行“恢复性司法实践 + 社会化综合治理”生态司法模式，督促清除固体废物70.87万吨、增殖放流幼鱼61万余尾、恢复耕地林地和补植复绿140亩、关停整治排污不达标企业3家；会同市中级法院建立荆门首个“生态环境修复基地”，深化“河湖长、林长 + 检察长”等机制创新。牵头与宜昌等地检察机关建立生物多样性保护公益诉讼协作机制，与生态环境等8家市直主管部门建立检察公益诉讼与生态环境损害赔偿衔接机制,与当阳、远安、南漳检察机关深化环漳河公益诉讼协作,构建全方位流域保护工作格局。

【深化诉源治理】 坚持治罪与治理并重,探索轻罪治理体系,助推诉源治理。对犯罪情节轻微、社会危害不大的,依法不批捕182人、不起诉939人;深化认罪认罚从宽制度适用,促使3085名犯罪嫌疑人自愿认罪、接受处罚;与公安机关联合搭建“非羁押人员电子监管平台”,有效监管非羁押人员2351人;指定东宝区、掇刀区检察院开展相对不起诉犯罪嫌疑人自愿参加社会公益服务试点,对89名拟不起诉犯罪嫌疑人启动社会公益服务程序;省检察院在荆门举办实务研讨班推广轻罪治理经验。坚持把矛盾纠纷化解贯穿办案始终,促成当事人和解谅解182件,钟祥市、京山市检察院防范化解矛盾工作机制获评荆门市新时代“枫桥式工作法”先进典型。协力防范安全生产风险,牵头与9个部门建立行政执法与刑事司法常态化联动协作机制,相关做法被最高检转发。围绕金融安全、网络治理等领域共性治理问题,制发社会治理类检察建议129份,1份检察建议获评“全省十佳优秀社会治理类检察建议”。

【协力推进反腐败斗争】 协同推进粮食购销、医药等领域腐败问题整治,审查起诉各类职务犯罪案件38件39人,办理省监察委员会移送的厅局级职务犯罪案件4件;市检察院第三检察部入选首批“全省检察机关重大职务犯罪案件办理团队”。成立第九检察部,立案侦查司法工作人员相关职务犯罪4件4人,有力维护司法公正。

【服务群众】 严厉打击电信网络诈骗及其关联犯罪,批捕70人、起诉323人。坚持惩治犯罪与追赃挽损并重,帮助群众挽回经济损失1407万元。保障老百姓吃得放心、用药安心,依法起诉危害食品药品安全犯罪19人,办理公益诉讼案件56件。深化落实最高检“四号检察建议”,推动相关单位整治问题窨井盖3437个,为5000个窨井盖“穿上”防坠网。加大对老年人、残疾人、农民工等弱势群体的司法保护力度,与人社、残联等单位建立健全协同联动机制,办理民事支持起诉案件6件,帮助农民工讨薪135万元;深化“司法救助助力全面推进乡村振兴”等专项活动,依法发放司法救助金160.5万元。建立“检调对接”机制,两级检察院一体入驻综治中心、矛盾纠纷多元化解中心,促推矛盾纠纷前端预防、有效化解。持续做实“群众信访件件有回复”,受理的1052件群众信访回复率、答复率均为100%。

守护未成年人成长,依法从严惩治侵害未成年人犯罪,批捕55人、起诉68人。最大限度教育感化挽救涉罪未成年人,帮教66人回归社会。切实关爱未成年被害人,协同民政等部门提供司法救助、心理疏导、生活安置等多元救助189人次。创建侵害未成年人案件强制报告“一码通”,经由强制报告发现并办理侵害未成年人案件11件。严防监护缺位,发出督促监护令26份。联合团市委、市妇联、市教育局等7个部门出台《涉未成年人权益线索移交办法》,合力推动“六大保护”落实落地,做法被最高检转发。聚焦未成年人保护监管漏洞,推进未成年人检察综合履职,沙洋县、京山市检察院办理的相关案件获评“全省未成年人综合司法保护典型案例”。

【刑事检察】 联合市公安局推动侦查监督与协作配合办公室规范化、实质化运行,探索制定《毒品犯罪洗钱案件取证指引》,引导深挖洗钱犯罪线索6件,经验被最高检推广。加强刑事立案和侦查活动监督,监督立案146件、撤案102件,纠正漏罪43人、漏诉160人,纠正侦查活动违法407件。加强刑事审判监督,对刑事审判活动违法情形提出纠正意见37件,对认为确有错误的刑事裁判提出抗诉11件。加强刑事执行和监管执法监督,办理刑事执行违法违规案件114件,监督纠正脱管漏管45人,监督撤销缓刑收监执行5人。

【民事检察】 与市中级法院就规范

2月21日,荆门市一中法治教育课场景

(市检察院　供图)

民事行政抗诉再审案件、民事检察建议案件办理程序出台规定,促进规范司法。办理各类民事监督案件201件,提出再审检察建议7件,提出、提请抗诉2件,提出审判活动违法、执行活动违法检察建议84件。针对执行难问题,研发民事终本执行类案监督模型,对906件民事终本执行案件开展筛查,发现线索254条,发出检察建议41件。

【行政检察】　健全行政检察一体履职机制,办理各类行政检察监督案件138件,提出再审检察建议2件,发出检察建议99件。加强行政检察与行政执法监督衔接,与市司法局建立联合案卷评查机制,抽查行政执法案卷1050件,发出检察建议10件。落实行政执法与刑事司法衔接机制,将185件作出不起诉决定但应予行政处罚或处分的案件,移送相关部门处理,对违法行为形成治理闭环。

【公益诉讼检察】　贯彻落实党的二十大关于"完善公益诉讼制度"的要求,撰写的公益诉讼立法建议得到最高检领导批示。办理公益诉讼案件402件,通过磋商、检察建议等诉前程序解决公益受损问题391件。对诉前检察建议解决不了、具有示范引领意义的案件,提起诉讼8件。探索提起安全生产领域预防性公益诉讼获法院支持,推动解决小区燃气安装领域长期监管空白,获省检察院主要领导批示肯定。

【数字检察】　积极对接智慧城市建设部署,在全省率先成立数字检察办案指挥中心,与最高检正义网检察大数据研究院签订战略合作协议,设立全省首家"检察大数据实践基地",通过大数据比对获取法律监督线索3916条,办理监督案件569件,相关经验被省检察院在全国检察机关推进会上推介,荆门数字检察思路被转发全省学习。创设运用大数据法律监督模型60个,开展养老保险诈骗、违规占用耕地等专项监督,推动追回国家养老保险基金470余万元,促推企业补缴耕地占用税850余万元,"虚假病退骗领养老金法律监督模型"获评全省"十佳模型"。

【政治建检】　开展学习贯彻习近平新时代中国特色社会主义思想主题教育,引领检察人员擦亮坚定拥护"两个确立"、坚决做到"两个维护"的鲜明政治底色。依靠市委领导加强和改进检察工作,请示报告重大事项31次。促进政治与业务深度融合,相关工作经验2次受邀到国家检察官学院交流分享。创建"'领·创'先锋行"党建品牌,在全国优秀检察文化品牌选树活动中入围前四十名。

【队伍建设】　落实市委"岗位练兵""提能力、转作风、抓落实"部署,开展学练赛考训56场次。探索"检学研"一体化机制,组建15个业务研究小组、10个青年干警先锋队,共申报省级以上理论研究课题31个,20篇文章获省级以上奖项或被国家级期刊采用,出版专著1部,做法被省检察院推广。培育践行职业精神,1人获评全国检察调研骨干人才,涌现出全省业务标兵能手、全省优秀检察人员10名,全省优秀办案(工作)团队2个,1人入选荆门"40年·40人",6人入选"荆门政法先锋"。

(吴　群)

法　院

【概况】　2023年,全市法院共受理各类案件34517件,审结33357件,审限内结案率96.59%。其中市中院受理3899件,审结3570件,审限内结案率95.69%。

【刑事审判】　受理各类刑事案件2059件,审结1983件,判处罪犯2590人。落实总体国家安全观,审结危害国家安全、邪教活动犯罪案件7件12人。常态化推进扫黑除恶斗争,黑社会性质组织案、恶势力集团案等涉黑涉恶案件一审全部审结。依法严惩严重暴力犯罪,审结绑架、杀人、强奸、抢劫、故意伤害等犯罪案件93件126人,对恶性犯罪事件严惩不贷。依法打击电信网络诈骗犯罪,审结电诈及关联犯罪案件155件310人,高效审结涉案金额2000余万元的系列电信诈骗案13件,判处罪犯41人。依法惩治腐败,审结贪污、受贿、滥用职权等职务犯罪案件22件23人。完善减刑、假释工作程序,规范报备审查,严格把握实体条件,共办理减刑、假释案件1366件。

【民事审判】　受理各类民商事案件21128件,审结20354件。深化家事审判方式改革,审结婚姻家庭纠纷案件3989件,发布妇女儿童权益保障十大典型案例,发出家庭教育指导令、人身安全保护令23件,成立荆门市婚姻家庭教育辅导站,家事案件调撤率达71.55%,东宝区法院城区法庭被评为全国维护妇女儿童权益先进集体。依法维护市场秩序,强化诚实信用原则,审结买卖、租赁等合同案件1890件,审结金融债权、民间借贷、商业保险等相关案件3708件。有效运用法治化手段参与处置房产等领域"爆雷"事件,审结房屋买卖、租赁、物业等纠纷案件2025件,妥善化解群体性涉房纠纷,参与协调问题楼盘处置工作。

【行政审判和国家赔偿】　受理各类行政案件674件,审结621件。进一步健全府院联动机制,实现信息实时共享、纠纷联动化解。引导行政机关负责人庭前了解案情、庭审积极回应、庭后解决纠纷,行政机关负责人出庭应诉率达100%,"一把手"出庭应诉率稳步提升。促成行政诉讼案件调解撤诉88件。积极延伸审判职能,通过司法建议书、典型案例、行政审判白皮书等方式,针对行政执法行为提出具体可行的改善意见,助推依法行政。加强国家赔偿工作,审结国家赔偿案件11件。

【执行工作】 受理执行案件8896件,结案8644件,结案率97.17%。实际执行到位总额54.26亿元,实际执行到位率48.38%,较上年提升12个百分点,位居全省第四。执行信访案件办结率100%,位居全省第一。充分发挥失信惩戒机制作用,纳入失信被执行人名单2935人次,限制消费5175人次,限制乘坐飞机火车8280人次。强化案款管理,通过"一案一账号"系统及时发放执行案款14.32亿元,规范高效兑现胜诉权益。全面实行网络司法拍卖,网拍成交2.88亿元。积极开展"荆楚雷霆2023""百日攻坚"专项执行行动,强化公法协作,共拘传拘留680余人,向公安机关移送涉拒执罪人员60余人。坚持善意文明执行理念,以双赢多赢共赢为目标,向社会发布善意文明执行十大典型案例。沙洋县法院探索建立信用修复激励机制,为74家企业出具"信用修复及结案证明书"。钟祥法院建立一站式执行事务中心,实现执行案件一站可办、一窗可查。

【优化法治化营商环境】 坚持以降本增效为目标,深入落实省市2023年优化营商环境行动方案,全面完成执行合同、办理破产等各项任务,商事纠纷共享法庭等4个先行区创建项目通过省法院验收,2个自主创新项目得到省法院认可。开辟涉企案件绿色通道,持续实行涉企案件经济影响评估,审慎确定保全执行财产,受理涉企案件8676件,审结8182件,结案标的金额40.09亿元。积极服务重点产业、重大项目建设,落实院领导包联重点企业制度,东宝法院建立全省第一家工业园区"共享法庭","一站式"提供网上立案、开庭、调解、司法确认等服务,为荆门推进城市和产业"双集中"筑牢司法保障。优化破产审判机制,推进破产案件繁简分流,建立破产案件一体化管理平台,审结破产案件33件,其中2023年首起破产清算案仅用时35天审结。

【司法保护环境资源】 审结涉生态环境案件91件、公益诉讼案件9件,两个案例入选湖北法院环境刑事审判十大典型案例。积极服务流域综合治理,召开汉江流域(荆门)生态环境司法保护新闻发布会,向社会通报环境资源审判情况,发布五大环境资源审判典型案例。树牢"修复优先"司法理念,建立京山五四村、掇刀"大火山"生态环境修复基地,成立长湖湿地、漳河湿地生态环境保护基地,开设生态修复赔偿专用账户,积极运用"补植复绿""增殖放流""认购碳汇"等方式修复生态环境。

【司法参与市域社会治理】 依法防范化解重大社会风险,妥善办理涉案金额1.36亿元的洲和生态农业公司非法集资案等涉众型经济犯罪案件,持续做好昕泰农业等非法集资案件涉案财产处置和追赃挽损工作。深入落实市委"大党委+大综治"工作安排,积极组织人员参与"红袖章"等行动,安排人员参加全国卫生城市、全国文明城市复审,选派人员驻点服务乡村振兴。广泛组织普法宣传,深入机关、村镇、社区、学校、企业举办法治讲座、提供法律咨询362场次,依托法院门户网站和微信、微博等媒体平台发布普法信息3000余条,积极通过示范庭审、庭审直播等方式公开审判信息,努力营造学法尊法守法用法的良好社会氛围。落实最高法院"有信必复"要求,收到信访件841件,处理回复821件,处理回复率97.62%。加大涉诉信访化解力度,院领导带头接访和带案下访212次,对省、市交办的26件重点信访案件逐案督办,全部化解。

【司法保障民生权益】 审结涉食品药品安全案件38件,依法保障人民群众生命安全和健康。审结涉教育、就业、医疗、养老、社会保障案件238件,依法维护群众切身利益。审结人身损害赔偿、道路交通事故案件2227件,高效化解群众身边高发、多发的侵权纠纷。联合工会、人社等部门坚决打好根治拖欠农民工工资攻坚战,审结劳动争议案件394件,有效化解劳资纠纷。深入贯彻未成年人保护"两法",审结涉未成年人案件317件。优化诉讼服务,在全市人民法庭推行立案跨域服务,共办理服务事项214次。实行裁判文书及生效证明在线推送,切实减轻当事人诉累。深入整治有案不立问题,通过"12368"平台收到投诉62次,均及时督促整改到位。大力推进"胜诉即退费"改革,减少退费材料、简化审批流程、优化工作指引,共办理退费6534笔4359.08万元。加大司法救助力度,及时向符合救助条件的88人发放司法救助金243.2万元,依法为当事人缓、减、免缴诉讼费489.92万元。

【多元化解矛盾纠纷】 坚持和发展新时代"枫桥经验",加强与人民调解委员会等群众性组织的合作对接,通过案例指导、业务培训、旁听庭审等,做实指导调解工作。充分发挥人民调解在大调解格局中的基础性作用,实行案件在线推送,带动调解组织借助人民法院调解平台开展工作。向全市矛盾纠纷多元化解中心推送案件8714件,调解案件7339件,调解成功4765件,调解成功率64.93%。加大司法确认力度,对调解组织调解成功的案件及时进行司法确认1758件,有效保障调解成果。充分发挥司法建议"抓前端、治未病"作用,积极推动将司法建议工作纳入各地人大监督和平安建设、法治建设考核内容，对审判执行工作中发现的社会治理问题及时向相关单位发出司法建议75份，回复采纳率97%，切实推动源头治理。

【司法服务乡村全面振兴】　在全市人民法庭开展“四融共建”活动，广泛服务和参与共同缔造。推动人民法庭主动融入基层组织，全市28家人民法庭与村、社区等基层组织建立常态化沟通联系机制，新增巡回审判点9个（总31个），法官工作室11个（总26个）、司法服务站30个（总47个），实现乡村诉讼服务全覆盖。推动人民法庭主动融入基层群众，组织“村湾夜话”“法治夜校”等活动178次，开展巡回审判116场，调动基层能人化解矛盾纠纷1000余起。推动人民法庭主动融入辖区学校，积极选派法官担任中小学法治副校长，定期开展“送法进校园”“开学法治第一课”等活动。推动人民法庭主动融入辖区企业，建立企业档案500余份，照单销号服务企业司法需求，掇刀法院在亿纬动力有限公司等重点企业建立“云法庭”，“点对点”提供远程服务。

【司法体制改革】　科学应对审判质量管理指标体系的变化，优化审判流程管理，聚焦核心指标强化节点管控，上诉案件移送时间较2022年底缩短31天，审限内结案率、案件比、民事裁判申请执行率、调解率等重点指标均位居全省前列。制定繁简分流工作办法，建立快审团队，专门审理道路交通事故等14类简单案件，民商事案件平均审理时间42.29天，同比缩短11.51天。建立审判疑难问题集中研究解决机制，并抓好与法答网的衔接融合，分四批次化解基层法院各类疑难问题100余个。

【审判权监督制约】　与市检察院共同制定《关于进一步规范民事行政抗诉案件办理流程的意见》《关于进一步规范民事检察建议案件办理程序的工作规定》，从重点环节入手，进一步规范和加强接受检察监督工作。通过提供案件清单、裁判文书，开放相关案件电子卷宗端口，开辟专门办公场所等方式，将492件长期未结案件、重点信访案件等移送检察机关评查，两年以上长期未结案件全部清零。积极开展同堂培训，定期组织召开法检联席会议，邀请检察长列席审委会33次，共同推进解决重点问题。制定《关于在审判执行工作中充分听取、审查、回应律师意见的办法》，以15条具体措施为着力点，实质性发挥律师意见在审判执行中的作用。

（黄振华）

司法行政

【统筹法治政府建设】　强化政治引领。始终坚持学习宣传贯彻习近平法治思想“六个”纳入，将学习贯彻习近平法治思想作为党政主要负责人学法述法和法治建设绩效考核重要内容。市委理论学习中心组先后开展习近平法治思想学习3次，下发学习提醒1期。

强化统筹谋划。召开市委全面依法治市委员会第五次会议暨创建全国、全省法治政府建设示范市动员部署会议，会议审议四个协调小组2022年度工作情况和2023年工作计划，讨论审议《市委全面依法治市委员会2023年工作要点（讨论稿）》《市人民政府2023年规章立法计划（讨论稿）》等，对2023年全面依法治市工作进行了部署和安排。

强化责任落实。抓住领导干部这个“关键少数”，推动全市党政主要负责人建立第一责任人职责清单。开展履行推进法治建设第一责任人职责专题述法活动，钟祥市、东宝区、市人社局、市生态环境局主要负责同志在市委全面依法治市委员会第五次会议上进行专题述法。各县（市、区）均开展现场述法活动，东宝区对62个地方和单位主要负责人进行集中评议。

【行政执法规范化建设】　推进行政复议改革。完善重大疑难案件集体审理机制。组建市行政复议咨询委员会，实行重大疑难复杂案件集体研讨、共同审理，为疑难案件审理提供了强大支撑。创新复调对接机制。践行新时代“枫桥经验”，在行政复议案件审理全过程引入和解、调解制度，做到受案先调、边复边调、复调结合。全市行政复议调解和解率40.37%，市级行政复议机构调解和解率达51.02%。做实复议监督机制。全市行政复议案件确认违法、撤销具体行政行为或者责令履行行政职责34件，纠错率16.59%。向纪委监察部门移送线索5条，向执法监督部门移送线索6条，制发行政复议意见书5份，切实达到“办理一案、规范一片”效果。全年共受理行政复议案件110件，已审结100件，审结率90.91%。

持续推进街道综合执法规范化。市司法局、市委编办、市财政局联合发文，明确要求加强执法人员管理，规范行政执法行为，强化行政执法监督和执法保障，着力构建制度健全、管理规范、分工明确、运转高效的街道综合行政执法工作体制机制，确保全市基层综合行政执法规范化建设有章可循。全市街道综合执法中心在行政执法服装标识、行政执法程序、行政执法文书等方面初步统一，街道综合执法相关制度设计逐步加强。2021年以来，全市12个街道（乡镇）共承接执法事项1175项，开展执法检查320余次，办理行政处罚案件71件。

【维护社会稳定】　打造矛盾纠纷多元化解升级版。推进“一站式”服务平台建设。建立“检调对接工作室”，设立人大代表和政协委员工作室，成立张斌工作室，不断充实多元化解力量。开展矛盾纠纷排查化解。在重要节假日期间以及两会、杭州亚运会等重点时段，调解组织排查矛盾纠纷7700余件，化解6600余件，化解率96.29%。全市各级中心共受理调解案件8.08万件，调解成功6.8万件，成功率84%，基本实现了“小事不出村、大事不出镇、矛盾不上交”的目标。“荆门市矛盾纠纷多元化解‘四级联调’”和“深化共同缔造 构建解纷平台”经验入选第四届湖北省改革奖项目和新时代湖北政法工作优秀创新成果二等奖。

深入推进社区矫正“三化”建设。推进社区矫正规范化建设。开展“两会”和“五一”期间安全稳定执法检查，抽查26个司法所，发现问题34个。在“两节”“大运会”“亚运会”等重要节点，开展隐患排查30余次，全市司法所已创建社区矫正规范化示范点20个。推进社区矫正精细化建设。全市社区矫正教育帮扶品牌基本实现“一县一品”，钟祥市“莫愁+”入选全省“十大品牌”。加大对矫正对象心理健康干预，在司法所建设心理咨询室15个，培养心理咨询师17名，开展心理评估84人次，心理咨询54人次。推进社区矫正智能化建设。全市落实智慧矫正中心办公场所5个，已投入使用3个。钟祥市、京山市、东宝区配备社区矫正终端25台，实现入矫对象一站式、规范化信息采集。推广使用“社区矫正信息管理系统”，实现档案管理、执法审批、发布通知等功能在线完成。引导矫正对象安装“守界者”App，精准掌握人员行动轨迹，避免人机分离和不假外出的监管风险。

【公共法律服务】 推进“一村一法律顾问”工作。全市200余名执业律师和160余名基层法律服务工作者担任村（社区）法律顾问，化解疑难矛盾纠纷1650件，举办法治讲座800余场，提供法律咨询、合同审查服务3000余次，有力促进了法治乡村建设。开展企业“法治体检”，组织“万所联万会”活动，18家律所对接28家商（协）会，开展“法治体检”32场次。16个律所成立“暖新法律服务小分队”，主动对接35家“两新”企业，提供免费法律咨询1万余次。

推进“八五”普法宣传。开展全民国家安全教育日进社区活动，全市举办宣传活动400余场，发放宣传资料3.2万余份。结合荆门市建市四十周年，开展“美好生活·民法典相伴”主题宣传活动，全市举办宣传活动1800余场，发放宣传资料15万余份。组织市直50余家单位集中开展2023年宪法宣传周活动，各单位制作“八五”普法成果展板进行集中展示。

实施“法律明白人”工程。从村（社区）干部、人民调解员、网格员、“五老”人员中遴选“法律明白人”，进行法律知识培训，引导“法律明白人”参与法治宣传、矛盾纠纷排查化解等工作。全市共培养乡村（社区）“法律明白人”4505名，实现村（社区）全覆盖。

【优化营商环境】 加大重点领域执法监管力度。联合市检察院在道路交通、交通运输、农业农村等重点领域开展专项检查，共评查重点领域行政执法案卷1005件，全部推动整改落实。聚焦“涉企行政执法不规范”问题，持续开展过度执法、粗暴执法、选择性执法、“运动式”“一刀切”执法等行政执法不规范问题专项整治，督促解决执法不规范、不文明以及不作为、乱作为等突出问题，进一步服务优化营商环境大局。进一步拓宽涉企领域行政执法监督方式，建立涉企行政执法监督联系点机制和行政执法社会监督员机制，广泛征集行政执法问题线索，进一步优化法治化营商环境，维护企业合法权益。

深入开展行政执法案卷评查。采取市县（市、区）联动、部门自查等方式，全面开展2023年涉企行政执法案卷评查。紧盯行政执法重点难点问题，深入开展全市2021年以来行政处罚和行政强制案卷评查，通过组建案卷检查小组、执法骨干交叉评查、委托第三方机构评查等方式对全市住房建设、文化市场等重点领域执法案卷实现全覆盖评查，对交通运输、生态环境等关系群众切身利益的执法领域案卷进行现场随机抽查。全年评查案卷1309件，从个案中精准发现不规范执法的隐性问题103个，并督促进行纠正整改，执法能力整体提升。

全面推行“减证便民”和“柔性执法”。围绕优化法治化营商环境，全面清理实行告知承诺制证明事项，共梳理市直部门推行告知承诺制的证明事项清单245项，取消37项。指导各部门编制涉企行政处罚事项“四张清单”，市直24个部门出台实施包容审慎监管“四张清单”，涉及554项事项。不断加强人性化执法方式运用，通过运用说服教育、劝导示范、行政指导、行政奖励等人性化执法方式，努力让市场主体真正感受到“有温度的执法”。

（市司法局）

仲 裁

【案件办理】 全年受理案件403件，同比增长30%，涉案标的额5.5亿元，同比增长130%。案件类型呈多样化，达20余种，除传统的商品房买卖合同纠纷、金融借款合同纠纷外，新增案件类型涉及公司变更登记、技术服务合同、企业租赁合同、建设工程设计合同等纠纷。此外，新增涉外案件3件，办理双方当事人均在市域外案件15件。

全年共审结案件447件，其中审结2023年受理的案件290件，审结旧存案件157件，按期结案率达

98%以上，其中简易程序案件平均办案时长50天，同比缩短10天；合议庭案件平均办案时长80天，同比缩短20天。调解和解结案以及双方和解主动撤回仲裁申请撤销案件225件，调撤率达50%。

科技赋能仲裁发展初见成效。案件信息化管理系统逐渐完善，可实现收案、立案、组庭、结案等案件流程全程在线办理；当事人通过网上办案大厅、在线服务小程序申请立案逐渐增多，实现当事人“不跑腿”“网上办”。

【制度建设】 认真研究人民法院在线诉讼规则、民事诉讼法及民事诉讼法的司法解释中有关电子送达的条款，对仲裁规则中的电子送达条款进行了修改，并向市中级人民法院征询意见，于2023年12月4日通过了关于修改仲裁规则的决定。为适应互联网等新经济新业态发展需要，制定了在线仲裁规则。为配套在线仲裁规则，从线上仲裁案件收费标准以及仲裁员的工作量等方面考量，对仲裁员办案报酬核发办法进行了修订，增加了仲裁员办理在线仲裁案件的报酬发放标准条款。

【队伍建设】 基于仲裁事业发展的需要，增聘260名仲裁员，填补专业空缺。加强秘书队伍建设，以“我讲我业务”为专题，组织全体秘书开展岗位练兵活动，不断提升仲裁秘书程序管理能力和文书核阅能力。

【基层治理】 加强仲调对接的常态化沟通模式，协调各方参与化解房地产、物业管理、金融等领域矛盾纠纷，借力荆门市矛盾纠纷多元化解中心开展诉前调解，进一步强化调解、仲裁有机融合，实现资源共享、优势互补，灵活化解民商事纠纷，营造法治化营商环境。全年委托调解案件达74件，其中房地产类案件37件，物业管理类案件35件，金融类案件1件，服务类案件1件。

（市仲裁委秘书处）

军　事

荆门军分区

【概况】 2023 年，全区各级坚持以习近平新时代中国特色社会主义思想为指导，深入贯彻习近平强军思想和新时代军事战略方针，坚决贯彻落实军委国防动员部、中部战区和省军区党委决策部署，圆满完成各项任务，部队建设呈现出稳中有进、向上向好的良好局面。6 月，组织参加省军区民兵干部骨干比武竞赛，获得第三名，被评为“优胜单位”。全年出动民兵圆满完成汉江防汛、火箭残骸搜寻、全国赛事巡逻警戒等行动，受到一致好评。

【国防动员工作】 围绕“三个转变”这个大课题，专题研究、集智攻关，加快转变发展模式、打通链路梗阻、开拓新兴领域。探索基于能力的成建制、成体系动员模式，推进平时管理体制与战时支援保障体制快速转换，抓好国防动员训练演练和检验评估，组织军事需求对接落实，由易到难加强区块要素训练，推动形成军地衔接、平战一体、高效顺畅的新格局。做好国防动员体制改革下篇文章，配合规范市国动委职能配置、机构设置，修订完善全市国防动员总体预案和专项任务具体实施计划，加速推进市县两级国防动员指挥中心信息指挥要素智慧化建设，在规范“建训管保用”中不断提升援战能力。东宝人武部被表彰为“全国征兵工作先进单位”。

【征兵工作】 坚持以廉洁征兵为重点，以兵员质量为核心，以落实征兵“三控”要求为目标，聚力“四类优先”，严把“六个关口”，紧紧抓住大学毕业生这个主体，年度征兵任务圆满完成，各级各类毕业生占比 84%，大学毕业生中理工类专业占比 96.3%，达到了省军区明确的“三控”要求，排名全省第 5。

【思想政治工作】 坚决把学习宣传贯彻中共二十大精神作为重大政治任务，统筹开展学习习近平新时代中国特色社会主义思想主题教育和“学习强军思想，建功强军事业”教育实践活动，围绕主责主业，结合民兵整组检查、征兵工作展开等时机进行调查研究，破解矛盾问题。同步参加省军区第一季度党委中心组学习和政工干部培训，开展深入学习讨论，在个人自学、参加上级宣讲辅导等固定动作基础上，专门组织到钟祥市、屈家岭管理区和沙洋监狱参观见学，观看《永远吹冲锋号》4 集专题片，组织辨析讨论和专题组织生活会。强固党的组织，严格制度落实，加强队伍建设，狠抓正风肃纪，严格抓好军委巡视巡察反馈问题和军委纪委领导约谈反馈问题整改、军地交叉地带“五查五纠”和有害信息清理。

【保障工作】 加快推进民兵装备仓库建设，继续加强与地方相关部门协调联系，加快推进财政资金、土地相关手续和规划设计落实，主体建筑已完工，在全省民兵仓库正规化建设中首批达标。加强武器装备管理，开展“装备知识月”活动，组织武器装备管理问题清查，做好新式武器装备接领换发。加强经费规范管理，落实军费管理体制改革要求，调整军分区机关经费结算报销审批权限，全面纳入资金集中收付管理体系，创新财经管理模式，构建全方位预算绩效管理考评体系。开展专项业务培训，抽组专门力量对机关本级经费账目进行逐笔梳理，查漏补缺、完善手续、提前“排雷”，7 月，迎接了省军区财务工作检查。推进资产累积性难题“两年攻坚行动”，围绕破解军分区资产账目盈亏、报废资产积压、军地产权纠纷“三类问题”，结合资产可视化建设，深入总结资产管理经验做法，建立资产管理常态工作机制，修订完善资产管理规定，明确资产管理责任，畅通资产“进出”通道，不断提升资产管理效益。从严抓好后勤行业领域整肃治理，将“五治八查树形象”专题教育整顿活动与后勤行业整肃治理、军地交叉地带“五查五纠”等清理整治任务一并筹划、系统施治，明确各领域工作的程序标准、制度规范，构建起稳妥有效的问题防控机制。

（荆门军分区）

武警荆门支队

【概况】 2023年，武警荆门支队深入学习贯彻党的二十大精神，聚焦建军一百年奋斗目标，聚力攻坚“十四五”规划落地，支队党委坚决贯彻武警部队和总队党委决策部署，奋力打造“全面进步、全面过硬”的一流现代化支队。支队团委被共青团中央表彰为“全国五四红旗团委”，支队全面建设被评定为好，连续6年走在总队前列。

【思想政治建设】 坚持用习近平新时代中国特色社会主义思想引领全队，突出抓好党的二十大、全国“两会”精神宣传贯彻，常态化开展“每周一句、强学强记”“理论之星”评比等活动，不断推动党的创新理论“三进入、两直达”。组织第二批党内主题教育、“学习强军思想、建功强军事业”教育实践活动和“稳心尽责、奉献有为”专题教育，落严“三级教育准备会”“四六步法”制度，抓实新兵“四爱”教育，开展政治教员评比竞赛，1人获总队“三会一好”政治教员比武二等奖。持续完善“六室一场”“书香军营”“三站一台”建设，常态开展“爱读书、读好书、善读书”活动。执勤七中队党支部被总队表彰为先进基层党组织，2人被总队表彰为优秀共产党员和优秀党务工作者。

【部队建设】 全面落实总队执勤规范化建设观摩会精神，创新开展“直饮水上哨楼”、哨位“隐形网”安装、监控门无接触验证，执勤哨兵“看、听、想、记、报”五字法在总队推广，执勤五中队被总队表彰为执勤工作先进单位，2人被总队表彰为执勤工作先进个人。专题研究总队专项任务部署会精神，与军分区开展任务对接，完成重要民生目标三维建模，按照“一月四阶段、一处三成果”模式抓实专攻精练。圆满完成军地联合汛期应急演练、宜昌省运会安保、目标单位羁押对象长途转押等重大任务，3项经验做法被总队推广。设立教练员“研训日”制度，参加总队“运筹”参谋业务比武、“八一”枪王挑战赛、“巅峰”特战侦察比武，团体分获第一、四、六名，3人名列前茅，机动大队、特战中队被总队表彰为军事训练先进单位，2人被总队表彰为军事训练先进个人。

4月8日，全民国家安全教育日来临之际，支队开展法律宣传活动

（李龙昌　摄）

【基层建设】 严密组织基层党组织书记培训、年度党组织考评鉴定，先后4批次48名党委机关干部深入基层帮带帮建、当兵蹲连，勤务保障大队，执勤四中队、供应保障中队实现脱贫摘帽。制定党委机关“办实事”清单，深入开展“七解”活动，走访慰问困难党员，助力战士圆梦军校，办理困难救济、随军随调、子女入学等官兵急难愁盼事项。加快推进“十四五”重点建设项目落地，协调推进机动大队新营房、新建团林靶场等大项建设，积极搞好基层硬件改善，办好公寓房设施配备、战备物资补充等惠兵实事，1人被总队表彰为后装工作先进个人。

【安全工作】 秉持“预警抓安、常态抓安、全员抓安、服务抓安”的理念，支队以实际成效评估“平安收官、安全起航”建安创安活动质效，强力推动滚动式覆盖全员的安全警示教育，按照“3+3+3”措施统筹安排“安全常识、法纪警示、珍爱生命、知责感恩”专题教育，抓好“十字”预警机制，落实“十个一遍”，加强“两项检查”，用好“4+4+4”方法管控重点，突出纠治手机“五涉”问题，先后投入289万元，搞好营房维修、营院环境整治、临湖哨道加固、电动自行车上哨、训练场地检修等硬件建设，积极解决官兵就医、涉法、心理等方面问题，不断提高部队安全发展系数。

（武警湖北总队荆门支队）

人民防空

【概况】 2023年，在市委、市政府的

坚强领导和上级业务部门的大力指导下,荆门市国防动员办公室圆满完成年度目标任务,被湖北省国防动员办公室表彰为2023年度全省国防动员职能工作目标督查考核“优秀单位”。

【国防动员建设】 优化体系结构。按照省、市国防动员体制改革实施方案,构建市、县(市、区)两级国防动员组织指挥体系,落实三定方案、成立组织机构、明确编制人员,开展相关工作。建立工作机制。积极协调军地相关部门,召开市国防动员委员会一次全会,制定国防动员委员会工作规则、成员单位工作分工、联合办公室运行细则、需求对接规定、检验评估办法等工作机制,为扎实推进国防动员工作奠定了基础。

【人防工程建设管理】 抓好“结建”工程审管。本着应审尽审、应建尽建的原则,严格抓好“结建”项目的审批和建设。推进重点项目建设。天龙公共人防工程已完成项目竣工验收,正式投入运营,地面休闲运动广场、海慧一路和地下停车场已对市民开放,游泳馆已投入使用,商业部分招商已基本完成。同时人防疏散基地建设项目已启动,疏散地域建成3处。加强工程质量监督和日常维护管理。强化从业主体管理,开展人防设备安装和检测质量专项抽检活动,落实“红黑名单”管理办法。人防工程维护管理逐步程序化、规范化,开展维护管理责任单位培训,培训人数160余人,全年巡查发现防护设施未及时保养问题6处,排查人防工程安全隐患9个,全年无安全责任事故。

【人防指挥通信建设】 推进人防警报建设。按计划完成人防警报设施、无线控制系统配套建设以及人防警报设施有线控制试点建设,超额完成人防警报后备电源建设任务,人防警报二次报警能力占警报总量的50%。9月18日,中心城区举行人防警报试鸣活动,鸣响率达100%。开展人防训练演练。以人防共同课目为重点,分阶段完成机关军事业务训练。组织“楚竞—23”网上知识竞赛,人员参训率达100%,全省比武竞赛获三等奖。参加“宜荆荆”都市圈国防动员通信保障暨突发事件应急动员演练,圆满完成突前侦察、信息传输及协同支援等任务。日常训练中,坚持开展卫星通联、视频会议联通、短波电台通联等各类训练40余次,基本形成了“人人参与、各个上阵、不落一项、不漏一天”的训练机制。做好重要经济目标普查。对辖区范围内工矿企业、交通(通信)枢纽、城市生命线工程、次生灾害源等4个大类重要经济目标进行全面摸排,详细建立了4个大类30余家重要经济目标档案,为谋划重要经济目标防护建设提供了数据支持。

【人防法治建设与宣传教育】 全面推进依法行政。严格落实行政执法“三项制度”,通过政府网站公开年度行政执法信息共60余条,通过国家信用平台公开“双随机、一公开”信息23条,通过“互联网+监管”平台公开监管动态信息12条,监管曝光信息24条。同时按要求落实规范性文件清理和案卷评查任务。持续优化营商环境。开展“清减降”和“放管服”工作,继续推进“三证合一”和“两审合一”创新改革,实际减少申请人基本信息材料3—4项,缩减办事时限1个工作日,减少服务对象跑办次数2次,减少证明文件2个,基本实现人防工程验收备案即使用。针对人防工程安装充电桩存在政策引导不力、申办流程不畅、技术要点不明、维管责任不清等4个问题,编印了《荆门市人防工程内新能源车辆充电设施安装指引》和《荆门市人防工程内新能源车辆充电设施安装技术要点汇编》,成功解决了新能源车辆在人防工程内安装充电设施的难点、堵点问题。开展“双随机、一公开”和“互联网+监管”工作。随机抽选4个在建、4个竣工人防工程、12个人防警报设施和3个初级中学人防知识教育,进行监督检查。通过“互联网+监管”平台开展现场检查和非现场检查共700余次,监管事项覆盖率100%,同时报送监管信息36条。全面开展法治宣教。充分利用主流媒体影响力,在湖北电视台播送新闻2条,在荆门“九派通”融媒体开展国防动员和人民防空法治宣传24期,刊登新闻稿件20余篇。积极协调市委宣传部和市科协,将国防动员基础法治

5月12日,市国动办联合石化三小开展科普教育　（市国动办　供图）

知识纳入市级国防教育宣传月和科技知识科普内容。扎实推进国防动员“六进”和人民防空“五进”活动，组织部分学校、机关、企业开展疏散演练10余场，参与人数近万人。向城市及周边20所初级中学师生发放人防知识教材6600余本，实现人手一册。向11所初级中学、5个街道、100多个村场社区赠送《中国人民防空》杂志1400余期，做到了城区基层组织全覆盖。向东宝区海慧中学、掇刀区望兵石学校、漳河新区楚天城学校等赠送防化服6套、人防应急包15个。

（姚　倩）

经济管理

宏观经济调控

【经济发展】 2023年,荆门市坚持稳字当头,强化经济运行精准调度和市场主体帮扶解困,扎实推动稳增长政策落实,着力稳主体、扩内需、畅循环,全市经济承压起步、稳中有进、持续向好。全年实现地区生产总值2272.3亿元,同比增长6.7%;规模以上工业增加值2998.8亿元,同比增长10.2%;固定资产投资250.3亿元,同比增长6.8%;社会消费品零售总额1042亿元,同比增长7.5%;地方一般公共预算收入122.8亿元,同比增长19%。居民收入稳步增加,城镇、农村居民人均可支配收入分别达到43543元、25772元,分别增长5.5%、7.6%。粮食实现稳产丰收,粮食生产面积46.92万公顷,同比增长0.17万公顷;粮食产量29.35亿千克,同比增长0.4亿千克。部分先行指标持续向好,全市工业用电量、公路货物周转量分别增长12.3%、21.2%,保持全省前列。一批重大工业增长点发力,新增规上工业企业129家,拉动全市产值增长4.3个百分点;荆门石化原油加工量、产值均创历史新高,亿纬动力、长城汽车新增产值均达百亿元以上。

【项目投资】 实施产业链招商突破年和重大项目攻坚年行动,充分发挥有效投资的压舱顶梁作用。新签约亿元以上项目650个,总投资3166.7亿元,落地亿纬动力超级工厂、雄韬锂电和钠电产业园等百亿元以上项目3个,30亿元以上项目13个。重点项目加快推进,全市在建亿元以上项目717个,完成投资792亿元。集中开工重大项目701个,已入库601个;其中省、市重点项目开工152个,已入库141个。武荆宜高速公路、格林美正极产业园、天顺沙洋一期200兆瓦风电等188个亿元以上项目开工入库,亿纬动力六区到九区、一道新能源一期、长城焊装车间二期等216个项目建成投产。3条高铁建设全面提速,武荆宜高铁控制性工程进展顺利,荆荆高铁即将进入铺轨阶段,襄荆高铁开始架梁,荆门西站站房主体工程完工,各节点工程进度均超年度计划。谋划储备2024年重大项目2378个,总投资超1万亿元;争取中央、省预算内项目107个、金额11.3亿元;发行地方政府专项债项目34个、金额43.1亿元;争取国债项目54个、资金29.36亿元。投资结构持续优化,工业投资、民间投资分别占固定资产投资比重的52.5%、70.8%,制造业投资占工业投资比重的90.1%。

【产业转型】 纵深推进产业转型升级示范区建设,坚定不移实施创新驱动发展战略,着力提升经济创新力、产业竞争力,打通科技强到产业强、经济强的通道。创新能力稳步提升,新增国家专精特新"小巨人"企业18家、省级专精特新企业110家,新入库科技型中小企业1188家,新认定"瞪羚"企业87家。全市高新技术产业增加值同比增长13.9%,增幅居全省前列。传统产业升级提速,100个重大绿色工业技改项目加快推进,全市技改投资占工业投资比重达42.9%。荆门石化转型升级取得重大突破,中石化集团已确定在荆门成立专精特新公司,新魏荆线原油管线建成投运,荆门石化原油加工量达到590万吨,创历史新高。新兴产业加快成长,新能源新材料、汽车智能装备产业实现产值1136.2亿元,占全市工业比重达到37.9%,同比提高14.1个百分点。服务业加快发展,新增入库规(限)上服务业单位1018家,其他营利性服务业企业营收同比增长29.9%,荆门宏图特种飞行器制造公司等3家企业入选省第三批"两业融合"试点。

【区域发展】 统筹城乡区域和资源环境协调发展,全方位调动发展要素、激活发展引擎,形成更多经济增长点。城市和产业集中高质量发展稳步推进。城市"两山一轴,一中心六组团"规划布局、新型工业化示范园区建设指导意见出炉,高铁西站、锂电小镇等项目加快实施,白云大道改造、罗汉山隧道等项目竣工投入使用。京山市扎实开展省级县域"双集中"试点。强县工程深入推进。以人口导入为核心,以县城为重要载体,加快推进就地城镇化,钟祥市获批2023年国家现代化农业示范区、第二批省级全域旅游示范区、首批"荆楚文旅名县",京山市入选2023年国家绿色发展农业先行区,沙洋县成功入围国家现代农业产业园创建名单。以县域为单元,加快推进城乡统筹发展,成功组建桥米、油菜、花卉苗木等9个产业联盟,吸纳市场主体800余家,省级农业产业化联合体总数达到20个。成功申报"荆门油菜""京山桥米"农产品地理标志。深入开展共同缔造活动试点,新建省级"四好农村路"示范乡镇3个、创建"美丽农村路"300千米。全市农民合作社、家庭农场数量分别达到7912家、6042家,61%的耕地实现流转、规模经营,村级寄递物流综合服务网点全覆盖。绿色发展稳步推进,扎实开展荆门市长江高水平保护十大攻坚提升行动和长江经济带降碳减污扩绿增长十大行动,划定13个三级流域单元和62个基础管控单元,国控、省控断面地表水优良率提高至93.8%、95.5%,完成412个大气治理项目,磷石膏综合利用率达到70%。2023年获评省级生态建设示范市。

【社会民生】 全力以赴强保障,社会民生持续改善。就业优先政策有效落实。实施"就在荆门·业创业新"行动,扶持创业4000人,引进大学生3.2万人,全市城镇新增就业5万人,入选"全国公共就业创业服务示范城市"创建名单。社会保障水平稳步提高。全市民生支出251.6亿元,占地方一般公共预算支出比重80%。全市城、乡低保标准分别提高至800元/月、610元/月,分别居全省第2位、3位;发放社会救助资金4.4亿元。改造城镇老旧小区207个,累计筹集公租房16242套,实施电梯加装工程347部,兑现新市民、大学生、产业工人等购房补贴资金1.71亿元。社会事业加快发展。全市组建教联体76个,新增公办学校学位15190个,民办义务教育学校在校生占比降至4.49%;实施公立医院高质量发展项目60个,公立医院高质量发展经验在全国推介,顺利通过2023年国家卫生城市复审;成功创建8个专科类别省级区域医疗中心,新增1所县域三级综合医院,被确定为全国紧密型医疗集团建设试点城市;全市每千名老年人床位数达到38张,居全省第3位;新增婴幼儿托位数1759个,获首批全国幼儿照护服务示范城市(湖北唯一市州);市博物新馆对外开放,成功举办第四届湖北省花鼓戏艺术节、滑翔伞定点世界杯总决赛、中国公路自行车公开赛暨环漳河自行车赛等重大活动,获"2023最佳运动休闲旅游目的地"称号。

(市发改委)

国有资产管理

【国企改革】 国企改革三年行动收官。三年行动方案中9大类95项改革任务全面完成,整体评估为全省A类等次,处于第一档次。混合所有制改革、超额利润分享、工资总额周期预算管理等多项改革举措走在全省市州前列。国企改革深化提升行动。以《国有企业改革深化提升行动方案(2023—2025年)》为指引,积极谋划新一轮国企改革深化提升行动,开展前期调研、初稿起草等准备工作,征求各方意见完善后,经市委、市政府审定正式印发。结合新一轮国企改革精神,认真落实对标世界一流企业价值创造行动要求,组织学习文件精神2次、远程视频课程5次。召开专项工作安排部署会,指导市属企业积极对标开展价值创造行动,如凯龙股份对标广东宏大、水务集团对标江南水务等,促进经营质效提升,力争在民爆、农业产业、公用事业等领域培育一批行业领军企业和细分领域龙头企业。年度改革目标落实。聚焦主业推重组,前往十堰、黄石等地学习,谋划市、区平台公司整合工作,增强投融资能力,提升造血功能;指导城控集团整合内部地产开发板块,形成整体竞争优势。聚焦监管推划转,协调将市水利和湖泊局所属3家企业划转至农谷实业集团,做大企业资产底盘。聚焦减亏推脱困,指导市公交集团深化内部改革,千方百计强化经营管理,同比压减经营成本2000余万元,受到盛阅春副省长批示肯定。

【国企发展】 经济运行稳中有进。面对复杂严峻的经济形势,市属企业积极作为、迎难而上,经营效益持续稳定增长。截至2023年12月,市属企业资产总额达1197.42亿元,同比增长12.8%;实现营业收入156.99亿元,同比增长9.5%;实现利润总额5.85亿元,同比下降5.2%;上缴税费8.7亿元,同比增长14.2%;完成工业总产值64.79亿元,同比增长11.9%。项目建设提质提速。着力抓大项目、上好项目,突出扩大有效投资,全年新建续建项目108个,完成投资额86.94亿元,同比增长9.2%。以更大力度推进央企省企对接合作,出台《荆门市央企省企合作三年行动实施方案(2023—2025年)》,新签约项目8个,投资额68.78亿元,完成下达目标进度138%;新签约和续建项目资金到位144.6亿元,超全年目标任务3.8倍。产业转型升级初显成效。支撑传统产业改造提升。凯龙股份加快生产线智能化技术改造,工业炸药产能跃升至全国第5位。中荆集团推进烷基化地企合资合作,助力荆门石化转型升级,参股湖北大峪口公司,支持绿色磷化产业发展。农谷实业集团"荆品名门"农产品区域公用品牌市场价值达628.74亿元,"农谷壹号"高油酸菜籽油多次获省级以上博览会金奖。支撑新兴产业培育壮大。航特公司抢占汽车智能装备产业赛道,新能源汽车轻量化底盘制造居行业头部地位,占国内市场份额一半以上。中荆集团布局新能源新材料等市级主导产业,设立61亿元规模产业基金,投资40亿元产业项目,培育新的经济增长点。支撑现代服务业提速升级。建设多式联运集疏运体系,市交旅集团打造的荆门国际内陆港开港运行,荆汉(欧)国际物流班列发送内外贸货物共计3738个标准集装箱,获省级多式联运示范工程。城控集团加强保税物流中心(B型)建设运营,一线进出口货值列全国第28位、全省第2位。发展文化旅游产业,市交旅集团签约的荆楚映象文化产业园项目完成了土地摘牌和征转手续,中国农谷文化主题乐园正积极推进;市城控集团投资建设的园博园、花博园有序运行。

【国资监管】 突出体制机制,夯实监管基础。建立"直接监管+委托监管+指导监管"工作格局,对市政府授权履行出资人职责的企业实行直接监管,对高新公司、漳富公司两户市属区管企业实行委托监管,对县市区国资国企实行指导监管。健全"1+6"国资监管制度体系,提升监管专业化、体系化、法治化水平。动态调整落实权责清单,印发《市政府国资委法定审批事项及权利事项清单(2023版)》,做到监管到位而不越位。修订企业负责人工作绩效考核办法,核定企业公益类业务清单,提高全员绩效水平,引导企业更加注重质量效益。制定混合所有制企业国有股权代表管理办法,切实维护国有权益,防止"只投不管"。制定受党纪政务处分、被追责问责的市属企业负责人薪酬扣减制度,解决追责宽松的问题。突出关键环节,下沉监管重心。加强基础管理。以产权管理系统为依托,创新制定出资企业产权登记管理实施办法,规范资产处置和产权登记管理等工作,全年受理办结产权管理事项29项。严格落实国有资本经营预算制度,指导企业按时上缴国有资本经营预算收益。建立在线实时监管平台,紧盯投融资、财务、合规经营等关键领域和重点环节,录入483条决策信息,实现对企业"三重一大"事项监管全覆盖。加强财务监管。印发市属国有企业出资人审计管理办法,常态化开展专项财务检查及内部审计工作,对6家市属企业开展财务专项检查,有序开展违规经营投资责任追究工作。基于企业财务数据及企业生产经营情况,分季度撰写经济运行分析报告,提供高质量决策咨询。加强绩效考核。将出资企业领导班子年度综合考核评价工作,与企业负责人工作绩效考核统筹考虑安排,一并组织实施,实现领导班子履职尽责和公司发展目标责任同频共振。突出风险防范,提升监管成效。强化监管协同。防范债务风险。制定《市属国有企业债务融资与资金管理办法》,加强对企业融资、借款、担保等事项管理;制定2023—2026年"一企一策"化债方案,加强债券全生命周期管理,提前启动项目储备,确保资金有序接续;完善债务风险动态统计监测分析机制,实时掌握债务情况,做到心中有数;突出成本管控,从严审批超过7.5%的高成本融资事项;抢抓政策窗口期,优化债务结构,降低综合融资成本;强化风险预警,共提醒约谈企业14家次,督促落实应对措施。加强投资管理。完善《市属国有企业投资监督管理办法》,事前严格审批,事中加强考核,事后客观评价,全年先后叫停2个亿元以上投资项目,引导企业围绕主业理性投资。强化监管协同。加强与纪检监察、审计等监督部门的工作协同,构建一体化监督机制。扎实开展全市国有企业领域、工程建设领域突出问题专项整治,排查堵漏风险点34个,整改问题项目6个,约谈企业负责人和项目负责人32人。狠抓审计反馈问题整改,结合城控集团、交旅集团审计整改建议,完成整改事项197项、长期坚持6项,提示约谈5人。

【国企党建】 坚持举旗铸魂,狠抓政治建设。坚持用习近平新时代中国特色社会主义思想武装国资系统党员干部头脑,深入学习贯彻党的二十大精神,严格落实第一议题制度,深刻领悟"两个确立"、切实做到"两个维护"。全市国资系统共开展党委理论学习中心组学习104次,交流研讨36次。坚持夯基固本,狠抓组织建设。先后制定下发年度国有企业党建工作要点、党建工作主体责任清单等,压实党建主体责任。认真执行"三会一课"制度,举办市属国有企业发展对象和预备党员培训班,207名学员参训。开展"宜荆荆"国资力量联学联建党建活动,促进学习型党组织建设,三地共90余名党员干部参加。坚持练兵提能,狠抓队伍建设。围绕建设高素质专业化干部队伍,积极探索国资系统干部队伍"1+X+1"制度体系;注重德才兼备、人岗相适,先后选派调整企业领导人员26名。以"提能力、转作风、抓落实"和"岗位练兵"活动为抓手,先后开展周四集中学习630余场,国资大讲堂11期,"我的业务我来讲"国资论坛26期,能力大比武22场,有力提升干部职工能力素养。坚持正风肃纪,狠抓纪律建设。坚持全面从严管党治企,深入推进清廉国企建设,加强政治生态分析研判,紧盯国资监管的关键领域和重要环节,扎实开展违规吃喝专项整治、涉黄赌毒酒驾醉驾专项教育整顿等,推进监督具体化精准化常态化,运用"第一种形态"批评教育174人次,下发纪检监察建议书5份,给予党纪政务处分5人。

【社会责任】 全市国资系统全面落实房租减免政策,为1842户中小企业和个体工商户减免房租941.23万元。2023年落实应届毕业生就业岗位221个,涨幅位居全省第一。市水务集团建立网格化服务新模式,打造全国首个二次供水设施产权移交实例,打通供水服务"最后一公里"。市公交集团更新投放100辆新能源公交车,便利群众出行。市城控集团投资7.4亿元为困难群体提供1342套保租房，如期交付云湖上苑二期保交楼项目，在城区新增1960个停车泊位，切实增强市民的获得感、幸福感。中荆集团通过政银合作、供应链金融、小额贷款等金融业务累计为全市近2000家企业发放贷款109亿元，有效缓解中小企业融资难题；千方百计筹措资金，兑现政府招商引资资金池7.7亿元，助力打造一流的营商环境。市交旅集团积极参与武荆宜高速公路荆门段工程项目，全力保障三条高铁项目，助圆荆门人民"高铁梦"。

（市政府国资委）

国土资源管理

【土地经营集约节约】 将集约节约用地情况纳入新增建设用地报批审查，全年审查134个批次项目新增建设用地情况，对不符合要求的15个项目予以退回，对12个项目开展节约集约用地论证或节地评价确定用地面积。全市2023年增存挂钩专项工作已处置批而未供土地861.1公顷、闲置土地231.44公顷，处置率分别为37.81%、40.5%。荆门市"监督转让"处置闲置土地的工作做法在全省闲置土地专项治理会议上作经验交流。推进低效用地再开发，采取"规范提升一批、引导转让一批、司法处置一批、政府收回一批"措施盘活低效用地，提高土地利用效益。截至年底，已再开发低效用地24宗44.6公顷，新增建筑面积14.86万平方米。

优化土地要素配置。组织各地编制年度土地供应计划，将民生项目、基础设施项目、招商引资项目等纳入计划予以保障，采取下调竞买保证金、合理确定土地出让底价、分期缴纳价款等措施，降低企业用地成本。截至2023年12月25日，全市供应土地411宗1792公顷，价款35.76亿元。其中，公开出让土地163宗752.27公顷，价款46.6597亿元；协议出让53宗38.2公顷，价款5223万元；划拨240宗1259.33公顷，价款2391万元。面对土地市场低迷现状，采取控制总量、精准出让，优化时序、宣传推介等方式积极应对。合理编制年度中心城区房地产用地出让计划，组织各地开展土地招商，探索土地预出让公告和用地清单公告制度，征询房地产企业购买意愿和要求。用足用活合理确定保证金、分期缴纳价款、容缺办理预售许可等支持政策，增加地块吸引力。市本级招拍挂出让土地13宗面积51.25公顷，成交价款148390万元，另外出让化债土地7宗面积38.87公顷，成交价款100730万元。协议出让土地39宗43.87公顷（用途或容积率调整、地下车位土地使用权等手续），出让价款933.76万元。

【资源要素保障】 强化项目包保服务。建立项目精准组卷、用地审批"集中管理"等机制，全力服务省市县级重点项目用地。加强与市发改、交通、住建等部门沟通对接，建立用地需求项目库，坚持"要素跟着项目走"，分类保障建设用地指标，90个项目落实83个。多次赴省对接汇报，协调督办省重点项目鄂中生态公司磷石膏库项目用地手续，取得建设用地批文。

保障省级重点建设项目用地，实行报批台账管理，每月定期协调督办工作进度，推动省级重点项目落地。截至年底，全市35个省级重点项目已落实用地34个，正在推进1个。加快建设用地报批，截至年底，全市获批土地1200公顷，保障105个项目用地需求；另有18个批次正在省厅审查待批复，面积约147.73公顷。

【耕地保护】 召开耕地流失问题整改工作推进会、约谈会，成立领导小组和工作专班，印发《市自然资源和规划局办公室关于市局领导包保耕地流失问题整改工作的通知》《市自然资源和规划局办公室关于全市耕地流失问题整改分组督导检查的通知》，实行专班包保、下沉督导。完成荆门市占用耕地和永久基本农田超标准建设廊道绿化专项排查工作。全年省自然资源厅下达荆门市耕地流失整改图斑面积4246.67公顷，已整改4386.67公顷，整改率100%。

强化耕地占补平衡管理工作。2023年，省厅下达荆门市年度补充耕地指标任务为耕地数量286.67公顷，水田规模1746.67公顷，全部分解下达至各县（市、区）。推进项目立项实施验收及备案，对东宝区2个土地开发项目下达立项批复，建设总规模27.68公顷，拟新增耕地26.93公顷。对京山市宋河镇秦关等村2017年度土地开发等7个新增耕地地块现状发生变化的土地开发项目，下达同意核减新增耕地面积的批复。全市已备案项目4个，新增耕地12.13公顷；已验收项目136个，拟新增耕地2393.33公顷、水田规模340公顷；提质改造水田446.67公顷。落实耕地占补统筹调剂机制，全年市级统筹调剂耕地占补指标107.27公顷，保障襄荆高铁、荆荆铁路站后工程等多个重点项目指标需求。组织耕地占补平衡指标有富余县市，参加全省2023年第一批次耕地指标交易，全市成功转让指标交易标2个，面积53.16公顷，实现指标交易总额7866.43万元。

【执法监督】 2023年，全市立案查处违法案件71件，其中土地类47件、矿产类24件，已结案30件，共退还土地72692平方米，没收建构筑物51718平方米，没收矿产品48925吨，收缴罚（没）款498.68万元。立案查处2件，其中土地类1件、矿产类1件。组织全市对2022年度查处并已结案的自然资源执法案卷质量进行自查，按照不低于40%的比例随机抽选22件案卷开展集中评查。在省级评查中，荆门市2件获评优秀案卷(全省共5件),其中1件报自然资源部参评。在市司法局组织全市涉企行政执法案卷评查中,支队查处的荆门交投实业发展有限公司(荆新线一级公路沈集收费站)非法占用土地案获评优秀案卷。

开展土地卫片执法,全年下发土地卫片执法图斑7104个,面积5890.96公顷(耕地2955.55公顷),核查填报图斑6470个,面积5348.94公顷(耕地2723.19公顷),发现新增建设用地违法340个,面积163.5公顷(耕地76.4公顷),经整改扣减后全市新增建设用地违法占耕地比例为5.32%,控制在省定目标8%以内。下发矿产卫片执法图斑38个,已完成核查填报36个,未发现违法图斑。2018—2022年历史违法地块共1001个,面积1211.86公顷(耕地820.7公顷)。已整改到位583个,面积863.76公顷(耕地575.54公顷),整改到位率58.24%。

开展自然资源督察问题整改,2022年耕地保护和矿产资源督察发现问题涉及荆门市97个图斑,已整改到位73个,整改到位率75.26%,全省排名第三,经验做法多次在全省推广。2023年自然资源例行督察涉及荆门市183个图斑,已整改到位102个,整改到位率55.78%,全省排名第六。2023年自然资源日常督察发现问题涉及荆门市34个图斑,已整改到位4个,整改到位率11.76%。荆门市历年土地督察遗留问题51个,整改销号10个,整改到位率19.61%。

【生态修复】 2023年,废弃矿山生态修复省定任务为104.7公顷,实际完成128.11公顷,超额完成省定任务,排名全省第一。制定《关于县域一体化推进历史遗留矿山生态保护修复实施意见》,审批钟祥市、京山市、东宝区、漳河新区4个县域一体化历史遗留矿山生态修复总体实施方案,通过合理挖潜资源潜力、盘活存量空间、显现土地指标价值等方式,缓解生态修复治理资金不足压力。制定《荆门市矿山生态修复项目管理办法》和《荆门市矿山生态修复项目竣工验收实施细则》,进一步规范全市矿山生态修复项目管理。出台《三年行动计划(2023—2025年)》,逐一明确86家需工程治理废弃矿山修复进度,截至年底,已完成工程治理8家,正在治理20家,已完成"一矿一策"方案审查准备动工18家,剩余40家矿山已全部完成实施方案编制。

规范生产矿山生态修复管理。2023年,全市矿山地质环境恢复治理基金共计15297.5万元,生产矿山累计投入修复治理资金2844万元,修复治理面积54.73公顷。督促矿山企业编制矿山地质环境恢复治理年度方案并实施,全市生产矿山地质环境恢复治理方案编制率100%,有针对性督促生产矿山对终了边坡及时开展修复治理工作。组织开展全市生产矿山生态修复调研,全面掌握全市生产矿山生态修复、矿山地质环境治理恢复基金计提和使用情况,拟通过挖掘和推广先进典型、因地制宜制定生态修复标准,推动全市矿山"边生产、边治理"工作开展。

规范增减挂钩和土地复垦管理。2023年,全市立项增减挂钩项目4个、面积64.79公顷;在部级增减挂钩在线监管系统补录项目71个、面积5286.13公顷。截至年底,全市节余可用挂钩指标5152.16公顷。严格临时用地占用耕地审查,批复临时用地土地复垦方案31个、面积220.6公顷,向5个临时用地期满用地单位去函提醒履行复垦义务。

建立补充耕地指标统筹调剂机制,解决补充耕地指标储备区县不平衡问题,保障高铁新城、锂电小镇等重点项目用地指标需求,以市级指标库统筹价格向中心城区调剂增减挂钩节余指标18个批次,调剂节余指标249.76公顷,流转资金2.86亿元。结合全域国土综合整治、工矿废弃地复垦利用,深度挖掘建设用地复垦潜力,向省政府申报跨县域流转增减挂钩项目4个,实施规模64.79公顷,拟新增农用地64.79公顷。

【矿产资源管理】 实行磷矿采矿权总数及开采总量"双控",磷矿采矿权控制在10家以内,全市全年磷矿产量指标345万吨标矿。全市磷矿10家,其中正常生产矿山6家、停产3家、基建1家,符合管控要求;全年磷矿产量220万吨(折算标矿150万吨),产量未突破控制指标。加强采矿权投放及采矿权登记相关手续办理工作。对其他矿种,按照市、县(市、区)两级审核权限,严格矿权设置合规性审查。将市本级拟出让的8个采矿权出让计划提交市自然资源管理委员会第一次主任办公会进行审议,重点控制建筑石料采矿权,按照"关一增一"原则投放。全市出让采矿权4家(市本级3家、县级1家),采矿权出让收益36226万元。全市办理矿业权登记手续17家(按类别分:采矿权新立登记手续7家、采矿权变更延续注销手续9家;探矿权注销1家。按登记权限分:市本级办理12家、县级办理5家)。

完成全市范围内页岩气二维勘查项目野外采集施工作业,转入室内资料整理、报告编制、化验等工作,为2024年页岩气三维项目勘查奠定基础。沙洋卤水勘查项目ZK01于2022年12月14日开钻,2023年3月11日完成钻探作业,井深度1680米,累计采取岩心长约110米,在1340—1450米发育有两段较好的卤水含水层。钟祥市周棚锂多金属调查项目,开展GPS控制测量(E级网),1:2000勘查线剖面测量,累计完成路线地质调查65千米、地质调查点42处、采集拣块样分析256件,施工钻孔1个。

【地质灾害防治】 加强地质灾害隐患排查和风险防范,全市地质灾害巡排查出动4807次人次,排查1522点次,排危除险1次,撤离3户10人,安排专家58批次100人,安排工作组80批次374人。汇集典型地质灾害实景影像，制作15分钟《地质灾害警示片》视频，与《地质灾害防治宣传片》在室外宣传大屏进行滚动播放。采取设展板、挂横幅、印发资料、进课堂进社区等形式开展“5·12”防灾减灾日宣传活动，共设置展板38批次，接受群众现场咨询439人次，发放宣传资料1672份。按期完成群专结合专业监测点建设，全市选择隐患重点设立专业监测点73处，与自然资源部监测平台并网，布设专业监测设备263台（套）。开展气象精细化预警预报，已发布气象预警28期。及时调整更新“四位一体”网格员1770人，为加强宏观监测和配合专业监测、气象预警精细化奠定了基础。全年经排查认定新增地质灾害隐患点11处，核销18处，现共有地质灾害隐患点213处。按类型分，滑坡91处，山体崩塌75处，地面塌陷47处。全年共发生2起地质灾害，均成功预警，无人员伤亡。

（市自然资源局）

财　政

·财政综述·

【概况】 2023年，全市地方财政收入完成250.3亿元，占调整预算的100.9%。全市地方一般公共预算收入完成122.8亿元，占调整预算的102.2%；其中税收收入84.1亿元，占调整预算的97.2%，占地方一般公共预算的68.5%。

【服务经济发展】 优化营商政策环境。严格落实国家延续和优化实施的系列税费支持政策，贯彻落实省、市推动经济稳健发展政策及接续政策，切实减轻市场主体负担。巩固政策兑现“免申即享”成果，发布第四批“认定类”政策清单，政策项目扩面至51条。全市共兑现惠企政策75.3亿元（含减税降费41.7亿元），其中通过“免申即享”模式兑现1.2亿元。积极创建全省优化营商环境先行区试点，大力推进“互联网+政府采购”建设，实现全市“集中+分散”采购全流程电子化全覆盖。减免承租行政事业单位门面租金595.5万元，惠及市场主体3138户。多渠道筹集资金服务招商引资项目，中心城区兑现招商引资政策资金22.8亿元。

助推产业转型升级。出台《鼓励支持各类科创主体入驻荆楚科创城政策措施兑现操作流程》，兑现补贴资金2735.1万元。全市投入5亿元支持加快推动产业转型升级、发展突破性优势产业和科技创新。荆门市成功入选湖北省首批中小企业数字化转型试点城市，获得省级专项资金3000万元，推动数字经济和实体经济深度融合。

财金联动高效赋能。坚持财政金融协同发力，更好发挥财政资金的引导撬动作用。拨付风险补偿、业务奖补、保费补贴合计1350万元，支持市融资担保集团提高抵御风险和业务拓展能力，目前在保19亿元。构建应急转贷纾困服务体系，设立2亿元市级应急转贷纾困基金，首期5000万元实缴到位，为全市中小微企业提供应急转贷资金7.1亿元。全市通过创业贷、政银合作、双创引导基金、“农信贷”等发放贷款18亿元，兑现贴息资金4300余万元，引入金融“活水”支持实体经济发展。

促进经济畅通循环。筹集资金1亿元发放湖北消费券、家电消费券和文旅消费券，落实汽车消费“大礼包”“荆楚购”等促销政策，推动消费加速回暖。兑现外贸企业出口普惠制奖励等资金2289万元，提高荆门保税物流中心（B型）补贴标准，力争更多“荆门造”“走出去”。

【增进民生福祉】 兜牢“三保”底线。加大财力下沉力度，加快资金分配进度，提高库款调度精度，增强县级“三保”能力。动态监测县（市、区）“三保”预算执行情况，实施常态化风险预警，全市“三保”基本平稳。

推进民生事业发展。统筹4.2亿元“以奖代补”资金，支持全市151个村（社区）共同缔造项目推进。千方百计稳住就业基本盘，推动政策直达企业、惠及群众，全市共兑现人才补贴、就业创业、惠企补助等政策资金3.7亿元。持续推进和完善医保DIP（按病种分值付费）、门诊共济保障改革，提高医保基金使用效率，优化医疗资源配置，减轻群众就医负担。统筹700余万元用于幸福里食堂建设及运营，新建幸福里食堂23个。全市财政投入6.3亿元用于扩大教育资源供给和困难学生资助，市掇刀石中学维修改造等项目有序推进。落实义务教育学校生均公用经费基准定额提标，小学、初中年生均分别提高至720元、940元，寄宿制学校寄宿生年生均提高至300元。支持市博物馆新馆、市城市规划展览馆开馆运行，投入1852万元用于图书馆、科技馆、体育馆等公共场馆运维和免费开放。

助力城市品质提升。支持以国际能谷·锂电小镇产城融合项目为抓手，以产促城、以城兴产，推动形成产业和人口的良性循环。扎实做好重大交通节点性项目保障工作，漳河环库公路、罗汉山隧道建成通车，城区“三环六隧九射”骨架路网体系基本成形。设立干净城市考核专项资金2000万元，支持开展店招店牌等专项整治，市容市貌明显改善。安排1.9亿元用于污水处理、河道整治和雨污分流，提高城镇污水处理效能。争取1.6亿元支持老旧小区改造和保障性安居工程，兑现购房补贴1.7亿元。

稳步推进乡村振兴。全面落实中央财政支持粮食生产各项政策，争取耕地地力保护补贴、实际种粮农民一次性补贴和高标准农田建设资金13.2亿元，荆门市、沙洋县因高标准农田建设成效显著受到省政府表彰。落实4445万元支持农业"六个一"工程建设和"荆品名门"品牌发展,沙洋县现代农业产业园、掇刀区麻城镇在全国农业产业融合发展项目创建评审中斩获佳绩,共争取资金1.1亿元。统筹省、市奖补资金1584万元,支持村级债务全面清零。争取省级资金4800万元用于16个和美乡村试点村建设,10个村获评省级和美乡村典型示范村。

支持生态环境保护。荆门市成功入选2023年国家支持农村黑臭水体治理试点城市,获得中央财政奖补资金2亿元。出台《荆门市流域生态补偿金统筹使用管理办法》,漳河库区生态补偿成效显著,水质长期稳定保持地表水Ⅰ类标准;与天门市签订《天门河流域横向生态保护补偿协议(荆门—天门段)》,推动建立跨市域横向生态保护机制。

【加强财政收支管理】 抓实收入征管。压实征管责任,科学研判收入形势,严格税收和非税收入征缴管理。落实财税分片包联机制,扎实做好重点税源、重点企业跟踪服务,协调解决生产经营难题,扎实推进高质量财源建设。全市地方一般公共预算收入完成122.8亿元,同比增长19%。抓严预算执行。督促预算单位持续优化支出结构,严格执行预算批复,严禁无预算、超预算支出。坚持向内挖潜,有序推进国有"三资"清理盘活工作,深入挖掘资金资产资源潜力。切实加快支出进度,尽早发挥资金效益,全市直达资金分配及支出进度位居全省前列。抓好向上争取。全市共争取转移支付资金188.5亿元,发行政府债券100.1亿元,其中新增债券62.5亿元,有力保障"三条高铁"等重大项目建设资金需求。

【深化财政领域重点改革】 深化政府投资评审管理。研究出台评审业务管理细则,深化"110"(一个环节、一次审结、零跑腿)模式,不断提升评审质效,并首次承办财政部预算评审中心《财政评审》杂志"评审沙龙"活动(2023年第4期)。2023年,全市完成评审项目1984个,平均审减率14.1%。完善项目与企业月度对接推介机制,帮助本地企业参与政府投资项目建设。全年共组织15次对接推介会,助推10类本地建材和相关企业增加销售额约2亿元。

深化政府采购改革。建立联席会议机制,将工程领域类政府采购项目纳入"政采贷"范围,提高对金融机构奖励比例,着力发挥政府采购政策功能。2023年,全市开展"政采贷"业务203笔,发放贷款7.3亿元,同比增长264%,其中线上融资5.2亿元,同比增长815%;全市完成政府采购预算67.3亿元,实际采购64.5亿元,资金节约率4.2%。

深化预算管理一体化改革。加强上下级政府预算衔接,政府预算、部门预算与单位预算衔接,以及预算管理各环节之间的衔接,提升协同管理水平。推动漳河新区、屈家岭管理区预算管理一体化系统上线运行,实现市域预算管理一体化业务全覆盖,构建预算管理全流程顺向控制与逆向反馈的闭环。

建设税费共治大数据平台。完成税费共治大数据平台建设并在全市推广上线,打通"省、市、县、区"四级联动数据共享通道,搭建税收风险管理模块,在全省首创税费协同业务线上管理模式,全年督促缴费人自查补缴税费收入7000余万元,办理线上税费协同业务1031笔,累计金额2.1亿元。

【提升财政治理效能】 加强预算绩效管理。印发《荆门市市级预算事前绩效评估管理办法(试行)》,"1+5"预算绩效管理制度体系基本建立,全过程闭环管理制度初步形成。建立重要财政支出项目全生命周期管理工作机制,加强全链条跟踪监控。委托第三方机构开展市级财政评价项目(政策)9个,评价结果已反馈至单位进行整改;选择市发改委等10家单位开展全面实施预算绩效管理第二批示范试点工作。

严格防范债务风险。坚持促发展和防风险并重,按照"一地一策"和"一债一策"要求,制定了本地区近三年"五类债务"化债方案并抓好落实,分类处置、妥善化解地方债务风险,坚决遏制隐性债务增量,牢牢守住不发生系统性风险的底线。

加大财会监督力度。认真学习贯彻中办、国办《关于进一步加强财会监督工作的意见》精神和省级实施方案要求,开展年度财会监督检查,组织违规吃喝问题专项整治相关支出专项检查。扎实做好财经纪律重点问题专项整治自查、复查和接受财政部湖北监管局重点抽查工作,抓好反馈问题整改,进一步严肃财经纪律。

(帅　欢)

·行政事业单位国有资产管理·

【概况】 截至2023年底,全市行政事业单位国有资产总额694.23亿元,较上年增长25.16%,其中流动资产114.16亿元,占资产总额的16.44%,较上年增长1.78%;固定资产134.12亿元,占资产总额的19.32%,较上年增长10.11%;无形资产11.32亿元,占资产总额的1.63%,较上年增长7.40%;在建工程42.56亿元,占资产总额的6.13%,较上年增长34.98%;长期投资0.61亿元,占资产总额的0.1%;政府储备物资0.08亿元,占资产总额的0.01%;公共基础设施369.22亿元,占资产总额的53.18%;保障性住房19.66亿元,占资产总额的2.83%。固定资产中房屋价值87.32亿元,占固定资产总额的65.11%;车辆价值2.64亿元,占固定资产总额的1.97%。

【资产管理调剂使用机制】 落实过

"紧日子"要求,进一步完善市级国有资产共享调剂机制,通过优化在用资产、推进资产共享共用、加强资产调剂、推进公物仓信息化管理,提高资产调剂使用效率。改变以往以书面审核审批为主的方式,建立完善资产处置现场核查核实机制,凡是涉及资产处置,至少两人以上到现场核查核实,重点核实单位有无账实不符、随意低价处置、"暗箱"操作等问题,全年以来开展现场核查46次。完善资产调剂使用机制,深化"公物仓"建设,扩充、做大市直"公物仓",凡是上门核查后能回收使用的资产一律回收充实"公物仓",专人管理、加快调剂,全年调剂使用办公座椅、空调等资产166台(套),节约资产购置性支出近150万元。同时,积极开展承租行政事业单位的小微企业和个体工商户房租减免政策兑现抽查督查,确保政策落实"不留死角、不落一户、应减尽减",2023年全市落实房租减免资金595.5万元,涉及承租户3138户。

【清查盘活国有资产】 协调市机关事务服务中心,参照单位国有资产经营性收入缴库情况,以及资产管理系统分析比对结果,采取单位自查和上门重点检查相结合的方式,对市直所有行政事业单位土地房屋资产情况,包括经营性、闲置性土地房屋类资产进行全面清查,形成资产清查报告及时上报,并建议市政府加快闲置资产处置利用,进一步盘活、放大资产使用效益的建议,为政府决策提供参考。在专项清查的基础上进一步完善资产台账,专人跟踪管理,动态调整,适时督促单位合理处置或利用,不断挖掘、提高行政事业性国有资产使用效益。牵头协调市机关事务服务中心、市运管局、市文联、市妇联、市房产服务中心、市人社局、市市场监管局、市水利湖泊局等单位做好部分经营性、闲置性土地房屋资产产权移交工作,2023年市直实现行政事业单位国有资产处置收入1.6亿元。

【行政事业单位资产管理】 贯彻落实《行政事业性国有资产管理条例》,从资产管理制度建设、单位资产台账、资产产权管理、资产配置、使用和处置等方面对市直单位进行现场检查和综合考评,针对少数单位存在的基础工作薄弱、资产管理台账要素不全、账实不符、资产出租出借申报审批不及时、资产使用信息更新不及时、在建工程转固不及时等问题,及时提出整改意见,要求单位限时整改。针对市审计部门反映的少数单位部分土地房屋资产闲置时间长、使用效率低等问题,及时约谈单位资产管理负责人,督促加快闲置资产处置利用,不断提高资产综合使用效益。

(市财政局)

·政府和社会资本合作·

【概况】 截至2023年底,全市累计实施PPP项目30个,其中已投入运营项目24个、正在建设项目6个,总投资约170亿元。分别为市本级静脉产业园、荆门剧院等9个项目,投资86.5亿元;钟祥市"一江两湖"生态治理、皇庄片区旧城综合改造等7个项目,投资60.2亿元;京山市全域垃圾处理等4个项目,投资5.5亿元;沙洋县乡镇污水处理厂和城市工业污水处理厂2个项目,投资2.3亿元;东宝区游泳馆、文体中心等5个项目,投资10.9亿元;掇刀区崇仁路、丰安路道路工程和工业污水处理厂及配套管网工程2个项目,投资4.1亿元;屈家岭管理区污水处理厂工程,投资0.4亿元。

【管理存量项目】 加强项目档案管理。按一个项目一份档案的要求,对市直9个PPP项目的立项、实施方案、招标文件、合同等重要文件进行全面整理,建立资金拨付台账,为项目规范管理打好基础。积极推动在建类项目进度。协助国动办完成天龙公共人防工程项目"一方案两报告"变更等工作,推动项目顺利进入运营期;积极配合公路局与社会资本进行多轮磋商谈判,形成207国道PPP项目运营协议,并报市政府批准实施。分类处理存量项目。根据《关于开展政府和社会资本合作存量项目分类处理工作的通知》要求,拟定《荆门市政府和社会资本合作存量项目分类处理方案》,并以市政府名义上报省财政厅。所有存量项目中,除沙洋县工业污水处理厂和京山市武荆高速公路连接线七宝山部分矿山地质环境恢复治理工程两个项目计划不再采用PPP模式外,其他项目仍采用PPP模式。

【落实按效付费】 坚持执行PPP项目绩效管理的有关政策规定,规范全市已竣工或已投入运营PPP项目全生命周期绩效管理,指导各行业主管部门、实施机构落实政策要求和合同约定,按期进行PPP项目绩效评价工作,确保存量PPP项目发挥应有社会效益。2023年,对竹皮河、207国道、天龙人防工程PPP项目开展建设期绩效考核;对荆门剧院、439省道、静脉产业园、生活垃圾焚烧发电、城南污水处理厂、夏家湾污水处理厂开展运营年度绩效考核。同时,积极协调项目实施机构和相关业务科室,按照按效付费的原则,及时拨付财政缺口补助。

【开展中期评估】 根据财政部《政府和社会资本合作(PPP)项目绩效管理操作指引》要求,2023年选取荆门市夏家湾污水处理厂提标改造及中水回用工程PPP项目开展中期评估。该项目运营管理和经营状况良好,污水处理质量得到提升,有效改善了竹皮河的综合水环境。

(市财政局)

·政府采购·

【概况】 2023年,全市完成政府采购预算67.32亿元,实际支付64.55

亿元,资金节约率4.11%。

【优化营商环境】 强化制度保障。出台《关于进一步优化市直政府采购领域营商环境有关工作的通知》《荆门市政府采购负面清单》《政府采购领域优化营商环境补短板工作任务清单》等文件,从加强内控制度、采购行为规范、重点任务清单等方面进行明确,建立长效工作机制。积极争取试点。掇刀区"政府分散采购项目全流程电子化交易"、沙洋县"实施政府采购专员制度"、京山市"优化政府采购质疑投诉处理机制"3个改革项目被纳入2023年全省优化营商环境先行区创建试点范围,均成功通过验收。推进"互联网+政府采购"建设。全面实行政府采购全流程电子化、监管智能化,完善平台功能,实现全市"集中+分散"全流程电子化采购,"一站通办、一网通办",降低参与成本、节约活动时间。荆门市市直政府采购指标评价获全省营商环境评价政府采购指标第一名,获全市"推进'转型升级、跨越发展'建功立业先进集体(优化营商环境类)"。

【政府采购监督管理】 依法依规处理投诉事项。对11起移送及政府采购投诉事项进行情况调查,对采购单位和代理机构等相关当事人进行约谈处理,并将投诉处理决定书发送至各相关当事人。持续加强常态化监管。积极探索"线上+常态""线下+重点"的"2+2"监管模式。线上:完善"预算一体化系统"与三大交易平台监管功能的镶嵌衔接,增加平台预警、数据统计等功能,以项目为单位每月随机开展线上抽查,认真审查核实,实行失信惩戒、记分式处理;线下:积极参与"荆门市政企早餐会""政府采购体验日""惠企供需对接会"等品牌活动,开展政策解释和专项监管。开展专项督查及整治。成立检查专班,对各县(市、区)2022年以来政府采购网上商城工程造价咨询及审计服务规范履行政府采购程序执行情况开展交叉检查;对采购人设置差别歧视条款、代理机构乱收费、供应商提供虚假材料、供应商围标串标"四类"违法违规行为开展专项整治。持续推进政府采购信用体系建设。印发《关于进一步规范市直政府采购信用评价工作的通知》,对政府采购信用评价的主体、内容、方式等5个方面工作进行规范,建立完善一整套包含100多项评价指标的信用评价标准体系;在三大交易平台设置和嵌入信用评价模块,四方信用评价行为主体线上开展"全流程、电子化、一网式"评价,确保政府采购信用线上评价的公正公平。

【发挥政府采购政策功能】 落实支持中小企业发展政策。印发《关于进一步优化市直政府采购领域营商环境有关工作的通知》,延续实施政府支持中小企业一揽子政策,通过提高中小企业采购预留份额、评审扣除比例,免收采购文件工本费、减少中小企业参与政府采购活动成本、压缩履约验收时限、加快采购资金支付等举措,保障中小企业平等参与政府采购活动的权利。持续支持乡村振兴发展。组织市直预算单位开展"832平台"填报及采购工作,2023年预留采购份额2589万元,完成采购金额2823万元,完成占比109%。荆门市已连续四年实现预留采购份额"填报率""完成率"的"双100",且超额完成采购预留份额。全力扩大"政采贷"规模。建立联席会议机制,不定期召开"政采贷"联席会议,听取相关意见和建议,并对业务开展中遇到的"梗阻点"进行沟通协调。拓宽贷款范围,将工程领域类政府采购项目纳入"政采贷"范围,使更多中小企业享受贷款优惠政策。为激发金融机构积极性,在省级财政对金融机构2023年"政采贷"发放额度进行2‰奖励的基础上,提高奖励比例至3‰。全市全年预计开展"政采贷"业务203笔,发放贷款7.29亿元,同比增长265%,其中线上融资5.2亿元,同比增长812%。

【提升政府采购专业化水平】 强化采购人主体责任。印发工作通知,向采购人明确意向公开和预算一体化平台操作等注意事项,督导市直单位及时开展"湖北省政府采购网"账号历史数据处理、中小企业预留份额执行情况填报,提升政府采购工作绩效。加强政府采购业务培训。采取组织专场培训与"送政策上门"相结合形式,提升采购人政府采购专业化水平。分两批对近300家市直预算单位开展业务培训,采取线下+线上、主会场+分会场的模式开展全市政府采购数据汇聚平台操作培训。组织业务骨干到市检察院、妇幼保健院等单位开展"送政策上门",参训人数500人左右。积极参加行业交流。参加"政府采购助力稳经济促发展"研讨交流活动、"中国第18届政府采购集采年会",荆门市财政局获2022年度政府采购先进地市突出贡献单位和《政府采购需求管理办法》知识竞赛先进单位优秀奖。

(市财政局)

·财政监督检查·

【财会监督检查】 成立14个检查组,对市直35家单位开展年度财会监督检查,检查项目涉及重点领域、部门预算、法规执行、会计和评估、内部控制等5个方面,检查内容涵盖重大项目资金、预决算公开、预算编制执行、资产管理等10个方面。出具27份检查结论,涉及问题金额14601.4万元,其中会计和评估监督检查涉及问题金额2269.44万元,重点专项监督检查涉及问题金额12331.96万元。

【单位预决算公开核查】 市直2021年部门决算单位共计304个、2022年部门预算单位共计303个,均已对照预决算公开的内容进行查漏补缺。除涉密单位外,市直所有单位均按照公开内容、事项,做到了应公开全公开。

【财经纪律重点问题专项整治】 根据财政部、省财政厅财会监督专项行动部署安排,4月至5月,市财政局牵头开展财经纪律重点问题专项整治工作,围绕降税减费、基层“三保”和地方政府债务等8个领域开展自查和复查工作。7月,接受财政部湖北监管局检查组对荆门市本级、京山市、沙洋县重点抽查,发现全市问题54个,涉及问题金额243150.7万元。对检查发现的问题,市委、市政府高度重视,分别召开市委常委会、市政府常务会专题研究部署,市财政局按照市委、市政府要求,牵头抓实问题整改。截至12月底,全市已整改问题38个,整改金额115938.11万元。

【违规吃喝问题整治专项检查】 2月至5月,组织全市直部门(单位)开展商务接待费和公务接待费问题自查、督查和抽查。市直部门(单位)自查面100%,按30%的覆盖面抽查市直77家部门(单位),其中5家单位公务接待、商务接待存在超范围支出、超标准接待问题,涉及问题金额1.42万元,全部整改到位。

(市财政局)

·会计事务管理·

【会计专业技术资格考试】 2023年全国会计专业技术资格初、中、高级荆门考区考试于5月13日至9月10日在湖北信息工程学校举行。2023年度参加考试人员3822人次,其中初级考试3787人次,中级资格考试2392人次,高级资格考试35人次。

【内部控制报告编报】 做好2022年度行政事业单位内部控制报告编报工作。组织市直各单位财务人员通过视频会议集中学习全省行政事业单位内部控制编报业务,全市参加培训人员1163人。印发《关于开展2022年度行政事业单位内部控制报告编报工作的通知》,明确编报范围、编报方式、编报要求等内容。及时解答各单位在编报中提出的问题,解答各类问题近千条。全市1583家行政事业单位按时完成内部控制报告编报工作。

【会计类选拔评选】 参加省人社厅、省财政厅2023年先进会计工作者评选表彰活动,推荐4人参加全省会计工作者评选。参加湖北省第八期高端会计人才选拔培养活动,推荐7人参加选拔,其中企业6人,行政事业单位1人。参加2023年“湖北工匠杯”技能大赛——全省会计职业技能大赛,组织4支代表队21人参加选拔赛。参加《会计人员职业道德规范》学习宣传活动,组织全市会计人员参加道德规范线上知识竞答。

(市财政局)

税　　务

【概况】 2023年,国家税务总局荆门市税务局(以下简称荆门市税务局)围绕市委市政府目标任务,较好地完成了各项工作任务,呈现多点突破、亮点纷呈局面。全年有46项工作得到省税务局和市委市政府领导肯定性批示。先后获得全国节约型机关、全国税务系统先进集体和湖北省五一劳动奖章。

【服务地方经济】 持续深化“下基层察民情解民忧暖民心”活动,市、县两级班子成员及中层干部包联重点企业和重点项目,帮助企业接续发展。协助引进亿纬动力配套企业——湖北科达利精密工业有限公司,投入生产设备67台,完成10条生产线建设,预计年产能规模7500万套,产值近20亿元。探索开展“税惠赋能、绿绘荆城”创新项目,以政策精准落实和服务提档升级助力产业转型,推动荆门新能源产业做大做强。

【以税咨政】 注重提升以税咨政能力,从税收视角出发,用数据说话,对全市税源、征管等进行分析研究,查找问题、打通阻梗。2023年,针对动力电池、优惠政策落实、经济运行、区域经济发展等进行专题研究,形成8篇报告,为地方党委政府抓经济、抓产业、抓转型提供有效参考。

【税费收入】 面对区域经济结构不优、重点企业效益低迷、房地产市场持续下滑等实际困难,始终聚焦主责主业,奋力完成全年收入任务。全面开展税源测算,算好经济税源账、税收政策账、增收措施账、减少流失账,有理有据地确定税收收入目标,做到组织收入有数有底,并积极向地方党委汇报组织收入实际情况,争取理解支持。扛牢组收主体责任,定期召开专题会议研究税收收入,深入分析经济形势和税源状况,有的放矢谋划征收举措。同时细化分解收入任务,领导分片包保,实地督导促收。发挥以查促收作用,稽查、风控、征管、税政等部门联动,在税种管理、行业清理、欠税清缴、稽查评估等方面发力,形成齐抓共管的良好局面。坚持把握收入“底线”,严格执行收入纪律,做到有税尽收、无税禁收,坚决不收过头税,统筹好发展和安全的关系,应收尽收,应减尽减。

2023年,全市税务系统累计组织各项收入385.6亿元(含海关代征增值税、消费税,未扣减出口退税),同比增长18.11%,税费规模再创历史新高。其中,完成税收收入212.6亿元,同比增长17.75%,总量排全省第7位;完成地方级税收81.78亿元,增长21.02%,增幅居全省第4位。

完成社保费收入104.7亿元，同比增收18.65亿元，增长21.86%。其中，完成基本养老保险64.33亿元，同比增长24.61%；基本医疗保险30.17亿元，同比增长13.39%；失业保险1.62亿元，同比增长10.16%；工伤保险1.18亿元，同比增长12.48%；职业年金7.4亿元，同比增长62.14%。落实好阶段性降低失业保险、工伤保险费率优惠政策。

完成非税收入67.69亿元，同比增收7.64亿元，增长12.72%；代收工会经费6018万元，同比增长8.75%。切实规范费种管理，全年累计征收国有土地使用权出让收入55.95亿元，同比增长16.2%；累计征收残疾人就业保障金4450万元，同比增长31.7%；累计征收城镇垃圾处理费4137万元，同比增长61.29%；2023年1月1日起，森林植被恢复费顺利划转税务部门征收，全年共征收森林植被恢复费8600万元。

【落实税费优惠政策】 提格升级税费优惠政策落实领导小组，建立工作协调运行机制，结合实际制定任务台账对标对表推进。强化政策宣传，通过媒体、微信、微博等渠道以及上门"一对一"精准辅导，确保政策应知尽知。严格落实党中央、国务院和上级税务部门关于减税降费工作的决策部署，认真开展"清、减、降"专项行动，不断优化精简减免流程，围绕"政策找人"，高效精准推送税费优惠政策、服务信息等209万条，确保政策红利直达市场主体。2023年，全市共有18.4万户次纳税人缴费人享受税费优惠，惠及金额31.22亿元，为服务发展大局做出了积极贡献。

【税收法治】 建立健全依法行政工作机制，稳步推进精确执法试点，严格落实行政执法"三项制度"，实现执法信息网上录入、执法程序网上流转、执法活动网上监督、执法结果网上查询，全市执法记录上传进度持续居全省前列。持续优化完善纳税人缴费人权力救济和税费争议化解机制，打造"维权直通车"品牌，设立"公职律师涉税争议咨询调解中心"，有效化解涉税争议。深化"首违不罚"和"说理式"执法，让执法行为有理有据。充分发挥内部控制监督平台作用，开展疑点核查458条，让税收工作始终沿着法制轨道推进。联合宜昌市、荆州市、恩施州出台《2023年度"宜荆荆"都市圈税收一体化发展重点工作任务》，制定"宜荆荆"都市圈跨区域"最多跑一次"和"一次不用跑"税收业务清单，统一"宜荆荆"都市圈税务行政处罚裁量标准。

【税种管理】 构建"专班紧盯、属地强化、协调联防"的成品油消费税监管长效机制，持续加强成品油消费税提级管理，查补入库税款2400余万元。落实农产品行业精准监管，对2022年开具的农产品收购发票进行清算，共规范企业发票0.72万份，补缴增值税375.64万元，综合查补税款4323.64万元，排名全省第一。持续开展土增税清算审核，完成项目审核81个，清算审核完成率100%。完成所得税汇算清缴工作，共完成3.88万户企业所得税纳税人汇算清缴工作，汇缴率99.61%；完成6881户个人所得税经营所得汇算清缴，汇缴率100%，入库税收2028万元；完成11.99万人个人所得税综合所得汇算，应补应退率均达到100%。

【税费服务】 深入开展便民办税春风行动，创新推出"没办成、我来帮"专窗，组建10个征纳互动服务运营团队，不断为纳税人、缴费人提供多元化办税缴费服务。大力推进办税提速减负，233项办税缴费事项全部实现网上办理，全市"非接触式办税"网办率最高达98.8%，跃居全省第一方阵，全市出口退税平均办理时间压缩50%，企业所得税预缴申报时间最高压缩95%。扎实开展新时代"枫桥式"税务所(分局、大厅)建设，10个分局通过验收被确定为第一批创建对象。积极回应涉税诉求，深入开展问需走访，征纳关系不断融洽，全年共走访纳税人缴费人1833户次，为纳税人缴费人解决急难愁盼问题294项，税务局在全市政务服务"好差评"中，满意率始终保持100%。

【优化营商环境】 充分发挥先行先

11月8日，钟祥市税务局"金牌税务管家"前往钟祥市九曲河路桥工程有限公司宣传最新税费政策 (市税务局 供图)

试示范作用，优化税收营商环境，推出33项减负担降成本硬举措，成功申报8项先行区改革试点项目，并全部获验收通过。全市共聘请72名税收营商环境特约监督员，有效发现和推动解决痛点难点堵点问题。在全省率先推出不动产缴税登记“一网集成”和“证缴分离”试点，有效解决群众缴税办证难题。深入推进“银税互动”，2023年，纳税人成功申请纳税信用贷款3613笔，贷款金额31.43亿元，切实让优质信用转化为支持企业发展的“真金白银”。在2022年度全省营商环境评价中，荆门市税务局“纳税”指标获全省第6名，位居“第一方阵”；全市税务系统7个单位被评为2022年度全市优化营商环境先进集体。

【征管改革】 对标中办、国办《关于进一步深化税收征管改革的意见》和湖北省实施方案有关要求，加强组织领导，健全运行机制，实行挂图作战、销号管理，全面完成2023年13项改革任务，168项改革任务全部通过省税务局验收，中期评估结果位列全省第一方阵。

【税收共治】 颁布实施《荆门市税收共治实施办法》，持续深化拓展“党政领导、税务主责、部门合作、社会协同、司法保障、公众参与”的税收共治格局。与市财政局等43个共治成员单位搭建税费共治大数据平台，在全省率先实现涉税数据互联互通，打通省、市两级税务数据共享通道，平台上线以来共采集涉税（费）数据1.1亿条，累计推送风险任务224户次，查补税费3400余万元。在全省首创税费协同业务线上管理模式，建立森林植被恢复费、公路桥梁路产赔偿费等5项非税收入“一网协管”模式，累计共享信息1458笔，督促入库非税收入3663万元。加强部门间合作共治，与公安部门建立警税合作机制，与市中级人民法院联合出台破产企业及司法拍卖涉税处置指导意见，与住建部门建立商品房销售备案、不动产交易、“问题楼盘”处置联动机制，与财政、商务等部门联合开展成品油综合监管云平台（成品油涉税数据云平台）建设及推广运用。

【精准监管】 推行动态“信用+风险”监管机制，利用湖北税收大数据和风险管理平台，实施纳税人分类监管策略，实行差异化管理和服务。切实增强风险管理质效，2023年累计查补税费11.33亿元，税收风险贡献率达5.53%。联合公安、海关、人行等六部门开展联合研判分析、行刑衔接、联合惩戒等系列工作，对虚开骗税违法犯罪行为开展常态化精准打击，取得重大成果。大力整顿税收秩序，常态化开展打虚打骗，全年稽查入库税收4.1亿元，不断营造公平公正的税收法治环境。

【智慧税务】 推行发票电子化改革，如期上线运行电子税务局、统一身份管理平台、税智撑平台和征纳互动平台，全市8万余户纳税人顺利开具数电发票，有力推动“以票控税”向“以数治税”转变。与市财政局签署《数据共享协议》，打通税收共治数据共享通道，为市纪监委、市招商局、市人社局等单位提供涉税涉费数据10万余条。依托税收大数据拓展税收经济分析职能作用，6篇税收经济分析报告被市政府内刊采用，其中《从十个维度看荆门与荆州、孝感经济税收的强与弱》作为湖北省唯一市州区域分析报告向税务总局推荐。

（张　恺）

审　计

【概况】 2023年，全市共完成审计项目379个，查出违纪违规问题金额14.89亿元、管理不规范问题金额123.77亿元，移送案件线索60个，促进收缴入库财政资金13.18亿元，归还原渠道资金1.37亿元，调账处理资金2.36亿元。市本级完成审计项目111个，其中，完成审计署、省审计厅统一组织审计项目30个，市本级项目81个（包含市领导临时交办的计划外项目8个）。市本级查出违纪违规和管理不规范资金84.78亿元，移送案件线索21个。

【财政审计】 组织对荆门市直75个部门及所属211个二级单位预算执行情况开展大数据全覆盖审计，并对市国资委、市经信局等13个市直部门和所属二级单位开展重点审计，揭示了部分收入未上缴国库、违规改变项目资金用途、无预算或超预算支出、专项资金使用不及时等一批问题，涉及金额2.28亿元。推动财政下达使用专项资金8560万元，清理收回财政资金533.6万元，督促财政、农业等部门制定完善规章制度49项，促进从源头上防控财政资源配置的低效无效行为。

【国有企业审计】 组织对市城控集团、市交旅投集团、中荆集团、金城大厦、东方百货等5家国有企业开展资产负债损益审计和主要负责人经济责任审计，全面摸清企业真实效益情况，揭示大额资金调度未经集体决策、违规出借资金、违规分包工程、项目应招标未招标等问题246个，查出违纪违规和管理不规范资金63.83亿元。向市委、市政府报送的《国有平台公司竣工项目何时能转固?》《中心城区户外广告特许经营费亟待规范管理》《应防止市城控集团内部资金池“跑冒滴漏”》等7份审计专报，均得到市主要领导批示，推动市政府召开专题会议，研究部署化解债务风险。督促企业收回各类资金6384万元，制定完善相关制度13项，14人受到党纪政务处分。

【政府投资项目审计】 组织对竹

皮河流域PPP项目污水处理厂、市社会福利中心等30个政府投资项目开展审计,审计金额23.7亿元,在社会中介机构已核减2.81亿元的基础上,审计机关再次审减4687.31万元,二次审减率达1.98%,为政府节省大量“真金白银”。针对审计揭示的未按规定招标、评标等问题,向相关主管部门移送案件线索3件,3名评审专家和2名项目责任人被约谈,12名评委被约谈提醒并通报批评。组织对全市EPC项目建设情况进行调查摸底,形成审计专报《走样的EPC项目》,引起市主要领导高度重视,批示要求“全市拿出针对EPC项目的一整套规范和可操作的规定,从源头防范风险和漏洞”,促进市住建局和市发改委出台EPC项目管理实施细则,推动市财政局完善EPC项目财评管理办法。

【民生审计】 聚焦人民群众急难愁盼问题,采取市县联动的审计方式,在全市范围内开展住宅维修资金专项审计调查和养老服务情况专项审计调查。在住宅维修资金方面,揭示了维修资金征缴不到位、申请使用困难、未充分实现保值增值等问题,及时向市委市政府提出治本之策,着力从根本上解决老百姓的诉求;在养老管理服务方面,揭示了社区养老服务驿站床位空置率高、床位定价不合理加重养老负担等问题17个,督促民政部门通过招引养老企业提升养老服务专业化水平,完善收费标准,切实减轻群众养老负担。

【经济责任审计】 聚焦权力规范运行,组织对市国资委、市经信局、市市场监管局等16个单位领导干部开展经济责任审计,揭示大额支出未经集体决策、挪用应缴未缴土地租赁费收入、违规改变项目资金用途等问题,涉及金额11.44亿元。向荆门市纪委监委和相关主管部门移送私设“小金库”、多分配惠企专项资金、政府采购项目涉嫌串通投标、违规套取奖补资金等案件线索5件,发挥审计在反腐治乱方面的重要作用。

【资源环保审计】 深入践行绿色发展理念,组织对屈家岭管理区、市自然资源和规划局开展领导干部自然资源资产离任审计,既关注任期内主要自然资源资产和生态环境变化情况,也关注相关资金管理使用和项目建设监管情况,揭示污水处理厂出水水质不达标、河湖长制落实不严、危险废物处置监管不力、矿山修复治理不到位等14类问题。邀请荆门市人大多次深入现场督办整改,督促12家企业完善环保措施,4家企业加快推进矿区环境修复治理,促进荆门市绿色低碳高质量发展。

【信息化建设】 坚持科技强审、数据助审,加强数据采集,通过引进成熟数据采集工具、借助金审三期建设成果,财务数据采集转换能力大大增强,已具备采集转换300多套财务软件数据能力,基本覆盖全市党政机关、事业单位、国有企业。加强技术攻关,开发完成一款基于国产软硬件环境的数据审计应用工具,在2023年部门预算执行大数据审计中,应用该数据审计工具快速完成50多个分析模型调用,实现266个单位1万多条疑点数据自动切分为266个电子表格(1100个工作表),有效提升大数据审计效率,优化信创要求下开展数据审计的技术环境。完成局内外网防火墙特征库升级,巩固网络安全防护能力。

【内部审计】 完成内部审计协会年检工作,保持内审管理机构运行的稳定性和连续性。组织内审人员开展4期网络培训,提升相关部门单位内审机构工作质量效率。

(徐　俊)

统　计

【概况】 2023年,荆门市统计局落实国家、省、市各项工作部署,提高服务高质量发展水平和统计数据质量,创新工作思路,提升统计工作整体服务水平。能源、网络安全工作获全省专业业务工作考核“优秀”等次;统计法治、统计设计管理、国民经济核算、工业统计、投资、社会科技和文化产业、财务、信息化建设、网络信息报送、普查获“良好”等次。《荆门统计年鉴》获评湖北省文旅厅“优秀专业年鉴”。涌现出推动荆门高质量发展和优化营商环境先进个人、全市青年优秀社科人才、服务业转型升级攻坚行动先进个人、2023年度“三八红旗手”等一批优秀人才。

【开展“五经普”工作】 “专班+专业”高位推进第五次经济普查(简称“五经普”)工作,成立以市委常委、常务副市长为组长,18个成员单位组成的领导小组及办公室。构建市、县、乡、村四级普查工作组织体系,建立分片包联、部门分行业包保、月度重点工作清单、“一月两通报”等工作制度,推进工作落实落地落细。利用人员管理系统,对“两员”实施统一申报、审核、赋码、制证、在线培训、在线考试;实施动态管理,实时监控工作进度、数量、质量,并将补助与工作质效挂钩。抽调全市业务骨干组建讲师团,下带两级,分片区组织,对全市县、乡两级“五经普”办理人员、普查“两员”、“四上单位”统计人员共5500余人进行“理论串讲+实操演练+现场答疑”全面培训,首次实现全市“四上单位”年报业务培训全覆盖。将质量管控贯穿普查工作各环节,在基本单位清查中开展多轮次事中事后电话抽查、实地督导检查、清查数据部门联审,发现问题及时反馈整改,确保单位清查数据质量。通过单位清查全市共登记调查对象331678户，其中单位78312户，比“四经普”增长87.8%，个体户253366户，比“四经普”增长87.8%，客观全面反映了经济发展成效。

【助力经济发展】 提升信息服务效率，设计提供数据和简要情况系列模板，在主要指标数据反馈后，第一时间上报，做到报告不过夜；建立服务工作首问负责制、限时办结制等，对市委、市政府和相关部门的信息服务要求，有现存资料的即问即答，需要加工整理的在1个工作日回复。成立专班，密切监测网络、新媒体平台，信息咨询日清日结，全年提供信息咨询服务300余次。主动服务经济运行调度，转变经济形势分析理念，改“大而全”为“专而尖”，聚焦工业、服务业、投资、消费、农业等领域开展统计监测，定期选题，靶向分析经济发展中的代表性、典型性问题，全年撰写分析报告40余篇，9篇被市委、市政府主要领导签批肯定，连续17年在全省优秀统计分析评比中获一等奖；强化GDP核算和支撑性指标预测分析，加强重点行业、主导产业、龙头企业的动态监测和预警分析，精准助力部门施策。围绕产业转型升级、高质量发展等重大战略开展专题分析研究，《荆门市磷化工产业转型发展路径探析》《荆门投资对优化供给的成效分析》《路在脚下——浅析高铁开通后对荆门影响》等一批高质量报告受到各方好评。围绕打造产业转型升级示范区、宜荆荆（宜昌—荆州—荆门）都市圈建设等重大战略，研究建立发展成效统计监测指标体系，创新开展规上工业“4211”产业发展情况、宜荆荆都市圈主要经济指标等监测工作。

【治理统计造假】 持续加强法治宣传。积极争取市领导重视，先后2次提请市委、市政府党组扩大会议组织学习关于山西数据造假问题查处情况的通报、国家统计局2022年以来7起重大统计违纪违法案件的通报和全省统计造假专项治理行动有关会议精神，向全市各级党政领导和相关经济主管部门发送《〈监督意见〉解读》100本，强化各级领导干部正确的政绩观，严防统计数据造假，遏制“数字上的腐败”。健全“统计法进党校”机制，常态化开展统计法律法规宣讲，春季主体班上，专程邀请国家统计局湖北调查总队二级巡视员周银华为学员作《党的十八大以来统计法治建设》专题讲座。在公众号开设“统计普法课堂”栏目，每月发布1—2期统计法律知识。不断加强制度建设。制定《荆门市统计局依法行政能力提升三年行动实施方案（2023—2025年）》，印发《关于加快推动纪检监察监督与各类监督贯通协同的工作机制》，建立统计监督与纪检监察监督、巡察监督、审计监督等贯通协调的工作机制，形成监督合力。全面开展自查自纠。按照国家专项治理要求，对全部“四上”单位进行摸底排查，对发现的问题企业、投资项目认真分析研判，立行立改，在做实当期数据的基础上按照“有责改正”要求，申请改正工业、投资专业的历史数据。认真抓好问题整改。通过强化平台数据审核、加大部门数据比对、现场核查等方式，聚焦源头数据质量问题开展深入“体检”，先后核查企业（项目）1.28万次，对941个企业（项目）开展执法检查，发现问题立即整改，对15名统计违纪违法责任人依规依纪提出了处分处理建议。

【统计规范化建设】 不断加强队伍建设。扎实开展“提转抓”及“岗位练兵”活动，班子成员带头讲学促学，业务科长开展“我讲我的业务”12次。与市委组织部联合举办“提升统计能力 服务经济发展”专题培训，邀请省统计局10名专家作专题授课，全面提升全市统计队伍业务能力。牢固确立“奖优罚劣、有为才有位”的鲜明导向，坚持以正确的用人导向促进干部作风建设，10多名德能勤绩廉皆优干部获提拔晋升。持续健全工作制度。建立限时办结、闭环管理机制，对年度工作要点和市委市政府主要领导以及局长签批件，实行台账管理，督办销号。建立月工作通报制度，每月对重点工作完成情况进行通报，督促各项工作按时完成，提高工作时、度、效。持续夯实基层基础建设。修订《关于进一步加强统计基层基础工作的意见》，进一步细化基层基础规范化建设相关要求，按照《荆门市统计调查单位走访工作制度》，定期走访企业，指导和规范企业源头数据生产。适应GDP统一核算的新情况，建立对18个行业主管部门的统计业务指导制度，全年组织市县乡三级统计业务培训15场，参训人数3034人次。

（杨秋禹）

·统计调查·

【概况】 2023年，国家统计局荆门调查队坚持以习近平新时代中国特色社会主义思想为指导，深入学习贯彻党的二十大精神、习近平总书记关于统计工作重要讲话指示批示精神，按照荆门市委市政府和湖北调查总队工作要求，以强基固本为工作主线，坚持双基工作和环境建设一起抓，较好完成了全年工作任务。市委领导对荆门国家调查工作作出批示并给予肯定。

【发挥统计监督职能】 及时传达学习国家统计局、湖北调查总队关于开展专项治理行动动员部署会精神，抽调10名干部参加荆门市专项治理行动和统计执法。在全市开展统计调查源头数据质量自查自纠，对发现的53个问题按照立行立改、建章立制长期坚持的要求进行分类整改。与市纪委监委、组织部、审计局沟通衔接，推动统计监督与其他监督形成合力。邀请湖北调查总队二级巡视员周银华到市委党校为主体班学员作统计法治建设专题辅导。开展统计法颁布40周年宣传活动,《我们身边的统计法》获评全省优秀统计法治动漫微视频,主要领导在《荆门日报》发表法治署名文章。在全市"宪法宣传周"启动仪式暨集中法治宣传活动中,市领导专访荆门队宣传阵地。落实专业培训统计法律法规"第一讲"制度,队主要领导带头送法入企,向调查对象发放新版统计法律事务告知书、《致调查对象一封信》。严格执行领导干部违规干预统计工作记录制度,按照湖北调查总队年度统计执法检查工作安排,首次将乡镇和承担国家调查任务的县级统计局纳入执法检查范围,对36家调查对象、1家承担国家调查任务的县级统计局进行了现场统计执法。

【统计调查重点工作】 认真贯彻《国家统计局关于进一步加强统计基层基础建设的意见》,突出抓好辅调员队伍建设和非国家调查县调查工作。编印《2023年荆门市调查网点信息册》并做好信息册电子档的实时更新维护,做到调查网点信息"一人一册,一册齐全"。积极争取市委市政府对畜禽监测样本轮换工作的支持,助推县队落实样本轮换经费预算,市级层面印发通知进行工作安排,高质量推进样本轮换工作。严格执行国家调查制度,扎实做好粮食产量、居民收支、城镇调查失业率、价格调查等常规调查工作。加强与市统计局业务联动,共同服务地方发展。加强部门协作,推动发改委、人社局、农业农村局、乡村振兴局、畜牧发展中心等发挥部门职能,配合做好调查业务工作。派员参与全国文明城市测评及湖北省模拟测评工作,参与开展湖北省十大类民生实事群众满意情况调查,圆满完成全面从严治党民意调查工作。积极配合开展"五经普",履行成员单位职责,派员全程参与相关工作。

【统计调查服务工作】 全年完成专题调研67个,经综合后被采用20篇,综合采用率居全省第二。编印《荆门调查报告》20期,其中获市领导签批7篇次。2篇政务信息分别被国务院办公厅和省政府办公厅采用,政务信息工作在市直单位排名第七。1篇统计分析报告在湖北调查系统2023年度优秀统计分析报告评比中获三等奖。完成2023年湖北调查队系统课题2个,其中1篇荣获二等奖,与黄石调查队联合参加全省调查队系统统计建模比赛并获二等奖。积极推进脱贫攻坚与乡村振兴有效衔接,推动扶贫项目落实落地,持续巩固脱贫攻坚成效。接受市创城办委托,组织开展2023年荆门市全国文明城市及全域模拟测评工作。

(高珊珊)

价格管理

【涉疫药品和用品监督检查】 以稳价保质为主线,围绕重点民生商品和防疫物资价格波动,成立工作专班,开展市场价格巡查和价格监测统计,时时掌握16个重点民生商品价格动态。不间断开展涉疫药品和用品监督检查,累计出动执法人员8374人次,巡查药店医院7412家,立案查处药品和医疗器械监管领域案件3件。

【涉企收费整治】 出台《市市场监管局2023年涉企违规收费专项整治工作方案》和《关于中介机构交易行为进行专项整治的通知》,以涉企违规收费专项整治"回头看"、政府部门及下属单位收费、水电气等公用企业收费、中介服务收费为重点,出动执法人员341人次,检查涉企收费单位(含转供电主体)174家,立案12件,清退12.67万元,罚没10万元,规范了涉企收费和中介服务收费行为。

【明码标价专项行动】 全市系统印制发放《明码标价和禁止价格欺诈规定应知应会知识》宣传折页12000余份,出动执法人员3500余人次,对超市、药店、汽车美容、农资、中介、物业、宾馆等行业1.2万余个市场主体进行检查。纠正不规范广告促销语120余条,撤除虚假广告80余条,废止400余户经营者的老式标价签,下发整改通知书216份。对3家经营者拒不明码标价行为进行处罚。畅通"12315"投诉举报渠道,受理、办结明码标价类投诉举报30余件。

【"春耕护农"专项行动】 制定《全市市场监管系统"春耕护农"专项行动实施方案》,通过微信推送、LED屏幕、广播、社区微信群、宣传栏等形式发布农资产品消费警示。出动执法人员1110人次,检查相关市场主体542家,立案6件,罚没2万元,维护农民群众合法权益。

【粮食购销专项整治】 制定《深化粮食购销领域市场秩序专项整治实施方案》,对25家国有粮食企业、5家粮库建立监管台账。开展大米生产环节"回头看",注重大米质量安全。累计检查大米生产企业201家、小作坊110家,检查覆盖率100%。加强质量基础监管,聘请专家开展检验检测机构监督检查,杜绝机构违规检测、出具虚假报告等违法行为。加强执法办案,出动执法人员130余人次,检查粮食企业、粮库及收储站点60余家次,对11件粮食购销领域违法行为立案查处。推进整治建章立制,完善《荆门市市场监管局粮食市场秩序专项整治执法手册》。

【教育收费专项检查】 印发《中小学教辅材料违规收费问题专项整治工作方案》,开展教育收费专项检查。出动执法人员600余人次，检查荆门市一中、名泉小学、屈家岭小学等教育单位287个，立案6件，清退93.65万元，罚款42.36万元。

【殡葬服务专项治理】 印发《荆门市深化殡葬服务领域突出问题专项治理工作实施方案》。出动执法人员64人次，检查殡葬服务单位28个。配合民政、发改部门对东宝区子陵铺镇石莲村公益性公墓对外销售等问题进行处罚，没收68.08万元，罚款2万元。

【医疗领域专项治理】 督促药品零售企业和医疗器械批发、零售企业自查自纠，督促药品（医疗器械）经营企业以及相关工作人员围绕11个重点问题全面开展自查。印发《关于医药领域腐败问题集中整治工作提醒告诫书》27份，组织医药领域从业人员填写《反医药领域腐败承诺书》1000余份，在市场监管局门户网站发布《关于公开征集医药领域涉嫌商业贿赂等违法行为线索的公告》。对药店、医院、医用耗材生产经营单位开展重点检查，立案38件，罚没200余万元。

【反不正当竞争】 制定《经营者加强商业秘密保护指引（试行）》《荆门市商业秘密保护协作机制》《荆门市市场监督管理局加强商业秘密保护工作实施方案》，选定14家商业秘密保护意识浓、相关制度建立较为完善的企业作为商业秘密保护示范单位，重点跟踪指导。组织开展“企业商业秘密保护能力提升服务月”活动，全市共接受群众咨询1049人次，发送宣传册2300份，电子屏滚动播放宣传标语105条。加强反不正当竞争法律法规宣传，开展反不正当竞争“守护”专项执法行动。共立案查处34件，罚没金额166万元。

【严厉打击传销】 协调公安、综治和街道居民委员会开展打击传销联合整治，发放宣传资料2万余份，警示提示212份。运用“四步工作法”严厉查处传销案件，全市办理传销案件6件，罚没3453万元。

【公平竞争审查】 落实公平竞争审查会审制度，先后对市发改委、市烟草专卖局、市交通局、市经信局等部门拟定的《供热特许经营协议》等7份政策措施开展会审，对不符合《公平竞争审查制度实施细则》内容提出修改意见。常态化组织开展增量政策措施审查和存量政策措施清理工作。各地、各部门对152件涉及市场主体经济活动的规范性文件及政策措施进行公平竞争审查，出台151件。全市清理存量文件446件，其中废止30件，修改1件，因符合公平竞争审查制度例外规定继续保留6件。6月至8月，湖北立丰律师事务所对全市各部门落实公平竞争审查制度总体情况开展了第三方评估。8月，市公平竞争审查联席会议办公室组成专班，对各县（市、区）公平竞争审查制度落实情况进行了督查督办。开展公平竞争法律和政策“进机关、进党校、进企业”宣传倡导活动。活动期间，共接受群众咨询322人次，发放宣传海报176份，发送宣传册696份，发放学习书籍163本，电子屏滚动播放宣传标语1206条，手机短信群发6万余条，发放企业公平竞争合规管理情况调查问卷463份。

（任　博）

市场监督管理

【概况】 2023年，荆门市市场监管局在市委、市政府的坚强领导下，各项工作稳步推进。市场监管总局、省局领导多次来荆调研指导并给予高度评价。加油机作弊整治和“儿茶上清丸”获批上市，两项工作获书记和市长批示。代表湖北省接受全国质量工作实地督查。激发市场主体活力、推进质量强省建设、加强信用监管三项工作获省政府激励。荣获全省市场监管重点工作绩效评价优秀单位。

【优化营商环境】 找准改革项目“小切口”，形成一批可复制推广的典型经验。7个省级优化营商环境改革先行区项目通过验收，其中1项纳入国家试点改革。全市经营主体突破39.3万户，每万人拥有1543户，居全省第4位。全市新登记经营主体7.9万户，企业类2.6万户，同比增长51.46%，其中外资企业48户，增幅居全省第四。完成“个转企”1569户，同比增长118.5%。高位推进质量强市战略，质量品牌面上开花。荆门宏图和水务集团分获“第九届长江质量”正奖和提名奖。9家企业通过“湖北精品”认定资料评审。公共服务质量满意度监测居全省第三。“京山桥米”地理标志证明商标成功扩域全市。石牌豆腐、荆半夏等8个商标进入地理标志实际申请阶段。磷石膏综合利用地方标准通过发布评审。2个项目入选质量基础设施“一站式”服务站省级示范。《风干鸡生产卫生规范》《蟠龙菜生产卫生规范》获省级地方标准制定立项。聚焦完善知识产权制度政策体系，夯实知识产权保护屏障，提升知识产权服务水平，全市知识产权各项指标不断提升。2家企业荣获国家知识产权示范企业称号，5家企业荣获国家知识产权优势企业称号。“京山桥米”“钟祥葛粉”分获中部四省地理标志品牌培育创新大赛金奖和优秀奖。

【食品、药品、特种设备、工业产品质量安全监管】 市委常委会、市政府常务会专题研究“两个责任”工作，实行书记市长双组长、市委市政府领导全员包保，属地包保督导完成率等多项指标名列全省前茅。“守查保”专项行动发现风险隐患率全省排名第二。学校食堂、集中用餐单位、制止餐饮浪费、白酒小作坊等专项整治排查并整改风险隐患12000多个。在全省率先开展养老机构食堂“互联网+明厨亮灶”建设工作,已建成58家。圆满完成第19届杭州亚运会、滑翔伞定点世界杯总决赛等多项国际国内重大食品安全保障任务。以“四个最严”为根本要求,深入实施药品安全巩固提升行动,检查相关主体5462家次,排查整改风险隐患362个,立案查处192件。综合运用日常巡查、飞行检查、监督抽检等手段,检查药品经营主体13802家次,查处风险隐患218家次,立案查处68起;检查医疗器械和化妆品相关主体3216家次,发现风险隐患102个,立案查处43起。药品、化妆品、医疗器械和药物滥用不良反应监测全面完成并超过省定目标。转变监管方式和理念,创建“智慧监管+专项整治”融合模式,推进精准监管、智慧监管,运用产品质量监管系统检查经营主体9630家次,抽查产品856批次,产品质量智慧监管系统应用率居全省前列。农资产品、“一老一小”、成品油等专项整治排查企业2254家次,抽查产品862批次,立案查处75起。突出锅炉、电梯等重点设备,人员聚集场所、化工企业等重点领域,共排查整改事故隐患1150处,立案处罚112起。全市1124.98千米燃气压力管道和84家液化石油气瓶充装单位实现信息录入率、企业排查率双100%。全市顺利开通“963333”电梯应急救援热线,成功试运行电梯应急救援平台。继续保持电梯综合保险工作全省领先,940台电梯实现物联网24小时全程监测。

【维护市场经济秩序】 在全省率先开展“一业一查”综合监管改革,部门联合抽查占比82.96%,居全省第5,“双随机”抽查任务完成100%。运用信用风险分类结果开展差异化抽查328次,结果运用率72.28%,高出全省平均水平22个百分点。全面落实公平竞争审查会审制度,会审有关部门政策措施7份。常态化组织开展增量政策措施审查和存量政策措施清理工作,审查增量文件及措施152件,清理存量文件及措施446件。开展公平竞争法律和政策“进机关、进党校、进企业”宣传活动,公平竞争文化倡导持续加强。深入推进省局协同执法办案系统试点,抓智慧办案水平提升。开展“铁拳”、稳价保质、涉企收费、打击侵权假冒、“春耕护农”等专项行动,累计立案3335件,办结3032件,其中移送涉嫌犯罪案件34件、刑事立案11件,申请总局挂牌督办案件1件,办结全省首例食品禁业案件,总局挂牌督办案件和涉刑案件移送得到省局通报表扬。严格执行“三张清单”制度,办理不予、减轻、从轻处罚案件1010件,占案件总数33.78%。紧紧围绕“提振消费信心”主题,推动打造消费维权品牌,荣获湖北省2022—2023年度全省消费维权先进集体。积极落实“两个畅通”,牵头建立单用途商业预付卡联合监管机制,从源头防范预付卡消费风险。接收并办结“12315”热线来电39963件,挽回经济损失378万元。

【质量品牌建设】 以推进质量强市建设为主线,以开展质量提升行动为抓手,以培育质量品牌发展为驱动,以提高质量管理能力为目标,助推全市经济社会高质量发展。全市产品、工程、服务、环境质量稳步提升,在全省质量工作考核连续4年获评优秀。湖北京兰水泥集团有限公司亮相“质量之光——中国质量管理与质量创新成果展”。质量提升小组活动连续举办18次,取得技术创新成果1200多项,创造直接经济效益1400多万元。荆门科顺新材料有限公司等4家企业荣获“第九届荆门市市长质量奖”,湖北航特科技有限责任公司等6家企业获“第九届荆门市市长质量奖提名奖”。荆门宏图和水务集团两家企业分别荣获第九届长江质量奖正奖和第九届长江质量奖提名奖。50家企业成功进入“湖北精品”培育库名单。全市以总体满意度82.63分的成绩,在全国公共服务质量监测城市中排第19位。全市共建9个质量基础设施“一站式”服务站,为1014家企业提供服务,为企业解决问题372个。突出试点示范引领。收集市级标准化试点示范项目41个。申报国家级标准化试点示范项目4个、省级标准化试点示范项目7个、国家智能制造标准应用试点2个、第三批国家高端装备制造业标准化试点2个。对5个重点行业中的80家企业开展对标达标质量提升行动。开展认证认可与检验检测“双随机、一公开”监督检查,抽查企业48家。开展纺织品类企业“巡回问诊 质量帮扶”服务活动,走访调查企业30多家。建立社会公用计量标准101项,授权计量标准6项,企业最高计量标准85项。开展加油机“双随机”监督检查,检查加油站70家,加油枪140部。建立“行政调解+司法确认”纠纷解决机制。专利转化运用成效明显。成功举办湖北省专利技术供需对接(荆门片区)暨知识产权入园惠企活动,各高校院所与企业签约转让专利32件;企业与银行签约知识产权质押融资2.26亿元。成立荆楚理工学院专利转移转化中心、荆门市化工新材料专利运营中心,累计实现专利转化75项,达成免费开放许可方式转化成果65项。推动企业融资更加高效。全市质押融资金额7.01亿元,位居全省第5。全面推进知识产权“融站入所”工作,累计设立14个商标品牌指导站、20个知识产权保护工作站,全市各地63个市场监管所全部挂牌设立知识产权工作站。

(任　博)

知识产权

【概况】 2023年,荆门市市场监管局(知识产权局)认真落实市委、政府各项决策部署,不断深化知识产权转化运用,强化知识产权维权保护,优化知识产权发展环境,知识产权工作稳中有进、量质齐升。

截至2023年底,全市每万人高价值发明专利拥有量2.03件,居全省第六;每万人发明专利拥有量9件,居全省第四;发明专利授权439件,同比增长21.61%;PCT国际专利申请量182件,居全省第二;有效商标注册总量23587件,同比增长11.77%。钟祥市成功申报国家知识产权强县建设试点县。掇刀区成功申报湖北省知识产权强省示范园区。

【知识产权转化运用】 搭建平台,知识产权赋能发展成效明显。专利供需全面对接。引导中介机构、高校院所、企业、银行四方联动,实现专利供给和市场需求精准对接。2023年4月25日,成功举办湖北省专利技术供需对接(荆门片区)暨知识产权入园惠企活动,各高校院所与企业签约转让专利32件,企业与银行签约知识产权质押融资2.26亿元,现场发布专利信息50条。专利成果加速转化。依托高校资源优势,大力推动专利技术运营,促进专利技术向中小微企业转化实施。先后成立了荆楚理工学院专利转移转化中心、荆门市化工新材料专利运营中心,2023年以来已累计实现专利转化75项,达成免费开放许可方式转化科研成果65项。企业融资更加高效。积极推动企业、银行、服务机构三方开展合作,市局与3家银行签署《知识产权金融战略合作协议》《小微企业知识产权质押融资战略合作协议》。市场监管、地方金融、人行市中心支行联合印发《荆门市知识产权质押融资白名单制度实施方案》,发布首批质押融资白名单25家。截至2023年底,全市知识产权质押融资金额6.4亿元,位居全省第四。

【知识产权维权保护】 健全机制,知识产权保护屏障不断夯实。知识产权保护专项行动更加坚决。全市先后开展打击侵犯知识产权系列专项执法行动。截至2023年底,全市共办理各类知识产权行政执法案件66件,专利侵权纠纷裁决和调解案件5件,电商领域专利侵权纠纷案75件。跨部门知识产权协同保护更加高效。全市建立司法机关与知识产权管理部门协同保护机制,各县(市、区)局与市知识产权一审管辖法院分别签署了《知识产权保护共建合作协议》。2023年7月,沙洋县诉前成功调解某米业公司外观设计专利侵权案,该案从起诉到完成司法确认仅13天,成为全省首例“法院委托+行政调解+司法确认”的知识产权侵权纠纷案件。跨地区联合执法更加顺畅。全局积极探索开展省内外城市联合执法,先后与宜昌、荆州、河南平顶山、四川达州、杭州余杭区等多地签订知识产权保护合作协议,高效解决企业外地维权难题。针对“京山桥米”地理标志侵权案件,多次与武汉、宜城、四川等地开展联合保护维权行动,查获涉嫌侵权大米3321袋,大米外包装袋26000条,涉案货值25万元。2023年4月,京山桥米商标权纠纷案被最高人民法院评为2022年中国法院50件典型知识产权案例;2023年10月,京山市“创建国家地理标志产品保护示范区推动京山桥米产业高质量发展”项目成功通过全省优化营商环境先行示范区评审验收。多元化维权援助更加完善。统筹多方力量,为经营主体维权提供技术支撑和法治保障。先后选择7家综合服务能力强的律师事务所,组建“企业法律服务团”。选拔38名专家,充实“知识产权维权援助专家库”。成立“知识产权公证服务中心”,办理公证事项9件。成立知识产权纠纷人民调解委员会,加入人民法院调解平台,调解知识产权纠纷案件118件。

【知识产权服务环境】 多措并举,知识产权发展环境不断优化。开展干部培训“强基础”。邀请省局领导和知识产权专家先后到荆门市、沙洋县、掇刀区、京山市等地作知识产权专题辅导报告,为全市大力推进知识产权工作打下良好基础。积极兑现惠企政策,实现惠企政策应享尽享。截至2023年底,全市共兑现各类奖补资金近700万元。全面推进知识产权“融站入所”。市局在各企业及园区累计设立14个商标品牌指导站、20个知识产权保护工作站,全市63个市场监管所全部挂牌设立知识产权工作站,制定《荆门市知识产权(保护)工作站工作规范》,为市场主体提供更加方便快捷的知识产权综合性维权服务和商标品牌服务,商标荆门受理窗口全年办理商标业务304件,较上年增长46.2%;在中部四省(鄂晋皖赣)地理标志品牌培育创新大赛中,“京山桥米”品牌、“钟祥葛粉”品牌分别获得金奖、优秀奖。

【知识产权宣传培训】 举办“4·26”知识产权日集中宣传活动。通过线上线下知识产权普法、召开知识产权保护研讨会等形式,常态化开展宣传活动,提升群众对知识产权的保护意识。在市主流媒体开设《走基层·看知识产权保护与创新》宣传专栏。广泛开展“百县万企”知识产权培训及“知识产权服务万里行”活动。利用省局线上系统培训企业管理人员625名,邀请专家赴县(市、区)线下培训企业320家,依托知识产权培训(荆门)基地在化工行业、医药行业、中小企业等行业(群体)举办特色培训2000余人。

(任　博)

产品质量检验检测

【概况】 2023年,市公共检验检测中心坚持以习近平新时代中国特色社会主义思想为指导,全面贯彻落实党的二十大和省第十二次党代会精神,紧紧围绕荆门打造产业转型升级示范区建设,全力以赴优环境、惠民生、促发展,各项工作圆满完成。

【检验检测服务】 组织开展产品质量检验检测工作,2023年累计承接各类检验检测任务5472批次,完成率104.2%,人均年检测量100批次以上。受理政府部门委托检测2641批次,其中,食品药品检测1358批次,工业产品检测173批次,农产品检测1110批次。按"放管服"改革要求,涉企服务零收费,接受社会企业委托检测2831批次,其中,食品药品化妆品检验检测899次,工业产品检验检测1591次,农产品检验检测341次,为企业节省成本385万元。

【检验检测能力建设】 围绕市政府"十四五"塑料污染治理要求、聚焦食品质量安全等热点问题、建材家具产业和农产品行业发展需求,共完成16类产品171项参数的资质扩项,检验检测能力覆盖食品、药品、化妆品、工业产品、原粮、畜禽、茶叶、油料类产品、粮食加工品等873个产品4309个参数。参加国家行业机构及省市行政管理部门组织开展的检测参数能力验证56项,完成能力提升检验方法变更16项,反馈结果均为"满意"。加强硬件设施配置,通过多方争取,安排资金453万元添置仪器设备96台(套)。加强业务培训,全年组织和参加法各类业务培训106次,覆盖1179人次。举办荆门市检验检测职业技能竞赛,搭建检验检测人员交流学习平台,参赛规模、比赛难度、持续时间都达到了历史之最,赛前邀请专家开展专业技能培训与点评,23家药品生产企业90多名一线检验检测技术人员参加学习培训及实操演练,取得了较好效果。通过招硕引博和公开招考方式,引进专业技术人才7名,全部充实到检验检测一线。

【科研攻关】 与荆楚理工学院合作建立大学生实习实践基地和教学科研基地,积极开展人才培训,为荆门"转型升级、跨越发展"提供人才和技术支撑。加入"宜荆荆恩"公检机构发展联盟,签订"宜荆荆恩"公检机构一体化发展战略合作框架协议,开展食品抽检技术交流和质量管理交叉评审,推动四地公检机构深化交流合作,为推动"宜荆荆恩"城市群发展贡献检验检测力量。发挥专家团队作用,申报"专家工作室"2个,倡导领导带头做科研、全员参与做科研,营造浓厚的学术氛围,申报市级科技项目7个,成功批复立项4个。

【优化营商环境】 始终秉持"忠诚可靠、客观公正、精准至臻、优质高效"和"精心钻研、精准检测、精细服务"的工作理念,坚持打造一流营商环境。规范服务窗口,高标准建设业务受理大厅,在服务大厅、部门网站、微信公众号公布检验检测服务事项和服务指南,公开业务热线,简化优化服务流程,提高检验检测服务效能。加快发展"互联网+检验检测"服务,实现委托检验业务单免填写和检验报告签章电子化,检验业务受理时间比以前缩短1/10,检验服务时限比以前缩短2/3。以"下察解暖"实践活动和开展调查研究为契机,主动上门问策、开门纳谏,针对企业多元化需求开展"加急检测""轮班检测""上门检测",免费为企业开展技术培训59人次。提供重要技术支撑,协助开展科研攻关、产品研发、方法验证等,为湖北齐进药业有限公司主持研制"儿茶上清丸"提供检验、标准、研制、培训等技术服务和技术指导,"一站式"技术服务取得突破性进展,"儿茶上清丸"获批国家一类新药,填补了荆门市国家一类新药的空白。

(刘　恒)

海　关

【概况】 荆门海关于2018年12月成立,2020年7月1日正式对外办理海关业务。2023年,荆门海关坚持以习近平新时代中国特色社会主义思想为指导,认真落实两级海关工作会议、全面从严治党会议精神,切实履行"守国门、促发展"职责使命,统筹高质量发展和高水平安全,筑牢国门安全屏障,促进外贸保稳提质,全面推进社会主义现代化海关建设。荆门市外贸进出口总值163.3亿元,位居全省第8,荆门保税物流中心(B型)进出口总值16.36亿元,其中出口9.21亿元,同比增长13.9%。

【双智工作】 守正创新推进"智慧海关"建设,深度参与"智慧属地查检监管"应用场景建设、"进境粮食智慧检疫监管"应用场景建设,率先运用进境粮食初审单电子化新系统,办理关区首票线上进境粮食初审联系单;参与"出境木质包装检疫智慧管理"项目建设,并首批承担试点应用工作;结合主题教育,拟定出口锂电池包装检验模式优化方案,预计将年均节省企业成本600万元。胸怀大局实施"智关强国"行动,结合荆门新能源、农产品业务实际，聚焦保障产业链供应链安全、支持特色优势产品扩大出口等，梳理确定落实重点。保障粮食安全，监管进境粮谷 40 万吨。保障重点产业稳定供给，指导企业抢抓大宗资源性产品国际市场价格低位扩大进口，满足国内储备和生产需求，支持荆门产汽车依托中欧班列实现对俄出口，相关举措被《湖北日报》等媒体刊载。

【监管业务】 全年审核原产地证 2434 份，签证金额 2.96 亿美元，帮助荆门出口企业享受进口国关税优惠 1477.7 万美元。扎实开展“打击进出口危险品伪瞒报”专项行动，加大危化品及其包装检验查发力度，编报典型案例 6 篇，专项考核等次为“好”。报送境外食品安全风险信息 50 余条，被总署采用 1 条，两项数据在关区排在前列。办理核查作业 48 起，通过“稽核联动”查发并移交相关线索，各项指标均创历史新高。推进反走私综合治理，组织召开荆门市打私工作专题会议，就打击海南离岛免税“套代购”走私等重点工作开展专题交流，相关工作被湖北反走私和中国反走私微博号报道。加强与执法部门联动，定期开展走私案件线索研判，联合相关部门开展春节期间打击走私、“护航 2023”等专项行动，推动形成反走私高压态势，全年移交线索成案 4 起，办理简快案件 4 起。

【优化营商环境】 对接海关总署和武汉海关优化营商环境举措，制定 2023 优化营商环境促进外贸发展 16 条工作措施，落实“关长送政策上门”、“企呼关应”、问题清零等机制，走访调研外贸企业 40 家，举办政策宣讲培训会 12 场，回应诉求 79 个。以“双培联动”培育认证经营者（AEO）和《区域全面经济伙伴关系协定》（RCEP）经核准出口商各 2 家，经核准出口商及企业自主签发原产地声明数量均位列全省第 1。

荆门海关关员在企业查验货品 （荆门海关 供图）

加强知识产权保护培育，新增知识产权备案权利数 6 个，全年 7 起案例获《武汉海关优化口岸营商环境促稳提质工作动态》刊载，数量位居隶属海关第 3。积极培育装备制造、“新三样”等外贸增长新动能，实施“一企一策”精准帮扶，指导企业申请归类预裁定 2 项，1 条税政建议获采纳实施。结合新能源重点企业产线建设，创新实施“嵌入式”监管，为企业节约工期 15 天，节省物流成本 75 万元。实施“互联网 + 主动披露”便利化措施，指导辖区 2 家企业运用“主动披露”政策免予行政处罚。推广“内河运费扣减”，指导企业合理运用税收优惠政策减免税款 24 万元。积极发挥荆门保税物流中心（B 型）政策优势，着力拓展保税仓储业务，率先在省内开展锂电池等危险货物保税仓储。服务保障国内农业生产和大宗资源性商品供应链安全，引导企业通过中欧班列回运并依托荆门 B 保仓储进口化肥，为企业节约资金占用 2500 万元、节省各类成本约 100 万元。支持对接“荆汉欧”国际通道，全力做好重点企业和货物 7 × 24 小时通关保障。

【政务保障】 践行“三实”海关文化，强化法制建设，认真做好“4 · 15”安全教育日、“8 · 8”海关法治宣传日、“12 · 4”宪法日等重要时间节点普法宣传，推动法治宣传进学校、进企业、进社区。强化内控平台应用，持续推进“内控特色科室”建设，一体做好公文、会议等基础工作。加强综合服务保障，规范资金使用提升预算执行效能，办好充电桩、智能锁、物业服务采购、职工体检等民生实事，完善图书室和健身房等设施建设，拓展党建、法治、廉政和文化宣传阵地功能，组织开展工青妇活动，丰富干部职工业余文化生活。深化精神文明创建，对接包联社区，组织开展党员下沉社区，看望慰问孤寡老人，参与文明交通和清洁城市志愿服务。加强信息报送和新闻宣传，在各级媒体刊发新闻报道 50 余条，编报署级政务信息 10 余篇。

认真抓好“落实全面从严治党政治责任 全面加强党的纪律作风建设”专项监督工作，召开工作推进会 6 场次，组织应知应会知识测试，全覆盖开展谈心谈话 63 人次。做实专项整治“回头看”和一线权力规范运行自查，建立一线权力事项清单，研判短板风险 7 个，召开座谈会 6 场，开展问卷调查 79 人次，收集“我为海关提建议”34 份，归纳梳理意见建议 28 条，回应解决各类问题诉求

11个。切实加强风险防范应对和安全生产工作,扎实开展“安全生产月”活动,落实重大事故隐患专项排查整治方案,承办关区保税涉危业务工作会议,联合保B运营主体开展安全生产应急演练,履行好“吹哨人”职责。坚持“关键节点+常态化”模式,组织开展各类风险隐患排查整治20余次,查发并整改问题8个,完善相关规章制度12项。积极践行新时代“枫桥经验”,建立完善一线关员、执法科室、办公室、关党委梯次化解模式,认真做好信访接待工作,开展“关长接待日”活动12次。

(汤　波)

高新技术·开放开发

高新技术产业

【概况】 2023年，全市高新技术产业增加值完成444.79亿元，同比增长13.9%，较上年度提高16.7个百分点，增加值占GDP比重为19.6%，较上年度提高0.6个百分点；全年高新技术企业认定314家，同比增长54.68%，高新技术企业总量达到680家；全市科技型中小企业入库完成1188家，较上年度增长336家，同比增长39.44%；全市新物种“瞪羚”企业认定55家，较上年度净增34家，同比增长161.9%，新物种“瞪羚”企业总量达87家。

实施高新技术企业倍增计划。围绕“走遍高企”行动和规进高、高进规“双进”行动，加强对企业摸底调研工作，筛选一批培育企业，对培育对象进行分级分类管理，逐步将企业培育成国家认定高新技术企业。全年，高新技术企业申报注册完成363家，同比增长15.23%，完成申报企业323家，较上年度增加91家，同比增长39.22%。制定荆门市十强高新技术企业评选办法，评选出2022年度全市十强高新技术企业，其中5家企业入选湖北省高新技术企业百强。

做好高新技术企业申报认定工作。贯彻落实2023年湖北省服务高新技术企业“春晓行动”启动会精神，巩固和扩大全市高新技术企业培育成效，提升全市高新技术企业认定服务质量和效率，形成全社会推动高新技术企业高质量发展的良好工作局面，特邀请省认定办相关领导及评审专家到荆门进行现场授课。全年完成市直、钟祥市、沙洋县、京山市4场专场培训会，共组织约500人参加培训，进一步帮助企业全面把握高新技术企业申报认定相关政策。同时建立申报企业清单，“一对一”进行指导，做好企业申报辅导工作，提高企业通过率，2023年度全市高新技术企业认定通过率达97.2%，比上年度提高9.7个百分点。

落实科技奖补资金，推动高企可持续发展。积极落实高新技术企业奖励政策，优先为高新技术企业发展提供保障，推动企业科技创新能力整体提升，引导企业加大科研投入，重视产品研发的高成长性。兑现2022年度高企认定奖励资金2660万元，同比增长121%。同时组织高新技术企业申报省高企研发专项项目，全市35家高企获批，获得资金820万元。

推进科技型中小企业入库工作。切实提高工作效能，完善服务机制，为科技型中小企业提供高效便捷服务，对申报的企业进行及时受理办结，有问题的及时与企业沟通，提出修改意见，确保企业成功入库。同时把全市科技型中小企业入库任务纳入市政府月度工作调度，做到“一月一通报”“一月一调度”，加大科技型中小企业入库力度。全年，入库科技型中小企业完成1188家，同比增长39.4%；新物种“瞪羚”企业认定55家；兑现14家科技型中小企业奖励资金25.17万元。探索实行企业创新积分制，起草出台了《荆门市企业创新积分制管理办法（试行）》，引导要素资源向创新型企业集聚。

聚焦“4211”主导产业，着力构建“链长+链主+链创”的产业创新体系。绘制产业技术创新路线图谱，编制锂电产业“一区多园”产业发展规划，成立动力储能电池产业技术创新联盟。全市锂电产业完成产值332.25亿元，同比增长59.45%。新能源动力电池产业集群跻身国家级产业集群。

【“尖刀”技术攻关工程】 2023年，组织实施“尖刀”技术攻关工程项目6个：新能源电池类项目1个、磷石膏综合利用类1个、无人机研制类2个、工业机器人控制技术类2个，其中4个“尖刀”技术攻关工程项目列入2023年度重大科技项目计划，每个项目给予立项资金100万元。同时争取新能源新材料领域省重大科技专项1个（湖北英特利电气公司申报的项目）、技术攻关类项目3个（科技资金300万元）。

【创新创业活动】 成功举办未来有“锂”无限“荆”彩——宜荆荆都市圈创新创业大赛总决赛，以锂电产业创新创业为重点，汇聚宜荆荆恩四地产学研、创新链、产业链、价值链资源，推动创新资源进一步聚集。荆楚理工学院曹欣洋团队的盐锂焕新——盐湖锂可持续性开发项目获得第二名，极大地调动了全市在校大学生创新创业热情。同时积极组织企业参加第十二届中国创新创业大赛。全市共组织76家企业进行报名注册,59家企业通过,并在湖北赛区决赛中,荆门市探梦科技有限公司、湖北神地生物科技有限公司入围决赛并获三等奖。

【科技成果转化】 2023年度,全市登记技术合同3713项,同比增长60.18%;完成技术合同交易额155.17亿元,位居全省第9位,同比增长89.21%,居全省第一位。举行产学研合作专场对接重大活动。成功举办2023年湖北省科技成果转化轻骑兵行动荆门专场“百名教授荆彩行”“百家团队荆来揭”活动。武汉大学、华中农业大学、武汉理工大学、湖北工业大学、荆楚理工学院等6所高校和荆门市“博士创新创业联盟”成员共110名专家教授参加。稳步推进科技创新平台建设。2023年累计获批省级以上科技创新平台17家,其中省级重点实验室1家、省级成果转化中试基地3家、省级企校联合创新中心3家、省级大学科技园1家、省级乡村振兴示范基地5家。抓好科技项目“揭榜制”工作。成功举办2022年、2023年度荆门市重大科技攻关揭榜挂帅大赛,22个项目获得立项,每个项目获得100万元资金支持。李培武院士的“ARC微生物菌剂提质固氮耦合技术”、武汉工程大学的“C9基础化学品综合利用关键核心技术”等成果在高新技术企业新洋丰、巨邦石油进行转化。

【人才培育和引进】 贯彻落实市委市政府关于人才工作的安排部署,着力打造“近悦远来”的人才环境。积极出台宣传相关政策。提请市委市政府出台《荆门市创新创业三年行动方案(2023—2025年)》《荆门市创新创业一揽子支持政策措施》。结合“走遍高企”活动,宣传《关于实施人才强市战略推进产业转型升级示范区建设的若干意见》《荆门市人才引进培养使用一揽子支持措施(试行)》等人才政策,进一步提高政策的知晓度、覆盖面。深入开展人才支持“精准滴管”。实施“荆门英才引领计划”,争取省级人才项目12个(省级科技人才服务企业项目4个、省级软科学项目1个、入选青年科技人才项目5个、新遴选省科技创新团队项目2个)、支持资金525万元,项目数量和争取资金均居全省前列。启动实施市级科技创新团队项目13个。支持荆楚理工学院开展人才“双聘”制试点,与企业共引共培共用人才100名。完成646名科研助理岗位开发。组织博士创新创业联盟活动5场,为在荆博士开放高校文献查阅账户15个。

(市科技局)

招商引资

【概况】 全市签约亿元以上项目699个,签约额3454.49亿元,其中30亿元以上项目19个,50亿元以上项目7个,100亿元项目4个;新签约项目落地开工329个,落地开工率47%。外商直接投资2216万美元。1—11月,入库亿元以上项目145个,入库率44.07%,计划总投资444.8亿元,预计全年可完成入库项目计划总投资450亿元。

【精准产业链招商】 出台《关于进一步聚焦主导产业推进产业链精准招商的工作方案》,对每个县市区分别明确3个产业链招商主攻方向,明确重点目标企业按月进行精准调度,共梳理重点目标企业448家,推动拜访对接162家,对接率37%,并形成投资意向66个。2023年签约项目中,主导产业项目占比达72%,引进了上海源晗电解液前驱体、一道新能源二期、亚芯微晶圆制造等一批产业链重点项目。

【提升招商质效】 招大引强有突破。全市签约50亿元、100亿元项目分别同比增长40%、300%,亿纬动力超级工厂,雄韬15吉瓦时锂电和10吉瓦时钠电产业园,郜辉光伏产业园等百亿级项目签约落地。签约30亿元以上项目中,高新区·掇刀区占全市的42%,东宝区比上年增加4个,屈家岭管理区首次签约50亿元项目(湖北省粮油智慧康养鹿全产业链融合项目)。招新引优有成效。全年引进上市企业31个,战略性新兴产业项目165个,引进高新技术企业103家、专精特新“小巨人”企业18家、瞪羚企业9家。其中,高新区·掇刀区引进了极兔

9月20日,未来有“锂” 无限“荆”彩“宜荆荆”都市圈(恩施)创新创业大赛决赛现场

(市科技局 供图)

速递、宁波震裕科技等上市公司、头部企业;沙洋县引进了中塑新材料、九极生物科技等高新技术企业;京山市引进了深耀环境科技环保机械、瑞达新能源储能柜等战略性新兴产业项目。实行信息周研判和项目编码管理,每周研判全市亿元以上信息,将全市5亿元以上项目纳入编号调度,严格论证企业投资实力、项目投资强度和亩产效益等,将项目预审,集体决策等作为签约必要条件,确保项目含金量、含新量、含绿量。2023年,共研判亿元以上信息356个,对不符合引进要求的85个项目予以打回。强化履约监管,对全市2021年以来投产的63个重点项目的履约情况开展了现场督查,对政企双方存在的问题进行梳理并下达整改通知,招商实效和营商环境进一步提升。

(彭淑琪)

开发区建设

·荆门高新区·

【概况】 2000年11月,省政府批准设立荆门高新技术产业开发区。2013年12月,国务院批准设立荆门国家高新技术产业开发区。2016年1月,经省委批复,荆门高新区与掇刀区实行一体化融合发展。2023年,各项经济指标增幅持续领跑全市,地区生产总值同比增长9.1%,社会消费品零售总额同比增长8.2%,规模工业增加值增速16.3%,固定资产投资增速7.8%;一般公共预算收入23.21亿元,同比增长45.9%;外贸进出口86.12亿元,外商直接投资1137万美元;规模工业总产值1501.69亿元,同比增长29.58%,占全市总量的50%以上。

【项目建设】 持续实施产业链长制,选派8名干部驻点招商,聘任14位知名企业家担任"招商大使",新引进亿元以上项目170个,总投资950亿元,新签约项目个数和合同金额持续保持全市第一。新引进在区投资上市公司6家,总数达到54家。开发项目"服务宝"信息平台,推进重点项目建设,37个省、市重点项目完成投资114.6亿元,超时序进度8.61个百分点。新开工格林美高镍三元前驱体、精工智能悬架二期、华洲药业等78个亿元以上项目,新投产金泉新材料磷酸锰铁锂、长城汽车焊装车间二期、东元气雾剂等60个亿元以上项目,3次获评全省固定资产投资突出贡献单位。坚持要素跟着项目走,争取专项债及政策性资金3.9亿元、建设用地指标241.2公顷;220千伏吴家湾变电站竣工;成功创建省级人力资源服务产业园;在全省首创"共享用工联盟",流转员工8680人次;组织招聘及"才聚掇刀·智汇高新"校园引才活动167场次,建成零工驿站10家,为企业招工2.1万人,其中大学生1万余人、硕博人才491人;坚持政银企合作,落实贷款210亿元。

【产业升级】 以锂电为主的新能源新材料,以汽车为主的智能装备制造,以循环为特色的绿色化工三大千亿级产业发展成势见效。新能源动力电池产业集群跻身国家级中小企业特色产业集群,助力荆门荣膺中国锂电特色产业城市十强。动力储能电池产能达到152.6吉瓦时,居全省第一,亿纬全年实现产值340亿元,同比增长100%。2023年全省首个百亿级项目、全球最大规模锂电池单体工厂——亿纬60吉瓦时储能超级工厂签约落地,8月开工建设。长城汽车荆门分公司获批插电式混合动力产品生产资质,全年产量近12万辆、产值达到200亿元,分别增长150%、145%。荆门石化"油转特"方案获总部批准;化工循环产业园实现项目满园,上海源晗、谦信化工等11个延链补链项目落户。积极构建产业供应链体系,新落户建发、喜百年、明宇菲凡、上港、博洋等专业供应链企业,保税物流中心进出口货值长期稳居全省前两位,荆门国际内陆港入选全省第一批多式联运示范工程,成功始发长城汽车出口至俄罗斯。

【科技创新】 在全省国家高新区创新驱动发展综合排名中居第4位。"退役动力电池高值化利用湖北省重点实验室"通过专家论证,成为全区第2家省级重点实验室。新增省级企校联合创新中心2家,总数达到11家。组织申报国家高新技术企业90家,总数达到178家。新增科创"新物种"企业16家,总数达到28家;新增省级以上专精特新中小企业36家,总数达到68家,其中国家级增至15家;新增国家级两化融合贯标企业16家,总数达到33家;新增国家级智能制造试点示范企业2家,实现零的突破;新增省级服务型制造示范企业(平台)7家,总数达到13家。全年实现技术合同交易额30.46亿元,同比增长86.2%。以全市17%的入统企业贡献全市50%以上的研发经费投入,连续3年位居全市第一,研发经费投入强度达到5.21%。全年完成高新技术产业增加值213.84亿元,占GDP比重达到49.5%。

【深化改革】 擦亮"高兴办"营商环境品牌,7个改革事项获评2023年全省优化营商环境改革先行区。变"一事跑多窗"为"一窗办多事",50余个窗口整合为20个无差别综合窗口,综合窗口进驻事项由216个增加到1171个,90%以上的高频政务事项立等可取。区级政务服务事项网上承诺办理时限较法定办理时限压减92.1%,实现1809个申请材料"免提交"。推行"免申即享、即申即享",兑现惠企政策资金12.8亿元,办理留抵退税8.1亿元。新增规上工业企业30家,总数达到184家;新增规上服务业企业5家,总数达44家;新增限上商贸企业32家,总数达183家。荆门宏图荣获湖北省“第九届长江质量奖”。1家企业“新三板”转板,总数达4家;6家企业入选上市后备“金种子”名单,9家企业入选“银种子”名单。25家企业上榜荆门民营企业50强。

(张　薇)

·沙洋经济开发区·

【概况】 2002年12月,经荆门市人民政府批准成立沙洋经济开发区。2006年3月,经省政府批准为省级开发区。2017年11月,省政府批复同意在沙洋经济开发区基础上设立省级高新区,定名为湖北沙洋高新技术产业园区。2023年,沙洋经济开发区坚持以“市场导向、突出重点、创新驱动、绿色发展”为原则,立足新材料、绿色食品、装备制造等主导产业,推进开发区高质量发展。园区规划面积27.6平方千米,建成20.6平方千米,规模以上企业47家,高新技术企业36家。全年园区完成规模以上工业总产值57.83亿元,完成固定资产投资17.91亿元,完成税收收入1.13亿元,项目入库32.49亿元,新增规模企业7家。

【产业发展】 沙洋经济开发区以弘润建材、佳悦新材料为龙头,发挥玻璃建材、薄膜新材料产业特色,延伸产业链条,逐步推进玻璃、薄膜产业链条开始向高端、附加值高方向延伸。实施技改扩能升级,16家企业共实施重点技改项目17个,其中在建项目8个。通过招商引资、兼并重组等方式积极盘活“僵尸企业”。推进中域卓建、天合源电子、水晶工业园、裕大华纺织等“僵尸企业”处置,引进佳品胶带、环保电池、饲料加工、液晶显示屏等项目入驻。

【科技创新】 全年新增国家级专精特新“小巨人”企业2家(秦江化工、联投生物),实现新突破。完成科技型中小企业申报认定60家、高新技术企业申报认定15家,高新技术企业总数达27家。新增校企合作产学研基地1家(净祺环保)。

【项目建设】 建成佳盈环保电池、旭晶电子、成效电子、晶钢马电子、医美视界电子、腾雷胶带、帮成生物工程、华夏高端食品包装、君达锂电池、高桥变电站等项目13个。全力服务保障项目建设,协调解决弘诺光伏玻璃项目场地平整、施工用电、用水等问题,启动供电线路建设,确保项目建设顺利进行。开展腾雷多功能薄膜项目供电线路建设、BOPP三期项目土方回填工程施工、佳品胶带项目进场桥梁维修工程,为项目投产提供保障。

【园区建设】 优化园区产业总体布局,合理拓展开发区土地利用范围,为园区发展做好规划统筹。8月4日,经省自然资源厅审查同意,扩区调区总面积为14.7平方千米,共一个区块,东至洪岭大道、南至工业十二路、西至雨霖大道、北至启林大道。加强园区基础设施建设,实施建设园区集中供热工程。推动公共服务建设,建成园区党群服务中心和人才创新创业服务中心,具备相应的办公、会议、培训、服务等功能。

【安全生产】 全年安全生产形势持续稳定向好。按照“党政同责、一岗双责、齐抓共管、失职追责”的原则,全面落实属地管理责任,实行机关干部包联企业安全责任制,制定印发《开发区安全生产2023年工作要点》《2023年安全生产监督检查计划》《开发区重大事故隐患专项排查整治2023行动实施方案》等文件,拧紧“一级抓一级、层层抓落实”的责任链条。组织企业集中开展6次安全专题教育,召开安全生产专项整治推进会、重大事故隐患专项排查整治2023行动动员会、安全生产专题会、警示教育会等会议9次。突出重点时期、重点领域、重点部位安全综合整治,在春节、全国两会、五一、国庆等重点时间节点,紧盯危险化学品、建筑施工、消防安全、燃气安全、涉危企业等12个重点领域开展安全生产重大隐患专项整治行动,共排查各类安全隐患530处,督促整改落实520处。组织开展化学品泄漏火灾事故、消防安全应急救援演练4次,指导并督促58家企业修订完善生产安全事故应急救援预案。做好化工集中区安全风险等级认定工作,印发《沙洋县化工集中区认定工作任务清单》,升级改造化工集中区安全生产应急救援信息平台,完善硬件隔离、视频监控等管理措施。化工集中区通过省级安全风险等级复核认定,达到C级园区标准(一般安全风险)。

【生态环境整治】 压实主体责任,整治水环境问题,对园区25家涉水重点企业负责人开展生态环境保护守法自律“一对一”约谈,并签订《沙洋开发区企业生态环境保护诚信守法承诺书》60份。邀请市环境科学院对园区25家重点企业进行技术帮扶,制定“一企一策”方案,下发提醒函25份,指导督促企业限期整改。抓好园区污水管网建设与巡查管护,协调县住建局完成园区雨污管网清淤、检测及混接排查61.04千米(污水管网26.28千米、雨水管网34.76千米),修复排水管网8.2千米,新建排水管网18.6千米,配套建设排水管网累计20.3千米。突出抓好雨水排口、排污管网巡查,实行日巡查制,做好排查问题溯源处理。巡查发现管网破损18处,排查违规排口9个,封堵排污口6处,移交处置不明污水排放行为6起。深化企业前端治理,督促23家企业完成内部雨污管网改造,新建雨污分流管网6000余米,新建初期雨水收集池2座。强化执法监管。开发区联合生态环境部门开展涉水企业环境执法专项行动4次、专项执法帮扶行动56次,下达生态环境执法意见38份,督办企业整改环境问题71个。立案查处10家企业11起涉水环境违法行为，实施停产整治措施4起。在大气环境问题整治方面，细化企业大气环境问题整治“一企一策”，14家重点企业落实大气污染防治措施，降低废气排放量，督办企业立行立改涉气问题77个。

（刘子楚）

·钟祥经济开发区·

【概况】 湖北钟祥经济开发区的前身是钟祥莫愁湖经济技术开发区，成立于1994年7月13日，1996年11月25日经省政府批准为省级经济技术开发区。2005年12月8日通过国家发改委审核成为首批省级开发区，更名为湖北钟祥经济开发区。2012年，升级为省级高新技术产业园区。规划面积65平方千米，实际开发面积33平方千米。现有工业企业226家。

【工业经济】 开发区紧紧围绕高质量发展主线，以经济指标为抓手，以企业服务为己任，以优化营商环境为载体，不等不靠、主动作为，咬定目标、迎难而上，开发区发展持续向好。培育新增能楚储能、中昇华祥、锐诚真空、铂曼金属、维杰汽车、维艾汽车等7家规上企业。推动完成索芙特股份有限公司收购湖北珍谷渥有限公司、钟祥市中原电子责任有限公司收购湖北省钟祥市楚寿源米业有限公司。新增高新技术企业19家，共有高新技术企业117家，拥有樊明武院士金汉江工作站、新宇机电博士后创新实践基地等17家新型研发机构，金汉江、新宇机电等5家省级技术创新中心，建成湖北省食用菌冻干食品企校联合创新中心等8家省级企校联合创新中心、湖北省振动电机工程技术研究中心等4家省级工程技术研究中心、湖北省铆接件研发中心等8家校企共建研发中心，成立湖北祥汇孵化器有限公司、钟祥市大学生创业众创基地等省级双创孵化平台5家。全年规模以上工业企业总产值405.34亿元，同比增长17.91%；销售收入340.73亿元，同比增长20.71%；工业增加值116.82亿元，同比增长61.2%；入库税金6.06亿元，同比增长18.13%。

【招商引资】 突出招商引资工作“一号工程”地位，形成“一区多园”发展格局，全力冲刺创建国家级经济技术开发区。2023年4月，第三届环球城市招商引资推介大会组委会授予钟祥经济开发区“2022中国（区域）最具投资潜力产业园区”荣誉。招商引资总量上实现新突破。2023年新签约金泰光电液晶显示模组项目、安徽嘉航光学玻璃刀具制造项目、盈欣电子智能终端制造基地项目、彬利电源充电器、数据线束及PCBA控制模组项目、文峰白酒生态产业园项目、瑞克信息智慧屏显示终端电子设备项目，总投资20亿元。招商引资产业定位上实现新突破。围绕“2＋1”主导产业引进项目，其中装备制造产业项目占比60%以上。招商引资产业集群上实现新突破。全年园区累计引进37个电子信息项目，形成真正聚链成群的电子信息产业集群。

【项目建设】 根据《招商引资项目“招落服”工作方案》，明确“招落服”一体化工作机制，建立“招落服”月调度机制，推进“招落服”工作。按照“服务前置、手续同步、全程包联”原则，从项目申报、选址、洽谈、审核等方面实行全方位、靠前服务，确保项目招引过程顺利，政策和环境透明；将公司注册、项目备案、施工许可等前期手续与项目规划建设同步推进，确保项目“优招快落”；从项目招引签约、手续办理、开工建设、竣工投产、入库纳统到培育壮大实行全过程、全生命周期服务。全年开工入库招商项目19个。

【园区管理】 综治维稳。开展对民法典、反有组织犯罪法、《信访工作条例》等法律法规知识学习，推动国家安全、禁毒铲毒、反诈等知识入脑入心；拉网式排查摸底不稳定因素，及时有效化解信访矛盾12起，维护了园区和谐稳定，实现了“五无”目标。安全生产。坚持严的基调，实现动火作业审批、岗前三分钟教育、风险明白卡等制度全覆盖；通过企业自查、专家检查、包联排查、部门抽查等多种形式，横向到边、纵向到底排查安全隐患，提升了企业安全管理水平，保障了园区安全形势持续稳定；重点排查园区“厂中厂”企业13家，租住户86家，提升了“厂中厂”规范秩序；强化燃气、动火等特种作业管理，组织培训42人，确保特种岗位百分百持证上岗。绿色发展。扎实开展中央环保督察交办信访件整治“回头看”工作；核查监测园区非排污口，实现全部销号，确保入江水质符合国家标准；督促落户企业完善环评报告、排污许可证、环保验收等手续，监督企业污水处理等环保设施正常运行，确保达标排放。

【服务环境】 持续优化服务举措，扎实开展“一下三民”“大摸排、大起底”等活动，及时协调解决企业落地建设、资金、用工、生产等难点问题43件，通过政商餐叙会方式，邀请投融资服务中心和中小担公司现场解答金融诉求10件。建设项目服务调度大厅，落实提前介入服务、倒逼服务、无差别服务三大服务机制。项目预审时开发区提前介入，掌握项目要素配置及需求，按照功能分区推荐项目选址。项目落户后，无论项目大小，无论谁引进的项目，一视同仁，无差别搞好服务。项目在建时，拟定项目建设清单和施工路线图，倒排工期，倒逼服务质效提升。管理企业有力度。时刻绷紧“安全弦”。聘用第三方专业机构对园区148家企业定期进行全面“体检”，指导园区企业落实安全隐患整改，下达安全隐患整改通知书98份；严把“环保关”，深入调查鑫华建材、汉帝红木、隶德生物等公司机制砂违法违规生产现象，约谈企业负责人,督促拆除设备,去功能化。对园区4个沟渠、河港排污口常态化核查监测,确保入江水质符合国家标准,常抓常管、长治长效,让安全和环保为园区平稳发展保驾护航。

【园区创建】 明确创建思路。构建了“一区一港一园”的发展格局。空间布局75平方千米,其中,钟祥经济开发区一体化区域45平方千米,石牌港25平方千米,现代食品产业园5平方千米。围绕主导产业,着力培育战略型新兴产业。夯实创建基础。聘请中规院、省规院,编制“一区一港一园”和钟祥经济开发区一体化区域总体规划及产业发展规划;学习考察省内汉川国家级经开区、省外广德、长兴经开区,考察创建工作及体制机制创新,进一步完善了创建方案;制定2023年度创建工作任务、产业发展、园区要素保障、一体化工作和规划编制工作清单,挂图作战;赴省汇报区划调整和开发区考核考评工作,争取省相关部门支持;与南湖新区实现融合发展、一体化发展;探索与大柴湖工业园区一体化管理模式,从大柴湖开发区、经济部门调配7名人员,其中硕士研究生2名,国开区创建力量不断增强;理顺管理关系,产投集团负责前端融资建设,开发区负责后端管理和服务,标准化厂房管理职能及相关人员从产投集团移交给开发区管理。推进产业集中发展。建立存量企业信息库,制定“一企一策”,制定实施50家企业3年倍增计划,重点扶持英特利、博士隆、金汉江、新视野等一批龙头企业;培育久连、维杰、森特、金塔等一批专精特新企业;启动兼并重组、破产重整,逐步盘活宏达、永祥等一批停产企业。培强主导产业。围绕主导产业,着力培育战略型新兴产业,打造汽车零部件、电工电气电子、新能源、数控机床等重点产业链,制定《创建荆门(钟祥)国家级经济技术开发区产业链链长制工作方案》,在8家链主企业挂牌“链长办公室”,每月调度一次链长工作情况,不断压实链长责任。

(李　杨)

·京山经济开发区·

【概况】 京山经济开发区创建于1992年8月,是经省政府批准设立的省级经济开发区;2013年6月,又经省政府批准为省级京山高新技术产业园区,是县级唯一台商工业园。现有工业企业366家,其中规上工业企业110家、规下工业企业256家,高科技企业84家,科技型中小企业126家,“专、精、特、新”企业30家(其中国家级2家)。曾先后被授予“国家农业产业化示范基地”、“国家新型工业化产业示范基地”、全省竞进提质十佳开发区、湖北省先进开发区等荣誉。

【经济运行调度】 2023年园区以打造新能源产业、智能装备制造产业两基地为重点工作,着力推动一道新能源一期竣工投产,实现新增工业产值34.4亿元;雄韬锂电智慧工厂实现工业产值6.3亿元;赛捷新能源、大润阳光、锦润光伏等产业链配套项目当年建设、当年投产、当年进规,实现工业产值3.05亿元;投资12亿元的瑞莱斯项目完成9万平米的生产车间建设并安装设备和试生产;投资5亿元的台克数控机床产业园总装车间开始试生产,工业母机集群效应初显。建成投产项目19个,完成投资91.07亿元,在建项目40个,总投资179.04亿元,全年完成固定资产投资项目入库51个,总投资达73.92亿元。截至2023年底,园区拥有规上工业企业110家、规下工业企业256家,全年实现工业总产值154.33亿元。新增规上工业企业入库18家,新申报高科技企业33家,成功申报省级专精特新企业15家,完成企业主辅分离28家,荆门产销平台注册98家,组织开展156家园区工业企业统计业务知识和统计法规培训3次,开展统计数据核查203次,高标准通过了在全省统计数据质量专项检查。召开银企业对接座谈会3次,参会企业40家,参会银行9家,其中22家企业与银行达成融资意向7.3亿元。

【招商引资】 紧紧围绕锂电和储能产业、光伏产业、工业母机三大主导产业开展招商引资,由“一把手”带队外出招商41天次,专班外出96天次,足迹遍布武汉、孝感、上海、佛山、广州、东莞、台州、江门、泰州、衢州、深圳、上饶等省市,组织近78批次客商到京山考察洽谈。全年完成签约项目4个,分别是:投资40亿元一道新能源6吉瓦光伏组件生产项目、投资6000万元的工业辊制造项目、投资6000万元的锦润光伏边框生产项目和投资4000万元的众怡汽车内饰包覆件生产项目。重点在谈项目3个(九紫太健康产业园项目、惠州三协动力电池设备京山生产基地项目、京山轻机智能物流装备数字化示范车间建设项目),拟签约项目1个(欧森迈中高端金属复合装饰材料生产项目)。

【项目服务】 坚持树立“一切为了投资者,一切服务投资者”的理念,让“有困难找管委会”成为全区共识,当好“有呼必应、无事不扰”的“店小二”。紧紧围绕项目建设,破堵点、解难题,督促项目快开工、快建设、快投产。累计调度项目80个,总投资额270.11亿元,其中建成投产项目19个,完成投资91.07亿元,在建项目40个,总投资179.04亿元。通过月度项目进展“好差评”表和每两周一次的全市工业项目进展情况通报的方式,对项目进展情况进行督促,完成“好差评”表10次、通报20次,推进水云科技、京桂圆、华瑞达、华泰电力、海林全屋定制、鹰柴动力、康碧特等项目建成投产。对项目建设中发现的卡点堵点问题情况进行梳理，共完成协调一道新能源、领工防护、浙商众创、精晶科技、长丰机械等10个三杆迁改项目，完成协调国防光缆迁改项目1个；完成协调青岛强力钢结构、芯致半导体、台克、中农储、华泰锅炉场地平整项目5个；协调完成一道新能源、瑞莱斯、米朗、赛捷、诚涛机械等项目变压器报装项目9个；协调完成芯致、宽程、辣翻天、博世科、雅迪等5个雨污管网项目。兜底解决水、电、气问题84个，推动智能包装产业园12个落户项目启动建设，开工率83.33%，推动32个项目建成投产。严格按照投资合同约定，出具政策兑现报告72份，兑现招商引资惠企政策1.08亿元。

【安全生产】 严格落实“三项制度”“五公开”制度要求，督促企业张贴“有奖举报倡议书”315份、“风险告知牌”1267份，督促员工开展岗前三分钟警示学习。围绕第22个全国安全生产月“人人讲安全、个个会应急”的主题，召开“园中园”企业安全生产专题工作会议，联合组织全区企业开展应急演练活动2批次，开展安全生产专题培训1批次，开展冬季火灾防控暨安全生产集中治理“百日会战”宣传8批次，强化企业安全意识。聚焦危化品使用、特种设备、有限空间、消防安全、燃气、电焊作业等，排查隐患256项（其中重大隐患12项），下达限期安全隐患整改文书58份，已责令企业整改248项。

（京山市史志研究中心）

·东宝工业园·

【概况】 东宝工业园是2008年2月由省政府批准筹建的省级工业园区，2009年5月开始建设，2018年2月正式列入中国开发区目录。规划面积37平方千米，建成20平方千米。聚焦聚力电子信息、绿色建材和装配式建筑两大主导产业，规划建设电子信息产业园占地1333.33公顷，绿色建材和装配式建筑产业园1333.33公顷。仅有11年时间，入驻各类企业278家。其中，工业企业174家，服务业企业104家，从业人员2.1万余人。全年实现规模以上工业总产值268.56亿元；规模以上工业增加值70.82亿元；固定资产投资总额191.53亿元。2017年、2018年、2019年、2020年连续4年被评为湖北省重点成长型产业集群，2020年9月，工业园被中国木材与木制品流通协会授予“十大木业园区（集群）”荣誉称号。2020年在四季度优化营商环境工作测评中，工业园以94.52分位居第二；被区委、区政府授予“2020年度东宝区推动高质量发展先进集体”称号。园区在2021—2022年全省24家一类开发区高质量发展综合考评中居第7名，较上届晋升3位。园区创建省级高新区工作顺利通过专家组论证，完成各项申报程序。

【乡村人才培育】 开展乡村振兴人才培养，加强能人队伍培育建设，配合做好全市“雁归农谷百千万”工程，为乡村振兴提供人力支撑，将完成情况纳入基层党建工作考核的重要内容，考核结果与村“两委”干部年底工作绩效考核挂钩。累计发放人才政策宣传册200余份，成功创办荆门市乐客宠物服品有限公司、荆门市东宝区周裕家庭农场等产业，带动80余户群众年增收6万元。

【项目建设】 园区增加全区重点项目调度职责，通过成立五大产业工作专班、编制《东宝区重点建设项目月度建设调度表》、发布《全区重点项目建设工作督办提醒函》等举措督办各包联单位加快推进项目建设。坚持“周调度、月通报、季考核”，每月对全区重点项目建设情况进行通报并赋予积分管理，充分营造“大抓项目、抓大项目”的浓厚氛围。帮助海思达精密机械项目快速落户，全力做好租赁厂房、一卡通办、协调招工等服务保障，配合人社部门招引10余名专业技术人才，主动跑项目、办手续、清障碍，实现了企业从签约到生产仅用一个月时间的“东宝速度”，获企业负责人点赞好评。全年，园区共调度招商引资落地项目71个，总投资438.78亿元。其中，北特智能家具、海太欧林智能办公家具等29个项目竣工投产，总投资157.28亿元；长宁新城新桥商业综合体、新洋丰磷矿伴生资源利用等32个项目开工建设，总投资177.5亿元；长寿基因、新洋丰众为钙基产业园等10个项目即将开工建设，总投资104亿元。固定资产稳步推进。制定《关于进一步做好2023年度固定资产投资项目入库工作的通知》，按照企业分片包联的原则，班子成员带头深入企业全面摸排投资项目建设情况，明确专人负责建立重点项目跟踪台账，做到紧抓项目梳理、跟踪项目储备、推进项目入库。园区完成长宁新城新桥商业综合体、澳园文化科技产业园、晶致电子专用材料研发及销售等16个项目入库工作，计划总投资14.46亿元。正在紧密跟踪海思达精密模具制造、元城家居三期、富华锅炉清洗、百维电子等4个项目，计划总投资1.6亿元，争取尽快完成入库。基础配套日趋完善。强化电力专线保障、管线迁改等基础配套保障。加快推进弘毅、弘汉电子10千伏电力专线建设工作，该项目电力公司施工已进入煞尾阶段，预计2024年前建成通电。完成澳游科技项目摩根凯龙35千伏电力线、丰盈科技项目二期电力线及通信线、华晟二路低压电线等项目迁改及自来水铺设工作，完成新台东路涉铁段道路改造工程。联系华能热电厂协调解决洋丰山水云著项目电力线险情排除工作，完成祥俊建材新城大道污水管网接入，保障多个项目的有序推进。投入35万元完成园区卫生服务中心提档升级工程,改造面积430平方米,增加放射科、口腔科、体检科、中医馆等临床科室,进一步提升医疗服务水平。完成长岗村三期还建房主体结构,正在进行水、电、路等配套设施建设。

【企业服务】 以《东宝工业园区2023年"高效为你办"活动方案》和《东宝工业园区关于帮助绿建和装配式企业做好产品推介的通知》为载体,不断提升服务企业效能,班子成员、一般干部分别为绿建企业推荐3个和2个以上客户,已为企业完成80余个订单。协调优化园区现有12条公交线路,挂牌成立光电办、绿建办,印发《企业电话号码簿》350余册,研发"东宝工业园区企业管理系统",设定企业目录、经济指标、企业投入及税收、非公党组织等11个功能模块,依托微信小程序实现企业信息电子化、智能化管理。全年累计帮助企业招聘员工4734人,协调解决水电气要素保障、融资需求等困难问题50余次,申办及续保公租房843套,为40余家企业解决3000余名员工住房困难问题,入住率达96%。举办活动丰富商圈。在电子信息产业园片区打造东宝区职工活动中心、新桥·金龙泉广场、华中国际青年公社及露天免费巨幕影院,开展系列文艺会演活动,每晚播放热门电影,进一步吸引人流量,已形成集餐饮美食、健身休闲、社交娱乐、培训住宿等于一体的特色商圈,加剧了产城融合发展进程。成功举办华中国际青年公社开营暨"金榜题名"青年文化节活动、园区首届乒乓球赛事等活动,组织辖区企业参加2023年东宝区"元城杯"首届职工趣味运动会,伊恋家居获得竞赛项目团体和单项双"一等奖"的好成绩,企业职工休闲娱乐生活不断充实。培育企业升规进限。根据全区"四上"企业培育工作要求,园区高度重视,将年度商贸业及服务业18家企业培育目标纳入中心工作重点跟进,定期召开会议督办,协调解决企业进规进限过程中遇到的困难问题。截至年底,园区商贸业企业中有鸣乐商贸、励容商贸、鹏瑾木业等12家法人单位,老村灶坊、凤凰楼等4家大个体完成"小进限"任务。服务业企业中2家"小进规"任务完成。园区企业主辅分离5家任务完成。持续深化共同缔造。依托"荆门市绿色建材协会"加挂"产业联盟"牌子,相继开展了东宝区新联会绿色家居产业分会共同缔造发展联盟签约仪式活动、东宝区绿色家居产业企业降本增效座谈交流联谊活动、全市统一战线"同心聚力·共同缔造"工作拉练活动,在万华板业观摩"绿美新居·别出新材"新联会绿色家居产业分会创新实践基地项目,为企业交流、产品推介、商业合作等方面牵线搭桥,推动资源共建共享、畅通多方沟通渠道,提供一站式解决方案服务,全面促进绿色家居产业链、供应链强强联合、协同发展。推动落实"五经普"工作。成立工作领导小组,安排专人负责,扎实推进"五经普"地毯式清查工作。采取悬挂横幅、入企宣传、转发动态等多种形式营造浓厚氛围,做到"五经普"应统尽统、不漏一户。园区"五经普"第一阶段清查工作完成,共清查法人单位和产业活动单位1028家,个体户928家。正在开展普查登记工作,通过严格执行普查方案,规范普查工作流程,强化事前事中事后数据质量检查核查,切实防范弄虚作假,确保普查数据真实准确、完整可信。

【安全环保】 严格落实安全生产属地责任,定期召开党工委会议分析研判安全生产形势,研究解决安全生产领域的重要问题和重大隐患。组织园区200余家企业负责人、安全管理人员开展安全知识与管理能力培训,针对园区32家重点企业火灾风险隐患开展专项整治工作,扎实推进园区安全生产月及重大安全隐患整治专项行动。全面摸排园区49户餐饮行业燃气"三件套"安装情况,并进行督促整改,现全部完成安装。居民燃气用户共有709户,现安装674户,另有22户改装天然气,完成率达98%。全年累计检查企业272家次,下达现场检查记录127份、限期整改指令书61份、复查意见书61份,排查治理一般隐患1985(项)处,全部完成整改,为企业避免一般安全事故12起。改善园区生态环境。深入开展"清保行动"和西河流域上游治理,针对环境卫生、房前屋后、乱堆乱放等事项按照分片包联原则,发动村民共同参与环境整治行动。完成长岗村襄荆高速以东片区农业抗旱水管网2534米的架设和西河流域项目1400米灌溉水渠的建设工作,高标准谋划打造园区"后花园"。累计发放宣传资料700余份,完成长岗村"六清六乱"整治439户,改造"小三园"建设4处,维修村道3200平方米,居民小区绿化除草5000平方米,沟渠清淤除杂2000余米,清运垃圾20余吨,投入资金30余万元,园区人居环境焕然一新。对园区200余家企业开展生态环境辅助执法,逐一列出清单督办整改,对不符合产业规划及生产条件污染严重的3家"散乱污"企业进行"两断三清",大气环境得到一定改善。与住建部门紧密联动,坚持严管项目工地,全年处理工地道路污染10余起,完成大气污染执法平台案件16起,较好控制扬尘污染源头。大力推行河湖管护,将村级河长制纳入积分制管理,落实专员巡查,常态化开展"河小青"巡河护河志愿服务活动,园区生态环境质量不断提升。管控违法搭建房屋。持续开展自建房安全排查工作,目前园区2031栋自建房共排查出D级危房24栋(含经营性1栋),C级危房16栋。完成D级危房拆除5栋(含经营性1栋)、重建3栋,C级危房拆除1栋,维修加固C、D

级危房27栋,剩余7栋危房已落实人员撤离、封控管理、张贴警示牌等措施,并组建专班每日巡查确保安全稳定。通过拆违控违巡查发现50起违法建设,已处理21起,拆除17起,下达责令整改通知书12起。完成园区违规店牌拆除工作31处。

【统筹基层治理】 通过发展村级集体经济带动村民增收致富,新桥村集体经济收入1254万元,长岗村集体经济收入294万元。联合相关单位开展专场招聘会,为脱贫户及村民提供就业岗位144个。持续开展包联服务,认真落实各项政策,常态化走访入户、宣传政策、了解需求、解决困难,精准掌握脱贫户收入变化、稳定就业等情况,张贴政策"明白卡"。2023年春节前为85户脱贫户送去价值4.25万元的慰问物资。

联合区直相关单位开展"情系职工·与法同行""东宝区平安法治建设巡回宣讲""法治夜校"等系列法治宣传进园区、进企业活动,围绕劳动合同法、工伤保险条例等10余个主题作专题授课,累计发放宣传资料1200余份,解答法律咨询问题50余人次,辖区法治意识不断增强。扎实开展扫黑除恶、反诈骗、反邪教、铁路护路安全、"雷火2023"等专项行动,重点打击违法犯罪、突出治安问题、邪教组织等方面,园区治安案件呈下降趋势,其中电诈案件同比下降21%,为群众追回损失约20万余元,园区治安秩序整体良好。

成立综治信访维稳和平安园区建设工作领导小组,建立矛盾纠纷排查调处工作机制,深入开展矛盾纠纷"大走访、大排查、大化解"行动,根据摸排情况制定矛盾纠纷重点人员包保责任表,组建"五包一"包保工作专班,定期召开专题会议推进各类矛盾纠纷化解,对重点人员、疑难纠纷实行分类管理、因案施策,做到小事不出村(社区)、大事不出园区、矛盾不上交、服务不缺位。推进积分制管理和"五员"议事工作,在新桥村举行"党建引领·快乐积分"分享活动,利用"五员"议事调解各类矛盾纠纷50余次,一次性化解成功率95%以上。多措并举推动紫荆家园及昊天山水城小区涉房问题、长宁锦园小区停车矛盾等问题纠纷化解,引导紫荆家园、长宁锦园、昊天山水城小区业主和凤凰山南区居民点居民成立业主委员会和自管委员会,切实为平安园区建设保驾护航。其中,紫荆家园小区被区住建局评为"红色示范小区",小区业委会获评"2022—2023年度优秀业委会",东宝区167家小区中仅有5家小区业委会获此殊荣。全年园区受理湖北阳光信访平台转办的各类信访件17件,处理市长专线投诉平台案件181件,接待来访群众30余次约400余人,处理辖区各类矛盾纠纷60余次。

围绕重点项目和道路建设全力攻克征迁工作,采取"5+2""白+黑"等多种方式快速推进,累计完成荆东大道、沿江高铁等项目征地拆迁39户。2008年建园以来累计完成征地拆迁1404户,保证项目建设落地需求。完成园区改厕任务145个,新建公共厕所2个,开展残疾人临时救助申请13人次,支出临时救助资金2.506万元。组织残疾人参加专场招聘会、"五个一"文化、市残疾人文化艺术协会等活动,申报残疾人重度护理补贴43人。开展宫颈癌免费筛查活动,广泛宣传动员村、社区及企业积极参检703人。完成家庭医生签约服务1002人,做到重点人群应签尽签,为辖区65岁及以上常住老年人开展免费体检425人次。完成退役军人优待证信息采集登记,走访慰问24名退役军人及重点优抚对象,发放慰问资金1万元。同时结合春节慰问为退役军人发放年画、对联140余副,为辖区12名退役军人补发"光荣之家"军属牌,营造拥军优属的良好社会氛围。

(东宝区史志研究中心)

·荆门化工循环产业园·

【概况】 荆门化工循环产业园成立于2010年5月18日,2012年5月被省政府批准为省级专业化工园区,2019年被认定为全省第一批合规化工园区。园区规划面积21.78平方千米。2022年3月,荆门化工循环产业园管理委员会更名为荆门化工循环产业园建设服务中心。园区是国家级绿色工业园区、国家级深入推进环境污染第三方治理园区和中国第二批智慧化工园区试点示范(创建)单位,两轮合规化工园区认证均在全市率先通过。园区坚持依托"市区共建、区园合一"建设体制,始终强化"安全、环保、责任、高效"发展理念,形成以石油化工为"主干"、精细化工、碳一化工为"两翼"的产业体系。园区落户企业103家,其中,上市公司18家,行业细分领域冠、亚军12家。2023年园区投产企业80家,正在建设项目32个,其中,扩建项目9个。全年实现工业总产值570亿元,同比增长19.3%;税收收入2.32亿元,同比增长182.4%。

【招商引资】 坚持"招商选资、延链补链、精准发力、宁缺毋滥"的原则,外出开展招商活动34批次,签约项目12个,签约投资额95.21亿元,其中,10亿元以上项目3个(投资20亿元的谦信化工60万吨醋酸酯项目,投资30亿元的上海源晗电解液溶剂项目,投资12亿元的动力电池磷酸铁项目)。

【项目建设】 充分发杨"争抢转"精神和"三贴""三办"优良作风,坚持做到"抓大不放小",全力推动项目快开工、快建设、快投产。新开工亿元以上项目18个:格林美三元前驱体、美华新材料、争光新材料、华洲药业、格林美配套污水处理、科汇药业、新宙邦10.3万吨锂电材料、盈德气体氢气充装站、众杰气体、欣环达、金泉导电浆技改、汇泰科技、中耐新材料、格林美废旧电池黑粉提纯、康盟特气电子气、吉和昌助剂技改、中迅长青氟化氰基苯、渝楚化工轻质燃油项目,新投产亿元以上项目20个:英采化学、楚儒同位素、格林美配套污水处理、东元科技、新宙邦6万吨锂电材料、格林美废旧电池黑粉提纯、强生化工、宝世生物、中天鸿宇、江城子、中节能二期、斯瑞尔、金泉磷酸铁锂、盈德气体氢气充装站、洁绿环保二期、金泉导电浆技改、吉和昌助剂技改、中迅长青氟化氰基苯、渝楚化工轻质燃油、和瑞燃气加气站项目。全年完成入库项目19个,计划总投资51.52亿元;完成固定资产投资45.88亿元。

【企业服务管理】 争做"有呼必应、无事不扰"金牌"店小二",强化"企业家老大"服务理念,通过召开企业家座谈会、调研走访园区企业和现场办公会等形式,在协调解决企业原料产品供销、供热、供气、融资、用工、退税、职工子女上学问题上出实招、见实效。全年申报高新技术企业15家,新增规模以上工业企业12家(格林美高纯化学、纽苏莱、润都制药、尚助化学、楠馨气体、天泽龙、中节能、瑞孚信、燎原油脂、荆丹利、东元科技、宝世);完成省级技改升级项目5个,累计兑现技改资金1850万元,其中,汉瑞药业490万元,百杰瑞455万元,固润科技450万元,玲珑轮胎360万元,亨迪95万元。

【基础设施建设】 兴化六路、兴化七路、格林东路建成通车,站场五路基本建成。东北片区管廊根据项目布局完成建设;小康南路延伸段主管廊,兴化四路到兴化六路、兴化七路到站场三路管廊,东北片区污水提升泵站建成投入使用。

(张　薇)

·大柴湖经济开发区·

【工业经济】 2023年,大柴湖经济开发区实现规模以上工业总产值14.17亿元,同比增长56%;固定资产投资10.52亿元;社会销售品零售额1.32亿元,同比增长34%;公共财政收入首次突破亿元大关,达1.1亿元,同比增长75%。

围绕装备制造、包装包材、冷链物流、长寿食品等主导产业,实施"一把手"招商、全员招商、以商招商,党政主要领导带队外出洽谈项目16次,接待来访客商81次,收集招商信息594条,新签约项目6个,总投资额达7.73亿元。

深入推进季度企业家座谈会、月度园区现场调研会、周度重点项目联席会议"三会"机制,有力有序推动园区22个重点项目及企业生产建设。建立重点项目专班包联服务制,全要素、全天候、全过程保障梦世圆、固力碳纤维、鼎宜电子科技等重点项目建设;大力扶持园区优质企业扩规裂变、发展壮大,中恒管桩二期、紫江产业园项目竣工投产;2023年新进规企业6家,工业园区有11家企业进入规模以上工业企业库。

不断完善排水、电力、天然气、供热、宽带等配套设施,完成东二支渠整治、工业园区污水管网建设项目,提升园区污水处理能力至2000吨。同时,利用线上媒体推介+线下组织招聘,累计为企业招工2000余人,确保武住电装、紫丹包装、真味食品等重点企业用工需求。

【乡村振兴】 投资1362万元新建花卉大棚6.33公顷,引进8户市场主体入驻,实现花卉满棚;投资1528万元完成农业产业强镇一期4个项目建设,并启动二期7个子项目建设;参与组建钟祥市花卉产业联盟;完成《钟祥市花卉休闲观光旅游集聚区》申报工作;农青园艺先后入选全省首批"万企兴万村"行动实验项目认定、省农业农村信息化基地典型案例、2022年湖北省花卉苗木产业十佳最有影响力龙头企业。7月19日,省委书记王蒙徽到柴湖调研,就柴湖花卉产业高质量发展提出了殷切期望。同时茂泰被评为国家农民合作社示范社;广悦家庭农场推介为2023年全省家庭农场典型;4家合作社、12个家庭农场评为2022年度钟祥市"百强农民合作社""百佳示范家庭农场"。

【企业安全】 按照"全覆盖、零容忍、严执法、重实效"要求,对企业、"九小场所"开展综合督查186次,专项检查36次,及时排查安全生产隐患。组织开展安全培训10余次,培训1200余人次,重点行业、重点

农青园艺　　　　(大柴湖开发区管委会　供图)

领域的隐患问题得到有效控制。

【年度荣誉】 全方位、立体式展示柴湖历史文化、经济发展、现代农业等情况，有20余篇新闻先后在新华社、《湖北日报》等中央、省级媒体报道。柴湖镇入选2023年湖北省乡村振兴示范乡镇，马南村、鱼池村被评为全省2022年度乡村振兴示范村；柴湖振兴发展入选荆门“40年 · 40人 · 40事”；移民文化研究会主编的《大柴湖记忆》被中国国家图书馆收藏；大柴湖移民纪念馆正式获批博物馆备案。

（鲁娅茜）

农业农村

综　述

【概况】　荆门市位于湖北中部，农业资源禀赋良好，辖沙洋县、钟祥市、京山市、东宝区、掇刀区、漳河新区、屈家岭管理区。全市下设2个乡、48个镇、11个街道，1342个村。拥有耕地面积49.55万公顷，总量位居全省第3，人均耕地面积全省第1。2023年农林牧渔业总产值551亿元，增速4.4%；农村常住居民人均可支配收入25772元，增速7.6%，总量居全省第3位。主要农产品产量居全省前列，粮食、油菜籽产量全省第3，生猪出栏全省第5，水产品产量全省第2。2023年，沙洋入选国家农产品质量安全县，钟祥入选国家水产健康养殖和生态养殖示范区，京山入选中国龟鳖产业十强县。

【"六个一"工程】　农业产业兴旺，大力实施一袋米、一壶油、一头猪、一只虾、一枝花、一棵菜农业产业"六个一"工程，积极培育"荆品名门"农产品区域公用品牌，成功创建2个国家级现代农业产业园、7个国家级农业产业强镇，被确定为国家现代农业示范区和国家农业科技园区。荆门市农业农村局被农业农村部评选表彰为2023年全国农业农村系统先进集体。

（市农业农村局）

乡村振兴

【概况】　农业生产克服春季干旱、华西秋雨等不利因素影响再获丰收，粮食产量293.49万吨，创近5年最高水平；油菜籽产量37.3万吨，再创历史新高；"菜篮子"产品全面增产。脱贫攻坚成果持续巩固拓展，守住不发生规模性返贫底线，2023年农村居民人均可支配收入25772元，增长7.6%，位居全省第三。农业产业聚链成群，新增国家现代农业产业园1个、国家农业产业强镇5个、省级"一村一品"示范村镇6个，钟祥市入选国家农业现代化示范区。乡村旅游稳步恢复，举办滑翔伞定点世界杯总决赛、环漳河自行车赛、湖北油菜花节、首届湖北花卉苗木交易会等重大活动，荆门市入选最佳运动休闲旅游目的地，钟祥市入选中国旅游百强县，京山县入选全国休闲农业重点县。

【乡村治理】　学习运用浙江"千万工程"经验，系统推进流域综合治理，开展农村环境突出问题整治攻坚，村庄"颜值"持续提升，创建中国美丽休闲乡村3个、全省乡村振兴示范村镇76个、市级美丽乡村示范村117个。乡村治理效能稳步提升，共同缔造理念深入人心，创建全国乡村治理示范村镇12个，荆门市获评全国市域社会治理现代化试点合格城市。

【基础设施建设】　县城建设步伐加快，服务水平持续提升，改造老旧小区178个，3所县级医院成功创建三级甲等医院或纳入三级综合医院管理。县域城乡加快融合，新改建农村公路991.95千米，新增省级"四好农村路"示范乡镇3个；更新改造农村供水管网1100千米，农村自来水普及率94%；建成县域教联体76个，覆盖71.96%义务教育学校；建成医共体4个，县域就诊率90%以上。

【精品培育】　打造"荆品名门"市级区域公用品牌，授权产品216个，品牌价值628.74亿元，成功申报"荆门油菜"农产品地理标志。"京山乌龟""京山鸡蛋"入选2023年全国农业品牌精品培育工程。"农谷壹号""荆花"高油酸菜籽油品牌入选"2023年湖北特色菜籽油品牌"推介名单。全市有效"两品一标"认证企业109家，认证产品203个，认证总面积达22.76万公顷，产量148.6万吨。

（市农业农村局）

·农产品品牌建设·

【高油酸油菜】　荆门油菜的种植历史悠久，距今有800多年历史。据《荆门市志》记载，1938年以前，全市油菜种植面积在0.3万公顷，品种多为白菜型和芥菜型，平均亩产54.5千克。1949—1962年，多为旱地撒播，每年种植0.2万—0.38万公顷，亩产8.5—27千克，总产量

3 月 17 日，荆门高油酸油菜产业对话院士专家

（市农产品区域公用品牌协会　供图）

36—140 万千克。20 世纪 90 年代，华中农业大学傅廷栋院士在国际上首先发现波里马油菜细胞质雄性不育，并被广泛应用于育种实践，先后育成甘蓝型油菜自交不亲和系及其优质高产杂交油菜。

荆门市连续多年承担农业部、湖北省油菜办、华中农业大学和中油所安排的油菜试验示范，2012 年 2 月，省市科协在荆门市成立了院士专家工作站，傅廷栋院士等专家学者在荆门市建立试验示范基地。2014 年，荆门市农技中心依托傅廷栋院士团队的科技优势，联合荆门民峰油脂有限责任公司将傅廷栋院士团队成员周永明教授最新选育的高油酸油菜品种引进到荆门进行产业化开发。经过示范推广，到 2023 年，荆门市油菜种植面积达 14.94 万公顷，其中高油酸油菜面积 3 万公顷；油菜籽总产量 37.28 万吨，其中高油酸油菜籽产量 6 万吨。高油酸油菜籽种植规模居全国首位，种植面积和产量逐年扩增。经农业农村部审定，"荆门油菜"被认定为国家农产品地理标识保护产品。

荆门市率先在全国生产出了油酸含量在 75.2% 的高油酸菜籽油，其特点是烟点高、油烟少，维生素 E 含量高、芥酸含量低。由荆门民峰油脂有限责任公司和湖北农谷品牌经营管理股份有限公司联合制定了全国首批高油酸菜籽油企业标准。

荆门依托"荆品名门"品牌、京东沙洋特色馆及抖音、腾讯视频等线上网络直播平台，全方位推广"农谷壹号""荆花"高油酸菜籽油。2023 年，"农谷壹号"和"荆花"两款高油酸菜籽油获得"荆楚好粮油"省级区域公共品牌推荐产品；"农谷壹号"高油酸菜籽油在第十九届中国国际粮油展获得产品金奖；荆品油脂公司在全国首届乡村振兴高峰论坛暨成果展获得"百家受邀单位"称号。

荆门市把"一壶油"工程作为破解农业产业发展困局的"金钥匙"，大力推进高油酸油菜规模化、标准化、品牌化建设，着力打造百亿级产业链，带动传统农业产业转型升级、"换道超车"。通过布局"油菜 + 旅游"融合发展，全价值链挖掘"油""菜""花""蜜""肥""饲"等油菜功能，拓展油菜"一菜多用"模式，不断提升价值链，推动了产业的高质量发展。荆门市"一壶油"工程油菜全产业链综合总产值达 62.9 亿元。

（市农产品区域公用品牌协会）

【荆门风干鸡】 荆门风干鸡，又名"刘皇叔婆子鸡"，已有 1800 多年历史，为荆门市沙洋县、东宝区、掇刀区一带的传统腌腊制品。相传三国时期，孙权为联合刘备拒曹，将妹妹孙尚香嫁给刘备，为方便行军携带，孙尚香发明了冬天腌制的风干鸡，备受刘备喜爱。荆门风干鸡表面呈酱黄色，气味醇香，肉质爽口，回味悠长，腌制方法在荆门地区流传至今，深受老百姓喜爱。2021 年 12 月，荆门风干鸡制作技艺纳入市级非物质文化遗产。

2023 年，荆门市政府印发《关于支持"一只鸡"产业高质量发展实施方案》，明确按照"产业集聚、功能集成、要素集约"的要求，着力延链、强链、补链，高起点、高标准、高水平打造集育种养殖、规模生产、科技创

孙尚香风干鸡　（湖北华醇食品有限公司　供图）

新、市场销售、体系建设、节会文化于一体的荆门“一只鸡”全产业链，树立荆门风干鸡在全国禽类风干食品产业中的引领地位、标杆地位、龙头地位。

截至年底，“一只鸡”产业取得阶段性发展。湖北神地公司投资建设荆门“黑羽绿壳蛋鸡”国家遗传资源保种场项目，总建筑面积18000平方米，新建10万套种鸡及配套系统。项目分两期投资建设，一期2023年9月竣工投产，二期工程规划2024年3月开工，项目建成投产后，将成为华中华南地区最大的地方特色鸡种鸡场。十里铺风干食品产业园正加快建设，项目达产后，可新增年产能3000万只，新增年产值10亿元。高标准打造荆门风干鸡文化品牌展示中心，华醇、味肴、德顺、荆溪渔源等10余家企业新建扩建厂房近4万平方米，增加生产线(设备)15条(组)，新增年产能1500万只，新增年产值5亿元。全市获证风干鸡生产企业23家，其中华醇食品、尚香食品2家产值超过6000万元，味肴食品、荆辉食品、昊琪食品、凤楚食品、德顺食品、荆溪渔源6家产值在2000万元以上，其他15家产值在1000万元以上。2023年，荆门风干鸡网络销售额超过8亿元。

(荆门风干鸡产业协会)

种植业

【概况】 全市粮食总播种面积46.92万公顷，比上年增加1673.33公顷，增长0.4%。全年粮食总产量293.49万吨，同比增加20万吨，增长1.4%，较全省平均增幅高0.1个百分点，完成省委下达目标任务，实现“三连增”。油料持续“优质化”。油菜籽面积14.95万公顷、总产量37.3万吨，增长8%，创历史最高水平。高油酸油菜种植面积领跑全国，6年累计订单生产面积8.33万公顷、总产量18万吨。蔬菜生产平稳增长，“菜篮子”保供有力。全年蔬菜播种面积、产量实现“双增”，累计播种面积5.53万公顷、产量200万吨，同比分别增长1.5%和1.2%。全市蔬菜保障供给充足，人均占有量646千克，高于全国平均水平90千克，蔬菜外销量超过60%。果茶产业蓬勃发展。全市水果面积1.85万公顷，产量43.07万吨，产值21.51亿元。茶园面积866.67公顷，产量268吨，产值1.2亿元。依托2023中国公路自行车公开赛暨2023环漳河自行车赛，组织开展全市农产品展示展销活动，打响“漳河柑橘”休闲游品牌，提升“一颗橘”产业的美誉度和知名度。围绕农业生产“提质、增效、增绿”，全省春季田管暨生猪生产现场会议、全省大豆玉米带状复合种植现场观摩暨技术培训班在荆门市召开，全省春季农业生产会议上荆门市作典型发言。钟祥市、沙洋县进入“全国超级产量大县”后备梯队，粮食产量冲刺100万吨。钟祥市被纳入部级大豆、玉米单产提升整建制推进县。

(市农业农村局)

畜牧业

【概况】 全市新增10万羽以上蛋鸡场10家，万头羊场2家。全市猪、禽、牛、羊出栏(笼)分别达390.45万头、4427.67万只、8.12万头、39.7万只，同比分别增4.1%、0.2%、5.5%、0.5%；肉类总产量38.42万吨，同比增长4.6%；禽蛋产量达14.43万吨，同比增长4.7%；畜牧业产值110.4亿元，增速4.6%。湖北华西牛育种科技有限公司获得农业农村部国家肉牛核心育种场认定。湖北龙王国家生猪核心育种场、汉江牛业国家肉牛核心育种场通过农业农村部资格复核。汉江牛业种牛胚胎生产能力达2000枚。东宝黑头羊高效繁育技术获得省乡村振兴实用技术大赛一等奖。

【产业链建设】 推进“一头猪”工程建设。成立荆门市生猪产业联盟，创建3个省级生猪产业化联合体，新增省级农业产业化龙头企业1家。培育地方猪肉品牌，举办了阳春蟠龙菜美食节，钟祥蟠龙菜登上高铁春运餐桌，湖北润物登上北京地铁1号线，钟祥蟠龙菜品牌影响力进一步扩大。全省生猪产业链综合产值达165.4亿元，其中猪肉加工产值22.2亿元，增长18.3%。牛羊产业链加快延伸。组建荆门市牛羊产业联盟，完成(肉牛)国家农业产业强镇、东宝区肉羊增量提质、掇刀区粮改饲项目。家禽产业链提档升级，全年争取湖北禽蛋产业集群、省十大农业重点产业链、“一头猪”工程奖补等项目资金4150万元，支持产业链项目建设。挖掘推广沙洋县十里铺第三方社会服务组织收运还田的典型案例。完成2281家规模养殖场畜禽粪污资源化利用跟踪监测。推进规模以下养殖户粪污治理，制定《畜禽养殖专业户、散养户养殖污染防治技术指南》规范规下养殖户畜禽粪污处理设施建设。总结推广钟祥沃凯克畜禽粪污资源化利用集成技术、沙洋翠彩“猪沼茶”等5种种养循环典型技术模式。湖北钟祥猪场条垛式堆肥与黑膜池厌氧发酵案例入选农业农村部推荐的畜禽粪污资源化利用十大典型案例。全市粪污资源化利用率达93.88%。按照“外防输入、内防扩散”防控的原则，持之以恒推进非洲猪瘟等动物疫病常态化防控措施，严格落实非洲猪瘟防控工作十条。畜禽集中免疫密度达99%以上，做到应免尽免、不留空档，畜禽抗体免疫合格率常年保持在80%以上。严格按照农产品质量安全“四个最严”工作要求，不断强化“源头治理、全程管控、风险监测”持续筑牢畜产品质量安全防线。2023年6月，湖北神地科贸有限公司被确认为杭州亚运会禽蛋生产供应基地。沙洋、钟祥牧原公司纳入粤港澳大湾区“菜篮子”农产品供货企业。

（市农业农村局）

水产业

【概况】 全市完成水产放养面积14.67万公顷，同比增长2.08%，完成水产品产量52.3万吨，同比增长5.8%，实现产值136亿元，同比增长8.8%。

【“一只虾”工程】 组建产业联盟，推进“一只虾”工程。组织养殖大户、加工、流通企业组建小龙虾产业联盟，有效解决了产业联盟运行和产业发展中的共性问题。举办荆门小龙虾旅游美食文化节，现场签订3个投资合作协议。建成荆门小龙虾良种选育繁育中心，开展集荆门漳河、江苏盱眙等4个水系小龙虾良种选育工作。在全市建立30个“一只虾”工程养殖技术示范基地。省级以上财政支持的荆门亿杰、湖北钟氏、湖北兴祥5个小龙虾提档升级项目完成建设并投产。小龙虾综合产值达106亿元，有效提升了小龙虾产业综合实力和社会影响力。

【渔业转型升级】 有效应对江河湖库禁捕和养殖面积萎缩给水产品供给带来的压力，推进渔业转型升级。与华中农业大学等科研机构合作，建立了设施渔业成果转化专家团队。在各县市区分别建立陆基圆桶、池塘圈养、工厂化养殖等多种模式的示范样板基地10个，有效解决养殖户在发展设施渔业中的技术、资金难题。全市共建成设施渔业基地142个，面积86万平方米，预计可增加水产品产量2.2万吨。京山市被评为“中国龟鳖产业十强县市”，钟祥市被评为国家级水产健康养殖和生态养殖示范区。对接华中农业大学、长江水生生物研究所等科研院所，建立小龙虾苗种繁育选育专家团队。承担国家大宗淡水鱼产业技术体系武汉综合试验站示范建设任务，组织承办国家大宗淡水鱼产业技术体系武汉综合试验工作推进会。通过与科技院所合作，全市建成小龙虾苗种繁育科技基地1处，引进中科3号鲫鱼、华海1号团头鲂等新品种5个。全市水产品加工企业达18家，年加工能力25.9万吨，完成水产品加工11.3万吨，实现产值27亿元。充分发挥3个国家级休闲渔业基地作用，在全市建成各类休闲渔业场所300余家，完成休闲渔业产值7.26亿元。打造东宝聚四海、沙洋官当等7个水产品批发市场，完成水产品销售28万吨。全市渔业二、三产业综合产值达276亿元。开展渔业增殖放流活动，共在各天然水域增殖放流各类优质鱼苗500万尾，启动漳河库区养殖鱼塘巡查工作，对7处违规养殖设施进行依法拆除。在规模养殖基地新建尾水治理工程3处，解决1533.33公顷养殖尾水达标排放问题。全市未发生安全生产责任事故，水产品质量安全抽检合格率均在98%以上。

（市农业农村局）

林　业

【国土绿化】 2023年，完成营造林3513.33公顷，其中，沙洋县完成166.67公顷，钟祥市完成1600公顷，京山市完成1100公顷，东宝区完成493.33公顷，掇刀区完成80公顷，屈家岭管理区完成6.67公顷。完成退化林修复673.33公顷，其中，市直林场完成26.67公顷，钟祥市完成333.33公顷，东宝区完成266.67公顷，漳河新区完成46.67公顷。

组织创建一批生态宜居、各具特色的森林城镇和森林乡村，京山市三阳镇、沙洋县十里铺镇、钟祥市长寿镇3个镇获得湖北省森林城镇称号。17个村获得湖北省森林乡村称号，分别是京山市（4个）雁门口镇雷头山村、孙桥镇青树岭村、永兴街道观音村、杨集镇三泉村；钟祥市（5个）胡集镇罗山村、双河镇官冲村、长滩镇季河村、九里回族乡王岭村、张集镇杨畈村；沙洋县（3个）曾集镇雷都村、五里铺镇陈池村、纪山镇岳山村；东宝区（2个）子陵铺镇八角村、子陵铺镇万家坪村；掇刀区（1个）团林铺镇张场村；漳河新区（2个）漳河镇香山村、雄峰村。

全年全市全民义务植树共栽植397.44万株，参与植树人数110.47万人，尽责率83%。全市组织开展多种形式全民义务植树活动，其中，市“四大家”领导及市直各部门、单位1100人开展中心城区集中义务植树活动；团市委、市义工联、社会团体、市民开展2023年市民义务植树、《荆门晚报》第十五届读者林、青年林等义务植树活动。

【有害生物防治】 完成全市森林、草原、湿地生态系统外来入侵物种普查工作，提出总体防控策略；扎实开展松材线虫病防治，将松材线虫病防治工作纳入林长制重点工作、全市四级林长巡林督查和局重点工作清单，每两月进行一次联合督办检查；高质量完成4个省级松材线虫病一体化治理试点项目，建设成效得到省林业局高度认可，建设模式被予以推介；全年落实松材线虫病防治资金1031万元，清理病枯死松树25万株，飞防松材线虫病媒介昆虫14666.67公顷，在重要生态区位开展打孔注药防治松树2万余株；全市悬挂横幅、张贴标语400多条，发放宣传资料1万余份，组织现场培训，培训人员350人次，重点培训学习《松材线虫病防治技术方案》（2022年版）等内容；2023年秋普查全市松材线虫病疫情发生面积6893.33公顷，较2022年下降4.34%，实现无疫情小班23个。

【森林资源管理】 落实森林资源管控制度。执行凭证采伐制度、采伐限额管理制度和采伐技术规程。“十四五”期间省林业局下达荆门市全年采伐限额68.185万立方米,截至2023年实际采伐林木蓄积量40.56万立方米,占总限额59.5%,采伐迹地更新造林监管力度进一步加强。严格遵守使用林地限额管理制度,优先保障重点项目、民生工程和基础设施建设项目的使用林地定额。全年办理永久征占用林地354宗700.56公顷,以市政府名义向省林业局申请追加建设项目376宗使用林地定额768.51公顷。

严厉惩戒破坏森林资源行为。开展森林督查整改销号,2023年下达荆门市疑似违法图斑4164个。截至年底,核实违法图斑261个,查处176个,查处率80%,查处率高于全省平均水平。启动打击毁林专项行动,共发现违法毁林案件195起,完成查处178起(行政案件160起,刑事移交18起),查处完成率91.3%,整改恢复植被面积18.63公顷,补种林木68516株,收缴罚款230.08万元,有效遏制林地流失,保障森林资源安全。联合公安、市场监管、农业农村等部门开展“清风行动”“网监行动”,共出动执法车辆1045车次,执法人员3686人次,监督检查场所7495处;查办野生动物案件39起,其中刑事案件29起。

【野生动植物管理】 开展新森林法、野生动物保护法等新修订法律法规宣传,以“世界野生动植物日”“爱鸟周”“国际生物多样性日”“野生动物保护宣传月”“古树名木保护科普宣传周”等活动为契机,通过发放资料、拉横幅、竖展板等多种形式,提升公众保护野生动植物的意识。开展野生动物疫源疫病监测,建设标准化监测点,开展常态化巡查监测,及时报告监测情况,并开展越冬水鸟、秋季迁徙水鸟同步调查,全市记录到水鸟87种,种群数量22137只。完成2023年度森林抚育计划任务1760公顷,下达资金835万元。开展生态公益林核查,督促相关单位在资金兑现、宣传牌信息不完整、护林员日志不全等方面进行整改完善。对全市一级保护古树的生长势、管理措施、影响因素等情况开展全面体检工作,并根据对全市古树资源及现状全面摸底调查,争取中央财政林业生态保护恢复资金36万元,完成钟祥、东宝12株一级保护古树抢救复壮。建立珍稀濒危野生植物原生境保护点,争取中央财政林业生态保护资金120万元,在钟祥市大口林场、鸡鸣寺林场建立对节白蜡极小种群原生境保护点,进一步完善全市珍稀濒危野生植物就地保护体系。

【森林防火】 压实森林防火责任。将森林防火纳入“四级”林长履职、县市区林长制督查考核、市政府重点工作调度内容,组织协调全市2550名“四级”林长巡林督导9197次、3338名专(兼)职护林员常态巡护、25个部门合力共为,持续压实全市林区山头、坟头、特殊人群的森林防火包保责任。加强防火宣传教育。全市全年投入森林防火宣传牌建设、短信宣传、宣传片制作119.7万元,发送森林防火短信823万条,竖立森林防火固定宣传牌214块,制作发布森林防火宣传片、短视频16个。强化防火队伍建设。立足全市12支半专业森林消防队伍和3处营房,以及169人森林消防队员,坚持常态化开展森林防火专业培训和实战演练,提升全市森林火灾扑救能力。在2023年全省森林防火竞赛演练中获得团体三等奖,1名队员获得个人二等奖。结合冬季火灾“百日会战”行动,组织各地对国有林场、城市面山、村林密接、景区景点等高危部位,突出林边、坟边、屋边、田边、路边、高压线下“五边一下”重点点位,在职责范围内全面推进森林火灾隐患排查整治和查处违规用火行为专项行动。截至年底,共发现六类森林火灾隐患,隐患点252处,整改隐患252处。

加快推进“三防”建设。在人防方面,漳河新区提高护林员工资待遇,增强其工作积极性;沙洋、掇刀区争取光伏公益性护林员岗位45个,实现专职护林员零的突破;京山争取乡村振兴局支持,解决光伏公益性岗位护林员53个,专职护林员总数增长53%。在技防方面,市十里牌、彭场林场新建“天空地人”四位一体森林防火视频监控系统,5个国有林场(京山虎爪山、观音岩林场,钟祥市大口、鸡鸣山林场和屈家岭白龙山林场)森林防火视频监控系统纳入省林业局统筹建设范围,荆门市级森林防火指挥平台项目纳入智慧城市建设内容,漳河新区自筹资金按片区启动三个森林防火瞭望塔建设。在物防方面,在省林业局、发改委的支持下,荆门市森林火灾高风险区综合治理项目纳入中央投资范围,到位资金800万元;积极争取增发国债项目1.7亿元,其中申报森林防火应急道路建设项目227.29千米(项目投资8847.58万元),生物防火阻隔带建设项目881.13千米(项目投资8159.85万元)。钟祥市纳入全省生物防火隔离带建设试点范围,钟祥、京山启动大洪山区域森林防火林相综合改造项目申报工作。各地积极争取政府支持,共落实森林防火物资配置资金620余万元。推进森林火灾源头治理,京山、东宝、掇刀等地探索开展林区公益性公墓试点建设。

【林业产业发展】 电子商务、森林康养等新业态快速发展,产业质量和效益稳步提升。全市林业总产值预计达450亿元,比上年增长8.5%。全市有45家省级林业重点龙头企业,龙头企业总数位居全省第三。陆续举办湖北省油菜花节、第四届钟祥万紫千红郁金香文化旅游节、第四届京山潼泉湖杜鹃花节、屈家岭Tao文化节等16个“花开荆门”特色赏花节会,将春游赏花与民俗非遗、游乐采摘、房车露营、农耕体验等深度融合，推出12条精品赏花线路，打造赏花点近百个，全市吸引赏花游客800万人次，实现旅游收入60亿元以上。各产业大户、花卉基地、旅游景区近千个直播团队通过网络直播带货、电商平台等推进网上销售，直接服务对象约40万人，直接销售收入约1亿元。积极推进“一枝花”工程建设，重点推进沙洋苗圃示范园、岳飞城、京山对节白蜡小镇等30个项目建设；成立湖北省荆门市“一枝花”产业联盟，会议选举产生荆门市“一枝花”产业联盟第一届理事会理事长、副理事长、秘书长；与市委组织部联合举办全市乡村党员园艺师培训；成功举办首届湖北（荆门·沙洋）花卉苗木交易会暨林业产品交易会。稳步推进油茶产业发展，新种植油茶完成1993.33公顷，占任务1666.67公顷的119.6%，低产林改造完成800公顷，占任务1066.67公顷的75%。

（市自然资源局）

农业机械化

【概况】 2023年，全市农机总动力达525万千瓦，主要农作物耕种收综合机械化水平达83.7%。成功承办全国粮食机收减损大比武、全省粮食烘干能力建设培训、中部5省智能农机田间作业邀请赛、“宜荆荆都市圈”乡村振兴“北斗+农机”实用技术推广现场会、2023年“湖北工匠杯”技能大赛等6个部省级活动。获“全国农机科普工作优秀集体”称号。《北斗应用为行业赋能》等10余项工作被《人民日报》、央视等权威媒体报道。粮油安全保障能力再创新高，水稻、小麦、油菜、玉米综合机械化水平达92%、89%、82%、65%以上；组织2000余台次机械开展跨区作业。水稻、小麦机收损失率降低0.3%以上，推广油菜机械分段收获1333.33公顷。率先在全省试点开展烘干信息化应用，累计建有烘干中心255个，批处理能力达3.6万吨，全年烘干粮油60多万吨，助农增收超6000万元。科技创新水平全面提升，制发《全市农机科技重点试验示范项目实施方案》，开展水稻机插秧配套基质片育秧等近20项新技术新机具的试验示范，其中4项新技术实现零的突破。北斗应用水平大幅提升，全市北斗终端累计达7600余台，覆盖耕种收管烘等全环节，应用面积达128.07万公顷次。新增部省级典型案例6家，累计达13家。组织农机手参加国家级省级技能比武，获得优异成绩。应急功能逐渐增强，制订《荆门市农机防灾减灾应急作业工作预案》。新建应急救援区域中心（网点）100多个。组建农机技术指导队和作业应急服务队35支。组织近3万台收割机、烘干机开展抢收抢烘。组织近300台机械驰援河南抢收小麦13333.33公顷，挽回经济损失1.2亿元。装备产业提档升级，开展全市农机装备制造产业专题调研。争取省级补短板、科技创新项目资金700余万元，支持京山三雷、湖北豪丰、洋丰科阳、屈家岭、钟祥智田项目建设和产品应用。组织本地农机制造企业参加国际农业机械展览会、荆门市“农民丰收节”等活动。

【农机购置与应用补贴政策】 市场主体更富活力，实施购机及应用补贴等政策项目资金4122万元，补贴农机具11935台（套），报废更新联合收割机、拖拉机418台（套）。

（市农业农村局）

农业综合开发

【概况】 2023年，高标准农田建设工作成效显著，在全省高标准农田建设综合评价考核中被省政府通报表彰，荆门市位居市州第三，沙洋县位居县市区第二，获奖励资金500万元。完成2.5万公顷高标准农田项目建设任务。依托“全国农田建设监测监管平台”，常态化开展项目管理、工程进展调度、统计调查等数据填报工作，大力推行农田建设日常管理的网络化、信息化。组织农田水利工程、财务、审计等方面专家完成全市2020年度28个高标准农田项目市级竣工验收；完成2021年度29个高标准农田项目设计变更评审、批复、验收；完成2022年度25个高标准农田项目建设；完成2023年度27个高标准农田项目的初步设计评审、批复。加强高标准农田建设项目工程质量监管，通过招投标，确定第三方专业机构，对全市2022年度高标准农田建设项目进行质量飞检。推进第三次土壤普查年度任务，指导各县（市、区）三普办严格按照第三次全国土壤普查技术规程规范要求，坚持“六结合”“六统一”技术路线，落实全程质量控制措施，加快推进外业调查采样和内业测试化验。全市完成2300个表层外业调查采样点位，超额完成省下达的1800个表层外业调查采样任务。

【高标准农田建设工程质量专项整治百日行动】 3月下旬至6月底，在全市开展高标准农田建设工程质量专项整治百日行动，着重从水利设施质量、田间道路质量、电力设施质量、土地平整质量、项目监理质量等五个方面，对2019年以来立项的107个高标准农田项目进行摸排，其中52个项目存在灌排沟渠跑冒滴漏、淤塞，农涵、农桥等建筑物损坏问题，全部完成整改。

（市农业农村局）

农村经营管理

【概况】 2023年，全市在市场监督管理部门登记注册的农民合作社和家庭农场分别为 7912 家、6042 家，同比增长 4.48%、17.34%。其中，国家级、省级、市级示范社分别为 33 家、105 家、660 家；省级、市级示范家庭农场分别为 126 家、344 家。组织开展国家级示范社和省级示范家庭农场的监测、递补、评定申报工作，成功申报省级示范家庭农场 19 家。完成 2022 年度荆门市家庭农场贷款贴息自评报告和自评表，家庭农场贷款贴息项目资金拨付率 100%。开展 2022 年度农民合作社、家庭农场贷款贴息线上线下申报、审核工作，全年全市贷款贴息合作社 103 家，家庭农场 372 家，合计核准贴息金额 770 万元，同比新增 6.9%。对国家级示范称号奖励 20 万元，对省级示范合作社奖励 10 万元、省级示范家庭农场奖励 10 万元，对当年新认定的十佳合作社和十佳家庭农场一次性给予 5 万元奖励。积极对接财政部门兑现新型农业经营主体免申即享“认定类”政策，其中，国家级示范社 6 家、省级示范农民合作社 19 家、家庭农场 28 家、市级十佳合作社和十佳家庭农场 20 家。全市农业适度规模经营提质增效，探索实施沙洋“按户连片耕种”模式、公安“三块田”模式、村股份经济合作社运作模式等解决土地“细碎化”问题，促进土地流转和适度规模经营。“县有交易中心、乡有服务站、村有信息员、省市县乡联网”的农村产权流转交易市场全面建立，引导土地经营权进场公开交易，向新型农业经营主体流转集聚。全市土地经营权流转总面积 18.42 万公顷、占家庭承包耕地的 57.89%，同比增长 17.29%。其中 2 公顷以上规模经营面积 13.32 万公顷，占流转总面积的 72%。自村级债务化解工作启动以来，全市共化解村级债务目标 15.48 亿元，化解率 100%。继续在全市推行村民委员会和股份经济合作社事务分离、账户分设、资产分管、核算分离工作。自 2023 年推荐沙洋县将“村集体经济组织与村民委员会账务分设”纳入农业农村部政改司农村集体产权制度改革试点以来，全市累计完成农村“政经分离”改革村数 405 个，相对上年新增 267 个，其中沙洋县 254 个村全覆盖完成农村“政经分离”改革。认真开展村股份经济合作社承接政策性项目和村社对接试点工作，全市村股份经济合作社承接政策性项目 65 个，涉及产业发展项目、基础设施项目、农业社会化服务项目等，盈利 117.19 万元。村股份经济合作社采取资金入股、资产入股、土地流转和资产租赁方式，开展村企、村社对接 66 个，实现集体年增收 411.91 万元。全市清廉村居建设巩固深化，年度 75% 建设覆盖率目标如期完成。漳河新区和屈家岭管理区建设覆盖率达 100%。认真落实“5115”典型培育工程，全市共建设 15 个省级典型村，培育 39 个市级示范村。全面推行村级“小微权力”清单，梳理履职清单 6 大类 32 项，让村干部看图办事、照章履责、规范用权。

（市农业农村局）

农业综合执法

【概况】 组织开展农业执法行动 518 次，联合执法行动 35 次，出动执法车辆 345 辆次，船艇 52 台次，出动执法人员 2450 人次，立案查处违法案件 21 起（其中种植业 6 起，渔业 2 起，畜牧 5 起，农机 6 起，宅基地 2 起），结案 19 起，受理各类投诉举报纠纷 54 件，全部调处到位。规范农资市场秩序，检查农资生产企业、经营门店、仓库 780 余处次，核查种子农药肥料标签近 1600 多个（套），下达责令改正、预警通知 51 份，发放宣传资料 1380 份，发放农资购销台账 463 本。

【专项整治行动】 开展重点水域禁捕退捕专项整治行动。协同公安、市场监管等部门力量，组织沿汉江及重点水域的一市一县一区共同开展 6 大类专项执法行动，坚持源头打、水上查、岸上管，规范垂钓管理、强化渔具市场监管，强化水生野生动物栖息地、特许利用监管，整治“三无”船舶、整治违规网具，严打电鱼活动，规范水产养殖用投入品使用，加强渔业安全生产源头治理。水上巡查 204 海里，陆上巡查里程 4050 千米。开展打击生猪私屠滥宰“百日整治”专项行动。紧盯城乡接合部、活禽私屠滥宰易发地等重点区域的监管，强化与公安、县区畜牧兽医发展中心等部门配合，开展两节期间“零点行动”，对中心城区畜禽定点屠宰场进行拉网式排查。开展农村宅基地专项整治，强化日常巡查检查工作，遏制新增违建。出台《荆门市农村宅基地和农房建设审批管理暂行办法》，明确规定了第一时间发现、第一时间制止、第一时间报告、第一时间拆除、第一时间处理的“五个第一时间”工作要求。开展农机隐患排查专项整治行动，全年发放《荆门农机安全明白卡》《农机安全生产提醒函》《农机安全手册》和印有农机安全宣传标语的手册 3000 份，举办农机“3·15”消费者权益日、“安全生产月”各类专题宣传活动。利用手机短信、村民微信群等平台发送农机事故案例和农机安全警示提醒，增强农机驾驶操作人员安全意识。做好农机普法基地建设，全年新建 5 个农机普法教育基地，开班 20 期，培训农机手 1000 余人。

（市农业农村局）

水　　利

综　述

【概况】 荆门市地处汉江洪水走廊和四湖上区，境内有汉江、漳河、长湖、府澴河四大水系。流域面积50平方千米以上河流93条，纳入省保护名录的湖泊46个，堤防、水库、泵站、涵闸等水利工程设施13万多处。市境汉江河道长154千米，汉江三级以上堤防18条长361千米。水库756座（大型7座、中型31座、小型718座），水闸797座、泵站741座、塘堰12.6万处、河坝32处、667公顷以上灌区59处。境内有省调度的分蓄洪区16个（汉江12个、长湖4个）。总蓄引提水能力53亿立方米，有效灌溉面积2.08万公顷，旱涝保收面积1.64万公顷，初步形成防洪、排涝、抗旱三大工程体系，是一个工程类型齐全的水利大市。由于荆门市处于江汉平原向鄂北岗地过渡带，又位于南北气流交汇带，气象灾害种类多、突发性强、成灾快，水旱灾害防御工作有较大压力。

【水利建设】 坚持流域"一盘棋"，以流域综合治理底图擘画水网建设蓝图，精准对标"省级水网先导区"建设要求，统筹谋划市、县两级现代水网，《荆门市现代水网建设规划》成为全省首个通过审查的市州水网规划并经市政府批复进入实施阶段，7个县级水网规划编制完成正按程序报批。荆门市在全省水利规划计划工作会上交流发言。坚持"投资为上"，全年争取水利投资计划25亿元，水利筹资渠道逐步拓展，金融信贷投入水利份额越来越大。坚持"项目为王"，完成郑家湾泵站、三干渠、新城等3个灌区续建配套与现代化改造和竹皮河、西荆河、大富水等3条中小河流治理年度任务；汉江堤防加固三期和温峡口、惠亭等2座大型及20座小型病险水库除险加固主体工程完工；沙洋丰收二泵站、钟祥唐滩泵站建设按时序推进；京山水美乡村试点项目通过财政部、水利部终期评估；83平方千米水土流失治理和钟祥康桥河山洪沟治理项目完工。全力谋划争取国债资金21.76亿元，占全市万亿国债争取总额的70%，一批水库除险加固、河道治理、灌区建设等事关防洪安全和粮食安全的补短板项目纳入国债支持范围。

【水利管理】 落实水资源管理制度，深入推进国家节水行动，开展取用水管理专项整治，钟祥市石门水库管理处等15家单位被评为省级公共机构节水型单位，葛洲坝荆门水泥有限公司等3家企业被评为省级节水型企业，掇刀区名泉小学等4家单位被评为省级节水标杆，掇刀区典型地区再生水利用综合试点推进有序，荆门市在全省率先全域创成国家级节水型达标社会。认真开展水利工程建设领域突出问题专项整治，围绕项目决策、招标投标、施工监管、资金使用、工程质量等，对2020年以来的水利项目全面排查，发现的141个问题全部整改，得到省纪委肯定。综合打好水利安全生产领域问题线索排查、汉江荆门段非法采砂问题整治、突出生态环境涉水问题集中攻坚、河湖安全保护专项执法等"组合拳"，水事秩序持续向好，安全形势稳定向上，工程质量大幅提升，水利建设质量工作在全省考核中被评为A级，钟祥皇庄电排站改扩建工程获中国水利工程优质（大禹）奖，鲍河水电站获评全国绿色小水电示范电站。持续推进农业水价综合改革和水库管理体制创新，完成3.89万公顷农业水价改革，沙洋县、钟祥市创成深化小型水库管理体制改革省级样板县，安洼、潘集、龙峪湖、峡卡河、仙居河、岩垱等6座中型水库通过省级标准化管理水库工程认定。扎实推进水利法治建设，配合市人大常委会将3月22日设为"漳河（母亲河）保护日"，出台《荆门市长湖保护条例》，与市人民检察院组建荆门市水行政执法与检察公益诉讼协作办公室，联合公安、交通等部门开展河道采砂联合执法，持续提升水行政执法质效。大力开展水利科技创新，建成智慧水利市局指挥调度中心，完成防汛抗旱、水资源利用、汉江堤防信息化综合应用系统开发，京山市22座小型水库安全监测能力提升试点建设任务完成，509座小型水库雨水情测报、275座小型水库大坝安监设施建设推进有序。

【河湖长制】 执行河湖长动态补

位、定期培训、总河湖长和联系单位述职制度,持续完善河湖长体系,织密河湖监管网络。2023 年出台市河湖长 6 号令,在全域开展碧水保卫战"幸福河湖共同缔造行动",1959 个河湖遥感疑似问题图斑和华南局反馈的 9 个湖泊问题复核整改完成。出台《荆门市湖泊综合治理三年行动方案(2023—2025 年)》,优化调整南湖清淤及综合治理方案并获省水利厅批复;实施南湖宫塘片外源污染控制及清淤工程,退还湖泊 1.2 平方千米。落实生态基流泄放 1.5 亿立方米,对 110 个跨乡镇河流水质断面进行监测考核,完善 31 条(个)市级重点河湖库渠 46 处监测断面,每月督办提醒水质下降和不达标段面的河湖长跟踪整改,以"小单元"守住"大流域"。全面启动 48 个重点河湖健康评价,漳河、莫愁湖、潘集湖水库、九渡港河、京山河等 5 个河湖成功申报全省幸福河湖建设典型案例,京山河纳入全国 2023—2025 年母亲河复苏名录。东宝区"推进水系整治建设水美乡村"入选全省推行河湖长制工作十大典型案例。

【水旱灾害防御】 2023 年,极端天气频发,全市旱汛交织叠加,水安全保障面临严峻考验。汛期多次对超汛限水库、山洪易发点、河道险工段、"头顶塘"等高危点的安全度汛措施开展督导检查,及时发布山洪预警信息,科学调度水利工程,严格落实防汛救灾预警叫应"十条措施",有效应对 15 轮强降雨。坚持防汛抗旱两手抓。针对近十年最严重的伏秋冬春连旱导致的底水不足,密切跟踪水情、墒情、农情、旱情,通过提水补库、引水灌塘、打井增水等措施蓄水保水,在 6—7 月洪旱交接时段,抢抓强降雨新增蓄水近 2 亿立方米;综合利用水利工程"蓄、提、引、放",累计农业供水 5.46 亿立方米,灌溉农田 37.45 万公顷次,确保了粮食稳产增收。面对中秋、国庆期间来势迅猛的汉江秋汛,市汉江河道堤防管理处全员上堤,24 小时不间断巡查布防,市、县两级水利部门组建 12 个防汛抢险技术专班,分片包干驻守历史险工险段、重点闸(站)、在建水利工程等重点部位坐哨监测,实时跟踪上游降雨及洪水汇流情况。市领导轮流坐镇市防办值守调度,每日滚动会商,及时启动应急响应,转移围垸群众,成功防御 1984 年以来皇庄站最高水位的汉江秋汛,经受住了 2023 年汛旱交织的重大考验,人民群众生命财产安全得到保障,全市社会生产生活安全稳定有序。

【水库移民】 全年争取移民后扶资金 4 亿元,实施项目 739 个,10 个移民美丽家园通过省级示范验收,获奖补资金 3000 万元;科学编制移民产业发展规划,钟祥作为全省 5 个县市之一,获移民优势特色产业项目扶持资金 2000 万元;沙洋三峡土家族村移民美丽家园共同缔造工作获省委书记王蒙徽肯定。

(市水利湖泊局)

水利建设

【项目资金争取】 2023 年,累计争取各类水利项目资金 25.12 亿元。其中中央、省投资计划资金 16.6 亿元,其中,碾盘山水利水电枢纽工程 3 亿元,大型灌区现代化改造 2.3 亿元,荆门汉江堤防加固三期工程 2.15 亿元,中型灌区续建配套及节水改造 0.61 亿元,大、中、小型病险水库除险加固 2.78 亿元,中小河流治理工程 0.56 亿元,重点排涝泵站建设 0.43 亿元,水资源保护项目 0.25 亿元,水土保持小流域综合治理 0.12 亿元,安全饮水巩固提升工程 0.09 亿元,其他小型水利项目 0.86 亿元,移民后期扶持资金 3.45 亿元;争取农发行水利建设贷款投资 8.52 亿元。

【水利国债】 积极抢抓增发万亿国债政策机遇,围绕重点支持领域加紧组织项目申报。2023—2024 年下达全市国债资金 21.76 亿元、45 个项目,按项目类别分为病险水库除险加固项目 23 个,争取国债资金 9.79 亿元,包括建泉、乐山坡等中、小型病险水库除险加固项目;病险水闸除险加固项目 6 个,争取国债资金 0.82 亿元,包括马良水闸等病险水闸除险加固项目;中小河流治理项目 2 个,争取国债资金 0.84 亿元,包括荆门市浰河、钟祥市溦河治理工程;重点区域排涝能力建设项目 1 个,争取国债资金 1.77 亿元,包括四湖流域骨干河渠堤防加固工程(荆门部分);灌区改造项目 7 个,争取国债资金 7.99 亿元,包括惠亭等大、中型灌区续建配套与节水改造工程;山洪沟治理工程 6 个,争取国债资金 0.56 亿元,包括东宝区钱河竹马沟段等山洪沟治理工程。

【灌区续建配套与节水改造】 实施漳河三干渠灌区续建配套与现代化改造工程,项目年度投资 9000 万元,完成建设内容包括渠道防渗衬砌 13.06 千米、渠坡整治 9930 米、渠系建筑物维修改造 110 座、运维道路 15.4 千米、安全防护 6.2 千米、量测水 17 处、视频监测 34 处、闸门自控 55 处。实施郑家湾泵站灌区续建配套与节水改造工程,项目年度投资 3242 万元,完成建设内容包括渠道衬砌 4 条,衬砌总长度 7.17 千米,渠系配套建筑物 55 座。实施新城灌区续建配套与节水改造项目,项目年度投资 1227 万元,完成建设内容包括渠道衬砌 1 条,衬砌总长度 1.1 千米,渠系配套建筑物 7 座。

【农村饮水安全巩固提升工程】 提请市政府办公室印发《荆门市农村供水保障三年行动方案(2023—2025 年)》,推进规模化集中供水和城镇管网延伸工程建设,进一步完善配套农村饮水工程水质净化消毒设施设备,促进水质达标和提高水质合格率。全年完工农村供水保障项目34个，累计完成管网更新改造1100千米，更换净化消毒设施4处，新建蓄水池3处，提升农村居民饮用水标准42.6万人，农村自来水普及率达94%以上。按照“规模化发展、专业化管理、企业化运营”要求，各地依托城投公司或水务集团，分别组建县级农村供水公司，推行农村供水县域统一管理、统一运行、统一维护。

【中小河流项目建设】 2023年，省下达荆门市中央财政水利发展资金4574万元，用于荆门市竹皮河中小河流治理，共下达治理河长40.4千米，全部完成，完成率100%。省级财政下达资金1000万元，用于钟祥市浰河流域联合四大沟和南泉西大沟系统治理工程，共下达治理河长24.81千米，全部完成，完成率100%。

【堤防除险加固】 完成汉江堤防加固三期堤防整险加固63.25千米总建设任务，其中皇庄堤24.16千米、文集堤28.6千米、石牌堤10.49千米。

【碾盘山水利水电枢纽】 碾盘山水利水电枢纽工程是国务院批复的《长江流域综合规划》汉江梯级开发的重要组成部分，是国务院确定纳入“十三五”规划的172项节水供水重大水利工程之一，也是2020年至2022年重点推进的150项重大水利工程之一。工程位于钟祥市境内，项目任务以发电、航运为主，兼顾灌溉、供水，为南水北调中线一期引江济汉工程提供良性运行条件。碾盘山枢纽为大(Ⅱ)型水利水电枢纽工程，水库正常蓄水位50.72米，设计洪水位50.72米，总库容8.77亿立方米。电站总装机容量180兆瓦，多年平均发电量6.16亿千瓦时。灌溉面积30860公顷，年供水量约1亿立方米。计划总工期52个月，概算总投资66.36亿元。自2023年6月26日以来，4台机组相继投产运行，累计发电量突破3亿千瓦时。

【水系连通及水美乡村建设】 京山市作为全省唯一的2021—2022年水系连通及水美乡村建设试点县，以“以水入画·点水成金”为主题，努力打造“河畅水清、岸绿景美、功能健全、人水和谐”的美丽河道，建设“水域安全达标、河流干净整洁、巡查管护到位、人水和谐宜居”的水美乡村。项目概算总投资4.8亿元，其中中央水利投资1.2亿元、地方配套资金及配套项目2.4亿元、整合项目资金1.2亿元。京山水美乡村试点县主要围绕京山河、毛桥河、西河、东河，治理河道92千米，打造景观人文节点18处，带动全区农业、旅游业综合年收入增加3600万元。项目于2021年底开工，2022年底完工，并于2023年3月28日通过财政部、水利部评估。

【小流域综合治理】 2023年，荆门市牌楼镇西河小流域被确定为全省5个小流域综合治理试点之一，在中山大学李郇教授团队的指导和市、区两级共同努力下，编制完成了水源保障与水利专项规划，明确以构建生态河道、林地湿地群落、全域节水改造、多源互济水资源网、新型管护机制为路径，完善水功能、恢复水生态、确保水安全，打造岗地型小流域永续治理典范区。实施牌楼西河生态河道综合治理、牌楼西河生态清洁小流域、牌楼西河小流域灌区续建配套与节水改造、彩衣荷塘补水改造提升等水源保障和水利建设项目4个，总投资约4400万元，小流域治理效果初步显现，探索形成一批试点经验。

【鄂中丘陵区水资源配置工程】 鄂中丘陵区水资源配置工程涉及荆门、孝感、随州、天门4地，项目总投资约135亿元，其中荆门片投资约90亿元。项目实施后将有效解决全市汉江以东地区水资源短缺问题，保障用水安全。2022年2月，经省人民政府批准，荆门市暂时代行该项目法人职责，承担项目立项和设计报批等前期工作。2023年6月，项目可研报告通过了省水利厅可研咨询。该项目纳入湖北省“荆楚安澜”现代水网规划重点项目库，正积极推进项目前期工作。

（市水利湖泊局）

水利管理

【水资源管理】 2023年，全市水利系统共投入宣传人员600多人次，设置固定宣传台14处，出动宣传车30多次，张拉横幅100余条，粉刷各类标语100多幅，发放各类宣传手册、折页3万多本。完成掇刀区县域节水型社会达标创建，全域完成节水型社会创建工作。加强水资源管理，推进2023年度63个取水口计量设施安装工作。加大地下水管控力度，按照《荆门市地下水资源管理办法》，印发《关于加强2023年地下水监督管理工作的通知》，督促各县（市、区）建立健全荆门市地下水台账，加强地下水取水许可审批和监督管理工作；会同市自然资源局、市生态环境局召开荆门市地下水管理暨全市地下水协作监管机制专题会议；争取京山河纳入全国2023—2025年母亲河复苏名录，争取省级资金2500万元。印发2023年全市重点水工程生态基流泄放工作通知，通报1月至12月全市重点河湖控制断面生态流量（水位）监测情况，将水工程生态流量泄放情况纳入荆门市河湖长制考评体系，保证河湖基本生态用水需求。4个县级、2个地级城市集中式生活饮用水水源水质达标率100%。

【水土保持管理】 全市新增水土流失治理面积108平方千米，超额完成年度治理任务。强化建设项目水土流失监管，复核疑似违规生产建设项目图斑241处,查处率100%。水土保持方案审批便民高效。对接市行政审批局,对生产建设项目水土保持进行前置提醒,方便办事企业“一次办,马上办”。截至2023年底,市行政审批部门共受理8个方案审批,审批办理时限均未超过10个工作日,已批方案信息全部录入全国水土保持信息管理系统。实现生产建设项目全链条监管。2020年以来市、县两级水土保持方案审批部门审批的水土保持方案共293个,进行全覆盖抽查,从中随机抽取了10个方案,对抽查中发现的问题,要求各县(市、区)按照“谁审批、谁负责”的基本原则,要求方案编制单位对存在的问题立即整改,对监督检查中提出整改要求的项目,委托第三方对整改意见落实情况进行全面复核。

【水库湖泊管理】 开展小型水库工程设施维修养护,实施大坝安全鉴定、白蚁防治、降等与报废、日常管护等专项工作,完成维修养护项目总投资1530万元。完成安全鉴定超期的33座小型水库安全鉴定工作和4座小型水库降等工作,实现了安全鉴定、降等报废动态清零。建立了以地方人民政府行政首长负责制为核心的水库大坝安全责任制,落实湖库防汛“四类”责任人2068名。全面加强水库管理,沙洋、钟祥完成省级小型水库示范县创建;安洼、潘集、龙峪湖、峡卡河、仙居河、岩垱等6座中型水库通过省级标准化管理水库工程认定。截至2023年底,全市有5个县(市、区)创成小型水库管理体制改革省级样板县,其中,东宝区创成小型水库管理体制改革国家级样板县。全面落实生态补水和生态流量泄放工作,对长湖进行生态补水1.8亿立方米;31座大中库累计泄放生态流量0.98亿立方米。

【水利建设管理】 全年在市水利水电工程招标投标管理委员会招标备案6项,在政府采购招标19项,均依法履行招标手续。联合市公共资源交易监督管理局开展水利工程建设招投标“双随机、一公开”检查,2020—2023年度各水利工程项目均依法开展了招投标,未发现排斥潜在投标人等现象。加强标后监管,重点抽查合同签署方式、项目竣工后价格结算等情况,纠正违反招标投标规定的行为。深入开展标后履约检查12次,对照证件逐人核实监理、设计、施工单位是否按投标文件组建项目部,主要人员是否到岗,是否存在违规转包分包;对照投标文件查看是否规范签订合同,是否存在随意变更。完善水利建设市场信用体系,在省水利建设市场信用信息平台公开和发布有关信息,对市场主体违反法律法规规定的,给予联合惩戒。成立水利工程建设领域突出问题专项整治领导小组和工作专班,多次召开专题会议,研究部署专项整治工作,印发实施方案和任务分解表,全力推动全市水利工程建设领域突出问题专项整治行动走深走实。按照省纪委《关于做好工程建设领域相关法律法规学习的工作提示》要求,组织学习46次,学习人数1074人。制作水利工程建设领域法律法规的宣传手册发放给项目参建单位,取得良好宣传效果。排查水利工程项目113个,发现问题141个,全部按照时间节点整改到位,水利建设领域突出问题专项整治行动取得实效,获省纪委通报表扬。压紧压实质量责任,按照扩权赋能强县改革要求,下放至部分县市区质量监管权限,督促加强队伍建设,配齐人员,提高水平,推动水利工程建设高质量发展。多途径开展质量检查、检测,迎检水利部和省水利厅2批次稽察;开展市级质量检查、巡查40余次,下发整改通知10份;开展市级质量飞检2批次,飞检重要水利工程项目12个。加强质量问题整改,对发现的问题,制订整改清单并下发县市区,严格核查问题整改情况。加强对各县市区水利工程危险源辨识、填报的指导,及时、准确填报安全生产信息平台。组织参加安全生产风险管控“六项机制”线上培训,提升全市水利行业安全监管水平。突出汛前关键时间,深入开展汛前度汛隐患排查整治;突出暑期关键时段,深入开展防溺水宣传和隐患排查;突出稽察薄弱环节,开展安全生产隐患排查整治“回头看”。全年共开展安全生产检查20余次,排查整治安全隐患32处,全年水利工程建设项目无安全事故发生。深入开展欠薪隐患排查,收集欠薪线索,督促用人单位按照合同约定及时、足额支付农民工工资;督促水利工程施工单位在施工现场设置维权信息告示牌,畅通依法维权通道,维护农民工切身利益。结合水利工程建设领域突出问题专项整治,加强水利工程建设领域党风廉政建设,坚决把好廉政建设“三关”,在工程建设领域,对各项目建设单位开展“八不准”“四个一律”“三必谈”等廉政工作作出硬性要求,致力打造“廉政工程、民心工程”。

【堤防管理】 落实职工岗位目标任务,坚持将奖励性绩效工资与河道堤防管理成效挂钩,签订职工责任书38份,开展堤防检查12次,实现了以检促干的目标,堤防管理水平不断提高,管理规范堤段按月增加。狠抓日常除杂保洁养护不放松,重点抓好堤身护坡和二级平台边坡及翻堤坡道的除杂保洁、卡门管理、重载车限行、肩线修剪、清“四乱”行动等工作,保持堤容堤貌整洁美观、堤防安全不受侵犯。经统计,全年完成堤面卡门修复4处,新增地卡2处、波形护栏137米,安装安全警示牌14块、新建翻堤道路2条、170米。按照《评价标准》的要求,明确季节管理重点,全年共开展检查12次,检查发现问题48处,被评为堤防管养优秀堤段的共18人次(其中被评为优秀堤段3次及以上的有6人次),责利扣减8人次,合计1940

元。完成汉江干堤、小江湖堤和邓家湖堤共53.68千米的堤防工程白蚁普查工作,危害治理长度32千米,普查率100%,保证了堤防完整安全。全年共报批涉河钻探项目5件,签订涉河项目安全管理协议9份,提出涉河项目选址意见函1件,及时对1起未批先建的项目下达《责令停止违法行为通知书》,有力维护了堤防工程完整。组织开展汛前水利工程执法检查、河湖安全保护专项执法行动等,出动水政巡查人员200余人次;完成荆门汉江段全线巡查和多次局部巡查,上报市河长办问题12处。组织开展"世界水日""中国水周"宣传,其间共悬挂横幅27条、张贴宣传海报14张、现场接受咨询约500人次、发放宣传册660余册、制作宣传展板6块,发送手机短信2万条,沿堤巡回宣传约100千米。

【闸站管理】 2023年9月28日对荆门市马良水闸进行安全鉴定,结论为四类闸。10月28日对钟祥市陈坡闸进行安全鉴定,结论为四类闸;对屈家岭管理区周垱闸进行安全鉴定,结论为一类闸;10月29日对屈家岭管理区建设坝闸进行了安全鉴定,结论为一类闸。开展小水电站生态流量泄放情况评估,全市有小水电站29座,总装机容量21520千瓦。26座水电站按规定进行生态泄放流量,并接入湖北省农村水电站和水库生态流量下泄监测平台。

【农业水价综合改革】 全年共完成改革面积3.87万公顷(沙洋1.22万公顷,钟祥1.59万公顷,京山4833.33公顷,东宝2333.33公顷,掇刀3666.67公顷)。落实水价形成机制。各地水利、发改部门积极配合,对改革区水价进行了测算,完成所有大中型灌区全成本水价成本监审,实行末级协商分类备案水价,并建立了超定额分档累进加价制度。落实精准补贴和节水奖励机制。各地出台了农业水价综合改革精准补贴和节水奖励办法,全市共争取农业水价综合改革专项资金798万元(中央水利发展资金675万元,市县自筹123万元),其中461.5万元用于奖补。奖励对象为改革区域农民用水合作组织、新型农业经营主体、种粮农户和水管单位。落实用水管理机制。对全年农业水价综合改革涉及乡镇和灌区开展情况摸底,根据耕地作物面积和灌溉定额,由各镇或灌区协会下达了用水总量和灌溉定额指标,落实了水权。通过水价改革项目、高标准农田项目和争取财政专项资金等,加大供水计量设施建设,完善水利灌溉计量工程体系,为落实水价改革打好基础。在新建的水利灌溉设施上建设用水计量设施,共安装计量实施103处,其中自动化流量监测20处。26个灌区能够第一时间掌握取用水情况,实现精确计量、精细管理,灌区农业用水量得到有效控制,促进了水资源集约节约合理利用。落实工程建设和管护机制。指导农民用水协会通过选举产生组成人员,建立协会章程和相关管理制度,落实办公场所,配备相应的办公设备。全市共组建农民用水协会117个。对辖区农田水利工程进行了全面梳理,建立全市农田水利工程运行管护台账。印发《荆门市关于加强农田水利工程建后管护工作的指导意见》,明确各部门职责,明晰农田水利工程管护标准。

(市水利湖泊局)

河湖长制

【压紧压实责任链条】 构建以党政领导负责制为核心、市县乡村四级上下衔接的河湖长制组织体系,建立完善并严格执行河湖长定期巡河、动态补位、述职等制度,出台第6号市河湖长令,开展碧水保卫战"幸福河湖共同缔造行动"、河湖健康评价等工作,将河湖长制纳入对县市区政绩目标考核体系。市委、市政府主要领导带头巡查河湖履职成为常态。2023年,市县乡村四级河湖长2183人和市县两级182个联系单位累计巡查河湖31296次,发现并解决问题2210个,化解率100%。

【打好打赢碧水保卫战】 牌楼镇西河确定为全省五个小流域综合治理试点以来,编制完成水源保障与水利专项规划,聚焦小流域水系重构,建设"四网叠加"的"西河水网",守牢水安全、水环境安全、生态安全底线。截至2023年底,牌楼镇西河小流域综合治理试点实施水利项目6个,完成投资5574万元。

常态化推进河湖"清四乱",复核完成水利部下达的1959个河湖遥感图斑,对241处生产建设项目水土保持疑似违规图斑进行现场核查、认定,发现11处未批先建等问题,全部整改到位。加强河湖岸线管控,巡查河湖岸线9252千米,清理打捞水岸垃圾1.6万吨,清除违法违规建筑1.05万平方米,拆除取缔非法砂场37个,实现"三无"采砂船、非法采砂行为动态清零。

强化水资源承载能力对经济社会发展的刚性约束,严格执行建设项目水资源论证和节水评价制度,安装63处取水口监测设施,完成50处取水口监督检查,整改22处违规开采地下水的行为。在全省率先完成全域国家级节水型社会达标创建,完成掇刀区省级再生水利用综合试点中期评估,稳步提高水资源集约节约安全利用能力和水平。

【流域区域协同推进】 全市619个长江入河排污口全部完成整治。对110个县域跨乡镇考核断面按月进行监测,对31条(个)市级重点河湖库渠46处监测断面,每月出具水质监测报告,点对点向水质下降和不达标段面的河湖长督办提醒。加强30913个小微水体综合治理,深化小微水体长效管护。2023 年,16 个国控、22 个省控断面水质优良平均比例分别为 93.8%、95.5%。

进一步推进农药化肥减量增效,实施 24 个集成、绿色防控示范项目,辐射带动面积 6666.67 公顷;建成 21 个区域性畜禽粪污处理中心,综合利用率 96.1%。开展巡江巡河协同禁渔"打非断链"执法行动 185 次,查办违法违规案件 40 起。开展工业和城镇污染防治。深入推进磷石膏企业"以用定产",全市磷石膏综合利用率达 69.15%,超过省定目标 14.15 个百分点。52 个乡镇在全省率先实现生活污水处理全覆盖,建成 15 座城市生活污水处理厂。其中,荆门城区污水集中处理率 98.6%。

出台《荆门市长湖保护条例》,市人大常委会审议通过《关于设立"漳河(母亲河)保护日"的决定》。推进天门河、竹皮河断面水质考核和跨界生态补偿,建立漳河库区保护性生态补偿机制;落实竹皮河、长湖等河湖生态基流泄放 1.5 亿立方米。完成 108 平方千米新增水土流失治理任务,实施钟祥八折河水系连通、京山高关水源地保护工程。

出台《荆门市湖泊综合治理三年行动方案(2023—2025 年)》。实施南湖宫塘片外源污染控制及清淤工程,完成黄垱湖等 9 个湖边塘整治,退还湖泊面积约 1.2 平方千米。对毛李镇澎湖渔场等 4 处共计 713.33 公顷的鱼池进行标准化改造及尾水治理。

【提升履职效能】 大力宣传《湖北省河湖长制工作规定》,深入开展"河湖长制 + 世界水日 + 中国水周"融合宣讲,"推进水系整治 建设水美乡村"入选全省河湖长制工作十大典型案例。组织举办全市民间河湖长聘任暨履职培训会,对新聘 48 名市级民间河湖长开展实地履职考评。成立荆门市河湖保护志愿者协会,开展"六进"宣传 14 场次,号召志愿者开展巡河净滩等保洁活动 449 人次;选聘"红色河湖长"328 名,打通河湖管护"最后一公里"。市县两级全面建立"河湖长 + 检察长 + 警长"协作机制,切实做到共抓共管共治。

(市水利湖泊局)

水旱灾害防御

【雨情】 2023 年,荆门、钟祥、京山国家站全年累计降水量分别为 825.8 毫米、1110.9 毫米、911.6 毫米,与历年相比偏少 14.1%、偏多 13%、偏少 14.9%。沙洋站全年降水量 829.5 毫米。6 月 16 日出现第一次区域性暴雨,东宝区、漳河新区、掇刀区、钟祥市北部有 25 站次暴雨,5 站次大暴雨,由此入梅,主要降水过程出现在 6 月 4 日至 5 日、11 日至 13 日、16 日至 18 日、21 日至 25 日、29 日,7 月 2 日至 3 日、6 日、13 日至 14 日、19 日至 21 日、24 日至 25 日、29 日至 30 日。9 月 10 日至 12 日、18 日至 20 日出现 2 次强降水过程,造成 9 月中旬降水荆门偏多 4.5 倍,钟祥偏多 2.6 倍、京山偏多 1.3 倍。9 月 10 日至 12 日,强降水中心主要位于沙洋南部,钟祥西北部和京山北部,小时雨强最大 75.4 毫米(沙洋李市,11 日 6 时)。9 月 18 日至 20 日,东宝北部、钟祥北部大暴雨,小时雨强最大 77 毫米(东宝区岩垱,19 日零时)。12 月 14 日夜间,掇刀南部、沙洋北部、钟祥南部、屈家岭、京山中北部出现暴雨,掇刀团林铺镇南部出现大暴雨。

【水情】 5—9 月,全市部分中小河流受汉江顶托影响,涨落不明显,且在主汛期较长时间内保持较历史同期均值持平水位运行。长湖水势呈缓慢上涨趋势,最高水位 31.36 米(9 月 30 日),最低水位 30.02 米(5 月 5 日),均未突破历史极值。2023 年 9 月 17 日以来,汉江上游普降中到大雨,局部地区暴雨,9 月 29 日,汉江上游出现 2023 年第 1 号洪水,丹江口水库最大入库流量 16400 立方米/秒(9 月 30 日 4 时),最高水位 167.95 米(10 月 1 日 8 时)。丹江口水库自 9 月 27 日 18 时起开闸泄洪,下泄流量 3500 立方米/秒,后逐步上调下泄流量,9 月 30 日 15 时下泄流量达到 10100 立方米/秒,最大时下泄流量 10200 立方米/秒,10 月 2 日 9 时起下泄流量从 10100 立方米/秒陆续调减,10 月 2 日 17 时减至 7100 立方米/秒左右后维持。10 月 2 日 22 时,汉江 2023 年第 2 号洪水在汉江中游形成,丹江口水库最大入库流量 14300 立方米/秒(10 月 2 日 17 时),最高水位 168.24 米(10 月 3 日 13 时),10 月 3 日 12 时起下泄流量从 7100 立方米/秒陆续调减。汉江水位涨势迅猛,10 月 1 日 15 时汉江皇庄站水位平设防水位 47 米,10 月 2 日 22 时平警戒水位 48 米,10 月 4 日 06 时达最高水位 49.01 米,超警戒 1.01 米,洪峰流量 13900 立方米/秒,10 月 5 日 10 时,皇庄水位退到警戒以下,10 月 6 日零时,皇庄水位退到设防以下。汉江沙洋段水位自 9 月 29 日开始快速上涨,汉江沙洋站水位 10 月 2 日 20 时平设防水位 40.8 米,10 月 3 日 22 时平警戒水位 41.8 米,10 月 4 日 23 时达最高水位 42.34 米,超警戒 0.54 米;10 月 5 日 20 时,沙洋水位退到警戒以下。10 月 6 日 20 时,沙洋水位退到设防以下。

10 月 1 日,全市 11 座重点大中型水库蓄水总量 17.6 亿立方米,较刚入汛蓄水总量增加 2.97 亿立方米,且整个汛期蓄水总量变化趋势呈逐渐增加,增加速率最大为 9 月,整个 9 月蓄水总量增加 2.41 亿立方米。

【汛情】 2023 年,全市气候状况整体偏差,极端天气气候事件偏多,旱涝灾害均有发生。受强降雨和丹江口水库泄洪影响,全市分别于 9 月 18 日、9 月 30 日两度启动防汛Ⅳ级应急响应。中秋、国庆期间,受丹江口水库泄洪和区间来水影响,汉江水位持续上涨,并全线超警戒水位,发生1984年以来皇庄站最高水位(49.01米)的汉江秋汛。全市因洪涝受灾人口102142人,农作物受灾面积4.45万公顷,转移人口13人,直接经济损失63285万元,其中水利工程设施直接经济损失33190万元。

【防汛工作】　扎实做好汛前准备,明确防御责任。3次召开视频会议,对防汛备汛、水库安全度汛、山洪灾害防御作出针对性部署。明确了各类水利工程"四类责任人"及山洪灾害防御"三大责任人",66口"头顶塘堰"落实相关责任人。完善各类预案。修订完善水库汛期调度运用计划、防汛应急抢险预案、山洪灾害防御预案,编制完成在建水利工程度汛预案,开展汉江荆门段12个蓄滞洪区运用预案编制及居民财产登记工作。市局组织5个专班开展防汛检查,累计排查整改隐患40处。组建市级水旱灾害防御专家组,市、县两级分层次开展水工程调度暨防汛抢险知识培训和演练。组织全市水库各类责任人参加水利部在全国运行管理系统上开展的小型水库防汛"三个责任人"培训,全市2048名三类防汛责任人(行政责任人、巡查责任人、技术责任人)全部完成线上培训。市、县两级组织各水库行政责任人、管理人员开展了线下培训43场,培训人员1400余人次。派出16名青年干部参加军分区水利系统应急营训练。投入资金1150万元,共修复水库设施3座、堤防3处、排涝泵站1座、其他小型工程7处。汉江堤防5处开口工程完成堵口复堤任务。有效防范应对强降雨。进入汛期,全市水利部门严格执行24小时值班制度,加强雨水工情监测,及时发出预警信息,巡查堤防、水库等防洪设施。尤其是针对强降雨天气,迅速进入战时状态,督促各地压实防汛责任。突出抓好山洪灾害防御,着力提高监测站点和平台在线率,利用通讯"三大运营商"及时发布山洪预警信息17.6万条。通过水库监测平台和"四不两直"方式,督促责任人履职到位。扎实抓好山洪灾害防御。预案编制做到"一村一策"。全市7个县市区、51个乡镇、672个村共编制山洪灾害防御预案730个,明确五级包保责任人1569人。组织县(市、区)对水雨情自动监测设施、仪器设备、通讯线路、供电系统等进行检查和维护保养,确保站点到报率始终保持98%以上。加强与气象、水文等部门信息共享,运用好气象、水文、水库、山洪监测预警设施,及时发布预报预警,提醒相关地区和人员做好灾害防范。反复开展隐患排查。5月上旬,按照全市统一安排,开展了因山洪诱发泥石流等地质灾害隐患排查,共排查问题隐患4处,并报相关部门开展整治。按照省厅统一安排部署,开展了山洪灾害(农村基层)监测预警问题排查,对排查出的20个问题建立台账,明确整改时限和责任人,全部整改完成。有效应对汉江秋汛。汉江秋汛高水位期间沙洋小江湖堤罗家口段,钟祥丰乐堤、南泉堤出现散浸险情,第一时间派出技术组赶赴现场指导,采取反滤导渗措施,及时处置险情,并坐哨监测。对汉江沙洋段最险的段面袁家台,提前安排人员、物资到位,确保大堤安全。按照"八个应转尽转"要求,对沿江低洼地区和围垸受洪水威胁的678户1594人转移安置,同时加强转移组织管理,对转移避险情况进行巡回排查,防止群众"回流"。

【旱情】　截至2023年8月底,全市降雨量较多年同期偏少3—4成,全市2.94万公顷农作物不同程度受旱(其中轻旱2.77万公顷,中旱0.17万公顷),钟祥市、京山市、东宝区等山丘区受旱面积较大,全市因干旱成灾1.55万公顷,粮食因灾损失5941万元,全市无人畜饮水困难。

【抗旱工作】　汛前市防办组织各县市区分区域编制应急供水方案,主汛期期间,指导各地搞好蓄水保水节水用水。气象部门开展人工增雨作业12次。沙洋县抢抓长江、汉江水位上涨时机,协调引江济汉工程以100立方米/秒给长湖补水,督促堰塘河湖库加强蓄水保水;坚持提水自抗,安排大碑湾泵站,杨树垱、潘集等中小型水库开闸向下游港坝输水约4020万立方米;针对渠系末端、新增干旱地、高塝地等抗旱死角,狠抓末级渠系修复,组织劳力架泵提水,打井62口抽水,确保死角用水。东宝区累计投入抗旱资金1100万元,维修或新建泵站155处,投入抗旱设备20980台(套),投入劳力1.82万人次,开展3次调水共计1300万立方米。发挥水利工程抗旱减灾效益,高峰期全市458座水库开闸放水,13处大中型泵站全部开机,累计提引放水5.46亿立方米,做到控灌范围农田应灌尽灌,保障生产用水需求。

(市水利湖泊局)

水库移民

【概况】　荆门市移民总人口211050万人,其中,原迁移民83126人,增长人口127924人。包括丹江口水库移民124539人,三峡工程移民2593人,清江隔河岩工程移民528人,南水北调中线工程丹江口水库移民5679人,地方大中型水库移民77711人。加快后扶项目实施进度。编制《荆门市移民后期扶持项目实施管理和资金使用管理注意事项》,落实年度大中型水库移民后期扶持资金近4亿元,实施村庄环境整治、基础设施建设、移民产业扶持等各类项目739个;制定2024年移民后期扶持项目计划777个,资金4.2亿元,并完成审核,报省水利厅备案。

创建移民美丽家园省级示范村。把移民美丽家园创建和幸福生活共同缔造结合起来,打造了沙洋县柴岗村、钟祥市新村村、京山市四岭村、东宝区关庙岗村、掇刀区槐桥村、漳河新区付集村、屈家岭管理区潘台村等2023年度创建村15个,获批10个,奖补资金3000万元。

推进移民产业帮扶。举办全市移民产业帮扶座谈会,省水利厅副厅长焦泰文对全市移民产业帮扶工作给予高度评价。钟祥市成功获批全省移民优势产业帮扶项目资金2000万元。

抓实原迁移民人口动态管理。开展年度人口核查,年度核减662人。进行原迁移民人口信息比对,对1167条身份证有误的移民人口信息进行核查更正;完成惠民惠农政策大数据比对287条问题核查整改,追缴资金10.77万元;指导督促各地在人口核查基础上,精准发放年度原迁移民直补资金,完成发放59261人次、3555.66万元。

做好水利工程征地移民前期工作。组织实施碾盘山水利水电枢纽工程下闸蓄水(46米)阶段建设征地移民安置初验,协调省厅移民处完成碾盘山水利水电枢纽工程下闸蓄水(46米)阶段建设征地移民安置终验、钟祥汉江三期堤防加固征地移民和北山水库抽水蓄能征地移民规划报告审查工作,助力水利工程顺利实施。

(市水利湖泊局)

漳河水库

【概况】 漳河水库位于江汉平原西部,地处荆门、宜昌、襄阳三市交界处,系拦截长江支流沮漳河的东支漳河及其支流清溪河而成,于1958年动工兴建,1966年基本建成并投入使用,是一座以灌溉为主,兼有防洪、城镇供水、发电、航运、旅游、改善环境等综合效益的大(Ⅰ)型水利工程。水库承雨面积2212平方千米,总库容21.13亿立方米,设计汛限水位122.6米,防洪高水位123.92米,正常高水位123.5米。水库防洪标准采用500年一遇设计,当地可能最大洪水校核。漳河水库枢纽工程分布在水库东南长达30千米的沿岸,有挡水工程、输水工程、泄水工程、引水工程等大型建筑物十余座。

【防汛抗旱】 全年防洪抗旱形势严峻,漳河水库流域春夏旱情叠加,水库发布枯水蓝色预警,水位达到1981年以来的第三低水位。9月起受华西秋雨影响,水库短期内蓄水增加3.39亿立方米,防洪保安压力骤增。全年灌溉供水四期,总灌溉水量1.67亿立方米,灌溉面积10.83万公顷,受益人口119.57万人,全年保障工农业、生活、生态等各类用水4.76亿立方米。

落实水库"四个责任人",组织召开漳河水库防汛指挥长会议,逐级落实防汛抗旱责任。强化"四预"措施。科学修订完善漳河水库汛期各类方案预案,开展各类工程巡查和防汛专项检查,加强水毁修复、白蚁防治,及时消除安全隐患。及时开展中长期来水预报、短期洪水预报,科学调度并安全拦蓄全部洪水。积极推进漳河水库防汛物资储备库项目建设,对外完成宜昌市西北口水库除险加固工程转供水、荆门市高铁西站建设排涝等急难任务。加强旱情监测,开展旱情调研,滚动开展灌溉预报,科学制定供水计划。针对水资源紧缺情况,及时提请灌区政府调整农业种植结构、加大灌区沿江沿湖提水抗旱力度。严格水资源总量控制,做到科学精细管水。灌前提前加大流量,力争收到用水申请第一时间将漳河水输送到田间。灌溉关键期,科学应对、积极协调各级防汛抗旱指挥部并上调抗旱用水调度指挥权,以水定供,以供定需,精细管好用好每一方水。灌溉末期,不计效益得失保民生,持续小流量、远距离抗旱供水,钟祥市石牌镇多个脱灌村组用上了漳河水。

【工程建管】 重大水利工程建设。漳河水库除险加固项目主体工程基本完工,完成实际到位全部投资3.63亿元。漳河渠首闸、局防汛调度中心、陈家冲溢洪道闸房等改造正在紧张建设当中。漳河灌区"十四五"现代化改造一期项目完成投资2亿元,正在进行响水洞渡槽拱圈转体合龙后续施工,预计2024年5月完工。灌区现代化改造二期项目同步推进,批复投资3.06亿元,于2023年9月开工建设,已完成四干北干渠道整治、四干文庙支渠和总干二支渠疏挖衬砌,以及沿渠渠系建筑物改造,已完工程均完成相关验收。工程标准化管理。依托数字孪生漳河平台,全面推广使用"工程标准化管理业务系统",利用手机移动终端App采取"线上+线下"相结合的方式,开展工程日常巡查管理和工程考核。完成漳河水库大坝变形监测,加强工程日常巡查和运行管理。开展白蚁等害堤动物普查防治,落实福寿螺专项治理,处理白蚁活动迹象165处。完成年度工程维修养护工作,落实维修养护经费479万元。完成漳河水库和灌区维修养护基本项目测算工作。完成二干渠灌区农业水价综合改革省级抽验工作。漳河灌区通过部级标准化管理达标验收,所辖车桥水库通过省、部两级标准化管理达标验收。科技兴水工作赋能。数字孪生漳河管理平台2023年5月初步上线试运行。建成观音寺大坝、陈家冲溢洪道等50个重要节点工程BIM模型,库区灌区103平方千米倾斜摄影模型并集成。防洪调度、水资源调度、安全监测、标准化管理、灌区管理、水政管理、闸门控制、移动端、数据平台、领导驾驶舱、漳河一张图等"2+N"应用系统已推广运用。水资源调度系统中长期来水预报模型入选水利部《第一批数字孪生灌区模型推荐清单》。初步实现了数字漳河与物理漳河"精准映射、同步仿真、虚实交换、迭代优化"的孪生运行。发挥省灌溉试验中心站作用,做好全省灌溉试验组织工作。获批 2024 年度省水利重点科研项目《漳河灌区水稻蓄雨型间歇灌溉模式研究》,《“节水优先”背景下漳河灌区水稻高产潜力及水肥耦合模式研究》顺利结题。选派 2 名试验站技术骨干参加省水利厅援疆“小组团”赴新疆博州开展灌溉试验方面的对口援助工作。

【生态保护】 持续开展水利普法工作,健全“河湖长 + ”部门协作机制,落实河长定期巡河制度、荆襄宜水政监察联席机制、环漳河水库跨区域生态环境保护公益诉讼协作机制,开展跨区域联动、跨部门联合执法行动,漳河水库 14 处非法水上船坞平台整治工作全部完成。开展河湖安全保护专项执法行动,查处填占杨家冲水库库容等新增“四乱”问题 27 起,基本做到“四乱”动态清零。加强涉水科研、建设项目监管,积极配合开展沮漳河流域水环境保护协同立法相关工作。

加强库区渔业资源保护,全年开展人工增殖放流 3 次,共放流鱼苗 510 万尾。坚持长期开展漳河水库禁渔期与禁渔区相结合的禁渔工作,严厉打击非法捕捞行为,全年开展执法巡查 156 次,出动执法人员 536 人次,劝离非法垂钓人员 600 多人次,清理非法渔具(钓具)162 套,没收涉渔“三无”船只 13 艘,处理渔业案件 8 起。《漳河水库水生生物资源调查和水生态现状评价》科研项目通过验收。

严格水域岸线空间管控和风景区管理,落实林长制工作要求,加强辖区林地资源培育保护,结合水库除险加固开展植树造林活动。对外合作完成漳河 0.9 千米宣教走廊和 10.6 公顷亩湿地植被栽植工作,为库区添绿 1.17 万株。

【水利经营】 供水总量逐年保持增长,新增引漳入城、岳飞城水厂生活供水和格林美等企业扩容用水,全年工业及生活供水总量超过 1.3 亿立方米,为服务地方经济社会发展提供了坚实的水安全保障。漳河总公司克服发电水资源严重不足困难,积极开拓新业务,承接宏图光伏电站运维项目,完成发供电设备软硬件升级改造和漳河环库公路线路迁改工程。禹龙公司打造“智慧工地”,取得 2 项行业工法和 6 项 QC 成果,1 个施工项目获得大禹奖。楚禹公司设备自主研发成果丰富,取得 14 项软件著作权,完成 7 类 63 项制度及工作流程编制,企业创新发展、规范发展能力不断提升。瑞洪公司完成水利工程施工监理甲级资质延续、住建部监理资质丙级升乙级工作。漳河设计院启动武汉分院试运营,完成水资源论证乙级资质延续,获评湖北省“科技型中小企业”“创新型中小企业”和“专精特新中小企业”,1 个设计项目获“湖北省水土保持优秀成果奖”。抗排服务队获得“一星级全国青年文明号”称号,基本完成漳河水库防汛物资储备库项目建设,并签订省级防汛抗旱物资设备代管协议。水产公司完成年度鱼苗孵化 200 多万尾,完成鄂北地区水资源配置工程汉江中下游鱼类增殖放流年度任务和漳河水库补偿性渔业增殖放流工作。

(白　洁)

工　业

综　述

【概况】 2023年，荆门市先后获批国家循环经济示范城市、国家通用航空综合示范区、国家城市“双修”试点城市和装配式建筑示范城市等，正努力打造产业转型升级示范区。全年全市949家规模以上工业企业完成产值2998.8亿元；增加值同比增长5.4%；工业投资增长11.5%，占全部投资比重为52.5%，比上年提高2.2个百分点；实现利润160.1亿元，同比增长3.5%；上缴税金129.4亿元，同比增长17%。长城汽车、亿纬动力分别突破百亿元和两百亿元大关，百亿级企业达到5家。全市产业转型升级加快突破，全年全市入库科技型中小企业1188家，高新技术企业达670家。掇刀区新能源动力电池产业集群跻身国家级产业集群，实现荆门零的突破；全市省级重点成长型产业集群累计13个，数量全省第一，占全市工业企业营业收入的80%以上，荆门跻身全国先进制造业百强市。全年全市建成投产磷石膏综合利用项目5个，磷石膏利用率69.2%，超省定55%目标任务14.2个百分点。绿色工厂数量大幅新增，获评国家级绿色工厂企业6家、获得国家级工业产品绿色示范企业1家、省级绿色工厂7家、省级绿色供应链管理示范企业1家。

【主导产业】 现已形成以绿色化工、新能源新材料、汽车智能装备、农产品加工业、建材、电子信息（数字经济）等六大产业为主导的“4211”（4个两千亿级产业，2个千亿级产业，1个千亿级企业，10个以上百亿级企业）现代产业体系。“4211”产业保持良好发展态势，助力工业产业结构不断优化，其中新能源新材料、汽车智能装备、电子信息产值分别增长30.1%、38.4%、45.1%，合计拉动规上工业产值增长14.7个百分点。

表2　2023年荆门市规模以上工业企业完成产值情况表

产　业	规上企业数（家）	产值（亿元）	占全市工业比重（%）
绿色化工	191	976.06	32.5%
新能源新材料	74	653.70	21.8%
汽车智能装备	213	482.54	16.1%
农产品加工业	274	406.40	13.5%
建材	238	327.39	10.9%
电子信息及其他	53	424.91	14.2%

【县市区（含开发区）概况】 沙洋县已形成绿色食品加工、新材料、装备制造3个主导产业。2023年规模以上工业产值225.8亿元，同比增长6.4%；上缴税金2.2亿元。钟祥市已形成磷化工、长寿食品、装备制造、绿色建材和新材料4个主导产业。全年规模以上工业产值545.4亿元，同比下降12%；上缴税金6.3亿元。京山市已形成新能源新材料、智能装备制造主导产业。全年规模以上工业产值357.9亿元，同比下降20.7%；上缴税金5.8亿元。东宝区已形成磷化、电子信息、绿色建材3个主导产业。全年规模以上工业产值344.7亿元，同比下降8.5%；上缴税金5.7亿元。荆门高新区·掇刀区已形成绿色化工、锂电为主的新能源新材料、汽车为主的高端装备制造3个主导产业。全年规模以上工业产值1501.7亿元，同比增长

表3　2023年荆门市产值过百亿元企业统计表

序号	企业名称	产值(亿元)	增幅(%)
1	中国石油化工股份有限公司荆门分公司	3742163	23.2
2	湖北亿纬动力有限公司	2703354	104.6
3	长城汽车股份有限公司荆门分公司	1984094	143.4
4	荆门市格林美新材料有限公司	1952008	-5.2
5	新洋丰农业科技股份有限公司	1636671	-1.3

29.6%;上缴税金29.6亿元。

【骨干企业】　2023年,全市产值过5亿元企业98家,10亿元以上企业36家,30亿元以上企业8家,百亿元以上企业5家。

【重点产业】　着力构建“4211”现代产业体系,推进新型工业化。推动石油化工由炼油主导型向炼化特一体化转变;推动建材产业向绿色化、高端化转型;推动农产品加工产业向特色化、品牌化发展;突破性发展新能源电池、汽车装备等产业,坚定不移打造产业转型升级示范区。

(孙　丹)

绿色化工产业

【概况】　2023年,全市绿色化工产业规模以上企业192家,净增25家,完成产值976.06亿元,同比增加2%,占全市工业总量32.5%;累计营业收入872.68亿元,同比增长1.1%;累计利润33.23亿元,同比下降9.9%。全市化工园区建设逐步推进,5个化工园区通过省级认定,省级反馈70项园区问题,整改完成37项。

【重点产品及项目】　全市化工行业重点工业产品中,原油加工量579.64万吨,同比增长30.91%;磷矿石产量157.43万吨,同比增长14.02%;磷肥产量145.64万吨,同比增长28.44%;化学药品原药产量6436吨,同比增加7.81%。全市累计实施投资过5000万元化工项目38个。积极推进荆门石化“油转特”项目,新洋丰30万吨硫铁矿制酸项目实现基本投产,固润科技环保配套工程及年产3000吨光引发剂TPO项目、鄂中生态农业120万吨/年果蔬专用肥、水溶肥项目等加快推动绿色化工向精细化发展。

【磷石膏综合利用】　全年全市新产生磷石膏508万吨,利用351万吨,利用率69.2%,超省定55%目标任务14.2个百分点。新建成5套磷石膏无害化处理设施,新增处理产能235万吨/年。全市13家磷石膏产生企业中,有7家企业完成了配套无害化处理设施建设。全年有8个磷石膏综合利用项目建成投产,年利用产能由708万吨提升至1023万吨。磷石膏综合治理工作初见成效。

(孙　丹)

智能装备产业

【概况】　2023年,汽车智能装备制造产特规模企业213家,完成产值482.54亿元,同比增长38.4%。完成主营业务收入454.4亿元,同比增长40.9%;实现利润19.96亿元,同比增长2.7%。

【重点企业】　长城汽车全年生产整车105361台,SUV70813辆,皮卡30900辆,MPV3648辆,新能源汽车生产38315辆。全年汽车制造业完成产值310.9亿。发展配套零部件,精诚工科汽车零部件年产100万套热冲压件项目、拓普斯专用车等项目建成投产。航特汽车及新能源汽车高强韧性铝合金底盘轻量化项目(二期)、领诚汽车智能悬架一期、宝申汽车冲压件和焊接件生产项目等加快建设。大族激光新能源智能装备华中工业园、湖北炎凌智能装备制造基地一期等项目已建成即将投产,田中精机新能源高端装备制造产业园项目、华工科技新能源智能装备产业化项目、瑞莱斯重工装备制造产业园正在加快建设,长城、格林美、亿纬创能、雄韬锂电等15家企业获评省级智能制造示范企业。

【科技创新】　湖北博士隆科技股份有限公司通过智能检测装备对产品进行实时在线检测,确保高端紧固件产品生产过程的稳定性,解决了高端紧固件生产一致性的国际难题,显著提升了行业制造品质水平;湖北固润科技股份有限公司引进集散控制(DCS)技术、APC先进过程控制技术、PLC控制技术、ESD紧急停车控制技术、智能传感技术(重量、流量、电导率、压力、温度等)、工业视频监控技术(工业球机、枪机)等,全面革新精馏工艺(“间歇精馏工艺”更改为“连续精馏工艺”)、TPO结晶工艺(新增结晶器装置),产品效率、质量、成本等效益得到显著提升;生产过程监控层面实现了透明化、智能化管控,可实时监测和预警,保障了生产过程的稳定性。

(孙　丹)

新能源新材料产业

【概况】　2023年,全市规模以上新能源新材料企业74家,实现产值653.7亿元,同比增长30.1%,荆门上榜中国锂电产业特色城市前三。10月17日,工业和信息化部发布《2023年度中小企业特色产业集群名单》,荆门市高新区·掇刀区新能源动力电池产业集群上榜。

【政策扶持】　出台《荆门市打造产业转型升级示范区实施方案》《2023年荆门市产业转型升级示范区建设工作行动方案及项目清单》《荆门市支持新能源汽车废旧动力蓄电池综合利用产业高质量发展政策措施》等支持保障政策,印发《荆门市新能源新材料产业转型升级三年行动计划(2023—2025年)》,为新能源新材料产业高标准提供政策、金融、财税、服务及要素保障,促进产业能级逐步提升。拟定锂电小镇产城融合建设方案,计划投资82亿元,用3年时间,围绕湖北亿纬动力有限公司等企业打造宜居宜业的产城融合示范区。重点完善基础设施和生活服务配套,推进城市功能与产业功能深度对接,破解产业进一步转型升级瓶颈。

【产业链条】　全市现有锂电产业链企业49家,主要集中在高新技术产业开发区,基本形成全生命周期锂电产业链条。在基础原材料制备方面,拥有百杰瑞(荆门)新材料有限公司、湖北金泉新材料有限公司、吉和昌新材料(荆门)有限公司等企业;在关键部件生产方面,拥有荆门市格林美新材料有限公司、湖北恩捷新材料科技有限公司、荆门新宙邦新材料有限公司、湖北科达利精密工业有限公司、湖北中泽精密科技有限公司、本征方程(荆门)新材料技术有限公司等企业;在电芯制造及模组封装方面,拥有湖北亿纬动力有限公司、荆门亿纬创能锂电池有限公司和湖北雄韬锂电有限公司等企业;在循环回收再利用方面,拥有格林美和湖北金泉新材料有限公司等企业;在终端应用方面,长城汽车股份有限公司荆门分公司获得插电式混合动力产品的生产资质。

【产业集群】　成立由龙头企业亿纬动力牵头的荆门市动力电池产业联盟,28家产业链上下游企业协同开展技术创新,通过建立公共技术平台、实施技术转移,实现“资源互补、成果共享”,突破产业发展的核心技术瓶颈,解决产业共性技术难题11个。以亿纬动力电池研发中心为基础,联合格林美、科顺新能源、新宙邦、金泉新材料、科达利等6家企业搭建协同攻关、开放共享的动力电池创新平台,组建市场化运作的创新中心。在亿纬动力厂区周边,布局锂电池隔膜龙头企业恩捷、电池回收龙头格林美、电解液龙头新宙邦、锂电池精密结构件龙头科达利等30家锂电产业链企业,形成“基础原材料制备—关键部件生产—电芯制造及模组封装—电池产品应用—废旧电池梯级回收利用”的锂电池全生命周期循环产业链。落户动力电池产业企业之间配套协作,建立长期稳定供货关系,形成降低成本、提高效率、协同发展的集聚效应。

【科创体系】　全市新能源新材料产业拥有省级及以上科技创新平台29家,荆门市格林美建成国家级企业技术中心、退役动力电池高值化利用湖北省重点实验室,先后被认定为国家循环经济教育示范基地、国家“城市矿产”示范基地、国家工信部绿色工厂、院士专家工作站等。亿纬动力牵头组建“储能与动力电池湖北省重点实验室”,先后获批省级企业技术中心、动力电池系统设计技术湖北省工程研究中心、湖北省锂电池工程技术研究中心、省级企校联合创新中心及省级工业设计中心。全市争取科技计划项目资金3765万元,其中新能源新材料领域9项700万元。湖北亿纬动力“无人机用长寿命二次金属锂电池”项目获批省级技术创新计划、格林美“高能量密度、高稳定性三元动力电池材料关键技术开发及产业化”项目获批省级自主创新计划、湖北固润获批湖北光固化材料中试基地。全市建立新材料成果转化供给清单31项,需求清单44项,应用清单5项,转化重大科技成果24项。荆门市格林美新材料有限公司、百杰瑞(荆门)新材料有限公司分别获第二届湖北省高价值专利大赛金奖、银奖。

【创新主体】　全年组织323家企业申报高企,通过314家,其中新能源新材料类49家。科技型中小企业入库完成1188家,其中新能源新材料类76家。聚力“双创”平台提质增量,做好创新创业工作,助力新能源新材料产业发展。全市新认定市级及以上“双创”平台15家,其中省级大学科技园1家、省级众创空间2家、市级科技企业孵化器6家、众创空间6家。成功举办“未来有‘锂’、无限‘荆’彩创新创业大赛”和“2023年京山市大学生创新创业大赛数智路演活动”“新型高比能高安全锂离子电池”等20个项目亮相决赛。

【特色产业】　着力发展以固润科技、佳悦新材料、科顺新材料等重点企业为代表的光固化产业链、高分子材料产业链和防水材料产业链。其中,固润科技新产品阳离子引发剂及单体等3D打印用材料在进行中式和市场推广;佳悦新材料二期项目引进了两条德国布鲁克纳最新10米4大宽幅高速生产线,完成设备安装、工艺调试和试产，进入爬坡生产阶段，产能产量稳步提升，年产值6亿元；科顺新材料重点推进的年产300万支美缝剂防水材料扩产项目，完成设备采购、安装、调试，并实现小批量试产合格。在“双碳”战略大背景下，全市提前布局光伏和氢能等绿色能源。氢能方面，引进中石化新星公司绿电制绿氢项目和英特利电气绿氢制备及应用研发基地项目。此外，全市氢能产业链企业还涉及提供工业用氢的荆门盈德气体、掺氢燃气轮机改造的国家电投荆门绿动能源有限公司、研发生产大型压缩氢气储存装备的荆门宏图公司。光伏方面，一道新能源10千兆瓦时光伏组件生产基地项目一期建成投产，二期正在建设之中。

【银企对接】 积极向银行金融机构推介新能源新材料行业重点项目和企业，引导银行金融机构为新能源新材料企业提供信贷支持。定期走访格林美和亿纬动力等重点企业，切实了解企业融资需求，协调辖内金融机构与企业对接，全力解决企业发展中的融资问题。全年各银行金融机构为荆门市格林美新材料有限公司发放贷款2.9亿元、为荆门东方雨虹建筑材料有限公司发放贷款1.5亿元、为湖北金泉新材料有限公司发放贷款0.62亿元。

【项目招商】 市新能源新材料产业链重点跟踪新能源新材料领域项目33个，其中签约的有亿纬动力60千兆瓦时超级工厂项目，金泉新材料导电浆料生产项目等15个项目；在对接的有湖北翔龙高新科技有限公司隔音隔热PVB项目、深圳市沃特新材料股份有限公司改性塑料生产项目等5个。

【项目建设】 全年部署重大建设项目21个，实现投产的有亿纬动力和储能电池项目、雄韬锂电池一、二期等7个，在建的有亿纬60千兆瓦时超级工厂项目、格林美正极材料产业园项目等10个，正在开展前期工作的有湖北钟祥抽水蓄能电站项目、多联供能源扩建项目等4个。

（市科技局）

农产品加工业

【概况】 2023年，全市深入推进农业产业“六个一”工程，分产业组建联盟，带动产业链上下游800余家主体开展协作，全产业链产值稳定增长。“一袋米”产值120亿元，“一壶油”产值55亿元，“一头猪”产值165.4亿元，“一只虾”产值108亿元，“一枝花”产值130.4亿元，“一棵菜”产值98.5亿元，总产值增长10.5%。

【主体产业培育】 新增1家国家级龙头企业。开展省级重点龙头企业监测，淘汰了5家经营状况差、带动能力弱的企业，递补了沙洋海莲食品等5家发展状况好、优势潜力大的企业。新增金农谷生猪、亿杰食品小龙虾、千宝食用菌等7个省级农业产业化联合体。

【构建产业集群】 依托小龙虾、香菇、禽蛋、油菜4个国家级优势特色产业集群，京山桥米、沙洋洪森、钟祥食用菌、大柴湖花卉等10个省级现代农业产业园，形成了助推农业产业发展的积聚效应。组织企业参加湖北省“地道荆楚味”预制菜品牌宣传推介活动，华醇食品、湖北润物入选全省首批30家预制菜头部企业。

【重点项目推进】 建成国宝桥米年加工20万吨智能化桥米生产线、洪森实业年加工50万吨特优香稻米智能化生产线、荆品油脂20万吨高油酸菜籽油加工生产线、亿杰食品1.5万吨小龙虾生产线等一批延链补链强链项目；民峰油脂完成1.2万吨高油酸菜籽油精深加工项目，海莲食品食用菌、马蹄罐头加工生产线和聚汇农业智能化蔬菜精加工生产线、台湾食品产业园年产3万吨冻干肉调理品生产线实现投产，禄源通食品产业园年产5万吨蟠龙菜生产线、湖北兴祥虾壳副产物及虾青素研发生产二期项目、国宝桥米与良品铺子合作的“速食鲜米粉”重点项目有序推进。

【重点项目引进争取】 全市农产品加工产业链签约招商引资项目13个，投资额139.1亿元，超额完成全年60亿元招商任务。总投资亿元以上项目6个，5亿元以上7个，开工项目3个，分别是投资30亿元河南正康粮油有限公司油料精深加工项目、投资15亿元新资源食品产业园项目、投资6亿元沣盈商贸有限公司年产3万吨小龙虾尾加工项目。成功争取掇刀麻城镇农业产业强镇项目（1000万元）、沙洋国家现代农业产业园项目（1亿元）等重大国家项目，荆门市是全省唯一创建2个国家现代农业产业园的市州。积极申报全省十大重点农业产业链项目，为19个企业主体成功争取项目资金5740万元，争取份额位居全省第5。钟祥市获批2023年国家现代化农业示范区。

【农产品品牌建设】 强化农产品品牌建设。成功申报“荆门油菜”农产品地理标志。“荆品名门”区域公用品牌效应不断显现，』国宝桥米、神地农业、亿杰食品、新布局农业等8家企业系列产品，入展青岛中国国际农产品交易会和长沙中国中部农业博览会。湖北千宝食用菌有限公司“郢宝”“郢御”香菇获长沙中部博览会金奖。“京山乌龟”“京山鸡蛋”入选2023年全国农业品牌精品培育工程。“农谷壹号”“荆花”高油酸菜籽油品牌入选“2023年湖北特色菜籽油品牌”推介名单。

（市农业农村局）

建材产业

【概况】 全年全市建材家居新进规企业35家,规模以上建材家居企业总数达到238家,全年完成产值327.39亿元,同比下降7.8%。

【产品推介】 通过集中观摩建材产品应用及生产现场、产品推介等多种形式,支持市内建材家居企业与主要房产开发企业、政府平台公司对接,推广使用荆门本地绿色建材产品,促进生产企业与施工、开发企业的交流与合作。湖北省磷石膏建材推广应用观摩交流活动在荆门市举办,现场6家企业对接签约。在湖北新洋丰新型建材科技有限公司举办磷石膏综合利用产销对接会;市经信局、市住建局、市交通局联合举办全市磷石膏综合利用产品供需对接会。举办东宝绿色建材(家居)和装配式建筑产业园与国际能谷·锂电小镇协同发展产销对接会;在生态运动公园举办2023年荆门市房地产交易展示会暨绿色建材家居产品推介会,全市20余家绿色建材家居企业参展,促进本地绿色建材推广应用;市公共资源交易服务中心、市采购办联合东宝区政府、掇刀区政府、市住建局等单位分别在东宝区绿建产业园、掇刀区科顺新材料举办"荆门制造 政府集采"绿色建材企业供需对接会;市住建局联合市绿建产业招商专班、东宝区政府在广东举办"整装时代 赋能共赢"走进库博标杆游学暨荆门市绿色建材产业链招商推介会,邀请广东等地70余家建材家居企业及10余家媒体记者参加,现场东宝区政府与合生雅居、一切刀具、拓雕数控等企业签约。

【政策资金扶持】 帮助沙洋弘润玻璃浮法玻璃生产线(一线)冷修技术改造项目、葛洲坝钟祥水泥有限公司1#线节能降碳升级改造项目、湖北京兰水泥年产300万吨新型干法水泥熟料生产线技术改造项目等14个建材项目,争取省级高质量发展专项资金3755万元。帮助荆门东方雨虹建筑材料有限公司、荆门科顺新材料有限公司、湖北京兰水泥集团有限公司京山钱场分公司等9个建材企业申报绿色工厂,其中荆门科顺新材料有限公司、湖北京兰水泥集团有限公司京山钱场分公司、万华禾香板业(荆门)有限责任公司等3家企业成功列入。支持湖北丽阁铝业科技有限公司、湖北致远塑业有限公司、湖北艾克电缆有限公司等9家企业成功申报两化融合示范企业,实现企业研发设计创新能力、生产集约化和管理现代化水平大幅度提升,有效提高全市工业经济的创新能力和可持续发展能力。荆门科顺新材料有限公司、湖北京兰水泥集团有限公司获"第九届荆门市市长质量奖",葛洲坝钟祥水泥有限公司、万华禾香板(荆门)有限责任公司获"第九届荆门市市长质量奖提名奖"。推荐湖北宝源木业有限公司、万华禾香板业(荆门)有限责任公司、荆门万华生态装饰材料有限公司、湖北京兰水泥集团有限公司、葛洲坝钟祥水泥有限公司、沙洋弘润建材有限公司6家建材企业申报"湖北精品"入库。支持万华禾香板业秸秆生态板、荆华铝业有限公司高档隔热门窗型材、湖北中骋金禹高分子防水卷材等19个建材项目作为第5批国家级、第5批省级申报"专精特新"企业。组织企业申报2023年度省级磷石膏综合利用专项资金支持项目,全市6个项目纳入省级支持计划,获得补助资金2115万元。

【推动机制砂石产业发展】 发布《荆门市机制砂石产业高质量发展规划(2023—2025)》及环境影响报告,制定《2023年机制砂石产业高质量发展重点工作清单》,全面推进非法机制砂石企业清理整顿、合规企业规范化生产,全市机制砂石企业225家,其中非法企业144家,合规企业81家。144家非法企业已全部停产并全部完成拆除工作;81家合规企业中,正常生产45家,停产整改36家。屈家岭300万吨/年生产基地建成投产,沙洋700万吨/年基地正在加快建设中。

【推进光伏压延玻璃建设】 湖北省经信厅向国家工信部报送优先支持湖北弘诺2×1000吨/天光伏压延玻璃项目建设的请示,国家工信部正式下达风险论证意见,弘诺项目不属于高风险项目,项目正在建设中,预计2024年3月份投产。

【推广应用磷石膏建材】 制定《荆门市磷石膏建材产品目录管理办法(试行)》,发布《荆门市磷石膏建成产品目录(第二批)》;出台《荆门市房屋建筑和市政工程推广应用磷石膏建材实施方案》文件,编制荆门市《道路基层用改性磷石膏材料应用技术规程》,已通过立项评审,正在开展标准指标与施工运用现场的检测验证工作。加大磷石膏路基材料的应用,完成国道、公路、市政道路34千米路基铺设。推动民洋建材80万吨/年新型墙体砖、鄂中生态40万吨/年水泥缓凝剂等5个项目建成投产,磷石膏利用总产能达到1018万吨/年。全市磷石膏建材销售产量97.7万吨,拉动全市磷石膏综合利用率达到69.7%,超出省定目标任务14.7个百分点。组织企业申报2023年度省级磷石膏综合利用专项资金支持项目,全市6个项目纳入省级支持计划,获得补助资金2115万元。

【推动装配式产业发展】 印发《关于推动新型建筑工业化与智能建造的通知》,发展木结构建筑,为全市共建"一带一路"重点企业营造良好发展环境。2023年底,全市完成装配式建筑面积121万平方米。

(市住建局)

数字经济（电子信息）产业

【概况】 2023年，市委、市政府高度重视数字经济发展，出台《荆门市数字经济高质量发展若干政策措施》，成立荆门市数字经济生态联盟，荆门市成功获评国家“千兆城市”，建成锂电小镇工业互联网标识解析二级节点。全市电子信息产业规模企业53家，完成工业总产值424.9亿元，同比增长45.1%；主营业务收入415亿元，同比增长42.1%；利润总额39.8亿元，同比增长115.3%。全市电子信息制造业初步形成以锂电池、电子元器件、光电子应用为主要特色的3条细分产业链，产业链结构不断优化，产业发展质量提升，形成东宝区、掇刀区两大产业集聚区。其中，东宝区以电子元器件、光电子应用产业链为主，掇刀区以储能动力电池及材料为主。

【推进数字经济发展】 印发《荆门市数字经济高质量发展若干政策措施》，加快新型基础设施建设，发展壮大数字经济核心产业，推进产业数字化转型，开展培训诊断服务。在省通信管理局支持下，荆门市通信发展管理办公室挂牌成立，统筹荆门市各通信企业有关规划、建设、发展等事宜。

【推进基础设施建设】 全市新建5G基站1636个，累计6024个；行政村5G通达率100%。5G网络实现中心城区、乡镇、重点区域全覆盖。建成京东数字经济产业园和锂电小镇工业互联网标识解析二级节点，加快建设湖北移动荆门数据中心项目，湖北交旅鑫城智慧湾项目开工建设，引进中国终极科技投资集团股份有限公司数字经济科教城项目。

【推进信息技术与制造业深度融合】 成立荆门市数字经济生态联盟，联合通信企业开展智改数转“三五”行动，即组织“五方”（政府、通信、平台、高校、金融）力量，开展“五进”（进县市、进园区、进企业、进工厂、进车间），解决企业数字化转型的“五难”问题（不愿转，不敢转，不会转，无人转，无钱转）。为205家企业数字化转型“把脉问诊”，为109家企业出具诊断报告。全年新增国家级两化融合贯标企业38家，累计74家；新增省级两化融合示范企业30家；新增省级上云标杆企业4家，累计10家；新增省级5G工厂4个，累计6个。

（孙 丹）

电力工业

【概况】 2023年，全市实现电网安全稳定运行和全市电力正常供应，未发生五级及以上电网、设备事件，未出现压限负荷及拉闸限电现象。年底，荆门电网并网发电总装机容量506.29万千瓦。其中，火电占比44.79%，水电占比1.83%，风电占比15.26%，光伏电站占比33.7%，其他发电占比4.43%。荆门电网非统调总发电量30.66亿千瓦时。全社会用电量145.96亿千瓦时，同比增长8.56%，第一产业和第二产业增长较大，增幅分别为11.56%和12.01%。

【电力生产与建设】 2023年，全市仍保持火电为主的电源结构基本未变，火电机组4台，装机容量198万千瓦。全市新能源发展保持良好态势，国能长源荆门新能源有限公司掇刀蔡院200兆瓦光伏发电项目正式并网发电。按期完成26座变电站站端一键顺控改造，实现110千伏串供断面远方备自投装置全覆盖，消除六级固有电网风险11个。完成110千伏家宋线、胡平线、35千伏枣斗线“三跨”改造，提升设备安全运行能力；完成220千伏江里线、里枣线，110千伏雍郑线、35千伏何岳线等10条老旧线路改造，改造杆塔70基，解决对地裕度偏低问题26处，极大提升电网设备运行可靠性。顺利投运220千伏官堰湖变（2×240兆伏安）、牌官线、官枣一、二回线、林官线，新投洋梓光伏300兆瓦及洋郢线；新投110千伏爱响喜线、黄马线、官纬一回线、将兴换线π入团林变，形成团换线、团兴线（待投）、新投高桥2×50兆伏安主变及桥青线、林桥线，增容王家湾#2主变至50兆伏安，原王家湾#2主变（20兆伏安）轮换为蓝盾#2主变，原蓝盾#2主变（20兆伏安）轮换为双河#2主变，优化电网结构、提升电网供电能力。新建与改造10千伏线路407.32千米，新建10千伏电缆通道11.76千米，新建与改造配变695台，容量177770千伏安，新建与更换台变控制箱641台，新建与改造低压架空线路214.52千米，新建与改造低压电缆线路32.18千米，新建环网箱36台，新建柱上开关743台，新建FTU终端18台，新建ETU终端1台。“转改直”工程64项；变电站配套送出工程7项；电动汽车充电站接网工程30项；高层小区双电源工程7项；加强网架结构工程50项；解决低电压台区工程104项；解决设备重（过）载工程236项；满足新增负荷供电要求工程972项；配电自动化工程128项；消除设备安全隐患工程43项。年底，在建网改工程开工率、竣工率、结算率均100%。完成高中考、建市40周年系列重大保电任务。连续3年获评省公司春节保供电“双优四零”优胜单位，连续两年实现春节期间10千伏线路零跳闸。

2023年底，荆门电网有220千伏公用变电站14座、主变压器24台、容量435万千伏安，220千伏线路43条1041千米；110千伏公用变电站52座、主变压器85台、容量347万千伏安,110千伏线路114条,总长度1519千米;35千伏变电站66座,主变114台,变电容量76万千伏安,35千伏线路118条,总长度1383千米(含35千伏配电站);10千伏配电变压器22439台、容量422.2万千伏安,配电线路864条,配电线路总长16524千米(其中电缆865千米);城市配网10千伏配电线路263条3487千米;配电变压器5429台151.89万千伏安。县域配网6—10千伏配电线路601条13037千米;配电变压器17010台270.34万千伏安。

表4 2019—2023年荆门电网220千伏、110千伏、35千伏公用变电站规模一览表

	年份	220千伏			110千伏			35千伏		
		变电站(座)	变压器(台)	容量(万千伏安)	变电站(座)	变压器(台)	容量(万千伏安)	变电站(座)	变压器(台)	容量(万千伏安)
地区电网	2019	12	18	309	48	76	300	56	102	65
	2020	12	19	321	48	76	300	55	100	64
	2021	13	20	345	50	78	310	55	101	68
	2022	13	22	387	51	80	320	65	113	74
	2023	14	24	435	52	85	347	66	114	76

表5 2019—2023年荆门电网220千伏、110千伏、35千伏公用输电线路规模一览表

	年份	220千伏		110千伏		35千伏	
		条数(条)	长度(千米)	条数(条)	长度(千米)	条数(条)	长度(千米)
地区电网	2019	34	987	98	1324	99	1230
	2020	34	961	100	1355	102	1239
	2021	35	989	103	1360	101	1210
	2022	37	1033	108	1403	120	1377
	2023	43	1041	114	1519	118	1383

表6 2019—2023年荆门电网配电设施规模一览表

	年份	配电变压器		配电线路(千米)	
		台数(台)	容量(万千伏安)	合计	其中:电缆线路
地区电网	2019	18356	278	14064	609
	2020	19875	326	14202	650
	2021	20735	343	14624	731
	2022	21692	384	15854	818
	2023	22439	422	16524	865

【电力供应与消费】 2023年,荆门电网主要以500千伏双河变、荆门热电厂和荆门华能热电厂为电源支撑,以220千伏为主干网,以110千伏、35千伏为主体供电网络的供电格局。年底,荆门110千伏及以下电网主要以14座220千伏变电站为电源支撑,实现分区分片供电,110千伏、35千伏电网以链式、单环网结构为主要供电模式,10千伏城市配网主要以单联络供电为主,农村配网主要以辐射式供电为主。年内,110千伏新投中磷东用户变40兆伏安主变及平磷线、磷东线,新投恩捷用户变2×25兆伏安主变及官恩线,新投碾盘山水电2×30兆瓦(全容180兆瓦)及碾肖线、碾杨线,新投罗汉寺光伏70兆瓦及罗瑞线;35

千伏新投红旗变6.3兆伏安主变及柴旧旗T接线，将鲍岳线、鲍草线在五里站外短接形成鲍草线，增容贺集变、洋梓变、易家岭变，将漳锅虎T接线改接为枣矸虎T接线；新投10千伏荆楚光伏14.78兆瓦、田野农谷光伏5.98兆瓦、中粮祥瑞光伏3兆瓦、荆祥资产永创鑫光伏5.18兆瓦、雄韬电源光伏2.35兆瓦、一道新能源光伏19.07兆瓦、玲珑光伏11.78兆瓦、轻机铸造光伏4.14兆瓦，高汇新能源光伏5兆瓦，钟厦光伏4.8兆瓦。荆门电厂和牌楼热电厂全开机时，考虑安福合环、宜荆荆220千伏解环，官堰湖及其配套110千伏送出线路工程投产前后，荆门电网供电能176万—189万千瓦，即使考虑地区常规能源满发，仍无法满足预测最大252万千瓦负荷需求，缺63万—76万千瓦。35千伏和110千伏电网单线单变率为12.73%、48.07%，全市农村电网户均配变容量2.73千伏安。荆门电网城市综合电压合格率99.996%，农网综合电压合格率99.87%。配电自动化有效覆盖率提升至82.99%。深入推进“两降一升”专项行动，深入开展配网“扫雷”劳动竞赛，主线、支线故障分别同比下降50.7%、50%。推进新型供电电压管理体系建设，快速解决用户诉求，低电压台区、意见工单同比下降36.42%、66.67%。强化供电可靠性管理，落实计划停电全量审核，城乡用户平均停电时长同比下降46.72%，开展不停电作业7962次，同比增长29.78%。全市用电需求总体持续旺盛，全年荆门地区最大供电负荷251.34万千瓦，增长12.03%，最大日电量5286.7万千瓦时，增长11.59%；城区配网最大负荷104.2万千瓦（8月5日），同比增长5.67%；荆门电网全年最小负荷72.2万千瓦（1月23日），同比下降10.56%；月度平均负荷最大、最小值分别为218.52万千瓦（8月）和98.24万千瓦（1月）。荆门负荷、电量增长与气候及工业负荷有较大关系，荆门地区经历三轮持续晴热高温天气过程，降温负荷需求快速增长，同时亿纬锂能、恩捷新材料、格林美、中石化等工业产能进一步释放，导致全网负荷及日电量同比一定幅度的增高。

表7　2023年荆门全社会用电构成情况一览表

全社会用电总计	荆门市		
	用电量	增减(±)	增长(%)
	1459627	115127	8.56
A. 全行业用电合计	1248298	123673	11.00
第一产业	28803	2985	11.56
第二产业	1030697	110543	12.01
第三产业	188798	10146	5.68
B. 城乡居民生活用电合计	211328	-8546	-3.89
1. 城镇居民	113340	-14178	-11.12
2. 乡村居民	97988	5632	6.10

表8　2023年荆门全社会工业用电构成情况一览表

全社会工业用电总计	荆门市		
	用电量	增减(±)	增长(%)
工业	1015834	111592	12.34
(一)采矿业	6576	380	6.13
(二)制造业	782349	93341	13.55
其中：化学原料及化学制品制造业	210213	19618	10.29
医药制造业	11369	2529	28.60
橡胶及塑料制品业	30021	8023	36.47
非金属矿物制品业	144040	-2614	-1.78
黑色金属冶炼压延加工业	0	0	0
有色金属冶炼压延加工业	755	427	130.23
(三)电力、燃气及水的生产和供应业	226909	17871	8.55

年底，荆门电网实现连续安全稳定运行27周年，全市电力供应保障能力全面提升，用电负荷结构进一步优化，电力消费水平持续稳定增长。全年全市全社会用电量145.96亿千瓦时，同比增长8.56%，售电量完成125.09亿千瓦时，同比增长8.52%。其中，第一产业、第二产业、第三产业和城乡居民生活用电比重分别为1.97%、70.61%、12.93%和14.48%。第一产业、第二产业、第三产业用电量同比分别

增长 11.56%、12.01%、5.68%，城乡居民生活用电量同比减少 3.89%。全年人均用电量 5724.03 千瓦时/人、人均生活用电量 828.74 千瓦时/人,同比分别增长 8.46% 和降低 3.97%。分类售电情况如下:农业生产用电、大工业用电、商业用电、非居民照明用电,同比增长 22.9%、13.06%、6.14%、3.65%;居民生活用电、非普工业、贫困县农业排灌用电下降,同比下降 3.52%、3.25%、1.63%。

【电力环保与服务】 与各级政府环评、水保主管部门沟通,取得荆荆铁路荆门十里铺牵引站 220 千伏外部供电工程等 6 个项目环评、水保批文。完成荆门钟祥雍冲至乐堤 110 千伏线路工程等 6 个项目环保、水保验收工作,环评、竣工环保验收实现"两个 100%"。完成地市危废物暂存点建设,作为废矿物油、废铅酸蓄电池暂存场所。全年未发生电网环保投诉事件。全年申请国家发明专利 21 项,完成专利授权 12 项(其中国家发明专利授权 7 项),申报软件著作权 4 项。"复杂电力系统非典型涌流特征辨识、抑制与免疫关键技术及应用"项目获省政府 2022 年度科技进步奖二等奖。完成科技成果转化收益 770 万元。储备节约用电资源 5.01 万千瓦、错峰生产资源 8.7 万千瓦、需求响应资源 32.04 万千瓦、快上快下资源 3.82 万千瓦、后备应急资源 5.4 万千瓦,最大限度保障地方经济稳定发展和民生可靠用电。开展 44 户重要电力用户"一户一档"信息管理台账,结合日常用电检查工作发现的情况滚动更新,实现重要客户供电电源配置率、自备应急电源配置率"双百"目标。全省率先促请荆门市能源执法支队出台《关于对 2023 年重要电力用户开展用电安全检查的通知》,赋予重要客户现场用电安全检查执法规范性。完成中、高考保电、全国会计专业技术中级资格无纸化考试保电、国家统一法律职业资格考试保电等省级层面重大活动客户侧保电任务,组织开展 47 户重要敏感客户、258 个高层建筑小区、10 个城中村(居民小区)、70 个防汛泵站等客户的用电安全隐患排查整治工作,同步将隐患排查情况上报相关政府部门 6 期,切实履行"四到位"职能。制定优化电力营商环境提升方案,以实施"10 项行动、22 项措施"为抓手,持续深化"三零""三省"服务,深度推进报装"预备制"和"项目长"负责制服务模式,主动对接全市 737 个集中开工亿元以上重大项目,确保亿纬动力、恩捷新材料、碾盘山水电等重大项目早接电、早投产、早见效,累计接电容量 175.03 万伏安,同比增长 26.04%。推进零投资政策落地,出台《荆门市电力接入工程费用分担机制实施办法》,投入低压零费用成本 2548.05 万元,惠及低压用户 3.10 万户;实施 27 个"转改直"项目,抄收到户 2286 户。贯通电力业务系统与工改系统,拓展公共服务"一件事一次办"服务场景,居民"刷脸办电"、企业"一证办电"业务实现全域覆盖。"不动产+用电"一体化过户累计上线 5.3 万户。构建"水电气"联动报装模式,全市 9 家"水电气"共享营业厅挂牌运营。多方协作、全域调研,推进荆门分布式光伏并网管理规范有序发展,实现市级和 5 个县(市、区)分布式光伏并网管理政策出台全覆盖,新并网分布式光伏 280.52 兆瓦,累计并网容量 510.45 兆瓦。公司营销中心获荆门市推进"转型升级、跨越发展"(优化营商环境类)建功立业先进集体称号。签订沙洋整县公共机构托管协议,完成沙洋 62 家公共机构用能调研摸底并接入平台,21 家公共机构(楼宇和学校)能源托管项目转入正式运营。依托 3060 平台建设荆门地市级虚拟电厂,聚合可响应容量 11.55 兆瓦,签订客户侧储能意向合作协议 5 份容量 6 兆瓦时,签订客户侧储能代运营协议 1 份容量 24 兆瓦时。择优选取合作站点,投运公交北站、凤凰停车场、官堰湖停车场专用站。围绕"搭台建圈强链",年内新增充电枪 414 把(直流 264 把、交流 150 把),按期完成乡镇供电所(街道)充电设施全覆盖专项工作,实现"一镇一街道一快充"的点状布局。"电 e 金服"电费金融产品缴费 3.51 亿元,同比增长 555.13%,增幅全省第四,"网上国网"新增注册 6.81 万户,率先在全省试点应用电费增值税电子专票。履行乡村振兴职责,完工 6 个乡村电气化项目建设,做好光伏扶贫电站包保结算,累计为贫困村支付上网电费及补贴 3205.58 万元。

(安 松)

·国网荆门供电公司·

【概述】 2023 年,国网湖北省电力公司荆门供电公司(简称国网荆门供电公司)供电区域覆盖全市(辖京山市、沙洋县、钟祥市、东宝区、掇刀区、漳河新区、屈家岭管理区和荆门高新区),面积 1.24 万平方千米。年底,供电服务人口(常住人口)255 万人,用电客户 1626423 户,其中居民客户 1242716 户。完成固定资产投资 8.57 亿元,其中电网投资 7.94 亿元;售电量 125.09 亿千瓦时,同比增长 8.52%;线损率 3.45%,同比下降 0.39 个百分点;职工劳动生产率 468.79 万元/(人·年),同比增长 11.21%。2023 年,公司获"对标先进单位"称号。自选开展筑牢"四条底线"教育整顿,发布"四维五禁二十条",建立"四无联保"责任区 40 个,发展底板得到全面夯实。全年开展"大学习、大练兵、大转型"专项行动,举办红马甲"三大讲堂"22 期、各类培训 1217 场,绘制全员能力"雷达图"3278 份。组建研学俱乐部 7 个,发布智库月报 11 期,完成总经理联络员调研课题 19 个,19 篇红马甲时评、7 期总经理嘉奖为广大干部员工擂鼓攒劲,实干争先导向更加凸显。搭建单周讲评、双月拉练"比学赶超"舞台,举办现场拉练 7 场。38 名职工获上级表彰,其中皮志勇登上“中国好人榜”、获聘省公司专业领军人才，张笑尘入选团十九大大会主席团，姜金节获国网公司劳模，廖利荣入选“荆楚工匠”，李强获评国网东西帮扶先进个人。

实施全量业务工单化管理，建成7家作业集约管控中心；开展“查纠讲”40期，评选“十佳案例”。深化“选育管控”体系建设，评选优秀合伙人5家，创新模式在省公司、国网公司得到推广。公司连续4年获得省公司“安全生产红旗单位”。

建成35千伏及以上电网通道运维一体化体系，省公司在荆门召开超特高压线路属地化运维现场推进会，实现220千伏及以上线路零外破。抓实“3334”关键之要，327项度夏重点工程按期投产，政企协同建立需求侧响应资源池24.97万千瓦，成功应对最大负荷五创历史新高251.34万千瓦、日供电量四破历史纪录5286.7万千瓦时的考验。完成安福合环荆门电网优化策略、新能源发展策略等专题研究。取得沿江高铁荆门西牵220千伏外部供电工程等16个可研批复，完成500千伏荆门东变等14个项目核准。十里、荆门西等2座牵引站配套电源正式开工，87条沿江高铁电力线路率先完成迁改，荆门将迎来“高铁时代”。220千伏官堰湖站提前半年投产，获省公司输变电优质工程金奖，220千伏爱飞客输变电工程获中国电力中小型优质工程。基本建成“3060”虚拟电厂平台，顺利投运京山现代智慧配电网示范项目，实现新港储能电站全容量运行。启动“数智荆电”3年行动，打造生产经营数智管控平台，正式运行新一代集控站，RPA应用在65个站所全覆盖，配电自动化有效覆盖率提升至82.99%。全年调用数据超过300万条，数智赋能在生产、经营等各个领域得到深度应用。

高铁改迁施工现场一览　　（国网荆门供电公司　供图）

开展合规管理提升年活动，完成2家单位经济责任审计。发起线下清障维权诉讼11起，结案5起全部胜诉，4家供电单位实现零触电人身事故。纵深推进“共同缔造·双网融合”，发布社区便民服务地图124张。推进乡村振兴三年行动，纪山肖场村“电力爱心超市”被省委宣传部评为第八批湖北省学雷锋活动示范点。

表9　2023年国网荆门供电公司职工情况和所属县级供电公司情况一览表

地市公司	职工情况	所属县级公司
国网荆门供电公司	国网荆门供电公司用工总量3282人。其中，全民职工1618人，集体职工49人，供电服务职工1504人，其他111人	国网钟祥市供电公司 国网京山市供电公司 国网沙洋县供电公司

表10　2023年国网荆门供电公司主要生产经营情况一览表

地市供电公司	售电量（亿千瓦时）		市场占有率（%）		城市综合供电电压合格率（%）		农网综合电压合格率（%）		线损率（%）		职工劳动生产率［万元/（人·年）］	
	2022	2023	2022	2023	2022	2023	2022	2023	2022	2023	2022	2023
荆门	115.26	125.09	100	100	99.995	99.996	99.802	99.865	3.84	3.45	421.78	468.79

【助力产业转型升级示范区建设】 实施优化电力营商环境10项行动，深化用电报装“预备制”，推广“项目赋码互联互通、用电报装全程代办”服务，主动对接737个集中开工亿元以上重大项目，接电容量27.55万千伏安。优化“新兴产业+省管企业”运转体系，推动“两个产业”融合发展，推进省管产业确权改革，全省率先完成并账并表和产权登记，推动利润总额快速攀升。加快虚拟电厂建设运营步伐，签约屋顶分布

式光伏资源20.71兆瓦,形成稳定营收基本盘,开拓工业能效诊断业务,完成年度计划的114.29%。加快电动汽车充电服务业务布局,实现乡镇直流快充全覆盖,电动汽车充电量增长率159.81%,全省第3,服务新能源汽车下乡工作获《人民日报》报道。

【打造新型电力系统建设"荆门方案"】 高位融入"锂电之都""高铁时代"城市发展大局,10个月建成投产官堰湖,提前3个月建成碾盘山水电上网线路工程,竣工十里牵、荆门西牵等8个重点基建项目,为城市发展注入动力。政府发布优化电网项目审批流程,开展安福合环荆门电网优化策略研究、新能源消纳策略分析,500千伏荆门东通过可研复审,全省率先打赢沿江高铁87条电力线路迁改攻坚战,实现交叉区段零跨越。靠前服务荆门百万千瓦级风光水储一体化项目,接入风光装机80.57万千瓦,新能源装机容量261.21万千瓦,新港储能电站全容量并网运行,有效提高区域电网灵活调节能力。建成全省第二批现代智慧配电网示范项目,配电自动化实用化加速推进,实现"一键转供"应用全覆盖。

【成功应对极值考验】 面对夏季负荷五创历史新高、日供电量四破历史纪录,分别超上年极值21天、22天的严峻考验,公司紧扣电力保供"3334"关键之要,按期投运重点工程327项,完成普云主变紧急消缺典型处置,实现110千伏串供断面远方备投全覆盖,建立需求响应资源池41.72万千瓦,促请政府出台负荷管理、节约用电等"政策包",圆满实现"不拉路、不限电"目标。第一时间响应中秋、国庆期间汉江秋汛Ⅲ级预警,点亮79千米防汛大堤,打赢汉江秋汛遭遇战。众志成城应对冬季负荷九创新高考验,春节保供综合评价全省第一,实现"双优四零"市县两级满堂红。

【助力乡村振兴】 围绕乡村发展多样化用能需求,整合电网行业和地方资源优势,精准对接地方"六个一"(一袋米、一壶油、一头猪、一只虾、一枝花、一棵菜)重点农业产业季节性生产用电需求,以最快速度保证农业产业重点项目早落地、早见效。积极参加地方新能源发展规划布局,实施乡村电气化提升工程,联合地方打造"零碳小镇""零碳景区"等特色项目,积极推广电排灌、电烘烤、电烘干、电制冷等技术,促进地方新能源资源有序开发利用。将打造"共同缔造·双网融合"网格服务机制作为助力乡村振兴工作的有效途径,建立市县所三级联动供电网格服务管控机制,形成党建引领共同缔造、供电服务优质下沉、基层治理有效助力的多赢局面。

【社会责任周公众开放日活动】 6月19日,公司开展"电靓美好生活"社会责任周走进"共同缔造·双网融合"便民服务驿站公众开放日活动,中央省直和地方媒体、网络新媒体代表参加活动。活动邀请新闻媒体、社区、客户代表等利益相关方,先后到城山村党员群众服务中心、东宝工业园区"鄂电红马甲"服务驿站、浏河社区,现场体验驿站服务功能,实地感受"共同缔造·双网融合"网格服务成效,了解供指中心平台建设和共产党员服务队指挥中心建管机制。

(安　松)

中小企业

【概况】 2023年,全市新增规模以上工业企业129家,年末1079家。规模以上工业完成营业收入2934亿元,同比增长7.9%;实现利润156亿元,同比增长3.1%。规模以上工业中,中小微企业1001家,完成营业收入1043亿元,同比下降12.9%;实现利润45亿元,同比下降22.4%。

10月,工业和信息化部公布《2023年度中小企业特色产业集群名单》,全国100个,湖北省4个,荆门市掇刀区新能源动力电池产业集群位列其中。荆门市中小企业特色产业集群实现零的突破。

出台《荆门市数字经济高质量

9月8日,"鄂电红马甲"助农收粮

(国网荆门供电公司　供图)

发展若干政策措施》《荆门市中小企业数字化转型城市试点实施方案(2023—2025)》,积极争取国家和省中小企业数字化转型城市试点工作,成功获评省级中小企业数字化转型试点城市。

【专精特新企业发展】　全市积极推荐专精特新企业申报国家、省各类荣誉认定及专项资金扶持,持续加大市级工业资金对专精特新企业的支持力度。三年来,累计为优质中小企业培育投入1.84亿元,全年全市专精特新企业享受惠企资金8687万元。全年全市新增专精特新"小巨人"企业18家,增量居全省第2位。年底,全市有专精特新"小巨人"企业31家,专精特新"小巨人"企业数量连续3年实现倍增。

(孙　丹)

企业选介

【荆门石化】　荆门石化(中国石油化工股份有限公司荆门分公司,中国石油化工集团资产经营管理有限公司荆门分公司)是国家"三线"建设时期的战备炼油厂,1970年正式动工建设,1983年由石油工业部划归中国石化总公司。建厂53年来,荆门石化已发展成为石化系统内燃料油、润滑油、特种油生产手段齐全、灵活性较大的企业之一,是国内特种油品开发的领先者和华中地区最大的润滑油、石蜡、特种油生产基地。主要加工仪长线、南阳、江汉、长庆原油和春风原料油,生产燃料油、润滑油基础油、石油蜡、石油焦、石油沥青、液化石油气、聚丙烯、特种油品系列等20多个品种、100多个牌号的产品。

2023年,做实650万吨/年综合配套能力,稳定非石蜡基原油、拓展石蜡基原油,优化调整产品结构、提升高价值产品产量,落实节能举措、促进能效提升,加强产销协调、畅通产品后路。全年加工原(料)油596万吨,创历史新高。炼油能耗、单因耗能等技术经济指标创出历史较好水平。实现营业收入412亿元、税金80.61亿元、利润5.22亿元,利润总额在中国石化沿江企业中排名第二,年缴税费持续名列湖北省工业企业第四、荆门市第一,被评为中国石化"2023年度炼化企业经济效益优胜单位"。全年特种油品销售总量超66万吨,拳头产品68号、100号高档重质白油产销量比上年增长50%,高档白油比例62%,国内市场占有率进一步巩固。

转型发展　荆门市全力支持荆门石化"打造中国石化转型升级标杆企业"的目标,将转型发展升级项目纳入湖北省产业发展规划。荆门石化加强"专精特新"发展战略统筹谋划和顶层设计,加快推进"油转特"项目工作,深化"产销研用"一体化改革,协调设立"专精特新"公司。魏荆新线顺利建成投用,2#高档白油加氢装置建成投产,相变蜡试生产全流程顺利打通。原油资源实现高水平一体化统筹,新疆春风油、长庆油、南阳高含蜡油等特种油品生产资源向荆门石化集中。加强与地方产业发展战略协同,发挥化工产业"链长"作用,深化与荆门化工循环产业园合作,推进设立烷基化项目合资公司,推进与荆门市、中国石化新星湖北公司新能源三方合作。

安全环保职业健康管理　开展"安全管理强化年"行动,持续开展危险化学品安全专项整治和安全风险治理,完成重大事故隐患专项排查和老旧装置排查问题整改。深化双防平台建设和专业融合应用,建成工艺、质量报警信息推送机制,设备完整性管理体系建设通过集团公司验收。开展绿色低碳"补短板、强弱项"专项行动,推进"无异味工厂"。持续开展"绿色企业"创建工作,绿色基层创建率84%。持续开展清污分流和污污分治,污水回用率64%。完成"无废企业"建设,污油泥热脱附装置实现长周期运行。全年外排污水达标率、外排有控废气达标率、固体废物合规处置率均100%。首个光伏发电项目一次并网成功发电。完成全年碳管理及碳履约任务,盈余配额创效740万元。获评集团公司2023年网络安全A级企业。

科技进步　召开荆门石化第六次科技大会,全面部署"十四五"科技工作。实现2#高档白油加氢装置当年设计、当年建成投产并一次试车成功。开展合成型高温导热油产品质量提升及系列产品开发攻关任务,推动工业白油转产涤纶低弹丝油剂产品,食品级白油、环保型橡胶填充油产量进一步提高。开展液氨产品质量攻关,获得工业产品生产许可证。推动热(直)供料深度利用,累计热(直)供料比例达到92.36%。完成氢气管网优化、凝结水优化利用等26个能效提升项目,

荆门石化首届最强操作竞赛现场　　(荆门石化　供图)

年节能量2.7万吨标煤。荆门石化荣获中国石化集团公司“质量管理先进单位”称号。

深化改革　持续深化改革提升行动,实施《荆门石化改革深化提升行动工作方案(2023—2025)》,深入开展“价值创造”行动暨“精益管理见效年”活动,纵深推进“三项制度”改革,完善“三能”机制,全面推行中(基)层领导人员任期制和契约化管理,持续推动薪酬分配改革。“提质增效”超额完成创效目标。持续推进机电仪、检验计量、通信业务综合改革。持续深化法治合规建设,抓实重点领域风险防控。获中国石化集团公司“深化改革三年行动先进集体”“企业法治建设先进集体”等称号。杨勇刚获“荆门40年突出贡献个人”称号。

社会履责　持续助力“乡村振兴”工程,全年累计投入370.52万元,用于乡村振兴教育帮扶、三峡对口支援、消费帮扶和所在地公共福利事业。乡村振兴教育帮扶工作被中央广电总台国际在线、《工人日报》等央媒报道,相关经验在中国石化集团公司专题工作会上作典型交流发言。稳步推进改善性住房项目建设,开展住房建设进度和质量巡视活动,维护购房员工权益。在省市主流媒体发布年度社会责任报告,开展公众开放日活动9次,向社会展示公司“党和人民好企业”形象。

人才培养　完善“十四五”人才发展规划,抓实“四大员”培训和技能操作人员能力提升,夯实岗位练兵、师带徒、实操训练、应急演练等基本功训练,成功举办荆门石化首届“最强操作”业务竞赛,大力培养支撑打造中国石化转型升级标杆企业的高素质人才队伍。积极响应和落实集团公司关于异地转型发展企业人员优化配置的决策部署,顺利吸纳南阳能化、湖北化肥等兄弟企业99名员工入职荆门石化。在第十四届全国石油和化工行业职业技能竞赛中,荆门石化代表队获机修钳工项目“团体三等奖”。荆门石化获得湖北省“工匠杯”会计职业技能大赛三等奖。付胜利创新工作室被评为“中国石化示范性职工创新工作室”。郭振恩获聘中国石化集团公司首席技师,特级技师付胜利当选为全国人大代表,高级技师张智勇被授予湖北省“带徒名师”。

(王克文　黎　坚)

表11　2018—2023年荆门石化主要技术经济指标统计表　单位:亿元

指标名称＼年份	2023	2022	2021	2020	2019	2018
原(料)油加工量/万吨	596.36	450.53	560.37	532.19	532.96	500.65
工业总产值	383.41	303.7	294.59	223.65	274.12	270.28
资产总值	97.68	92.24	86.18	92.33	92.73	80.49
其中:流动资产	23.7	19.71	12.82	15.44	16.09	20.09
固定资产原值	142.81	132.28	128.92	126.22	110.78	96.16
固定资产净值	53.92	52.58	54.29	56.57	47.39	36.71
销售收入	412.32	337.18	335.03	249.41	298.51	295.15
实现利税	84.3	62.51	82.25	74.52	76.01	78.22

表12　2018—2023年荆门石化主要产品产量统计表　单位:万吨

指标名称＼年份	2023	2022	2021	2020	2019	2018
汽油	191.62	143.73	190.21	174.67	184.05	169.30
柴油	132.1	97.43	117.22	129.68	131.47	134.11
煤油	54.03	32.41	38.09	36.57	44.49	32.54
石油焦	12.56	11.92	15.42	20.62	25.22	24.98
聚丙烯/丙烯	14.85	11.04	15.14	12.43	13.55	11.56

【国能长源荆门发电有限公司】 国能长源荆门发电有限公司始建于1976年,现役机组为2台640兆瓦超临界燃煤发电机组,两台机组各配套建有一台生物质气化—再燃发电设施,容量为10.8兆瓦,有建成的厂区分布式光伏电站及两座新能源电站,累计装机总容量为511.673兆瓦。

2023年,获评全国电力安全文化建设精品工程、第二届国家能源集团文明单位等荣誉,获2023湖北公司年度关键业绩考核A级。牢固树立“人民至上、生命至上”的思想,开展“中央企业安全强化年”活动,持续加强重点领域和外委队伍安全管控,实现连续4年零非停。完成厂区光伏电站、煤场周边及灰场的绿化和环境整治。加强危废品回收、处置管理,持续开展工业废水的统计分析,没有发生废水超标考核事件,《燃煤与生物质气化耦合发电技术探索与实践》入选ESG环境实践类优秀案例。年内实现安全生产十周年。

（国能长源荆门发电有限公司）

【中国特种飞行器研究所】 2023年,中国特种飞行器研究所(以下简称特飞所)加快推进重大项目攻关,

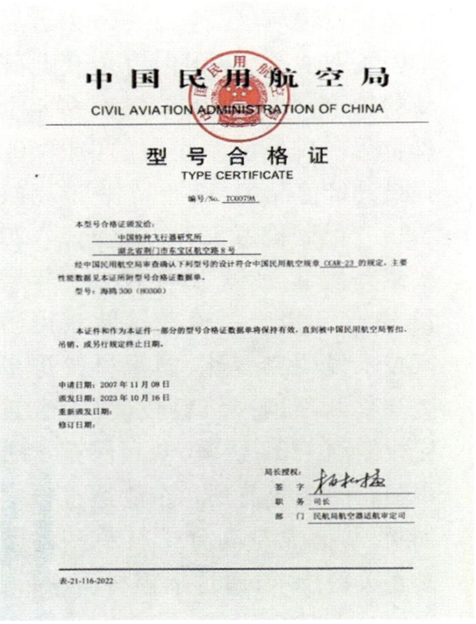
中国民用航空局
CIVIL AVIATION ADMINISTRATION OF CHINA

型号合格证
TYPE CERTIFICATE

编号/No. TC0079A

本型号合格证颁发给:
中国特种飞行器研究所
湖北省荆门市东宝区航空路8号
经中国民用航空局审查确认下列型号的设计符合中国民用航空规章 CCAR-23 的规定,主要性能数据见本证所附型号合格证数据单。
型号:海鸥300(HO300)

本证件和作为本证件一部分的型号合格证数据单将保持有效,直到被中国民用航空局暂扣、吊销、或另行规定终止日期。

申请日期:2007年11月08日
颁发日期:2023年10月16日
重新颁发日期:
修订日期:

局长授权:
签　字
职　务　司长
部　门　民航局航空器适航审定司

表-21-116-2022

海鸥300轻型水陆两栖飞机获颁型号合格证　　（特飞所　供图）

民机研制取得突破性进展,全年营业收入突破5亿元,同比增长39%。特飞所首次获得集团公司航空报国先锋奖、航空报国先锋团队和适航工作突出贡献集体奖。副总工程师王浩伟被授予全国五一劳动奖章,水动力研究中心被共青团中央命名为“第21届全国青年文明号”,获评首批“二星级全国青年文明号”。张家旭创新工作室获湖北省示范性职工(劳模、工匠)创新工作室授牌,王鹏飞创新工作室被命名为湖北省级职工(劳模、工匠)创新工作室。

聚焦科技创新,推进创新平台建设,多项关键技术完成攻关验证,重点研究项目通过中期评估,获批设立重点实验室和创新中心。全年获集团科技进步二等奖1项,三等奖6项,提名国防科技进步奖2项。授权专利49件。完成各级各类标准65项,其中国家级标准5项,在浮空器和两大特色专业标准领域开创国内领先的良好局面。3月,中国合格评定国家认可委员会组织评审组现场复评审特飞所高速水动力实验室,审核组认为实验室管理体系运行符合认可要求,具备相应实验检测能力,同意实验室通过中国合格评定国家认可委员会(CNAS)复审。

推进浮空器市场应用,特种航空产品产业发展实现突破,完成AG600飞机研制任务,“祥云”AS700载人飞艇、海鸥300轻型水陆两栖飞机取得TC证,制造交付AG50飞机10架。

推进战略新兴产业发展,智能集装化无人运输机项目获首笔政府支持资金,启动建设6000吨热渗锌腐蚀防护生产线。深化产业军民融合发展,持续推进服务平台向民口企业开放共享,为小鹏汇天、成都巨峰玻璃等提供试验验证服务。完成荆门市特飞建设工程有限公司100%股权转让,受让方为荆门市城市建设投资有限公司,成交价格734.06万元,完成工商变更,注销国有产权登记。

（赵　宁）

【荆门市格林美新材料有限公司】 荆门市格林美新材料有限公司位于荆门高新技术产业开发区,是国内循环经济领域领军企业,注册资本84.4亿元,是格林美股份有限公司的全资子公司。主要从事废旧电池、废弃钴镍资源等报废资源的回收及资源化再利用,循环再造钴、镍、铜、钨、金、银、钯、铑、锗、铟、稀土等30余种稀缺资源以及镍钴铝三元动力电池材料等高科技产品,实现动力电池从报废端到消费端的大循环体系建设。循环再造的超细钴粉和三元动力电池材料出货量分别占据世界市场的50%和15%,对接客户涵盖SAMSUNG SDI、ECOPRO、CATL、LGC、ATL、优美科、山特维克、美国肯纳金属、厦门钨业、中国五矿等全球知名客户群体和战略新兴产业优质客户,全面参与全球核心产业链分工与合作。先后攻克三元动力电池原材料制造、废旧动力电池循环利用等行业关键技术,解决中国废旧电池资源化回收技术以及动力电池材料的三元“核”技术等世界技术难题,拥有国家企业技术中心和国家电子废弃物循环利用工程技术研究中心两个国家级创新平台、一个退役动力电池高值化利用湖北省重点实验室,配置国际先进水平的检测与实验设备100多套,组建院士专家工作站,研发人员650余名(博士、硕士以上学历研发人才200余名),是CNAS认证和国家计量检测CMA认证双重资格的公共技术平台,与清华大学、中南大学、北京科技大学、北京工业大学等国内知名高校开展长期深入的产学研合作,保证公司国际一流的技术水平与创新能力,夯实公司在全球新能源行业的核心地位。先后获得中国有色工业科技进步一等奖、国家科技进步二等奖、中国循环经济协会科技进步一等奖,湖北省专利

奖、湖北省科技进步一等奖、湖北省技术发明奖一等奖。先后被认定为国家高新技术企业、国家“城市矿产”示范基地、国家循环经济教育示范基地、国家技术创新示范企业、国家知识产权示范企业、工业和信息化部绿色工厂、绿色供应链管理企业、工信部制造业单项冠军(超细钴粉),湖北省高新技术百强企业、省第四批服务型制造示范企业、省生态文明建设示范基地、省循环经济试点企业。截至2023年,申请专利1200余项,牵头制定国家及行业标准60余项。公司循环再造的三元前驱体出货量超过17万吨,稳居全球市场前二;超细钴粉销售量超4500吨,占全球市场份额50%以上,连续11年占据全球市场第一。2023年,公司产值300亿元,连续6年入围中国民营制造企业500强、湖北制造企业100强。

(掇刀区史志研究中心)

【湖北亿纬动力有限公司】 湖北亿纬动力有限公司是惠州亿纬锂能股份有限公司在荆门注册的子公司,2012年落户荆门高新区,规划建设1个总部、11个厂区,有员工13000余人。截至2023年,建成9个厂区,形成年产能152吉瓦时的动力储能电池及集成系统研发生产基地,拥有电芯研制与系统集成核心技术,提供电芯、模组、蓄电池管理系统(BMS)及系统的产品与解决方案,广泛应用于新能源乘用车、新能源商用车、新能源工程机械、储能和电动船舶市场,已形成“镍钴锂矿—电池材料—电池生产—电池回收—电池再造”的全产业链布局。在建项目3个,分别为十区、十一区及零区亿纬动力总部,全面建成后,荆门基地总产能将达到232吉瓦时。亿纬锂能搭建19个电池研究所和27个大型研发实验室,董事长刘金成博士带领的研究院拥有5300余人的研发团队,累计申请7500余项国家及海外专利,获得中国专利优秀奖5项,承担国家级项目17次,参与制定行业标准100余条。亿纬动力技术团队全面涵盖电化学、材料、机械、设备、自动化、电子、管理等多学科专业人才,核心技术人员包括国内最早从事锂电池研究的专家,具有丰富的理论和实践经验。先后获批国家工信部“绿色工厂”、新一代信息技术与制造业融合发展试点示范项目、智能制造优秀场景、国家发改委“双创支撑平台项目”、国家能源局“新型储能试点示范项目”,湖北省信息化和工业化融合示范企业、储能与动力电池湖北省重点实验室、湖北省企业技术中心、动力电池系统设计技术湖北省工程研究中心、湖北省锂电池技术企校联合创新中心、新能源与绿色技术水上应用湖北省工程研究中心、湖北省博士后创新实践基地、湖北省技术创新示范企业、湖北省智能制造试点示范单位;先后获得中国机械工业科学技术奖一等奖、中国制造业民营企业500强,湖北省科学技术进步奖一等奖、湖北省科技进步奖三等奖、湖北省高价值专利大赛银奖、首届中部六省高价值专利大赛三等奖、第四届湖北改革奖(企业奖)等荣誉。

(掇刀区史志研究中心)

【长城汽车股份有限公司荆门分公司】 长城汽车股份有限公司荆门分公司成立于2020年11月,位于荆门高新区至信大道9号,占地面积122.07公顷,建筑面积37万余平方米。长城汽车荆门整车制造项目总投资60亿元,首期投入35亿元,年产能10万辆,于2021年初全面开启工艺改造,历时6个月完成第一台新车下线,2022年1月量产。全面达产后,可实现年产能15万辆,营业总收入200亿元。工厂以建设“工业4.0”全球示范性工厂为目标,涵盖冲压、焊装、涂装、总装四大生产工艺。生产设备均从德国、日本等国内外一流厂商引进,自动化程度处于国内同行业较高水平。长城汽车荆门整车工厂主要生产高端SUV和皮卡车型,零部件主要配套企业已入驻汽车产业园并正式投入使用,包含汽车座椅、内外饰、底盘等零部件配套项目。荆门整车生产基地项目将打造为以整车制造为核心、关键零部件为配套、相关产业为服务的综合性基地项目,在荆门市构建优质的汽车产业集群,带动产业转型升级,为荆门发展集聚新动能。随着荆门工厂项目的顺利发展,长城汽车在国内集中形成华北、华东、西南、华中四大整车生产区域,全面覆盖国内市场,对企业全球化发展形成有力支撑,持续强化企业全球化体系竞争力。

(掇刀区史志研究中心)

【湖北玲珑轮胎有限公司】 湖北玲珑轮胎有限公司成立于2018年,位于荆门化工循环产业园,注册资金6.2亿元,是山东玲珑轮胎股份有限公司的全资子公司。山东玲珑轮胎股份有限公司是一家集轮胎设计、开发、制造与销售为一体的技术型轮胎生产企业,产品广泛应用于乘用车、商用车、卡客车以及工程机械车辆等,连续多年入围世界轮胎20强、中国轮胎前三强。2018年获得中国工业领域最高奖项——第五届中国工业大奖,是国内首个获此殊荣的轮胎企业。“玲珑品牌”多年上榜世界品牌实验室发布的中国500强最具价值品牌、亚洲品牌500强,2023年品牌价值827.17亿元,第20次荣登榜单,连续10年保持每年增长50亿元以上。玲珑轮胎获得国家技术发明二等奖、国家科技进步二等奖两项国家级科技奖项,有效授权专利1200余项,专利保有量居中国轮胎企业前列。企业通过技术创新,掌握大量高分子材料和轮胎制备关键技术;通过承担科研项目,引领行业技术进步,促进行业结构调整。承担并完成国家科技支撑计划荆门市重点科技计划项目“纳米填料协同补强绿色轮胎胎面胶的关键技术研究”，完成规格新产品开发设计100多个，其中LL新产品SU-VHP开发首次采用系列化胎面设计，新产品干地刹车性能、操控性能优于竞争品4%—9%，磨耗性能、湿地刹车性能高于竞争品；HP系列完善GREEN—Max家族系列产品。积极应对国际技术壁垒和贸易壁垒，致力于满足欧盟标签法和北美SmartWay认证要求的安全舒适、绿色节能产品的开发。湖北玲珑轮胎有限公司是玲珑轮胎“7＋5”战略（国内7个生产基地、海外5个生产基地）的重要战略支撑，计划投资54亿元，建设年产1200万套半钢子午线轮胎生产线、240万套全钢子午线轮胎生产线、6万套特种工程胎及内胎垫带等配套工程，项目净用地90.27公顷，规划建筑面积71万平方米。全部建成达产后，可实现年销售收入50亿元，税收4亿元。截至2023年，全钢生产线全部建成，具备年产能240万套；半钢生产线大部分已建成，具备年产能1000万套。

（掇刀区史志研究中心）

【荆门宏图特种飞行器制造有限公司】 荆门宏图特种飞行器制造有限公司始建于1971年，前身为中国航空工业宏图飞机制造厂（中国唯一一家水上轰炸机总装基地），拥有40多年的压力容器设计和制造经验，2008年加入中国国际海运集装箱（集团）股份有限公司。公司位于掇刀区迎春大道16号，占地35.47公顷，总投资13亿元，是中集集团在中西部地区最大的能源化工高端装备制造基地；主导和参与17项国家、行业标准编制，是行业内技术领先型制造企业，现有员工1100余人。围绕国家能源产业政策，以推动绿色清洁能源应用为主导，以高端能源化工及压力容器储运装备制造为主业，形成液化石油气及化工储运过程装备、液化天然气及冷冻液化气体储运过程装备、大型石油化工及天然气储配工程总承包（EPC）工程三大支柱产品。液化气体罐车连续42年市场占有率全国第一，球罐工程业务连续8年市场占有率第一，液化气体罐车、球形储罐获得细分领域隐形冠军称号。公司产品覆盖欧洲、中东、南美、东南亚、非洲等50多个国家和地区，核心产品成为“国家制造业单项冠军”，入选“中国制造2025重大项目库”。先后获国家高新技术企业、国家绿色工厂、国家知识产权示范企业、全国模范劳动关系和谐企业、国家工业产品绿色示范企业、国家服务型制造示范企业，湖北省省长质量奖、省支柱产业细分领域隐形冠军示范企业、湖北精品、湖北百强高新技术企业、省创新型企业、省压力容器应急救援基地、省承压储运装备工程技术中心、省企业技术中心、省工业设计中心、承压储运装备湖北省工程研究中心等多项荣誉。

（掇刀区史志研究中心）

【福耀玻璃（湖北）有限公司】 福耀玻璃（湖北）有限公司成立于2007年11月，是福耀集团在华中地区投资建设的汽车安全玻璃项目，位于荆门高新区交通大道，注册资本4300万美元，占地面积22.53公顷，规划设计年产600万套配套汽车安全玻璃，有员工1700余人。公司建有世界一流、国内领先的边窗及后挡钢化玻璃生产线、前挡夹层生产线及PVC/PU注塑包边总成生产线，有钢化厂、夹层一厂、夹层二厂、包边4个工厂，主要产品为夹层前挡玻璃、边窗（含前后门/前后三角/天窗等）钢化玻璃、后挡钢化玻璃、镀膜玻璃及PVC/PU注塑包边总成玻璃，主要用于轿车、SUV、MPV等车型。顺利通过3C、DOT、ECE、ISO14001、ISO45001、IATF16949等认证，实施ERP、PLM、CRM、EHR、OA、MES、全面财务预算等信息系统。产品主要用于奇瑞汽车、东风本田、上汽通用（武汉）、伟巴斯特、长城汽车（荆门）、东风日产（襄阳）、东风乘用车、东风商用车、东风纳米、东风小康、上汽大众（长沙）、北京汽车（株洲）、吉利汽车、路特斯、比亚迪汽车、江淮汽车、长安（合肥）、江铃汽车、岚图汽车、小鹏汽车、合众汽车、神龙汽车等华中地区各大汽车厂商。先后获批国家级高新技术企业、第十六批湖北省认定企业技术中心、省工程技术中心、省创新型企业、省工程研究中心；先后获得国家级两化融合管理体系贯标试点企业，湖北省两化融合试点示范企业、省智能制造示范单位、省第二批支柱产业细分领域隐形冠军企业科技“小巨人”企业，荆门市“市长质量奖”。2023年，公司实现产值20.3亿元，完成税收1.63亿元。

（掇刀区史志研究中心）

【湖北动能体育用品有限公司】 湖北动能体育用品有限公司成立于2008年10月，注册资本1亿元，占地面积22.87公顷，专业生产运动休闲服饰，经营品类涵盖制衣、印染、绣花等，有员工2400余人，其中大专及以上学历228人。公司拥有12栋现代化厂房、71条生产线，车间配套有全自动吊挂系统流水线和自动裁剪系统，年产服装7000万套。公司主要生产李宁系列运动服饰，同时与Nike、凡客诚品、迪卡侬、美特斯邦威、Target、JCPenney、沃尔玛等国内外知名品牌合作，是Target在亚洲地区首家第一轮验厂即通过的供应商。2019年2月，成立鹰美（荆门）制衣有限公司，专业生产Nike系列运动服饰。

（掇刀区史志研究中心）

【湖北福力德鞋业有限责任公司】 湖北福力德鞋业有限责任公司成立于2008年9月，是国内领先的体育用品品牌企业李宁公司长期战略合作伙伴，是李宁（荆门）工业园负责运动鞋制造的专业公司。公司占地面积36.67公顷，年产运动鞋、休闲鞋600余万双，是国内规模最大、最先进的生产型制鞋企业之一。有配套成型线12条，员工2800余人，拥有从橡胶底、EVA中低等化工产品到制鞋成型的完整全套生产装备能力。公司具有国际先进的橡胶、塑料射出(注塑)成型制底设备10套，鞋业生产、研发检测实验中心1个；专利59项，其中发明专利10项。引进全自动电脑针车和全自动裁断设备，有效提高生产效率，保证产品质量。先后获得高新技术企业、省企业技术中心、省支柱产业细分领域科技“小巨人”、省两化融合试点企业、省优秀中国特色社会主义事业建设者，荆门市高质量发展突出贡献企业、市建设江汉平原振兴发展示范区先进集体、市市长质量奖提名奖。2023年，实现工业总产值7.8亿元。

(掇刀区史志研究中心)

【湖北亨迪药业股份有限公司】 湖北亨迪药业股份有限公司成立于1995年，注册资本2.88亿元，主要从事医药原料药和制剂产品的研发、生产和销售。注册地和生产基地位于荆门，研发和销售中心位于武汉，下设3个子公司和1个分公司。公司是湖北省博士后医药产业基地、湖北省高新技术企业、湖北省第四批隐形冠军企业、华中科技大学同济医学院药学教学基地。公司是全球6大布洛芬原料药生产厂家之一(国内有2家生产企业)，是全球非甾体抗炎类原料药领先企业，是国内重要解热镇痛原料药基地、湖北省抗肿瘤特色原料药基地和固体制剂制造基地，拥有50多个医药原料药和制剂品种，拥有8项中国发明专利和1项国外发明专利，有十余个品种在欧美近20个国家进行注册。2023年，实现总产值6.2亿元。

(掇刀区史志研究中心)

【荆门弘毅电子科技有限公司】 荆门弘毅电子科技有限公司是弘信电子控股的一家全资子公司，成立于2017年9月15日。总建筑面积13.71万平方米，是一家专业从事柔性印制电路板(简称FPC)研发、设计、制造和销售为一体的国家火炬计划重点高新技术企业。公司拥有出色的自主研发能力和全套智能化生产装备能力，是行业内唯一一家同时获评国家级智能制造示范基地及国家企业技术中心的企业。产品广泛应用于消费电子、人工智能、新能源汽车、机器人、智能穿戴、工控、医疗及元宇宙等领域，在柔性电子行业中保持绝对领先地位。2023年，荆门弘毅电子科技有限公司营业收入环比增长44.2%。公司产品质量与良品率得到公司主要客户华星光电、天马微电子、维信诺等国内知名显示厂商的一致好评。企业获国家高新技术企业，并成功实施了“全自动上下料FPC快压机装置的研究与应用”项目，获荆门市科技计划项目“重大项目”，并申请发明专利1件，申请实用新型专利4件。

2023年，“FPC柔性线路板数字化智能制造穿戴项目”建设有序开展，规划建筑面积32743.32平方米，购置小试、中试和生产设备，形成年产70万平方米智能穿戴FPC全制程工艺产品的生产能力。3号厂房主体完工，项目配套设备正按计划有序采购，项目预计2024年正式投产。开展柔性线路板裁切装置、柔性线路板固定组件、柔性线路板拼接组件、柔性线路板散热辅助装置4个项目研发。借助于柔性电子产业共享制造服务中心建设项目，筹备超精细大尺寸柔性电子电路500毫米宽幅制程工艺和设备研发。

2023年，集团公司加快企业转型升级，在稳坐消费电子显示模组FPC龙头的基础上，加速推进新能源领域布局，产品包括动力电池及储能FPC、CCS模组等相关产品，合作对象包括国内主要知名新能源厂商，应用范围包括动力电池、储能领域，应用终端包括国内乃至国际知名纯电及混合动力汽车品牌以及储能产品。弘毅电子三期项目主要针对新能源领域客户，公司依托弘信电子的产业化平台，进行柔性电子上游核心材料、相关装备及应用的研发，并根据客户需求，包括应用场景，技术要求、关键材料、核心器件等，为客户提供产品设计及定制化服务。

(荆门弘毅电子科技有限公司)

【新洋丰农业科技股份有限公司】 新洋丰农业科技股份有限公司是深交所主板上市公司，主营业务磷复肥、新能源材料、精细化工、磷石膏建材等产品的研发、生产和销售。公司总资产168.85亿元，员工8000多人，是国家高新技术企业，全国磷复肥龙头企业。曾获中国石油和化工民营企业百强，中国民营企业500强，中国制造业500强等称号。公司始建于1982年，总部位于湖北荆门和北京，依托母公司洋丰集团5亿吨磷矿资源以及全国十一大生产基地，已形成了年产各类高浓度磷复肥约990万吨、磷石膏综合利用超600万吨的生产能力和535万吨低品位磷矿洗选能力。公司一直坚持“创新驱动 绿色发展”战略，2023年，获批1个省级研发平台，新主持或参与国家级、省级重点科研项目6项，参与制定5项国家和行业标准；申请发明专利22项；获评副高级职称13人；获批国家知识产权优势企业等科技类荣誉。

2023年，新洋丰围绕第二主业精细化工进行项目建设，投资约5亿元，在钟祥基地建成磷酸铁二期项目，于2023年5月投料试生产，并成功达标达产；投资约2亿元，在总部基地建成30万吨/年硫精砂制酸项目，于2023年12月份建成投产；总投资约6亿元，在总部基地在建3万吨/年无水氟化氢项目一期，正在加快建设。

公司聚焦磷复肥和精细磷化工双主业，开展数字化、智能化改造，制定2023—2025年数字化转型与应用重点工作规划。2023年首选新合成氨厂为试点推进数字化应用,6月底启动,2024年5月结项,完成后可大幅提升自控率和装置运行平稳率,减少综合能耗,实现生产效益最优化。推进雷波巴姑磷矿机车数字化应用试点,2023年7月启动,11月结项,开启井下生产运输"机进人退"新模式。硫酸钾复合肥厂自动装车项目正在进行试拆垛阶段。公司第一期数字化脱产培训班已结业,正在启动第二期培训。

2023年,开发一批差异化的"高富专"产品,包括根茎类专用肥(含马铃薯)、升级版藻绿丰蔬菜肥、大蒜专用肥、南方果树长效肥、长江中下游水稻专用肥、中量元素水溶肥等,通过套餐化的产品与专业技术服务团队辅助,科学高效解决区域种植难点和痛点,提高作物品质和产量。

经过多年积累和实践,公司构建起涵盖作物全生长周期的农化服务模式,形成了"技术服务金字塔体系"。塔尖上层由全国20多家高校、科研院所及公司自有科研专家组成,作为顶层设计和技术把关;中间层由200余名专业技术服务人才连同地方农技部门基层专家,指导技术服务实施落地;根基层则由新洋丰1000余名推广员以及新农人、种植大户等合力共建落地小分队,常年服务在田间地头,把服务创新与农民的生产生活紧密联系在一起。全年公司开展技术培训及示范观摩会超8000场次,培训超40万人次,新建400余块高标准示范田及5000余块市场推广试验示范田;全年形成测土配方施肥报告近2000份,制定作物营养解决方案1600余份。

2023年,新洋丰全年缴纳税款3.6亿元,其中增值税缴纳0.98亿元,企业所得税缴纳1.75亿元,其他税费缴纳0.86亿元;在公益助学方面,与东宝中学、石桥驿实验学校签订《洋丰奖学金章程》,2023年发放奖助学金8.8万元;在促进就业方面,为社会提供近8000个就业岗位,近两年安置10余名残疾人就业,2023年获"全国就业与社会保障先进民营企业"称号;中标国家商业化肥储备企业,带头承担起化肥稳产、保供、稳价的责任和义务;投入大量人力、财力、物力开展土壤检测相关工作,为科学制定施肥方案提供数据支撑,土壤检测中心年检测土壤样品2000余份;引导农民科学施肥、绿色种植实现大田作物平均增产8%—10%,经济作物平均增收10%以上。

(何凤琴)

【华能荆门热电有限责任公司】 华能荆门热电有限责任公司于2011年11月3日由中国华能集团公司旗下子公司华能国际电力开发公司投资成立。华能荆门"上大压小"热电联产项目作为湖北省"十二五"重点电源建设项目,静态投资27.98亿元,于2012年12月21日开工建设,两台机组分别于2014年10月、11月通过168小时满负荷试运,均正式转入生产运营。

华能荆门热电有限责任公司积极履行央企社会责任,在工程建设期间十分注重环保投入,建成投产后年消减烟尘排放量683吨、消减NOX排放量3416吨、消减SO_2排放量1220吨,有效改善了荆门城市空气。针对公司所在地多风气候特点,公司在华中地区首次采用条形全封闭煤场,有效防范原煤粉尘污染。公司先后获"国家优质工程奖"、中电联"电力优质工程"和电力安全生产标准化"一级企业"、湖北省"文明单位"等荣誉。

推动安全生产持续向稳向好。深化"一引领四推进"工作机制,扎实开展"生产安全事故防范年""安全生产月"等活动,创新建立安全生产包联工作机制。高分通过集团公司"优秀两型企业"现场验收。扎实开展重大事故隐患排查、春季秋季安全大检查等专项治理。1号机组再度获中电联"350兆瓦级超临界纯凝湿冷机组5A标杆机组"称号,连续7年保持同类型机组能效水平对标第一名。高标准完成2号机组首次A修,并实现修后连续运行169天,获得集团公司"大修全优机组"认定,并在集团公司年度机组评级中评为B级。两台机组完成深度调峰认证,2号机组完成宽负荷供热改造,机组供热能力得到大幅度提升,有力保障荆门城区供热安全。

实现年度安全生产365天,累计安全生产3355天,机组连续6年无非停。积极落实组煤保电工作要求,克服煤炭高企等不利因素,煤炭库存始终保持在安全水平之上。机组应开尽开、能发尽发,有力保障荆

华能荆门热电厂厂区一览　　　　(东宝区史志研究中心　供图)

门市工业和民生电力热力需求。圆满完成两节两会、成都大运会、杭州亚运会等重要时段保供任务。科学应对频繁调峰新形势,全年机组累计启停30次,深度调峰累计运行2482.45小时,同比增加1.5倍。在全省煤电机组发电下行的情况下,全年完成发电量29.12亿千瓦时,年度机组利用小时领先统调火电平均141小时。深化“大经营”工作机制,科学制定发电策略,各领域协同作战,全力实现发电效益最大化。切实发挥燃料调配集约化管理优势,强化市场分析研判,踏准采购节奏。全面提升软硬件管理水平,通过集团公司“燃料管理标杆电厂创建”。

统筹经济发展与“双碳”战略,坚定绿色低碳发展方向不动摇。紧扣集团公司“3855”发展战略和分公司发展规划,坚持省内、省外双向发力、多点突破,优化力量、创新机制。2023年取得新能源建设指标10万千瓦;打造以崇阳为中心的风光百万基地,取得户用光伏项目备案3.39万千瓦,风电项目40万千瓦核准赋码;高质量完成崇阳土桥抽蓄项目预可研工作;省外取得光伏项目备案15万千瓦;签订分公司系统首个省外新能源项目合作协议,取得辽宁、山西、内蒙、新疆等多地风电、光伏项目开发权;注册成立2个新能源项目合资公司。华能崇阳方山100兆瓦光伏电站项目于2023年12月28日正式并网发电,该项目是荆门热电独立开发、建设、运营的第一个集中式光伏电站,标志着电厂绿色发展迈上新的台阶。聚焦战新产业新赛道,开展熔盐储热等项目研究申报,积极探索余热利用技术,完成热网侧可研报告。

持续巩固国企改革三年行动成果,深入开展布局优化和结构调整,增强企业活力。完成电厂和所属子公司的章程修订,为企业转型发展、股权变更等奠定良好基础。深化“立改废”工作,持续推进公司制度修订与完善。依托国产化OA平台,进一步精简线下流程。深化商务管理标准化建设,实现所有项目线上公开采购。完成“HY2023”网络攻防演习。全年企业政治形象、投资经营、国安保密、网络安全等各类风险可控在控。

参与主导的国际标准《金属和合金的腐蚀 工业设备化学清洗腐蚀抑制剂性能评价方法》获得正式发布,填补了化学清洗防腐领域国际标准空白,有力提升中国在该领域的国际影响力和竞争力。《电气设备用图形符号国际标准研究》《环保设计中材料循环使用指南》2项国际标准立项研发,参与修编的电力行业标准《发电厂水汽中低浓度溶解氧在线测量导则》正式发布实施。与华科、西安院等科研院校深度交流合作,充分发挥集团级工匠工作室、创新工作室和技术技能带头人引领作用,获得集团公司2023年职工技术创新优秀成果三等奖5个,1个创新工作室再获集团公司认证。电厂有分公司区域内唯一的集团级、地市级大工匠工作室1个,集团级创新工作室2个。5项创新成果获得集团公司2023年职工技术创新优秀成果三等奖。全年累计申报发明专利21项、授权1项;累计申请海外专利7项、授权9项;累计申报实用新型专利24项、授权64项。

(刘 岩)

【湖北凯龙化工集团股份有限公司】

湖北凯龙化工集团股份有限公司由原省属军工企业国营襄沙化工厂于1994年主体改制组建,是湖北省最大的民爆器材生产销售企业,也是全国民爆行业重点骨干企业,于2015年12月9日在深圳证券交易所挂牌上市。公司是全国民爆行业内为数不多具有完整产业链的企业,已形成合成氨、硝酸铵及复合肥、民爆器材、爆破服务、矿山开采和危险、危化货物运输的全产业链发展模式,生产经营业务主要有五大板块:民爆器材板块、化工产品板块、矿业产品板块、工程爆破服务板块和现代物流板块。

全集团工业炸药及其制品产能达24.4万吨/年,现场混装炸药占比35%,提前达到工信部“十四五”要求。通过连续3年不断努力,“三公司”逐步走向正轨,2023年为集团公司贡献利润总额超过1亿元。“三项目”蓄势待发。凯晖公司通过优化改造,有效降低了生产能耗,合成氨生产线装置运行水平得到明显提升,已达90%以上负荷运行。东宝凯龙矿业完成技改十余项,汽车钙月销量占比连续4个月超过60%,新研发的光伏胶钙和S032产品成功走向市场。天华公司逐个击破制约PE膜项目“三达标”的关键问题,成功打开进军高端电子膜市场的突破口。

质量管理成绩斐然。两家单位新通过质量管理体系认证,14家单位顺利通过质量管理体系再认证或年度监督审核,体系运行有效;两项QC成果分获荆门市质量提升小组活动优秀实践成果特等奖和一等奖,两小组均获湖北省“优秀质量管理实践标杆”称号。信息化、数字化水平不断提升。启动DCMM数据成熟度模型贯标,步入“云上办公”新时代,成功入选湖北省首批5G全连接工厂。

不断优化技术技能人才引进与培养机制,全年引进专业人才8人;完成荆楚理工学院凯龙班一期授课12次,与荆门技师学院共同开办“新型学徒制凯晖化工班”;成功创建“吴国峰荆门市大工匠工作室”,“特种化工厂膨化硝铵炸药生产线创新工作室”入选荆门市职工(劳模)创新工作室。不断提升技术进步与科技创新能力。民爆子集团特化厂完成“年产19650吨乳化炸药生产线”和“膨化硝铵炸药生产线安全技术改造”项目并通过验收投产,提前达到“十四五”要求;新疆天宝混装公司两个混装地面站扩能技改项目建成并验收投产；化工子集团完成二期硝酸装置产能提升等升级改造工作，硝酸铵及复合肥产量首破50万吨，产能释放率115%；完成光伏发电混合所有制企业组建，整区分布式光伏项目一期项目基本建成。不断完善技术进步与科技创新体制机制。制订《科技创新工作管理办法》，四大板块研究院集中力量开展科技攻关，研究成果丰硕，获得授权专利58项，其中发明专利8项，发表科技论文27篇，均创历史新高。

化工子集团强化硝酸铵新应用领域市场开拓，新开发的产品客户实现销量5000余吨、利润超300万元；积极开拓国际市场，产品顺利出口日本、马来西亚、缅甸等多个国家，出口产品营收增长率高达200%。东宝凯龙矿业和京山凯龙聚五兴顺利取得两大矿权采矿许可证。凯龙工程爆破进疆工作取得实质性进展。

（湖北凯龙化工集团股份有限公司）

【湖北金龙泉集团股份有限公司】
湖北金龙泉集团股份有限公司位于荆门市金龙泉大道89号，占地面积近40公顷，前身为20世纪50年代成立的荆门县白酒厂。1977年转产啤酒，2019年引入民营资本荆门康源投资股份有限公司进行国企改制，成为一家混合所有制企业。旗下英博金龙泉啤酒（湖北）有限公司年啤酒生产能力60万吨，先后获“中国啤酒工业十强”“中国名牌产品”“中国啤酒行业十大成长品牌”“湖北省隐形冠军示范企业”等158项国际国内大奖，8°金龙泉纯生金典08、9°金龙泉啤酒纯生、9°金龙泉啤酒活力源、12.8°金龙泉啤酒1978四产品获“绿色食品”认证。

2023年，面对宏观经济低迷、市场消费疲软、原辅材料价格上涨及人工成本上升等严峻的经济形势，集团及出资企业首次全部实现年度正利润。集团本部实现利润同比增长75.47%；主业啤酒销售收入同比增长6.7%，净利润同比增长7.5%，上缴税收14206万元；其他出资企业均实现年度正利润。

创新举办第十五届感恩漳河日与荆门市保护漳河水库誓师动员会联办全国首个水源体验大会、焕新升级第十届高校达人秀为“闪耀吧大学生”、举办金龙泉啤酒公众开放日、联合武汉百名网络达人开展“百咖探江城美食店”、冠名“长江云”湖北省全媒体主持新人电视大赛决赛、冠名各地美食活动、联合赞助中国农民春晚，扩大品牌曝光度和影响力。根据传播趋势强化自媒体矩阵短视频宣传，全年宣发短视频433条，总曝光超838万次；策划发布官微推文33篇，阅读量超15万人次；获湖北广电“品牌共建伙伴”，“金龙泉获评湖北省首个中国名牌”事件入选荆门建市“40年·40事”。

着力发展年轻经销商，培育听装、夜场酒等专品经销商，实现传统瓶装、听装、KTV三大主力市场“齐头并进”。通过提质升档加速品种结构调整，全年中高档系列产品销量同比上升5%，占总销量比重同比上升3.2%；听装系列产品销量在上年度大幅增量基础上再上升3%；KTV小支啤酒销量同比增长6%。1升拉格扎啤销量同比上升6%，冰晶纯生销量同比上升61.5%。瞄准淡季高端市场研发上市咖啡黑啤；瞄准年轻消费群体研发上市适合小酒馆、酒吧的荔枝味梦幻蓝苏打酒；把握精酿消费潮流研发上市20升不锈钢桶、PET桶两种包装形式的比利时和德式精酿原浆白啤，推动产品结构提档升级；聚焦线上销售渠道上市专供电商平台销售的套标红颜纯生；关注饮料赛道研发上市黄桃味碳酸汽水。11度德式白啤获2023CBC中国国际啤酒挑战赛天禄奖；9°纯生等4款产品第三次获国家“绿色食品”认证。以省级专家工作站、市级大工匠工作室为平台，完成18度高浓酿造试验等14项课题研究。“言值系列绿色啤酒设计与开发”项目获湖北省第六届“工友杯”职工创业创新大赛荆门分赛区创新组优秀奖；“张与红大工匠工作室”升格为“湖北省创新工匠工作室”。顺利通过金龙泉苏打酒（配制酒）、果蔬味啤酒、精酿原浆白啤企业标准备案，助推公司技术创新和新产品研发。

聚焦“三促进”，实施生产性投资项目72项。围绕消费驱动，新增20升高端精酿桶装线和4500罐（瓶）/时扎啤生产线；实施236毫升白瓶、236毫升棕瓶、258毫升棕瓶、275毫升精酿品种互换件改造，保障产出和效率。自主改造解决听1线

荆门市保护漳河水库誓师动员会暨金龙泉啤酒水源体验大会召开

（东宝区史志研究中心　供图）

灌装机卷封缺陷、优化听2线卷封结构,提升听装产品封盖质量,效率同步提升3.8%;完善包装线在线检验检测设施,更新质检设备设施,保障产品质量监管。实施热能回收利用改造、回水中心项目改造、二氧化碳压缩机和部分能源流体管路更新等,实施二氧化碳回收制冷系统设施改造等,加强回收利用,减少跑冒滴漏和碳排放。

南漳钙基新材料项目稳步推进,与南漳县政府签署了正式投资协议,注册组建钙基新材料公司,确定成立项目指挥部建设新项目的新模式,为发展金龙泉第二主业奠定坚实基础。成功上线1升马口铁罐新生产线,全年销售马口铁罐142.5万只,为友博金属公司拓展新业务和公司发展提供了可能。紧紧围绕"收储、自建、自营和整体租赁"四个方向对武汉地块的开发利用开展全面市场调查研究。房县物流项目基本建成,为保障产品供应和优化销售网络布局提供支持。

(湖北金龙泉集团股份有限公司)

【湖北京山轻工机械股份有限公司】 湖北京山轻工机械股份有限公司(下文简称京山轻机)起源于1957年10月,1998年6月在深圳上市。现为国内规模最大的纸制品包装设备生产企业,公司致力于高端智能成套装备的研发、设计、制造、销售与服务,形成了以"智能包装设备+光伏设备+动力电池设备"为核心的工业自动化布局,提供智能制造整体解决方案。公司业务板块还涵盖汽车零部件铸造等其他业务。营销与服务网络辐射全球,覆盖60多个国家和地区。公司拥有员工近4000人,技术人员占比21%,本科及以上700余人,其中硕士及以上人员110余人。2023年,京山轻机获"国家级工业设计中心"和"国家级绿色工厂"等殊荣,并连续3年入选湖北省高新技术企业百强。此外,京山轻机还拥有"国家级第四批服务型制造示范企业"、"国家知识产权优势企业"、"国家级单项冠军示范企业"(子公司)、"国家级专精特新小巨人"(子公司)、"全国就业与社会保障先进民营企业"等多项国家荣誉。

公司一直坚持"全球运营"理念,致力于全球市场开拓与布局。构建了覆盖全球60多个国家和地区的销售网络和服务体系,在印度和意大利设立了生产基地,东南亚、印度、北美、中南美洲、俄罗斯等多个区域和国家地区成立了公司,同时将国内分为7个区域,构建国内完备的销售体系和快速反应机制。通过整合本地化的研发和服务团队,设计和制造过程严格符合当地安全要求,并提供多语种的7×24现场和远程服务需求。与众多领域的重点客户建立起良好的合作关系,在业内一直拥有良好的品牌优势和声誉。

逐步完善科技创新体系,不断加大研发投入,研发投入占营收之比逐步升至5%—6%的业内较高水平,累计获得专利千余项,其中有效期内发明专利112项。公司在自主研发的基础上,坚持加强与高校的合作。2018年,与武汉理工共同承担省级重大专项"高效高精度铸件机器人抛磨技术及装备研发",2019年与武汉大学共同承担省级重大专项"工业机器人云服务技术研发与应用",均完成验收。与高校合作完成JETS400瓦线获德国IF设计类大奖。同时在光伏领域积极推进与华中科技大学、南开大学等众多高校课题组建立校企合作关系,围绕钙钛矿电池等新兴工艺和前沿领域进行深入研发。

京山轻机秉承绿色、协调、可持续的产城融合发展理念,助力城市绿色低碳发展,2023年公司被评为"国家级绿色工厂"。持续8年向阿拉善SEE生态协会捐款80余万元人民币;关注并动员全公司力量在腾讯"9·9"公益日发起"守护长江江豚"项目筹款,筹得款项15万余元;协助组织开展了两场"话说自然"公益课堂,近300名学生更加懂得承担起关爱生命、爱护自然的责任,为保护野生动物,恢复长江流域生态贡献力量。

(湖北京山轻工机械股份有限公司)

【湖北国宝桥米有限公司】 湖北国宝桥米有限公司创建于1987年,是一家以生产优质大米为主的农业产业化国家重点龙头企业,被湖北省委、省政府确定为湖北"一袋米"工程主体企业。公司位于湖北省京山市,是历史悠久、久负盛名"京山桥米"的原产地,拥有占地33.33公顷的现代化工厂。曾获"中国名牌""中国驰名商标""绿色食品""有机食品""中国地理标志保护产品""全国大米加工企业50强"等荣誉。公司在桥米选种、种植、加工、品控、销售等各环节建立了成熟完善的产业链体系,立足京山桥米资源优势,做大产业龙头、做长产业链条、做优产业品牌。国宝桥米作为京山桥米代表品牌,定位为更适合南方口感的高端大米,34年深耕湖北,连续5年湖北高端销量领先。

依托科技平台支撑,优化京山桥米优质品种。公司依托武汉大学、省农科院、华中农业大学等专家团队,开展品种提纯复壮和试验示范。先后建立企业技术中心、院士专家工作站和湖北省优质食味籼稻产业技术创新联合体。获得了高新技术企业、湖北省乡村振兴科技创新示范基地、湖北省专精特新"小巨人"等称号。依托平台,从种子、品质、口感进行突破,在石龙镇和孙桥镇建立166.67公顷的优质桥米水稻品种试验示范推广基地,积极打造"中国南方籼稻种子硅谷",占领优质水稻品种高地。2019年以来,公司投资800多万元对"京山桥米"品种进行提纯复壮,2023年冬季在海南陵水基地进行田间加代种植筛选,在石龙、孙桥种子基地进行三圃生产，2024 年将进行品种审定。

发掘桥米资源优势，提升稻米产品品质。公司投资 1200 万元，在石龙镇、孙桥镇建设 100 公顷数字化桥米种植基地，实现环境、作物、生产信息的数据智能化采集。通过大数据、人工智能、物联网等技术应用，建成京山桥米原产地环境监测系统、质量追溯系统、农业物联网系统、AI 病虫害系统、智能灌溉系统五大核心平台，达到农作物生产过程的智能化作业。在大米加工环节，公司在 2021 年新建的国宝桥米产业园 20 万吨智能化桥米生产线投产，按照绿色、低温、科学储粮的原则进行精细化管理，工艺实现多级轻碾，轻抛清选，减少粮食的浪费和营养流失，有效提高了产品的品质。为生产出更高质量的产品，公司参与制定的企业标准《香米》获得 2022 年粮油产品企业标准“领导者”。在精深加工环节，为提高粮食加工综合利用率和稻米产品附加值，公司先后与江南大学合作引进一款米饮料专利技术，开发“穗康”牌 Q 米汁，将碎米、稻壳、米糠等副产品用于酿酒、发电、米糠油和饲料的生产。2023 年，公司通过京山桥米品种改良，研究出“高抗性淀粉”水稻品种，

国宝桥米《香米》获粮油产品企业标准“领跑者”证书

（京山市史志研究中心　供图）

成功开发出适合糖尿病人食用的低 GI 大米。

坚持开展品牌宣传，提升桥米品牌美誉度。公司紧紧围绕“三大品牌事件”活动，每年举办国宝桥米春耕节、丰收节和年味计划活动，让客户、消费者能亲身体验水稻种植、收割以及产品品尝，同时在活动前后期借助媒体多渠道、多方式宣传，效果显著。国宝桥米品牌第一提及率由 6% 提升至 11%。公司在各市场聚焦电梯媒体形式，直达社区终端，和头部媒体分众传媒及新潮传媒达成战略合作关系，梯媒布局覆盖各中心城区 50% 以上，中高端楼盘 90% 以上；在线上渠道聚焦抖音和朋友圈生态，投放策略从主打品牌曝光转为效果投放，为电商精准引流 11.37 万人；助推地级市宣传，加大公交媒介投放，整体曝光量 1.8 亿，超市终端销售同比增长约 5%，品牌美誉度由 13% 提升至 15%。公司三大品牌事件配合媒介铺量，先后在央视、《湖北日报》、《长江日报》、腾讯等高阅读量、曝光量的多渠道聚合优质媒体，共发布稿件 50 余篇，公关传播阅读量 1300 万人次，持续拉高品牌声量，百度搜索指数 1.35 万次，同比增长 25%，微信搜索指数 537.3 万次，同比增长 79%。品牌美誉度由 2022 年的 13% 提升至 15%。2023 年，国宝桥米品牌价值达到了 16.49 亿元。

（湖北国宝桥米有限公司）

【湖北大峪口化工有限责任公司】

湖北大峪口化工有限责任公司位于素有“中原磷都”之称的湖北省钟祥市胡集镇，前身为原湖北大峪口矿肥结合项目，隶属于湖北荆襄化工集团，是国家“八五”重点工程，总投资 45 亿元。2005 年 8 月正式成立，2008 年成为中国海洋石油总公司下属中海石油化学股份有限公司的控股子公司，注册资本 11 亿元人民币，有员工 1000 余人，土地面积 483.73 公顷，资产总额 22.5 亿元。拥有大峪口和王集两座矿山，保有磷矿资源储量 1.19 亿吨，生产规模为年采矿 260 万吨、选矿 270 万吨、硫酸 142 万吨、磷酸 40 万吨、磷酸一铵 15 万吨、磷酸二铵 48 万吨/年、复合肥 35 万吨/年、新型水溶肥 2 万吨/年，综合产能列同类企业前列。

公司建立了 ISO 9001 质量体系，建成技术指标控制系统和产品全自动包装码垛系统，通过环保生态产品和绿色产品认证，成功申报全国环保生态优质农业投入品生产试点。产品外观晶莹润泽、颗粒饱满、粒度均匀，内在养分充足，主要指标水溶磷达 90% 以上，真正实现了更高效、更优质、更绿色、更环保。撒可富、翔燕、富岛 3 个品牌产品质量优异，畅销国内外市场。公司始终将科技创新作为企业发展的第一驱动力，每年投入大量资金开展科学技术研究，其自主研发的中低品位胶磷矿选矿技术处于世界领先地位，复合肥装置联产磷铵技术入选中国企业协会颁布的第十二批新纪录。公司已成为国家绿色矿山试点企业、湖北省磷资源高效利用工程技术研究中心，累计登记科技成果 74 项，申报国家专利 26 项，其中发明专利 14 项，拥有或正在建设中国海油选矿技术研发平台、磷资源实验室等科研平台，先后获湖北省和中国石化协会科技进步奖、中国海油总公司科技进步一等奖等重要奖项。

2023 年，大峪口公司累计生产磷复肥 82.5 万吨，累计销售磷复肥 83.18 万吨，超额完成春耕保供稳价任务，实现销售收入 26.32 亿元、利润总额 7141 万元，累计缴纳各项税费 6941 万元。

（钟祥市史志研究中心）

【湖北鄂中生态工程股份有限公司】

湖北鄂中生态工程股份有限公司创建于 2002 年，总部位于钟祥市磷矿镇，是研发、生产、销售高浓度磷复肥和新型肥料的大型磷化工企

业、国家级高新技术企业。2023年,集团公司生产各类产品总量突破560万吨,磷复肥生产销售309万吨,全年营业收入100亿元,上缴税收3亿元。其中,钟祥地区产销磷复肥190万吨,实现营业收入58亿元,上缴税收1.1亿元。公司继续保持中国化肥50强、磷复肥10强地位,列湖北省企业100强,湖北省制造业企业41名,湖北省民营企业57名。

公司有资产65亿元,员工5000余名,在湖北荆门、宜昌、河南民权、广西来宾、吉林德惠建有七大肥料生产基地,在湖北襄阳拥有大型磷矿基地。公司年产各类高浓度磷复肥380万吨,配套生产硫酸180万吨、磷酸100万吨、盐酸10万吨、编织袋4000万条。产品涵盖磷铵、硫酸钾复合肥、尿基型、氯基型、硫基型、硝基型、掺混BB肥等300多个配方800多种规格。拥有26个销售分公司,3万多个终端销售网点,各类高浓度复合肥产销量连续多年居全国前列,工业级磷酸一铵产销量连续多年保持全国领先,并出口南美、欧洲、东南亚等30多个国家和地区。

(钟祥市史志研究中心)

【荆门天顺风电设备有限公司公司】

荆门天顺风电设备有限公司成立于2021年9月,位于沙洋新港区,占地面积13.33公顷,建筑面积2.3万平方米。2022年9月,建成投产。主要生产各类型号的钢塔,有风电塔架产品生产线6条,产品为140—165米高度的新型高塔,具备分片式塔筒的批量制造能力,适应湖北风力特征和该区域的目标机型。年设计产能550套16.5万吨,满产每年可实现产值13.2亿元。2022年获省级重点项目称号。2023年,企业完成产值12.68亿元,实现税收1073万元,带动就业85人。

(沙洋县史志研究中心)

【湖北荆玻海龙玻璃制品有限公司】

荆玻海龙玻璃制品有限公司成立于2010年,占地100万平方米,固定资产2亿元,是湖北荆玻集团全资子公司。该公司是一家以生产各种玻璃制品为主的民营企业,建有玻璃制品生产线20条,可年产各种玻璃制品10万吨。公司通过质量、环境、职业健康安全、食品卫生安全体系认证,主要产品为高白料、晶白料、普白料光瓶。产品主要为今世缘、洋河、白云边、稻花香等大型酒业公司配套提供光瓶。公司与湖北省多个高校建立产学研合作关系,共同开发“荆玻”系列品牌产品,制定了多项产品加工技术标准。有实用新型专利28件,发明专利2件。先后获中国轻工业日用玻璃行业(玻璃包装容器)10强企业、实施用户满意工程“全国用户满意企业”、国家高新技术企业、湖北省支柱产业细分领域隐形冠军、湖北省专精特新中小企业。2023年,实现产值3.3亿元、税收1580万元,带动就业850人。

(沙洋县史志研究中心)

交通·邮政·通信

交通运输

·公　路·

【概况】　2023年,全市公路通车里程16549.82千米,公路密度按土地面积计算为130.89千米/百平方千米,按人口计算为55.32千米/万人。全市国道648.19千米,省道968.71千米,县道1924.56千米,乡道5008.51千米,专用公路26.22千米,村道7973.63千米。等级公路16334.28千米,其中一级公路709.15千米,二级公路1470.06千米,三级公路706.43千米,四级公路13448.65千米,等级公路比重98.7%,等外公路215.54千米。全市通车里程中有铺装(高级)路面里程15004.37千米,其中水泥混凝土路面12305.68千米、沥青混凝土路面2698.68千米。简易铺装路面(次高级)里程643.24千米,未铺装路面(中级、低级、无路面)里程902.22千米。全市有公路桥梁58299.33延米/1459座,其中特大桥9114.2延米/4座、大桥12969.39延米/71座、中桥16039.73延米/311座、小桥20175.93延米/1073座;隧道5279延米/2道。全市有襄河渡口、梅林渡口、金划滩渡口、联兴渡口、关山渡口、大姚渡口6处公路渡口。全市有县级公路养护单位6个,养护公路管理站及道班61个。

【公路建设投资】　2023年,全市累计完成公路建设投资310726.3万元,完成路基1058.12千米,路面1069.48千米,农村公路桥梁712延米/36座,危桥改造898延米/28座,国省干线危桥改造393.5延米/2座,其中一、二级公路项目完成投资161847.8万元,完成路基45.78千米、路面80.19千米;三、四级公路项目完成投资142878.5万元,完成路基1012.41千米、路面989.3千米;国省道服务区(停车区)完成投资40万元;安保工程完成投资1000万元。

【三环线平交道口改造】　该项目为市管交通建设项目,设置辅道21处,分离式立交9处,上跨4处,下穿5处;大型平交口渠化4处;封闭中分带开口65处,新增5处,保留36处;封闭路侧开口195处;搭接道口纵坡优化112处、局部硬化131处。全线设支线上跨桥538.8米/4座;涵洞101道;新增标志牌405块,护栏15.6千米,道口警示桩875个,减速丘850.5米;设置信号灯7处,交叉口交通流探测预警系统6处。施工图设计总预算19786.13万元,资金来源为市级财政资金投资,建设工期24个月。截至年底,工程已基本完工。

【县市区重点建设项目】　234国道钟祥城区绕城段　路线全长19.95千米,总投资60311万元,2020年12月12日工程正式开工,2023年9月25日进行交工验收,9月29日正式通车。

347国道京山段改扩建工程　路线全长56.92千米,截至2023年底,已基本完成路面工程,城区段(北环线)除部队林场因置换未到位外,其余路面工程均已完工,完工率99%。

266省道钟祥文集至石牌段改扩建工程　路线全长23.04千米,项目于2018年1月20日开工建设,2023年12月30日完成主体工程,已具备通车条件。

311省道沙洋城区至后港段改扩建工程　路线全长36.7千米,项目于2020年7月开始施工,截至2023年底,项目已全面完工。

311省道沙洋后港至十里铺段改扩建工程　路线全长28.5千米,项目于2022年4月开始施工,截至2023年底,已完成基层38.3千米,水稳铺筑24.8千米,油面封层12千米。

327省道京山三阳至钟祥客店公路钟祥段　路线全长21.23千米,截至2023年底,已启动7座桥梁建设;因涉及生态红线无法办理用地手续,路基暂未开工建设。

327省道京山苏家垄段改扩建工程　路线全长5.93千米,截至2023年年底,路基工程已全部完工,正在进行桥梁工程建设和路面施工。

482省道钟祥丰乐至北新集段改扩建工程　路线全长40.62千米,计划总投资30920万元,于2018年1月1日开工建设,2024年1月

25 日工程完工。

【磷石膏综合利用】 与省交通规划设计院对接磷石膏应用技术支持与添加剂材料供应价格工作，争取技术支持及保障。组织全市交通公路部门、磷化工企业召开磷石膏应用工作对接会，交流探讨质量、成本、环保等热点问题，提振磷石膏利用信心。印发《关于进一步加大公路工程磷石膏制品综合利用的通知》。2023 年，全市交通公路部门在普通公路应用磷石膏里程 30.4 千米，完成目标任务 30 千米的 101%。

【农村公路建设】 印发《2023 年全市农村公路工作重要目标任务清单》，先后组织召开全市农村公路工作座谈会、现场推进会，加强农村公路建设工作。全年新改建农村公路 1007 千米。在 2023 年全省“四好农村路”建设成效评价中，钟祥市被评为“优”，东宝区、沙洋县、京山市、掇刀区、漳河新区、屈家岭管理区被评为“良”。东宝区子陵铺镇、京山市永漋镇、漳河新区漳河镇 3 个乡镇成功创建 2022 年度全省“四好农村路”示范乡镇。

【普通公路养护】 开展养护提质三年攻坚行动（2023—2025 年），明确各项工作时间节点，每月进行督办检查，在保证工程质量的前提下加快工程进度。常态开展日常养护作业，各县市区公路部门一线养护人员和养护机械设备每天上路率 90% 以上，打造“畅、安、舒、美”的通行环境。钟祥 3 次上榜养护提质三年攻坚行动季度“红旗”单位，京山、东宝 2 次上榜“红旗”单位，全市公路系统无“蜗牛”单位。

大中修工程　2023 年度，湖北省公路事业发展中心下达大中修养护计划 86.115 千米，下达危旧桥梁加固计划 3 座。年底全部完工。

234 国道“国评”　圆满完成 234 国道“国评”工作。2023 年是全市国道近 5 年第一次被抽中迎接“国评”，聘请专业检测单位预检 234 国道交安设施及路面状况，根据预检情况及时进行处治。积极筹措资金修复路面，多次现场指导钟祥、沙洋公路部门全力做好迎检工作，展现荆门公路良好形象。

美丽国省道创建　2023 年，湖北省公路事业发展中心验收钟祥（347 国道）、京山（240 国道、340 省道、247 省道）全市 2 条美丽国省道创建项目，并对京山创建的路段给与肯定。

上跨高速公路桥梁专项提升　2023 年，经各县市区交通运输局和辖区各高速公路经营管理单位的共同摸底排查，并经市交通运输局盖章确认，全市有普通公路上跨高速公路桥梁 177 座，其中 22 座桥梁已移交至公路部门管养，剩余 155 座桥梁的管养归属问题省公路中心正在协调办理中。

安全设施精细化提升工程　公路安全设施精细化提升行动涉及全市 3 条国道，分别为 347 国道、240 国道和 234 国道，已配合省公路事业发展中心完成施工图设计审查工作。

公路桥梁智能化养护　积极探索公路桥梁智能化养护。投入 480 余万元，在 234 国道钟祥张集大桥、348 国道掇刀麻城中桥、240 国道京山河大桥试点建设桥梁智能化管养系统，实时掌握桥梁结构和安全运行情况，指导养护人员开展养护作业，实现桥梁管养流程化、可视化。

钟祥公路部门投入 600 万元建设智慧公路信息平台，在重点路段安装 40 个智能摄像头，预警路面突发事件；养护人员巡查时在车上搭载便携式采集设备，可快速评定路面健康状况，促进公路养护更高效、更智能。

公路危桥检测及修复　全年完成 107 座危桥改造，公路危桥三年行动圆满收官。钟祥市完成浰河大桥、青山小桥、李家湾小桥 3 座桥梁的改造及修复工程。京山市完成 G240 保台线半途山桥、S212 宋天线马店桥、S243 绿排线向集桥和车拦河桥等 4 座危桥的维修改造工程。沙洋县完成 311 省道官垱桥维修加固改造工程。掇刀区更换三环线 10 座桥梁损坏严重的伸缩缝胶条；安装修建西外环（207 国道）掇刀段的 2 座桥梁的“四牌一步道”，清理桥下空间，桥梁防撞墙新刷黄黑油漆。

应急处突　组织开展防汛抢险应急演练 10 余场，储备充足应急物资，提升应急处突能力。2023 年 1 月、12 月降雪期间，全市公路部门及时除雪破冰，保障道路安全畅通。

【普通公路收费】 207 国道实施差异化收费。落实市委、市政府关于优化一级公路设站收费工作要求，指导 207 项目公司拟定 207 国道差异化收费方案，多次到省交通运输厅、省公路事业发展中心汇报差异化收费工作，争取支持。双河、团林收费站于 7 月 16 日取消月（年）票办理地域限制，司乘人员自愿办理，随到随办；于 11 月 1 日实施差异化收费政策，货车和专项作业车按车型收费，企业通行成本降低约 38%。实施差异化收费后，群众对 207 国道收费站的投诉大幅减少，11 月至 12 月收到投诉 6 件，均为政策咨询类。

（李勇智）

·水　路·

【概况】 2023 年，全市水运固定资产投资完成 10035 万元，占省目标 9537 万元的 105%，占市目标 9981 万元的 101%；全市通航水域 12 处、航道 27 条，通航里程 458 千米，其中千吨级以上航道 188 千米（含江汉运河 33.5 千米），汉江与江汉运河形成“一纵一横”水运主通道，拥有港口 6 个，生产性码头泊位 20 个，渡口 42 个（其中 4 个待拆除）；运输量完成 82.47 万吨，同比减少 28.42%，货物周转量完成 34174.42 万吨千米，同比减少 22.46%，客运量 10.21 万人，同比增长 269.93%；船舶建造检验 24 艘次，营运检验

197 艘次，共 15.66 万总吨，严格执行四级检验制度，船舶检验规范化水平不断提高；汉江航道设岸水标 15.1 万座天，设标密度 2.2 座/千米，标位准确率 100%，标位正常率 99% 以上，航道发光率 100%，航标艇性能完好率 95% 以上；水上安全态势持续平稳。

【港航基础设施建设】 为破解荆门市水运发展生态红线问题，积极向省政府调研组进行汇报。通过协调沟通，钟祥港规划修编采取对浰河港区规划进行修订的方式组织进行，8 月初省交通运输厅组织召开规划修订审查咨询会，市政府正式行文报审《钟祥港浰河港区港口规划修订(2035 年)》。浰河港区港口规划修订已通过省生态环境厅环评审查会和省交通运输厅评审会。

【航道养护】 采用人员上坝、无人机巡查等方式，对辖区所有丁坝、护滩带、护岸等整治建筑物进行逐一巡查、拍照、登记并进行实体测量，形成专题报告，争取资金修复，发挥整治建筑物功能。强化智慧航道建设，依托“航道视频监控系统”全市航道部门实现对辖区助航标志、运输船舶的全天候、全覆盖实时监控，保障航道设施安全和养护效率；通过“远程信号发放系统”远程控制通行“红绿灯”，发送船舶通行信号，提高船舶通过能力和通行效率。安排专人实时关注“全国水雨情信息”网站及“长江水文”公众号，搜集上游水情信息，结合航道巡航探测水位情况，科学分析浅滩航道水情变化趋势，为实行预防性疏浚提供及时、准确、全面的信息。制定枯水期航道应急抢通专项预案，当发现辖区航宽、水深低于维护尺度时，第一时间向辖区内航运企业、船舶经营人和货主通报情况，避免因船舶配载不合理造成的船舶滞留。持续做好汉江丰乐大桥、沪渝蓉武宜段钟祥汉江铁路特大桥工程的施工通航保障服务工作。

【绿色水运】 组织市港航建设维护中心推进南湖临时砂石集散中心拆除销号工作。3 月 10 日，完成市级销号工作并向省厅上报销号报告。印发《关于进一步加强船舶和港口污染防治集中攻坚有关工作的通知》，明确全年重点工作任务和相关单位责任，完成 3 艘船舶受电设施改造任务。全年累计接收转运船舶污染物 1125.4 吨，其中生活垃圾 18.37 吨，生活污水 1102.78 吨，油污水 4.25 吨，无一例港口企业拒不接收靠港船舶污染物的事情发生。对 2018 年生态环境警示片中 4 艘货轮生活污水处理设施闲置问题整改及举一反三工作开展情况现场调研，进一步巩固防污染成果。8 月 9 日至 10 日，市交通运输局、市生态环境局、市住建局、市城管委等部门前往钟祥、沙洋、漳河港口码头开展船舶污染物联合监管执法检查，巩固船舶港口污染防治成果。10 月上旬完成第二轮中央生态环境保护督察整改任务(省序号 47)市级自行验收，验收合格并提请市政府向省交通厅行文提出省级验收申请。11 月 8 日至 9 日，省验收组到荆开展省序号 47 验收工作，同意通过省级验收。

【美丽乡村渡口共同缔造】 成立工作专班，印发《荆门市“美丽乡村”渡口共同缔造实施方案》，细化本地资金补助范围及标准、项目申报审核等事宜。压实责任抓建设，明确 5 座渡口改造任务和要求。11 月，钟祥胜利渡口、漳河王家湾渡口提档升级项目完工；12 月，沙洋襄河渡口提档升级项目完工；11 月，钟祥联兴渡口、塘港渡口撤销拆除项目完工，均已验收合格。赴钟祥、沙洋相关乡镇政府，走访渡口经营人，开展项目库需求调研，摸清需求底数，征求群众意愿，让确有需求、愿意实施的项目尽早实施。对确需保留渡口、停渡渡口、客运量较小渡口，根据轻重缓急原则，分阶段、分批次实施。2024—2025 年荆门市计划实施 7 个项目，分别是 2024 年钟祥金划滩渡口实施渡船维护保养、钟祥尖树渡口实施渡口渡船撤销拆除、沙洋蛟尾渡口实施渡口渡船撤销拆除、沙洋铁鞭庙渡口实施渡口渡船撤销拆除；2025 年钟祥卫星渡口实施渡口渡船撤销拆除，沙洋乔子湖渡口实施渡口渡船撤销拆除、沙洋梅林渡口实施渡口渡船撤销拆除。

【行业安全监管】 钟祥公路大桥、钟祥公路二桥、武荆高速公路大桥、沙洋汉江公路大桥防撞设施安装完成，船舶碰撞桥梁隐患治理工程整

9 月 13 日，全省交通运输行业第六届“交通工匠杯”职工职业技能大赛航标工项目决赛在沙洋县圆满落幕　　（欧海蓉　摄）

治工作完成。印发《荆门市规范水路客运船舶靠泊问题专项行动方案》《荆门市港口装卸内贸集装箱超重治理行动方案》《荆门市港口危险货物安全专项整治行动方案》《市水运行业重大事故隐患排查整治专项行动工作方案》以及《安全生产月活动方案》并组织实施。汲取钟祥威龙船厂安全事故教训,压实企业安全生产主体责任,组织开展安全大检查,全面检查港口、码头等场所,排查各类安全隐患,建立"安全生产明白卡"并张贴显著位置,加强"岗前三分钟"警示教育,切实增强企业员工安全意识。开展水上安全应急综合演练4次,提高事故防范处置能力。

【岗位练兵】 9月12至13日,全省交通运输行业第六届"交通工匠杯"职工职业技能大赛航标工项目决赛在沙洋圆满落幕,钟祥沙洋航道部门获佳绩,集体成绩分别排名第一、第二获团体优胜奖,个人成绩排名前十荆门市有5人,其中钟祥市航道管理局曾鹏、刘竞泽获2023年湖北省"交通工匠"称号。

【港口史编纂】 2022年9月完成《沙洋港》《钟祥港》港口史料的收集整理工作,同年10月拟定编纂大纲,并上报省专家审核同意,至2023年4月完成钟祥、沙洋港口史初稿,5月18日通过市级会议初审并按专家意见进行修改,年内修改完成并报省。

(王　瑶)

·铁　路·

【概况】 2023年,荆门有焦柳、长荆、荆沙、浩吉4条普速铁路过境,境内铁路总里程421.67千米(不含铁路专用线),初步形成以荆门为中心,连接北京、武汉、宜昌、襄阳等大中城市的铁路网络。进入"十四五"时期,荆门高速铁路快速发展,荆荆铁路、襄阳至荆门高铁、武汉至宜昌高铁均开工建设,呼南高铁和沪渝蓉高铁在荆门呈"十"字交会,荆门建设区域性高铁枢纽指日可待。

【普速铁路】 *焦柳铁路*　国家Ⅰ级铁路,位于国内铁路网主骨架"八纵"之一"大湛通道"的中段,是沟通华北与中南地区的一条重要铁路干线。线路自宜城与钟祥交界处胡集镇刘湾村入境,由北向南穿越胡集、磷矿、双河、子陵、龙泉、双喜、漳河等镇、街办,于傅家坡南出镜进入当阳市境。荆门境内全长112.38千米。境内设王集、胡集、双河、班竹、子陵、荆门、荆门东、荆门南、漳河9个火车站。焦柳铁路连通襄阳、荆门、宜昌,是荆门境内主要铁路运输线。

浩吉铁路　国家Ⅰ级铁路,是国家"北煤南运"新的战略大通道。线路连通内蒙古、陕西、山西、河南、湖北、湖南、江西等七省市,途经荆门钟祥、东宝、掇刀、沙洋4个县(市、区)。全长1837千米,荆门境内路段长123.2千米。境内设有仙居站、荆门北站、掇刀站、沙洋站、后港站。

长荆铁路　国家Ⅱ级铁路,是荆门东进西出的主要通道。线路东起汉丹线长江埠车站,经京山市、钟祥市,西至荆门车站与焦柳铁路连接。全长176.37千米,荆门境内路段长123.92千米。境内设有京山站、东桥站、钟祥站、冷水站。

荆沙铁路　国家Ⅲ级铁路,是与全国铁路联网的湖北省地方铁路。线路起于焦柳铁路荆门南站,途经团林铺、五里铺、十里铺、纪山镇,于砖桥出界进入荆州市境,向南止于荆州市现代码头盐卡新港区。全长82千米,荆门境内路段长62.17千米,主要以货运为主。

【高速铁路】 荆门至荆州铁路是列入国家中长期铁路发展规划的荆荆岳城际铁路的重要组成部分,线路自荆门西站引出,向南途经荆门市漳河新区、掇刀区、沙洋县,延伸至荆州市荆州区,接入汉宜客专荆州站,预留延伸至岳阳接线条件。正线全长77.5千米,其中荆门境内52千米,设计时速为双线350千米高速铁路,全线设荆门西站(与沪渝蓉高铁共站)、沙洋西站和荆州站,项目总投资117.28亿元,由湖北省铁投集团、荆门市、荆州市共同出资建设。

沪渝蓉高铁武汉至宜昌段是国家"八纵八横"高速铁路网沿江通道的重要组成部分,线路从汉口站引出,向西经汉川、天门、屈家岭、京山、钟祥,从荆门城北引入至荆门西站,经当阳至宜昌市夷陵区接入宜昌北站。全线设汉口站(既有)、汉川站、天门站、京山南站、钟祥南站、荆门西站、当阳西站和宜昌北站。新建正线全长295千米,其中荆门境内约118千米,设计时速为双线350千米的高速铁路,项目总投资522.7亿元。

呼南高铁襄阳至荆门段是国家"八纵八横"高速铁路网呼南通道的重要组成部分,线路从襄阳东站引出、经宜城市(设宜城站)、钟祥市(设双河越行站)、荆门市东宝区,接入荆门西站。正线全长118千米,其中荆门境内约51千米,设计时速为双线350千米高速铁路,项目总投资183亿元。

(市发改委)

·通用航空·

【概况】 2023年,荆门航空产业园园区完成生产总值6.54亿元,税收2433万元,同比分别增长23%、28%;漳河机场保障飞行16959小时,56756架次,同比增长8.45%,3.61%;生产下线飞机11架。

通飞华中AG50轻型运动飞机取得型号合格证(TC)、生产许可证(PC),下线交付10架。航特公司A2C飞机生产交付1架。墨行公司首架M22轻型运动飞机下线并完成首飞,获得10架预售订单,正推进飞机型号合格证(TC)取证。园区集聚5家轻型运动飞机整机研制企业,初步形成以浮空器、水陆两栖飞机、轻型运动飞机为代表的民用航空装备研制产业体系。全年漳河机场保障航校培训、AG600试验试飞、跳伞、航空摄影、科学实验等各类飞行16959小时,56756架次,运行量居全国同类机场前列。吸引兵器集团等13家单位研制的无人机、直升机等多款航空器驻场试验试飞交付。由国家应急部指导,航空工业集团、中航通飞公司和市政府承办的航空应急救援综合实战演练在漳河机场举行。推进通航与文化旅游、体育运动、教育培训融合发展。爱飞客极客公园获国家AAAA级旅游景区授牌并被命名为第五批湖北省全民国防教育基地、荆门市市直机关党员干部教育基地,荆门航空运动休闲体验之旅获评十佳体育旅游精品线路。全年累计接待省内外红色党团建和中小学生研学团队约10万人次。飞行家承接保障北京跳伞队、湖北跳伞队等专业跳伞运动员的训练。2023年湖北省学生数字素养提升实践活动研训班、2023年湖北省“奔跑吧·少年”儿童青少年主体健身活动春季启动式、荆门市第九届小小爱飞客航模竞赛、2023中国公路自行车公开赛暨环漳河自行车赛、湖北省航空模型锦标赛等活动在爱飞客镇举办。与荆楚理工学院合作共建大学生社会实践教育基地,荆门通用航空职业技术学院获批。龙昊航校在校培训学员178名,完成飞行培训18407小时。

【基础设施建设】 通飞华中超轻型运动飞机制造项目建成投入运营、墨行航空飞机制造项目完成M22生产线搭建,完成鄂西北应急救援基地航空水上训练救援分中心、特飞所310厂房改扩建项目,飞行社区一期完工,省航管中心迁建项目一期即将完工,龙昊湖北总部基地、通航新厂房和机库、漳河机场低空智联数字化、漳河机场3条跑道协同运行、荆门技师学院产教融合中心等项目正开展前期工作。

【招商引资】 航空产业园服务中心上报有价值招商信息21条,超额完成全年有价值信息报送目标6条。全年拜访企业62家,提请市(新区)领导拜访企业31家,接待39家企业来访,外出参加招商推介活动3次。招引漳河新区首家外资企业——韵午航空产业(湖北)有限公司,签约亿元以上招商引资项目3个,签约金额14亿元,分别是湖北通飞华中飞行器产业园项目、中国特种飞行器研究所新型航行器产业化项目、威凯通(荆门)航空运营基地项目。完成湖北通飞华中飞行器产业园项目(一期)项目入库。全年实际完成投资1480万元。

(荆门航空产业园服务中心)

邮　政

【概述】 2023年,全市邮政行业寄递业务量累计完成14423.18万件,同比增长12.96%。其中,快递业务量(不包含邮政公司包裹业务)累计完成8191.53万件,同比增长24.29%。邮政行业业务收入(不包括邮政储蓄银行直接营业收入)累计完成13.97亿元,同比增长13.95%。其中,快递业务收入累计完成7.38亿元,同比增长18.63%。

全市有邮政局(所)85处,邮件快件处理中心4个,邮政标志车辆269台,村邮站1362个。全年全市邮政函件、包裹、报纸、杂志、汇兑业务量分别完成41.52万件、2.74万件、2844.97万份、75.14万份、0.14万笔。全市建制村全部实现直接通邮,投递信息化监测打卡率100%。农村地区每周邮政投递频次5次以上建制村占比90.83%,农村邮路汽车化率80.68%。乡镇政府所在地党报党刊均能当日见报。深入推进政务类便民服务平台建设,警邮、税邮、政邮合作覆盖全市,合作寄递业务量27.07万件,有力支撑了群众“网上办事”。邮政与农村电商协同发展成效凸显,建成邮乐购站点1362个,培育绿陌纤寻菜籽油、涵皓鸡蛋、奈奈米酱菜、润物蟠龙菜等4个“一市一品”项目。

全市有邮政、顺丰、申通、圆通、中通、韵达、京东、德邦、跨越、极兔、菜鸟速递、菜鸟驿站等12个品牌26家企业812个网点,578个城市末端公共服务站、234组智能快件箱。有申通快递荆门物流科技产业园、顺丰鄂西地区快递分拣中心、荆门市邮件快件集散中心、极兔鄂西(荆门)智慧供应链产业园等区域性快递分拨中心4家。8月,湖北极兔速递有限公司与荆门国际内陆港正式签约,项目正施工建设,建成后,初期日均处理件量可达75.3万件,项目达产时实际日均处理量超过100万件。全市主要快递企业全部配备自动化分拣设备,其中掇刀区、东宝区、钟祥市、京山市、沙洋县的主要快递企业开展共配建设,引入全自动化交叉分拣带设备,依托网络和计算机技术提高分拣效率。全市1342个行政村实现村级网点全覆盖,1697.29万件快递进村服务现代农业,培育服务现代农业市级项目4个。快递进厂服务制造业网上销售业务量5517.08万件,快递企业寄递出口快件量22.26万件。

【行业发展】 年内,市领导对邮政管理工作做出批示11次,市长、分管副市长带队到省局对接工作,市委书记、市长等市主要领导5次调研农村寄递物流体系建设。邮政快递业发展被纳入荆门产业转型示范区建设、流域综合治理和统筹发展、生态环境治理、湖北省加快建设全国构建新发展格局先行区推动高质量发展范畴,全年全市出台36个支持邮政快递行业发展政策文件,为全市邮政快递企业争取地方奖补资金1222.88万元,推动邮政快递企业落实减税降费1062.19万元。全年市、县两级财政投入2463.87万元,于10月底完成5个县级共配中心和1342个村级服务网点全覆盖任务,市、县出台政策连续两年给予村级网点建设和下行件运营补贴,年内全市完成1342个村级网点注册登记。全市农村寄递物流体系建设工作做法在《湖北乡村振兴简报》上推介,两次在全省会议上交流,多次在全省月度通报中被提及。按照"一县一策",组织全市38家快递企业与邮政企业签订"转邮"协议,全市每日进村快件从不足1万件增长到约6万件,其中"三通一达"通过"邮快合作"每日进村件量达5万件,全年累计"转邮"到村快件273.27万件。建成4个绿色快递示范网点,获奖补资金2万元。电商快件不再二次包装率达95%,循环包装62万个,回收复用纸箱105万个。申通分拨中心建成湖北首个光伏发电站,每年提供约200万度电清洁能源。

【行业监管】 市政府将县级邮政管理机构建设纳入分管副市长重点督办事项,市、县两级编办相继发文,明确成立钟祥、京山、沙洋、东宝、掇刀、屈家岭管理区、漳河新区等7个县级邮政业安全发展中心。各县(市、区)邮政管理机构挂牌成立,落实人员、场地和经费。市局发文明确县级邮政管理机构职责,举办业务培训班,启用执法专用章。10月开始,县级邮政监管机构开展县域邮政快递业执法检查。落实"高效办成一件事",压缩证照办理和实地核查时限。许可核查、许可变更、末端网点备案平均办结时间分别是7天、6.4天、1.2天。全年开展快递末端服务违规收费、无证经营、电商快件寄递服务质量专项整治、服务价格抽查监测,立案查处2起。开展各类专项执法检查172次,下达责令整改通知书21份,行政约谈13起,行政处罚10起,罚款7.6万元,停业整顿1起。在全市建成12个"扫黄打非"工作站。开展邮政机要事故应急演练、邮路全覆盖检查,全年邮政机要通信万无一失。全年监督20套邮票发行,检查133个邮政支局、40个投递场所,行政约谈6起、责令整改6起。全年处理各类申诉、信访件854起,为消费者挽回损失11.42万元。

【安全生产】 建设市、县两级视频监控平台,全市488个处理场所和末端网点、901个村级网点监控视频接入监控平台,开通31名县级安全中心人员巡查权限,充分发挥监管平台效用。落实企业安全主体责任,开展安全生产专项整治、邮件快件处理场所安全管理规范化提升、消防安全整治、安全隐患排查整治等专项行动,组织企业落实每日岗前3分钟警示教育、网点自查全覆盖、分拨中心应急演练全覆盖,落实企业主体责任。落实寄递安全"三项制度",全行业配置安检机31台,使用率100%,备案协议客户877家次,实名率99.96%。召开寄递物流安全管理联席会议,联合市委政法委、检察院等部门开展平安寄递专项行动,与烟草专卖局开展联合执法。将寄递安全纳入县市区平安建设考评、市域现代化社会治理试点,推动落实属地责任。加强行业应急管理,妥善处置企业快件积压和经营异常事件,加强快递进村乡镇网点矛盾纠纷化解。完成春节、五一、大运会、亚运会、行业旺季等重要时期行业安全服务保障工作。

(市邮政管理局)

·中国邮政集团有限公司荆门市分公司·

【概况】 荆门市邮政分公司承担邮政普遍服务义务,受政府委托提供邮政特殊服务,对竞争性邮政业务实行商业化运营。经营业务主要包括:国内和国际信函寄递业务;国内和国际包裹快递业务;报刊、图书等出版物发行业务;邮票发行业务;邮政汇兑业务;机要通信业务;邮政金融业务;邮政物流业务;电子商务业务;各类邮政代理业务;国家规定开办的其他业务。全市邮政有邮政普服网点85个,邮路单程总长6741千米,农村投递线路22671.17千米。2023年,荆门邮政分公司实现收入72261万元,居全省第8位,同比增长13.6%。

【业务发展】 聚焦"财富金融+生态金融"两大方向,深化金融转型,坚持以客户为中心发展理念,依托CRM系统对客户进行全面梳理,做好"唤回、唤醒、提质、提档、引流"系列工作,规模、增幅均列全省第9位。针对当前老百姓"融资难"痛点,以邮储贷款为切入,提供中邮惠农——"融资E"套餐服务,推进"信用村"建设,为农民专业合作社提供信贷供给等一揽子综合金融服务。打造中邮惠农示范社4个,活跃合作社综合服务覆盖4620家,年内"融资E"贷款净增9100万元。坚持"人民邮政为人民"服务宗旨,深入推进寄递服务"最后一公里",落实特快、快包、国际、物流业务结构优化调整,年内收入规模居全省前列。打造全省邮政楚邮云仓京山仓,探索"供应商物流、经销商物流、农产品销售物流、电商产业集群物流"四类场景运营模式,在规范仓储建设、转变运营模式、创新场景设置方面大胆创新,持续提高仓储效能,实现从传统仓储向智能仓储转型,助力荆门邮政寄递业务高质量发展。

【普遍服务】 全市设置普遍服务网点85个,遍及所有乡镇;配置邮件处理场地4个,揽投部站15个,区内邮路27条,邮运、投递车辆380余台,驾投人员380人,实现县及县以上城市党政机关《人民日报》当日见报率100%,全市33个重点乡镇实现乡镇(镇本)周五班提升到逐日班,所辖143条段道周五班及以上段道占比100%,汽车化率82.46%。全市邮政普服内容延伸至服务地方经济所需的寄递、金融、电商等方方面面，包括三级物流体系、邮快合作、便民政务、普惠金融、农村电商等，实现"功能齐全、惠及民生、政府满意、多方共赢"的目标。

【改革创新】 打破原有组网模式，重新规划市县网络组织，全面推进三网改革，探索"县共配中心—汇接点"县域组网模式，推进城区"四类段道"优化调整和揽投部站销售化转型，促进邮快合作，不断提升大户段道卸载率、甩点直投率、邮件自提率，实现降本增效，重塑寄递物流网络。通过"四合一"改革、三级物流体系建设，重塑农村"专业地推＋网点营销""网点＋站点"的营销体系。组建邮政地推队伍，制定邮银协同服务乡村振兴双向考核办法，推动信用卡、"融资E"等业务高效拓展；各专业依托自有、社会、线上渠道，合力建场景、做活动、拓项目、促引流，重塑邮银协同、专业协同新格局。

【乡村振兴】 完善邮政农村电商体系建设，畅通农产品进城、工业品下乡通道，线上建设县市邮乐乡村振兴馆4个，累计入驻32家本地农产品商家，上线产品260余种，建设标准化农产品基地2个，县级农村电子商务运营中心3处，分销仓储8处，打造万单大单品3个，农特产品进城销售额逾7000万元，同比增长35%。结合消费扶贫、直播带货等活动，助力钟祥葛根、京山桥米、沙洋风干鸡等一大批农特产品走向全国。重点支持培育，与本地农户及农产品贸易公司合作，累计发运农产品包裹逾1629.1万件，同比增长56.6%，解决本地农产品"销售难""进城难"的问题。

【管理提质】 聚焦利润、营销费外包费等重点成本指标，分层落实关键财务指标、刚性预算指标、强度预算指标的管控措施，推动重点项目落地见效。加强能力建设，升级改造网点9个。人力管理优化增能，优化人力配置，参加省公司招聘3次，招聘入职51人。全年举办各类培训29期；全市理财经理基金持证率95.83%，同比提升58%；持续推进代理金融网点"四合一"人员优化工作，转岗压降70余人。审计工作履职尽责，配合完成上级部署的各项专项审计工作，完成定点帮扶、特快同城业务、自提点建设、代理金融营销激励、县市支局负责人离任审计等7项重点审计任务。开展"平安邮政"创建活动，组织各类培训451次，开展预案演练425次，排查整治各类隐患313处，全市实现金融资金零案件、安全生产零责任事故目标。

【民生服务】 县级中心全面提能，全市投入2044万元、获得政府支持115万元用于能力建设。按照"一县一仓"标准建设仓配中心4个，总面积2.28万平方米，配备上线环形自动分拣机2套、直线分拣机2套，日均处理能力由15.2万件提升至30万件，效能提升60%。按照"七有七统一"的要求，实现1342个村级服务站点全覆盖，"协议签订率、系统安装率、培训通关率"100%。邮快合作稳步推进，与全市8个快递品牌38家民营快递加盟商签订邮快合作协议，全市有53个镇、1160个村实现邮件到村。邮快合作日均进村件量由年初不足万件提升至5万件以上，代投占比由年初2.8%提升至64.1%。

（荆门邮政分公司）

通　信

·中国电信股份有限公司荆门市分公司·

【概况】 2023年，集团综合满意度测评连续4个季度排名行业第一，全年平均得分82.85分，同比提升1.57分；平均领先值全省排名第一，同比提升2.88分。感动创佳绩收集案例200余篇，上报省公司评选127篇，获奖24篇，其中优秀10篇，入围14篇，1人获得省公司年度优秀二等奖，1个分局、2个营业厅获"金牌服务单位"称号。

【经营发展】 收入稳健增长，主营业务收入增幅行业第一，连续两年双位数增长，同比增长11.57%。收入份额较上年底提升1.15个百分点。基础业务收入同比增长5.8%，云收入占比18.6%，连续2年收入翻番。90天移动过网份额较上年底提升1.37个百分点，连续3年排名行业第1。宽带净增份额30.8%，排名全省第6。FTTR新增完成全省第6。连续3年高速增长。市场地位不断攀升，企业利润同比增长88.52%，2023年蝉联"经营优秀单位"。

【产数业务】 年内，政企云收入完成进度位列全省第3。完善优化政企产数人员队伍，从人员、商机、客情方面通过双选竞聘，补充解决方案经理7人；优化队伍结构，充实政企线条青年员工9人。锁定政府重大开工项目、锁定重点行业针对性攻坚。获"2023年度全省政企经营发展纵向考评先进分公司"三等奖。

【云网能力提升】 年内，新增5G小区2924个、4G小区467个，共享4G小区1188个；基站小区总数15844个。5801工程提前完成，行政村5G点亮率88%，超全省平均值3个百分点。新建H端口2.26万累计67.92万，完成率157%。新建10GPON端口2201个累计19226个，完成率159%，全市千兆端口占比80%。新增机架30个，累计75个。移动网络质量满意度同行业第一，宽带网络质量、装维服务满意度同行业第二。光线路终端（OLT）总体双上联率由43%升至56%，提升13%；年内平均OLT脱网率1.75%，同比压降0.84PP。高负荷端口率由

5.8%压降至2.6%,压降3.2%。累计完成124次通信重保,未发生服务及投诉事件,其中天翼云会议4期(32场次),政法委13次、法院等客户79次。

(荆门电信公司)

·中国移动通信集团湖北有限公司荆门分公司·

【概况】 2023年,荆门移动围绕"科技强国、网络强国、数字中国主力"目标和"八个一年"工作部署,以高质量信息服务供给,推动新一代信息技术融入经济社会民生,为社会发展和文明进步贡献更大力量。关键份额保持行业领先、全省靠前,从2008年起连续蝉联"全国文明单位"。全年本地纳税超3000万元,占行业的90%以上。移动加盟营业网点、直销队伍覆盖所有街道、乡镇,带动2000多人就业,每年投入约1亿元。

【网络设施建设】 积极推进市政府与湖北移动签订战略合作协议,加快5G建设,累计投资6.4亿元开通3333个5G基站,实现荆门城区深度覆盖,县、镇区域5G连续覆盖,重点行政村、工业园区、景区有效覆盖;千兆光网覆盖住户78.6万户,实现城区和乡镇千兆网络接入能力全覆盖,宽带能力和品质口碑有效提升。大数据中心开工建设,项目将于2024年12月交付投产,一期容纳1600个总机架位,算力规模超30E浮点运算次数(FLOPS)。"荆门云"算力能力建设进一步提升智慧城市运行能力。数智化全光底座全面构筑,实现"1－5－7－10"超低时延圈,提供立足湖北中部、连接全国城市群的算力网络服务能力。5G新通话、芒果卡、云手机等创新产品加速发展,推广中国移动数字生活超市,为全市人民提供更加优质的产品、丰富的权益。通过参与智慧城市、数公基等重点项目,深化头部企业合作,引入应用、硬件、安全等优质资源;参与荆门数字联盟、智慧城市联合创新中心,打造初具规模的跨行业、多样性数字政府全领域生态圈。在全国第六届绽放杯比赛中,"钟祥紫岗矿业5G矿山项目"获湖北赛区三等奖,"5G智慧漳河项目"获全国水利海洋专题赛优秀奖。

【社会履责】 2023年,荆门移动完成杭州亚运会、中国公路自行车公开赛暨环漳河自行车赛、湖北油菜花节、绿林网球英雄会等19次重大活动通信保障,实现"零"重大故障、"零"安全事件、"零"重点客户投诉,获得省、市政府的高度认可。全面推进"数智乡村振兴计划",累计投入帮扶资金超100万元,帮扶10个贫困村599人脱贫出列。选派7名员工驻点帮扶,完成消费帮扶43万元,落实帮扶资金53.8万元,输出1个最佳实践案例,提升基层治理能力。开展反诈联合宣传进校园、进社区、进乡村19次,向全量用户发送反诈提醒短信3770万条,拦截疑似诈骗电话1.4万次,全年公安涉案号码百万用户占比全省第4低。服务公务用车、自然灾害防治体系等政府重大项目,强化"网＋云＋DICT"融合发展,充分利用5G优势,为汽车、文旅等行业定制5G智慧工厂解决方案,以信息化提升传统产业,利用"互联网＋"为荆门实体经济发展助力。

【签订"5G＋"数字政府与数字工厂战略合作协议】 7月18日,荆门移动与荆门高新区·掇刀区政府签订"5G＋"数字政府战略合作协议。"5G＋"数字政府战略合作协议,是加快掇刀数字政府建设进程、推动数字经济产业发展的重要举措,是产业转型升级之需。荆门移动充分发挥网络、技术及应用优势,推动技术融合,推动连接、算力、能力服务融合,推动新一代信息技术与生产、生活、治理应用融合,利用5G、云计算、人工智能等新技术应用,全面助力"1＋1＋N"的智慧城市建设及"4211"现代产业体系布局,加快数字经济扩链赋能。签约仪式上,荆门移动与浪潮通信、荆门软通签订"5G＋"数字政府战略合作协议;与亿纬动力、长城汽车、固润科技、楚大智能、润都制药、蚂蚁物流、恩捷新材料7家企业签订"5G＋"数字工厂战略合作协议。

【中标荆门智慧城市二期项目】 8月2日,荆门移动与中移集成公司以联合体牵头单位形式成功中标荆门智慧城市二期EPC总包项目。二期项目包含委办局29项应用。此次中标将助力荆门移动实现从资源驱动向创新驱动转型,全力服务经济社会数字化转型。

【大数据中心项目建设】 9月28日上午,荆门移动在漳河新区举办中国移动荆门大数据中心开工仪式,标志着大数据中心项目进入全面建设阶段,为荆门市大数据产业的快速发展奠定坚实基础。项目预计2024年9月30日交付投产。中国移动荆门大数据中心项目是响应省委省政府打造"三高地两基地"的号召、积极响应市委市政府构建智慧城市"1＋7＋N"的建设目标,持续优化算网资源布局、促进数字经济与实体经济深度融合、提升营商环境的一项重要举措。大数据中心开工建设将有利于推进荆门数字经济业务模式创新、推进具有示范意义的算力应用加速落地。

(中国移动湖北公司荆门分公司)

·中国联合网络通信有限公司荆门市分公司·

【概况】 2023年,荆门联通获2023年度"湖北省放心消费创建示范单位""荆门市2022年度卫生先进单位""荆门市2023年度平安建设优胜单位"等称号。

荆门联通积极落实"网络强国、数字中国"战略部署,打造5G、4G

精品网络，提供高速泛在的连接服务，助力荆门市成功创建国家“千兆城市”。加快5G广度覆盖，紧跟行业节奏，坚持共建共享，打造覆盖相当、体验领先，能力领先、效能领先的5G网络。年底，5G站点规模1997个，实现主城区、县市城区及发达乡镇镇区5G室外连续覆盖和郊区高流量区域热点覆盖。完善4G深度覆盖，从重点场景覆盖与质量提升、语音业务保障与质量提升等方面不断加强深度覆盖。年底，4G站点规模4456个，人口覆盖率99%，口碑场景达标率100%。大力发展城市家庭千兆接入能力和商务楼宇万兆接入能力全覆盖，增强“最后一公里”接入能力。年底，宽带端口总数61.8万个，整体宽带住宅覆盖率83.1%，城市宽带住宅覆盖率94.1%。千兆端口20.57万个，千兆端口占比33.29%，500兆以上用户占比14.8%。

完成工业互联网标识解析荆门二级节点建设，接入企业150家。聚焦数字政府、智慧医疗、5G+工业互联网、交通文旅等重点领域，提供智慧化应用平台及一体化产品解决方案，助力各领域数字转型、智能升级、融合创新。打造智慧城市、绿色产业、文旅大数据、数字乡村等优秀项目。承办荆门市“百城千园行”活动、荆门市数字经济生态联盟大会。

坚持以人民为中心的发展思想，塑造高品质服务新优势，提升客户感知评价，打造“近悦远来”服务口碑。围绕高品质服务发展需求，开展客户申告专项攻坚治理，压降TOP热点申告问题，优化服务流程，提升投诉处理能力。强化网业服深度协同，以投诉驱动网络和业务改善，迭代开展TOP50投诉区域网络建设，双周督办、月度通报，加快网络投诉响应。强化业务管理规范及服务问责，实现投诉率压降，满意率提升的服务目标；抓触点服务提升满意度，开展“人人都是体验官活动”，通过对全量用户外呼收集意见，做精做实贬损感知，持续开展服务明星评选、服务创优等系列活动，从业务和服务提升客户满意度。深入推进“我为群众办实事”实践活动，加强品牌宣传与各专业线协同，将助老活动融入服务营销场景，全年组织39场活动，服务人次1200余老年用户，有效提升客户服务口碑。

以网络安全现代产业链链长身份，谋划成立数字安全运营中心，以统一安全运营服务模式帮助政府开展对接入政务外网信息化资产进行安全集中管控，建立联通在当地安全市场的优势地位。坚持源头治理，对外积极开展反诈骗宣传，强化用户信息数据安全治理，建立警企联动机制。按照公安部、工信部要求，开展“断卡2.0行动”“二次实人认证”“复机核验”等工作，全面排查清理高风险电话卡、物联网卡，关停各类静默卡、睡眠卡、频繁换机等高危号码；规范端口短信、呼叫转移等重点业务；严把入网关，限制社会渠道一证多户开户权限，监测防范重点业务安全风险；配合公安部门严厉打击网络诈骗，保护用户敏感信息，严格执行实名制，加强垃圾短信治理。年内，荆门联通拦截涉诈电话1.1万次，有力维护人民群众财产安全。

（中国联合网络通信有限公司荆门市分公司）

无线电监测

【保障设台用频单位】 2023年，根据省经信厅、省无线电监测中心统一部署，开展无线电管理事中事后监管信息核查、无线电频率和在用无线电台（站）检查、无线电对讲机专项清查工作，完成全市公众移动基站专项核查工作和5G宏基站的抽查任务，准确掌握公众移动基站建设、基站分布和频率使用现状。对接联系公安、国安、水运、铁路、电力、公众通信及防汛抗旱等单位，摸清频率分布使用现状，依法依规做好防汛抗旱时期有关站点电磁环境测试。联合市市场监督管理局实施辖区在售无线电发射设备核查。

【维护电波秩序】 全年固定监测累计13776小时、移动监测累计358小时，完成日常监测和指令性监测任务。坚持主动出击打击非法设台，全年开展“黑广播”专项监测477小时、“伪基站”专项监测134小时，排查处理干扰5起，协调处置干扰3次，有力维护辖区内空中电波秩序。积极参与全市各类考试保障26场次，累计监测时长407小时，排查疑似作弊信号11个，实施技术阻断11起，查获作弊设备2台，保障考试的公平公正。先后完成省十六运会开闭幕式、2023中国公路自行车公开赛（湖北·荆门站）暨2023环漳河自行车赛、航空工业应急救援综合实战演练等重大活动无线电安全保障任务。

【社会服务】 做好荆门民用机场选址电磁环境测试工作，密切配合相关单位推进电磁频谱管控专业保障分队建设，进一步夯实电磁频谱监测民兵排保障力量，服务国防建设。联合市移动公司组织开展年度防汛抗旱应急通信演练，健全完善抢险救灾快速响应机制。持续推进属地“大党委+大综治”工作机制建设，严格落实党员干部“双报到双报告”制度，帮助包联村新建公众移动通信基站1座，解决村域手机通信不畅、信号覆盖不佳问题。深入开展无线电科普宣传进机关、进企业、进高校、进社区“四进”活动，提升公众对无线电监管事业的认识，营造全社会共同参与无线电事业发展的良好氛围。

（湖北省无线电监测中心荆门监测站）

商　务

国内贸易

【概况】　2023年,聚焦重点领域和关键环节,以消费促进为主线,深入推进电商发展,进一步完善市场体系,持续规范行业秩序,狠抓商贸领域安全生产,全年实现社零额1042.13亿元,同比增长7.5%,新增限上主体937家。

【促进居民消费】　深入贯彻落实中央、省、市关于扩大消费的决策部署,印发《全市消费快速反弹复苏年工作方案》《荆门市大宗商品及重点商贸领域促消费工作方案》,兑现2022年助企纾困和促进消费等市级补贴资金近5000万元。出台11条促销政策,全面支持促消费、提振市场稳预期。组织商贸领域以"荆彩消费 乐购四季"为主题,举办年货直播节、"荆品名门"特色产品展、汽车展交会、湖北油菜花节、网络直播节等促销活动146场次,组织大中型商贸企业联动促销活动60余场次,发放"惠购湖北"消费券2122万元、"惠购湖北"年货券706万元、"惠购湖北"家电券1094万元、汽车消费"大礼包"437.8万元,拉动消费近25亿元。组织企业参与宜荆荆都市圈美食交流,宣介蟠龙菜、风干鸡、太师饼等知名楚菜,开展"寻味荆门·来荆必点菜"评选,推出"来荆必点菜、推荐菜、特色美食"各10道,上线"寻味荆门"小程序。大力推介本地好物,邀请湖北经视制作钟祥石牌"豆腐宴"宣传片并进行宣传推广,促成矮子馅饼在泰州、兴化设立加盟店,沙洋风干鸡、贵老头香油、洪森香米、官垱果冻橙等10余款本地农产品入驻北京新发地国际农产品会展中心。

【消费场景提档升级】　结合消费场景的动态监测和居民消费需求引导,推动中天街、漳河万达广场、沙洋摩尔城、钟祥雅斯广场、京山新天地等重点商圈适应消费新需求,引进国潮品牌,植入电商元素,绿色装配式消费场景,商圈影响力和辐射面进一步提升。编制中心城区"15分钟便民生活圈"实施方案,完成老莱子路美食街升级改造,中天街青创扩容,东宝工业园新建金龙泉广场商业区,荆门高新区·掇刀区石堰社区设立失地农民创业基地,推动产城融合,完善"新地盘"。漳河万达广场(楚街)、老莱子美食街获评2023年省级夜间消费聚集区,升级城南新区夜市小吃街、莫愁湖夜间旅游区、京山网球中心夜市集聚区,优化车辆夜间临停、餐饮外摆政策,"夜经济"不断繁荣。

【限上主体培育】　按照"稳存量、增新量、壮体量"的工作思路,狠抓限上主体培育。通过对工贸分离、个转企、分改子、外地品牌注册在地法人等纳入限上统计的,给予资金补助,对重点企业采取"一企一策",对外地品牌注册在地法人进限纳统的,对税收地方留存部分按比例给予奖励等政策激励,推动好邻居、雅斯等一批外地品牌注册在地法人,并成功纳统。结合月度、年度小进限目标任务,持续开展"扫街扫楼"和"近限"主体排查筛选,通过"挖潜提升一批、引进发展一批、扶持壮大一批、转注培育一批"稳增量,以农产品经营企业、电商企业、餐饮企业、家具建材企业、果蔬经营企业以及临标"近限"企业为重点批量进限,以月度新增、电商招引、工贸分离等为补充,全面壮大限上主体库数量。全年新增限上主体937家,同比增长185%,其中法人企业707家、大个体户230家。

【筑牢安全生产底线】　制定《2023年全市商务领域安全生产工作要点》《全市商贸流通领域重大事故隐患专项排查实施方案》《全市商贸领域开展餐饮经营主体燃气安全整治专项工作方案》《荆门市2023年成品油市场专项整治工作方案》等30余份文件,结合元旦、春节、中秋国庆等重大节假日和国家、省市"两会"等重大活动安全防范工作,统筹推进商贸流通领域重大事故隐患专项排查整治、餐饮企业燃气安全整治和成品油市场专项整治等工作。强化成品油流通智慧监管,在东宝区、掇刀区、漳河新区开展成品油综合监管平台建设试点。全年共排查各类商贸企业367家次,注册检查餐饮主体5975家,发现各类重大隐患20个，其中成品油黑加油点17个、餐饮企业违规使用燃气2个、报废机动车回收拆解企业员工特种操作证过期1个。全市共查获流动加油车49辆，无证经营加油站点24家，处理涉及非法油品柴油152.36吨、汽油3.2吨，办理行政案21起，刑事案件4起，罚款81.9万元，补缴税款439.39万元。

（市商务局）

供销合作

【概况】　2023年，荆门市供销社被市委、市政府表彰为“荆门市2023年度政绩目标考核立功单位”。在2023年度全省供销社系统综合业绩考核中，市供销社获市级优胜单位一等奖，排名第2，连续5年位居全省前列；沙洋县、京山市、东宝区、钟祥市供销社均获县级优胜单位一等奖，分别居第4名、9名、20名和23名；掇刀区供销社获县级优胜单位二等奖，居第45名。在重点工作单项考核中，荆门市供销社为2023年度城乡供应链“一张网”建设工作表扬单位、沙洋县供销社为2023年度农资链工作表扬单位、钟祥市供销社为2023年度粮油链工作表扬单位、荆门东方百货大厦为2023年度社有企业效益工作表扬单位。市供销社所属东方百货、金城集团实现销售收入22.6亿元、缴税5089万元、利润3097万元，经济效益在全省市州供销社中居首位。

7月4日，全国供销总社在广东省江门市召开持续深化综合改革加快高质量发展推进会，荆门市供销社作为全国地市州供销社唯一代表作典型发言。

【综合改革】　坚持试点先行，扎实推进综合改革试点工作，京山市圆满完成“互联网+第四方物流”供销集采集配体系试点县建设，沙洋县探索农资集采集配“零利润”化肥直供新模式，钟祥市开展社会化服务整村推进，东宝区打造专业合作社联盟，掇刀区发展废旧农机回收业务，形成上下联动、因地制宜、有序推进综合改革工作的良好格局。围绕“党建带社建、村社共建”，培育“四有”基层社9家，累计54家，实现乡镇全覆盖；发展基层社11家、农民专业合作社20家，创建国家级示范社4家、省级示范社5家，全系统市级以上示范专业合作社达到124家，实现基层组织质与量“双提升”。发挥独特优势，通过“惠民农贸超市+专业合作社+农户”，推进放心农产品进社区、进机关、进高校、进工厂。金城配送中心稳定服务亿纬、中储粮、龙泉中学等大客户，生鲜年配送额近1300万元，同比增长10%。优化湖北供销农特优品华中运营中心荆门馆运营主体，组织荆门地区特色农产品线上线下销售，实现销售2539.46万元。认真贯彻落实全国江门会议精神和鄂办发7号文件精神，积极争取地方党委、政府支持，推动出台深化供销社综合实施方案，推进“一网四链”建设，积极融入全省新供销体系。

【为农服务】　大力开展农业社会化服务，争取中央财政支农资金支持农业社会化服务试点项目资金1490万元，占全省供销系统比重10%，居市州供销社第4名；5个试点县市区16个服务主体，完成粮油种植全托管服务面积1.51万公顷，初步探索出“农服降价、农田种满、农民增收、农业发展”的荆门供销农业社会化服务模式，形成“农民外出打工、供销社给农民打工”的新格局。全力抓好农资储备保供，全系统801家农资连锁经营网点供应各类化肥122.43万吨、农药2931吨、农膜117吨，保障农业生产所需。推进再生资源业务提质升级，完成金城再生资源分拣中心技改投资2500万元，规范回收网点建设48个，收购加工废旧可回收利用物2215吨；参与塑料污染治理，回收废旧农膜320吨，农药包装废弃物210吨。参与牌楼西河小流域治理，东宝区供销社完成再生资源分拣中心和回收站建设，为周边5个村提供再生资源回收服务。

【社企转型】　百货板块错位经营、相互支撑的发展格局初步形成，东方百货服务中高端客户群体，引进斐乐、浪琴等高端潮流时尚品牌，完成20个柜台品牌升级调整，在沙洋县、京山市、钟祥市设立全资企业，县域辐射带动能力增强；金城大厦服务中端和中老年客户群体，引进12个知名羽绒服品牌，打造精品羽绒商场，引进瑞幸咖啡、必胜客等国际国内一流品牌，企业发展活力提升；解放商都服务城乡低收入客户群体，引进连锁服饰企业“衣广汇”，年增加租金收入200余万元，实现扭亏为赢。超市板块优化经营管理，全年实现销售收入8.46亿元，超过百货、家电板块，成为新的销售、利润增长点。设立荆门消费帮扶本地农产品专区40个，销售本地果蔬农产品4160吨，在联农带农、助农增收方面发挥重要作用。

【粮食产业】　荆粮集团全年发展优质粮源基地5333.33公顷，完成省级储备粮3.25万吨、省级储备油1600吨保管工作；完成省级储备油600吨、省级储备粮8152吨稻谷轮换任务。通过控制人员成本，开展粮食贸易，改善经营方式降本增效，实现扭亏为盈。北郊粮库与武汉轻工大学舒在习教授团队合作，联合开发、试验动静态隔热绿色储粮技术，成为全国59家绿色储粮标准化试点粮库之一。11月6日，省委常委、常务副省长邵新宇到北郊粮库调研秋粮收购和粮食安全，对市供销社粮食收储科学化管理工作给予充分肯定。

（胡　珊）

粮油购销

【概况】 2023年,全市主要粮油品种为小麦、水稻、玉米、油菜籽,全年粮食总产量293.49万吨,同比增长1.4%。作为粮食主产区,粮食库存量常年保持在13亿千克左右,其中地方储备粮和最低收购价粮等政策性粮食占全市总库存量的60%以上。全市累计收购粮食17.6亿千克(购自生产者),销售粮食30亿千克。

【粮油收购】 5月底,荆门市油菜籽、小麦陆续上市,油菜籽市场购销活跃,收购价格每市斤3元,比2022年低0.15元,减幅5%;全年收购油菜籽0.4亿千克。小麦上市后,民营粮企市场收购价格每市斤1.3元(毛粮),国有粮食企业收购国家质量标准的小麦每市斤1.4元,价格与去年同期持平;全年收购小麦2.2亿千克。密切关注市场收购形势,加强市场监测分析和舆论引导,引导各类收购主体理性入市,售粮主体适时适价售粮。中晚稻长势较上年好,稻谷品质相对上年较好,上市以后,市场收购价格低开高走,市场购销活跃,10月以后,稻谷市场收购价格在1.45元/市斤左右,全年收购稻谷14.9亿千克。国有地方储备粮承储企业抢抓市场机遇入市收购,及时完成地方储备粮轮换收购任务。市民生粮食储备库9月中旬开秤,10月30日收购完成210万千克市级储备粮轮换收购任务,收购均价每市斤1.45元。为切实保护种粮农民利益,市发改委(粮食局)及时与中储粮荆门直属库、农发行,就国家政策性收购库点的确定、市场价格走势的判断等情况进行沟通协调,做好启动小麦、中晚稻最低收购价执行预案的各项准备工作;督促指导各类收购企业做好仓容、收购器材、人员培训等收购前准备工作。2023年由于粮食市场活跃,小麦和稻谷的市场价格高于最低收购价,没有启动预案。

【地方储备粮】 修改完善《荆门市市级储备粮管理办法》,制定出台《荆门市市级储备粮财务管理办法(试行)》《荆门市市级储备粮油轮换风险准备金管理办法》等6个文件及其相关配套文件和规章制度,强化地方储备粮轮换、储存、费用等日常监管,督促指导承储企业适时完成储备粮轮出、轮入计划,严格执行轮换入库验收确认制度,切实落实地方储备粮"一符三专四落实"。在落实省下达全市7150万千克地方储备粮保底规模的基础上,沙洋县、钟祥市和掇刀区等地新增县(市、区)级储备粮规模2650万千克,现规模已达到9800万千克(原粮)。全市建立174万千克规模的成品粮(大米)储备。实现省监管信息化平台对全市地方储备粮监管的全覆盖。

【粮食应急保障】 全市落实粮食应急保障企业148家,其中,供应网点91家,加工企业25家,储运企业21家,配送中心8家,应急保障中心3家。构建以粮食应急保障中心为主导,应急加工企业为支撑,应急供应网点为基础的应急供应体系。

【粮油食品工业】 全市入统粮油食品加工企业220家,其中大米加工企业165家,占比75%。全市一年可处理原粮1245.03万吨,其中大米加工年可处理原粮906.66万吨,占比72.8%。全年累计完成粮油食品加工量170.35万吨,完成工业总产值139.62亿元,实现产品销售收入128.96亿元,实现利润总额1.97亿元。全市紧扣全省菜籽油和优质稻米产业链建设,大力推进市级"一袋米""一壶油"工程,打造全市粮油加工产业集群发展。绘制"一袋米"全产业链地图,明晰"一袋米"产业发展路径,完成"京山桥米"地理标志证明商标扩域,并完成首批45家企业的授权。积极融入"江汉大米"省级发展战略,国宝、洪森入选首批10家重点企业,新布局、京和、楚稻香入选备选储备企业。全面指导粮油加工企业开展科技"揭榜制"、技改、品牌共建宣传、加工补贴、菜籽油产业链等各专项的申报争取,全年为17个项目争取到省粮食局专项资金3404万元。在第二十三届"荆楚粮油"精品展中,荆门市组织政府级专场推介会2场和企业品牌专场推介会1场,位列各市州推介会首位,全面宣传全市粮油产业品牌。3次迎接国家粮食和物资储备局科学研究院调研粮油加工产业发展情况调研,为全市粮油加工产业发展出谋划策。

【粮食仓储管理】 截至年底,全市国有粮食企业双低密闭储粮12.5万吨,占储粮总数的24.5%;机械通风仓库存粮50.5万吨,占储粮总数的98.8%;粮情电子检测仓库存粮50.9万吨,占储粮总数的99.6%;环流熏蒸仓库存粮44.9万吨,占储粮总数的87.9%。全市安全粮比例常年不低于95%,科学储粮比例常年达90%以上,现有省级、市级、县级储备粮全部实行了隔热保冷控温技术。

【粮食市场监管】 加强中央事权粮监管,每月对最低收购价粮开展月度三方两级巡查,确保政策执行到位。组织开展年度政策性粮油库存交叉检查,全市12个被查库点2.79万吨粮食库存账实相符。开展全市"两个安全"专项检查,涉及9家地方储备粮企业的59栋仓库的11.7万吨库存粮食,检查情况专报受到市政府肯定。按季度开展购销监管定期巡查,共进行330人次执法检查,开展154次详细检查,涉及158家企业,在检查中发现并及时整改83个问题,查办45起行政处罚案件。认真开展全市收获粮食品质调查测报及安全监测样品检验、地方储备粮食扦检,军供粮油扦检、"中国好粮油、荆楚好粮油"扦检等质量风险防控工作，全年完成各类粮食品种检测任务样品610份，及时发布油菜籽、小麦、中晚籼稻等主流品种的质量调查、品质测报、安全检测信息3次，为地方政府和粮食生产者提供了有效的种植数据支撑和参考。10月15日，京山市承办全省2023年世界粮食日和粮食安全宣传周启动仪式暨“荆楚粮油促销季”活动；同期举行的“金秋惠购·荆楚粮油好食节”专场活动，省内60余家重点粮油企业现场展销，500多款优质粮油产品优惠热卖，“一袋米”“一壶油”产业联盟企业产品呈现出购销两旺景象。

（市发改委）

石油产品销售

【概况】 截至年底，全市有加油站412座、加油点63座、加油船2座。其中，正常运营的加油站400座、加油点23座、加油船1座。年销售成品油49.14万吨，其中销售汽油23.52万吨、销售柴油25.62万吨。

按属地划分：沙洋县加油站68座，加油船1座；钟祥市加油站129座，加油点12座；京山市加油站91座，加油点7座；东宝区加油站43座，加油点2座；荆门高新区·掇刀区加油站48座，加油点1座；漳河新区加油站12座，加油点1座；屈家岭管理区加油站9座。

按所有制性质区分：中石化荆门石油分公司113座、中石油荆门销售分公司51座、其他国有企业18座、民营241座（含加油点）、外资企业2座。

按分布情况区分：高速公路站18座、省道国道141座、县乡道119座、城区90座、农村55座、水域1座。

按年销售量情况区分：万吨以上1座、5000—1万吨15座、3000—5000吨25座、3000吨以下383座（含加油点）。

中石化沙洋瞄集加油站、柏杨商贸沙洋昊宇加油站、中石化钟祥胡集（丽阳）加油站、中石化钟祥熊桥加油站、中石化曹武加油站、中石化京山杨集加油站、三石广告传媒麻城加油站、中石化东宝八角加油站、中石化漳河却集加油站、中石化漳河周集加油站、中石化漳河谭店加油站、漳河付集加油站12家加油站已停业或正在改造升级。另有40座加油点，1座加油船正在改造升级，均在钟祥市辖区内。

（市商务局）

食盐购销与管理

【概况】 2023年，湖北盐业集团有限公司荆门分公司累计销售各类用盐9788吨。其中，小袋盐销售6947吨，食品加工用盐销售1966吨，工业用盐销售875吨。

利用“3·15”和“5·15”活动契机，配合政府职能部门开展科学用盐、辨别真伪盐宣传，到社区、学校、机关进行用盐知识宣讲，展示“云鹤”健康、高端、绿色、亲民的品牌形象。充分利用节假日，在超市、社区等人流量大的地方开展宣传促销活动。通过食盐安全宣讲活动，倡导广大消费者树立“少吃盐、吃好盐”的健康生活新理念，让更健康、更安全、更环保的“云鹤”品牌深入人心，不断给“云鹤”产品价值赋能。

协助市场监督管理局做好全市食盐市场监管工作，规范全市食盐市场经营秩序，保障全市食盐质量安全和供应。

（市盐业公司）

对外贸易

【概况】 2023年，全市完成进出口总值163.3亿元，同比下降13.5%。其中，出口116.9亿元，同比下降11.3%；进口46.4亿元，同比下降18.6%。主要是龙头企业格林美受原料价格下降、行业竞争加剧等因素影响，进出口额较2022年减少36亿元，拉低了全市平均增幅。

【主体培育】 深入企业服务与指导。紧盯重点，对格林美、亿纬动力、新洋丰等3家企业实行省市区三级包联，为格林美、新洋丰等分别出台了针对性的扩大出口、保税物流“一企一策”，为企业发展赋能添力。相继开展外贸企业数据回流、开口企业破零、重点企业冲刺等3次专项行动，促进进出口数据回流约5亿元，26家新企业顺利完成首次进出口。与荆门海关、税务等部门联合调研20余次，解决企业实际问题30多个，对新洋丰进口钾肥，从国际物流、保税仓储、便捷出库做到全流程服务，保障企业30万吨原料顺畅供应。强化外贸人才队伍培育。2023年以来，组织市区两级和外综服开展外贸业务培训累计11次，并设立荆门保税物流中心（B型）为全市外贸培训基地。促进荆门博洋供应链公司与荆楚理工学院外国语学院建立校企合作试点，为全市企业特别是新企业外贸人才输送提供坚实保障。积极兑现及争取惠企政策。强化向上争取政策力度，引导企业对中央、省级外经贸发展专项政策应享尽享。兑现《荆门市人民政府关于支持外贸产业高质量发展的实施意见》。发挥融资平台作用，联合中信保、工行、中行等累计组织银企对接17次，为43家企业投放融资金额3.3亿元，履约率达83%。

【产业结构发展】 重点建设国家外贸转型升级基地。为提升基地内企业高质量水平，推动格林美、亿纬动力、亿纬创能、金龙非等4家企业先后获批海关高级认证和RCEP项下“经核准出口商”，进一步加快企业出口产品通关效率。为基地内格林美、亿纬动力等重点企业积极争取汽车提质增效、进口贴息等项目,对基地企业参加展会、品牌建设、出口贡献等方面均给予政策倾斜,引导新型材料、装备制造等全产业链国际化高质量发展。持续建设区域特色产业园。结合各地外贸产业特色,促进京山市充分发挥食用菌种植天然优势,培育当地食用菌出口企业从无到有,从有到强。引导东宝区以磷化工为重点,智能家居、电子信息等多产业发展。从之前外贸实绩企业不足10家到目前34家,部分地区外贸产业集群优势明显提升。通过积极争取,东宝区、京山市分别获批为省级专业化工、食用菌外贸转型升级基地。实现外贸多业态全面发展。积极推动荆门龙工场发挥功能作用,先后开展南非、意大利、波兰等三次海外市场对接会,成功获批省级龙工场跨境电商产业园和鄂中跨境电商产业园(荆门)。

【提质增效】 全力助企出海拓市场。全年共组织境内外展会80余次,其中境外展会63家次,全力推进企业抓订单、拓市场。重点组织第133届和第134届广交会,全市共26家企业参展。荆门交易分团为企争取展位累计84个,企业现场接待境外客商4000多人,共签订意向性合同4600万美元。展后订单跟踪及时,10多个国家客户到荆门工厂实地考察,确定生产周期、产品规格、物流方式等具体事项。相关参展情况在中国商务网、《荆门日报》上分别报道。着力凸显外综服成效。全市充分发挥外综服作用,实施“周汇报,季总结,半年考核”工作机制,为企业进出口提供报关、结汇、退税等一站式服务,得到外贸企业的普遍认可。

【优化平台环境】 荆门保税物流中心(B型)高效运营,全年一线进出口货值16.4亿元,其中,进口7.15亿元,出口9.25亿元,全国排名第32位。全年新引入入驻中心内企业3家、合作报关物流企业4家、服务外贸企业新增15家;截至2023年底,B保中心共引入入驻中心内企业7家、合作报关物流企业14家、服务外贸企业93家,业务辐射50多个国家和地区。粗制氢氧化钴、锂电池等危险货物保税仓储业务落地,为全省海关监管区域首创。全年保税仓库累计仓储货物9.4万吨,为2022年仓储量的18.1倍,常态化利用率超过70%,第三季度利用率一度高达100%,首次实现满仓满园。国际物流通道日益完善。4月以来,新洋丰从白俄罗斯进口7万余吨氯化钾通过中欧班列运至B保中心仓储。5月19日,长城汽车从荆门国际内陆港出发,通过中欧班列长江号已发运6趟专列至俄罗斯。6月30日、10月30日,分别与浙江宁波港、广州南沙港签署合作框架协议,实现了荆门至宁波港、荆门至南沙港班列首发,打通东、南、西三线国际物流通道。

(市商务局)

物流业

【概况】 2023年,完成物流项目投资12.7亿元,占年度投资计划8.1亿元的157%,超额完成任务。常态化开通5条公路零担专线,物流通道四通八达。全力推动4家零担企业完成退城,物流集聚效应初步显现。积极贯彻落实《关于加快物流业高质量发展的意见》,组织企业兑现奖补资金1360万元,政策洼地进一步形成。深入企业调研,为长城汽车整车运输服务,成功招引板车运输企业,解决板车运力短缺问题。组织物流企业申报国家A级物流企业评估认证,新增4A级物流企业1家,全市A级物流企业达26家。指导物流企业,配套建设“司机之家”3家,联合企业开展联学联建活动4次,货运党建不断走深走实。

【完善物流设施】 有序推进弘业物流中心、沙洋多式联运物流园、国际内陆港公铁物流中心等11个物流场站项目建设实施。积极争取荆门北站顺洋物流基地、荆门智慧冷链物流园、万里现代物流综合产业园、京山农产品冷链物流园、钟祥市公铁水联运绿色物流园5个项目进入省“十四五”项目之中,总投资31.5亿元。沙洋农产品集散中心冷链仓储等项目加快建设,汉江沙洋港疏港铁路火热施工,化工循环产业园铁路专用线正在开展前期研究。交通基础设施硬连通不断延伸,物流“地网”加密成网,物流支撑体系构建高效便捷。

【畅通物流通道】 积极落实《荆门中心城区物流通道布局规划》,推进国内国际紧密衔接、物流要素高效集聚、运作服务规模化的物流大通道加速形成。荆门东至恩施成品油铁路专列首发,荆门国际内陆港至武汉至俄罗斯长城专列首发,荆门至武汉至宁波舟山港通道首发,荆汉欧常态化运营,荆门站至武汉、黄石港、宁波、广州南沙、广西钦州5条外贸通道运转加速,荆门铁路通道综合效益与辐射能级不断提升。指导物流企业常态化开通荆门至上海、深圳、郑州、西安、成都等5条公路零担专线,每条专线平均日发车不少于2次。根据调研数据,整车专线运价较2022年同比下降0.01元至0.1元每吨每千米,公路零担物流效能凸显。

【推动物流集聚】 积极参与荆门城区铁路站场布局调整研究,优化铁路现有货场布局。调整荆门站、荆门东站煤炭集装箱到达业务至掇刀站办理,明确荆门站、荆门北站物流服务功能定位。推进荆门国际内陆港、荆门公路港两大物流聚集区持续壮大,荆门国际内陆港公铁物流中心业务日趋多元,具备提供国际物流服务的能力，累计发送货物4800个标准箱。荆门保税物流中心配套仓库全满仓，升级综保区工作稳步推进。以开展零担、仓储物流行业安全生产专项整治活动为抓手，加快实施中心城区零担、仓储物流行业退城入园，4家零担企业完成退城。

【优化物流环境】 下发《关于在市物流发展局大兴调查研究的实施方案》，走访调研中心城区重点物流企业与工业企业20余家，梳理物流发展意见建议。完成《关于提升荆门中心城区物流组织效率的思考》《全市物流情况汇报》《物流信息化调研》《关于荆门市家居产业物流情况的调研》等6篇调研报告，专报《2023年上半年全市物流成本分析报告》《关于我市网络货运平台建设情况报告》，得到市政府主要领导批示。优化政策环境，开展《关于加快物流业高质量发展的意见》政策宣传和潜在政策资金兑现摸底，兑现招商引资物流补贴、多式联运工程、快递分拨中心搬迁补贴等共计1360万元（市区两级），4家企业享受"真金白银"政策红利，激活市场主体活力。优化物流安全生产环境，全面开展安全检查，制定《全市物流园区安全生产工作检查方案》，定期对全市30余家物流园区（企业）安全生产工作开展拉网式排查，督促企业建立安全生产检查台账，共发现一般安全隐患59处，均限时销号整改完毕，交通物流安全形式持续稳定。强化问题化解能力，积极与宜昌车务段协商，争取支持解决长城汽车增产后运力保障不足问题，增加荆门站车辆停放面积，启动货场改造项目，推动长城汽车公铁联运单日运量由1列210辆提升至2列420辆，打破物流梗阻。强化协调服务能力，积极开展供应链物流服务，引导推广物流企业为工业企业提供一体化供应链物流解决方案，亿纬锂能物流成本降低7%、长城汽车外贸物流成本大幅降低。强化创新智谋能力，引导湖北楚元石化物流创新制定聚丙烯包装运输物流方案，采用散料罐车运输，减少客户企业包装、装卸成本400万元；支持掇刀九曜物流购置首批4辆新能源货车，节约运输成本近20%。强化招商能力，积极摸排上报5条招商信息，紧密跟踪对接板车运输企业、智通三千、千方科技、交旅网络货运平台等项目，成功招引大板车运输企业服务长城汽车。

（雷　炜）

金　融

综　述

【概况】　年末，全市有银行机构19家。其中，二级分行8家，分别为政策性银行二级分行1家，国有商业银行二级分行6家，股份制商业银行二级分行1家；城市商业银行一级分行2家；地方法人银行机构9家，分别为农村商业银行4家，村镇银行5家。年末，全市银行业机构资产总额3855.71亿元，比年初增长11.71%；负债总额3794.91亿元，比年初增长11.79%。全市银行业各项存款余额3288.98亿元，比年初增长11.05%；各项贷款余额1958.29亿元，比年初增长12.93%。

年末，全市有保险机构42家，营业网点255个。其中，财产险机构22家，营业网点144个；人身险机构20家，营业网点111个。全年全市原保费收入90.08亿元，同比增长6.64%。其中，财产险公司保费收入29.81亿元，同比增长9.71%；人身险公司保费收入60.27亿元，同比增长5.2%。各项赔款给付31.25亿元，同比增长14.93%。

【服务实体经济】　督导银行机构单列普惠型小微企业信贷计划，通过"百行进万企"、首贷户提升工程、"专精特新"、"4321"新型政银担合作、"银税互动"等途径，不断增强信贷投放的积极性和精准度。年末，全市银行业普惠型小微企业贷款余额431.73亿元，较年初增长21.27%，比各项贷款增速高5.96个百分点；普惠型小微企业贷款户数57013户，较年初增加11341户。全市银行机构普惠型小微企业完成信贷单列计划50.31亿元，信贷计划完成率150.53%。年末，全市普惠型小微企业综合融资成本（不含票据融资）4.69%，较年初下降0.37个百分点；平均办理时间6.42天，比年初减少0.21天。年末，全市普惠型涉农贷款余额308.16亿元，较年初增长20.63%，比各项贷款增速高5.32个百分点；县域存贷比52.2%，比年初上升1.59个百分点；选派金融村官541名，建成普惠金融工作站665个，将金融服务触角延伸至1342个村，覆盖率100%；全市脱贫人口小额信贷贷款余额3.75亿元7695户，累计投放21.27亿元40678户。试点玉米完全成本保险，实现水稻、小麦、玉米三大主粮完全成本保险全覆盖；进一步扩大"生猪+期货"、小龙虾保险等特色农险覆盖面。全年辖内农险原保费收入58647万元，同比增长26.23%。督导银行机构结合供给侧结构性改革和扩大内需，围绕教育、文化、体育、娱乐等重点服务消费领域，丰富产品供给，合理增加消费信贷投放，用好金融科技手段，营造便利消费的金融环境，提升住房、汽车等大宗商品消费需求的金融服务质效。2023年底，辖内银行机构累计发放汽车消费贷款3.24亿元、装修贷款3.44亿元，开展二手房"带押过户"业务39笔，金额总计1532.78万元。

【金融风险防控】　印发《荆门市4家风险银行机构处置化解工作方案》，一行一策拟定钟祥、京山、沙洋农商行及东宝惠民村镇帮扶化险措施。全年补充资本5000万元，代偿不良贷款1.6亿元。开展辖内村镇银行结构性重组调研和村镇银行可持续发展调研。推进落实《掇刀楚农商村镇银行风险处置化解方案》中各项帮扶措施，助力掇刀楚农商村镇银行提升自我修复和造血能力。掇刀楚农商村镇银行不良贷款率、拨备覆盖率、资本充足率等主要监管指标均达到监管要求，并首次实现扭亏转盈。严控新增不良贷款。督导银行机构实行"清单制"管理，动态监测风险变化，做到早发现、早防范、早处置，严防不良贷款反弹。压降存量不良贷款。拓宽不良资产处置渠道，提升不良资产处置能力。动态监测企业风险变化，加强大额风险企业贷款风险预警。全年辖内银行业处置不良贷款22.68亿元，同比多处置2.53亿元，高质量不良贷款率压降至1.01%，比年初下降0.43个百分点。根据《关于降低存量首套住房贷款利率有关事项的通知》要求，有序调整存量房贷利率，确保调整措施平稳实施。辖内银行机构下调存量首套房贷利率9.1万笔，调整涉及按揭贷款余额197.15亿元，平均下调0.96个百分点。各银行机构对到期房地产开发贷款展期39笔，金额8.34亿元;投放保交楼项目贷款1亿元。

【金融服务创新】　联合人行荆门中支、荆门市地方金融工作局印发《荆门市银行业保险业新市民金融服务工作方案》,整合辖内26家银行保险机构新市民金融服务产品信息,以“金融超市”形式向新市民群体集中推介38项产品,印发宣传手册超过5万份,覆盖主城区金融机构网点超500个。督导银行保险机构建立政策宣传推介、联动协调、风险保障、民生服务、权益保护等“五项机制”,为新市民金融服务“保驾护航”,推动新市民金融服务工作纵深发展,不断提升新市民获得感和幸福感。推进普惠性惠民保险增品扩面。持续做好“长护险”推广,全市243.62万人参保,先后惠及1.9万人次,累计赔付1.51亿元。9月,推动“惠荆保”产品落地,丰富完善多层次医疗保障体系,不断满足人民群众多元医疗保障需求,助力“健康荆门”建设。累计参保19.49万人,保费收入1734万元。引导银行机构在大型央企国企、头部企业、上市公司、重点工程项目等方面积极参与银团贷款,避免无序低效竞争。全年辖内银行机构新组建银团贷款6个,新增授信42.35亿元,新增投放13.11亿元。常态化开展车险返利返现市场暗访,对保险机构开展车险业务快速稽核调查,定向督导重点机构规范市场行为,避免无序恶性竞争。印发《关于持续做好存量业务消保隐患排查治理工作的通知》,持续查漏补缺,指导机构进一步有针对性化解存量业务风险。全年辖内寿险业完成排查40.03万笔,发现并完成整改1.3万笔。

（汪程雷）

·中国人民银行荆门市中心支行·

【货币政策】　以“七大行动、五大支撑”落实落地稳健货币政策,促成结构性货币政策落地荆门55亿元,推动“早春行”活动拓面提质,全年各项贷款余额1956.04亿元,比年初增加222亿元,同比增长12.8%,信贷增速基本与经济发展相匹配,为全市高质量发展提升贡献度。开展“民营企业金融服务质量提升年”活动,民企金融服务工作实现“三个100%”目标。全市民营企业贷款同比增长20.63%,高于各项贷款增幅7.83个百分点,占新增贷款的52.08%,做法被《金融时报》宣介。推进“一行一品”信贷创新,引导各银行机构创新推出18个信贷品牌,发放锂电产业链整链授信贷款91亿元。开展首贷服务中心专项行动,全市挂牌运行45家首贷服务中心(分中心),首贷客户2275户,累计投放30.81亿元,同比增长42.52%。跨境人民币业务实现增量扩面,经办跨境业务银行增到8家,参与企业161家,实现银行、县域和重点外贸企业全覆盖。深入实施减费让利,推动贷款利率进一步下降,全市企业贷款加权平均利率4.05%,同比下降19个基点。推广运用“楚天贷款码”,全面落实线上“301”、线下“1351”服务模式,提升融资效率。以全省第二名的历史最好成绩获“湖北省金融信用示范市”称号,连续21年获得“湖北省金融信用市”。

【稳定金融】　完善地方法人机构监测预警平台、宏观审慎评估、央行金融机构评级、银行业压力测试、资产质量真实性核查、重大事项报告等制度机制,全面掌握风险底数。切实履行金融风险防范和化解工作领导小组办公室和金融风险分析小组牵头职责,认真做好常态化金融风险监测分析工作。继续执行法人银行风险监测员制度,切实做好风险监测评估和压力测试工作,不断提高风险监测评估的前瞻性和科学性。加强法人银行机构关联交易监测,按照“穿透式”原则,进一步明确关联法人、关联自然人的认定范围,完整制定关联方名单,并按照“实质重于形式”原则,全面厘清关联交易的认定标准,对机构自身存在的关联方授信做好识别、认定和管理。坚持底线思维和问题导向,紧盯重点机构和重点领域,有序、有效压降存量风险,严控增量风险,防止反弹复发,巩固防控成果。按照“清零少数、整体优化、全面提升”思路和“保六进五挺进四”目标,全面开展“风险防控巩固提升年”活动,制定工作方案,设定清单任务,召开会议部署,按季进行考核,开展现场督办,

9月19日,荆门“惠荆保”上线发布会举行

（荆门银保监分局　供图）

推动重点机构重点监管指标回归正常水平。配合地方政府开展非法集资、互联网金融、第三方财富公司等清理规范有关工作。强化存保职能,发挥存款保险投保机构约束作用。建立完善挤兑风险防控机制,成立银行机构挤兑风险事件应对处置领导小组,前移工作重心,聚焦薄弱环节,精准有效发力;深入开展存款保险宣传工作,重点抓好每年5月、9月集中宣传月活动和"剪纸画艺术助力存保宣传"特色宣传活动,采取"四不两直"方式督查评估全市19家银行业金融机构宣传情况,择优展播19家中的6个优秀作品,取得良好的宣传效果;根据《湖北辖内存款保险核查、风险警示与早期纠正工作方案(2021—2023年)》要求,现场核查辖内5家法人投保机构存款保险,专项核查数据失真且偏离度较大(5%)等问题,重点核查1家机构2022年第1期保费,并按照相关规定对其采取补交保费、缴纳滞纳金等措施。

【金融管理与服务】 持续推进打击洗钱违法犯罪,获湖北省"打击治理洗钱违法犯罪三年行动"先进集体。深入推进电信网络诈骗和跨境赌博"资金链"治理,全年全市涉案账户1026户,同比下降229户,降幅18.25%。改善提升金融服务,持续提升统计数据质量,全年实现"零差错"。持续推进反电诈和跨境赌博"资金链"治理,涉案账户数量大幅压降。持续推进整治拒收现金工作,将全市划分为1572个网格,构建整治拒收现金网格化治理模式。持续推进国债惠民服务,全年储蓄国债销售额同比增长23.6%,其中农村地区销售同比提升13个百分点。持续推动贸易投资便利化试点,开展中小微外贸企业融资难融资贵专项行动,试点以来办理企业贸易项下试点业务582笔,金额1.12亿美元。

(市人民银行)

地方金融发展

【概况】 2023年,坚持"早春行"活动布局全年信贷投放,16家银行与1570家企业签订531亿元意向协议,全年履约495亿元,履约率93.2%。坚持"管行业、管融资",同发改、经信、科技、农业农村、商务、住建、文旅等七部门常态化开展七大平台融资对接,组织对接活动110次,对接支持企业535家,投放贷款103.1亿元。跟踪各地、各行业及各银行机构项目建立全市融资项目库清单,坚持周调度推进信贷投放确保项目建设,全年调度项目267个,项目融资逾180亿元。全年全市金融机构贷款余额1956亿元,比年初净增222亿元,同比增长12.81%,创历史最好成绩。围绕"控制成本"深入优化金融环境,推动普惠金融、绿色金融、科技金融扩面提质,全年全市企业贷款加权平均利率4.09%,同比下降0.38个百分点,有效压降融资成本。率先在全省建成"荆E融"企业金融信用信息平台,通过不断技术迭代升级,年内平台入驻金融机构182家,注册企业3143家,累计撮合融资904.7亿元,金额位居全省第二。银行机构全面梳理12条制造业产业链67家重点企业"白名单",建立链上融资需求调度清单,明确主办银行"一对一"做好融资服务,为链上企业提供融资121.3亿元。全市政府性融资担保机构聚焦工业园区、科技型企业融资保障,不断拓展"再担园区贷""再担科担联合贷"业务,"再担园区贷"累计投放17笔5150万元,同比增长121.88%;新增科技融资担保业务21笔6515万元。加大金融机构招引力度,全年签约项目6个,其中落地2个,华泰证券、兴业证券、长江产投、国泰君安证券签约,光大证券、长江财保正式营业。重点跟踪中信、光大银行在荆设立机构事宜,不断推动与民生银行、招商银行、恒丰银行等衔接接洽。市地方金融局年度招商工作考核单位积分居全市第2位,超额完成现代服务业招商专班和市招商引资工作领导小组下达的工作任务。

【金融改革创新】 推广京山市"整村授信"改革。根据《荆门市2023年优化营商环境典型经验复制推广工作方案》文件精神,全年全市复制推广整村授信改革,推动金融支持

3月22日,金融支持经济社会发展"早春行"活动签约仪式举行

(市地方金融局 供图)

乡村振兴、巩固脱贫攻坚成果。全市完成1342个村的整村建档评级授信,覆盖率100%;选派683名“金融村官”进驻1342个行政村,覆盖率100%。建立金融首贷服务中心。印发《关于设立荆门市银行业金融机构首贷服务中心的通知》,全市45家首贷服务中心(分中心)全部挂牌投入运营,提供一站式金融服务培育首贷户3397户,累计投放贷款39.52亿元。做好先行区试点创建工作。以纳入省试点的打造科技型企业融资担保服务新模式和新型“政银担”改革试点为契机,扎实推进担保增信工作,通过在沙洋、钟祥、东宝开展新型政银担改革试点工作,做大做优政府性融资担保业务,改革工作取得阶段性成果。年底,全市新型“政银担”在保项目1125笔、余额18.72亿元,全年新增新型“政银担”172笔、金额2.5亿元。省优化营商环境领导小组下发《关于2023年全省优化营商环境改革先行区的通报》,钟祥市、东宝区新型“政银担”改革获批全省优化营商环境改革先行区。生猪“保险+期货”项目进一步推广落地。创新保险公司金融支农支小普惠模式,太平财险荆门中心支公司为35家生猪养殖户提供2.62亿元的风险保障,理赔金额1020万元。其中,钟祥市年内继续扩大县域内试点,改政府直接补贴为间接扶持,充分调动期货与保险企业的积极性与专业能力,打造可持续运行的风险保障机制与体系。随着试点的推广,生猪“保险+期货”项目不仅服务地方经济发展,也为全市构建农业生产风险保障体系、促进生猪产业高质量发展、探索通过金融市场力量分散养殖户风险进而稳定生猪生产,找到了一条新途径。

【推动企业发展】 全年新增报辅企业1家、新三板挂牌企业2家、四板挂牌企业19家,实现股权融资65家,直接融资额196.2亿元。年末在辅企业3家,“金种子”企业21家,“银种子”企业38家;全市上市公司6家,分别是天茂实业、京山轻工、新洋丰、凯龙股份、凯瑞德、亨迪药业,总数量全省排名第6,总市值518.43亿元。梳理“专精特新”后备企业150余家,新梳理申报“金种子”企业37家、“银种子”企业41家。组织金融监管部门和交易所专家团队走访调研固润科技、湖北航特、博韬合纤等后备企业40余家次,组织重点上市后备企业参加省市两级培训约70家次,其中9月举办的资本市场人才专题培训班得到市委、市政府有关领导肯定性批示。

【地方金融组织发展】 会同第三方机构现场检查4家担保公司、7家典当行,对发现的问题下发整改通知书。全年全市6家融资担保公司担保余额33.11亿元,比年初增加2.1亿元,担保户数比年初增加446户。7家典当行典当余额0.7亿元,1家融资租赁公司融资租赁资产总额1.5亿元,18家小贷公司贷款余额13.47亿元。政府性融资担保机构坚持聚焦支小支农,重点支持单户担保金额500万元及以下的小微企业和“三农”主体。年内,全市支小支农在保1541笔13.1亿元,余额占比88.75%。首担业务合计2130笔金额8.32亿元,信用担1705笔9.85亿元。同时,政策性担保机构坚持减费降利,平均费率控制在1%以下,对于创业担保贷款免收担保费,2023年度全市政府性融资担保综合费率0.72%。

【金融生态环境建设】 全年全市银行机构共通过“首贷户”、科技创新和碳减排、纾困基金审核贴息84批次,贷款金额23.48亿元,推动全市普惠型小微企业信贷投放余额427.72亿元,较年初增加71.71亿元,同比增长20.14%;支农支小再贷款累计发放9.67亿元,同比增长59.57%;银行机构下调存量首套房贷利率9.1万笔,涉及贷款余额197.15亿元,对到期房地产开发贷款39笔金额8.34亿元,投放保交楼项目贷款1亿元。全年全市银行机构创新金融产品14个,累计支持市场主体3.7万户,贷款余额50.52亿元,创新产品数量及支持金额同比翻番。9家银行推出“301”纯信用贷款模式,贷款余额73.62亿元,惠及市场主体8.7万户。深度挖掘金融营商环境典型案例71个,发掘、推广一批创新做法。全面推广“四张清单”服务机制,推动银行机构对外公示授权授信清单242个,受理普惠小微申请贷款5159笔,向企业发布贷款回告5019笔,占全部申请贷款的97.29%。全面推广“楚天贷款码”,全市12380户市场主体通过“楚天贷款码”提交融资申请12443笔,其中办结融资7762笔,办结率82.38%,融资66.74亿元。

【金融风险防范化解】 全年化解不良贷款、处置非法集资案件、打击乱办金融等工作纳入各县(市、区)政府及有关部门政绩考核范围;建立常态化督办调度机制,通报晾晒工作完成情况。全市召开季度金融工作座谈会2次,工作专班专题会议12次,印发情况通报5期,下发风险提示函3份,开展专项工作督办检查15次。开展覆盖全领域的风险排查监测。开展风险隐患排查。全年全市排查各类企业4416家,发现风险隐患2条,涉及人数1829,金额34500万元;专项整治辖区内民间投资机构、解债类企业、金融交易场所,年度内未发现违法交易场所和违法行为的企业;持续对第三方财富公司开展摸排,对全市辖区名称或经营范围中包含“财富管理”“财富投资管理”等字样的第三方财富公司逐一进展核实,建立台账,并及时更新;充分利用湖北省非法金融活动风险预警防控平台,年内向社会公众发布预警提示信息15条,收到群众举报14条,奖励资金2800元。开展岁末年初防范非法集资宣传活动,春节期间,全市举办集中宣传活动15次,参与群众2000余人次;派发宣传单、宣传折页、宣传手提袋等材料2万余份;报纸专题报道25次;微信、抖音等社交平台发布防范非法集资相关内容200余次。发送短信1万余条;商场、金融机构、社区电子显示屏3000余处。6月14日,市处非办采用网络直播方式在漳河万达大厅举办2023年荆门市防范非法集资宣传月启动仪式,28家成员单位、14家银行机构、20家保险公司及东宝区、掇刀区、漳河新区部分群众共300人参加,活动线上收看直播群众3.32万人。在电视台新闻频道利用《"金融天使"进万家》等节目、广播电台《现在嘎事"》特别节目、《荆广新闻》视频短片和飞播非法集资广告语等形式宣传;在《荆门日报》《荆门晚报》开辟"非法集资宣传专栏",累计开展54期。利用村村通广播循环播放非法集资宣传音频,在社区乡村悬挂"远离非法集资、建设美丽乡村"等宣传横幅标语,组织"进社区、进村组"集中宣传。全力推进非法集资案件处置,对年内新发案件建立领导包联、专班推进、每月调度工作机制,开展案件处置集中攻坚行动,做到快侦、快审、快结。年底,中央巡视反馈荆门市41起非法集资案件全部销号;3起非法集资陈案法院全部审结,销号2起;4起新发非法集资案件销号3起。印发《荆门市4家风险银行机构处置化解工作方案》,明确属地政府、各相关单位责任,督促地方和机构着力化解不良率过高、盈利能力较差、资本不足等问题。为确保"两节""两会"等重大节点期间社会稳定,全市严格落实"双查双报"制度,坚持"日报告、零报告"制度。全年全市涉众金融领域群体无一起串联、赴省进京、非法上访事件发生。

(曹德勇)

银行业

·中国农业发展银行荆门市分行·

【概况】 2023年,中国农业发展银行荆门市分行(以下简称农发行荆门市分行)秉承"支农为国、立行为民"职责使命,认真贯彻落实市委、市政府和上级行各项决策部署,充分发挥政策性金融"当先导、补短板、逆周期"职能作用,通过抢抓上级行政策窗口机遇期,"提速增量"加大信贷投放力度,在服务全市经济社会发展中发挥主力军作用。年末,累计投放各类贷款74.69亿元,期末各项贷款余额375.56亿元,较年初净增46.04亿元,贷款规模和净增均居全市银行业金融机构第二位。

【粮食安全】 在对接粮食产销衔接、流通、加工、消费等领域下功夫,大力支持政策性收储与市场化收购并行。累放中央储备粮2.36亿元、向14家市场化粮食企业投放粮油购销流动资金贷款2.26亿元,有效发挥粮食收购资金供应主渠道作用。其中,向荆门荆品油脂投放全省农发行系统首笔支持油菜籽收购贷款3000万元,支持荆门市高油酸油菜产业发展。

【重大项目建设】 围绕"十四五"发展规划重点项目,加强对农村路网、水利、农地等领域项目的摸排,强化向地方政府汇报,积极对接协调相关职能部门和融资平台公司。累计投放中长期贷款64.5亿元,助力农业农村基础设施提档升级。

【脱贫攻坚与乡村振兴】 以促进共同富裕为目标,指导各行部通过签订就业、收购原材料等帮扶协议或交易合同对已脱贫人口具有扶贫带动作用的贷款能认尽认。全年投放帮扶贷款13.34亿元,购买脱贫地区农产品6.69万元,体现信贷支持巩固脱贫攻坚成果成效。

【支持实体小微企业】 持续让利实体经济、降低小微企业融资成本,免收结算业务、网银业务等费用。年末,有普惠小微客户14家,期末贷款余额1.04亿元,小微企业贷款利率在全市金融机构处于较低水平。

【政银合作】 落实政银常态化对接走访机制,加强与市发改委对接,摸清全市项目规划、资金需求。分别与市交通运输局、市水利湖泊局组建融资工作专班,与市发改委建立定期会商机制,组织召开相关领域重点项目筹融资业务对接会议。相继与市住建局、各县市区政府签订信贷支持合作备忘录及协议。积极促成争取召开项目专题调度会议,市地方金融局累计下发项目融资工作函近40余次,推动解决融资工作中的难点堵点。围绕强化信贷政策宣讲,多次赴各县市区开展金融信贷政策宣传,先后邀请省分行行领导和部分业务处室负责人赴荆门开展工作指导,帮助进行项目策划;先后与市住建局和各县市区政府签订信贷支持合作备忘录及协议,政银合作关系进一步深化。

(蒋思宇)

·中国工商银行股份有限公司荆门分行·

【概况】 2023年,中国工商银行荆门分行围绕打造产业转型升级示范区目标,服务荆门市经济高质量发展,在不良资产核销带来的投融资余额下降的情况下,重点领域信贷投放仍取得持续增长。年底，本外币各项存款余额 406.03 亿元，比年初净增 19.29 亿元。本外币各项贷款余额 185.43 亿元，比年初减少 7.86 亿元。

【业务发展】 信贷投放　围绕荆门产业转型升级示范区建设，深入推进公司信贷结构调整，持续加大制造业、科技创新企业等重点领域的贷款投放。年末，全行公司贷款余额 123.49 亿元，较年初净增 1 亿元，其中制造业贷款余额 35.53 亿元，较年初增加 2.49 亿元；科创贷款余额 28.94 亿元，较年初增加 1.83 亿元；战略新兴产业贷款余额 16.2 亿元，较年初增加 1.25 亿元。落实房地产市场相关政策要求，在全省工行系统内成功发放首笔、全市独家“保交楼”商业贷款 1 亿元，确保相应楼盘 1486 套住宅顺利交付，有效化解该楼盘前期按揭贷款风险。全年先后开展 3 场批量营销活动，行领导带队走访小微企业 108 户，通过银企对接营销活动，普惠客户得到有效拓展，普惠客户数较年初增加 293 户，普惠贷款余额 13.92 亿元，较年初增加 4.59 亿元。年末，涉农贷款余额 57.77 亿元，比年初增加 11.37 亿元。其中，涉农普惠贷款余额 6.64 亿元，比年初增加 2.77 亿元。认真落实国家保民生、稳经济相关要求，打好“房贷 + 经营贷 + 消费贷”个人贷款发展组合拳。年末，个贷累计拓户 6412 户，其中房抵贷拓户 373 户，个人信用贷款 3454 户。房抵贷余额 1.52 亿元，较年初净增 1.36 亿元，“融 e 借”信用贷款余额 2.43 亿元，较年初净增 1.43 亿元。同时，落实国家相关政策，强化房地产行业综合服务，通过主动营销，全年新准入 13 家一手房按揭合作机构、1 家二手房按揭中介机构，按揭贷款累计投放 1287 笔 4.84 亿元。

客户服务　实行差异化审批授权。实现流动资金自动化审批企业 3 户，授信项下授权审批 11 户，小微企业经营性贷款的审批权由原来的 500 万元调整为 1000 万元；对符合减免政策的中小微企业适当做好费用减免。全年累计为 94 户中小企业减免各类账户管理费、手续费 121 万元；实行差异化利率定价，全年新发放贷款平均利率比同期下降 27 个基点。强化对服务实体经济、普惠贷款和乡村振兴领域信贷工作的政治监督，面对不良贷款的压降、分期还款等多重压力，围绕全市产业转型升级示范区建设和 3 年投融资规划，将服务着力点聚焦在实体经济上，深入推进公司信贷布局，持续加大制造业、科技创新企业、小微企业、涉农企业等重点领域的贷款投放，确保全年重点领域贷款实现正增长。全面推行“四小业务”下沉，以普惠、个贷、银行卡、票据业务标准化产品营销为主导，通过实行客户经理和产品下沉网点，促进网点资产业务和对公服务能力提升，有效提高部分资产业务和对公服务的客户触达效率，实现“四小业务”全网点覆盖。

【风险管控】 多渠道化解不良贷款，夯实信贷管理基础。累计清收处置不良贷款 6.62 亿元，其中现金清收 0.82 亿元、呆账核销 5.61 亿元，不良转化 0.17 亿元，证券化入池 0.02 亿元。通过推动内控合规“价值服务年”活动、加强内控合规文化宣传、开展警示教育、定期召开案防分析会等形式，强化制度教育和内控合规文化深植，员工合规意识普遍提升。通过分层级签订案防责任书、开展案防履职大检查、异常行为大排查、智能内控大练兵、安全保卫大比武、定期分析大检视等工作，压实各层级员工案防及安全工作责任。网点应急演练竞赛获总行第三名、省分行第一名。对内部检查、上级检查、外部检查发现问题统筹管理，制定台账，实行清单式、举一反三式整改销号，消除安全隐患。统筹抓好信访维稳、科技运行、服务管理和业务营运安全，加大监管转办投诉、反洗钱风险、外部欺诈风险、涉印涉密风险、声誉风险防控力度，确保全年经营安全。

（工行荆门分行）

·中国农业银行股份有限公司荆门分行·

【概况】 2023 年，农行荆门分行经营管理保持稳中有进、进中固稳的良好态势。截至 12 月底，总存款时点、日均余额分别比年初净增 77.5 亿元、83.7 亿元，总存款时点余额、时点增量、日均余额、日均增量四行份额均排名第 1。各项贷款余额 245 亿元，比年初净增 28 亿元，同比增加 7.24 亿元，四大行余额份额排名第 1，手续费及佣金净收入计划完成率排名全省第 3。

实现市区两级国库集中支付代理业务全覆盖；成为城乡居民医保和城镇职工医保“双独家”分行；发放全省首笔纯信用“和美乡村贷”；落地全市首笔产业园区贷、再担科创贷、老旧小区项目贷以及全市首个智慧景区。

考核口径不良贷款余额比年初减少 7637 万元，不良贷款率比年初下降 0.41 个百分点，实现“双降”。实现账面不良贷款处置额 1.72 亿元，完成全年计划 148.4%。实现表内不良贷款现金清收 3041 万元，完成率比同期提升 40.1 个百分点。

坚持将平安银行建设与业务经营同部署、同推进、同考核，着力做好安全保卫、案件防控、合规管理和“三线一网格”工作，实现了案件、责任事故、重大风险事件 3 个零记录。完成第八轮银行安全评估工作，位居同业第一。

【信贷投放】 围绕中央金融工作会议精神，加大对实体经济的支持力度，全年围绕对乡村振兴、绿色发展、基础设施、制造业、科技创新、小微企业等重点领域，积极推进“四个一批”梯次转化，抓好重点项目、重点客户跟踪维护,加大信贷投放力度,法人实体贷款比年初净增21.67亿元。在全省率先开展金融助力“强县工程”,并实现县域全覆盖,全年实现项目投放9个11.25亿元。聚焦“山、水、城、田、园、林”等重点领域,成立“尖刀团队”驻行帮扶,全行粮食安全领域贷款、农业贷款、乡村产业贷款和乡村建设贷款分别比年初净增2.86亿元、8.95亿元、11.88亿元、13.33亿元。在普惠金融和农户业务上,做好“惠农e贷”白名单客户储备和签约转化工作,落实“日监测、周督办、旬对话”过程管控机制,年末农户贷款比年初净增11.81亿元,总量实现翻番。持续开展网点扩户工程,加快推进各类“e贷”产品应用,普惠个人贷款比年初净增0.86亿元;综合运用创新产品,强化普惠法人名单制管理,普惠法人贷款日均净增2.53亿元。

【转型创新】 抓好渠道建设,积极参与地方政府新一轮招投标,在城镇职工医保基金市级统筹、惠民惠农“一卡通”、国库集中支付业务代理资格、医供体医疗账户、保费统筹账户等方面实现了突破。实现总行“云平台”e推客行政村257个,并落地全市首个智慧景区项目。开展“一网点一校园”等专项营销活动,12月末,落地智慧校园高频场景35个,比年初净增18个,校园场景月活客户3.46万人,比年初净增1.33万人,成功上线运行胡集镇人民政府“智慧e党费”系统。加强网点“硬转”,持续推进网点装修改造,京山永兴正式开业,掇刀麻城、钟祥东桥、东宝东城、沙洋马良完成装修。强化网点“软转”,全面上收集中加配钞,全面落实印鉴卡集中保管建模;做好特殊群体服务,京山城中路支行被授予“荆门市银行机构适老服务示范网点”称号;做好暖心服务,京山三阳员工送孕妇就医案例被总行农银融媒刊登。

(陈华荣)

·中国建设银行股份有限公司荆门分行·

【概况】 年底,荆门建行存贷款规模达到735亿元,较年初新增76亿元。其中,各项贷款余额237亿元,较年初新增20亿元,对公贷款余额162亿元,个人贷款余额75亿元。存款时点和日均均突破450亿元大关,日均余额487亿元,较年初新增68亿元,时点余额498亿元,较年初新增56亿元。贷款不良额0.9亿元、不良率0.38%,信贷资产质量排名同业前列。贯彻落实市委市政府决策部署,落实5月19日市委市政府与湖北省建行签订的战略合作框架协议,聚焦金融服务实体经济,以金融高质量发展为全市打造产业转型升级示范区作出努力。

【助力实体经济】 全年累计投放各项贷款132亿元,其中大中型企业贷款投放52亿元。各项贷款当年新增20.2亿元,增速9.34%,较上年提升1.5个百分点。契合本地项目建设需要、企业产业特点、客户需求,匹配信贷政策,当年新增项目授信30个70亿元。支持亿纬动力、恩捷、格林美等新能源新材料头部企业,新洋丰、京山轻机、凯龙化工等本土上市公司,国宝桥米、洪森实业等农业龙头企业,制造业贷款(余额43亿元,新增9.5亿元)、制造业中长期贷款(余额36亿元,新增14亿元)、民营企业贷款(余额78亿元,新增20.5亿元)等重点领域贷款超额完成省行计划。服务企业“走出去”,为湖北凯龙化工集团境外项目并购投放贷款5400万元。全年国际业务跨境人民币交易量超6亿元,金融总量5.5亿元,计划完成率居全省建行第1;在地市州建行率先突破“电e证+福费廷”业务(实现投放2.18亿元),国内信用证投放额也居地市州建行第1;被市人行评为外汇业务合规和审慎经营评估A类行。克服提前还款变量,当年投放绿色贷款25亿元,新增7.5亿元。推广科创企业评价体系及“善新贷、善科贷”等新产品,年内新增科创贷款7.9亿元;其中“专精特新”企业贷款0.9亿元。

推进“惠懂你”App、普惠金融新产品、“301”服务模式,全年新增普惠贷款7.5亿元、普惠客户1488户。以网络供应链贷款服务政府采购中标供应商、核心企业上下游企业。支持含市财政局在内的12家核心客户、203户供应商399笔业务,贷款7亿元,年内新增1.3亿元。开展“一周一点三户”账户营销活动,推动网点走访周边商户、著名商圈、新登记市场主体,提升金融服务普惠性,全年新开企业账户4462户,企业客户数突破2万户,超额完成省行计划,新增居同业前列。助企纾困,因户施策为293户小微企业办理无还本续贷近2亿元。落实政策减费让利近1200万元。其中,主动降低商户结算费率让利630万元;主动降低中小微企业贷款利率,让利近400万元;主动调减企业开户、结算类费用2.6万笔,金额78万元;全额承担小微企业押品评估、保险、抵押登记,赋强公证等费用,逐步向大中型企业延伸,全年让利75万元。

【服务乡村振兴】 紧跟荆门市乡村振兴“六个一”工程,做好“5+N”经营主体模式,完善具体措施增强金融服务乡村振兴能力,以数字化经营为依托,以产业链业务为抓手,运用线上、线下产品,助力乡村振兴,新增涉农贷款5.7亿元。为全国化肥行业龙头企业新洋丰农业科技股份有限公司量身定制的“洋丰经销贷”,打通“企业+经销商+农户”发展链条,全年实际支持2000户6300笔,放贷23.5亿元;由此推广到辖内湖北鄂中生态工程股份公司及全国34个省份。工作成效被《人民日报》《南方周末》关注报道。荆门建行产业链快贷年内新增居全省建行第1。着力打通乡村金融服务“最后一公里”,搭建裕农通服务点1025户,签约裕农通客户年内新增1.6万户。

【风险防控】　全年“不良”双降,年末不良额9062万元,同比减少2189万元;不良率0.38%,居地市州建行最优水平,同比下降0.14个百分点。累计处置“不良”贷款2.1亿元,有效助力金融信用县市创建。

【科技金融】　公租房App全年线上申请4398人/次,保障配给户数1216户,保障性租赁住房系统全年上架15个项目710套房源,住房租赁管理服务平台全年办理网签备案申请316户。信贷支持的19个楼盘1212套房源入住建融家园平台运营。数字住房全年办理业主开户2207户,实现线上缴费1315笔,金额近900万元。通过线上缴费、“智慧校园”、“智慧食堂”、“银医通”等,便捷服务荆门市龙泉中学等215所学校9万余名师生及荆门市中心医院等15所医院,病人日缴费查询5000余人次。开通柜面、手机银行、网银、智慧柜员机等全渠道办理个人养老金业务,开立个人养老金账户1.9万户,累计缴存个人养老金410万元;开展首批养老金融特色网点建设,龙山支行被北京国家科技认证中心授予“适老服务达标网点”,分行营业部被中国人民银行荆门市分行授予“适老服务十佳示范网点”。

【数字金融】　推广“建行生活”平台,助力提振居民消费。平台累计注册用户31.5万户、入驻商户822户、日活用户近2万户。全年承接政府消费券5轮10批次,金额512万元,参与商户760家,拉动消费2000多万元;投入365万元开展“寻味荆门”“金秋有礼”“寻味掇刀”“周五抢油惠”“惠购东方”“荆门乐购惠”等满减活动,拉动居民消费4000余万元。

（王　念）

·中国银行股份有限公司荆门分行·

【概况】　年末,中国银行荆门分行本外币存款余额264.86亿元,时点新增26.87亿元,增长11.29%,日均余额251.16亿元,日均新增30.78亿元,增长13.96%;本外币贷款余额171.55亿元,新增28.13亿元,增长19.62%,超额完成市委市政府下达的信贷投放目标,绝对新增额在荆门地区金融机构中排名第3,在四大行中排名第1。全年实现营业收入4.61亿元,净利润1.72亿元,拨备前利润3.05亿元,发展“含金量”持续提升。不良贷款余额0.73亿元,较年初减少0.35亿元,不良贷款率0.42%,较年初下降0.33个百分点。实现荆门市外汇管理“A类银行”十二连冠。

11月,中国银行荆门分行搬迁新址,新址位于荆门市掇刀区象山大道188号红星时代广场二期。

【服务实体经济】　支持实体经济成效显著。2023年,本外币贷款较年初新增28.13亿元,重点投向制造业、基础设施建设、保障性租赁住房等行业及项目,全力支持如格林美、亿纬等当地骨干企业发展,金融能量得到充分释放。坚持聚焦全市重点、热点、难点,积极调整信贷结构,将更多信贷资源投向实体经济制造业、战略新兴产业、绿色信贷,有效促进全行信贷资源脱虚向实、向国家鼓励的产业倾斜。年末,制造业贷款余额36.34亿元,较年初新增7.28亿元,增长25.05%;战略新兴贷款余额26.38亿元,较年初新增7.72亿元,增长41.37%;绿色贷款余额33.11亿元,较年初新增8.48亿元,增长34.43%;涉农贷款余额27.39亿元,较年初新增8.83亿元,增长47.58%;普惠贷款余额16.46亿元,较年初新增5.85亿元,增长55.14%。信贷产品创新持续发力。2023年,创新“购买+自建”模式,对荆门各县市区保租房项目提供全覆盖信贷支持,核批信用额度9.54亿元,实现投放3.12亿元,全省响应最快、获批额度最大、覆盖面最广、利率最优,率先支持荆门保障性租赁住房项目供给侧改革;8月,创新“项目贷款+银承额度”模式,为湖北弘诺玻璃科技有限公司核批信用额度6亿元,为企业项目建设注入资金。普惠金融拓展量质并进。将荆门市“七大产业”作为供应链金融发展方向,以高新技术、专精特新、隐形冠军、“小巨人”企业作为发展重点,持续加大普惠金融支持地方经济发展力度。年内,搭建11家核心客户供应链平台,为36家小微企业提供供应链融资60笔,金额3.3亿元。年末,普惠全口径余额16.46亿元,新增5.85亿元,增长55.14%;普惠线上余额5.45亿元,新增3.27亿元,增长150%;普惠户数1851户,新增581户,增长150%。响应国家小微企业“减费让利”优惠政策,进一步减轻企业融资成本,累计为90家企业减免各项费用60万元。

【金融服务】　发挥全球化、专业化优势,组合运用跨境人民币结算、出口押汇、福费廷、融易达、保函、内保外贷、贸易融资等产品,满足企业多元化金融需求。全年实现一级市场福费廷业务新突破,新增业务量2亿元,二级市场福费廷较年初新增28.4亿元;国际结算业务量7.2亿美元,市场份额50.89%;跨境人民币业务量3.66亿元,市场份额30.86%;结售汇业务量2.67亿美元,较上年同期增长39.78%。聚焦消费金融场景,加大宣传、营销力度,消费贷款余额2.69亿元,比年初新增1.43亿元;住房按揭贷款余额27.68亿元,实现投放2.85亿元,受理提前还款3.87亿元。创业担保贷款紧扣市政府“新市民”相关政策,在政府贴息3%的基础上,进一步主动让利0.95%,借款人仅需承担1%的利息,获得客户好评。

【风险防控】 牢牢守住风险底线,坚决不发生系统性风险,加强不良清收化解处置,确保资产质量平稳可控。抓好内控案防长效机制建设和合规管理,做到警示教育全覆盖。高质量开展安全生产大检查工作,及时发现和解决存在的问题隐患,确保安全生产、稳定运营。全年化解表内不良贷款7920万元,实现表内外不良贷款现金清收838万元。

(蔡金杏)

·交通银行股份有限公司荆门分行·

【概况】 2023年,交通银行股份有限公司荆门分行按照监管要求持续强化依法合规经营,业务规模持续扩大、资产质量持续优化、综合实力稳步提升。年末,各项存款余额47.48亿元,较年初增长10.98亿元,增长30%,排名同业第一;贷款余额35.82亿元,较年初增长5.14亿元,增长16.7%,排名同业第三;不良贷款较年初减少1125万元,不良率下降0.44%,实现不良贷款双降。

【服务实体经济】 加大有效金融供给。对接重点园区、重点产业链,提供投贷联动、产业链金融、消费金融等多场景全方位服务,助力企业和产业转型升级。年末,荆门分行各项贷款余额35.82亿元,较年初增长5.14亿元。赋能普惠金融发展。针对小微企业、个体商户、新型农业经营主体等客群持续创新普惠金融产品及模式。推广供应链融资,开发"普惠e贷"、线上抵押贷、"科创积分贷"等金融产品服务普惠小微。荆门分行普惠两增贷款净增8841万元,"科创积分贷"被监管部门通报表扬。助力乡村振兴。聚焦县域特色产业、优质企业,服务荆门农林牧渔业的集群发展;聚焦地方畜牧养殖、油菜种植等特色产业,通过深化链式金融服务,加大涉农企业金融供给。年末涉农贷款余额8.82亿元,较年初净增1.76亿元,涉农贷款增长24.96%,比全部各项贷款增速高16.41个百分点;普惠型涉农贷款余额1.76亿元,较年初净增0.24亿元,普惠涉农贷款增长15.68%,比全部各项贷款增速高7.13个百分点。

【业务发展】 2023年,对公条线围绕招商引资企业、核心企业链属等客户群体,进一步深化公私联动,开立重点招商企业基本户6户,新增供应链融资客户23户,实现对公有效户较年初新增242户;新增多户重点源头代发客户,实现新增代发882人。零售条线以线上线下一体化推进沃德、信用卡、长尾、非房消费贷等客群建设,沃德客户增加415户。引导资源向新兴产业倾斜,围绕荆门市"4211"发展体系,按照战略性新兴产业图谱梳理当地头部企业、上下游重点企业,加大对专精特新"小巨人"、新能源、新业态等企业支持力度,全面助力关键核心技术攻关等需求,在荆门新旧动能转换、打造产业转型升级示范区中展现更为积极的担当作为。年末战略性新兴产业贷款余额12.44亿元,占实质性贷款总额的49.03%。为荆门市公交集团上线交银金服平台收费管家,助力公交集团转型发展;为一批大型企业上线智慧记账产品,解决企业财务人员对账难、对账慢的痛点;成功入围荆门智慧城市App建设的指定合作银行,计划在2024年为其提供包括但不限于系统开发、平台搭建,为该平台及60万个注册用户提供一揽子综合金融服务,全面提升品牌影响力。积极融入荆门当地市政业务场景,引入公积金外部数据源,提供数据支撑,满足多样化业务需求。围绕社保卡发放、财政零余额代发、农民工工资代发、商超收银等场景,以银企直联、系统搭建、金融产品为着力点,推进批量获客和业务拓展渠道建设。已具备三代社保卡发卡资格,实现商超收银一体化系统破题。

【金融风险防控】 落实"四早"要求,做到事前、事中、事后全过程监管,开展重点领域、关键环节风险排查,及时发现并消除案件隐患,强化风险防控,夯实可持续发展根基。全年未新发生对公逾期和不良贷款。年末不良贷款1521万元,较年初下降1126万元,不良率0.42%,实现不良贷款双降,资产质量优于同业平均水平。开展安全隐患排查整治,定期组织财经纪律自查,不断推进案防专项治理工作,开展严肃财经纪律专项警示教育、行长讲内控合规等活动,持续压实案防责任。

(王　彬)

·湖北银行股份有限公司荆门分行·

【概况】 2023年,湖北银行荆门分行年末存款总额103.03亿元,比年初新增21.34亿元,市场份额增长0.2%,全市排名第三;信贷融资总额124.65亿元,比年初新增17.04亿元,其中表内贷款67.25亿元,比年初新增14.56亿元,增长28%,完成年度计划125%,超额完成荆门市政府信贷投放计划;存贷比72.2%,实现人均净利润63.66万元,上缴各类税收3353万元。

【政银合作】 全年为政府置换前期债务4笔,其中,掇刀高新区2.9亿元,东宝区0.8亿元,沙洋县1.2亿元,京山市2.1亿元,解决了隐债违约风险。为荆门爱飞客通用航空城投资3亿元,助力荆门航空事业发展。为湖北农谷实业发行全省第二单明珠债5.78亿元,降低企业融资成本。运用法院破产管理人平台,开立8户破产人管理账户,实现县市区全覆盖。总分支共同努力,通过"三级联动",建立与各县市区政

湖北银行与格林美新材料有限公司签订战略协议

（湖北银行荆门分行　供图）

府交流的常态化联系机制，实现工作信息早知道，企业需求早沟通，重点项目早对接，以服务质效促进分行高质量发展。对接市委组织部、市人才服务局，提供全面金融服务方案，为全市人才库对象发行专属联名卡"荆英卡"，成为荆门市"荆英卡"唯一承办行。与市委宣传部、市总工会举办荆门"湖北银行杯"新春音乐会、乒乓球赛、网球赛、书法摄影等活动，进一步打响湖北银行品牌，扩大湖北银行的影响力。

【普惠金融】　2023年，实现普惠小微贷款较年初新增1.19亿元，完成年计划的125%。创新推出"微贷款""承诺抵押贷""超额贷""顺抵贷""存货易贷""应收易贷"等特色贷款产品，打造特色普惠金融体系，全力支持全市普惠型小微企业发展。

（刘嘉夫）

·湖北荆门农村商业银行股份有限公司·

【概况】　2023年，湖北荆门农商行全年各项贷款净增56亿元，各项存款净增67亿元，存贷款规模在全市率先突破1200亿元。

【服务实体经济】　年末，全行贷款余额460亿元，净增56亿元，同比增加4.1亿元。新增贷款份额占全市各金融机构的25.2%；全年累计上缴税金20497万元，比上年增加3535万元。在全市16家银行同业综合贡献中取得贷款规模、贷款净增、存款规模、存款净增、减费让利、普惠小微企业贷款、涉农贷款、上交税收等"八个第一"可喜成绩。

【服务农小微企业】　年末，全行单户1000万元以下小微客户达到8.64万户267.5亿元，较年初增加8605户43.6亿元，净增占比77.87%。普惠型涉农贷款余额209.3亿元，当年净增26.4亿元，增长14.43%；普惠小微企业贷款余额254.4亿元，当年净增31.2亿元，增长13.98%，增速均高于各项贷款增速。持续推进微贷产品本土化改良，形成了经营类、消费类、银税互动类、线上网上类等30余款标准化微贷产品。围绕产业链融资服务，全省首创"荆链贷"信贷产品，对产业链核心企业及其上下游客户发放信用保证类贷款241户2.07亿元。大力宣传"政采贷"一纸合同变"真金白银"的产品优势，为41户小微企业提供信贷支持6971万元。

【优化营商环境】　把拓展线上金融服务作为提升效率、破解难题重要举措，运用"楚天贷款码""荆E融""智慧微贷"等服务平台，推广线上"301"微贷服务模式，手机自助办贷和"秒贷"放款成为更多客户选择，线上"福e贷"客户数量突破7.2万户，为客户提供备用金73亿元，有力解决客户融资难、融资慢问题，农商行"获得信贷"考评得到市金融营商环境领导小组肯定。

【风险防控化解】　开展存量大额贷款质量提升六大攻坚行动，累计清收处置各类不良贷款8.5亿元。年末，全行不良贷款率2.63%，资本充足率12.42%，拨备覆盖率185.41%，各项风险监管指标持续达标向好。全年未发生各类案件及信访事件。

【助力村行发展】　继2022年承接原包商掇刀村镇银行股份，推动掇刀楚农商村镇银行挂牌并实现高风险机构"摘帽"后，2023年深入指导村行优化治理结构，提升内控管理能力，巩固风险化解成效，年末不良率2.95%，比年初下降0.59个百分点；资本充足率17.72%，拨备覆盖率200.07%，核心监管指标均保持良好运行水平。

【社会服务】　持续推进金融服务便民化、智能化、场景化转型，为商户和客户让利近3000万元。依托自身"网点多、人员多、服务优"优势，与社保、医保、公积金中心等多个部门深入合作，打造"15分钟金融便民服务圈"和"社银合作示范点"，为全市居民提供养老金代发、粮食直补、医保费代缴等业务达百余项，社保38项服务在农商行网点均可办理，真正将方便、快捷、贴心的金融服务送到城乡居民身边。

（余　斌）

保险业

·中国人民财产保险股份有限公司荆门市分公司·

【概况】 2023年,人保财险荆门市分公司聚焦服务荆门产业转型升级示范区建设,立足保险职能,全力保障荆门经济社会发展。全年承担保险责任金额2.69万亿元,约是同期地区生产总值的11.7倍,累计处理各类赔案9.5万件;上缴各类税收1.12亿元,同比增长6.49%;提供各类就业岗位1500余个。

【社会服务】 围绕市委、市政府"工业强市"战略,为先进制造业、现代服务业和专精特新等企业提供风险保障1890万元,助力荆门"4211"现代化产业体系建设。精准对接乡村振兴战略,建成覆盖"米袋子""菜篮子"等领域的风险保障体系,提供各类农险产品16个。累计为全市水稻、生猪、小麦、油菜、玉米等农副产品和产业提供风险保障26.78亿元。水稻完全成本保险覆盖钟祥市、京山市、沙洋县3个粮食大县。针对荆门全生命周期工业产业链条建设,为104家企业提供财产险风险保障71亿元,实现保费收入806万元。拓宽社保系列产品,首次承办覆盖东宝、京山、沙洋的城乡居民大病项目,在东宝落地门诊慢特病项目、异地结算项目。全年落地社保项目9个,服务群众超16.55万人次。推动"惠荆保"在荆门落地,满足多样化健康保险需求。深度参与环境保护,为21家企业提供环污险风险保障1.16亿元,承保全市森林4.4万公顷,承保新能源车0.8万台。助力"平安荆门"建设,通过社会治安综合保险为22万户家庭提供225亿元风险保障;通过安全生产、校园方、承运人、养老机构等责任保险,为807家单位提供风险保障521亿元;通过保证金替代类保险,帮助17家建筑企业释放1238万元保证金。主动调解道路交通事故人伤案件4550件,调解赔付1.5亿元,从源头减少诉讼案件发生,保障社会和谐稳定。服务"一带一路"建设,保障荆门企业"走出去",为全市34家出口企业提供风险保障2.19亿元。

【风险防范】 落实风险减量管理。将员工行为排查工作贯穿全年,加强对财务、资金运用、承保、理赔等重点领域风险防控,强化应收保费法律清收工作,推广运用法审系统内应收保费管理模块。持续培育廉洁合规文化。开展廉洁家访、走访、酒驾醉驾专项治理,组织开展15次合规文化宣导培训。

【客户服务】 建立"先预付、中救灾、后核算"理赔模式,重大灾害做到快速响应,帮助政府解决善后问题。持续充实服务力量,全市现配置专业理赔人员119人,配置查勘车58辆、无人机6架,保障日常服务需求。推进承保和理赔服务线上化,加大推广总版拇指理赔小程序及视频查勘功能,科技赋能提升客户体验感,为客户提供更高效、更便捷、更优质的保险服务。深入开展"暖企、暖警、暖医"等活动,节假日在荆门北服务区设置"温暖驿站",提供快捷周到的省心理赔和智能体检等服务,帮助群众解决出行困难。

(人保财险荆门市分公司)

·中国平安财产保险股份有限公司荆门中心支公司·

【概况】 2023年底,公司保费达成36582.42万元,同比增长2.18%。其中,车险累计实现保费收入29465.38万元;财产险及责任险累计实现保费1520.63万元;意健险实现保费收入3633.95万元;农险累计实现保费收入932.2万元,总体赔款支出22514.04万元,同比增长17.67%。

【服务乡村振兴】 开展"乡风文明"活动,支持乡村农业,通过点对点捐赠、产业资金帮扶等方式提供资金184.5万元,用于东宝区、屈家岭管理区等县市区进行农田改造、渠道修建、农作物病虫防范等问题。结合产险总部"振兴保"模式,选定《培育壮大农业产业化龙头企业工作方案》十大产业链中的小龙虾养殖产业,提供产业帮扶资金120万元,发挥平安集团综合金融优势,致力改善当地小龙虾产业痛点,打造"政府主导+龙头企业带动+智慧科技应用+保险兜底保障"的产业振兴新模式,促进农民农企增收。

【惠荆保服务】 积极参与惠荆保服务,加强与监管分局及总、分公司沟通,争取共保体资格,全年累计为7651名客户提供221.88亿元医疗保障。

(贺　杨)

·中华联合财产保险股份有限公司荆门中心支公司·

【概况】 2023年,中华联合财产保险股份有限公司荆门中心支公司实现保费收入12908.42万元,同比增加2517.98万元,增长24.23%。全年赔款支出7956.46万元,缴纳税收314.9万元,代缴代收车船税845.65万元。

【助力乡村振兴】 全年为3.45万次农户提供风险保障15.55亿元,支付农险赔款2981.91万元,受益农户3285户次。助力保障国家粮食安全,开展水稻完全成本保险,业务覆盖1.31万公顷，为1.56万户农户提供风险保障金2.15亿元。积极为地方特色“六个一”工程提供保险服务。在钟祥市、京山市承办森林保险，承保4.92万公顷，其中钟祥市2.59万公顷，京山市2.33万公顷，提供自然灾害风险保障金7.38亿元，累计支付赔款45.21万元。

【服务实体经济】 全年为实体经济提供保团体险、建工险、企业财产险等企业保险64.55亿元，支付赔款514.19万元；提供家庭财产险、家庭成员责任险等家庭保险13.84亿元，支付赔款2.37万元；提供“学平险”、监护人责任险等校园保险45.01亿元，支付赔款151.97万元。

【普惠保险】 参与荆门市医疗保障局、荆门市民政局、荆门市财政局、荆门市卫生健康委员会、国家金融监督管理总局荆门监管分局等5家政府部门共同推动的惠荆保业务，成为9家共保体之一。

（中华联合财险荆门中心支公司）

·中国太平洋财产保险股份有限公司荆门中心支公司·

【概况】 2023年，太平洋财险荆门中支实现入账保费54893.2万元，保费规模排名全市财产险公司第二。其中，车险实现入账保费21253.34万元；非车险实现入账保费19336.81万元；农险实现入账保费12303.05万元；全年综合成本率94.35%，上缴税收592.63万元，代扣车船使用税2715.68万元，代扣代缴个人所得税99.04万元。

【农业保险】 在全市范围内开办特色农险业务保险，包括钟祥茶叶、沙洋小龙虾、沙洋油菜“保险+期货”、沙洋育肥猪“保险+期货”等。获得东宝区地方财政补贴型小龙虾、茶叶保险承办资格。承保的沙洋水稻完全成本保险成效明显，2019年至2023年间，公司承保沙洋县水稻面积31.05万公顷，为农户提供风险保障473580万元。

【车辆保险】 公司推出“太好车”“太好赔”“互信赔”等小程序，方便客户线上投保、线上支付，完全实现“足不出户办车险，支付配送无纸化”。在线提供理赔、查勘、定损，为客户实现快赔、包办无忧化服务。

【服务实体经济】 大力发展团体意外保险、工程保险、监护人责任保险等险种。深度对接全市各企业，提供财产风险保障金额39亿元。发展建筑工程保险，为企业提供风险保障22亿元。创新保险项目，研发“太享贷”，专注解决小微业主融资难、融资慢问题。

（太平洋财险荆门中心支公司）

住房和城乡建设

综　述

【房地产业和建筑业发展】　促进房地产市场企稳回暖。优化调整政策措施，出台优化房地产发展12条措施，加大非中心城区户籍家庭、高校毕业生等购房补贴力度，激活房地产市场需求。2023年，全市完成房地产开发投资134.74亿元，商品房销售面积239.57万平方米。完成恒大、世贸、紫薇雅著等项目保交楼任务，112个问题楼盘完成化解100个，累计实现交付2.3万户，办理个人不动产权证近7358户，促进矛盾纠纷化解。成功申报全国现房销售试点城市，制定出台《荆门市商品房现房销售试点工作实施方案》，在中心城区推介2个商品房现房销售遴选地块，启动现房销售试点工作。印发既有建筑加装电梯三年行动方案，累计实施333部电梯加装工程，有效解决上下楼出行难题。聚焦小区停车矛盾、公共安全隐患、联合执法进小区难等5大问题，开展物业领域问题专项整治，累计处理各类投诉598起，受理违法违规案件线索16起。培育骨干企业。成功引入中建三局一公司、湖北民族建设集团2家特级企业在荆落户，新培育一级资质建筑业企业9家，新增入库资质建筑企业29家。抓好建筑产业调度。建立月分析调度机制，对全市214家入库建筑业企业产值情况进行统计分析，全年实现建筑业产值198亿元，同比增长5.9%。围绕建设人民满意的“好房子”目标，大力强化工程实体质量管控，全市住宅工程质量水平不断提升，全年创国家优质工程奖、中国建筑工程装饰奖等国家级奖项3项，龙泉学苑项目作为湖北省迎检项目在中央质量督察考核工作中获得领导及专家组一致认可。加快新型建筑工业化与智能建造发展，支持萨莱玛建筑科技公司装配式木结构建筑推广应用，累计发展绿色建筑365万平方米。推广应用磷石膏建材，积极培育洋丰·象山玉园、洋丰·龙泉云璟等磷石膏建材应用示范项目工程，成功举办全省磷石膏建材推广应用观摩交流活动。开展近零能耗建筑、零碳建筑等绿色低碳新技术项目试点，钟祥文化振兴EPC工程·科技馆获评“十四五”国家重点研发计划项目科技示范工程和近零能耗建筑标识项目，实现全市近零能耗建筑“零的突破”。

【民生保障工程】　2023年，完成发放住房租赁补贴612户，超额完成年度目标任务。筹集公租房，确保低保住房困难家庭“应保尽保”，逐步提高其他住房困难群体住房保障覆盖面，全市完成公租房分配家庭867户，企业整租211套，其中，中心城区完成公租房分配617户，基本建成棚改住房500套。年底，全市实施公租房保障的住房困难群体14466户，其中中心城区5713户。全年筹集分配保障性租赁住房710套，缓解新市民住房困难问题。推进以县城为载体的就地城镇化工作，制定落实综合民生政策，全年完成奖补兑现1597人，圆满完成省定目标任务。推进危旧房调查摸底，在全国房屋风险普查数据的基础上调查房屋429栋，摸排出建成区内国有土地上的危险住房68栋，涉及426户，约2.78万平方米，国有企事业单位破产改制、“三供一业”分离移交等遗留的非成套住房33栋，涉及223户，约1.64万平方米。全面开展城镇住房供需两端研究，形成《荆门市住房供需调查报告》，起草《荆门市中心城区产业工人住房保障三年行动计划》，着力推动解决新市民、青年人等群体的住房困难。

【精致城市建设】　统筹城市集中高质量发展，围绕“双集中”要求，制订《关于推动城市集中高质量发展的总体方案》和项目支撑体系，启动城市新中心、中轴线绿道规划编制等工作，指导京山市开展全省县城“双集中”试点建设。依托城建重点项目建设攻坚指挥部和城建重点项目联席会议制度，推动项目建设全面提速，全年统筹实施城建项目313个，完成投资114亿元，中心城区白云大道、月亮湖北路、掇刀石大道、罗汉山隧道建成通车。全市207个城镇老旧小区改造全部完工，2023年荆门市老旧小区改造工作受到省政府表彰，获得省政府督查激励奖励资金100万元。完成中心城区城市体检，新开工建设海绵城市4.5平方千米。持续推进县城品质提升行动，沙洋县着力打造精致县城，新改建市政道路 8.52 千米;排查、修复、新建及改造雨污管网 44.6 千米;新建 6 处公共停车场及道路两侧临时停车位,新增停车位 742 个;安装城区新建道路及背街小巷路灯 938 盏。钟祥市城市更新稳步实施,完成"一江两湖"生态综合治理项目建设,安陆府西路、楚贤路等道路建成通车,新建和改造雨污分流管网 33.8 千米;3 座人行天桥建成投用。京山市完成京山大道、南环线等 17 条共 21.19 千米道路综合改造,新改建污水管网 23 千米、雨水管网 33.18 千米,城市功能逐步完善。

【城乡绿色低碳发展】 聚焦流域综合治理重点任务,对住建部门承担的 6 项重点任务逐项进行分解,加快推进城乡污水收集处理和县城黑臭水体治理,钟祥市、京山市完成 9 条黑臭水体整治。指导牌楼西河小流域综合治理集镇建设,谋划乡镇生活污水治理建设项目 22 个,全年完成项目 15 个,完成投资 2.4 亿元,乡镇生活污水收集率、处理率稳步提升。巩固提升擦亮小城镇建设美丽城镇成果,谋划项目 103 个,完成投资 3.75 亿元,钟祥长滩镇等 6 个小城镇被评为湖北省美丽城镇省级示范乡镇。排查新增 6 类重点对象危房改造任务 420 户,争取中央、省补助资金 1387 万元,已全部竣工。组织编制完成《农村农民建房通用图集》,全市新建农房图集使用率达 82%。

【城市安全运行】 实施自建房安全隐患排查整治。全市排查整治存在安全隐患的自建房 17616 栋,所有 C、D 级危房均得到整治管控。开展房屋市政工程、城镇燃气大排查大起底大整治专项检查行动。定期发布建筑工地安全文明施工"红黑榜",全市天然气用户"三件套"、燃气经营企业四个系统建设全面完成。全市建立市级智慧工地监管平台,完成全市 115 个项目智慧工地建设全覆盖,运用扬尘监测系统实现与大气污染监管平台对接,提升城市建筑施工扬尘治理成效。

(市住建局)

精致城市建设

【城建重点项目建设】 发挥城建重点项目攻坚指挥部调度机制,按照"周调度、月结账"方式统筹调度全市城建项目建设,将亿纬桥(龙井大道上跨荆南大道立交)工程、尚义路东段(原花池路)、双堰路(荆楚大道—西三环)、航空路与荆山大道互通立交项目、海慧路东延伸段、二水厂扩容改造提质升级工程等 81 个市级资金保障项目纳入年度重点进行统筹调度,督办项目建设进度、征收征转、资金保障、项目移交等各项重点攻坚工作,组织召开 16 次调度会,下发 16 份会议纪要、8 批市级重点城建项目问题交办清单,推动项目建设全面提速,全年统筹实施城建项目 313 个,完成投资 114.37 亿元。截至年底,白云大道综合改造、月亮湖北路改造、关公大道(响铃路—荆沙铁路)、罗汉山隧道(荆山大道;象山大道至龙泉南校)、南片区(亿纬、奥美等)周边供水主管网工程等 104 个项目基本完工。

【老旧小区改造】 完成 2023 年城镇老旧小区改造目标任务,年度 207 个城镇老旧小区 29396 户 4 月底全部开工、11 月底全部主体完工,实现开工率、完工率"双百"目标,完成投资 58585 万元。组织完成 2024 年城镇老旧小区改造计划申报,经住建部、省住建厅审核,最终 353 个老旧小区纳入中央补助支持范围,涉及 34188 户。印发《城镇老旧小区改造专项提升行动实施方案》,明确专项行动工作目标、计划安排、工作内容、工作要求,确定老旧小区改造各阶段具体时间节点和配套改造目标。推动老旧小区改造与社会治理创新融合,中心城区 29 个老旧小区结合自身实际,均采取居民自治,或聘请物业服务公司的方式,对改造后的老旧小区实施常态长效管理。其中,东宝区实施物业管理的小区有 17 个,并引导 3 个小区在党支部领导下成立业委会和各类群团组织。督促指导掇刀区住建局,严格按照省住建厅要求,完成城南新区片区老旧小区改造融资试点工作。统筹各县市区住建局积极申报老旧小区改造中央财政补助资金和中央预算内投资,全年累计下达资金 2.91 亿元。

【城市更新工作】 提请市政府印发《荆门市中心城区城市品质提升三年行动工作要点》,重点实施六大工程、二十项行动,力争实现城市空间结构和功能布局优化、交通便捷畅通、设施配套完善、环境持续改善、功能品质显著提升,实现城市集中高质量发展。推进交安设施补短板,对中心城区 37 条交安设施不齐全道路进行配套建设;推进路灯建设补短板,对 11 条道路路灯缺失、照度不够等问题进行整改;推进 16 处积水点整治。制定印发《关于推动城市集中高质量发展的总体方案》,确定城市集中高质量发展的总体目标,拟定 23 项重点工作任务,明确责任领导、责任单位、责任时限,建立城市集中高质量发展重点工作的周调度机制,完善同各责任单位的沟通协调机制。围绕城市新中心建设,统筹谋划城市中轴线绿道连通、凤凰湖公园二期、总干渠绿道、天鹅池公园、荆门园博园转型提升、荆门城区中轴线水系连通等城建项目,并将以上项目列入 2024 年中心城区城市建设计划。荆门园博园转型提升项目已完工。加快完善城市交通路网体系,2023 年完成白云大道(象山一路至焦柳铁路桥)综合整治、罗汉山隧道、月亮湖北路改造、掇刀石大道等重要主干路网及节点项目,加快推进荆山大道、荆东大道北段、海慧路东延伸段、航空路与荆山大道互通、尉迟恭路与西三环互通项目、白云大道下穿焦柳铁路虎牙关桥等内外环快速路网建设,推进忠勇路西段、深圳大道下穿焦柳铁路及荆门南折返线等主干路网及节点项目前期工作。统筹协调推进城市更新和城市双集中各项工作,按照周调度工作安排,统筹推进城市功能完善,完整社区建设,绿色建筑推广,农房建设现代化,城市生命线建设,就业、医疗、养老、教育、文旅等产城融合方面短板补齐工作。

【海绵城市建设】 组织确定年度海绵城市开工建设任务,海绵城市4.5平方千米任务为龙兴南路、龙井东路、尚义路东段等项目,项目均已开工,完成年度目标。

【城市黑臭水体治理】 开展日常巡查维护和定期监测工作,持续推进城区水体长制久清,根据市生态环境局河道水质监测结果,全年竹皮河城区段平均水质为Ⅳ类。督促钟祥市、京山市推进10条城市黑臭水体整治工作。钟祥市、京山市共完成9条黑臭水体整治施工,并完成初见成效申报,剩余京山市南干渠项目整治工作稳步推进。

(市住建局)

村镇建设

【小城镇建设】 组织各地以县域为单位谋划2023年度小城镇品质提升建设项目,以项目推动小城镇环境综合整治,全年小城镇环境综合整治项目完成投资3.75亿元。全市创建申报18个省级示范乡镇,其中6个小城镇被评为湖北省美丽城镇省级示范乡镇。

【农村危房改造】 对全市6类重点对象危房进行全面排查,完成危房改造任务420户,落实补助资金1387万元,其中中央补助资金1066万元,省级补助资金321万元。

【乡镇污水处理设施建设运营】 全年谋划乡镇生活污水治理建设项目22个,总投资4.9亿元,全年完成项目15个,完成投资2.4亿元,乡镇生活污水收集率、处理率稳步提升。采取"月排名、季通报、年考核"方式,督促各地对抓好地方审计、省委巡视、环保督察、检查考核反馈问题整改。发挥乡镇政府作用,拓展征收范围,加大污水处理费征收力度,全年全市征收污水处理费508万元。争取省级乡镇污水运营奖补资金,全年争取到位2678万元。

【乡村风貌引导】 加强农房安全隐患整治,全市排查农村房屋486869户,经鉴定为C、D级危房的7313户,其中,经营性自建房经鉴定为C、D级危房的76户,已于2021年6月底前全部完成整治;其他房屋经鉴定为C、D级危房的7237户,已于2022年6月底已全部完成整治,整治率100%;整治信息于2023年10月底完成填报工作,完成率100%。强化农村建房风貌管控,召开全市农房图集修编和推广工作会议,督促各地采取多媒体、宣传册等多种形式宣传农房建设图集,同时加强部门协作,落实农村建房联审联批制度,稳步提高图集使用率,2023年全市新建农房有设计方案或采用标准图集的占比达82%;5月,市住建局和市委组织部共同举办为期3天的乡村建设带头工匠培训,培训人次150人,各地先后委托专业培训机构组织开展工匠培训,培训人次731人,全市全年培训乡村建设工匠881人;12月13日,在东宝区栗溪镇召开全市农房建设管理工作现场会。

【宜居宜业和美乡村建设】 加强传统村落保护利用,钟祥市成功申报省级传统村落保护连片示范县(市),争取省级奖补资金250万元;组织各地排查申报亟须修缮的传统建筑(历史建筑)170处,其中沙洋县2处,钟祥164处,京山市4处。开展乡村建设评价,组织召开2022年全市乡村建设评价部署会和市、县调研座谈会,由武汉大学城市设计学院组成的市级专家团队,完成市本级、沙洋县、京山市和钟祥市乡村建设评价报告;指导制定2023年乡村建设行动工作计划,并针对报告指出的问题短板和建议,制定解

5月30日,农居工程培训现场 (市住建局 供图)

决问题的政策措施。

（市住建局）

城乡规划

【国土空间规划】　会同发改部门，高质量编制完成流域综合治理和统筹发展规划，获得省委肯定；统筹流域规划涉及自然资源系统的责任分工，协调生态修复、地灾防治、整治局等相关科室、单位推进重点工作、重点项目。会同发改、住建、经信等部门，完成省委专家组城市和产业集中高质量发展调研工作。主动对接专家组，争取将市委市政府重大战略、思路纳入专家组研究报告，完成市委市政府交代的任务。研究制定镇、村规划管控导则，以市规委会名义印发施行。编制城市中轴线整体提升规划，已上报市委市政府专题研究，邀请潘安会长点评。在国土空间规划中研究划定中心城区适建区、限建区、禁建区、弹性区“四类管制分区”；明确“两山一轴，一中心六组团”空间结构；预留发展空间和铁路扩能、（扩）建高速公路、油气电力管线等重大基础设施通道。推进市县国土空间总体规划报批，历经意见征求、专家咨询、规划公示、人大常委会审议等工作程序，市级总体规划完成省级预审；沙洋、钟祥、京山三个县级总体规划上报省级预审，市县总体规划均录入省级国土空间规划“一张图”，可作为项目建设用地报批依据。完善市县总体规划项目库建设，征集项目2800余个，涵盖交通、水利、能源等重要设施。配合荆门高新区产城融合建设指挥部办公室编制完成荆门高新区·掇刀区产城融合规划、锂电小镇控规、汽车小镇控规，会同荆门高新区·掇刀区编制完成石化小镇产城融合规划。督办指导全市村庄规划编制工作，全市研判“有需求、有条件，应编尽编”村庄638个，其中63%的村编制完成村庄规划。做好过渡期规划工作，出具规划承诺函90份，服务建设用地报批。

【规划服务重点工作】　落实项目选址、规划条件报局技术审查会和市规委会专题会审议制度，坚持先上会审查、后办理手续的原则，严把项目规划审查关。2023年，市局办理选址业务7个，用地许可证9个；出具规划条件21份，用地规划意见6份。为科学选址加油站，经与商务部门多次书面沟通，明确加油站服务半径计算标准。为解决历史遗留问题，配合完成读书台用地范围线调整、掇刀区税务局用地范围线调整等工作。根据市政府工作安排，向分管副市长报告《关于我市中心城区居住用地规划条件有关情况的报告》。配合开展工程领域专项整治，梳理2020年以来全局下达的规划条件113个。按照市委市政府工作要求，为进一步加强土地集约、产业集聚、城市集中，推进产业用地节约集约和高质量规划利用，起草了《荆门市推进产业用地节约集约高质量规划利用管理办法》。落实《市自然资源和规划局关于规范办理〈建设项目用地预审与选址意见书〉有关事项的通知》，实行“一表申请、一窗受理、合并办理”，发放《建设项目用地预审与选址意见书》。截至年底，核发市级合并证书11份，出具报省预审与选址合并意见8份。

制定印发《关于加强县（市）城镇高层建筑规划管理工作的通知》《关于新增工业用地带方案出让的实施方案》，出台“四级规划管控导则”（《荆门中心城区民用建筑规划管控导则（试行）》《荆门县（市）城区规划管控导则（试行）》《荆门市镇区规划建设管控导则（试行）》《荆门市乡村规划建设管控导则（试行）》）。严格实行项目规划审批“三关联审”机制，细化“三关”审查机制，严格地块容积率、建筑高度、建筑风貌、公共配套等审查。全年筹备局项目审查会和项目审查专题会共12次（审议通过77个），市规委会专题会8次（审议通过议题130个），其中科室报批建设工程规划方案、议题92个。落实建筑风貌管控规定，对汉通楚天城3号地、龙泉中学东片区、天鹅全民健身中心等5个项目开展“三维”分析，对临主干道如漳河大道、双喜大道项目建筑外立面进行公建化处理，对小区建筑面宽、建筑高差进行控制，对临象山风景区、漳河大道、园博园周边等城市重要地段建筑高度进行研究、论证和管控，对建筑色彩按城市风貌色彩规划进行管控。加强规划实施，多形式开展项目批前公示、公开工作，在以往现场、网上公示途径外，新增市规划馆公示栏，全年进行项目批前公示87个，其中现场公示79个，网上公示8个，市规划馆公示栏公示5个。全年办理工程规划许可证36个，总建筑面积约97.6万平方米；规划竣工核实证74个，总建筑面积约301.6万平方米。

【规划服务改善民生】　服务公益项目规划，服务荆门市龙泉中学东片区综合改造项目、市人民医院层流手术室净化工程项目、荆门市妇幼保健院托育综合服务中心、双泉小学教学楼、荆门市掇刀区高新学校教学楼（初中部）扩建项目等医疗卫生教育规划等工作。服务中心城区变电站、污水处理站、垃圾填埋场、公共停车场等项目规划。落实居住区配套设施规划，落实居住小区绿地、停车位、教育用房、社区用房、健身设施、惠民农贸超市等公共配套设施规划，全年居住小区配建保障房8044.6平方米、社区用房747.13平方米、养老用房832.24平方米、幼儿园8667.04平方米、惠民超市1501平方米、物业服务用房3422.28平方米等。配合教育部门完成配建幼儿园移交，配合住建部门完成保障房配建。服务既有住宅加装电梯验收工作，指导中心城区各分局开展既有住宅加装电梯规划工作，完成20个既有住宅加装电梯规划验收工作。开展地下车位确权工作,办理金果园经济适用房小区等19个项目地下室确权登记,建筑面积28.7万平方米。

【测绘地理信息化】 “多测合一”改革工作。按照市县一体化建设模式,开发部署“多测合一”服务平台,实现“多测合一”工作线上委托、成果提交,使成果在不同部门、不同层级互认共享。沙洋县作为改革先行区优先建设实施,所有项目按照《荆门市工程建设项目“多测合一”实施细则》要求开展委托测绘及成果共享。建立“多测合一”企业名录,采用企业自助入驻和行业协会协助的方式,推进测绘资质单位入驻“多测合一”服务平台。平台已上线试运行,有28家测绘资质单位入驻,办件400余件。

智慧荆门时空信息平台建设工作。根据部级试点要求,项目完成政务网、业务网、互联网天地图三类平台建设,汇聚全市基础时空数据、各委办局的公共专题数据,建立全市统一的时空信息底板,完成自然资源“一张图”、三维辅助决策、自然资源综合监管、实景三维展示、智慧社区试点应用等应用。政务版为各类智慧应用和各委办局提供时空资源共享和应用支撑,支持对接部门20多家,共享服务资源290对个,日平均调用3万多次。业务版开始服务于业务科室项目上会决策,生态修复、土地利用等各专项动态监管场景。公众版天地图·荆门已按照国家对天地图“五统一”的要求,初步完成搭建工作,并实现与省级节点对接。

新型基础测绘试点工作。全域新型基础测绘体系建设全面开展,项目建设总资金投入5775万元,其中中心城区911万元、屈家岭135万元、沙洋县890万元、钟祥市2141万元、京山市1698万元,荆门城区完成1480万平方千米1:2000 DLG数据生产及入库、三环线内380平方千米1:1000 DLG数据生产及入库、主城区155平方千米倾斜三维模型、建成区70平方千米1:500 DLG数据生产及入库,各县市数据生产入库工作完成85%。

天地图年度融合更新工作。为加快推进天地图·荆门测绘地理信息公共服务平台建设,根据湖北省地理信息公共服务平台建设市级节点要求,完成中心城区不少于300平方千米、下辖京山市的线上数据更新融合,主要包括:道路、居民地、水系、绿地、铁路等矢量数据融合更新,并完成全域4个专题图层数据收集,提交更新区域专题图层融合更新,完成在线联动更新数据200余条。

(市自然资源局)

·荆门市规划勘测设计研究院·

【概况】 服务高铁站片区建设,完成高铁站片区控规修编、高铁片区产业规划初步成果;服务高新区产城融合建设,与同济大学规划院共同完成高新区·掇刀区产城融合示范区实施规划,独立完成国际能谷锂电小镇一期控制性详细规划、汽车小镇一期控制性详细规划、凤鸣湖人才公寓规划;完成荆门中心城区“15分钟便民生活圈”规划、中心城区农产品市场布局规划、白云大道建筑立面综合整治规划;围绕流域综合治理,深入推进革集河流域全域国土综合整治项目规划编制,完成牌楼西河小流域治理牌楼集镇建设整治项目规划;服务各县(市)发展,完成沙洋县石岭村、五星社区等17个村庄(社区)规划编制、钟祥市西客线及人居环境改造提升项目、碾盘山水利风景区总规划及碾盘山水美小镇建设详细规划;加强市外市场拓展,完成鄂州梁子湖区涂家垴镇全域国土综合整治等项目。

完成高铁站片区给水、排水、电力、通信、燃气及照明和热力等7个专项规划初步成果,完成锂电小镇一期排水、综合管廊、电力设施专项规划;完成东宝工业园区东外环、尚义路东段(白云大道至龙井大道)、龙井大道南段、龙兴南路(交通大道—龙井大道)、龙井东路(华科路至官堰湖路)及沙洋县荷花大道(春申大道—卓政大道)等道路方案和施工图设计;完成荆门西交通基础设施补短板一期项目供水管道EPC工程、高铁片区站西大道等5条市政道路供水及原水管线迁改EPC工程、沙港河市政改造及景观提升EPC工程、官堰湖大道电力管群等项目施工图设计;完成爱飞客大道(漳河大道—焦柳铁路)燃气管线、荆南调压计量站进出站燃气管线、220千伏吴家湾变电站进线、吴家湾变—恩捷变110千伏电力专业等市政管线路由规划;完成楚荣悦府、军马场学校初中部等项目交通影响评价。

完成34平方千米锂电小镇1:1000地形图测量、高新区·掇刀区城区200平方千米航空摄影测量;完成王朗沟水库地块、漳河机场、沙洋鲍河龙垱河等项目地形测量;完成省第三届(荆门)园博园项目、荆翰苑(智园)、双泉花园等项目规划竣工核实测量;赋能智慧城市建设,按时完成荆门市中心城区约370平方千米地形图数据入库,荆门市数字公共基础设施建设“一标三实白模”项目226平方千米、倾斜摄影模型约100平方千米任务生产,约450平方千米天地图数据更新以及“智慧荆门”时空大数据平台项目建设数据整合工作;深入推进沙洋县新型基础测绘体系建设项目,完成约1820平方千米生产任务及部分DEM数据生产。

完成白云大道(文化宫—虎牙关铁路桥)建筑立面综合整治、官堰湖青年社区、高新区凤鸣小区保障性租赁住房项目EPC总承包、荆门智慧物流园EPC总承包、湖北金画廊木业有限公司新建厂房等项目建筑设计;完成钟祥卫健智慧医疗一体——医药数智化项目、钟祥市新兴科技产业园建设项目(一期)、上海久连生物科技有限公司钟祥生产基地建设项目及革集河流域全域国土综合整治 EPC 总承包项目钟祥片区施工图设计;加强与行业上下游相关单位合作,完成咸宁市嘉鱼县渡普镇农产品交易中心项目初步设计、鄂州市涂家垴镇全域国土综合整治 EPC 总承包项目工程设计;完成楚荣·悦府、创鸿·书山美院北区、市实验小学新校区、市三水厂原水管线迁改项目、双堰路道路工程及襄荆铁路制梁场等项目岩土工程勘察。

完成钟祥市莫愁湖路东侧环境综合整治方案规划设计,龙泉学苑一期、洋丰龙泉云璟二期、荆门西城市综合交通枢纽配套工程、汉通·楚天城 C2 和 D-2 组团、荆门石化改善性住房(石化家苑 C3 区二期)项目、高新区官堰湖小区保障性租赁住房(东地块)项目、龙泉中学东校区综合改造、内陆港公路作业区二期等项目报建咨询任务。

加强质量管理,规范规划设计流程,制定《设计项目质效提升实施办法》,对规划编制和工程设计的业务流程和完成时限做了详细规定,为规划设计成果质效提升提供根本遵循;强化质量控制,落实项目审查会制度,全年召开项目审查会 14 次,审查规划设计方案 30 多个,提高项目的科学性、安全性和经济性。

强化学科研究,围绕“产业转型升级背景下推进产城融合研究”主题,撰写的《产业转型升级背景下推进产城融合研究——以荆门市高新区为例》《荆门市中心城区“产城融合”发展特征与策略研究》两项课题入选 2023 年“荆门智库”课题并结项,研究成果为全市推进产城融合、推动城市和产业集中高质量发展提供参考价值。在 2023 年度湖北省(中小企业)勘察设计成果评优活动中,荣获优秀工程勘察设计成果 17 项。其中双喜大道(仙杨路至荆山大道)道路工程、华晟一路道路工程、漳河防洪快车道道路工程、龙井大道中段(关公路至迎春大道)工程、高新区·掇刀区革集支渠综合整治工程 5 项成果荣获一等成果;白庙路(月亮湖路至江山路)改造项目设计、泉水大道(荆襄大道至荆东大道)、龙凤山公园项目 H1 路(V14 路至三三零路)工程、漳河新区双仙河工程、东宝区安营山幸福片区北区(一期)岩土工程勘察、华鸿万墅岩土工程勘察 6 项成果荣获二等成果;泉水大道(荆襄大道至荆东大道)照明工程、龙凤山公园项目田家冲水库污水干管工程、内陆港核心区杨山水库溢洪道(麻矿路至华科路)改造工程、长岗冲河道及截污干管工程、荆门市凤凰香醍一期工程岩土工程勘察、荆门市诺思·幸福城岩土工程勘察 6 项成果荣获三等成果。在 2023 年度湖北省优秀城市规划设计成果评选活动中,荆门市中心城区外围 1480 平方千米 1:2000地形图测绘(二标)项目荣获省优秀城市规划设计(勘测类)二等奖,国际能谷·锂电小镇一期城市设计、锂电小镇产城融合总体规划、漳河新区漳河镇新建村村庄规划、傅廷栋院士工作站条件能力提升建设项目 4 项成果荣获省优秀城市规划设计三等奖。勘察完成的荆门市东宝区文体中心工程获 2022—2023 年度国家优质工程奖。

(市规划院)

建筑行业与管理

【建筑行业发展】 落实省人民政府办公厅《关于印发支持建筑业企业稳发展促转型若干措施的通知》精神,全市建筑业产值 198.12 亿元,增速 5.9%,排名全省第八。全年创国家优质工程奖 1 项、中国建筑工程装饰奖 2 项。出台《在市本级开展招标投标“评定分离”改革试点的通知》,开展评定分离项目 125 个,交易金额 44.3 亿元。扶持优势建筑企业提升资质、增项发展,培育 9 家企业晋升一级总承包资质,新增入库纳统资质建筑业企业 29 家。发展总部经济,引入中建三局一公司、湖北民族建设集团公司两家特级建筑业企业进荆落户投产,遴选 12 家专业承包公司进入省重点培育库。优化全市建设工程企业资质委托审查流程,根据企业需求定期举办银企对接活动,全年组织银企对接活动 16 场次,帮助解决 12 家企业融资需求 5.1 亿元。会同人社部门,引导 71 家施工企业通过保函、保险等第三方担保方式替代农民工工资保证金 9060 万元,为 18 家施工企业减免工资保证金 1028 万元,114 个在建工程项目全部开设农民工工资专用账户。联合 19 个部门印发出台《关于推动新型建造工业化与智能建造协同发展的通知》,全市 4.06 万平方米装配式建筑项目应用智能建造技术,全年完成装配式建筑面积 121 万平方米,荆门市金茂建设有限公司被评为湖北省智能建造试点企业。

【建筑施工安全生产】 以“安全生产月”为依托,由中国一冶集团有限公司承建的反腐倡廉教育基地项目,承办湖北省住建系统“安全生产月”活动,组织现场观摩、悬挂安全生产宣传横幅、开展安全生产宣讲、发放宣传资料、组织应急演练等方式,在行业内营造“人人讲安全、个个会应急”的良好安全生产氛围。累计组织现场观摩 4 次、悬挂安全生产宣传横幅 1300 余米、组织宣讲 20 余次、发放宣传手册 3000 余册、组织应急演练 10 余场、培训工人 1000 余人。以重大事故隐患排查整治、安全生产巩固提升行动等为抓手,深入开展建筑施工领域隐患排查整治,部署落实“百日攻坚”专项行动。多轮全覆盖检查全市在建项

9月22日，湖北省住建系统“质量月”活动在荆门举行

（市住建局　供图）

目，累计排查发现安全隐患858处，整改完成836处，整改率97.4%，认定重大事故隐患20处，全部整改销号完成。荆门市反腐倡廉教育基地项目被确定为省“安全生产月”观摩示范项目。有序推进智慧工地建设工作，建立市级智慧工地监管平台，完成全市115个项目智慧工地建设全覆盖。运用扬尘监测系统实现与大气污染监管平台对接，提升城市建筑施工扬尘治理成效。

【规范建筑市场秩序】　开展“三包一挂”专项整治工作，成立整治工作专班，制定行动实施方案，由局领导带队赴武汉市等地学习借鉴先进经验，会同市纪检、公共资源等部门完善信用惩戒机制。对全市整治范围内243个房屋市政项目全面核查、逐一处理、形成闭环，清查106个项目171项问题，完成163个问题的整改，整改率95.32%；立案查处案件45起，对单位处罚265.97万元，对个人处罚9.63万元，向公安部门移交“三包一挂”线索2条。全年核查23个项目298名从业人员的执业资格，变更从业人员71名，下达人员不到岗确认书10份，对未履职的关键岗位人员组织约谈，部分不履职的记不良行为记录并挂网公示。全覆盖开展冬季工程款拖欠清理专项行动，摸排底数建立台账，清查治理拖欠风险。清理发现60个拖欠工程款项目，涉及拖欠工程款88634.57万元，督促清偿41927.69万元，剩余款项均拟定还款计划；对省厅下达的荆门市创新创业服务平台项目、中荆国际金融中心（二期）项目工程款拖欠等问题进行约谈，责令建设单位迅速制定欠付工程款还款计划，迅速筹款整改落实。

【工程质量监管】　全面执行质量信息公示制度，全面落实“一证两书”制度。引导群众参与质量监督，压实建设单位工程质量首要责任。2023年，中心城区有29个项目开展质量信息公示，累计公布质量信息2437条，中心城区验收188个住宅工程，所有住宅均按要求发放“一证两书”。全面推行《质量安全手册》。通过现场展示重要部位、关键工序的做法与要求，让业主更好了解施工过程，从而参与到工程质量监督中。提升全市建设工程质量。以“质量月”活动为依托，由中铁十六局承建荆门西交通基础设施补短板一期项目EPC总承包车桥水库大桥项目举办全市质量月观摩活动，通过悬挂宣传横幅、组织知识竞赛、开展质量培训、组织现场观摩等方式，促进全市建设工程质量水平整体提升。将防水卷材、预拌混凝土、建筑原材料等纳入日常检查重点，统筹开展各类专项检查。规范检测市场行为。对城区9家检测机构的体系运行情况、人员实操能力、报告溯源性、单项检测登记等多个方面开展动态监管，确保各机构检测行为合法合规、检测结果真实可信。全年受理工程质量投诉269件，截至年底，全部办结，投诉办结率、群众满意率均为100%。开展“防渗漏”“防裂缝”“防脱落”专项整治，出台《荆门市住宅工程渗漏质量问题专项治理工作方案》，下发整改通知书38份，查处隐患186处，治理渗漏点71处。

【补齐装饰行业短板】　加强建筑装饰装修违法违规检查，巡查检查装饰装修工程43个，下达整改通知书15份，移交4个违规装修项目至城管部门处理。联合市市场监督管理局制定并公布《荆门市住宅装饰装修合同（示范文本）》。通过组织培训会、发放宣传手册等方式，对《荆门市民用建筑装饰装修管理条例》进行宣贯，全年召开综合培训1次，参训人员超过150人；发放装饰装修宣传手册300余份。

【推进消防验收工作】　将消防施工质量纳入日常监管范畴，为消防施工提供更加专业的技术指导，加强事前预防控制，坚持把问题关口前移，从源头上堵住消防施工质量漏洞。全年验收项目46个，备案项目30个；出具合格意见书66份，不合格意见书2份，未抽中办结8份。

【资质办理及招投标工作】　加强招投标事中事后监管，完成造价咨询服务20余次，办理竣工结算审查备案项目54个，备案面积241.36万平方米，总造价46亿元。对二级建造师注册人员进行事后核查，共核查人员361人。严格一体化平台入库审查，全年审核入库人员信息386

条。受理建筑施工企业新申请安全生产许可证20批,受理企业265家,其中合格的企业222家。开展工程造价咨询企业专项检查。按照"双随机、一公开"的原则,对有2022年已完工程造价咨询业务的35家企业进行抽查,检查咨询项目存档资料68份,检查结果均合格。

(市住建局)

·建筑节能管理·

【建筑节能监管】 新增建筑节能能力折合8.02万吨标准煤;新增节能建筑441.97万平方米。实施建筑节能全过程闭合管理。通过实施建筑节能"专项设计、专项审查、专项施工、专项监理、专项监督、专项核验"等闭合管理制度,将建筑节能工作纳入项目工程的全过程、全方位监管,确保新建建筑节能标准设计阶段达100%,施工阶段达100%。强化市场巡查和建筑节能专项核验工作。常年开展市场巡查,掌握项目建设进程。对施工各环节不按建筑节能规定要求的建设工程,责令建设单位限期整改,对拒不改正的,一律不得办理建设工程竣工节能核验手续。全年巡查126人次。应用好建筑节能奖补资金的正向引导作用。与财政等部门沟通,完善省级建筑节能奖补资金的考评拨付程序,通过市住建局网站公开奖补资金申报条件,要求建设单位自我申报,然后组织专家考评打分,最后公示公告等办法,公平公正奖励建筑节能先进单位,全年发放节能奖补资金103万元。激发相关单位积极加大建筑节能投资,放大节能奖补资金的杠杆效应。

【发展绿色建筑】 全年新增绿色建筑365.39万平方米。明确项目建设各方主体责任,要求中心城区及各县(市、区)城区所有新建建筑全面执行绿色建筑相关标准,项目建设各方责任主体和图审、质量监督、材料检测等相关部门明确各自职责,确保项目建设勘察、设计、图审、施工、监理、检测、验收等各环节、各阶段严格落实绿色建筑相关标准。促进绿色建筑扩面提质,在建筑施工图审图中执行绿色建筑专项审核制度,中心城区所有报建项目绿色建筑设计均要求通过国家评价标准或达到地方标准要求。出台《荆门市绿色建筑标识认定和管理实施细则》,支持建设单位实施星级绿色建筑认定。截至年底,龙山商务区7#地块项目通过一星级绿色建筑预评审。荆门园博园、荆门传染病项目申报星级绿色建筑认定。组建荆门市绿色建筑专家库,发挥专家、学者在绿色建筑领域的专业特长,推进全市绿色建筑发展,提高全市绿色建筑管理水平。全年绿色建筑竣工面积占新建建筑竣工面积比例累计87.14%。组织各县市区住建主管部门,图审、设计、施工等部门参加全省建筑节能与绿色建筑业务知识宣贯培训,引导市场主体规范建筑节能与绿色建筑工程应用,加强工程质量管控。

【可再生能源应用及既有建筑节能改造】 全市太阳能光热、空气能热水及浅层地热建筑可再生能源应用164.16万平方米、光伏7.314兆瓦;既有建筑节能绿化改造20.2万平方米。充分利用作为国家可再生能源建筑应用示范城市这一契机,通过设计图审把关,严格要求中心城区18层以下居住建筑安装太阳能热水系统,18层以上达50%以上。要求项目单位严格执行《建筑节能与可再生能源利用通用规范》,在可行性研究报告、建设方案和初步设计文件中,对建筑能耗、可再生能源利用及建筑碳排放进行分析,并出具专题报告,同时在施工图设计文件中,明确建筑节能措施及可再生能源利用系统运行管理的技术要求。结合荆门地质条件,因地制宜,优选可再生能源应用形式,编制《荆门市地热资源开发利用规划》,与中石化湖北新星公司共同推进地热资源开发利用,全面梳理全市重点项目工程进度、供暖制冷需求,先后组织中石化湖北新星公司同钟祥市群众公共文化服务综合体建设项目、荆门市第一人民医院科研教学楼项目、荆门生态科技城酒店项目、沙洋市民之家项目等进行对接,推动地热资源合作项目落地。全市可再生能源多样化逐渐显现,因势利导应用可再生能源形成共识。

【发展绿色建材】 全年散装水泥供应量950.61万吨;预拌混凝土供应量353.09万立方米;预拌砂浆供应量33.35万吨。引导企业开展绿色认证,与武汉科技大学合作制定《荆门市中心城区预拌混凝土绿色发展布局规划(2023—2035)》,在规划中划定中心城区预拌混凝土站点近期准入数量、远期的站点位置,同时引导预拌混凝土(砂浆)企业优化资源配置,完成绿色生产改造。3月,修订并发布《荆门市中心城区建筑节能以奖代补资金分配办法》,将绿色建材评价认证和绿色生产评价标识纳入省级建筑节能以奖代补资金奖补范围,激发获评绿色标识企业发展动力,推广绿色标识建材产品应用。截至年底,全市有11家预拌混凝土(砂浆)企业取得17个绿色生产、绿色建材星级标识。4月、9月、11月分别组织开展全市预拌混凝土(砂浆)企业质量行为、安全生产和绿色生产巡查,对中心城区预拌混凝土(砂浆)生产企业进行全面检查,抽查部分县(市、区)预拌混凝土生产企业,对不符合要求的企业进行通报。指导企业强化质量意识,完善质量保证体系;加大安全管理资金投入,完善安全生产责任体系。制定《荆门市中心城区预拌混凝土生产企业扬尘整治行动方案》,开展预拌混凝土大气扬尘专项检查,督促企业安装扬尘防治设备设施并确保开启。与交管部门联合,对商混运输车辆超载超限企业进行了7次约谈。强化企业及从业人员安全责任意识,保证预拌混凝土企业安全发展。开展无资质预拌混凝土(砂浆)企业专项整治行动,对辖区预拌混凝土(砂浆)企业全面核查,要求企业依法依规申办资质,对无资质企业下发整改通知书,责令及时整改;新建企业手续未完善、验收未通过前,一律不得生产。开展标准化建站活动,督促企业进行标准化自评,经对标对表评定打分,2023年度全市标准化建站达标企业占比超过25%,达到省厅目标要求。

【磷石膏建材应用】 全年磷石膏建材应用137.9万吨。实施《荆门市磷石膏建材产品目录管理办法(试行)》,在市住建局网站上及时更新发布3期《荆门市磷石膏建材产品目录》,在《荆门工程造价信息》上定期发布石膏基自流平砂浆、抹灰石膏等产品的市场指导价格,为产品定价提供依据。协助制定《荆门市房屋建筑和市政工程推广应用磷石膏建材实施方案》,在全市新建、改建、扩建房屋建筑和市政工程中,切实"能用尽用",全面推广应用磷石膏建材产品。6月,承办全省磷石膏建材推广应用观摩交流活动,积极培育洋丰·象山玉园、洋丰·龙泉云璟等磷石膏建材应用示范项目工程,集中观摩磷石膏建材产品应用及生产现场、产品推介等,推广使用磷石膏建材产品,提升全省各地对荆门市磷石膏建材产品的认知度。加大磷石膏技术宣贯培训,12月,举办磷石膏抹灰、自流平技术培训,提升技术工人水平。开展高掺量磷石膏路基试验应用,全年成功利用磷石膏路基材料建成荆东大道、新生路、创业一路等项目。截至年底,市政道路应用磷石膏路基材料试验段14.9千米。参与编制荆门市地方标准《道路改性磷石膏基层材料应用技术规程》,为荆门市磷石膏路基材料的大规模应用提供重要依据。

(市住建局)

城市投资与管理

·荆门市城市建设投资控股集团有限公司·

【概况】 市城控集团于2016年9月经市政府批准成立,同年10月8日揭牌,注册资本20亿元,主体信用评级AA+,截至2023年末总资产803亿元,为市属最大国有企业。主要承担中心城区重点项目投融资和建设、城市公共资源经营、特许经营以及城市棚户区改造、城中村改造、保障房建设运营等职能,构建融资投资、建设施工、地产开发、设计咨询、产业投资、资产经营等六大业务板块。2023年,市城控集团营业收入53.45亿元,上缴税收2.7亿元,净利润1.56亿元。

【融资工作】 全年实现融资授信150.51亿元,提款160.9亿元。其中,获批绿色公司债9.26亿元,并成功簿记发行第一期4.3亿元;在年中金融政策收紧、理财直融业务全面中止情况下,设立信托计划募集资金接续渤海银行4亿元理财直融,有效化解债务风险;创新拓展融资途径,用好用活存量资产,谋划包括反向供应链ABS、乡村振兴债、停车场专项债、CMBS等符合国家政策的债券产品,取得一定成效;抢抓中央、省、市关于防范化解地方债务风险政策,获批特殊再融资债券7.12亿元,置换隐性债务,缓释债务风险。加强与金融机构、券商及投资机构对接,债券发行利率创新低。集团直属子公司生投公司获批AA主体信用评级,为后续直接融资打下坚实基础。

【项目建设】 全年组织实施市政、公建、产业等重点项目58个,完成投资46.09亿元。其中,新建项目25个、续建项目33个。高铁片区项目抢时争速,站前广场等基础设施建设圆满完成年度建设任务;罗汉山隧道建成通车,优化城市交通布局;龙泉中学东片区综合改造项目开工建设,助力中心城区教育资源优化配置;官堰湖青年社区项目开工建设,保障锂电小镇产业人才住房需求,助力高新区产城融合发展;荆门智慧城市大脑项目(一期)已竣工验收;沿江高铁"三电"及管线迁改、博物馆车马器展馆等公建项目,市一医重大疫情防控救治基地、荆门市传染病医院等代建项目已完工;中房·铭庭世家、城控秀江南B地块二期等房产开发项目完成竣工验收并交房。

推进工程建设领域资质增项升级,集团直属城投公司收购特飞建设公司,获取压力管道设计,承压类特种设备安装、修理、改造资质;集团直属俊丰绿建集团成功获批建筑工程施工总承包一级资质;集团直属建筑设计院成功获批房屋建筑工程监理甲级和市政公用工程监理甲级资质,补齐集团工程建设全领域高等级资质短板。

【资产经营】 参与荆门市住房保障体系建设,运营管理公租房和直管公房5637套32.86万平方米,筹集保租房1474套16.4万平方米并加速装修投运和分配入住,实现运营质效和服务水平"双提升",公租房运营管理服务绩效考核获评优秀;加强医废处置能力建设,京环公司运营规模升级至5180吨/年,满足全市医废处置需求;加强B保中心运营服务,一线进出口货值达2.32亿美元,列全国第28位、全省第2位;整合中心城区停车资源,摘牌中心城区公共停车位特许经营权,推进中心城区"疤痕地块"改建公共停车场,探索"停车+惠民"经营模式,有效缓解城区"停车难"。

【多元投资】 引入专业运营策划单位合作推进园博园转型升级，通过“经营业态植入+历史文化演绎+文旅IP营销”，打造全国园博园转型升级新样板、国家夜经济示范区、湖北文旅产业新标杆。联合恒太商业打造民主街历史文化街区项目，植入文商旅多元业态，助力百年老街蝶变新生。参与智慧城市建设，依托荆门智慧城市大脑，布局大数据产业，助力实现“一屏观全域、一网管全城”。推进数字公共基础设施建设，以“i荆门”App为抓手，打造“一站式”智慧服务平台，已上线政务服务184项。聚焦荆楚科创城核心区战略布局方向，加大招商引资、招才引智、招校引院力度，累计落户产业项目12个、科研院校5个、科创企业10个，其中，借助中国昆虫产业峰会暨第一届荆门昆虫产业论坛的影响力，打造昆虫产业集群，签约昆虫产业项目6个；荆楚科创城核心区获评全国首批城市更新高质量发展促进工程产业社区试点项目；布局荆门科技创新（武汉）离岸中心项目，与东湖高新集团签订购置协议，完成全款支付，拟打造集研发集聚、产业培育、资源共享、合作交流为一体的研发机构集聚平台和产业孵化基地。

（市城控集团）

·荆门市城市建设投资有限公司·

【概况】 荆门市城市建设投资有限公司（以下简称荆门城投公司）成立于2001年，为荆门市政府融资平台，荆门市城市建设投资控股集团有限公司（以下简称荆门城控集团）所属一级核心子公司。注册资本17.55亿元，主体信用评级AA级。业务范围包括投资融资、城市基础设施建设、金融担保等，投资建设项目涉及市政道路、桥梁隧道、高铁项目、地产置业、保税物流、污水治理、棚户区改造、公园广场、生态旅游、教育园区、林业生态等。另有依托荆门市政府授权的地下管廊、户外广告、公共停车、医废处置等城市资源特许经营权。截至年底，公司资产总额达473.88亿元。

加强依法决策，完善法人治理结构，对公司重大事项进行合规性审查。参与涉诉案件的执行、调解等工作。健全合同审查办法，加强经营活动风险防控，全年审核各类经济合同213份，提出法律修改意见200余条。

【融资化债】 全年累计新增融资审批额度56.03亿元，累计到位资金87.02亿元（中票22亿元，PPN 8亿元，超短融10亿元，企业债15亿元，农商行流贷0.89亿元，项目贷款2.49亿元，隐债置换贷款6.74亿元，融资租赁17.9亿元，城控代发信托计划4亿元）。全力防范债务风险，全年按期偿还债务本息86.21亿元（刚性兑付64.29亿元，落实含权债券存续和还款结构调整21.92亿元），完成7宗土地摘牌、广告特许经营权摘牌、龙泉中学土地摘牌及隐性债务化解10.89亿元，争取特殊再融资债券7.11亿元，稳妥解决2023年还本付息资金缺口问题。

【资产经营】 做好对外投资风险把控和股权管理工作，全年参与18家参股公司的股东会、董事会、监事会34次，有效维护股东权益、保障国有资产安全。通过收购特飞建设公司，接收四大家经营性门面，摘牌城区户外广告、公共停车场特许经营权，“自我造血”能力得到增强，提升公司核心竞争力和市场地位。每月按时召开月度工作例会，及时研究指导解决各子公司在经营活动中面临的一些困难和问题，公司发展动能持续增强，经营业绩再创新高。

天城市政公司完成产值8880万元，同比增长67%。天城雅苑小区已办理不动产总证，住宅房屋242套已售237套，写字楼12层已售7层，出租2层，累计销售总额22345.81万元，天城雅苑小区的建成标志着城投公司在地产领域实现从无到有的突破，标志着市城投公司转型发展迈出关键性的一步。房开公司围绕民主街历史文化街区项目建设工作，坚持建设、招商同步推进，完成项目年度形象进度目标和投资目标。与恒太集团签约共同注册成立荆门天城恒太商业管理有限公司合作运营管理民主街项目，截至年底，已完成蓄水客户270余家，其中主次力店23家，餐饮品牌161家、儿童类20家、服装类14家、生活配套类26家、生活体验类24家。小贷公司全年计划贷款投放6000万元，实际投放8笔，金额8614万元，计划回收风险本息200万元，成功化解贷款本金432万元，利息175.45万元，为全市中小微企业纾困减负。天城资产公司紧盯疫后租赁市场复苏需求，提升资产管理运营质效，涉黑资产办证工作取得历史突破，实现权属统一，资产租赁面积，租金收入稳步增长，取得较好的社会、经济效益。天城实业投资公司更名为荆门市绿色环保投资有限公司，重启融投资平台功能，注入绿色环保资产，赋予绿色环保融投资职能，按政策减免房屋租金，减轻经营类用房的小微企业和个体工商户负担。市民卡公司立足“便民惠民、利企惠企”，上线政务服务184项，“i荆门”App下载注册人数达到60余万人，申领电子健康卡总用户量为67万余人，应用场景更加丰富，功能模块更加完善。智城公司已完成智慧城市大脑项目的全部建设内容及验收工作，开发“城市内涝联动处置”“占道经营智能识别”“城区查违控违”等50个应用场景，电子健康卡项目完成荆门市妇幼保健院等3家三级医院，掇刀区人民医院、京山市人民医院等15家二级医院，66家乡镇医院，12家分院和1297家村卫生室居民电子健康卡系统接口的开发对接及程序改造，有序推进智慧城市二期和数公基建设。江汉枢纽公司践行荆门保税物流中心（B

型)运营主体责任,充分发挥平台功能,2023年实现一线进出口货值17.02亿元,总量在全国81个B保中心排名第30,全年累计仓储货物9.4万吨,仓库常态化利用率超过60%,服务市内外外贸企业88家,业务辐射到50多个国家和地区,为全市外贸平稳发展增添动力。天城广告公司坚持市场化、规模化发展方向,新增广告加工及同行加工业务,提升设计能力,抢占广告市场,加强特许经营管理,全年服务客户289家,签订合同91份、业务订单43550笔,广告特许经营收入明显增高。天城管廊公司全力对接市政重点项目、民生工程,全年签订管线入廊协议35份,累计入廊客户113家,做好124.09千米新增管线入廊工作。京环公司与荆门市辖区内228家医疗卫生机构签订《医疗废物委托收集处置协议》,新增11家宠物医院,收集处置医疗废物2165吨,日处理5.93吨,处理能力较上年日处理能力提升55.56%,日处理能力由原来的9吨扩能至14吨,为全市医废处置提供保障。停车场公司经营停车场16处,车位3200多个,2023年新增停车位405个,另有1000多个车位规划建设中,逐步解决中心城区停车难问题。

【项目建管】 全年组织实施工程项目16个,完成总投资6.3亿元。罗汉山隧道、漳河环库公路如期完工、顺利通车;民主街历史文化街区项目稳步有序推进,文化宫修缮加固工程已完工,啤酒博览馆完成主体结构加固,一期工程完成12栋建筑主体结构施工,二期工程施工图设计完成;龙泉中学东片区综合改造项目高效完成规划设计、招标等前期工作并开工建设;荆门综合保税区(一期)项目完成园区主路及排水建设;荆门机场项目临时气象观测站建成并投入观测;沿江高铁“三电”及管线迁改、黑山出入口道路、博物馆车马器展馆、博物馆与园博园互融互通工程等公建项目均完工;荆门智慧城市大脑项目完成竣工验收,获得工业和信息化部旗下“赛迪网”组织评选的“2022年智慧城市十大样板工程”,智慧城市二期建设和数公基项目稳步推进。配合落实城建计划实施及保障任务,对于采取备案制实施的城建计划项目,加强对接沟通,优化工作流程,明确各方权责,全年配合办理项目备案手续19个,项目总投资18.2亿元,全年累计拨付项目资金约12.69亿元(不含“三电”迁改1.27亿元)。

(市城投公司)

·湖北荆门城建集团有限公司·

【概况】 2023年,湖北荆门城建集团有限公司紧紧围绕主责主业,推进高铁新城片区等城建重点项目建设,加大地产楼盘开发力度,拓展业务板块,总体经营态势企稳向好。截至年底,资产规模达209.44亿元,实现融资55.72亿元,完成建设投资20.93亿元。

根据荆门市城市建设投资控股集团有限公司内部改革的总体安排,将湖北荆门城建集团有限公司所属的湖北荆门城建集团房地产开发有限公司、荆门秀江南房地产开发有限公司、荆门城建蒙泉置业有限责任公司划出,与中房集团荆门房地产开发有限责任公司合并组建荆门城控地产开发有限公司。划入中房集团荆门房地产开发有限责任公司所属的荆门市金茂建设有限公司,隶属湖北荆门城建集团有限公司管理的子公司。

【融资工作】 全年实现直接融资37.5亿元,成功发行中期票据、私募公司债、定向债务融资工具、超短期融资券4只债券产品;实现间接融资18.22亿元,其中流动资金贷款8.5亿元,项目贷款9.72亿元。抢抓金融政策窗口期,择机发行超短期融资券7亿元,票面利率2.87%,创2023年湖北省内同级别、同类金融产品、同期限利率新低。按期偿还到期政府债务本息3.85亿元,自营类债务本息39.15亿元。

【项目投资】 全年实施投资项目20个,完成投资20.93亿元。高铁新城片区项目大干快上,荆门西城市综合交通枢纽配套工程完成停车楼主体结构施工;漳河大道、站东大道、站前路、站东路、车桥路西段等5条道路及6处涉铁接点完成路基施工;荆门市第二自来水厂改扩建工程进行土建施工。地产项目稳步推进,双喜社区A区二期、安营山幸福片区二期(B区)竣工验收;龙泉学苑(一期)完成首开区住宅及相应地下室结构工程;城控·秀江南B地块二期完成竣工验收及交房,四期完成所有别墅主体结构及外墙真石漆施工。

【项目代建】 全年实施代建项目8个,年度完成投资5.53亿元。市中心医院重大疫情防控救治基地、市传染病医院、消防训练基地和高新消防站顺利完工。市一医院科研教学建设项目已完成5层主体结构施工。市老干部活动中心完成活动楼主体工程施工。荆门综合保税区项目(一标段)完成1、5号路水稳层施工。市第二人民医院层流手术室净化工程项目完成土石方工程及基坑支护工程施工。市妇幼保健院托育综合服务中心项目完成托育服务楼主体结构施工。

【工程施工】 全年实施市政、房建等工程项目71个,完成产值17.8亿元,年内新中标工程项目36个,中标金额27.7亿元。站前广场停车楼项目、荆门市第一人民医院重大疫情防控救治基地(省级区域医疗中心)2个建设项目获省建筑结构优质工程;湖北先创市政工程有限公司5项QC成果获得省市政工程协会奖项;湖北荆门建工集团有限公司获评省建筑施工企业质量管理评价30强，承建李宁（荆门）物流园二期工程荣获全省建筑行业工程质量最高荣誉奖——2023年湖北省“楚天杯”奖；龙泉学苑（一期）项目顺利通过2023年度国家住房城乡建设部最高级别“国检”。

【资产经营】 全年商品房签约总额4.79亿元，回款5.96亿元，较上年同期上涨104%。抓住高铁新城片区拆迁安置契机，“消化”双仙小区、杨店小区等项目剩余房源。城控秀江南小区（B区）、双泉花园小区住宅销售居中心城区楼盘第五名和第六名；双喜大厦实行租售并举，累计去化率44%。荆门城建蒙泉置业有限责任公司成功摘牌2宗约8.72公顷商住土地，高铁站前广场及周边共133.33公顷土地完成征转，资产底盘进一步夯实。

【产业投资】 产业招商取得成效，高铁新城片区达成意向合作项目4个，总投资规模约15亿元。引进中国康辉旅行社集团有限责任公司投资主题度假村项目，华厦伟业（中国）控股集团有限公司投资大堂奥莱国际中心项目，中新房华建集团（武汉）有限公司投资第四代建筑示范区项目，国网碳汇（湖北）教育科技产业集团有限公司投资北大培文外校教育基地项目。拓展业务板块，湖北先创市政工程有限公司与武汉圣禹智慧生态环保股份有限公司达成初步合作意向，开展市域水环境治理等业务。

（荆门城建集团）

·中荆投资控股集团有限公司·

【概况】 中荆投资控股集团有限公司（以下简称中荆集团）成立于2015年6月16日，注册资本金10亿元，主体信用评级AA级，是市级国有资本投资运营公司。截至年底，集团资产总额174.15亿元，同比增长11.29%；净资产56.93亿元，同比增长9.06%；全年累计营业收入66.53亿元，同比增长21.77%；利润总额3.52亿元，同比增长10.19%；上缴税费5.06亿元，同比增长12.6%。

【产业投资】 围绕荆门市战略性新兴产业，发挥国有资本在服务全市重大战略、重大项目和地方产业发展中的支持引领作用，重点在高科技产业、绿色产业上下功夫。加速布局新兴产业，增强发展后劲。出资2800万元，分别参与上市公司天原股份和呈和科技定增，布局新能源电池材料产业及精细化工产业；出资3000万元，分别与头部机构交银资本和一元航天资本，共同设立规模2.2亿元的交赢嘉铭创业投资基金和规模2亿元的德清荟城创业投资基金，重点布局新一代信息技术、航天航空、新一代清洁能源等战略新兴产业领域。加快供热管道建设，增强服务能力。投资1400万元，建设化工循环产业园东北片区主蒸气管网及英才化学、定辰化学、红星宏达、彦宏石墨烯、汇泰科技5条支线建设项目，解决荆门化工循环产业园发展规划及用热企业需求。做大做强绿色建材，推动产业高端化发展。投资28000万元，在东宝区栗溪镇建设年产500万吨环保建材生产线项目，矿区面积0.6平方千米，资源储量约1.4亿吨，项目达成后年均税费2387.05万元，可实现年均净利润3922.67万元；投资300万元，促进中荆金建（荆门）绿色建筑材料有限公司发展，扩大绿色建材产业投资。助力实现双碳目标，推进清洁低碳转型。投资2000万元，建设直流、交流充电桩各100个，支持全市新能源汽车产业发展；投资860万元，利用市政务服务中心和湖北航特厂房屋顶建设分布式光伏，推动区域能源转型。资本运作强服务，助力农商行壮实力。出资7155万元入股荆门农商行，提升荆门农商行资本实力，提升农商行信贷投放能力以及综合服务水平。

【资产管理】 发挥国有资本投资运营公司功能作用，贯彻落实市委、市政府决策部署，坚持“集约化发展、专业化运营、精益化管理”原则，坚持做强做优做大国有企业，促进国有资产保值增值。支持企业通过自主经营、改造、土地变性等多种方式推进30436平方米存量资产盘活工作；出资3665万元对象山市场、蔡湾市场实施标准化升级改造，打造成为全市硬件设施完善、服务功能多元的现代农贸市场；出资4500万元化解东光集团历史遗留问题，推进东光33号楼旧房改造工作。接收市级经营性、公益性等资产，主动对接市财政局、市融资担保集团等18家单位，涉及可划转资产22处，建筑面积约11万平方米，土地面积103.33公顷，不断充实优质资产，快速壮大资产规模。推进绿色建材、医药药材、养老产业、磷石膏综合利用、供热管网、农贸市场与石化合作组建专精特新公司等项目进度，优化资产结构，提升企业盈利能力，实现持续稳定发展。贯彻落实省委省政府、市委市政府优化营商环境及房租减免工作的决策部署，将房租减免政策解释到位，决策程序履行到位，受惠企业达608户，减免金额107万元，助力中小微企业持续健康发展。

【金融服务】 累计为220家企业发放贷款10.01亿元，同比增长2.7%，为16家企业发放贴息资金125.79万元。集团公司成功通过湖北省中小微企业应急转贷纾困基金备案，成为湖北省首批应急转贷合作机构，负责运营管理荆门市中小微企业应急转贷纾困基金，累计为26家企业发放贷款1.84亿元。开展委托贷款及过桥资金业务，累计为91家企业发放贷款6.23亿元，缓解中小微企业融资难、融资贵的问题,推动中小微企业持续健康发展。

【国企改革】 集团及16家出资企业严格落实“三重一大”决策制度,全面完成企业党建入章和党组织前置研究讨论重大经营管理事项清单,明确党组织在公司法人治理结构中的法定地位。制定“三会一层”议事规则,厘清公司党委会、董事会、经理层、监事会等治理主体权责边界。为加强董事会建设,落实董事会职权,截至年底,集团16家出资企业,14家已按公司法及公司章程建立董事会,2家全资子公司未设立董事会,实行执行董事制,建立董事会企业户数占比达87.5%。集团及出资企业全面制定董事会向经理层授权管理制度,为经理层依法行权履职提供保障。集团出资企业现均为有限责任公司,完成公司制户数100%。完成混合所有制改革。按照完善治理、强化激励、突出主业、提高效率的要求,在完成金龙泉集团混改后,完成人员薪酬制度、经营管理机构等内部变革,并在高田公司、高旭公司引入民营资本进行混改。集团控股湖北航特公司后,大力支持其上市工作,已完成尽职调查工作,待湖北证监局完成辅导验收,迅速向北交所申报IPO。建立健全市场化经营体制机制。开展“集团机关化”专项治理,通过进一步完善部室职责,调整人员分工,改进工作作风,工作效率有效提高;实行市场化招聘制度,由集团对新增员工总额进行管控;深化企业内部分配制度改革,聘请中大咨询公司设计完成集团及核心子公司薪酬分配优化方案和全员绩效考核制度。

【社会履责】 开展“下基层察民情解民忧暖民心”活动,帮助基层化解各类实际困难和问题20余个;全力支持乡村振兴,帮助金鸡村谋划中长期发展规划,走访慰问贫困户,巩固脱贫攻坚成果;参与公益慈善事业,向慈善总会退役军人爱心基金捐赠2万元,帮扶退役军人和其他优抚对象;出资3058万元收购叶锋非法集资案5处涉案资产,化解社会矛盾,创造良好营商环境。剥离非主业资产,顺利完成“三供一业”分离移交、凯龙社区移交地方政府;依法处置昌盛液化气站资产,清退低效资产;践行绿色发展理念,顺利关闭20万吨产能的神舟石膏矿和60万吨产能的宝源煤矿,并妥善安置职工。

(中荆集团)

·荆门市交通旅游投资集团有限公司·

【概况】 2023年,市交旅集团完成主营业务收入18.42亿元,其中交通产业1.96亿元,现代物流业16.38亿元,文旅产业0.08亿元。利润总额0.35亿元,上缴国有资本收益431.54万元,国有资本保值增值率100.68%,全员劳动生产率64.81万元,资产负债率控制在51%以内,全年无安全生产责任事故。集团主要承担对中心城区以外的交通基础设施和客货运输业、现代物流业等相关产业的投融资、建设、管理;文化旅游资源整合、旅游产业投融资、旅游项目开发建设、运营管理;文化旅游等政府投资项目配套土地征收、开发、运营;收费公路、道路沿线等特许项目的经营;智能交通文化旅游信息平台管理建设运营。实施腾笼换鸟、生存突围、爬坡换挡、筑巢引凤四大计划,开展资产、利润、投资、人才四个倍增行动,壮大交通产业、现代物流、文化旅游三大业务板块,发展综合交通、文化旅游和现代物流业务,打造集交通基建投资、文旅开发与运营于一体的“交通旅游融合发展”的价值链模式。先后建成荆门环城公路、培公大道雨污分流等一批精品工程,并参与荆门国际内陆港、襄荆高铁、荆荆高铁、207国道改扩建等一批省市重点项目建设。

【重点项目建设】 开展公路作业区(二期)、公路作业区(一期)18号综合楼装修、煤炭储备中心等项目建设,所有项目有序推进。开展武荆宜高速公路荆门段工程,由省交投集团作为牵头人组建投标联合体,其中省交投占股51%、市交旅集团占股11.8%、其他三家单位占股37.2%,共同作为投资人参与该项目投标工作。联合体成功中标,与省交投集团相关部门对接,经过多轮洽谈,在明确材料供应基本方案的同时做好项目资金保障。培公大道雨污分流工程(一期)、培公大道雨污二期及综合改造项目(二期)完成移交。参与建设高铁项目,荆荆客专集团投入项目资本金15.14亿元,襄荆高铁集团投入注册资本金8.37亿元,正在建设。围绕现代物流和文化旅游板块,全力开展招商引资。2023年集团招商专班先后赴江西、新疆、广州等地招商考察,“走出去”走访对接企业16家,“请进来”考察洽谈企业34家,通过招商引进战略投资者和专业运营商。市交旅集团响应市政府号召,加大招商引资力度,成功与上市公司极兔速递及湖南零食很忙商业连锁有限公司签约,落户荆门国际内陆港。为推进文旅投资开发,投资荆楚映像文化产业园项目,联合保利文化推动《荆楚映像》并在全球巡演,在太子山石龙林场片区投资中国农谷文化主题乐园项目,已开展前期工作。经过多轮沟通,五矿二十三冶建设集团有限公司拟投资2亿元以EPC模式合作推进野生动物大世界项目,已签订合作意向书。

【企业经营发展】 夯实综合交通产业发展。市交旅集团以交通基建项目为依托,拓展交通关联产业发展。着力开展培公大道雨污二期及综合改造项目、内陆港公路作业区1期18号楼装饰装修等重点工程项目，实现经营收入3630万元，利润总额697万元。开展矿山经营，交旅马鞍公司石料销售实现经营收入4800万元，利润440万元。加强沈集收费站经营管理，实现通行费总收入5399.92万元。争取政府支持取得三环线特许经营权，与中石化合作投资经营加油加气站，建成3个油气站，销售成品油（含天然气）12000吨，销售收入1亿元，利润166万元。加快文化旅游产业发展。加强荆门旅游集散中心运营管理，加大与省内外旅游景点对接力度，推出市内外精品线路75条，开辟景区直通车。加强与景区、酒店、民宿等单位合作，荆门文旅卡销售收入57万元。旅游集散中心完成3A旅行社等级评定划分工作并获评“AAA旅行社”称号，全年完成营业收入171万元。开展“荆门好礼”品牌商品认证、目录管理、品牌推广、市场营销等运营活动，推动“荆门好礼”商品走出荆门，先后参加珠三角博览会、重庆博览会、广州文化博览会、云南滇池博览会等展览活动。荆楚映象文化产业园项目一期通过招拍挂的程序，完成第一批2.67公顷土地摘牌，并办理征转手续。成立大美季公司，开展净菜加工配送业务，签约供应商17家，与天鹅学校、海慧中学、掇刀石中学等13所学校签订供货合同，完成营业收入58万元。中国农谷文化主题乐园完成项目地形勘察工作及项目咨询策划方案招标工作。研学平台项目完成基础规划设计与可研报告编制。培育物流产业发展。着力完善荆门国际内陆港物流园区功能。公路作业区经营面积达10万平方米，入驻企业有深圳恒峰、上海李宁、江苏喜百年、湖南零食很忙、极兔速递等。不断加强剩余4万平方米仓库的招商力度，争取尽快实现满园。2023年度仓储租金收益为662.46万元。通过与中煤科工（陕西）能源发展有限公司、荆门陆港能源发展有限公司、中合聚能（陕西）能源发展有限公司等煤炭供应企业合作，2023年度完成煤炭销售165.92万吨，总销售金额达18.39亿元。2023年度铁路作业区共计到达集装箱煤炭7634箱、到达白货（氯化钾）253箱，发送长城汽车220箱，另有440箱从内陆港铁路作业区装箱起运至荆门站发出。2023年度铁路作业区综合服务费收益为214.15万元。建立荆门市外向物流通道平台，已开通荆汉（欧）铁铁、铁水联运外贸通道、荆门至黄石港铁水联运内外贸通道。2023年度通过荆汉（欧）国际物流班列发送内外贸货物共计3738个标准集装箱，总货值3.96亿元。

【保障发展要素】 加强资金保障，保障项目建设资金，市交旅集团2023年完成融资27.395亿元，其中发行中期票据9.5亿元、绿色企业债10亿元、超短融4亿元。完成融资租赁1.1亿元、流动资金续贷款2.58亿元、新增流贷2150万元。加强风险防控，出台交旅集团融资和担保管理办法，规范制度框架体系，根据资金使用和流转特点，采取有效措施加强融资全流程管控，做好事前防范、事中控制和事后追踪，抓好项目建设资金使用、还本付息和成本管控，合理调度使用资金，确保企业良性运转。保障国有资产保值增值，提高资源利用率，将国际汽车城三宗商业用地（共6.45公顷）作为临时停车场运营，完成临时停车场租赁收缴工作，后期计划打造新能源汽车综合园区。围绕“以建设促资产、以资产促效益、以效益促投资”发展思路，合理利用现有存量土地。对所有未开发地块展开摸排，采用多种方式提高土地资源利用率。压实安全生产责任，加强日常安全管理，开展安全教育培训6次、应急演练4次，组织安全生产大检查8次，重点对交旅马鞍进行安全隐患排查16次，发现隐患60余处；对沈集收费站进行安全隐患排查4次，发现安全隐患12处，均已整改完成。

（裴宇凡）

·湖北农谷实业集团有限责任公司·

【概况】 湖北农谷实业集团有限责任公司（以下简称农谷实业集团），2012年4月因“中国农谷”战略而成立，注册资本7亿元，现资产规模逾100亿元，是荆门市人民政府国有资产监督管理委员会出资的国有独资公司，定位为现代农业发展综合营运平台。作为荆门市委、市政府聚焦“三农”、推进乡村振兴的重要载体，作为“荆品名门”“六个一”工程等重大战略、重点项目的参与者、实践者与推动者，积极构建以产业为主体，品牌和投资为两翼，产业运营、资本运营、品牌营销、大宗贸易为平台的“一体两翼四平台”发展格局，探索现代高效农业的发展方向与发展模式，着力提升公司服务构建乡村振兴战略实施新格局的能力。

【资本运营】 农谷实业集团突出过程控制，资本运营更加平稳。拓展银行、债券市场、融资租赁、基金等融资渠道；经国内权威信用评审机构评定，农谷实业集团2023年主体信用评级等级为AA，评级展望稳定。根据2023年中央、省防范化解地方债务风险工作最新政策精神，稳健推进各项工作。注重资源整合，推动将水利和湖泊局所属水利勘察设计院划转至农谷实业集团名下，更名为荆门市水利勘察设计院有限责任公司。

【重点项目】 2023年，农谷实业集团投资项目9个，完成投资3.5亿元。

高油酸油菜全产业链项目。推进荆门市“一壶油”产业联盟建设，编制高油酸油菜全产业链建设方案（2023—2025），科学谋划高油酸油菜国家现代农业产业园项目,构建高油酸油菜“企业+科研+基地+合作社(种植大户)+农户”产业利益联盟模式,保障农民、企业及利益联盟链上的增产增效。在种植环节,夏收油菜籽10111吨,秋播订单种植面积24000公顷,联农带农17000余户。在加工环节,荆品油脂公司高油酸菜籽油加工项目自正式投产起至2023年底累计产油总量7639吨。在产品研发环节,设计推广“农谷壹号”高油酸菜籽油高端礼盒装、家庭普惠装和“荆喜”优质菜籽油系列产品。“农谷壹号”荣获“荆楚有好物——金牌好物”称号、2023年“我喜爱的湖北品牌电视大赛”优秀创意奖和提名奖。在品牌销售环节,“荆品名门”和“农谷壹号”高油酸菜籽油品牌融合发展,聚焦建立营销网络,已进入北京、杭州、武汉等地多个商超,销售量稳步提升。

“荆品名门”品牌体系建设项目。坚持加强“荆门名门”区域公用品牌规范化管理,提升市场影响力和覆盖面。构建“荆品”系列商标知识产权保护矩阵,巩固做大无形资产价值。建立“荆品名门”产品供应商库,建成形象产品20余款、自有“荆”字号产品50余款,会员企业产品近200款的产品矩阵。打造线上线下全渠道销售矩阵,市内搭建以中国农谷·农创中心为主的展销、商务、政务等渠道,市外与招商引资相结合,拓宽武汉、北京、杭州等市场渠道,线上采取“品牌自播+达播”相结合的营销策略,开展“短视频+直播带货”营销矩阵。中国农谷·农创中心挂牌荆门市第三批少先队员校外实践教育营地(基地)、外事参访重点单位、荆门市“博士创新创业联盟”交流研讨基地,获评“2023年度湖北省最美文旅新空间”。

荆门智慧冷链物流园项目。立足荆门,依托本地及区域特色农产品产地优势,总体定位于满足荆门、湖北乃至全国农产品冷链物流产业链不同层次的市场需求,构建具备冷链物流、食品溯源、大数据分析、供应链金融等多功能的智慧平台,为客户提供一站式、一体化绿色冷链供应链服务。该项目位于荆门国际内陆港,总用地面积约13.33公顷,2023年完成投资1.21亿元,累计完成投资2.4亿元。项目分三期开工建设,物流生产作业区一期5公顷已完成75%的建设任务;物流生产作业区二期5公顷进行施工图设计;生活功能配套区三期3.33公顷已开工建设。

革集河流域全域国土综合整治项目。该项目是全省第一批46个省、市级试点项目之一,项目区面积4097.54公顷。2023年,完成投资256.71万元,累计完成投资2256.71万元。已完成项目工程监理、勘察测量、检测咨询技术服务、造价咨询服务、全过程咨询服务等招标工作,持续完善革集河项目水环境综合治理工程设计方案。正在进行郑坪村泵站等灌溉设施前期施工建设。荆门市数字乡村建设项目。坚持抢抓数字农业风口之机,对接、融入荆门市城市智能体平台建设,打造具有竞争力的农业数字产业集群。项目总投资7.35亿元,按照数字中国战略、乡村振兴战略、数字乡村战略的总体部署,着力实施数字乡村“八个一”工程,即建设一个农业农村大数据服务平台、一个农业农村指挥运营中心、一张5G通信网络、一个农业农村物联网应用平台、一个乡村振兴云平台、一套农业农村信息标准、一个数字乡村基础数据库、一张数字乡村电子地图。项目于2023年12月12日举行开工仪式。

国家储备林项目。与屈家岭管理区和东宝区合作推进国家储备林项目,推动荆门市森林生态功能服务和综合效益最大化,实现林业高质量发展,助力乡村振兴。《荆门市屈家岭管理区国家储备林项目建设方案》已获省林业局批复,签订项目EPC合同;东宝区国家储备林项目(一期)已组织专家团队实地踏勘东宝区栗溪镇、马河镇、子陵铺镇、仙居乡4个乡镇进行,域内林业一二三产业有机融合的高质量发展新格局正在形成。

【招商引资】 农谷实业集团紧紧围绕“六个一”工程,积极推进招商引资。2023年,农谷实业集团签订正式投资协议项目2个,签订战略投资框架协议4个,外出招商21批次,提请包联市领导外出招商考察4次,在荆接待来访客商25批次,上报有效项目信息4条,均已通过中心城区信息研判会,农谷实业集团在市招领办招商引资工作情况通报中排名靠前。

【社会履责】 2023年,向市慈善总会捐赠20套“关爱青少年爱心成长包”,共计15760元;向市慈善总会“退役军人爱心基金”捐赠4万元;支持青山社区5万元建设经费;向荆门市慈善总会捐款90980元用于乡村振兴。组织开展庆七一、迎八一、夏日送清凉等活动,走访慰问困难党员、老党员、退役军人、一线职工。动员干部职工参加“微心愿”、“慈善一日捐”、无偿献血、关爱帮扶留守儿童等活动。

(农谷实业集团)

市政建设与管理

·湖北先创市政工程有限公司·

【概况】 湖北先创市政工程有限公司位于湖北省荆门市漳河新区宏图大道1号,系拥有国家市政公用工程施工总承包壹级企业资质的国有控股有限公司,注册资金6000万元。拥有钢筋砼排水管、天然石材、仿大理石步板砖等生产线,现有沥青拌和站、水泥稳定层拌和站等生产基地，能独立承担道路、桥梁、隧道、给排水、污水处理、大型土石方、沥青砼道路、房建、园林绿化施工等业务，是一家技术力量雄厚、专业门类齐全、施工设备精良的市政工程施工企业。

湖北先创市政建设众多标志性品牌工程，包括“孝襄”“襄十”高速公路路基工程、四川汉源市荣集镇市政公用设施工程、移民安置房工程、象山大道南端道路工程、滨湖路道路工程、李宁工业园配套市政项目、城区交通拥堵整治工程（地下通道）、钟祥市西环路黑色路面改造工程、爱飞客片区市政配套工程、阳光大道、深圳大道西段道路改造工程、荆门绿色生态科技城项目、荆门市火车站站前广场及高铁新城片区等多个省市重点项目。其中，钟祥市胡集镇人居环境建设项目、荆门市漳河新区凤袁路片区城中村棚户区配套道路工程、荆门市荆楚大道（深圳大道—袁路）、荆门市鳄鱼东路（深圳大道—凤袁路）等多个项目荣获荆门市建设优质工程。深圳大道刷黑工程、西环路黑色路面改造工程、漳河大道岩子河桥梁工程、爱飞客大道道路及排水工程、杨柳路及香樟路道路及排水工程、深圳大道西段等多个项目获湖北省市政示范工程。公司QC质量小组多项成果获得国家及省市政工程建设优秀质量管理小组荣誉，多项企业级工法被评为省级工法，36项实用新型专利技术及1项发明专利获国家产权局通过，10项技术规程被纳入省标编制计划。企业先后获得“湖北省五一劳动奖状”“湖北省文明诚信示范企业”“国家工商行政管理总局守合同重信用企业”“国家高新技术企业”等省部级、国家级称号。

【生产经营】 公司2023年营业收入实现3亿元，较上年增长10%，净利润实现962万元，较上年增长8%。截至年底，公司投标30项，中标11项，合同总额7.44亿元。全年新建项目6个，续建项目10个，完工项目1个，完成生产产值3.7亿元。项目包括：高铁片区6条道路涉铁工程EPC总承包、漳河镇全域国土综合整治项目EPC总承包、荆门西交通基础设施补短板一期项目EPC总承包项目设计施工总承包。荆门西城市综合交通枢纽配套工程EPC总承包项目、航空路与荆山大道互通立交EPC项目、亿纬桥（龙井大道上跨荆南大道立交）设计施工总承包项目、沙港河市政改造及景观提升工程EPC总承包等。公司制定《在建项目施工项目考核细则》，与各二级单位、项目部签订经济目标责任书，严格执行项目管理和考核评价机制，定期对所有在建项目的施工现场安全文明生产、质量工期控制、施工技术资料管理等进行考核评分，对检查中发现的问题进行总结、分析，给出指导意见，将结果纳入季度及年度绩效考核，切实抓好项目的安全、质量、环保、工期、成本等各方面管控。

【社会履职】 公司组织职工参与互助救助专项资金捐助，参与爱心消费助农、慈善捐款活动；公司广大党员及青年职工参加社区治理、文明创建等志愿活动80余次。

（瞿燕妮）

·荆门市天宇市政建设有限公司·

【概况】 荆门市天宇市政建设有限公司（以下简称天宇市政公司）成立于2001年10月，2016年10月被市国资委批复成为国有独资企业，隶属湖北荆门城建集团有限公司。公司地址位于荆门市东宝区象山大道129号，注册资本5000万元，具备市政公用工程施工总承包一级资质，城市道路照明、环保、桥梁、隧道等4项专业承包一级资质，主要经营范围为市政建设施工、城市道路桥梁及排水工程、污水处理施工、沥青熟料和混凝土加工、水泥制品加工、工程机械设备租赁等，是湖北省市政工程协会第七届常务理事单位、湖北省建设工程质量安全协会第五届会员单位、湖北省招投标协会第三届理事单位，荆门市招投标协会常务理事单位，连续10年被评为3A信用企业，并取得了ISO 9001质量管理、ISO 14001环境管理、ISO 45001职业健康安全管理三大体系认证。近年来，公司先后获“荆门市质量管理先进单位”“先进建筑业企业”等称号。2023年，公司承建的月亮湖北路（高店立交桥—白庙路改造项目EPC总承包工程先后被省质安协会、荆门市建筑业协会评为“2023—2024年度第一批湖北省建筑工程安全文明施工现场”“2023年度荆门市建设优质工程”；荆门西交通基础设施补短板二期项目［漳河大道（站西大道至现状漳河大道）道路工程］、荆门市关公大道（西三环—沙铁路）道路工程2个项目均被市建筑业协会评为“2023年度荆门市安全文明施工现场”；荆东大道北段（月亮湖路至新城大道）工程设计施工总承包项目部青年突击队被共青团荆门市委授予“青年文明号”称号。

【工程招投标】 通过广泛搜集市场招投标信息，跟进协调，2023年，公司先后参与双堰路（K0+600—荆楚大道）建设项目设计施工总承包、龙兴南路设计施工总承包项目、龙井东路（华科路至官堰湖路）项目设计施工总承包等10个项目的投标工作，其中双堰路（K0+600—荆楚大道）建设项目设计施工总承包、尚义路东段（白云大道至龙井大道）建设项目设计施工总承包、沙港河市政改造及景观提升工程项目EPC总承包3个项目中标，中标金额共计3.57亿元。

【工程建设】 2023年，公司共有高铁片区站西大道等5条市政道路及配套工程项目EPC总承包，荆东大道北段(月亮路路至新城大道)工程设计施工总承包,荆门市关公大道(西三环—荆沙铁路)、生投路(荆西大道—荆楚大道)、荆楚西路(关公大道—凤袁路)建设项目EPC总承包,龙井大道南段(莲花路—南三环)道路工程EPC总承包项目等12个在建工程项目,其中,高铁片区站西大道等5条市政道路及配套工程项目EPC总承包、尚义路东段(白云大道—龙井大道)建设项目设计施工总承包、双堰路(K0+600—荆楚大道)建设项目设计施工总承包3个项目为新开工项目,其余项目均为续建工程。截至12月底,龙井大道南段(莲花路—南三环)道路工程EPC总承包项目、月亮湖北路(高店立交桥—白庙路)改造工程EPC总承包项目、金源一路(关公大道—健安路)道路及排水工程等5个项目已竣工。年内,全体干部职工抢晴天战雨天,克服极端天气影响,领导班子一对一包联重点项目,督办项目进展,协调解决建设中的各项困难和问题,各部门围绕工程主业,紧密配合,做好后勤服务保障,保障项目建设高效有序进行,全年完成工程产值3.65亿元。

【项目管理】 实行项目经理责任制,在工程管理的程序、组织、现场控制等各个方面全面实施精细化管理,创新施工工艺,加强工作检查与落实,总结工作经验,逐步将成熟的经验做法、建设标准等进行统一,形成标准,在公司推广应用。公司结合项目实际,修订完善《工程项目经营管理制度》《投标管理制度》,明确项目经理、经营部项目负责人、施工员、预算员的职责分工,强调项目部与经营部的配合协调,提升项目管理的水平及工作效率。强化安全质量管理力度,严格落实质量安全责任,强化过程管控,突出专项整治,深化隐患排查治理,着力提升标准化管理水平。通过召开质量、安全专题会议,及时传达中央、省、市、集团有关会议精神,逐级传导压力、层层压实责任;以安全生产月活动为契机,通过组织安全应急救援演练、观看警示教育片等,提高相关人员质量安全意识;加大各业务部门的质量安全学习培训力度,在项目上常态化做好三级安全教育和班前安全、技术交底工作;开展冬季火灾防控集中治理“百日会战”行动,深入开展专项治理,做好用水、用电、用气安全,全力预防火灾事故发生;定期开展安全质量隐患大排查活动,公司巡查考核领导小组不定期对各部门、各在建项目的安全、质量进行抽查,对安全部、质监部行使监管责任情况进行检查,并将结果纳入部门绩效考核范畴,确保安全、质量各项工作落到实处。年度内,开具罚单7份,均按要求整改到位,全年无安全事故发生。

(丁　玲)

·城区河道管理·

【河道日常管护】 打捞河道水面漂浮物,包括生活垃圾、工业垃圾、水葫芦、绿萍、改善水生态环境。对河道进行绿化养护,采取分段除杂草、苗木施肥、除虫喷药,绿化修剪等措施,清理杂草及垃圾,修剪绿化护坡。管网维护,针对沿河管网每日进行巡查,发现问题及时处理,有效消除环境影响及行人安全隐患;组织开展河道保护有关的法规宣传,弘扬爱河护河精神,增强全社会维护河道生态环境的意识。

【河道设施维护】 对日常巡查中发现的设施损毁及时进行处理,修复沿河景观灯、路灯等照明设施424处,维修受损栏杆、道路、标识标牌、文化照景等其他设施275次。对城区河道排污干管进行排查、疏通清淤工作,全年管网维修17处、对河道沿线所有雨水箅进行常态化清淤1038座、污水管道清淤疏通62座次、检查井盖螺丝加固、井盖恢复、加装防坠网等共计发现并处理361处。

【河道防汛】 落实市防汛抗旱指挥部各项防汛抢险文件精神,成立处防汛抢险应急工作领导小组并编制荆门市城区河道防洪抢险预案,在荆门市防汛指挥部的统一领导下开展一切工作,认真贯彻落实“安全第一、常备不懈、预防为主、全力抢险”的方针,遇到重大险情第一时间上报。执行24小时领导带班制度,专人值班并随时处理紧急情况,对沿线闸口坝房巡查维护、维修及保养,确保河道行洪畅通,平安度汛。

【浏河岛配备救生设备】 浏河段河道位处城区中心,浏河岛游园四周依水而建,因所处地势使然水位较深,而往来人流密度较大,存在一定风险,为保障游客及周边居民安全,在浏河岛两岸护栏上安装救生用品存放箱,配备救生圈、救生绳索、救生衣等设备,加强此段河道管理巡查,得到周边居民一致好评,并被《荆门晚报》、九派通等媒体宣传报道。

【福寿螺治理】 近年来,市竹皮河城区段河道内福寿螺泛滥,严重影响河道美观及生态环境,为有效遏制福寿螺的蔓延势头,制定《荆门市城区河道福寿螺治理计划》,在4—10月福寿螺繁殖高峰期,加大整治力度,采用人工打捞方式及时清理岸边福寿螺及其卵巢,集中焚烧处理,以降低福寿螺对河道生态环境的影响。

【河道生态补水】 市城区河道管理处负责协调对接漳河水库四干渠管理处,通过与环保部门沟通,协调掌握河道水质状况,在漳河库容允许的情况下对城区河道开展生态补水,形成长效生态补水机制,确保河道水质达标、水环境优美。全年生态补水约2843.64万立方米,其中龙泉公园四干渠补水点431.82万立方米,苏畈桥补水点1423.44万立方米,王林港杨家冲补水点475.56万立方米,杨树港四干渠补水点

512.82 万立方米。因 2023 年整体旱情较为严重，漳河水库库容有限不能维持常态补水，起草《关于增补夏家湾污水处理厂中水用于竹皮河生态补水的建议》，积极争取上级部门同意，协调增加中水回用量，以确保城区河道生态补水正常运行。2023 年夏家湾污水处理厂中水回用约 1578 万立方米。

（市住建局）

城市管理

【概况】　2023 年，在市委、市政府坚强领导下，市城管委以打造"宜居、韧性、智慧"城市为目标，紧扣重点、突破难点，用绣花功夫推动城市环境面貌持续改善，城市功能品质进一步提升。3 月，荆门市城管委在全省城市管理工作会上作了交流发言。7 月，全省住建系统工作会上，省住建厅厅长刘丰雷为荆门城管打造的"铿锵蓝玫瑰"队伍建设品牌点赞。城管系统便民临时疏导点管理、"破冰提能"行动等经验做法分别被省主题教育办、省住建厅充分肯定，在全省推广。"城市管理 · 你我同行"和"百名园林专业技术人才服务社区和美丽乡村"经验做法被市主题教育办以简报形式刊发。在 3 月创卫复审中，城管部门承担近三分之一迎检任务，为复审通过作出贡献。在 8 月市委半年工作会上，城管委作为市直先进单位唯一代表作交流发言，并在 2023 年度政绩目标考核中被评为"立功单位"。推进西河小流域生活垃圾分类，创建"生态绿岛"模式；推进便民疏导点建设，服务流动摊贩，两项工作受到省委主要领导肯定。楼顶招牌整治和市政设施快速修复处置工作被市委书记胡亚波批示"很好"。重大活动环境综合保障、道路扬尘治理及进城车辆冲洗管理等工作多次被市委市政府主要领导肯定。

设置疏导点服务流动商贩　　（市城管委　供图）

全年先后开展 6 次法律法规知识竞赛、11 场典型案例分析研讨、4 场执法演示、26 场环卫园林控违等现场观摩活动和 17 次市政设施抢修、防汛排涝等实战演练。举办"年轻干部讲述自己的成长故事""科长讲业务"等活动。开展城管执法队伍大练兵大比武，组织全市 100 余名执法骨干开展执法集训，参加全省城管执法队伍大练兵竞赛，3 个项目位居全省前三。打造队伍建设品牌，在商业最繁华的中天街成立"铿锵蓝玫瑰"女子先锋队，用女性特有的细致和细腻，采取指导、建议、提醒、劝告等柔性执法方式，解决了一批群众关注的城管难题，让城市管理有力度更有温度。深入推进"我为群众办实事"，建改城市公厕 13 座，整治背街小巷 16 条，新建"口袋公园"17 个，升级改造城市垃圾分类投放收集点 1115 个。认真办理 24 件建议提案，沟通率、回复率、满意率均为 100%。

【市容环境综合整治】　实行"三合一"（1 台洒水车 +2 台洗扫车 +1 台喷雾车）环保作业，城市重点区域的清扫保洁频次提高到每天 6 至 8 次。规范运行 3 座进城车辆冲洗站，全年免费清洗"泥头车"近 60 万辆次。打造龙泉公园等 3 个"席地而坐"城市客厅。开展"十乱"专项治理，对各类出店经营、流动摊贩等违规占道行为反复抓、抓反复。对老莱子路等 11 个夜市开展 56 次整治行动，督促中心城区 202 家烧烤门店、三灶台以上 762 家门店全部安装油烟净化装置，两灶台及以下 1276 家门店已安装 1024 家，并落实"两台账一清单"（安装台账、维护台账、监管清单）管理。清理各类横幅条幅 525 条，拆除十字路口违规搭建遮阳棚 54 处。对中心城区 131 辆渣土运输车实时全程在线监控，查处各类建筑垃圾违规运输行为 400 余起。开展环境卫生治理、公园广场提标等十大提升行动，高标准完成创城 103 处测评点位、创卫 152 个样本点达标建设，高质量上报 130 余项网上申报资料，为创城创卫复审顺利通过贡献城管力量。

【店招店牌专项整治】　宣传发动制发《致广大广告经营商户朋友的一封信》等微视频 10 余条，刊发政策宣讲、动态跟踪等新闻通讯 40 余篇，引导社会各界支持理解。压实责任。市城管委主要领导和分管领导定点包联三区，3 个委属单位 152 人督办专班成建制包保城区 6 个街道，全部下沉一线推进拆除工作。针对整治工作中存在的堵点、难点问题,成立工作专班,反复协调沟通,反复上门做工作,直至问题有效解决。严格落实“五防”(防火、防坠落、防坠物、防极端天气、防道路拥堵)措施,确保整治行动安全平稳推进。厘清区、街道和产权单位(个人)招牌管理层级责任,推动出台《荆门市户外广告和招牌设置管理办法》,确保门店招牌设置管理有法可依、有章可循。通过2个月集中强力整治,拆除中心城区违规招牌4853块(含楼顶招牌3566块),清除违规门柱广告2220家,中心城区楼顶招牌全部清零。

【推进增绿提质行动】 开展植绿补绿。中心城区补植色块地被植物8.3万平方米、乔灌木近万株,建成区绿地率达40.05%、绿化覆盖率达43.15%、人均公园绿地面积达14.25平方米,位居全省前列。推动园博园提档升级。在保护现有绿色生态底色的基础上,完善配套基础设施,打造氛围场景,植入农谷乐园、汉风潮食等新鲜业态,力争将其打造成全国园博园转型升级新样板、夜间经济示范区和湖北文旅产业新标杆。开展城市公园绿地开放共享。将龙泉公园等6个公园广场6.57万平方米绿地向市民开放,供市民游客露营野餐、休闲娱乐,让市民“赏绿”更“享绿”。筹备国家园林城市复查。实施增绿补绿、园林养护、综合治理等重点绿化工程,完成城市遥感测评等指标任务,做好迎检工作。高标准完成第十四届中国菊展参展布展工作。获包括本次菊展最高奖项“室外景点大奖”在内的27个奖项。

【市政设施维护管理】 开展市政设施日常管护。扎实推进窨井盖整治提升三年行动,对全市13.6万座窨井盖实行“一盖一编号、一井一档案”管理,整治各类问题窨井盖3437座(其中更换高标准窨井盖1962座),更新窨井防坠网5000余个。对中心城区320千米城市道路、210千米地下管廊、50千米排洪涵、74座城市桥梁、9座地下人行通道、9座人行天桥、4座隧道开展常态化隐患排查整治,做到发现一处、整改一处、销号一处。完成中心城区排水管网普查。全面完成中心城区370平方千米、6100余千米市政排水管网普查工作,并分类建立排水管网混错接、功能缺陷等问题清单。完成16处渍水点改造。建立市政快速维修处置机制。筹集专项资金,组建专业检修队伍,分类确定市政设施破损缺失问题处置时限标准,对破损、缺失、老旧的窨井盖、步板砖等市政设施第一时间发现、第一时间处置。全力应对极端恶劣天气。落实市、区、街道三级应急响应机制,常年配备300人的抢险队伍,有效应对5次强降雨,积极应对低温雨雪冰冻天气,保障市民出行畅通和道路安全。

公园绿地开放共享 （市城管委 供图）

【推进生活垃圾分类】 扩大生活垃圾分类覆盖范围。建成省级生活垃圾分类示范社区5个、示范村69个;建成省级垃圾分类共同缔造示范社区2个、示范村2个。中心城区开展垃圾分类的居民小区868个,覆盖率91%,超额完成省定目标;全市开展垃圾分类自然村4414个,覆盖率43.7%,完成省定目标任务的110%。健全完善收运体系。配套其他垃圾密闭转运车160辆、垃圾转运站126座、厨余(餐厨)垃圾收集车31辆、有害垃圾运输车14辆,满足垃圾收转运需要。推进牌楼西河小流域垃圾分类。出台荆门市小流域综合治理生活垃圾分类技术规范、工作指引和考评验收细则。全面推行“一坑两桶三上门”源头分类减量模式,基本建成生活垃圾收转运处体系。“生态绿岛”建设经验被省委书记王蒙徽点赞。有序推进生活垃圾填埋场生态修复,已全面启动建设,建成后将成为集废弃物无害化处置、科普教育、休闲娱乐、工业旅游等功能为一体的生态园区。持续推进静脉产业园运营。2023年荆门静脉产业园被省住建厅评为“生活垃圾分类宣传教育基地”,被中国城市环境卫生协会评为“首批低碳(零碳)环境产业园区试点单位”。督导京山市加快推进生活垃圾焚烧项目建设。

【建成智慧城管“五大行业”应用系统】 在全省率先建成城市运行管理服务平台并上线运行,建成智慧市容、智慧环卫、智慧园林、智慧市政、智慧执法五大行业应用系统,基本实现城市管理领域信息化管理全覆盖。梳理7大类78小类城市管理部件、6大类65小类城市管理事件，将396项城管事项与城市大脑全量共享，应用场景互联互通。全年城管平台立案71859件，结案率99.93%。平台按期结案率等关键指标排名全省前列。

【违建治理】 严格落实“五个第一时间”要求，督促各区按照“村（社区）+物业+城管队员+村（居）民代表”模式组建违建管控队伍，实行网格化巡查包保，压实基层违建治理责任，保持新增违建高压管控态势。全年即查即拆各类新增违建416处2.53万平方米。强力推进“清违行动”，每月联合市纪委监委机关、市政府督查室开展督查，先后下发交办单、督办通知84份，通过考评通报、问责究责等方式倒逼违建管控责任落实。2023年以来中心城区处置存量违建98处1.35万平方米。充分运用“大党委+大综治”“积分制管理”“荆楚红管家”等平台和手段，推动基层控违拆违工作共谋共治共管。全年建成“无违建社区”14个、“无违建示范社区”3个。

【缓解“停车难”问题】 增加泊位供给。按照政府投资建设一批、结合房产项目配建一批、利用疤痕地块建设一批等“八个一批”工作思路，推进中心城区停车设施建设。全年新增停车位5560个。开展综合治理。对老莱子路、关帝路等9处严管路段实行“潮汐停车”，允许机动车夜间临时停放。优化商业区、医院、学校周边道路交通组织，采取双向通行、错时放学等措施，打通交通微循环，减少道路拥堵。推进机关事业单位内部停车场6644个停车位在节假日和夜间时段对外开放。建成智慧停车平台。依托“荆门智慧城市大脑”项目，在“i荆门”App部署“智慧停车”模块，推进“全市一个停车场”建设，首批接入48处停车场1.6万个泊位信息，实现余位查询、实时导航等功能，提升停车便捷度。

【执法规范化建设】 将习近平法治思想、宪法法律、党内法规、地方性法规规章等纳入日常学习内容，引导广大党员干部用法治思维和法治方式推动工作、破解难题。开展以城市管理法律法规为主题的系列法治宣传活动，营造浓厚法治氛围。修订完善《荆门市城市管理条例》《荆门市城市建筑垃圾管理条例》，并获人大审议通过。开展执法规范化建设，推行执法公示、执法全过程记录、重大执法决定法制审核“三项制度”，制定“四类文本、五个清单”，统一行政执法文书、行政执法流程。

【服务民生】 全面推进乡村振兴。协助争取300余万元加强包联栗树湾村基础设施建设，打通“断头路”2.6千米，维修加固村级挡坝和滴水岩等水库。指导发展药材、花卉苗木种植等产业，全村94户脱贫户无一人返贫。在省巩固拓展脱贫攻坚成果同乡村振兴有效衔接工作检查中“零问题、零扣分”。持续优化营商环境。将5项政务服务事项纳入“一网通办”，提高政务服务质效。对13项监管事项统一自由裁量基准，对市场主体轻微违法行为免予处罚或减轻、从轻处罚。科学设置便民疏导点32个、夜市点位14个，促进带动3000余人灵活就业。扎实推进改革工作。配合开展废旧物资循环利用示范城市建设，建成智能分类交投点342个，同时对城区所有废旧回收站（点）进行巡查检查、联合执法。配合推进以国家公园为主体的自然保护地体系建设，在龙泉公园等公园广场安装50套物联网设备，并建立中心城区园林绿化养护管理快速处置机制。配合推进城市综合行政执法改革，督导京山市率先探索建立街道赋权事项职权清单动态调整机制，正在全市推广。

（市城管委）

·城市管理执法督察·

【概况】 履行城管执法行业主管部门职能，强化综合协调、监督检查、督察考评职责，建立市、区、街道三级城管执法联动机制。督察工作做到问题、区域、时段、事项全覆盖，严查执法人员“街面见面率”“问题处置率”，做到工作时间、假日时间不断档不空档。

把“精细化”理念贯穿工作全过程，坚持源头治理与常态长效治理相结合。全年开展街面秩序专项整治90余次，重点对再生资源回收、“山边水岸”公共空间、三环线占道经营等问题进行排查整治，确保还路于民、还绿于民、还空间于民、还安全于民；设置便民疏导点32个，可利用经营面积逾6000平方米，促进带动3000多灵活就业人员；清理横幅条幅320多条，拆除楼顶招牌和违规店招店牌3000多处，受到市委主要领导批示肯定。开展夜市餐饮油烟专项整治100多次，查处3起典型案例；开展渣土车辆抛撒整治80余次，实施行政处罚10余起；对城区20多个在建工地开展施工噪声、道路扬尘整治80余次，整改夜间施工噪声扰民投诉302件。

结合“下基层察民情解民忧暖民心”实践活动，抓好“城管五进”“城市管理，你我同行”等活动，开展系列活动80余次，邀请100余名群众体验、观摩城市管理工作10余次，解决群众反映的城市管理问题520余件。按照省、市两级党委政府确定的重点民生实事，抓实抓细停车设施建设，2023年新增停车位5560个，完成率150%。

推进“全市一个停车场”建设，协调市城投智慧城市运营公司完成273处80569个停车位信息录入。以“强基础、转作风、树形象”专项行动为载体，组织市、区、街道各级城管执法骨干100余人次开展多轮执法培训。督促各县（市、区）城管部门加大对新进执法人员和协管员的培训力度,创新培训模式,开展业务知识培训20余次,提升城管执法队伍理论素养、思想品德、业务能力、知识水平。代表城管系统参加全市“重温经典名著 夯实信念之基”读书分享比赛;参加全省城管执法大练兵技能比武竞赛,取得队伍形象、案卷评查、现场模拟执法3个奖项;《蓝色柔情》情景剧在荆门市“龙年网络春晚”展演;“铿锵蓝玫瑰”女子先锋队队长黄剑平获“全省最美城管人”荣誉称号。

(田洪宁)

市容环卫

【生活垃圾分类】 推动生活垃圾分类立法进程,出台《荆门市生活垃圾分类管理办法》,健全垃圾分类法规体系。加强垃圾分类指导,采取“走出去”和“请进来”的模式,先后赴宜昌、咸宁、铜陵、重庆市南岸区等城市学习垃圾分类先进经验,并与重庆市南岸区建立“一对一”交流协作关系,印发《荆门市生活垃圾分类操作手册》《荆门市中心城区厨余垃圾收运作业规范》等文件,指导各地规范开展垃圾分类设施建设及收运作业。完善分类考核机制,细化荆门市垃圾分类管理要求和技术标准,形成成效评估机制。采用明查和第三方暗访的方式,实行“月调度、季考核、半年一通报”,压实责任,推动垃圾分类工作落实落细。全年印发工作提醒函18份。坚持以点带面、示范引领,因地制宜推进垃圾分类示范试点建设。东宝区泉口街道、掇刀区掇刀石街道建设的垃圾分类示范片区,已覆盖361个居民小区;漳河新区建成区基本实现垃圾分类全覆盖。沙洋县、钟祥市、京山市新建生活垃圾分类示点小区56个、示范村185个,基本完成年度目标。

【建筑垃圾管理】 对照《中华人民共和国固体废物污染环境防治法》部分条款,完成《荆门市城市建筑垃圾管理条例》修订。从日常巡查、以考促改、联合执法等方面着手,加强建筑垃圾行业的管理和整治。组建巡查专班,每天开展全城巡查,对偷排乱倒建筑垃圾、无主垃圾等问题,每日必查、有问必督、即查即改;严格执行《荆门市城区建筑垃圾运输处置企业信用等级考评办法》,做好建筑垃圾运输处置企业信用等级考评工作,实现以考促改、以考促管,促进企业规范化管理;协同城管、公安交警部门组织开展联合执法行动,严厉打击无建筑垃圾运输车辆标识的运输车辆上路和运输车辆运输撒漏、带泥上路等违章违规行为,有效遏制违法行为,着力保持常态长效监管机制。2023年,下发交办单37份、督办函8份,依法查处各类建筑垃圾违规运输车辆(含散装货物)721起,行政处罚38起,处罚金额12.7万元。按照《荆门市静脉产业园建设指挥部会议纪要》文件要求,督导各区城管局将政府拆迁项目、政府维修项目产生的建筑垃圾,统一运输至静脉产业园(一期)进行资源化利用,中心城区建筑垃圾资源化利用量约5.2万吨。

【环卫专项考评】 坚持目标导向和问题导向相结合,持续加大市容环卫考评力度。突出“以克论净”专项考评。督导中心城区各区环卫中心实施深度保洁标准,优化环卫作业模式,实现全天候、全覆盖保洁,全力打造干净城市。截至年底,考评专班开展专项检查40次,检查道路320条次。严格按照《荆门市中心城区(三区)城市综合管理考核评比办法(试行)》12类50项城市管理标准进行巡、督查工作。全年考评上报数字化案件3575件,下达交办单42件。按照创城6类54项标准,重点对三区31座垃圾转运站、30余座直管公厕、3座进城冲洗站、2条主干道全面巡查,对发现的问题及时沟通解决,顺利通过各项检查。

【景观亮化管理】 按照“一街一景观,一路一文化,一段一特色”的城市空间管理要求,加大对现有景观照明设施的维护管理,落实“发现、督办、办结、销号”闭环管理机制,进一步巩固“两路一河”、“三园两场三地标”、高速公路出入口等区域景观照明效果。年内,组织召开景观照明设施运行安全会议12次,编发景观照明设施运行情况通报11期。开展拉网式巡检行动32次,维修维护各类故障点399处,更换各类照明灯具6580余个,更换空开、继电器等配电设施1250余套,铺设电缆线15000余米。

【户外广告管理】 根据《中心城区户外广告、门店招牌专项整治工作方案》要求,督促各区组建专班对未经批准擅自设置、设置不规范、陈旧破损存在安全隐患的户外广告、门店招牌进行排查治理,建立台账。经排查,中心城区户外广告(含LED显示屏)125块,到期未续批或未审批85块;下达责令整改通知书约50份,拆除违规设置的户外广告13处,完善到期未续批32处;更新更换门店招牌约200处,拆除墙体广告、一店多招、横幅、条幅等300余块(条)。

【“门前三包”管理】 按照“包卫生、包美化、包秩序”原则,落实“门前三包”责任制度,改善市容环境。由市、区、街办组建“门前三包”管理督查组,明确督查组各成员的岗位职责,有力有序推进“门前三包”管理工作。根据《荆门市中心城区门前三包管理工作考核评比办法》,每月按时对各区评选辖区内的门前三包管理优秀单位和不达标单位进行复核审定,对常态化管理进行回访和暗访检查,跟进“门前三包”责任制的后续管理,确保“门前三包”责任制全面落实。全年编发简报9期，暗访检查359家责任单位，对整改不合格单位进行督办通报，对34家不达标责任单位进行回访检查，对7家不达标单位进行现场指导。

【静脉产业园监管】 优化服务保障，提高静脉产业园企业管理工作质效。高质量完成静脉产业园（一期、二期）项目运营期的绩效考核工作，每日对餐厨垃圾、建筑垃圾、生活垃圾处理数量及质量进行督查、抽检和数据的核对，确保考核有准度，垃圾治理有成效。截至年底，收运建筑垃圾56437.92吨，餐厨垃圾26378.62吨，生活垃圾202671.61吨，生活垃圾焚烧项目发电10324.29万千瓦时，上网8742.17万千瓦时。加强企业监管，促进规范管理。采取指导与日常巡查相结合的方式，常态化监管督查企业落实经营协议、环保、安全等措施，推动企业管理水平日益规范。2023年，查处企业违规处置垃圾造成臭气扩散、餐厨垃圾收运车违规加水行为2起，立案侦查违法处置废弃油脂企业1起。

【项目建设】 补齐公厕短板。争取城市公厕建设资金，在人口密集区见缝插针选址新建12座、改建1座城市公厕，逐步补齐城市公厕配建不足短板，方便市民如厕。消除环保隐患。先后赴深圳、大连考察学习渗沥液处理工艺，选取目前渗沥液处理最先进工艺（采取MVR蒸发+洗气）。全面启动渗沥液全量化处理项目，4月23日调试完成进入正式运行阶段，共处理渗沥液41985吨，从根本上解决渗沥液长期回灌，浓度越来越高和污染环境等问题。加快推进垃圾处理场生态修复项目建设，启动生活垃圾填埋场生态修复项目前期，落实场地调查资金来源，完成场调相关手续。正在开展现场勘探作业，为下一步生态修复工程提供重要支撑。

（张　凯）

园林绿化

【公园绿地养护】 根据年初制定的公园广场绿化补植维修计划，开展补植维修工作，补植乔灌木650株、色块及地被1.3万平方米；对公园广场破损、老旧设施进行维修，其中，防腐木油漆见新5500平方米、修复排水沟286米、墙面维修1050平方米、照明维修近100处、龙泉公园东广场树池及座椅改造以及荷花池排水口沉降维修等，通过不断完善基础设施，提升公园基础设施服务效能。开展绿地斑块治理、绿化养护精细化管护、公厕全方位保洁、景观水域喊水、文明养犬、“两考”禁噪、小微水体治理、亮化提升等多类专项行动，从细微处提升城市公园广场“颜值”。根据公园地形地貌特点，播种波斯菊、百日草等自衍花卉近7万平方米，摆放万寿菊、孔雀草等草花7万余盆。在马鞍山主干道两侧增加无患子、榉树、香樟、桂花等彩叶常绿乡土树种388株、火箭红紫薇等花灌木2万余株，营造色彩相宜、错落有致、四季成景、冬季见绿的绿地景观，满足人民群众对优美生态环境需要。推进智慧园林建设，以龙泉公园、植物园、天鹅广场为试点，结合点位实际，安装50个物联网设备，智能监测空气温度、湿度及土壤pH值等十项指标。推进法治主题公园建设，弘扬社会主义法治文化，新增主题宣传栏、宣传牌100余块（处）。

【社会绿化】 督促三区及中心各单位对中心城区60多条主次干道和20多个公园、广场、游园进行绿化补植，累计补植乔灌木约1300株，色块及地被植物约1.3万平方米。组织市“四大家”领导及75个市直单位约900人，到东宝区子陵镇四坪村植树点开展义务植树活动，共栽植三角枫约2800株，绿化面积约4.2公顷。在西外环义务植树基地，组织东宝中学和龙泉中学的120名学生开展苗木抚育管护活动。通过现场示范讲解和义务植树尽责形式宣传，提高市民“爱绿、护绿、植绿”意识，履行义务植树义务。开展百名园林专业技术人才服务社区和美丽乡村活动。通过送规划思路、送行业标准、送养护管理、送绿化花卉苗木、送长效管理机制等“五送”活动，创造优美生态环境，增强爱绿护绿意识，提升园林景观效果，助力社区乡村建设。在全市园林系统先后开展52次送服务技术活动，发放家庭养花知识手册2000余份，赠送菊花、绿萝等盆栽10000余盆，召开绿植技术培训18场次，助力美丽社区、乡村建设。

【第十四届中国（无锡）菊花展参展】 10月26日至11月26日，完成在无锡举办的第十四届中国菊花展的参展工作。参与室外景点、标准展台、百菊赛、专项品种、新品种、盆景菊、案头菊7个参赛项目，获27个奖项。其中荆门展园获室外景点大奖，标准展台荣获金奖，百菊赛获银奖，专项品种、新品种、盆景菊、案头菊等项目获金奖2个、银奖11个、铜奖11个。

【绿地管护】 建立健全中心城区园林绿化养护管理快速处置机制，构建园林绿化“统一调度、分级管理、多方监管”工作格局，形成全覆盖、全时段、全过程精细化管养体系，持续提升养护质量和效能。结合国家卫生城市和全国文明城市复审有关要求，针对公园、广场、游园、公厕的养护管理、环境卫生、秩序维护等问题进行重点巡查督办，督查发现问题1171处，现场解决317处、限期督办854处，下达问题交办单14份。制定《荆门市园林绿化工程规划设计、施工和管护技术规范（试行）》，印发《关于进一步规范政府投资园林绿化工程规划设计、施工、移交和管护工作的通知》，成立荆门市政府投资园林绿化工程设计方案论证小组，加强荆门市中心城区政府投资园林绿化工程的监管。先后组织对天鹅湖过境铁路周边环境整治景观（天鹅湖游园）、白云大道等19个项目绿化设计方案进行论证，提出意见和建议。

【行业管理】 严格按照荆门市市级依申请及公共服务事项实施清单，梳理行政职权，办结荆门市工程建设项目审批管理系统相关工作，完成信用住建服务平台网站信息录入工作；加强对毁绿损绿案件联合督办，做好事前事中事后的监督管理工作。针对中心城区范围内发生的各类损绿、毁绿案件联合各区加强督办，对发生的各类损绿、毁绿案件及时处理，做好市长热线和各类交办件的回复工作。全年受理绿地变更审批事项7项，踏勘现场38次，按规定做好事前现场踏勘事中监督指导事后检查验收工作，对移植古树案件做好处罚工作；持续深入推进“放管服”改革工作。推动市级园林服务事项办理线上线下规范化流程，全面推进“马上办、网上办、一次办”，服务群众缩减办事时效，线上按照“多测合一”要求开展联合验收相关工作，线下持续加强与中心城区各区之间的衔接工作，完成建设项目配套绿化验收40项，绿化设计方案备案17项，下发2份整改告知书。

【公园绿地开放共享】 开展城市公园绿地开放共享试点工作，全面梳理可供休憩的公园绿地，首选中心城区龙泉公园、植物园、凤凰湖公园、东宝山公园4个公园约4.2万平方米绿地开展试点。以试点区域为原点，在周边配套公厕、座椅、垃圾收集和安全监控等设施设备28处，设置公益宣传、温馨提示、指引标识等32块，并增加秩序、保洁人员，强化管理服务工作。建立绿地开放养护轮换机制，配套秩序维护、安全保卫、卫生保洁等制度。联合社区、学校、社会团体、新闻媒体，开展“公园＋宣传”“公园＋亲子”等绿地开放共享活动，增强市民体验感。

【园林科普】 在荆门社区网等媒介上发布3期园林植保信息和6篇科普文章，指导园林行业开展病虫害防治工作，向市民普及园林知识。联合社区、学校开展以植物医生问诊、花艺与生活、外来入侵植物、植物养护与辨识等为主题的园林科普宣教活动30余次，不断提高园林科普宣传力度，引导市民爱绿护绿。开展园事花事共享行动，结合传统节日和植物花期，利用“两微一抖”宣传媒体发布短视频40余个，美篇30余篇，向市民分享观赏时间、地点、游览路线等，引导市民乐享花样生活。

（市园林绿化服务中心）

房地产开发

【房地产开发市场】 全年完成房地产开发投资134.74亿元，同比下降12.6%。中心城区完成房地产投资87.77亿元，同比下降0.4%；钟祥市完成房地产开发投资16亿元，同比下降36.5%；京山市完成房地产开发投资17.98亿元，同比下降17.7%；沙洋县完成房地产开发投资11.86亿元，同比下降28.6%；屈家岭管理区完成房地产开发投资1.12亿元，同比下降53.3%。

2023年，全市商品房新开工面积227.01万平方米，同比下降5.5%，住宅新开工面积176.62万平方米，同比下降3%，商品房施工面积2119.71万平方米，同比下降9.6%，商品房竣工面积1863.48万平方米，同比下降12.1%。其中，中心城区商品房新开工面积140.95万平方米，同比下降29.2%，住宅新开工面积112.25万平方米，同比下降23.9%，商品房施工面积1161.52万平方米，同比下降12.7%，商品房竣工面积221.81万平方米，同比下降23.7%；钟祥市商品房新开工面积48.61万平方米，同比下降227.6%，商品住房新开工面积28.61万平方米，同比增长133.9%，商品房施工面积295.67万平方米，同比下降8.7%，商品房竣工面积8.38万平方米，同比下降88.6%；京山市商品房新开工面积12.97万平方米，同比下降31.7%，商品住房新开工面积11.59万平方米，同比下

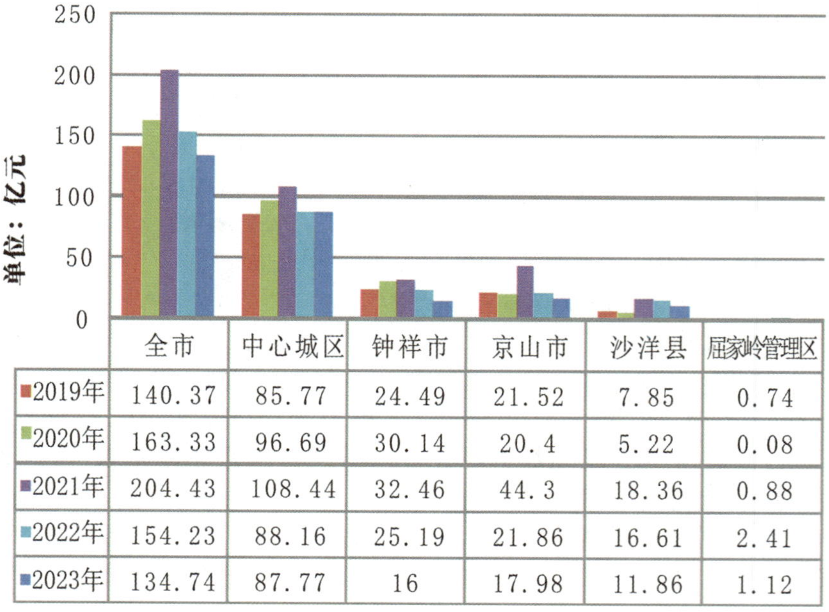

	全市	中心城区	钟祥市	京山市	沙洋县	屈家岭管理区
2019年	140.37	85.77	24.49	21.52	7.85	0.74
2020年	163.33	96.69	30.14	20.4	5.22	0.08
2021年	204.43	108.44	32.46	44.3	18.36	0.88
2022年	154.23	88.16	25.19	21.86	16.61	2.41
2023年	134.74	87.77	16	17.98	11.86	1.12

近五年全市房地产开发投资情况图 （市住建局 供图）

降34.4%，商品房施工面积227.13万平方米，同比下降24.11%，商品房竣工面积50.11万平方米，同比下降40.3%；沙洋县商品房新开工面积24.17万平方米，同比增长239%，商品住房新开工面积23.88万平方米，同比增长421%，商品房施工面积153.62万平方米，同比增长9.42%，商品房竣工面积50.14万平方米，同比增长294%；屈家岭管理区商品房新开工面积为0，商品住房新开工面积为0，商品房施工面积25.25万平方米，竣工面积3.73万平方米。

2023年，全市批准预售商品房142.21万平方米，同比下降28.95%，其中批准预售商品住房126.08万平方米，同比下降33.9%。其中，中心城区批准预售商品房83.39万平方米，同比下降30.2%，批准预售商品住房73.01万平方米，同比下降36.3%；钟祥市批准预售商品房38.79万平方米，同比下降6.7%，批准预售商品住房37.35万平方米，同比下降5%；京山市批准预售商品房13.37万平方米，同比下降35.4%，批准预售商品住房9.71万平方米，同比下降50.7%；沙洋县批准预售商品房3.85万平方米，同比下降73.6%，批准预售商品住房3.62万平方米，同比下降74.2%；屈家岭管理区批准预售商品房2.81万平方米，同比下降27%；批准预售商品住房2.39万平方米，同比下降14.3%。

【房地产交易市场】 全年销售商品房239.57万平方米，同比增长3.1%，实现销售额102.51亿元，销售商品住房206.12万平方米，同比增长1.5%，实现销售额87.16亿元。其中，中心城区销售商品房137.98万平方米，同比增长4.1%，实现销售额63.77亿元，销售商品住房115.33万平方米，同比增长1.9%，实现销售额53.73亿元；钟祥市商品房销售面积41.54万平方米，同比增长0.4%，实现销售额17.47亿元，商品住房销售面积38.19万平方米，同比增长4.4%，实现销售额15.65亿元；京山市商品房销售面积33.23万平方米，同比下降28.4%，实现销售额13.4亿元，商品住房销售面积30.8万平方米，同比下降27.9%，实现销售额11.87亿元；沙洋县商品房销售面积20.24万平方米，同比增长7.03%，实现销售额6.57亿元，商品住房销售面积15.88万平方米，同比下降11.9%，实现销售额4.92亿元；屈家岭管理区商品房销售面积6.57万平方米，同比增长148%，实现销售额1.3亿元，商品住房销售面积5.92万平方米，同比增长158%，实现销售额0.99亿元。全市商品房综合物业销售均价4278元/平方米，商品住房销售均价4228元/平方米。其中，中心城区商品房综合物业销售均价4621元/平方米，商品住房销售均价4658元/平方米；钟祥市商品房综合物业销售均价4206元/平方米，商品住房销售均价4098元/平方米；京山市商品房综合物业销售均价4032元/平方米，商品住房销售均价3854元/平方米；沙洋县商品房综合物业销售均价3244元/平方米，商品住房销售均价3100元/平方米；屈家岭管理区商品房综合物业销售均价1978元/平方米，商品住房销售均价1664元/平方米。2023年，中心城区二手房交易面积25.95万平方米，同比增长46.6%；完成交易额7.9亿元；二手房交易均价3018元/平方米，同比增长2.1%。

【房地产市场调控】 分类调控稳市场。贯彻落实"房住不炒"的定位，着力稳地价、稳房价、稳预期，因城施策、多措并举，全面落实国家宏观调控政策。房地产投资等指标呈现企稳迹象。推动市政府出台《进一步促进中心城区房地产市场健康平稳发展的通知》，明确降低房地产用地成本、"拿地即开工"、优化房屋征迁安置、优化预售资金监管使用等支持政策，强化政策协同。会同人行、银监部门积极落实国家出台的认房不认贷、个人房贷降息、降低首付比例等一系列利好政策，引导住房消费。会同人行、银监等部门，召开全市房地产金融工作座谈会，加强房企与金融机构对接，一视同仁满足不同所有制房企合理融资需求。持续落实已出台的大学生、新市民、改善型家庭、多孩家庭、荆楚科创城人才等购房补贴政策，截至年底，发放各类购房补贴9141份，发放补贴金额1.71亿元。9月26日至30日，举办荆门市房地产交易展示会暨绿色建材家居产品推介会，5天累计网签商品住房128套，成交金额8439万元，达成购房意向124套。针对产业工人住房需求大的实际，走进荆门高新产业园区开展送房活动，助力产业工人在荆安居乐业。组织7家房地产企业参加"宜居湖北才聚荆楚"湖北省"百万大学生留鄂创业安居行动启动仪式"暨线下房交会，重点推介九宗地块，共计685亩，推出房源5165套。成功申报全国现房销售试点城市，印发《荆门市商品房现房销售试点工作实施方案》，推介商品房现房销售遴选地块，启动现房销售试点工作。组织住房供需调查专班，对中心城区住房分布、不同群体和不同类型住房需求状况，以及住房供应现状进行调查。从调查结果看，荆门市本级住房供需呈现新建商品住房供应区域分布与城镇居民意向购房区位、商品住房销售价格与城镇居民收入水平、公租房供应总量与城镇居民租房需求等相匹配的特征，房地产市场运行总体平稳，未来荆门市房地产市场发展仍有坚实支撑。会同市统计局、市行政审批局联合印发《关于进一步做好房地产开发行业统计工作的通知》，加强房地产市场统计分析，每月编制房地产市场监测和运行报告。加强项目调度、跟踪监测、分析研判、协同联动，确保应报尽报、应统尽统。

（市住建局）

住房公积金管理

【概况】 全年全市归集住房公积金36.24亿元,新增实缴职工15730人,分别完成计划任务的113.25%、174.78%;发放住房公积金个人贷款14.13亿元,完成计划任务的113.04%,个贷逾期率0.43‰;实现住房公积金增值收益2.38亿元,完成计划任务的148.75%。全年住房公积金使用额43.11亿元,占当年缴存额的118.96%。全市住房公积金缴存覆盖率居全省第二,住房公积金提取使用率居全省前三,全省住房公积金工作座谈会在荆召开,住房公积金档案数字化建设成果在全省作培训经验交流。拓展住房公积金制度覆盖面。全省率先支持单位在职职工以个人名义参缴,打通“存贷”堵点,增强制度灵活性;放宽灵活就业人员缴存门槛,支持新市民和从事基本公共服务人员“能进能贷”,实现所有就业群体制度全覆盖;开展住房公积金归集扩面行动,重点保障聘用人员、社区工作人员和协警住房公积金权益。截至年底,全市机关事业单位和重点企业应缴尽缴、全员缴存,在缴灵活就业人员2501人。助推房地产市场平稳健康发展。结合市场实际和企业发展需要,主动施政,提高住房公积金贷款限额,取消单双职工差别化贷款额度限制,全面放开异地缴存互认互贷,支持异地缴存职工在荆购房贷款;优化房屋套数认定标准,为职工贷款提供最优方式;容缺办理楼盘合作准入,支持房地产企业发展,保交楼、保交房。截至年底,中心降低门槛办理10个开发商的20个楼盘贷款备案手续,预受理贷款104笔,贷款金额4118万元。扩大“商转公”直转合作银行,帮助职工缓解还贷压力;支持职工家庭在本市购房时代际互助使用公积金,购房“取贷不限”,推进住房公积金贷款“带押过户”,帮助职工降低购房资金压力;全面推行贷款缩期业务,节省贷款还款利息;深入实施按月冲还贷业务,增加职工可支配收入;优化既有住宅加装电梯提取住房公积金业务流程,“先取后建”帮助职工家庭快速筹集资金。全年全市办理“商转公”贷款4.1亿元,帮助职工节约利息3030.81万元;全年受理贷款缩期业务444笔,为职工家庭节省贷款支出1956.66万元。

建立健全住房公积金标准化质量体系。对照住建部住房公积金归集、提取、贷款和财务质量标准,修订完善全市住房公积金业务操作规程,规范全市住房公积金基础业务管理,实行业务要素管控,从源头防范业务风险。建立健全全域风险治理体系。强化住房公积金业务内审稽核管理,开展住房公积金体检,用好住建部统一监管平台,实行全域全业务全覆盖内审,全年审计提取业务90907笔、贷款业务4356笔,限期内全面完成全部179个风险点整改。建立健全全周期贷款风险管控体系。严格落实公积金贷款三级审核制度,实行贷款风险评估,将风险控在前端;加强贷后逾期催收管理,专班推进、部门联动、动态跟踪、一户一策,畅通法院执行渠道,防范贷后风险。建立健全住房公积金资金精算管理体系。坚持实行公开、竞争的资金存放制度,择优择高存放存量资金;升级信息化管理系统,实时监控资金流动性,根据住房公积金业务走势和资金流动特点,分期分段测算,科学优化资金存放结构,确保在安全基础上实现资金收益最大化。

【二代征信系统对接】 全省第3家完成人民银行二代征信系统对接工作,3月通过人民银行征信中心验收,8月收到正式上线通知单,9月正式上线中心征信前置系统,并向人民银行正式报送征信数据。加速构建数字化服务体系。推进住房公积金数字化建设改革,实现住房公积金缴存、提取等高频业务免审批、一网办,异地业务跨省通办,让用户少跑腿、让数据多跑路,实现“人工审核”向“智慧审核”的跨越;推进部门数据互联互通,实现受托银行、市场监管、民政、房产、不动产、公安等部门11类数据直联共享,在线验证通过的资料免提交。加快数字化发展试点探索。开展业务系统电子档案双贯标试点工作,根据省数字化档案建设要求,配合市档案馆加快完成系统开发和应用工作,相关建设经验于12月6日在襄阳市召开的全省档案局长培训班上作经验交流;建设全省住房公积金信用信息系统,汇聚全省公积金行业信用信息,形成全省公积金信用信息高地。

(市住房公积金中心)

公用事业

【燃气行业管理】 全年中心城区新增燃气管网153.3千米,开发用户1.68万户,入户安检23.6万户,天然气销售总量1.59亿立方米。每周不少于三次开展燃气日常巡检巡查,两会、重大节日期间开展专项检查,发现重要隐患6313处,累计下达整改通知书992份,均完成整改;推进燃气安全“三件套”和“瓶改管”安装,邀请燃气行业专家27人次指导开展检查工作;完成7家天然气企业“四个系统”信息化建设,启动瓶装液化气企业“五统一”和燃气经营许可证换证工作;对全市102家燃气企业开展安全评价审查工作,督促中介机构根据审查意见进行修改;对县市区燃气经营企业换发经营许可证进行核查,并向市燃专委办公室提交核查情况报告,督促县市区燃气管理部门举一反三强化工作举措，进行安全隐患整改；推进老旧燃气管网改造。根据省住建厅下发的《关于抓紧做好2023年城市燃气管道等老化更新改造计划》的通知，上报的16项老旧管网改造项目，已完成年初计划的市政管道改造12.9千米、庭院管道改造1.417千米、立管改造0.9千米，场站、设备设施改造32处。

【供节水工作】　全年新建供水管网43.61千米，中心城区公共供水管网漏损率5.99%；供水量7599万立方米，新开户数11878户，水质合格率99%以上，服务满意率100%。全年开展中心城区供水企业专项检查4次，二次供水企业安全大检查2次，下发责令整改通知书3份，工作提醒函4份，督促2家二次供水单位进行设备改造。截至年底，水质合格率99%以上，服务满意率100%；率先启动居民二次供水设施移交，开创全国居民二次供水设施移交成为国有资产的先河，为全国二次供水管理提供荆门智慧，贡献荆门力量。全市二次供水设施280余处，确定需改造移交54处。率先在全省审查发布出台《荆门市中心城区居民二次供水工程技术导则》，为需要改造的二次供水设施提供技术依据；推进转供水改造工作。按照《荆门市中心城区转供水改造工作实施方案》文件要求，组织市水务集团对中心城区转供水现状进行摸排，排查各类转供水主体1442个，终端用户43530户，已完工通水转供水小区18个(980户)；5月14日至20日，开展2023年第32届全国城市节约用水宣传周活动，现场共计发放宣传资料150余份，发放文创产品1000余份，提高市民安全意识、环保意识。配合直饮水推广工作，组织人员前往荆门市漳河之源饮品有限公司、水务集团直饮水公司、荆门市怡生泉环保设备有限公司走访调研座谈，了解荆门市部分小区、学校、公共建筑的管道直饮水设备建设、运行情况。结合走访结果，初步完成直饮水推广通知的草案、参阅资料、调研报告并制定外出考察方案。

【污水处理污泥处置】　全年污水处理量6786万立方米，中心城区无害化处理污泥39944吨，处置率100%；扎实开展污水提质增效工作，全年荆门市中心城区生活污水处理实际加权BOD浓度为107.6毫克/升，生活污水集中收集率77.81%，达到《“十四五”城镇污水处理及资源化利用发展规划》中关于城市生活污水集中收集率的目标任务(≥70%)。

【污水处理费征收】　全年征收污水处理费8620.98万元，其中自备水源污水处理费征收1690.17万元，公共供水污水处理费征收6930.81万元，征收率100%。自备水源单位征收工作按照一月一抄表、一月一上会、一月一征缴的模式，依法依规对华能热电公司等6家自备水源单位进行征收，其中征收率均为100%，做到应收尽收。

【民用集中供热管理】　全年新建民用集中供热管网2770米，接入热力站35家，民用小区41家，集中供热面积约95万平方米，完成智慧供热系统及26个二级站改造。结合海慧路东延伸段建设项目，配合完成市委家属区院内供热设施迁改。建设完成荆门化工循环产业园东北片区蒸气主管网，首家投产企业英采化学已正式送气投用；供暖季对35个二级换热站进行供热巡查，督促做好供热设施的检修、保养、实施供暖；协调处理供热矛盾，化解银河广场小区、华铭广场小区、330水泥厂家属区供暖遗留问题。经充分协调沟通，实现福利院、康复医院、军休所供暖期盼，有效化解供热矛盾。

【优化营商环境】　全面推行用水用气“100005”服务，实现公用服务事项提速增效，中心城区建设水气电共享营业厅2个，用户可“一站式”办理水电气业务。全面落实水气报装红线外“零投资”政策，为72家企业节约投资1257.8万元。10月，走访湖北宝世生物科技有限公司等41家企业，现场收集和解决企业的困难和问题，聚焦用户反映的实际问题和需求，为企业排忧解难。

（市住建局）

·荆门市公共交通集团有限公司·

【概况】　荆门市公共交通集团有限公司(简称市公交集团)有公交运营线路44条，线网长度647.5千米，拥有公交车570台，出租车282台。市公交集团的组织架构为“9+4+4+4”，即机关9部室，公汽一、二、三公司、定制公交公司4个营运公司，出租车公司、广告公司、汽修公司、公交驾校4大三产业板块，营业中心、客服调度中心、物资保障中心、物业服务中心4个后勤保障单位。2023年，市公交集团坚持以习近平新时代中国特色社会主义思想为指导，全面贯彻党的二十大和二十届二中全会精神，围绕全市打造产业转型升级示范区的战略任务，积极服务产城融合，聚焦深化改革，降本增效成果显著，自身建设全面加强。改革发展得到各级党委、政府、部门的关心和厚爱，市委书记胡亚波四次批示，市长陈家伟多次组织专题研究，市政府出台第16号专题会议纪要，公交改革脱困的相关经验更是得到湖北省副省长盛阅春亲自签批肯定，公交可持续发展的政策效应逐步释放。全年完成总收入2.01亿元，比上年同期(1.89亿元)增加1230万元，增长6.5%，总成本降低6.7%。

全年获国家、省、市各级集体及

个人荣誉30余项。2人荣获国家级荣誉,9人荣获省、市级荣誉,5人荣获国资系统荣誉。

【深化改革】 机关部室从12个精简至9个,体制机制更加顺畅;对重要岗位中层干部实行公开竞聘、公开招聘,推行员工公开竞聘、管理人员竞争上岗、末位调整和不胜任退出,对150余个岗位实行公开遴选;深化分配制度改革,驾驶员薪资更加公开透明,三产业员工薪资多劳多得;积极争取政策支持,成功设立1亿元公交发展专项资金,主动对接税务部门,争取留抵退税资金1332万元;产业发展势头强劲,定制公交公司积极引导通勤需求,收入较上年增长38%;公交出租公司收入同比增长5%,利润增长43%;公交汽修公司实行运修分离,开展全员营销,收入增长101%。降本增效成果显著,通过集中采购、广泛寻源,固定资产类采购价格同比下降20%,常用物资类采购价格同比下降约17.5%;推行零库存管理,库存金额下降32.2%,减少流动资金占用成本;落实公交精准化排班,在全年营运总里程增加3.1%的基础上,实现客流量增长14%,天然气消耗下降37.9%;优化车辆充电调度,平均用电成本较年初下降32%;创新智能调度系统升级方式,延长设备使用寿命,节约升级费用350余万元。通过一系列内部管控措施的落地,2023年营运生产直接成本同比节约1727万元,下降30.2%。

【民生服务】 深耕民生服务"责任田",召开首届乘客座谈会,设置窗口人员"服务监督牌",实现持"荆英卡"者、退役军人免费乘车。响应"畅通工程·荆天办"节目中市民需求,开通85路(八角—文化宫—万家坪)"菜篮子"公交专线,改进公交助残设施,无障碍辅助踏板、车外语音报站设施。

立足窗口服务,服务效率显著提高,首次办卡从30天到"立等可取",一般业务从7天缩减至3天;服务覆盖面有效扩大,新增一处海慧综合营业厅,各营业厅新增爱心卡办理窗口,转变传统"柜台受理"模式,实施"流动上门"服务,服务人次近万人。持续开展"日行一善 载德前行"活动,全年涌现各类好人好事206起,归还失物财产约30万元,典型事例层出不穷,被媒体登报褒奖30余次。

【优化营商环境】 响应市民、企业期盼,多次主动上门与化工循环产业园、亿纬锂能小镇、长城汽车产业园、东宝工业园等园区企业进行沟通对接,优化园区公交线路保障。开通35路亿纬专线,设置8路、58路等区间线路,公交覆盖率明显提升,有效解决亿纬片区、荆和大道等地市民公交出行难题,保障企业员工通勤需求。调整33路公交走向,将路线由人民万福—旺林改为楚天学校—旺林,解决楚天城、漳河万达、深圳大道沿线市民到化工循环产业园上下班的公交出行问题,解决荆和大道不通公交车的问题;调整90路公交走向,将东宝工业园90路南环线改为火车站—东宝政务中心,增加公交换乘线路,保障企业员工办事办公出行需求;开通亿纬锂能35路通勤专线(楚天学校—科荟路),解决该片区职工上下班保障不足的问题;延伸69路终点站园博园东门至城控集团,解决城控集团职工出行难的问题;全面优化东宝工业园免费公交走向,调整东宝专线、万华专线、诗尼曼专线及89路走向,全年调整线路16次,方便企业员工出行。

完成2023年度全市中考高考的运输保障任务,完成2023中国公路自行车赛(湖北·荆门站)暨2023环漳河自行车赛、2023滑翔伞定点世界杯总决赛暨首届湖北荆门·东宝圣境山飞行艺术节活动等大型活动的运输保障任务。

【绿色出行】 1月1日,100台纯电动公交车上线运行,重点服务长城汽车产业园、亿纬锂能等重点企业园区。

公交出租公司全年更新114台电动出租车,成为荆门市新能源出租车公司领军企业。公交汽修公司实行运修分离,汽修公司新能源售后服务站正式挂牌成立,是全市唯一经四家品牌客车厂授权的新能源客车售后服务中心。与央企合作共同开展充电桩建设项目,完成客运北站换乘站、凤凰停车场及官堰湖

7月21日,东宝区子陵铺镇华阳村村民敲锣打鼓迎接85路公交线路开通

(市公交集团　供图)

停车场共计 31 台充电桩的建设安装，为不断推进新能源公交进程提供坚实保障。

（唐晓阳）

·荆门市城市水务集团有限公司·

【概况】 荆门市城市水务集团有限公司（以下简称市水务集团）前身是荆门市供水总公司，成立于 1969 年，地处荆门市泉口一路 69 号，是荆门市国资委下属国有中型公用服务企业。截至年底，市水务集团总资产 7 亿元。供水服务面积 205 平方千米，服务人口 78 万人。全年制水超 9000 万立方米，中心城区供水管网漏损率 6.01%，水质综合合格率 99.6%，实现主辅业总产值逾 5 亿元。2023 年，市水务集团荣获“用户满意星级服务四星称号”“创建青年文明号先进集体”“国有企业高质量发展先进单位”等国家、省、市荣誉称号。

【深化国企改革】 市水务集团持续深化内部改革，要求各二级独立法人单位结合自身实际，完善治理架构、管理体系和制度体系，明确岗位职责，制定内部改革实施清单，明确责任人和完成时限，通过授权赋能提升二级单位的自主权和活力。结合“十四五”期间生产经营情况，市水务集团组织全员参与“十四五”战略中期调整工作，明确管理思路和经营方向，优化战略举措和行动计划，为推进其高质量发展提供路线图和施工图。深入推进标准化建设，根据卓越绩效要求，完善薪酬绩效、工程管理、资金管理及安全管理等制度，汇编成册。出台 37 个岗位工作规范，助力标准化建设工作走深走实，为探索建立行业标准和地方标准夯实基础。

【提质用水服务】 领跑全国居民二次供水设施改造移交工作。根据

6 月 13 日，“长宁 8 号”小区二次供水设施正式移交市水务集团

（市水务集团 供图）

市住建局关于《荆门市中心城区居民住宅二次供水设施管理工作实施方案（试行）》有关要求，6 月 13 日，长宁 8 号小区二次供水设施正式移交至市水务集团，开创全国居民二次供水设施移交成为国有资产的先河，让二次供水用户享受同网、同质、同价格的优质服务。为进一步改善中心城区供水服务质量，市政府成立中心城区“转改直”工作专班，高位推动全市“转改直”工作落地见效。优化供水营商环境。在“11000”服务推行一周年之际，市水务集团再次优化办理流程，极限压缩接入办理时长，由原 1 个工作日优化为 0.5 个工作日，并严格落实《荆门市中心城区建筑区划红线外用水接入工程“零投资”实施范围的通知》要求，用水接入已实现全部非居民用户红线外工程零投资。截至年底，累计为 45 家企业办理用水接入“零投资”业务，为落户企业节约成本 387.3 万元。会同荆门供电公司、荆门昆仑燃气公司在中心城区开放 3 家“水电气”共享营业厅，整合水、电、气报装、缴费、咨询等业务，真正实现一站式办理。市水务集团创新“微服务”举措，探索建立“1+2+3”网格化服务体系（明确一个网格员，优化线上线下双渠道服务，实现供水网格员、小区、社区三级联动），42 名供水服务网格员累计为中心城区 143 个小区（约 8 万户）、800 多家企事业单位提供“保姆式”服务 1000 余次。多次组织“心系用户，服务进社区”活动，“零距离”倾听用户心声，累计解答各类咨询问题 58 个。在第二届“不满意度”调查中共收集问卷 2706 份，不满意度 6.58%，涉及 5 大类 192 条用水相关意见和建议，已全部整改完毕。市水务集团印发《2023 年供水管网漏损率控制工作方案》，持续更新 GIS 系统录入信息，确保数据准确、指导科学，全年累计巡检超 1.6 万小时，有效巡检里程超 4 万千米。重点关注漏损“大户”，修复漏点 574 处，绝对漏损量同比减少 100.28 万立方米。2023 年供水管网漏损率 6.01%，在全省各地市中继续位列榜首。

【生产安全】 年初印发实施《2023 年度安全生产工作要点》，并每月在党委会汇报近期安全生产工作情况，从思想上筑牢安全责任意识堤坝。制定重要节点和重点事项专项工作方案，坚持领导带班，强化安全检查和情况反馈。开展安全生产标准化体系建设有关工作，印发实施《安全生产标准化建设实施方案》，在管理标准化、现场标准化、操作标

准化等三方面发力,夯实安全生产责任。出台《安全生产"吹哨人"实施办法》,提高安全生产管理水平,形成安全生产齐抓共治、共同监督的良好氛围。会同专家定期"诊断",以惩促改。发现安全隐患62处,下发隐患整改通知书11份,全部整改完毕。

【拓宽辅业市场】 在市政工程建设方面,市水务集团对外中标10次,签订合同金额超6亿元,累计安装DN300以上管道30千米,户表验收共计1.6万余户,实现产值2.17亿元。获批市政总承包一级资质,为下一步经营承揽和开拓市场奠定基础。在水质检测市场方面,顺利完成检测资质认证有关工作,研究新版《生活饮用水卫生标准》,调整水质检验方法,指导下属单位调整生产工艺。在管道直饮水市场方面,市水务集团大力发展管道直饮水业务,截至年底,已投运项目17个,在建项目2个,管道直饮水业务发展态势整体向好。

【社会履责】 市水务集团积极响应泉口街办金龙泉社区号召,参加2023年7月社区文化节暨职能部门现场开展宣传咨询服务活动,支出社区共建费用2万元,共同营造良好的社企共治环境。

为贯彻落实省人民政府《关于更好服务市场主体推动经济稳健发展的若干措施》精神,抢抓经济恢复重要窗口期,服务市场主体,全年累计为13家小微企业和个体工商户减免租金35.72万元。

(市水务集团)

·荆门中石油昆仑燃气有限公司·

【概况】 荆门中石油昆仑燃气有限公司(以下简称公司)成立于2000年10月13日,注册资本5000万元。公司经营以管道输送形式向用户供应天然气,并提供管道燃气设施的维护、运行、抢修抢险等业务。经过24年的发展,公司现有年输气能力4.5亿立方米的荆东天然气门站一座,营业服务大厅1座,水电气共享营业厅3座,建成各类燃气管线2344千米,开发各类用户32万户。

【客户服务】 优化办事流程和工作机制,对前期工商业企业建筑区划红线外报装"11000"基础上再次提速换档,推出"1.5000"流程,即"1个环节""0.5天通气""零投资""零跑腿""零资料"。深化营商环境实质内容,除利用政务服务中心平台外,依托国家电网、水务集团现有营业厅先后打造三座"水电气"共享营业厅,改变原来"单独办理、各自为战"的服务模式,实现水电气业务"一窗通办""一键即办",获得社会各界一致好评,市内主流媒体及网易新闻、《湖北日报》等媒体进行跟踪报道。在线下营业大厅,持续发力首问负责制机制,所有业务实现前台统一受理、后台分类审批、各部门协同办理模式。在线话务平台,不断深化电话答疑、网络回复、短视频答疑内容,持续规范服务话术。在增值业务方面,突出抓好新开通小区社区团购、老用户以老带新、安全检查及入户服务推销等立体销售模式。

【安全生产】 坚持日常专项检查和"四不两直"监督检查相结合,全年查改典型问题56项,常态化检查机制不断完善。完善双重预防机制信息平台,制定较大风险管控措施21条。用户端创新安全宣传三步法新模式——现场讲解+示范操作+重点防范隐患,让用户学操作、懂操作、会自查,安全宣传更有实效。管网端推行移动式远程可视对话系统,第三方施工监护更加高效。借助场站升级改造的机会,对SCADA系统远程控制能力进行升级,率先实现远程流程切换、控制功能。上线运行A10安检模块、落实用户回访机制,用户端隐患排查与治理工作不断深化。深化生产管理信息系统应用,管网端数字化管理及风险防控能力大幅攀升。借助DTU系统及二维码系统,非居民数据采集100%、远程监控100%、后台调价100%,计量实现全生命周期管理和"一对一客户"服务制,非居民服务水平不断提升。完成工程PCM及物资管理信息系统,相关业务更加规范。与城市生命线项目进行对接,未来可实现利用其埋地探测、户内监视等信息强化安全管控。按照"无人化、少人化"的指导思想,在省内率先完成荆东门站无人值守站改造。深入开展"3·16"泄漏窒息事故警示教育工作、非居民"三件套"整改安装140户、与政府敲定"三个一"的居民"三件套"安装模式、对重点部位阀井安装监测设备18个、整改隐患22处,生产运行基础更加扎实。首创练兵型兼比赛型阀井,通过每周开展演练,受限空间操作和风险防控水平得以提升。

(荆门中石油昆仑燃气有限公司)

·荆门市中荆热能有限公司·

【概况】 荆门市中荆热能有限公司是荆门市属国有企业中荆集团下属全资子公司,成立于2019年11月,位于荆门市东宝区泉口一路75号,注册资本1亿元,公司经市政府特许经营授权,负责荆门市北城区集中供热管网项目投资、建设和运营管理。主要供热区域东至牌楼镇、西至漳河新区,北至东宝工业园区、南至深圳大道。截至年底,累计建成投运供热管网78千米,建设热力站35座,工业用户56家,年供汽量154万吨;居民小区和非居民用户41个,供暖面积96万平方米。

【供暖服务】 2023—2024年供暖

季，中荆热能公司结合历年民用供暖经验教训，着力优化供暖客户服务。为做好冬季供暖保障工作，中荆热能公司提前筹备和部署，同时督促各小区运维单位严格落实提前2天供暖，获得用户一致好评，用户投诉量显著降低；为提升中心城区供暖服务质效，中荆热能公司本着以客户为中心的宗旨，采取客服热线多号“并联”的方式，对客服热线进行统一升级，支持同时为多名来电用户提供接听服务，有效提升用户热线服务体验。推进智慧化供热服务。通过建设智慧供热系统平台，对民用供暖二级站进行智能化改造，打造直观、可控的综合控制系统，利用云计算、大数据、人工智能等新技术，对供热运行参数实时监测、远程调控，实现一网、二网水力平衡，最大限度提升民用管网的利用率及效能。截至年底，完成智慧供热系统及26个二级站改造，2022—2023年供暖季，民用供暖直接成本下降363.5万元。

【项目建设】 为保障荆门化工循环产业园落户企业正常投产用汽，中荆热能公司科学谋划，于5月19日正式启动园区东北片区蒸汽管网建设，满足园区工业企业落地投产需求，该项目主管网工程已建设完成，具备供热条件，首家投产企业英采化学正式送汽投用。该片区全部建成投产后，将完成在化工园区全覆盖，为工业企业“保投产”工作打下坚实基础。为确保市政道路建设按期完工，中荆热能公司积极与市、区两级建管中心对接，配合对荆东大道及金龙泉3—4号门段蒸汽管道进行迁改。截至年底，金龙泉3—4号门蒸汽管线迁改项目完工并投入使用，荆东大道蒸汽管道迁改项目实施中。按照8月22日的中心城区集中供热专题会议精神，中荆热能公司迅速启动南北供热管网二期项目前期工作。

【社会履责】 2023年，中荆热能公司践行社会责任，为用户排忧解难。针对银河广场小区、华铭广场小区供暖设施未批先建、质量不达标的遗留问题，中荆热能公司斥资700万元完成小区支线管网建设，经过多方反复协调，银河广场小区、华铭广场最终结束长达6年无法供暖的历史。2023年12月4日，银河广场小区业主委员会向中荆热能公司送达“服务群众送温暖，办事到家为人民”的锦旗。该问题解决后，得到省、市信访部门的充分肯定，并作为全省信访积案典型案例进行推广。荆门市军休所小区位于金虾路供热管网附近，因住户少等原因，接入集中供热存在一定难度。收到该单位集中供热意愿后，中荆热能公司高度重视，主要领导第一时间上门对接，提出解决方案。经充分协调沟通，军休所最终实现集中供暖。完善信访登记回访机制。2022—2023年供暖季，公司接听回复热用户来电约1300个，微信公众号回复热用户咨询约1200个，处理市长热线转办件56件，到市信访局接访1次，处理集体投诉1次。对涉及重大事项的信访件、信访人基本信息、处理结果、回复件进行登记保存，并在办结后对信访人进行电话回访。严格涉稳信息报送机制。根据公司平安建设要求，建立上下联动、责任明确、分工协作机制，增强全员维稳责任意识。节假日及重大活动期间，落实每日“双查双报”机制，开展全面梳理排查4次，化解各类信访问题2个，保障公司和谐稳定。为解决亿纬锂能、格林美新材料等重点企业蒸汽降价需求，助力解决企业降成本难题，按照3月15日市政府集中供热专题会议精神，中荆热能公司于当日0时起将南片区蒸汽供应价格下调25元/吨。截至年底，中荆热能公司累计对南片区供热约610053吨，通过汽价下调为南片区用户降低成本1525.13万元，有效增强企业产品竞争力，保障企业订单交付，助力企业纾困解难。

【安全管理】 为保障中心城区集中供热安全稳定运行，中荆热能公司压紧压实供热保供责任，坚决预防各类安全生产事故，切实做好安全生产工作。针对中心城区极端条件下热源缺口问题，公司专门建立工作调度群，实时报送上游电厂热量供应情况。同时安排人员24小时轮流值守，确保突发情况第一时间反馈，保障上游电厂热量持续稳定供应。积极向市政府争取，与下游国电投绿动能源公司签订南北供热管网保量协议，将南北一体化管网供热量从30—40吨/小时提升至120吨/小时以上，切实发挥南北一体化管网保供作用。抓好日常巡检维护，每日开展巡检维护工作，确保日常运行问题及时发现、及时预警、及时处理。公司全年累计完成管网巡检600余次，完成管网计划检修100余项，突发性抢修5次。开展管网隐患专项检查。公司内部组织管网安全专项检查6次，对检查的隐患问题列出清单，限时整改。已完成管网安全防护网整改80余米，防撞柱整改40余处，警示标识整改50余处。建立健全安全生产内控管理制度，完成《重大隐患治理情况报告制度》《安全生产应急值班值守制度》等，明确安全生产管理工作职责。2023年，公司组织开展“安全生产月”活动及各类培训6次，将安全生产培训工作纳入全员年度培训计划，定期学习安全生产法、《习近平总书记关于安全的重要论述》等安全生产理论知识，强化全体员工安全意识。

（李孟尧）

城乡建设档案管理

【建设工程档案归集管理】 优化“营商环境”，持续推进“破冰提能”。根据国家和湖北省相关规范、标准，简化建设工程档案归档范围，取消部分文件材料收集,并于工业项目试运行,简化服务对象工作量,提高办事效率。为提高服务质量,采用“数据多跑腿”,通过网站、电话、微信等信息工具,主动联系服务对象,在线指导档案收集;自行深入现场,掌握现场实际情况,面对面指导,尽量让服务对象少跑腿。全年接待来人来访2360人次(其中政务中心窗口440人次)。参加工程专项验收53个项目工程;参加工程竣工验收67个项目工程,业务指导159次;接受562个新报建单位工程;发放合格证742个单位工程;竣工档案移交787个单位工程。办理省级联合验收平台共申报件84个工程项目,市级审批平台办理申报件8个工程项目。

【地下管线档案管理】 修订《荆门市城市地下管线工程档案管理规定》。完成编制荆门市城市市政基础设施普查工作方案。完成地下市政基础设施普查和综合管理信息平台建设前期调绘工作。推动开展地下管线修补测工作,摸清统计出未进库新增地下管线数据4000余千米。在全市城市重点道路规划改造、棚户区改造、管网迁改,城区集中供热管网建设等方面发挥重要作用,有效提高规划设计效率。先后为城区集中供暖、抗洪排涝规划设计、中心城区道路改造项目、三条高速公路出入口、武天荆铁路、竹皮河流域水环境综合治理、中天街改造、白云大道改造、罗汉山隧道等市重点项目提供地下管线查询利用服务,其中1:500综合管线图590幅次、电子光盘23盘、利用管线种类21种、管线长度6600余千米。

【档案编研利用和信息宣传】 档案借阅利用来访517人,查阅工程档案5189卷,复印利用档案17608张,拷贝电子版90652卷。数字化整理科移交档案入库10021卷,343个工程。过渡库房调卷6个工程。清理库房招投标文件材料669个工程,962盒。过渡库房文件材料1976个工程,1652盒。共接收工程竣工档案739个工程。更新无人机设备,满足工作需要具备摄录、剪辑、制作能力。积累大量有关城乡建设、工程建设等方面的照片和录像等档案资料,拍摄制作一定数量的电视专题片。其中《城市足迹》系列片、《中天街的变迁》《道源寿乡 宜居荆门》等专题片向外发布。为展现城市建设成就并向建市40年献礼,在金秋十月拍摄70余张照片,通过AI新技术制作完成首张全市高清全景照片,在馆大厅制成巨幅灯箱向外展示。

全年利用档案1.76万余张。案例有荆门市恒鑫信息科技股份有限公司消防管道维修提供水电竣工图56张;湖北亿纬动力有限公司提供了湖北国昊文化创意发展有限公司2#文具厂房的电梯安装工程文件材料;湖北九通文化传媒股份有限公司提供荆门市报社综合楼工程建筑、结构竣工图;荆门市众诚批发物流大市场45#综合楼加装电梯,提供竣工图;荆门市东宝区人民法院代理律师提供湖北鄂中再生资源大市场的竣工图、施工承包合同,为荆门铁塔公司双电源改造和荆茂化工有限公司人民医院内科楼项目提供管网数据等等。提高城建档案工作的社会普及度,开通城建档案馆公众号,并通过晚报、网站、新媒体等公众平台发布信息,全年发布新闻稿16篇,市级传媒报道12篇,省厅网站采用1篇。

【档案数字化建设】 建立和完善城建档案信息管理系统,有计划、有步骤地开展全市城建档案数字化工作。正在数字化整理档案主要集中在工业、民用建筑、公用市政等门类。解决实际工作中碰到的系统功能改进问题4个。完成竣工档案整理著录347个工程10247卷1040094页;数字化加工343个工程10021卷881400页,全部移交馆库入库。质检合格率98%以上。

【声像档案管理】 实行全市重点建设工程项目和重大活动,提前介入,全程跟踪拍摄,通过照片、录像带、DVD光碟、PPT等多样化形式予以展现。共拍摄照片37474张,新增工程拍摄项目18个。拍摄工程照片3362张,拍摄工程视频118G;会议活动拍摄照片3256张16.8G,会议活动视频46.2G;提供利用照片档案80余张;拍摄86条大型道路照片30856张99.3G,视频372G。根据声像档案整理规范,将所拍摄照片、录像带等载体的声像档案进行了录入、组卷、编目造册。截至年底,著录未给工程参见号90个工程177卷,相片3362张,手动发放已著录未给工程参见号存放位置90个工程,177卷。

【异地备份】 完成2023版工程集合表网站升级后的调试工作,以及工程集合表的系统升级与功能验证测试工作,对系统升级包进行功能验证测试,部分改进功能得以解决。一体化中心计算机机房占地90平方米,达到国家计算机机房标准二级标准,具备防火、防雷、防尘、防静电等功能。现机房建成有3台服务机柜,作为内外局域网络控制管理机柜、城建档案管理系统业务数据库(含照片档案管理系统)机柜和市数字市政综合管网平台机柜。城建档案管理系统业务数据库(含声像档案照片管理系统)硬件设施配置服务器为1台;数据库存贮容量约2T。依托市城建档案馆中心机房建立市级灾备中心,强化本地(含县、市)档案数据集中存储和备份。采用数据离线传输,异地存储的方式。建立数据在线式容灾、备份、远程调阅、查询工作模式,实现真正意义上的异地容灾备份。

【政务服务】 根据省住建厅和省政务办的统一要求,通过湖北省数字住建政务服务综合平台开展联合验收工作。将建设工程档案验收压缩在11个工作日内，密切关注平台的项目申报情况，及时反馈，与联合的相关部门保持联动，做到能联合就联合，不符合联合条件的项目，积极催办尽快达到联合的要求，对于在办理过程中出现的系统问题，第一时间联系后台工程师进行处理，根据档案验收环节流程图督促办理进度，确保在规定时限内顺利办结，服务对象好评率100%。

（市住建局）

生态环境保护

污染防治

【水生态环境管理】 推进牌楼西河小流域综合治理省级试点，形成5条可复制、可推广的“小切口”经验。印发《荆门市加强入河排污口监督管理工作实施方案》，高位推动重点流域排污口整治工作，开展“五河一湖”入河入湖排污口溯源排查整治工作，累计排查排污口226个，完成整治68个。印发《2023年荆门市集中式饮用水水源地保护专项行动方案》，开展集中式饮用水水源地专项执法检查和水质监测及信息公开，2023年全市县级以上集中式饮用水水源地水质达标率均为100%。针对重点湖泊长湖，制定并印发《关于推进长湖流域水生态环境保护重点工作方案》，对长湖18个入湖排污口进行排查溯源和规范化整治，制定入湖排污口“一口一策”整治方案、“一口一档”台账，完成16个排污口整治。开展长湖流域溯源监测，实施长湖流域沙洋县后港片区人工湿地水质净化工程和拾回桥镇桥河村及纪山镇肖场村等4处连片池塘标准化改造和尾水治理，建立上下游水污染联防联控机制，与周边地市签订长湖跨流域突发水环境污染事件联防联控协议，共抓共治，共同防范环境风险；制定《长湖生态补水实施方案》，通过引江济汉拾桥河枢纽向长湖补水5.46亿立方米，2023年长湖平均水质由地表水Ⅳ类提升至Ⅲ类。

【大气环境管理】 强化环境绩效提级。印发环境绩效提升三年行动方案，所有新改扩建重点项目按B级及以上水平设计建设，分3年推进100家重点企业提升至B级以上水平，2023年度完成30家绩效提升任务。强化污染减排。完成4家水泥企业、晶昱玻璃等深度治理工程，NOx排放浓度降低50%以上。石化完成50年来首次全面检修。实施大气减排项目412个，排污总量大幅下降。开展两轮挥发性有机物无组织排放整治，整改问题245个。强化移动源管控。I/M数据线上闭环率95.3%，全省第三。督促8845辆超标车维修合格，9539辆超标车被纳入“黑名单”。建设87家139套企业门禁系统。淘汰国三及以下柴油货车2469辆。落实高排放柴油货车禁行通告，查处超标柴油车383辆、非道路移动机械4台、违法检测机构5家。强化扬尘源管控。出台建筑工地扬尘管控红黑榜制度，规范拆迁工地及渣土车扬尘管理，58家安装扬尘智慧监管系统。对国省干道、三环线等道路扬尘管控定期考核通报，做好3家进城冲洗站运维管理，引导进城车辆“应洗尽洗”。强化石料行业整治。建立“三治”联防源头治理溯源追踪闭环管理机制，督导5家石料矿山建设高标准生产线，关停非法机制砂石企业131家，推动沙洋、钟祥机制砂基地建设，查处超限超载468起。强化秸秆禁烧。坚持四级书记抓禁烧，健全市县镇村网格化管理和联动机制，疏堵结合、逐级包保，落实“五个第一时间”。建设“蓝天卫士”视频监控点位274个，秸秆综合利用率95%。严查“第一把火”，处罚当事人158人，组织处理167人，秸秆露天焚烧火点同比下降30.8%，全省排名第五。强化精细管理。强化市区一体、部门联动，建立地方党政主要领导包保国省控站点制度及重点工作和突出问题整改“三单制”督办制度。针对重污染天气、臭氧污染防治、秋冬季攻坚行动等，及时预警研判、调度督办、应急响应。

【土壤生态环境管理】 制定《荆门市关闭矿山历史遗留固体废物排查项目工作方案》，按照“一矿一档”要求，全面排查荆门市关闭矿山历史遗留固体废物，建立排查档案，初步确定全市关闭矿山历史遗留固体废物重点名单120处。8家单位纳入2023年土壤污染重点监管单位名录，推动新增的25家土壤污染重点监管单位开展隐患排查整改和土壤（地下水）自行监测，对6家土壤污染重点监管单位开展2023年隐患排查“回头看”。会同市自然资源局核查出疑似农用地、未利用地转“一住两公”地块39宗，已全部开展土壤环境状况调查，土壤污染物均未超过风险管控标准。动态更新优先监管地块清单增加2宗地块，无遗漏情况。已完成清单中的7宗地块调查，达到36.84%，完成不少于35%的管控目标任务。落实受污染耕地安全利用措施，全市373.43公顷受污染耕地，截至年底安全利用率100%。

【农业农村生态环境保护】 2月，包装涵盖全市105条农村黑臭水体的治理项目，制定《荆门市农村黑臭水体治理试点实施方案》参加申报。5月，荆门市以优异成绩通过国家竞争性评审，成为纳入此次试点的12个城市之一，获中央财政2亿元资金支持。完成10条国家监管农村黑臭水体清单治理任务。印发《荆门市农村生活污水治理三年行动方案(2023—2025年)》，全年全市累计完成117个行政村农村生活污水治理任务，农村生活污水治理率46.87%。

强化农业面源污染防治，监督指导推进钟祥市旧口镇4个控制单元污染负荷开展调查评估、风险等级划分，编制优先治理区域清单。印发《荆门市农业面源污染防治规划》，以削减土壤和水环境农业面源污染负荷、促进土壤质量和水质改善为核心，明确全市农业面源污染防治重点任务，谋划重点项目31个，总投资73.77亿元。

【自然生态保护】 5月，联合自然资源、农业农村、荆门海关等相关部门开展全市国际生物多样性日主题宣传活动。同步开展生物多样性日宣传活动进竹园小学、炼厂路社区和植物园调查实践等系列活动，提高广大人民群众对生物多样性的认识。选取漳河新区开展多样性本底调查观测评估工作；选取掇刀区开展生态保护红线基础调查工作。加强自然保护地监管工作，对大洪山国家级风景名胜区人类活动遥感监管5个疑似问题线索及大洪山国家级风景名胜区2022年人类活动遥感监测疑似问题线索进行现场核查。

组织开展2023年度湖北生态省建设考核工作，获得优秀等次。加大生态示范创建力度，4月14日，荆门市被授予“湖北省生态文明建设示范市”称号、屈家岭管理区被授予“湖北省生态文明建设示范区”称号。掇刀区团林铺镇等3个乡镇被授予“湖北省生态乡镇”称号，李市镇刘淌村等10个村被授予“湖北省生态村”称号。掇刀区通过省级生态文明建设示范区现场验收。推荐钟祥市、东宝区牌楼西河流域创建第八批国家“两山”实践创新基地。

【固体废物与化学品环境管理】 固体废物与化学品环境管理。推进磷石膏污染防治攻坚行动。联合经信部门印发《磷石膏无害化处理及综合利用环境保护指导意见》，为磷石膏无害化处理及综合利用提供技术支撑；会同市应急局在新洋丰磷石膏库开展2023年汛期安全环保综合演练活动，此次演练共拉动军地应急救援队伍11支，各类车辆30台，共400余人参加演练。重点开展环境应急演练、环境应急监测等科目演练，组织12座在用尾矿库(磷石膏库)企业80余人参加现场观摩学习。推进危险废物管理集中攻坚行动。组织全市741家涉危险废物单位按要求完成危险废物申报和管理计划备案，对全市30家危险废物经营单位、80家重点产生单位和22家其他产生单位全部评估，产生单位危险废物规范化管理评估合格率97.54%，经营单位危险废物规范化管理评估合格率98%，对评估过程中发现的265个问题建立问题清单，督促企业全部完成整改。推进“无废城市”建设和新污染物治理。6月，提请荆门市人民政府同意向省生态环境保护委员会申请开展省级“无废城市”试点，省生态环境保护委员会办公室于2023年11月23日发布第一批省级“无废城市”建设名单，荆门市在列；印发《荆门市新污染物治理工作实施方案》，完成首轮化学物质基本信息调查。

【辐射安全监督】 全年无辐射事故及电磁辐射环境超标事件发生。对全市184家核技术利用单位开展核与辐射安全隐患排查，排查整治辐射安全隐患64个，全市305枚放射源均安全可控；对三大通信公司及铁塔公司开展《通信基站环境保护工作备忘录》核查工作，均建立对电磁辐射环境监测的质量管理体系；开展口腔诊所及宠物诊疗机构专项整治，督促31家口腔诊疗机构及3家宠物诊疗机构办理辐射安全许可证，规范荆门市口腔及宠物诊疗机构射线装置使用行为；对全市30个通信基站、14家核技术利用单位、1座特高压输变电站开展辐射环境质量监督性监测，确保全市辐射环境的安全。

(市生态环境局)

生态环境综合执法监管

【生态环境监测】 率先在全省提出涉VOC企业源谱分析，将全市30多家涉VOC企业纳入源谱分析范围。安排30余万元新建空气质量数值预报系统。全年荆门市空气质量24小时AQI等级预报准确率90%，排名全省第2；范围准确率69%，排名全省第2；72小时空气质量预报准确率排名全省第3。开展跨乡镇河流断面水环境质量考核监测，监测结果纳入各地党政领导班子目标考核。全年跨乡镇断面超标和劣Ⅴ类断面个数分别由年初的32个、16个，减少到年末的19个、4个；达标率由年初的68.3%，提升到年末的81.7%。《湖北省荆门市生态环境质量报告书》(2022年度)在国家评比中总分排名全省第五；参与的标准样品协作测定，获生态环境部标样所来信感谢。联合市总工会、市市场监管局、市人社局、荆楚理工学院共同筹办“2023年荆门市生态环境检验检测技能竞赛”,有效提升全市生态环境监测整体技术水平,培养造就一支业务精湛、水平高超的生态环境监测队伍。

【生态环境保护督察】 严格落实清单管理、领导领办、督查督办等机制,印发《荆门市推动职能部门做好生态环境保护工作的具体措施》,压实部门责任,提升整改质效。全市中、省环保督察及国家长江警示片“起底清仓”专项行动共176项整改任务,已整改销号161项,2项已完成整改待省级验收,其余13项按序时进度推进;676件交办信访件全部办结;“三磷”整治入选国家长江警示片正面典型案例,竹皮河江山水库整治成效入选省级督察正面典型。全力配合保障第二轮省级环保督察,制定整改方案并上报省委省政府,32项整改任务均按计划推进;82件交办信访件已办结71件,阶段性办结11件。

【生态环境信访】 全年全市生态环境系统通过“微、电、网、访、信”等多种途径受理环境信访投诉件总计1417件,同比下降7.5%;梳理排查环境信访矛盾纠纷化解率100%;中、省厅交办的信访积案化解率100%。落实领导包案机制,领导班子成员共包案14件,化解率100%。组织系统内60余名应急信访人员参加荆门市生态环境应急信访业务培训。联合市委、市政府两办督查室对第二轮省级环保督察交办信访件进行督察督办,第二轮省级环保督察向荆门市交办信访件82件,办结71件、阶段性办结11件,办结率82.9%。

【生态环境应急】 落实“南阳实践”,积极开展环境应急演练。联合市应急管理局举办磷石膏库汛期安全环保综合演练。荆门市人民政府、市生态环境局及相关职能部门、企业联合在东宝区“五一桥”处开展2023年竹皮河“一河一策一图”应急响应处置演练。印发《关于申报化工园区突发水污染事件“一园一策一图”示范试点工作的函》,梳理全市5家化工园区的进驻企业清单、敏感目标清单及园区信息指挥平台、应急设施情况等,积极督导配合推进市化工循环产业园申报省级化工园区示范点。落实环境应急值守,落实上下游突发水污染事件联防联控机制,加快“南阳实践”落地见效。完善“一河一策一图”应急响应方案编制。已完成10条重点河流方案编制工作。加强企业环境应急预案备案管理,印发《关于进一步做好突发环境事件应急预案备案管理工作的通知》,完成《荆门市突发环境事件应急预案》修编,截至年底,共有243家企业完成应急预案修编和编制工作。持续开展生态环境领域隐患排查整治。全年共出动1844人次,检查重点点位674个,发现问题270个,立行立改267个,下达整改指令书32份,责令停产整顿5家,罚款企业26家,罚款金额205.1万元,移送司法机关1人。

【生态环境执法】 推行非现场监管,建立监督执法正面清单1150家、重污染天气绩效分级清单1462家。严格监管执法,深入开展“11+9+3”重点执法及重点领域任务攻坚、秋冬季监督帮扶、大气污染防治攻坚战、零点行动、环保督察、农业面源污染等执法工作。全市共出动执法人员13357人次,检查企业1753家次,生成笔录5118份。市本级立案69起,下达责令改正决定100份、行政处罚决定47份、查封决定0份、不予处罚决定书17份、督促履行义务催告书4份、法院强制执行决定书9份,移送拘留案件5起,移送涉嫌污染犯罪案件4起,处以行政罚款388.37万元。

(市生态环境局)

绿色发展

【法规与标准】 2023年,同时推进三部地方生态环保法规立法,全省第一部湖泊保护方面的协同立法项目《荆门市长湖保护条例》12月1日获省人大常委会审议批准;《荆门市城市餐饮油烟污染防治条例》《荆门市沮漳河流域水环境保护条例》已通过市人大常委会一审。完成《荆门市生态环境保护促进条例》修订,生态环境治理机制进一步健全。8月24日,市人大常委会出台《关于设立“漳河(母亲河)保护日”的决定》,凝聚全市力量保护漳河。2023年共组织开展“一月一法”集中研学活动7期,参学人数约3200人次。核查国家交办生态损害赔偿案件线索53条,启动40条,规定期限内案件办结率98%,其中办理的1件案件被省厅作为典型案例推荐参加全省优秀案例评选。

【科技与财务】 2023年,全市谋划水、气、土生态环境专项资金项目14个,总投资7.24亿元,争取中央资金2.99亿元,省级奖补资金1.231亿元。

【环境影响评价与排污许可】 严格落实两高项目源头防控管理要求,对市级重点推进的2个“两高”项目提前介入,督促项目所在地政府落实新增主要污染物区域削减方案。印发《荆门市2023年生态环境分区管控更新调整工作实施方案》,对荆门市生态环境管控单元和准入清单进行相应的更新。2023年共审批建设项目环境影响评价文件391个,市本级共出具5个规划环境影响评价报告书的审查意见。组织开展4批次环境影响评价文件质量复核,累计抽查34份环评文件,已对两家涉及项目环评文件有较突出质量问题的第三方环评机构予以失信扣分处理。2023年荆门市纳入排污许可管理的单位共4964家，其中纳入重点管理的单位262家、简化管理的单位651家、登记管理单位4051家，涉及69个行业门类。2023年荆门市生态环境局在全省率先建成排污许可信息化智能管理系统，将75个行业排污许可技术规范嵌入信息化智能管理系统实施辅助审核，在提高排污许可证核发和执行报告质量审核效率的同时进一步完善数据查询和信息推送功能。

（市生态环境局）

生态环境宣传教育

【概况】 举办生态环境主题活动，如“5·22”国际生物多样性日、六五环境日、全国低碳日、首个全国生态日等活动20余次，覆盖人数达6000余人。持续开展环保设施向公众开放活动，全年组织开放活动20场，参观人数达1000余人，发放环保设施开放宣传手册800余份。组织开展生态环境保护公益活动30余场。做好新闻宣传工作，在中新网、《湖北日报》等省级媒体刊登稿件18篇，在《荆门日报》刊登新闻209篇，在《荆门晚报》刊登新闻223篇，在荆门电视台刊登新闻184篇；在“荆门生态环境”微信平台发布新闻354条。

（市生态环境局）

科学技术

综　述

【概况】 2023年，市科技局坚持以习近平新时代中国特色社会主义思想为指导，深入学习贯彻党的二十大精神，全面贯彻习近平总书记关于科技创新重要论述和考察湖北重要讲话精神，切实落实省第十二次党代会精神和市委、市政府决策部署，着力壮大科技企业矩阵，提升企业创新能力，营造开放创新生态，努力构建以企业为主体的科技创新体系。

【科技创新】 荆门市“瞪羚”企业新增55家，5家高新技术企业入围全省高新技术企业百强，格林美“退役动力电池高值化利用实验室”获批省重点实验室。主要科技指标实现进位，高新技术产业增加值增速进12位，科技型中小企业增速进3位，技术合同成交额增速进5位。

【培育科创主体】 实施初创企业育苗计划。支持产业园区聚焦主导产业建设“双创”平台，举办“未来有锂、无限荆彩”“宜荆荆”都市圈创新创业大赛、“荆创汇”青年创业大赛等系列活动。全年全市新增省级大学科技园1家、省级科技企业孵化器2家；备案市级孵化机构13家，孵化企业174家。

实施科技型中小企业成长计划。着眼补链、延链、强链，建立科技型中小企业培育库，“一对一”进行服务，引导企业加快成长。全年全市科技型中小企业入库1188家，同比增长39.44%。

实施高新技术企业倍增计划。落实服务高企“春晓行动”，开展“走遍高企”活动，推动“规进高、高进规”。全市高新技术企业达到680家，同比增长41.37%，实现3年翻番。5家企业连续两年入围全省高新技术企业百强。

实施新物种企业培育计划。围绕新技术、新产业领域，遴选复合增长快、发展潜力大的企业，做好技术、市场、金融服务。全年全市新增省“瞪羚”企业55家，数量位居全省第4。

【提升企业创新能力】 引导企业成为研发投入的主体。在思想引导上，组织30家重点企业赴宜昌三峡实验室、安琪酵母研发中心等考察；在项目支持上，坚持每年90%以上的市级科技项目（产业类）由企业牵头实施；在政策激励上，落实研发费用加计扣除、新增研发投入奖补政策。齐进药业先后投入5000余万元开展药品研发和临床试验，“儿茶上清丸”于1月成功获批国家一类中药新药，开创荆门历史。

引导企业成为平台建设的主体。支持头部企业建设高能级平台，格林美“退役动力电池高值化利用湖北省重点实验室”成功获得省级批准。支持骨干企业建设新型研发机构，现有省级产业技术创新联合体1家、省级企校联合创新中心37家，数量分别居全省第2位、第4位。支持规上企业建设内部研发机构，全市建有研发机构的规上企业占比达39%，居全省第4位。全市组建动力储能电池产业技术创新联盟，协同解决产业共性技术难题11个。

引导企业成为成果转化的主体。着力夯实基础工作，制定“三张清单”并年度更新，2023年，建立供给清单336项、需求清单315项、应用清单29项。着力丰富成果转化活动，开展“百名教授荆彩行”“百家团队荆来揭”等系列活动，签订技术合作协议11项。着力建设成果转化平台，省级技术转移机构、中试研究基地分别达3家、2家。着力健全产学研对接机制，以企校合作推动市校合作落地落实，近年来华中农业、武汉理工、湖北工业、武汉工程4所大学共与企业达成合作协议98项。李培武院士“ARC微生物菌剂提质固氮耦合技术”、605所“新型环保多元合金防腐涂层项目”等一批重大科技成果在荆门转化。景阳牧业的楚宝黑头羊高效繁育技术项目荣获全省乡村振兴实用技术大赛第1名。全年完成技术合同交易额149.32亿元，同比增长82%，增幅居全省第1位。

【优化企业创新生态】 激发科技人才活力。千方百计引人才，落实“招硕引博”工程，挖掘企业科研助理岗位646个；支持格林美与中南大学共同设立300万元的人才基金，联合培养技术人才。多措并举育人才，实施“荆门英才引领计划”，2023

年，培育省级科技创新团队2个，争取省级人才项目10个。贴心服务留人才，配合做好"荆英卡"服务工作，为入驻人才公寓的147名人才兑现补贴240万元。智汇基层用人才，组织博士创新创业联盟活动5场；选派科技特派员519名，开展科技下乡活动47场。推进人才管理体制改革，荆楚理工学院与市内企业共引共培共用人才79名。

实行科技金融精准滴灌。与市地方金融局、市银监局联合出台银行业保险业支持科技企业融资实施方案，与人保财险荆门公司签订科技保险合作协议。常态开展政银企对接活动，2023年，金融机构为科技企业投放贷款34.25亿元，其中科技E贷、科技信用贷等贷款5900万元。充分发挥双创引导基金作用，引导投资机构投早、投小、投智，累计投放资金4.6亿元，惠及初创企业122家。

推动科技政策扎实落地。市委、市政府下发《荆门市创新创业三年行动方案（2023—2025年）》，制定人才发展激励、科技成果转化、财税金融支持、土地资源配置等配套措施。狠抓惠企政策兑现，实行"免申即享""即申即享"相结合，市本级兑现科技惠企资金1497万元。

（市科技局）

农业科技

【概况】 特色种业发展加快，建立傅廷栋等涉农院士工作站，开展抗根肿病杂交高油酸油菜品种联合攻关，建立制种基地333.33公顷，东宝区油菜入围首批省级区域性良种繁育基地。推进优质桥米品种提纯复壮，在孙桥镇等核心区建立"京山桥米"原种繁育基地和原种展示基地666.67公顷。湖北华西牛育种科技有限公司获得国家肉牛核心育种场认定，湖北龙王国家生猪核心育种场（杜洛克）通过国家种猪疫病净化场验收，湖北华西牛育种科技有限公司"华西牛"核心群存栏量位居全国第二。自主培育山羊新品种——"楚宝黑头羊"年底通过农业农村部专家组现场审定。全市拥有荆门黑羽绿壳蛋鸡国家种质资源保种场和杜洛克种猪、西门塔尔牛、华西牛3个国家核心育种场，数量位居全省前列。在科技加持下，汉江牛业选育的西门塔尔牛、华西牛种公牛在历届全国种牛拍卖会上获得冠、亚军，年产种牛胚胎达到2000枚，优质种公牛年销往内蒙古、吉林、甘肃、河北、河南、湖南、江西等地种公牛站，供不应求。统筹实施乡村振兴人才和高素质农民培育项目，加快构建分层分类培养体系，开设培训班49个，培训产业领军人才和经营管理型、专业生产型农民2800人，开展脱贫人口产业培训1050人。实施基层农技人员能力提升项目、主推技术试验示范基地建设和基层农技人员知识更新培训项目，培训基层农技人员335人，高标准建设主推技术试验示范基地23个、农业科普示范基地1个。推进"农业科技特派员计划"，在市级农业农村系统内选聘农业科技特派员60名，对口服务全市60家企业及新型经营主体。持续推进"百名农博士服务荆门百家新型农业经营主体"行动，建立高校、科研院所与新型农业经营主体产学研合作机制，推动科技成果转化。深入推进雁归农谷工程，大力支持农村人才创新创业，签订协议项目500个。

（市农业农村局）

科技成果

【概况】 2023年，全市共登记科技成果59项，其中工业类5项、农业5类、社会发展类49项。

【重点科技成果介绍】 （一）项目单位：康命源（京山）新材料科技发展有限公司

项目名称：一种法兰连接双壁波纹管的生产工艺

内容：1. 研究聚合物材料改性，提升原材料物理性能，找最佳原材料混配比例，考虑性价比佳的原材料改性，控制成本，提高质量，确定优质配方，提高HDPE－M双壁波纹管产品冲击、环刚、要求，即增韧和增刚的问题；比传统产品强度高2倍以上。

2. 改进设备和管材成型设备联用的工艺问题，研究HDPE－M波纹管成型工艺。三层复合气压，分别为内真空、外真空、夹气，对产品成型极为重要，研究工艺温度对原材料性能的影响。

3. 传统产品连接方法密封性能差，连接口易脱落，通过关键技术改进、专利方法，研究出胶圈密封加防脱卡扣连接，理论数据研究连接口强度高，科学合理，行业首创，防脱卡扣连接，样品实验连接口密封性能可达0.1兆帕（高于普通产品4倍）。

预期可实现的关键技术、产品的具体技术指标、性能参数，成果应用的对象、范围和效果等，以及通过项目实施可突破的关键共性核心技术项数，研发的新产品、新工艺、新装置、新方案、新品种项数等。

（1）环刚度≥16千牛/平方米，优于其他产品2倍；

（2）冲击性能（TIR）≤10%，－5度冲击12次合格；

（3）采用新工艺防脱卡扣模块成型的产品连接方法，密封性能可达0.1兆帕，比普通产品密封性能高4倍；

（4）环柔性能40%变形，无反向弯曲、无开裂；

（5）氧化诱导期20分钟，产品使用设计50年；

（6）成功研发新型改性DN800

口径 HDPE - M 波纹管。

(二)项目单位:荆门(中国农谷)农业科学研究院

项目名称:优质再生稻品种筛选与丰产高效栽培技术

内容:2021 年从泰两优华占、六两优香 11、隆两优 4456、华浙优 261、九优粤禾丝苗等 30 多个品种中初步筛选出六两优香 11 等 5 个再生能力强、抗机械碾压的优质水稻品种,并于 2022 年和 2023 年对初筛表现优异的品种六两优香 11 进行配套技术的优化集成示范,最终形成以优质抗碾压品种六两优香 11 为重点,高效肥水运筹、绿色防控以及防灾减损等配套技术为主要的再生稻优质丰产高效栽培关键技术体系。该技术在高温干旱和低温阴雨等气象不利年份,头季亩均产量达到 755.55 千克,再生季亩均产量达 412.15 千克,两季产量达 1167.7 千克,实现了"吨粮田",采用优质品种和配套集成技术实现了优质和产量的协同提升。六两优香 11 基本替代传统再生稻品种,近两年该技术在荆门市再生稻主产区进行生产应用,累计推广应用面积超过 5333.33 公顷,增效超过 1000 万元,具有较高的推广应用前景。

(三)项目单位:湖北博韬合纤有限公司

项目名称:轻质 GMT 板专用丙纶短纤维生产新工艺

内容:本项目所属制造业,主要研究内容为以纤维为增强材料,热塑性树脂为基体,通过加温、加压制成复合板,简称 GMT 板。

目前现有丙纶短纤维的加工工艺生产的丙纶短纤维在轻质 GMT 板中,加热成型后易出现颜色发黄,尺寸收缩很大(大于 5%)之不足,板面易产生褶皱,不光滑,报废率高,急需要研究出轻质 GMT 板专用聚丙烯短纤维加工工艺。

目前国内外用于轻质 GMT 板的丙纶短纤大多存在颜色发黄,成型件尺寸不一,变化较大,材料浪费比较大。本项目解决相关的技术弊端后,将在汽车等行业广泛应用。

研究内容:轻质 GMT 板专用聚丙烯短纤维与玻璃纤维混合加热做成的板材,不发生黄变,且板材尺寸收缩率低。

工艺路线:采用熔融指数在 20—30 克/分的聚丙烯,通过添加适量的抗氧剂可以解决发生黄变;通过调节降低纤维在拉伸过程中的牵伸比到 1.0 倍,可以降低聚丙烯短纤维加热后做成的 GMT 板收缩率。

技术指标:板材尺寸收缩小于 1%,板面不产生褶皱,报废率低,不发黄。

经济指标:本项目正式启动后,年产超 1 万吨轻质 GMT 板的丙纶短纤,年产值超 1 亿。

本项目特点是改变了传统的聚丙烯短纤维牵引时需将纤维进行拉伸的工艺,改为牵引不拉伸,用此工艺生产的聚丙烯短纤维加工的 GMT 板,收缩率小于 1%,可以减小板材的切边,降低成本,能更好的控制板材的尺寸,减少报废率,同时板材的颜色不会变黄。

目前用此加工工艺生产的聚丙烯短纤维已经批量并得到推广,该技术达到稳定应用阶段,且全部使用于玻纤板领域,并推广到麻板领域,具有很好的推广价值和应用前景。

(四)项目单位:荆门市中心医院

项目名称:基于多组学整合技术探讨肠道菌群在脓毒血症发病机制中的作用及临床诊断价值

内容:脓毒症是感染引起宿主反应失调,导致危及生命的器官功能损害的症候群,是一个高病死率的临床综合征。流行病学调查显示,2015 年中国脓毒症死亡人数占总病死率的 12.6%,已经成为危害人类健康的主要杀手之一。2020 年,一项针对全国 44 家医院 ICU 的研究报告显示,ICU 脓毒症的发病率为 20.6%,脓毒症患者病死率为 35.5%,严重脓毒症病死率高达 50% 及以上。脓毒症发病机制复杂,涉及宿主、免疫、炎症及凝血功能异常等多个方面。随着宏基因组学和代谢组学等一系列新技术的应用,研究者发现,肠道微生物及其代谢物是脓毒症发病过程中的一个关键因素。脓毒症时,缺氧性损伤、炎症、肠动力功能紊乱、上皮细胞完整性破坏和 pH 值改变等因素会引起肠道菌群组成和比例发生极大的改变。这些改变主要包括多样性丧失、重要的健康菌群消失、病原菌占优势和微生物毒性增强等。肠道菌群的紊乱又进一步损害肠道完整性和免疫,同时诱发致病菌的扩张和移位。肠道微生物相关模式分子(如 LPS、鞭毛蛋白)和微生物代谢产物(如胆汁酸、SCFA 等)与肠道表面模式识别受体结合,能通过"肠道—器官"轴(如"肠—脑"轴、"肠—肺"轴)介导全身免疫应答或者直接影响远端器官,进而加重脓毒症进展。肠道微生物在脓毒症发病过程中起的关键作用,但究竟是特定菌株直接的毒性作用,还是通过肠道菌群改变机体免疫环境,或是肠道菌群的代谢产物发挥作用等均不明确。故针对脓毒症发病机制的复杂性和非线性特点,利用多组学整合技术探讨肠道菌群在脓毒血症发病机制中的作用及其临床诊断价值,为发现脓毒症新的生物标志物群、揭示脓毒症的组学/分子机制的新思路。通过这项研究,发现脓毒症肠道微生态存在紊乱,其代谢产物与脂质和氨基酸代谢有关,部分代谢物可作为生物标志物,与预期结果基本一致。查阅文献显示与国内外其他类似研究结论基本一致,脓毒症存在肠道菌群紊乱,其代谢产物与脂质和氨基酸代谢有关,部分代谢物可作为生物标志物。通过运用宏基因组学的技术手段揭示脓毒症存在肠道菌群紊乱,发现脓毒症患者肠道菌群中特定核心的肠道细菌之间的失衡。通过超高效液相色谱—串联质谱技术揭示脓毒症血浆代谢物的变化情况,通过联合微生物组学和代谢组学关联分析，阐明脓毒症菌群变化特点及代谢功能变化机制。脓毒症患者会出现肠道微生态紊乱，其对脓毒症预后产生不同程度的影响，同时，肠道微生态紊乱增加脓毒症风险且影响预后，二者存在相关性，通过多组学整合技术（宏基因组学和代谢组学）探讨肠道菌群在脓毒血症发病机制中的作用及其临床诊断价值，为发现脓毒症新的生物标志物群、揭示脓毒症的组学/分子机制的新思路。

（五）项目单位：荆楚理工学院

项目名称：含氨氮工业废水循环利用工艺技术研究

内容：氨氮废水处理项目，属于循环经济与可持续发展范畴，也是国家和地方产业支持的重点领域。硝酸铵生产过程中会产生含氨氮的工业废水，含量3—10克/升。若直接排放会造成严重环境污染，使水体富营养化。本项目研究解决含氨氮工业废水循环利用工艺技术瓶颈问题，降低能耗。

1. 采用多级电渗析和反渗透联合处理工艺。提高去除效率，脱盐率达98%以上。进水水质氨氮含量为2—4克/升，经电渗析处理后氨氮降为15毫克/升，再经反渗透处理后氨氮降为5—10毫克/升。除盐率高达99%。原水回收率达65%—80%。操作简单，易于机械化和自动化控制。电渗析过程无相变，可以避免离子交换树脂饱和失效。用清洁能源电力来将水中离解的离子迁移浓缩，动力耗电也较低。常温处理，对产品性能影响小，产品质量稳定。不用酸、碱频繁再生，不需要加入其他药剂，无污染，可实现零排放。相关实用新型专利授权3项。

2. 采用多节点水质在线监测，实现系统反馈并进行自动调整。实现自动监测水质动态数据，不达标水质自动报警功能，并将大数据上传至省环境监测平台。

3. 探索高效气态膜法废水脱氨新技术。对现有多级电渗析技术进行优化升级，申请发明专利1项，为企业实现技术升级提供理论指导。

经济效益：含氨氮工业废水循环利工程建设投产后：（1）年产淡水126720立方米。节水费50.69万元/年。（2）回收硝铵销售收入316.8万元/年，扣除运行成本182万元/年，纯利润：134.8万元/年。综合经济效益：185.49万元/年。2022年，合成氨项目新增产值82496万元/年，新增销售额30000万元/年，新增利税13500万元/年。

社会效益：本项目的研究可以减少环境污染，实现清水回收和污水零排放，达到国家污水排放要求，又可回收淡水和硝铵产生经济效益，有利于科技成果转化和技术升级，对相关行业发展有一定的带动作用。促进高校学科建设、省级绿色化工团队建设具有积极意义。

【专利】 1. 实用新型专利：一种硝酸铵废水生化处理装置，专利号2022 22363482.X；湖北凯龙楚兴化工集团有限公司，荆楚理工学院。

2. 实用新型专利：一种硝酸铵废水固体悬浮物去除装置，专利号2022 223643655；湖北凯龙楚兴化工集团有限公司，荆楚理工学院。

3. 发明专利：一种电渗析—气态膜法氨氮工业废水处理方法，专利号2023 10503398.X；荆楚理工学院，湖北凯龙楚兴化工集团有限公司。

4. 实用新型专利：一种新型硝酸铵工艺冷凝液处理系统，专利号ZL 2020 21342495.3；湖北凯龙楚兴化工集团有限公司。

（市科技局）

科学普及

【加强科普能力建设】 做好科技馆免费开放工作，全年展厅开放267天，接待6.6万人次。构建“1＋N”科技馆体系，启动荆门市青少年科技馆改造和钟祥市科技馆新馆建设，市健康科普馆、城市规划展览馆等4个专业化场馆投入运营，全市确定23家小微科普馆打造科普教育联盟。评选京山市对节白蜡产业科普基地等5个样板特色产业基地，荆门市竹园小学等3个样板科普教育学校，沙洋县长林社区等5个样板科普惠民社区，发挥示范作用。壮大科普人才队伍，全市注册科技志愿队由26支增至95支，注册科普志愿服务者由1100人增至6400人。

【探索科普创新发展】 搭建多层面立体化“科普网”，运用“互联网＋”技术，拓宽科普范围。荆门科协抖音号上线运行，制作发布科普短视频37个，浏览量超过36万人次。联合市气象学会以及126所中小学校，开展新疆、河南、安徽等多省大型气象科普线上活动，吸引6万人观看。举办2023年荆门市科普知识网络竞答活动，累计38万人次踊跃参与答题。印制发放公民科学素质自测题系列读本3万册。引导中小学生开展科普实践活动，组织参加第九届全国青年科普创新实验暨作品大赛，参赛作品被评为创意作品项目三等奖；参加第37届湖北省青少年科技创新大赛，荆门市推荐5件作品分获一、二、三等奖；组织参加2023湖北省科普短视频大赛，“探索火箭发射科学奥秘”获青少年组一等奖，荆门市科协被评为优秀组织单位。开展科技下乡活动，519名科技特派员深入田间地头开展惠农政策宣讲、技术服务。

【“全国科技工作者日”活动】 召开座谈会，举行2023年度荆门市“最美科技工作者”发布仪式，中国特种飞行器研究所前沿创新部部长、研究员王明振等20人获2023年度荆门市“最美科技工作者”称号。在全市组织开展宣传活动，激励科技工作者学习最美、争当最美。

（市科协）

气　象

【防灾减灾】　完善精密气象监测站网。持续推进区域站标准化建设,新建8个常规气象观测站点,1个农田小气候站,升级改造11个区域气象站点。京山盛昌合作社气象观测站荣获全省地面气象观测标准化建设示范站。提升精准预报预警能力。进一步优化完善预警信号发布流程,提高预警信号发布内容的规范性、针对性,暴雨预警信号准确率为85.5%,其中暴雨红色预警准确率90.9%(全省第二),预警发布时间提前量72.6分钟(全省第一)。进一步完善防灾减灾应急联动机制。组织召开气象灾害防御应急联络员会议,将各级防汛责任人全员纳入气象灾害预警信息发布系统,确保最新预警发布及叫应制度落实到位。荆门市防汛抗旱指挥部办公室印发《荆门市强降雨防范应对工作指南(试行)》,以气象预警为先导的机制逐步完善。市气象灾害应急指挥部启动全市重大气象灾害应急响应5次。

【决策气象服务】　针对强降水、高温干旱、寒潮大风等重大天气过程,荆门气象台提前制作重大气象信息专报及专题气象服务、发布预警信号。全年发布重要天气报告16期,专题气象服务33期,春运专题41期,环境气象日报365期,森林火险气象服务123期,爱飞客专题3期,春耕春播7期,夏收夏种12期,秋收秋种17期,高考专题8期,公务员考试专题6期,油菜专题气象服务7期,“三农”气象服务周报104期,雨情快报85期,预警信号182期。

【重大活动气象服务】　组织做好春运、高考、国庆等重大节日和关键时节气象服务,为AG600试飞、油菜花旅游节、滑翔伞冠军赛、中国公路自行车公开赛等重要活动提供精细气象保障服务。对AG600试飞提供精细化服务,获中航通飞华南飞机工业有限公司致信感谢。在油菜花旅游节筹备期间积极服务,提供决策参考,精准预报活动所在地的分时段天气形势,有效保障跳伞安全。荆门市气象局在2023滑翔伞定点世界杯总决赛赛事期间发布7期《滑翔伞气象服务》材料,精细化气象服务受到赛事组委会好评。为保障中国公路自行车公开赛顺利进行,市气象局抽调精干力量组成赛事服务团队,每天滚动发布赛事期间天气专报,并在比赛当天提供逐小时气象监测实况数据,滚动提供6小时精细化预报服务,为比赛顺利进行保驾护航。

【生态文明建设气象服务】　推进环境气象服务,每日制作发布环境气象日报和空气污染气象条件预报。遇重污染天气过程,积极参与大气污染防治指挥部组织的天气会商,为市政府提供环境气象分析及决策建议,联合公安、应急等部门开展全市人影安全大检查,与公安部门对接将人影弹药的存储纳入全国民用爆炸物品管理,抓好人影弹药管理,运输、使用管理,规范弹药存储。积极开展抗旱、改善空气质量人工增雨作业,于冬季雾霾多发期在荆门金泉、钟祥磷矿、荆门上泉、沙洋曾集作业13批次,发射火箭弹50枚;于盛夏高温干旱期在钟祥张集、沙洋曾集、荆门仙居、荆门上泉、京山新屋咀、钟祥冷水、荆门金泉作业11批次,发射火箭弹55枚。累计作业24批次,发射火箭弹105枚。

【乡村振兴气象服务】　发挥湖北省油菜气象服务中心和荆门油料作物农试站技术支撑作用,与华中农业大学植物科学技术学院周广生专家团队签订合作协议,开展联合试验,提升油菜特色气象服务能力,推进全市油菜气象服务,培养更多专业人才,提高科研产出和服务水平;聚焦“荆品名门”“六个一”“中国农谷”等荆门特色农产品开展精细化、专业化为农气象服务。

【公众气象服务】　荆门市气象灾害防御中心每天发布2期电视天气预报《天气预报》《气象服务站》;分别于每天6点、16点制作天气预报短信,发布未来48小时天气预报。根据荆门市气象局宣传方面的实际需求及微信公众号各类型特点,实行

6月20日,荆门市气象灾害防御中心调查石牌、丰乐等地农情

(市气象局　供图)

两号（“荆门预警发布”“荆门气象”）联营，即服务号及订阅号联合运营，同时保证频率及内容的最优宣传效果。全年适时策划制作“2023年荆门首个寒潮来了”“加强田间管理，促两夏作物苗情转化升级”“强冷空气过后做好田间管理工作”“抓住冷尾暖头，强播早稻、再生稻”“观云测雨优服务，特色中心助三农”等11期气象服务小视频，并在相关公众号上进行投放，受到社会广泛关注和好评。

【法制法规】 利用世界气象日、科普宣传周等活动为契机广泛开展普法宣传。组织开展全市易燃易爆场所的防雷安全监和升放气球安全监管，通过联合检查和随机抽查相结合的方式，对全市153家防雷安全重点单位开展防雷安全检查，开展升放气球安全监管18次，排查整改隐患398处。

【科技创新】 健全气象科技创新机制。制定科研项目及论文管理办法，进一步规范科研工作。市气象局在科研、论文及竞赛等领域均获得优异成绩。市气象局自立科研项目立项8项，省级科研项目（基于Copula的汉江流域气象水文干旱多变量联合分析及应用）立项1项，地方部门科研项目（自动气象站风传感器防冻加热装置研发和本地化应用）立项1项，研究工作稳步开展，科研经费逐年提升。全年发表科技论文9篇，其中核心论文3篇。10篇论文参加湖北省气象学会学术年会交流，4篇获奖。市气象局在2023年“湖北工匠杯”技能大赛——全省气象行业职业技能大赛气象服务类比赛中获得团体第一名。其中，2人获得气象服务算法科目第一名，2人获得气象服务解决方案科目第三名，2人获得气象融媒体视频科目第三名。1人在2023年“湖北工匠杯”技能大赛——全省气象行业职业技能大赛天气预报比赛中获得历史个例天气预报单项奖二等奖。

（市气象局）

地　震

【概况】 荆门市境内有国家级中国大陆环境构造监测网络（GNSS）荆门基准站、荆门市地震台、钟祥地震台、湖北省连续运行卫星定位服务系统（HBCORS）沙洋高阳点、东宝栗溪点、钟祥客店地下流体监测点等地震监测台网。现有观测手段：实时地震监测，强震动观测，地震前兆观测。其中前兆观测手段三种，地下流体观测、流动重力观测、地壳形变观测（GPS卫星观测、北斗卫星观测）。全市初步建成国家、省、市三级地震监测台网运行和质量监控体系。

【监测预报】 全年市地震台监测到1.0级以上地震918次，共发生地震106次（含人工爆破），其中，最大地震为11月23日京山ML2.3级地震。全年监测到的省地震频次比上年多6%，ML2级以上地震约占总数的23%，与上年相比略有增强，主要以微震活动为主，其中1月17日南漳ML4.1级地震是湖北省2023年震级最大的地震事件，地震强度较去年增强，主要集中在南漳、远安、巴东、秭归一带及库区周边，库区微震主要表现为库区地震和塌陷；省内其他重点防御区也均有微小地震活动发生。荆门市主要断裂南漳—荆门断裂，襄樊—广济断裂、胡集—沙洋断裂均有微震活动，相较2022年，频次升高、强度增强。震情趋势会商方面。制定了震情会商制度，积极参加省局组织的10次月度会商、1次半年会商、1次年度会商，提交会商报告，会商意见及时呈报省地震局。台站维护方面。2023年完成了包括观测房屋修缮、防震加固、综合布线、标识标志改造在内的地震监测站标准化改造工作；完成地震信息节点搬迁工作，将地震信息节点从原掇刀区龙井大道88号搬迁至东宝区象山一路17号。

【震害防御】 重大工程地震安评监管。重大工程严格按照《湖北省地震安全性评价管理规定》进行监管。全年完成荆门市博物馆新馆车马器展馆工程、荆门市中医医院中医康复保健中心大楼工程等多个重大项目地震安评事中事后监管工作。地震安全监管检查。9月通过住建局系统抽取了荆门市京山、沙洋、钟祥、东宝区、屈家岭2022年以来的新建在建建设工程共15项进行实地检查，其中学校5项，医院3项，一般建设工程7项（加油站1项，看守所1项、民用住宅5项）。检查各建设工程的场地类别、工程规模、抗震设防基本烈度，检查各项目工程结构设计总说明、施工图纸和抗震设防说明文本，核实抗震设防要求的执行情况。地震灾害风险普查。开展自然灾害风险普查及相关工作。2023年6月，全市1∶25万地震构造图填充完成，活断层数据库、钻孔数据库建立。目前正配合省地震局完成完成调查任务成果验收。按照中国地震局《1∶100万地震灾害风险评估与区划建筑物抽样调查工作方案》，完成全市1500栋建筑物抽样调查工作。完成荆门市基岩和场地地表30秒格网的地震危险性分析计算工作，包括50年超越概率63%、50年超越概率10%、50年超越概率2%、100年超越概率1%四个概率水准下的地震危险性分析。

【公共服务】 与市行政审批局对接，进一步厘清公共服务事项，压缩公共服务事项办理时限。荆门市防震减灾公共服务事项有6项，公共服务时限基本压缩到一天以内，达到全国优先水平。通过门户网站宣传和上门服务，拓展社会力量参与防震减灾公共服务。全年共收到公共服务申请22件。积极组织开展“互联网+监管”工作业务培训，让工作人员熟练掌握互联网+监管业务。

【宣传教育】 “全国中小学安全教育日”、“5·12”防震减灾宣传周、“7·28”唐山大地震纪念日、国际减灾日等重要宣传节点，大力开展防震减灾科普宣传和法制宣传“六个一”活动。大力推进“互联网+防震减灾科普”，充分利用门户网站、手机报、微信、微直播、云上荆门、荆门发布等平台开展防震减灾科普知识线上宣传，线上线下受众人数近50万。成功组织申报省级防震减灾示范学校2所(荆门长宁实验学校、钟祥龙山实验学校)。

表13　2023年荆门市天然地震一览表

序号	时间	震中	震级(ML)
1	2023年2月25日16时28分	东宝区子陵铺镇（N31.18,E112.16)	2.1
2	2023年3月6日17时11分	京山市钱场镇(N30.89,E112.92)	1.8
3	2023年3月20日12时16分	京山市石龙镇(N30.97,E112.95)	1.5
4	2023年4月12日12时21分	京山市雁门口镇(N30.81,E112.93)	1.7
5	2023年4月26日10时54分	京山市宋河镇(N31.20,E113.42)	1.8
6	2023年5月18日13时20分	京山市宋河镇(N31.20,E113.43)	1.7
7	2023年6月22日12时1分	东宝区栗溪镇(N31.22,E112.09)	1.9
8	2023年7月2日17时55分	东宝区子陵铺镇(N31.17,E112.22)	1.9
9	2023年7月3日8时44分	东宝区栗溪镇(N31.12,E112.08)	1.6
10	2023年7月6日13时2分	东宝区栗溪镇(N31.08,E112.42)	1.8
11	2023年8月12日9时5分	钟祥市双河镇(N31.37,E112.26)	1.6
12	2023年9月6日8时3分	钟祥市双河镇(N31.35,E112.23)	1.6
13	2023年9月6日9时15分	东宝区牌楼镇(N31.05,E112.31)	1.8
14	2023年9月14日8时55分	东宝区石桥驿镇(N31.39,E112.24)	1.7
15	2023年9月22日10时25分	东宝区石桥驿镇(N31.38,E112.24)	1.6
16	2023年10月22日18时1分	东宝区牌楼镇(N31.10,E112.34)	1.9
17	2023年11月23日4时56分	京山市罗店镇(N31.27,E113.30)	2.3

(市住建局)

教　育

综　述

【学校及教育机构】 全市有各级各类学校及教育机构726所(个)。其中,高校2所(省属高校1所),中职学校12所,普通高中28所,初中104所,小学186所,幼儿园338所,特殊教育学校4所,教育行政机构8个,其他教育机构44个。全市公办园在园幼儿占比50.6%,普惠园覆盖率占比91%,学前三年毛入园率92.8%;义务教育巩固率99.87%,义务教育大班额占比2.21%,县域教联体义务教育学校覆盖率71.96%;高中阶段入学率95.1%;民办义务教育学校在校生占比4.49%,各项指标位居全省前列。

【教职工及学生】 全市有教职工30272人,专任教师24325人。有在校大、中、小学生和幼儿352989人。其中,高校在校学生28424人,中等职业学校在校学生20606人,普通高中在校学生40242人,初中在校学生69454人,小学在校学生137527人,特殊学校在校学生391人,在园幼儿56345人。

(王　伟)

基础教育

【学前教育】 开展全市学前教育"两个占比"攻坚行动,全市实施"新增公办幼儿园学位"民生实事项目5个,新增公办幼儿园学位1040个,全市公办幼儿园在园幼儿占比50.6%,普惠性学前教育资源覆盖率91%。组织开展2023年学前教育宣传月活动,全面推广"安吉游戏",科学做好"幼小衔接"工作。深入开展公民办幼儿园办园行为治理"回头看"排查工作,切实提升保教质量,提高社会认可度和家长满意度。在全省第五届幼儿园游戏活动优秀案例评选中,长宁实验幼儿园《亚运会的"余温"》获二等奖。

【义务教育】 全面推进县域教联体建设,组建教联体64个,213所义务教育学校纳入建联体建设,覆盖率71.96%,11个教联体获批省级教联体试点单位。全面推进科学教育,掇刀区入选全国科学教育试验区,荆门市外语学校和荆门市竹园小学入选全国科学教育实验校。切实规范招生行为,实施全学段网上平台招生、义务教育电脑随机分班,加大违规招生、违规收费、违规补课整治力度。规范"五项管理",建立学生作息时间、作业量监测机制,促进学生身心健康发展。优化校内课后托管服务,召开全市义务教育课后服务推进会,遴选"荆门市美育基地"4个、"荆门市阅读示范基地"9个,评选课后服务优秀成果950个。深入推进教辅材料违规收费专项治理,印发工作提示5次、督办通知10份,宣传治理成效144次,新建制度、规定、办法、细则169套。强化控辍保学工作,各县(市、区)无失学辍学适龄儿童,顺利通过脱贫攻坚后评估国检和省检。出台《荆门市消除中

10月26日,荆门市中小学校体育艺术教育"一校两特"创建项目展演现场

(市教育局　供图)

小学大班额专项行动计划(2023—2025年)》,持续消除大班额,无起始年级大班额,无超大班额。

【高中教育】 实施荆门市高中阶段教育普及攻坚计划,推进普通高中特色办学、多样化发展,对全市特色高中学校进行重新认定,确定沙洋中学等13所学校为特色高中,进一步完善高中学校特长生招生工作。实施县域普通高中发展提升行动计划,龙泉中学、荆门市一中、东宝中学、掇刀石中学等4所省级示范高中分别与沙洋县后港中学、钟祥市三中、京山市五中、钟祥市实验中学开展结对帮扶。实施高考综合改革,全面落实普通高中课程设置、教学指导、选课走班、分层教学、学生职业生涯规划指导、学分和毕业认定等相关工作,加强师资建设,加快改善办学条件,保障普通高中生均公用经费。

(王　伟)

中职教育

【概况】 贯彻落实新修订的《职业教育法》,贯彻实施情况顺利通过市人大常委会审议,满意度排名第一。实施荆门市职业学校办学条件达标工程,全市公办中职学校办学条件全部达标。深化中职学校招生制度改革,实行网上平台统一招生,录取新生6321人。开展首轮荆门市中等职业教育"双师型"教师认定工作,评选认定"双师型"教师422人。参加全省职业院校技能大赛、创立方大学生创新创业大赛、"宜荆荆"城市圈职业技能邀请赛等系列赛事,获各类奖项13个。出台《荆门市教育系统服务支持企业发展八项措施》《荆门市教育系统服务支持企业发展正负面清单》,推进荆门市域产教联合体建设,开展百企入职校、职校访百企"双百"行动,搭建"政、园、行、企、校"交流平台,深化产教融合。加快培养战略性新兴产业急需人才,实施"才聚荆楚·智汇荆门"行动,毕业去向落实率97.1%。全面服务学习型社会建设,在全省率先成立社区教育联盟,荆门社区教育指导中心被评为全省社区教育先进单位。全年各职业院校发挥教学资源优势,面向在职员工、退役军人、进城务工人员、农村实用人才等社会群体开展新业态新模式新产业等职业技能培训,年培训近2万人次。

(王　伟)

·湖北信息工程学校·

【概况】 湖北信息工程学校是荆门市直属国家级重点职业学校、荆门市首批国家中等职业教育改革发展示范学校、国家最高职业教育奖——黄炎培职业教育优秀学校。学校以就业为导向,以能力为本位,让毕业生持"双证"直接上岗就业。在教育行政部门举办的职业院校技能大赛中,获得省市级技能大赛奖124个,技能大赛成绩在省内位居第一方阵。学校坚持走产教融合、校企合作之路,与华为、长城汽车、亿纬动力、玲珑轮胎等知名企业合作,实施定向培养、订单培养、委托培养、定向就业,毕业生就业率98%,就业满意率96%。学校实施"1+X"证书试点,是湖北智能制造职业教育集团成员单位、湖北省国家智慧教育平台试点单位、湖北省文明单位、荆门市卫生先进单位、荆门市文明单位、荆门市平安建设工作优胜单位、荆门市"五四红旗"团委。

学校占地面积26.73公顷,建筑面积13.42万平方米,有校内实践教学场所3个,实验室10个,校外实训基地7个,教科研设备总值2650万元。学校馆藏纸质图书14.7万册,电子图书20万册。学校建有教学云平台、资源管理系统、教学实训系统、高清录播室,信息中心机房建设服务器6台,虚拟服务器32台,各类存储有效容量超过4.5TB,网络信息点280个,实现校园网络全覆盖,基本形成了信息化基础设施完备,信息化服务功能完善,信息化教育教学均衡发展的智慧校园体系。

学校实施"人才强校"战略,有专任教师383人,其中,高级职称219人;省级名师2人,市级名师42人;省、市级骨干教师、学科带头人53人;荆门市"把关人才"3人;"双师型"专业教师占比60%。22人次在国家、省教学能力竞赛中获奖,38人次出版专著、教材56本。6人次受到国家、省教育部门表彰。

学校开设中职就业、中职升学、

10月14日,湖北信息工程学校张勇名师工作室开展智汇基层"五进五送"活动

(湖北信息工程学校　供图)

“3+2”中高职教育班等 3 个部 20 个专业，其中，电子技术应用、数控技术应用、汽车运用与维修、学前教育（幼儿保育）四个专业为国家级示范专业。计算机应用和数控技术应用专业入选湖北省“双优”建设专业。各专业均有完备的实训、实验设施，每间教室均实现数字化教学。

2023 年，学校面向全市招生，录取新生 1324 人，在校学生 4583 人。截至年底，毕业生 1535 人，升学及就业率 98.3%。

【校企合作】 全面落实全国职业教育企业实践基地工作推进会精神，开展“访企拓岗”专项行动，校党委书记带队走访长城汽车荆门分公司、玲珑轮胎等企业，推动汽车制造与装配技术、汽车运用与维修技术两大专业实现入学到就业零距离；走访亿纬锂能、荆门恒力流体控制有限公司等企业，成立亿纬动力学院，建成数控专业校外实习实训基地。在专业教学上，把课堂搬到教学车间，建立企业课堂，办合作化学校，技术“接口”企业标准，实行订单式培养，学生毕业直接到订单企业就业。

【安全工作】 邀请掇刀石派出所民警到校进行“反电信诈骗”知识讲座，按要求下载安装反电诈 App。邀请荆门市消防支队官兵为师生进行消防知识讲座并组织进行消防演练。邀请中国人民银行、中国建设银行、中国农业银行等为学生进行打击非法校园贷、防金融诈骗知识讲座。

（王　伟）

・荆门技师学院・

【教学工作】 教学质量全面提升。持续实施“64321”教学质量管理体系建设，打造高效课堂，全年学院各系部开展“六课”65 次；技能高考 451 人，上线 430 人，上线率 95%。申报 1 个国家级高技能人才培训基地建设项目、1 个省品牌专业、2 个省精品课程、1 个省课题、1 个中德先进职业教育合作项目、1 个工学一体化专业建设项目，完成第二阶段工学一体化建设院校申报。举办“宜荆荆恩”城市群技工院校联盟大会，来自全省 23 个单位的 80 余名技工教育同仁就如何推进职业技能培训工作进行交流。制定《荆门技师学院教学督导工作方案》，建立教学督导“四查”机制，每周实时分析评估教学质量，加大教学督导结果转化运用。代表湖北省参加全国技工院校教师职业能力大赛，李琳玉获全国二等奖，为此次湖北省所获最高奖项。先后组织学生参加全国第二届职业技能大赛机器人系统集成项目比赛、湖北省第二届技工院校学生职业技能大赛暨第三届创业创新大赛。全年师生共获得国家级二等奖 1 个；省级金牌、银牌、铜牌各 1 枚，优胜奖 4 个；在全省技工院校学生职业技能大赛中学院获“突出贡献奖”。

10 月 29 日，荆门技师学院承办 2023 年湖北省第二届技工院校学生职业技能大赛暨第三届创业创新大赛，图为机器人系统集成项目比赛现场

（荆门技师学院　供图）

办学实力稳步提高。2023 年 5 月，经湖北省人民政府批准，学校成功获批高职——荆门通用航空职业技术学院，实现学校发展史上的第三次跨越（高级技校—技师学院—高职）。教育强国产教融合中心项目主体工程基本完成。亿纬动力公共实训基地、通用航空公共实训基地、化工产业公共实训基地、电商公共实训基地四大实训基地建设基本完成。9 月，建筑面积 11200 平方米的图书馆正式开馆，在馆纸质图书 9.05 万册、电子图书 10 万册。

校企合作不断深化。探索建立学院主导、部门主体、系部主抓的校企合作新机制，各系制定入企送训送教送学工作方案，全年走访企业 130 家次，新签订合作协议 40 家，546 名学生在省内、市内重点企业顶岗实习。开展“荆工巧匠”培训提能工程，全年开展职业技能培训 6336 人次（就创中心 3193 人次，培训处 3143 人次），完成全年任务的 105.6%。开展技能评价鉴定 1333 人。开展新型学徒制培训 2040 人，完成全年任务的 102%。紧密对接产业园区和支柱型龙头企业，牵头组建荆门市新能源新材料产业联盟、荆门市化工产业技工教育联盟，为企业开展“四新”培训 19 期，培训 1001 人。

学生管理日渐规范。构建学工处主导、专业系主体、班主任（辅导员）主责三级育人机制，定期开展班级管理技能比武，不断提升学管工作水平。组织开展学雷锋见行动、祭扫烈士陵园、传承五四精神、我为国庆献首歌等宣教活动 5 场，发展新团员 153 人，“青年大学习”App 参学率平均达 150%，排在市直学校前列;6月,院团委被评为“全市五四红旗团委”,21级智能制造班学生王天娇被评为“全市优秀共青团员”。开展开学第一课演讲比赛、职业教育活动周、国庆节同唱一首歌、五四黑板报评比等专题活动15场;举办安全、法制、心理、禁毒、社会主义核心价值观等方面的专题讲座10场,营造良好育人环境。健全完善“第二课堂”课程化建设方案、社团指导教师聘任等制度,20多名专业老师指导成立篮球社、舞蹈社、武术社等14个社团组织,在学雷锋见行动、五四青年节、教师节、重阳节等活动中社团提供节目表演和公益服务。

招生工作再创新高。充分将线上融媒体、自媒体宣传与线下走访入户宣传紧密结合,扩大招生宣传覆盖面、知晓度和影响力。采用VR全景智慧云系统,实现了招生宣传智能化,极大方便了学生及家长进行了解。在荆门电视台、荆门广播电台、《荆门日报》、《荆门晚报》等新闻媒体发布招生新闻报道6篇,宣传视频3期,参与市内大型招聘会、现场会3场,发放招生简章2万册,组织校园招生专业推荐会2场,校园直播5场,广受好评。实施全员“四清四进”招生行动计划,全院教职工包校包班,对84所中学进校宣传,组织宣讲团队进班宣讲116场,全年全日制招生970人(春季43人、秋季927人),完成年初目标的120%,招生人数创近十年新高。录取最高分647分,500分以上30人,普高分数线上学生236人,优质生源数达学生总人数的26%。

【创新工作】 印发《荆门技师学院绩效工资分配方案(试行)》和《荆门技师学院公共服务工作量管理办法》,围绕师德师风、教育教学、学生工作、教研科研、公共服务和岗位荣誉6个方面建立教师考核评价新体系,引导激励全体教职工强素质、提本领、创业绩、作贡献。引进人才13人充实师资队伍,其中,硕士研究生8人,本科学历4人,退役士官安置1人。各系建立技能名师、专业带头人、骨干教师“一对一”帮扶机制,全年组织教师外出参加各级各类师资培训、研修活动79人次。办好“青年鲁班讲堂”,每周安排1名青年教师谈心得、忆感悟、聚共识,全年开展鲁班讲堂27期。

【校园管理】 推广积分制管理、智慧校园平台、完美校园App,提升学院数字化、智能化管理能力。结合学院管理规范化运行和服务保障各项工作现实需要,持续推进智慧校园系统升级改造,智慧安防系统、数字化教学资源库、智慧图书管理系统陆续上线。开展数字化资源制作培训、智慧校园应用培训,智慧校园平台已涵盖学院拟办事项、拟文审批、考勤、日常教学等70%日常业务。

与公安部门建立长期合作,聘用治制副校长,重点时段到校协助维持治安,组织法制教育讲座4次。每月定期开展安全隐患大排查,每天开展校园安全常态化巡查,不定时对教学楼、实训室、宿舍、食堂等重点部位进行检查,做到各项安全检查有专人、有记录、有预案。督促施工建设单位加强作业人员安全生产教育,严格落实各项施工安全规定,规范施工现场操作行为,做好施工区与教学区、生活区物理隔离,定期开展施工安全检查和隐患排查。每学期对新进教师、保安、保洁、食堂及超市聘用人员进行背景资格审查。严格落实食品安全责任,值班院领导每天在食堂陪餐,建立可追溯的追责问责机制。

(杜金佩)

高等教育

·荆楚理工学院·

【概况】 学校占地面积160余公顷,校舍建筑面积38.99万平方米。教学科研实习仪器设备总值1.74亿元,图书馆采用成蹊智能图书管理系统,有纸质图书43万余册,电子图书120余万种,电子资源数据库11个。学校设有16个教学学院(部),开设普通本科专业47个、专科专业13个,涵盖理、工、农、医、文、教、管、艺、经等9大学科门类。全日制普通在校生19000余人,其中本科生15000余人。有各级各类实训中心28个,校外实习实训基地190个,直属附属医院2家,教学医院2家。现有专任教师849人,高级职称教师442人,硕士及以上教师850人。

【教学工作】 持续深化“1234”个性化人才培养改革,启动教育教学审核评估迎评促建工作。新开设6门创新创业类课程,5门交叉复合类课程。组建“核心班”16个。成立思政课研究中心、课程思政教学研究中心。学生获省级及以上各类学科竞赛奖186项,其中国家级一等奖6项、二等奖15项、三等奖20项,艺术类竞赛获奖122项,体育类竞赛获奖148项。2023届76名国际学生顺利毕业,申硕成功率68%,新招国际学生66人。继续教育全年招生注册6753人。完成教育厅委托的全省普通高等学校本科专业设置调整优化调研工作。出台学校学科专业设置调整优化改革实施方案,获批3个新专业,2个新专业通过专家线上评审,4个专业正式转入师范类人才培养。完成学校第一轮本科专业评估,小学教育专业通过教育部师范类专业二级认证。新增数学等4个校级重点培育学科。新增联合培养研究生52人。获批全国教育科学“十四五”规划课题1项,教育部产学合作协同育人项目8项,省级教学成果一等奖1项、二等奖3项、三等奖2项。省教育科学规划重点课题1项,省一流本科课程13门。获批国家级、省级实践教育基地、省级优秀基层教学组织各1个。

教师参加省级教学比赛获二等奖1项、三等奖2项。本科招生3590人,较上年增长150人。整体就业率93.52%,较上年增长3.24%,留荆率28.69%,留鄂率64.5%。获批省级创新创业教育实践基地1个,国家级大学生创新创业训练项目20个、省部级60个。获第九届"互联网+"大学创新创业大赛湖北省复赛金奖1项、银奖3项、铜奖4项。

【学生工作】 "一站式"学生社区建成1个学生事务服务大厅,1个学业发展中心,1个综合素质提升中心和19间辅导员工作室,形成"1+3+N"社区治理格局。成立"美育教育中心""劳动教育中心","耕读"教育被中国教育报等媒体报道。召开共青团荆楚理工学院第一次代表大会。15名2023届毕业生入选志愿服务"西部计划"。获批省"三下乡"社会实践优秀组织单位,湖北省高校心理健康教育示范中心。

【科研工作】 获批国家级课题6项、省部级课题26项、市厅级课题62项,获省级成果奖2项,签订横向科研项目245项,科研经费进账创历史新高。发表高水平论文120篇。《荆楚理工学院学报》获省发展扶持资金项目三等资助。新增省级科研平台3个、市级平台2个。荆楚理工学院科技园认定为省级大学科技园。校内10家科研机构进驻科创城,形成大学科技园"一园三区"平台布局。药物合成与优化湖北省重点实验室在省绩效考评中获评优秀等次,湖北省荆门产业技术研究院等省级平台获评良好等次。

【教师队伍建设】 持续实施硕博百人工程,实行高层次人才"双聘制",新增高层次人才89人,博士在读47人,博士教师占教师比率21.15%。新增享受省政府专项津贴专家1人,获批楚天学者1人,从企业选聘6名博士为客座教授。评审通过正高职称15人,副高职称36人。完成400名双师双能型教师认定工作。完成师德师风建设专项整治,召开教师节表彰大会,对"从教30年教职工"、第七届"师德标兵"、第五届"教学名师"等先进个人进行表彰。

【社会服务】 与市政府部门合作开展校地专场对接活动7场。与荆门市、京山市、沙洋县签订战略合作协议,校地战略合作实现市域全覆盖。与企业共建12个特色班级、4个产业学院,校企合作产学研共建项目19个,校地合作共建产学研项目3个。选派省"院士专家"等42人深入基层调研,走访企业200多家,征集企业技术难题100余项,17篇调研报告获省市领导签批。与荆门市中心医院、荆门市人民医院合作共建直属附属医院,与荆门市中医医院、荆门市妇幼保健院合作共建附属医院。

【服务保障】 2023年,学校预算总收入决算数为5.74亿元,较上年增长11.4%。首次获市财政1000万元引进高层次人才专项资金。完成第二轮校银合作,合作金额5460万元,较上轮增加3460万元。基金会等级评估首次获评3A,社会捐赠资金1500余万元。新增校园土地2.17公顷。获中央预算内投资支持8000万元　,推进"荆楚科创实验实训中心"项目建设。完成16个维修改造项目、3个新建项目建设,维修校内各类区域3200多处。完成工程竣工结算审计34项,财务专项审计5次,审减金额3800余万元。校园网络建成内外网隔离体系、校外访问内网高速通道。获批湖北省数字档案馆第三批立项建设单位,完成数字档案管理系统搭建和智慧库房建设。教室、实验室、宿舍、食堂实现空调全覆盖,获批湖北省高等学校图书馆先进集体。

(郝胜利　王德勇)

4月25日,荆楚理工学院专利转移转化中心揭牌仪式现场

(荆楚理工学院　供图)

·荆门职业学院·

【概况】 荆门职业学院是经湖北省人民政府批准设立、荆门市人民政府主管,面向全国招生的全日制综合性高等职业院校。学校坐拥荆门市国家级高新经济技术开发区地利,以区域化、国际化、现代化为办学特色。学校是国家"1+X"证书试点院校、教育部首批全国职业院校"双师型"教师队伍建设典型案例学校、湖北智能制造职业教育集团成员单位、湖北省国家智慧教育平台试点单位、中国国际"互联网+"大学生创新创业大赛湖北省复赛优秀组织单位。学校按照"专业设置与

产业需求对接、课程内容与职业标准对接、教学过程与生产过程对接、毕业证书与职业资格证书对接、职业教育与终身学习对接”的办学思路,推行产教融合、校企合作办学模式,试行现代学徒制培养模式,致力于提升学生专业素养,促进学生高质量就业创业。

【专业设置】 学校设立马克思主义学院、医学院、教育与艺术学院、电子信息系、机械工程系、财经商贸系、循环化工系等7个院系25个特色专业。建有汽车装配、智能制造两个教学科研中心,是区域性汽车装配、机械加工、计算机应用、医学康复、幼儿教育、商贸服务等高素质技术技能人才重要培养和输送基地。

【招生规模】 2023年,荆门职业学院面向全国16个省(市、自治区)招录新生3280人,在校学生9179人。

【基础建设】 学校占地面积26.8公顷,建筑面积13.42万平方米。校内建有12个专业实训中心,3个虚拟仿真实训基地,实训基地工位数4223个,教科研设备总值7479.53万元,实训建筑面积43573平方米。学校馆藏纸质图书14.7万册,电子图书20万册。学校建有教学云平台、资源管理系统、教学实训系统、高清录播室,信息中心机房建设服务器6台,虚拟服务器32台,各类存储有效容量超过4.5TB,网络信息点280个,已实现校园网络全覆盖,基本形成信息化基础设施完备,信息化服务功能完善,信息化教育教学均衡发展的智慧校园体系。

【师资建设】 实施“人才强校”战略,2023年有教职工271人,其中,校内专任教师197人,兼职和外聘教师74人,高级职称教师1人,中级职称教师49人。近年来,学校重视教师队伍的学习资历和职业资历建

10月14日,荆门职业学院医学院开展乡村义诊公益活动

(荆门职业学院 供图)

设,注重教师教学素质和教学水平的提高,双师素质教师占比48.7%。实施“青蓝工程”,打造名师、名家工作室、名师培育工作室、名班主任工作室;开展“教学基本功竞赛”“一师一优课”等活动,教师教学水平提升明显。

【校企合作】 落实书记校长访百企专项行动,启动“现场工程师培养计划”,书记、校长带队走访区域内企事业单位50多家。拓展校企合作途径,挂牌设立荆门职业学院亿纬动力学院等8家产业学院,加入襄阳都市圈先进制造行业产教融合共同体、长江大保护职业教育联盟、全国定制家居行业产教融合共同体、湖北动漫职业教育联盟等四家行业产教联合体,成为副理事长单位。开展教实一体化探索,与企业合作举办“乘风班”等特色实习实训项目,利用真实工作环境培养学生专业技能和职业素养。在专业教学上,学校把课堂搬到教学车间,通过“教、学、做”一体化教学,培养企业蓝领人才。建立企业课堂,办合作化学校,学生技术“接口”企业标准,为企业量身定制高素质技能人才。学校骨干专业与知名企业实行订单式培养,学生毕业直接到订单企业就业。

【就业情况】 2023届毕业生共2548人(包含“一村多”等弹性学制学生),就业人数2110人,总就业率82.81%。其中,协议就业311人,占比12.2%;灵活就业1595人,占比62.59%;创业21人,占比0.82%;专升本183人,占比7.18%。省内就业1256人,占比49.29%;留荆就业人数767人,占比30.1%。毕业生面向三次产业就业1845人。

【社会服务】 参与全省社区教育、老年教育发展规划,统筹推进荆门社区教育,形成“党委领导、政府统筹、教育牵头、部门协同、各方参与”的社区教育推进机制。发挥专业资源优势,走进社区开展义务诊疗、康复护理、健康咨询、心理疏导、环保宣讲、科普宣传、防电信诈骗讲座等系列活动。学校入选全国职业院校服务全民终身学习项目第二批实验学校。

(荆门职业学院)

教师队伍

【概况】 持续开展师德师风专项整治,开展明察暗访65次,约谈提醒

教师72人，公开曝光2名违规补课教师；组织开展教职工准入查询，共查询教职工25105人，对“不通过”教职工进行调查核实并责令学校终止聘用；举办师德分享会800余场，印制师德小故事读本3000余套，推介全国最美教师1人、全国教书育人楷模2人、荆楚好老师9人。实施名师培养工程，确定第九届“荆门名师”65人，第二届“荆门名师工作室”10个，2人荣获国家教学名师，4个名师工作室荣获“全国先进名师工作室”。实施国培、省培、市培等教师素质提升项目25个，培训校长、骨干教师等2689人次。2023年，通过招硕引博等专项招聘，招引教师978人。积极开展交流互访活动，组织18名校（园）长、名优教师赴精河县开展“送教进疆”活动，邀请100名精河县青少年来荆开展“祖国情中华行”研学旅行活动。做好语言文字推广工作，深入开展推普送教“三进”活动，被教育部、国家语言文字工作委员会评为国家通用语言文字推广普及先进集体。

（王　伟）

学校建设

【概况】　推进龙泉中学东片区改造项目建设，计划投资5200万元，新建教学楼3栋，占地面积4698平方米，建筑面积约9100平方米。根据《市人民政府办公室关于印发荆门市城乡自建房屋安全专项整治工作方案的通知》精神，对全市教育系统近老旧房屋进行了安全排查，鉴定C、D级危房21栋，已全部加固改造、拆除和封控。优化《荆门市中心城区教育设施专项规划（2022—2035）》，按照产城融合、产教融通高新区发展的新理念，重点新建掇刀区军马场学校初中部、掇刀区官堰湖未来学校、漳河新区荷花中学，扩建掇刀区双泉学校，建成后新增学位7650个。全市争取并落实上级奖补资金7.5亿元。

（王　伟）

文化和旅游

综 述

【概况】 2023 年，全市接待游客 3800 万人次，同比增长 50%；实现旅游收入 210 亿元，同比增长 40%。

推动出台《荆门市进一步促进文化旅游消费政策措施》及实施细则，发放文旅消费 1000 万元。开展"相约春天 2023"荆门文旅消费季活动，获得第七届中国区域互联网大会"正能量活动"表彰。举办 2023 年湖北省油菜花节、屈家岭 Tao 文化节、圣境山飞行艺术节等精品节会 30 余个，吸引各地游客 800 余万人次，旅游消费市场进入快速复苏期。参加第二届中国（武汉）文旅博览会、湖北武汉青少年体育博览会。联合"宜荆荆"都市圈城市推出 10 条精品旅游线路。策划推出荆门运动休闲嘉年华暨百团万人游荆门、"运动休闲、首选荆门"等主题宣传活动。荆门文旅形象宣传片《遇见荆门》、体育宣传片《遇见热爱》发布，城市形象宣传片在央视展播。

（赵俊杰）

群众文化

【湖北省"5·18 国际博物馆日"活动】 5 月 15 日，2023 年"5·18 国际博物馆日"湖北主会场活动暨荆门市博物馆新馆开馆仪式在荆门举行。荆门市博物馆新馆历经 6 年建设，建筑面积约 2.5 万平方米，展陈面积约 6400 平方米，通过专业展陈设计及新科技、新材料、声光电应用，全面展示荆门 5000 余年的人文历史积淀。活动由湖北省文化和旅游厅、荆门市人民政府主办，湖北省博物馆协会、荆门市文化和旅游局承办，荆门市博物馆协办。活动现场公布第七届（2022 年度）湖北省博物馆纪念馆六大陈列展览精品奖，宣布 2023 年湖北省文博系统"讲好荆楚故事"讲解大赛和"十佳推介文创产品"评选结果，并为获奖代表颁奖；举行了"宜荆荆恩"城市群博物馆联盟轮值博物馆交接仪式以及湖北省博物馆入驻抖音签约仪式。

【第四届湖北省荆州（荆门）花鼓戏艺术节】 7 月 17 日至 21 日，由湖北省文化和旅游厅、荆门市人民政府主办，中共荆门市委宣传部、荆门市文化和旅游局承办，荆门市湖北花鼓戏保护传承中心协办的第四届湖北省（荆门）荆州花鼓戏艺术节在荆门市举行，本届艺术节以"花鼓戏的盛会、老百姓的节日"为主题，有来自荆州、潜江、天门、仙桃、随州、荆门 6 个市 12 台剧目参演，12 场演出均向市民免费赠票。

【荆门市金秋音乐会】 10 月 17 日晚，致敬经典·2023 年荆门市金秋音乐会在荆门剧院举行。本场音乐会由武汉爱乐乐团演奏，音乐总监傅人长担任指挥。《欢庆》序曲拉开了音乐会的序幕，演奏了管弦乐曲《茉莉花》和《紫竹调》，经典乐曲《洪湖水浪打浪》《山丹丹花开红艳艳》，大型原创交响音诗《千里江山》第一乐章，西方经典音乐《卡门》序曲、《匈牙利舞曲第五号》、《四只小天鹅》、《电闪雷鸣波尔卡》，加演《北京喜讯传边寨》和《我的祖国》。

【第 23 届社区文化节】 6 月 25 日，荆门市第二十三届社区文化节在市体育文化中心开幕。活动由市委宣传部、市妇联、市文联、市民政局、市文旅局联合主办，市群艺馆、市湖北花鼓戏保护传承中心承办。活动在歌舞《蓝天下花海间》中拉开序幕。开幕仪式结束后，各表演团队给观众带来了精彩的节目表演。有舞蹈《童心追梦》《绽放》《桃花谣》；有歌曲《独绎》《深秋故乡山》《荆门再展新画卷》《幸福路上》；有小品《防诈警示录》；有情景剧《向太空》。演出期间，还向广大市民推介荆门旅游精品线路和引客入荆惠游政策及文旅消费券发行有关规程；组织部分 A 级旅游景区、旅行社和非遗项目现场进行宣传推介和非遗商品展销；制作 12 块非遗展板开展非遗保护与传承宣传教育。荆门市社区文化节从 2000 年开始，每年举办一届，已成功举办 23 届。社区文化节以文艺演出为主体内容，辅以书法美术展览、广场舞比赛、家庭文化展示等形式，每届历时数月，在闭幕式演出中结束。全年全市开展惠民演出活动 1800 余场。

【第 14 届"农家乐杯"文艺比赛】 11 月 10 日，荆门市第十四届"农家乐杯"文艺比赛优秀节目展演在东宝剧院举行，12 个优秀节目参加演出。"农家乐杯"文艺比赛是荆门市重点打造的群众文化品牌，至 2023 年底已举办 14 届。

【"四季村晚"活动】 落实文化和旅游部办公厅《关于开展"四季村晚"活动的通知》，开展春季热启动、夏季大联欢、秋季庆丰收、冬季暖回顾"村晚"活动，推动"村晚"活动常态化开展，展示各地乡村丰富多彩的群众文化活动。9 月 20 日晚，京山市在新市街道白谷洞村百家戏楼广场举办白谷洞村秋季"村晚"，作为"大地欢歌・荆楚四季村晚"2023 年全国"村晚"示范展示活动之一，"接地气式"呈现了乡村新风貌，展示推介京山市文旅资源。

（赵俊杰）

专业艺术

【大型现代花鼓戏《老家》】 《老家》导演韩剑光为中国评剧院国家一级演员，"中国戏剧梅花奖"得主。编剧郑家泉为中国戏剧文学学会会员，创作的《青年张文秋》《娶女婿》等多部作品获国家级荣誉。《老家》展现了改革开放初期，桐花湾村贫穷落后，为改变困境，村长石头引进磷矿带领乡亲们致富。随着时间推移，矿渣的污染逐渐显露，石头中了磷毒去世。乡亲们纷纷离开家乡。但主人公犟牛却对老村不离不弃，执拗地要把废弃的矿坑填平。十三年过去，英子带着女儿桐枝重回故里，祭奠丈夫石头。她被犟牛的精神所感动，留下来与他一同偿还对家乡山水所欠的债。桐枝从传统文化中找到灵感，决定用文旅融合的现代理念在老家开展环境治理。于是，越来越多的乡亲重回故里，那桐花飘飞，满畈稻香，店铺林立，书声琅琅的老家又回来了。

【小戏《一双布鞋》】 入选"全国舞台艺术优秀节目创作扶持计划，编剧陈光，配器唐从伟，导演刘利红，主演罗涛、曾菊，作曲李国标。讲述曾经踏实肯干、一心为民的驻村干部任明倡离开扶贫岗位回城后，初心渐忘，乡情渐淡，一心只想官位，无心念及父老，思想开始微妙退化，作风发生细微变化，最终面对乡亲们赠送的一双布鞋和光明村书记牛娇娇的重情重义而猛然警醒，迷途知返。

【小戏《一颗人参》】 讲述某公司为了项目竞标成功，向甲方的处长赠送百年人参遭拒绝，可由于公司资质与实力符合要求，最终成功竞标，诠释了干部清正、政府清廉。

【小戏《一张照片》】 讲述机关干部赵某在招商途中，擅自改变行程办私事，后因公车私用被给予党纪处分，说明纪律的红线不可触碰。

（赵俊杰）

公共图书馆

【概况】 全市图书馆品牌创建成效明显。文化和旅游部办公厅公布《文化和旅游部关于公布第七次全国县级以上公共图书馆评估定级上等级馆名单的通知》，荆门市图书馆、京山市图书馆、东宝区图书馆获评"国家一级图书馆"。

推进基础建设，构建以市级中心场馆为核心，县级总馆为拓展，乡镇分馆为普及，村社区服务网点为基础的四级文化设施网络，形成了"中心幅射周边，周边补充中心"的文化基础设施体系。新建荆门图书馆、东宝图书馆、京山图书馆。正在修建钟祥图书馆、掇刀图书馆，新增建筑面积 4 万余平方米。

加强智慧化设施建设，馆内配置有智能机器人、电子书瀑布流、自动办证借还机，以及 AR 体感跑酷机电子棋盘机、电子书法机等多种数字体验设备；各分馆均实施推广手机微信、App、微博等移动阅读平台的应用，购买、自建知网、宝宝智库等多个数据库。

推进公共图书馆服务均等化建设。开展送文化下乡活动，向农民群众赠送种养殖知识书籍、科技光盘、法律普及读物。强化特殊群体服务保障，各馆适时延时开放、错时开放，设置少儿活动区域。在坚持抓好阵地阅读的基础上，将重点放在阅读推广活动中，不断拓展活动范围和方式，让特殊学生"闻书香"、与留守儿童"手拉手"，引导未成年人快乐阅读。加强残疾人、老年读者服务。设置视障阅览室，购置盲文图书、盲人阅读机、听书机、放大镜、老花镜等设备；开通盲人语音图书馆，设置盲人通道。将流动图书车开进养老、学校、农村、工地等，开展送图书、讲绘本、做手工等文化活动，丰富老年人、留守儿童等特殊群体的精神文化活动。

以象山读书节为主线，创新打造"象山讲坛"名家讲座、"悦读阅美"朗读会、"快乐星期天"少儿读者活动、"五心服务"关爱行动等多个具有广泛影响力的阅读活动品牌，营造良好的全民阅读氛围。京山市图书馆近年来打造了以"文峰讲坛""乐享悦读""绘本故事汇"为主题的公益讲座、青年沙龙和亲子阅读特色品牌活动，满足不同年龄段市民的阅读需求。东宝区图书馆开展以"悦读东宝"为主题的全民阅读推广活动，读书积分乐、悦读宝贝、科普讲堂、小小图书管理员、东图之声、东图讲坛、云上书卷、百年人物、红色故事绘、"我们的节日"节庆专题活动，极大地满足了民众对公共文化服务和品质阅读的需求。荆门图书馆"书香暖荆城"、京山"乐享悦读"入选省文旅志愿者服务奖。荆门图书馆获湖北省阅读推广示范项目等。

(赵俊杰)

文化市场管理

【新业态监管】 宣传贯彻五部委《关于加强剧本娱乐经营场所管理的通知》《文化和旅游部公安部关于加强电竞酒店管理中未成年人保护工作的通知》以及《省文化和旅游厅办公室关于进一步加强剧本娱乐管理的通知》,增强剧本娱乐、电竞酒店市场从业人员守法经营意识,不断提高行业经营者法律法规意识,增强法治观念,牢固树立有法在管、有人在管、知法守法的经营理念。市县两级明确管理人员,实现专人专管,建立信息台账。全市有电竞酒店61家、剧本娱乐场所18家,其中,剧本杀经营场所13家,密室逃脱经营场所5家,全部实施剧本娱乐场所和剧本脚本备案管理。要求各场所建立剧本内容自审制度,张贴剧本娱乐活动适龄提示等,18家场所均已完成此项工作。2023年,组织开展剧本娱乐专项整治,全市共检查密室逃脱及剧本杀类场所94家次,出动执法人员236人次,处置违规内容剧本5本,发现隐患42处,整改隐患42处。从10月底开始,市县两级文旅部门明确电竞酒店电脑端统一安装文网卫士监管平台,实现实时可管可控。将电竞酒店纳入"双随机、一公开"检查企业库,联合公安部门开展不定期抽查,进一步强化多部门监管手段。

(赵俊杰)

文物保护

【屈家岭遗址入选2023年度全国十大考古新发现】 由中国文物报社、中国考古学会主办的2023年度全国十大考古新发现终评会在京召开。经过项目汇报会、综合评议,最终评委投票选出2023年度全国十大考古新发现,荆门市屈家岭遗址成功入围。屈家岭遗址是屈家岭文化的发现地和命名地,地处大洪山南麓向江汉平原的过渡地带,是实证长江中游文明起源的重要大遗址。2015年至今,经国家文物局批准,湖北省文物考古研究院、荆门市博物馆、屈家岭遗址保护中心组建考古队,持续开展考古工作,累计完成发掘面积6900平方米,取得重要收获。

屈家岭遗址公园　　(市文旅局　供图)

【荆门市博物馆一级青铜器保护修复项目、郭店楚简数字化保护利用项目通过验收】 2月9日,省文化和旅游厅组织专家在荆门市博物馆新馆召开"荆门市博物馆一级青铜器保护修复项目、郭店楚简数字化保护利用项目"结项验收会。来自省博物馆、省文物考古研究院、省文物交流信息中心和荆州文物保护中心的专家参加验收会。荆门市博物馆一级青铜器保护修复项目由国家文物局2017年批复立项,保护对象为一组馆藏明代组合铜俑,共计10件。针对文物病害,将传统技术和现代科技相结合,较好地完成保护修复任务,达到预期目标。郭店楚简数字化保护利用项目由省文化和旅游厅2019年批复立项,项目综合运用多项技术手段对郭店楚简全篇进行数字化采集,并制作多元化的数字成果,实现对郭店楚简的数字化保护,已初步建立信息化管理平台,为郭店楚简的保护研究提供工具支撑。与会专家现场考察项目实施情况,认真审阅项目相关资料,听取项目组汇报,经质询、讨论,专家组一致同意两个项目通过验收。

【第三批市级文物保护单位公布】 11月18日,市政府公布第三批文物保护单位,有古遗址1处,古墓葬9处,古建筑2处,石窟寺及石刻2处,摩崖石刻1处,近现代重要史迹及代表性建筑3处。涉及荆门上起新石器时代,下至明清和近代的历史印迹,具有较高的历史、艺术、科学、社会、文化价值。此次公布的18家单位为:周家湾遗址、胡大堰墓、金鸡冢墓群、吴家大垭山墓群、老南桥、赵家湾井、上泉寺摩崖石刻、讲经台、天星寨战场遗址、中共荆钟京县委旧址(俗称大瓦屋)、红三军军部旧址(原永澨天主教堂)、观音垱石刻、鹰子冢墓地、香油冢、烟端冢、金牛冢、强盗冢、烟墩冢。

(赵俊杰)

旅游行业管理

【概况】 2023年，各项促消费政策落地实施，文旅市场得到快速复苏，小长假、暑期、国庆等时段再现旅游高峰。面对旅游市场管理缺失断档、旅游服务质量下降、投诉举报率上升等问题，以及不合理低价游、虚假宣传等违法违规现象，市文旅部门迅速行动、压实责任，扎实开展文旅市场综合整治，通过宣传引导、重点整治、强化市场保障、运用综合施策等手段，打击违法违规行为，确保全市文旅市场稳定向好。

【旅游维权宣传】 通过新闻媒体、官方网站、荆门文旅公众号、自媒体平台等，充分宣传发动，采取正面引导和反面典型曝光，发挥消费提醒和旅游警示作用，引导人民群众理性消费，自觉抵制市场乱象。在“3·15”消费者维权日、“5·19”中国旅游日以及“五一”等重要的节庆活动开展文明旅游宣传，组织执法人员向市民发放“旅游投诉指南”“文明旅游行为公约”等宣传资料，积极宣传普及文化旅游相关法律法规，提高游客维权意识。常态化组织开展防范养老诈骗“四进”（进社区、进老年大学、进公园、进福利院）宣讲活动，针对老年市民讲解不合理低价游的危害及维权方式，全年共组织17场次，发放宣传资料近1万份。

【旅游市场秩序整治】 制定《2023年全市旅游市场秩序整治工作方案》，组建工作专班，以整治未经许可经营旅行社业务（“黑社”）、未取得导游证从事导游业务（“黑导”）、旅行社未与游客签订旅游合同、以不合理低价组织旅游活动、旅行社服务网点超范围经营等违法违规经营行为为重点，持续在全市开展旅游市场秩序整治行动。全市共出动检查人员780余人次，检查涉旅市场主体310余家次。针对暑期旅游旺季，市县两级文旅部门分别对辖区55家监测旅行社开展集中约谈，根据游客反映的12个方面集中问题，要求旅行社规范经营，提高旅游服务质量，禁止打“擦边球”。

对旅游投诉实行首位负责、限时办结制。全市共接待游客投诉146人次，结案率100%，游客满意率100%。钟祥市文旅部门对客店镇黄仙洞景区周边黑车线索进行摸排，联合公安、交通等部门打击非法营运车辆，切实保障游客出行安全。推动“纵向联合，横向协作”，联合公安、交通、市场监管部门在全市范围内组织开展市场巡查，同时加强“宜荆荆恩”城市群文旅执法联动，实现信息共享、执法协作的工作机制，有效提升旅游市场的监管效能。

（赵俊杰）

旅游节庆活动

【湖北省油菜花节暨荆门·沙洋第十五届油菜花旅游节】 2023年湖北省油菜花节暨荆门·沙洋第十五届油菜花旅游节于3月18日在荆门市举行，主会场设在沙洋县曾集镇张池村农耕文化体验园。本次油菜花旅游节主题为“乡村振兴 花开荆门”，由湖北省农业农村厅、湖北省文旅厅、荆门市人民政府主办。这也是荆门市第三次成为湖北油菜花节的主会场。活动期间，围绕“打造荆门一壶油全产业链、促进消费升级、放大荆门油菜花品牌效应”，拟定节会活动共20项。与往年相比，新增油菜宴品鉴、优质花蜜产品展销等特色活动。

开幕式上，省文旅厅、省粮食局分别发布“2023湖北最美油菜花海”“2023湖北特色菜籽油品牌”评选结果，沙洋县油菜花海等10个花海被推介为“2023湖北最美油菜花海”，湖北荆品油脂有限公司“农谷壹号”高油酸菜籽油等10个菜籽油品牌被推介为“2023湖北菜籽油特色品牌”。沙洋县被授牌为“湖北省乡村振兴培训学院沙洋基地”“傅廷栋院士工作站沙洋产业示范基地”。

开幕式活动中发布“我与油菜花的故事”微视频网络大赛评选结果、荆门市九大赏花活动和十条精品线路，邀请胡晓晴、陆鸣、徐千惠等文艺名家，创编具有荆楚地域特色的歌舞、曲艺等文艺节目。

17日下午，举办荆门高油酸油菜产业发展访谈，邀请华中农业大学副书记姚江林、傅廷栋院士等领导专家对荆门高油酸菜籽油产业化开发，加快建设集制种、种植、观光旅游、油脂和副产物加工、油脂储备于一体的高油酸菜籽油全产业链献计献策。

（赵俊杰）

旅游市场开发

【千家旅行社踩线绿林山风景区】 5月8日至15日，由全国各大旅行社、新闻媒体代表组成的千家旅行社踩线团齐聚绿林山风景区共赏绿林风景、体验绿林特色、品鉴绿林美食。活动期间，“踩线团”依次体验绿林山风景区五大特色景点。在绿林山国际大酒店宴会厅召开绿林山风景区推介会，绿林山风景区代表向“踩线团”就景区的未来发展、各景观资源特色及优惠政策进行介绍。

【“运动休闲 首选荆门”推介会】 12月18日至21日，由荆门市文旅局主办的“运动休闲 首选荆门”推介会先后在常德、长沙、岳阳三地举办。此次推介活动是荆门首次将运动休闲旅游品牌推向省外，共组织7个县市区、全市所有景区以及爱飞客飞行家、漳河卡丁车、荆门园博园、双泉温泉、清平乐露营基地、京山农场、莫愁村等重点文旅项目近百人参加。

【2023 荆门运动休闲嘉年华】 2023 湖北省滑翔伞冠军赛暨荆门运动休闲嘉年华百团万人游荆门活动开幕式在圣境山滑翔基地降落场举行,全市运动休闲嘉年华系列活动拉开帷幕。嘉年华从 9 月持续到 11 月,涵盖荆门 14 大品牌赛事活动,实现以赛促旅,推动体旅融合。赛事包括中国(京山)绿林网球 · 英雄会、湖北钓鱼公开赛、中国公路自行车公开赛暨环漳河自行车赛等。9 月 23 日上午,100 辆自驾车及百团万人游荆门首发团顺利抵达荆门,开启荆门自驾游之旅,游览荆门漳河风景区、钟祥莫愁村、东宝圣境山等景点,深度体验荆门运动休闲和山水人文魅力。

【参展第二届中国(武汉)文化旅游博览会】 4 月 22 日,第二届中国(武汉)文化旅游博览会在武汉国际博览中心开幕。荆门市组织市域景区、文创企业、民宿酒店、旅行社等 70 余家企业近 200 人参加本次博览会。荆门馆以“长江谷文明 荆楚新门户”为核心主题,通过展示以屈家岭国家考古遗址公园为代表的农耕文化、以郭店楚简为代表的楚文化、以世界文化遗产明显陵为代表的明文化,彰显荆门历史之韵;通过展示以荆门爱飞客小镇、京山网球小镇等为代表的国家级体育旅游精品线路,彰显荆门运动之趣;通过展示荆门园博园、龙泉公园、莫愁村等为代表的文化景点,彰显荆门文化之美;通过展示以漳河风景区、绿林风景区、黄仙洞、圣境花谷等为代表的名山胜水,彰显荆门旅游之乐。馆内还设置荆门好礼、旅游特产、文创商品 3 块产品展示区域以及传统技艺展示台,参展商品近 80 个类别,参加直播带货企业 70 余家。博览会期间,全市以县(市、区)为单位组织文旅企业开展景区推介、线上“优品优惠周”、直播带货等活动。

(赵俊杰)

文化旅游产业

【招商引资】 2023 年,签约光大证券荆门营业部项目、长江财险钟祥分公司项目、知音动漫文旅一体化项目、萨来玛低碳建筑研发中心(萨来玛木屋民宿)项目和园博园运营提升项目等 5 个项目,重点跟踪栖西里商业街区项目、青网科技产业园项目、隐居乡里民宿项目 3 个项目。

【项目建设】 制定《荆门市 2023 文体旅游产业重点项目推进路线图》,明确重点项目推进目标、工作责任,对全市 32 个重点文旅项目定期调度。沙洋县岳飞城田园综合体民宿项目、清流峡生态旅游度假区一期、茶花生态一体化休闲旅游项目、可可田园文旅产业园(摸鱼、钓虾、露营项目)、京山天沐温泉、圣境山创 AAAA 景区提档升级工程 6 个项目建成投运,爱飞客飞行社区、澳园文化科技产业园等项目有序推进。

【文旅消费券发放】 制定《2023 年荆门文旅消费券发放工作方案》,发放“极目楚天 钟情荆门”荆门文旅消费券 1000 万元,全市近 150 家文旅商户参与消费券发放活动。

【产业转型升级】 《荆门市文化旅游产业转型升级实施方案》印发实施。推进市现代服务业转型升级,推动文化、体育和娱乐业市场主体培育,全市规上文化、体育和娱乐业入库企业累计 12 家,新增文化体育娱乐业企业市场主体 204 家。

【品牌提质升级】 圣境山生态旅游区、屈家岭国家考古遗址公园成功评定国家 AAAA 级旅游景区,钟祥市获评省级全域旅游示范区,并入选 2023 中国旅游百强县市、首批荆楚文旅名县。对节白蜡艺术小镇纳入国家 AAAA 级景区创建名单。京山市石龙镇、漳河新区迎接村成功创建湖北旅游名镇、名村。京山市罗店镇马岭村被省文旅厅评为美好环境与幸福生活共同缔造活动乡村旅游驿站示范单位,全市评选乡村旅游精品点 24 家。

(赵俊杰)

传 媒

新闻出版

【行业监管】 全年完成7家新闻报刊单位、36家连续性内资、233家印刷企业、234家出版物发行单位年度核验工作及统计年报工作。2022年印刷企业产值14.98亿元，其中规上企业（产值5000万元以上）增加至5家，产值7.2亿元。书店扶持力度持续加强，积极争取20万元资金用于支持实体书店发展，支持力度居全省前列。

【版权保护】 以“质量强市”“优化营商环境”等工作为指导，以专项行动为抓手，加大版权保护力度，扎实推进“剑网2023”“秋风2023”等专项行动取得实效，全年查办侵权盗版案件4起，其中，“20220613侵犯著作权案”列为全省挂牌督办案件。连续3年获国家版权局表彰，且获奖层次居全省前列，市公安局蒋发贵、市中级人民法院李国林两名同志获评2022年度查处重大侵权盗版案件有功个人。教育宣传与案件查办齐头并进，组织“4·26”世界知识产权日版权宣传系列活动23场，承办省委宣传部“12·4”国家宪法日法制宣传暨著作权法进校园宣讲活动，持续提升基层版权意识。

【扫黄打非】 组织文旅、公安、市场监管等部门，在全市开展“正道”“新风”集中行动以及“整治内外勾连”“整治电商平台”等六大专项整治，严厉打击涉黄涉非行为。全年收缴非法出版物3000余册（份），查处各类案件68起，行政处罚案件52起，刑事案件16起，其中“高某等人非法经营案”被全国“扫黄打非”办公室和公安部治安管理局挂牌督办，并作为疑难典型案例在全省印发交流，全省仅3例。深入推进“扫黄打非”进基层工作，结合九渊书吧建设，在邮政、教育等系统建成“护苗”工作站3家。强化示范点管理，全年暗访示范点8个，下发示范点预警提示1次，基层站点全年协助核查线索42条，成案16起，全年共有3家单位和3名个人荣获全省“扫黄打非”先进集体和先进个人称号。创新推出全省首个“扫黄打非”动画IP“荆风侠”，制作系列动画3期，开展“护苗·绿书签”、“荆风侠”配音秀、“荆风侠”进校园等宣传活动100余场，上报扫黄打非工作信息30篇，《信息快报》采用3篇，湖北“扫黄打非”微信公众号采用12次，绿书签微信公众号单期采用1次。

【书香荆门建设】 举办“阅享新时代·奋进新征程”2023年全民阅读活动启动仪式，连续7年举办象山读书节系列活动，市委书记连续五年向全市干部群众推荐优秀书目，持续开展“那些年我们读过的书”阅读分享、“阅读悦美”美文赏析等六大特色阅读活动100余场次，以及全民阅读进军营、进机关、进企业等“十进一创”活动，居民综合阅读指数位列全省第七。出台《九渊书吧建设运营管理办法》，全面加强九渊书吧规范化运营管理，让阅读设施延伸到省市的每一个角落。以农家书屋为基层阅读阵地，打造乡村振兴“文化粮仓”，圆满完成1393家农家书屋出版物更新工作，举办“喜迎二十大·阅读新时代”“书香润心灵，阅读促成长”“9月28日孔子诞辰日”等系列阅读活动2000余场，其中沙洋县三峡土家族村“共话二十大·走进书屋看变化”活动获评2023年全省农家书屋优秀示范活动。在《荆门日报》、荆门广播电视台、荆门新闻网等市级主流媒体开设“强国有我、领读荆门”“书香荆门”“九渊书吧”“读书”等专题专栏5个。《湖北日报》、“书香荆楚”微信公众号刊载全民阅读稿件30余篇。

（却　星）

广播电视

【广播电视安全】 围绕维护元旦、春节、全国“两会”、亚运会期间全市广播电视安全播出开展工作，通过组织参加总局、省局安全播出视频会议、下发文件等形式，协调、督促全市各级播出和传输机构严格落实工作责任，加强值班值守，排查安全隐患，做好各项安播传输保障及信息上报工作，确保重要保障期的安全播出，未发生重大播出事故。

【境外电视传播秩序和IPTV传播秩序专项整治】 持续开展境外电视传播秩序整治,组织对辖区内电器经营商户、家电维修店、宾馆民宿等摸排清理。全市共出动执法检查人员434人次,发现违规销售"卫星锅"相关设施商户35家、擅自安装和使用非法卫星电视地面接收设施住户28家;现场收缴"卫星锅"设施35套,拆除非法卫星电视地面接收设施17套,进一步规范全市市场经营管理秩序。随机检查酒店宾馆、广电网络、中国移动等通讯运营商的IPTV传播情况,在正常IPTV信号进行截取、集成播控、传输分发、非法开展IPTV服务提供设备和技术支持等方面,未发现有违反IPTV相关规定的行为。

【广播电视频道频率监管】 按照省局推进县级实现高清化建设工作计划,督促相关县市加快电视频道高清化建设进度。截至年底,钟祥、沙洋、京山3个县市播出机构通过省广电局高标清验收并批复。按照省局广播电视无线传输覆盖网秩序专项整治工作要求,组织全市5家广播电视播出机构对照5类违法违规重点行为,做好整改工作,对有违规开办电视频道和违规使用调频广播频率的县级播出机构,督促其整改和关停,树立合法合规使用广播电视频道频率意识。

【应急广播体系建设】 全市应急广播体系建设有序开展,确保完成省局下达的京山市建设任务。京山市积极筹措资金,自筹40万完成118个村的应急广播工程建设,超额完成68个。组织、督促应急广播平台建设和应用的县市建设运维单位,认真开展排查,掌握应急广播建设情况是否存在网络安全隐患,确保应急广播系统平台建得好、管得好、用得好。

【广播电视节目推优争优】 2023年,广播电视新闻推优作品5件、2023年度广播电视公益广告精品创作重点项目选题申报12件、2023年融媒体创新案例申报4件、2023年全国广播电视媒体融合先导单位、典型案例、成长项目征集推选2件、2023全省广播电视主题宣传创作重点项目库申报表及"十四五"纪录片重点选题规划(第三批)申报等作品上送申报各1件。其中,电视类《依水而行》、公益广告类《暖"新"更暖"心"》和《青春是什么模样》3件作品纳入2023年度全省广播电视和网络视听精品创作重点项目库作品。纪录片《中华有种秋沙鸭》入围2023年第二季度全省广播电视创新创优节目。

(赵俊杰)

电 影

【概况】 全市有城市影院16家,总影幕数81块,全市全年影院总票房7100.96万元,累计观影177.04万人次。

【电影市场监管】 根据电影产业促进法、电影管理条例,定期对各影城进行检查,规范各影城经营管理,定期开展员工安全知识教育。2023年,全市各影院电影放映秩序良好,未发现违法违纪行为,观影环境良好。

【专项资金补贴申报】 组织各城市影院积极申报国家电影事业发展专项资金补助及国产片奖励等项目,全年协调并核拨中央支持地方公共文化服务体系建设补助资金和湖北省国家电影事业发展专项资金共计32万元。

【农村公益电影放映】 落实国家农村公益电影"2131工程",组建89支放映队,按照"一村一月一场电影"的工作目标,开展农村公益电影放映调研,全年常态化推进农村公益电影放映16306场次。

【文化惠民】 统筹协调各地利用农村公益电影放映平台,积极开展普法教育工作,在全市贫困村放映普法电影900余场。开展电影进企业、进社区活动,组织院线深入企业和社区组织电影专场,放映《长空之王》《流浪地球2》《满江红》等优秀主旋律电影。组建法规政策宣传小分队,深入浏河岛、团林镇、漳河镇等地,发放文物保护、文化传承等相关法律法规宣传资料800余份,播放《生死抉择》《扫黑,决战》等廉政电影4场。在全市中小学校开展"爱国主义主旋律优秀影片进校园活动",用红色电影传承红色基因。统筹组建荆楚红色文艺轻骑兵红色电影小分队到各乡镇社区学校播放红色电影300余场。

(陈 宇)

网络传媒

【概况】 截至2023年底,全市有5家新闻单位取得互联网新闻信息服务许可,包括互联网站5家,应用程序6个,公众账号13个。市级主流媒体、各县市区新闻单位微信公众号、抖音、头条号等平台"粉丝"超700万人次。中新网、长江云、荆楚网、百度、网易等中省网络媒体均在荆门设立分站或运营中心。全市各级各类网络媒体以习近平新时代中国特色社会主义思想为指导,通过全媒宣传、融合传播、矩阵推送,多维度、全方位、立体化展现全市全面贯彻新发展理念,构建新发展格局,推动高质量发展新思路、新举措、新实践,为荆门"打造产业转型升级示范区"以及建市40周年营造良好网上舆论氛围。荆门市委网信办被授予湖北省网络宣传引导工作"创六优"竞赛"网络内容建设优秀集体"。

【提升主流媒体影响力】 各级网络媒体聚焦党委政府中心工作开展议题设置，不断提升优质内容供给能力。结合党的二十大、改革开放45周年、共建“一带一路”倡议提出10周年、荆门市建市40周年等重要节点，精心策划组织宣传报道，主线清晰、主题鲜明；聚焦生态文明建设、乡村振兴、全国文明城市等重大主题，着力在丰富内容、创新表达上下功夫，凝聚人心、汇聚力量。荆门九派通融媒体中心作为媒体融合的先行先试单位，坚持一体化发展方向，创新融合传播机制，推出阳波工作室、李键工作室、职来职去工作室等主持人系列IP，衍生134期短视频（直播）产品。京山、东宝、掇刀等县级融媒体中心，理顺融合采编策划审核机制，重点立足“本乡本土”故事，推出“E眼看京山”“早安，东宝”“二十四节气”“百姓故事”“楚望风华”“项目建设进行时”等专题专栏，聚焦县域经济、奋战开门红、春耕、乡村振兴等进行网上宣传，微信号多次上榜湖北省区县政务微信号TOP100榜单。2023年，全市主流网络媒体在省级以上主要媒体刊播稿件7790篇，推出浏览量50万次以上爆款产品92件。

【网络阵地建设】 “九派通”客户端项目获2022年度“全国地方党媒深度融合年度创新项目”示范项目，融媒体采编平台项目入选优秀项目；全力打造的畅通民企诉求“主平台”《畅通工程·荆天办》获评2023年湖北省媒体融合创新案例“服务群众类”最佳案例。荆门新闻网抖音号运用新媒体进一步走好网上群众路线，打造标杆新媒体账号，获评湖北省2023年走好网上群众路线“百佳新媒体账号”；荆门新闻网原创动漫《网络安全无小事 看看法律怎么说》获得湖北省第五届法治动漫微视频作品征集展示活动动漫类二等奖。掇刀区融媒体体中心《掇彩时代》获得第一届湖北省十大“最具魅力乡村”全媒体（视频）展播推选活动优秀“魅力乡村”奖。《建市40周年 看家乡变化》《“国际能谷·锂电小镇诞生记”特别报道》《31“公岁”的他，从土耳其平安回荆》等7篇稿件获“2023年湖北省网络宣传好作品奖”。

【“荆采行”网宣品牌建设】 策划开展“‘蝶变荆门’——2023年网络媒体荆采行”活动。以“聚力产业转型升级 加速产业转型蝶变”为主题，围绕“汽车智能装备”“化工循环”“农产品加工”“新能源新材料”四大产业，组织中、省、市各级网络媒体及本土网络“大V”40余人走进各特色产业园区，详细了解项目建设、生产经营、研发创新、产品销售等情况。宣传期间，通过推出开屏、主视觉、海报、图文、微视频、话题等多类型融媒体产品，开展全方位、多角度的报道，全景式呈现荆门以科技创新推动产业转型升级、提质增效生动实践，赢得广大网友热情点赞，全网累计综合浏览量8000余万人次。以荆门建市40周年为契机，策划推出“从新遇见荆彩”网络宣传活动，依托新浪网及微博双端联动优势及传播矩阵，通过推出40周年数字成果、未来发展海报，KOL打卡荆门vlog视频、荆门网红打卡地推文等，突出荆门在过去40年里的蓬勃发展以及重大成就，展现未来系列改革发展举措，提高了荆门城市美誉度、关注度、知名度。“从新遇见荆彩”话题阅读量达9800万人次，互动量3.5万人次。

【“荆”牌制造网信普法】 适应互联网“个性化定制、分众化传播”特点，聚焦各类网络社群，增强优质内容供给，创造运用“微视频、微电影、微动漫、微宣讲”等新形式开展网信普法活动，持续推进网信普法扩面增效。打造“四个一”系列网信普法品牌。通过一个“荆门市互联网违法和不良信息举报平台”网站、一个“网信荆门”微信公众号、一个“荆门网信普法”专题、一个“象山时评”专栏，打造“网端微屏”立体式网信普法品牌。打造“荆城网事”系列微电影，制作原创普法情景剧，拍摄《梦想合伙人》《挖呀挖呀挖之网信普法“七进”版》等微视频，针对网络诈骗、网络暴力、信息泄露等问题，结合网信相关法律法规进行解读阐释，引导网民共同维护网络文明、规范网络生活。打造“动漫说法”系列短视频，推出荆门原创网信动漫IP形象大使“荆小信”，制作发布《未成年网络保护》《向网络暴力亮剑》《共建清朗营商网络环境》等6部法治动漫，上线“荆小信”微信表情包等，通过“荆小信”亲民、可爱的卡通形象进行“互动式”普法，进一步提升网信普法的趣味性、吸引力、知晓度。2023年，“荆小信”系列普法动漫视频获评“湖北好网民工程品牌”。

（曾雅君）

媒体融合

【概况】 2023年，抢抓全国地市级融媒体中心建设试点机遇，组建荆门九派通融媒体中心，标志着荆门媒体融合发展迈出里程碑意义的一步。

【媒体改革】 根据国家级融媒体改革试点工作部署，按照市委工作要求，4月初，原荆门日报社、荆门广播电视台正式合并，组建荆门九派通融媒体中心。整合班子、人员、机构、平台、管理，形成“声、屏、报、网、端、微、号”全媒体宣传平台32个，重建新闻采编、媒体经营两条管理体系，搭建“一次采集、多种生成、多元发布”融媒体指挥调度平台，改革成效初步达成，改革进度走在全省前列。

【主题宣传】 坚持把学习宣传贯彻习近平新时代中国特色社会主义思想作为首要任务，在各媒体平台重要位置刊发习近平总书记时政新闻,常态化开设“学习时刻”“学习进行时”等理论宣传专栏,打造《理“响”荆门》等新媒体产品,不断推动党的创新理论“飞入寻常百姓家”。认真组织党的二十大、省党代会、市党代会、市两会等重要会议精神以及主题教育宣传,各类报道形式多样、渠道丰富、反响热烈。在全媒体唱响经济光明论,密集开展主题宣传、成就宣传、形势政策宣传等,围绕产业转型升级示范区建设、高质量发展、建市40周年、优化营商环境、招商引资和项目建设、共同缔造、乡村振兴、产城融合、流域综合治理等宣传重点,各平台推出重点宣传专栏(系列报道、专题专版)118个(组),刊播稿件超过2600件(次)。高质量完成“建市40周年成就展”、“40年·40人·40事”发布、“湖北工匠杯技能大赛”等20多个重大活动的融合宣传。

【民生报道】 全力打造畅通工程《“荆”天办》节目、九派通App两个平台,积极参与社会治理,正确引导舆论,赢得多方“点赞”。为普通群众和市场主体专门搭建的诉求“主平台”《“荆”天办》节目,成为全市“两个畅通”工程的主要内容和重要阵地,全年播出41期,有效解决36类78个问题,受益群众达80万人。节目与报纸、客户端以及政风行风热线、市委书记留言板等做深度关联。市委主要领导多次对“推进两个畅通 聚焦急难愁盼”报纸专栏给予表扬和肯定。亲民利民“智慧平台”九派通App坚持“新闻+政务+服务”功能定位,进行版本更新,加强与市直单位、县级融媒体中心互联互通,区域性媒体“中央厨房”初见成效,用户数突破20万。各媒体平台结合各自特点优势,积极参与助农、助学、助弱活动,搭建“清凉驿站”,开展“暖新闻”、先进典型报道,大力弘扬正能量,传播核心价值观。

【融合传播】 整合优化报台采编资源,实行全媒体选题共享、统一调度,浏览量10万次以上作品同比翻一番,融合传播成绩显著。浏览量10万次以上短视频达500多个,全网播放量最高纪录过亿人次。新媒体尤其是短视频账号“粉丝”数稳中有升,直播荆门视频号“粉丝”量突破10万人,荆门晚报抖音号粉丝量突破54万人。直播场次创历年之最,达150场。创新推出的《阳波看项目》《职来职趣》等3个工作室、近10个主持人系列IP等,形式新颖,传播效果明显。

【上宣外宣】 通过选题统筹策划、力量统筹调度,“荆门故事”在各类上级主流媒体频繁出圈,上宣外宣取得历史最好成绩。完成央视上宣73条,省电视台上宣214条(湖北新闻、湖北十分104条,湖北电视台其他栏目129条),省广播电台上宣185条,“学习强国”学习平台上宣73条,有力提升荆门城市辨识度、显示度和美誉度。

【阵地建设】 认真落实党管媒体、党管宣传、党管意识形态原则以及政治家办媒体原则,始终坚持正确的舆论导向和价值取向,全媒体刊播安全有序。在全媒体实行“三审三校”制度,严格落实选题上报、内容审核把关流程,在政治导向、版面语言、表达方式等全面从严把控新闻宣传的“时度效”。全年未发生政治导向错误和重大业务差错。加强精品生产,建立内部好新闻评选、报纸质量通报、节目阅评等制度,奖优罚劣、奖勤罚懒。各媒体共获“湖北新闻奖”(2022年度)二等奖1件,三等奖6件;“湖北广播电视节目奖”一等奖1件,二等奖3件,三等奖18件。“九派通”客户端项目获2022年度“全国地方党媒深度融合年度创新项目”示范项目,融媒体采编平台项目入选优秀项目。《畅通工程·荆天办》获评2023年湖北省媒体融合创新案例“服务群众类”最佳案例。

(九派通融媒体中心)

体　育

综　述

【概况】　2023年,全市以建设运动休闲旅游城市为抓手,坚持体育产业、体育事业一体化发展,群众体育、竞技体育、体育文化一体化推进,体育强市建设迈出坚实步伐。荆门市委、市政府主要领导多次调研体育工作,共同出席2023年中国公路自行车公开赛、中国(京山)绿林网球英雄会等全民健身活动,专题研究运动休闲旅游城市策划工作。荆门市在2023年省"四会"筹备参赛总结暨2024年全省体育工作会议上围绕《深入推进"一县一品"战略 加快建设运动休闲旅游城市》作经验交流。

(赵俊杰)

群众体育

【全民健身赛事活动】　围绕"普及全民健身 缔造幸福生活"主题,面向青少年、干部职工、老年人、农民等重点群体,举办2023省"奔跑吧·少年"主题健身活动春季启动式、省全民健身八进乡村、省"舞动荆楚·和美乡村"健身行农民健身操(舞)比赛、市第九届职工篮球赛、市第十一届老年人体育健身大会等全民健身赛事活动180余场次。承办国家级、省级体育赛事活动80余场次,城市知名度进一步提高。

【全民健身指导服务】　全市成立各类社会体育组织136个,社会体育指导员登记人数7084人,每千人拥有社会体育指导员数达2.78名;经常参加体育锻炼人数达106.6万人,占总人口比例41%。先后投入180万元建成5个国民体质监测站点,实现国民体质监测全覆盖。全市完成体育锻炼达标测试1658例,合格以上比例达95.17%。荆门市国民体质监测中心工作人员朱莉获评全国"最美体质测定员"(湖北唯一)。

(赵俊杰)

竞技体育

【人才培养】　2023年,荆门市向省体校、省集训队输送人才10余人,多人在国际国内大赛上夺得金牌。在第27届亚洲青少年乒乓球锦标赛上,荆门市输送到国家队的乒乓球运动员范姝涵荣获U19女子团体和单打2项冠军;在2023年全国U系列举重冠军赛上,荆门市输送到省队的举重运动员刘国鼎获得男子举重总成绩冠军;在2023年亚洲U23摔跤锦标赛上,荆门市输送到国家队的运动员谭浩东以压倒性优势夺得63公斤级金牌;在第十五届亚洲射击锦标赛上,荆门市输送到省集训队运动员陈文婧获1金1铜;在全国第一届青年(学生)运动会上,荆门市输送到国家摔跤队的运动员谭浩东勇夺男子60公斤级金牌。出台《荆门市深化体教融合 促进青少年健康发展的实施意见》,对加快推动全市青少年体育后备人才建设提供行动指南;印发《关于申报2023—2025年荆门市体育传统(特色)项目学校的通知》,评选35所体育传统特色项目学校,做实青少年后备人才培养阵地。京山市在全国体教融合工作会议、首届省青少年体育大会上作典型发言。

【竞技比赛】　备战参赛省十六运会,共夺得金、银、铜牌262枚,其中金牌71枚。金牌总数全省第七名、总分全省第七名、周期输送贡献全省第六名,并获省第十六届运动会"体育道德风尚奖"。其中群众体育类全省排名第五,青少年体育类全省排名第六,社会俱乐部体育类全省排名第10。省(京山)网球学校学生聂梦彤在中国青少年网球巡回赛上夺得冠军;市体育艺术学校学生杨紫童在2023年全国射箭U16、U18锦标赛上,夺得个人全能和30米单项两枚金牌;黄龙文武学校在2023年全国青少年空手道U系列赛上夺得三金九银;市体校帆船队在省青少年帆船锦标赛上取得八金六银六铜;荆门市代表队在省青少年足球锦标赛(男子U16—18组)获得亚军,取得历史最好成绩。积极承办省U7—10羽毛球比赛、省青少年围棋锦标赛、省青少年足球锦标赛(男子U16—18组)等省级赛事9场;联合市教育局,整合优化青少年体育赛事,制定青少年体育赛事年度计划,举办荆门市2023年青少年羽毛球、游泳、乒乓球、轮滑、武术套路、网球、跆拳道等锦标赛7场,举办停办8年之久的荆门市中学生运动会,设置田径、游泳、足球、篮球、乒乓球等项目,赛事覆盖全市中小学生,社会反响热烈。

【体育改革】 做大做强省队市办、省校县办项目,省射箭队运动员王世坤和队友获成都大学生运动会射箭男子复合弓团体赛金牌,蔡加兴、王宝斌、考文超在全国射箭冠军赛上获团体冠军,蔡加兴、李雨泽等在全国射箭锦标赛(室内)上夺得3枚金牌。省(京山)网球学校在年度省级网球比赛中斩获金牌总数的70%以上,金牌总数和奖牌总数均位列全省第一,80%学生文化课成绩超过省示范高中录取线。市体育艺术学校等3家单位入选新周期国家体育后备人才基地。市体育艺术学校、省(京山)网球学校、钟祥市业余体校入选省局"61530"行动计划。

(赵俊杰)

体育产业

【概况】 全年全市体育产业总产出151.33亿元,实现增加值80.12亿元,同比增长5.45%和7.41%,占当年全市地区生产总值比重3.64%。荆门入选全省钓鱼产业试点城市。

【重点项目建设】 参加湖北(黄石)第二届体育产业大会、第二届湖北(武汉)青少年体育博览会等,与上海力盛签订合作协议。沙洋乐山坡钓场建成并投入使用,省航空运动管理中心、飞行服务中心等项目有序推进。开展居民体育消费调查,编制《2023年度荆门市居民体育消费调查分析报告》。2023年,荆门市居民体育消费总规模61.6亿元,同比增长5.26%;人均体育消费2417.95元,同比增长5.23%。《立足航空运动休闲特色 以融合发展促体育消费产品创新》入选国家体育消费试点城市创新实践案例。立足"一县一品"特色体育项目,不断提升办赛规模、办赛层级、办赛水平。举办滑翔伞定点世界杯总决赛、2023中国公路自行车赛(湖北·荆门站)暨漳河自行车赛、中国(京山)绿林网球·英雄会、全国射箭比赛、湖北村网等高规格品牌赛事30余场次,央视、湖北卫视主流媒体关注报道,线上线下参与规模达1000万人次,全网关注点击量达1.5亿次。第十届文化和旅游融合与创新论坛上,荆门市获"2023最佳运动休闲旅游目的地"称号。

【体育彩票销售】 全市有体育彩票销售点281个,全年体育彩票销售额55162万元,比上年增加12038万元,增长27.92%,为国家、省、市三级募集体彩公益金13011万元,市场份额65.47%,比上年增长0.38%。

【创建国家体育消费活力城市】 国家体育消费试点城市案例入选国家体育总局创新实践。开展2023年度荆门市居民体育消费调查,2023年荆门市居民体育消费总规模61.6亿元,人均体育消费2417.95元,同比增长5.23%,占人均可支配收入比率为6.17%。

(赵俊杰)

体育设施

【概况】 以省新全民健身示范工程建设为契机,完善市、县、镇、村四级全民健身设施网络和城市社区"10分钟健身圈"。2023年,争取全民健身补短板中央和省预算内投资项目资金2040万元,新建东宝圣境山体育公园、掇刀李宁郊野体育公园项目2个,省新全民健身示范工程项目11个。实施市级体育场地设施以点扩面工程,投入资金520万元,为东宝区、掇刀区、漳河新区建设多功能运动场、美丽乡村文体广场、体育场地设施提质升级等项目10个。全市人均体育场地面积达2.8平方米,每万人拥有"三大球"场地11.57个。群众"健身难"的问题得到进一步缓解。生态运动公园体育场入选为"全国公共体育场馆开放使用典型案例"。

(赵俊杰)

卫生健康

综　述

【概况】 2023年，荆门市有各类卫生健康机构1967家，其中医院56家（综合医院38家、中医院5家、专科医院13家）、基层医疗卫生机构1882家（社区卫生服务中心17家、社区卫生服务站60家、卫生院51家、村卫生室1284家、门诊部8家、诊所卫生所医务室462家）、专业公共卫生机构26家、其他卫生计生机构3家。每千人口拥有执业（助理）医师和注册护士数分别达3.09人、3.85人，医护比为1∶1.25。实有床位20311张，每千人口拥有床位7.97张。

全市卫生健康工作坚持以新时代党的卫生健康工作方针为指引，按照“稳中求进”工作总基调，围绕“健康荆门建设”工作总目标，坚持以人民群众健康为中心，不断增强人民群众健康素养。持续抓牢抓实疫情防控工作，落实“乙类乙管”政策举措，保持市、县、乡、村四级指挥体系全面激活状态，建立市、县两级监测预警中心，持续做好学校、养老机构等特殊场所和交通等公共场所的疫情防控工作，规范开展哨点医院、病例报告、变异毒株等11个方面的监测，落实日统计、日报告、周分析、周评估制度，全市新冠疫情始终处于低水平散发状态。在秋冬季支原体肺炎、冬春季流感高峰，及时启动专家团队，统一诊断和救治方案，落实“全院一张床”的救治机制，确保患者得到及时有效救治。五大症候群监测病例信息3.8万条，各类传染病规定时间内排查率100%，接种新冠病毒疫苗1.2万人，健康随访78.6万人次，有效处置学校疫情38起。持续加快推进健康荆门建设，荆门市再次通过国家卫生城市复审，居民健康素养水平提升到33.48%。全面落实14类55项国家基本公共卫生服务，所有指标均达到国家要求。深入推进影响群众健康突出问题“323”攻坚行动，建成胸痛中心11家、胸痛救治单元68家、卒中中心9家、卒中防治站65家，完善急危重症体系建设，连续2届获得国家级优秀奖，攻坚行动经验做法在全省推广。持续推进公立医院高质量发展，围绕打造“八大亮点”实现30项核心发展目标，谋划市县两级公立医院高质量发展项目73个，开工（实施）62个，开工（实施）率85%；建成国家级和省级重点专科112个，建立院士工作站4个、大国工匠站1个、国家级住院医师规范化培训基地2个，“互联网+智慧医疗”全部覆盖医院和基层医疗卫生机构。持续推动3个城市医联体、4个县域医共体紧密运行，实行“八个一体化”“三通六统一”工作机制，各龙头医院远程会诊8万余人次，下派专家550余人次，帮助基层医疗机构新建特色科室23个，基层医疗服务能力显著提升。荆门市获首批全国紧密型医疗集团建设试点城市，公立医院高质量做法在全国推介并成功入选中国卫生“双十大”（推进医改服务百姓健康十大新举措、十大新闻人物），荆门市人民医院医联体荣获全国现代医院管理优秀案例，京山市医共体建设荣获全国县域医共体建设“标杆奖”，钟祥市人民医院成功创建为三级甲等综合医院，京山市、沙洋县人民医院纳入三级综合医院管理，提前两年实现省定三级综合医院县市覆盖目标。

【医药卫生体制改革】 市政府出台深化医改真抓实干攻坚行动、紧密型城市医疗集团建设实施方案和完善分级诊疗制度意见等政策文件，推动深化医改工作走深走实。“三医协同”方面，主动与医保、人社、财政等部门建立联席会议制度，定期会商药品集采、价格调整、医保支付、分级诊疗等重大改革事项，药品价格平均降幅50%以上。人事编制方面，争取市财政每年给予不低于500万元高层次医学卫生人才引进专项引导资金，引进硕博人才70名，发放奖励资金391.8万元；创新设立“院长助理、首席专家”等特设岗位，实行了基层人才“县管镇用、镇管村用”，多渠道将引进培养的人才纳入编制管理。完成800名大学生村医培养计划，前三届475名毕业生已到村卫生室上岗。医保支付方面，稳步推进DIP付费改革，确定综合病种1025个、核心病种3570个、基层病种114个，覆盖医疗机构

136家,已开展实质性结算;制定中医医疗机构系数加成0.1、中医优势病种加成0.05等倾斜政策,促进中医药事业发展。绩效薪酬方面,全面推开公立医院绩效薪酬制度改革,逐步引入以资源消耗为导向的公立医院内部绩效评价机制,变医务人员薪酬与收入挂钩为与质量效率挂钩,全市公立医院人员支出占比提高到39%。信息化支撑方面,通过医疗健康"数字化"、医疗管理"网络化"、医疗服务"智能化"引领智慧医疗,全面建成医疗服务信息"一张网",逐步实现人民群众看病就医"掌上预约""指尖医疗""实时结算"。实施医疗服务效率与业务运行情况季度分析通报机制,通过跟踪开展绩效"体检",精准查找问题、补齐短板,各级公立医院精细化管理水平稳步提高。深入推进疾控体系改革和公卫体系建设,市、县两级均挂牌成立疾控局并重新组建新的疾控中心。持续开展"补短板"三年行动,75个公共卫生项目全部完工,88家发热门诊建成并常态化运行,建成核酸检测实验室19家。

【中医药管理】 推进"323"攻坚行动中西医结合专病防治,重点建设基层医疗机构专病防治站,构建完善市、县、乡三级中医药服务体系,以点带面全面提升中医药服务可及性。加大中医药人才队伍建设,中医规培结业43人,考核通过率92%,比上年提高22%。组织开展首批中医药专家学术经验继承、中医护理治疗等培训活动,培养中医药特色人才300余人。全市基层医疗机构完成医院住院系统(HIS)与中医馆健康信息平台对接,实现中医药信息与卫生健康信息、中医馆信息互联互通。依托中药材产业链重点企业及重点项目的辐射带动,全市中药材扩大至402科3645种。帮助企业解决发展问题,推荐湖北盛昌水产有限公司、湖北道地药材科技有限公司为重点企业,为两家企业争取省级扶持资金600万元。

【健康扶贫】 加快推进巩固健康扶贫成果与乡村振兴有效衔接,落实大病集中救治政策,优化家庭医生签约服务和"先诊疗后付费""一站式一票制"服务,全市农村低收入人口住院报销比例达92%、门诊报销比例达86%。织牢织密基层医疗卫生服务网底,不断提升卫生健康服务能力,为全面推进乡村振兴提供坚实的健康保障。

【卫生健康宣传教育】 围绕改革发展重大举措、重要部署、重点工作,全方位、多层次推进卫生健康信息宣传工作。《人民日报》刊载荆门市村医队伍建设工作经验,中央电视台播放荆门市援非医师先进事迹,湖北电视台专题宣传荆门市托育服务工作经验。深入开展国际护士节、中国医师节、"一下三民"实践活动和清廉医院建设等宣传,在中央和省级主流媒体刊登稿件666篇,在《荆门日报》《荆门晚报》编排专版280期。健全卫生健康新媒体宣传网络,优化官方网站栏目布局,完善"健康荆门"微信公众号便民服务功能,筑牢卫生健康宣传阵地。

(李广志)

预防保健

【卫生应急】 坚持"大应急"观念,积极构建水上、陆路、航空医学救援体系和民营医院与基层医疗机构联动医学救援体系,组建市级卫生应急队伍23支、应急人员234人,各县(市、区)、乡镇卫生院(社区卫生服务中心)全部建立卫生应急队伍,形成市、县、乡三级卫生应急队伍网络。全市报告公共卫生事件2起(不包括新冠病毒公共卫生事件),其中沙洋县1起、东宝区1起。开展一次伤亡3人及以上医学救援行动73次、救援伤员260人次。完成市两会、高考、2023环漳河自行车赛等重大会议、重要活动医疗保障服务117次。组织开展荆门市2023年卫生应急暨国防动员实战演练、荆门市竹皮河突发水环境事件应急演练、航空应急救援综合实战演练、长城汽车产业园灭火救援实战演练等活动。深入开展第15个减灾防灾日和急救知识"五进"宣传活动,积极参加全国医疗应急能力系列课程培训,组织开展突发事件医疗救援现场急救能力提升和公立医院应急管理等业务培训。

【慢性病防治】 开展慢性病综合防控,加大慢病监测、死因监测、心脑血管及肿瘤发病登记和行为因素监测。全年报告死亡人口22056例,粗死亡率8.07‰,人均期望寿命达80.83岁,重大慢性病过早死亡率9.31%。实施35岁以上人群首诊测血压、测血糖制度,将肺功能检查纳入40岁以上人群常规体检,为高血压、糖尿病患者提供"全流程、闭环式"健康服务。东宝区通过国家慢性病综合防控示范区复审。

【职业病防治】 开展职业健康专项调查,掌握用人单位职业危害基本信息,建立企业信息台账,实施"一企一策",强化日常监督和技术指导。召开职业健康监测项目培训会、"健康企业"创建推进会,25家企业纳入省级"健康企业"创建对象,会同市总工会、市应急管理局推广应用国际劳工组织中小企业职业安全卫生防护"工具包"。荆门市人民医院被列为全市职业病定点救治医院,选送6名职业病防治骨干参加省级业务培训。开展职业健康岗前、岗中、离岗检查42167人次,新诊断职业病患者13例,持续保持无接尘工龄不足5年的新发尘肺病病例。加强既往职业病患者清查,完成尘肺病患者随访312人,随访率

100%。白庙社区卫生服务中心尘肺病康复站“两规范、两创新”工作模式被省卫健委网站专题推介。

（李广志）

爱国卫生

【卫生城镇创建】 荆门市纳入第二批国家卫生城市新标准试验性评估对象，3月高分通过国家卫生城市第二轮创卫复审。指导沙洋县、京山市开展国家卫生城镇复审，8月通过国家卫生城镇复审。成功创建国家卫生县城1个、国家卫生乡镇18个，完成8个国家卫生镇的评估验收工作，实现全市省级卫生城镇全覆盖。

【病媒生物防制】 坚持每周洁城清扫活动。建立环境卫生治理长效机制，开展春季和秋冬季集中除“四害”活动，中心城区安装维护除“四害”防护设施16399处，毒饵站18524座，新建灭鼠毒饵站1963座，喷洒灭蚊蝇药物1400千克，投放灭鼠毒饵约3922千克，投放灭蟑饵粒等杀虫药物36千克。沙洋县、钟祥市通过湖北省除“四害”先进城区复评。

【健康教育与健康促进】 打造健康支持性环境，开展健康知识普及行动，建立荆门市健康科普资源库。组织参加科普大赛、健康讲座、健康义诊等活动5000余次，惠及群众10万余人次。实施控烟宣传和无烟环境建设，组织全市中小学校开展“小手拉大手”“拒吸第一支烟、做不吸烟新一代”等活动，全市卫生先进单位、卫生村、卫生社区创建率100%，无烟党政机关、无烟学校创建达标率100%。开展健康素养监测和健康影响评价，完成3000份居民健康素养水平调查问卷，荆门市健康科普馆接待参馆群众1万余人次。

（李广志）

重大疾病防控

【免疫规划】 贯彻落实《预防接种工作规范》，严格执行疫苗管理法、疫苗储存和运输管理规范等法律法规，建立冷链管理制度，加强疫苗出入库管理，实行疫苗全程追溯管理。全市共出生儿童10261人，建证率100%，管理0—6岁儿童131333人，适龄儿童国家免疫规划疫苗接种286490剂次。组织开展麻疹、急性弛缓性麻痹（AFP）和疑似预防接种异常反应（AEFI）病例监测，调查诊断疑似异常反应10例，其中省级医学会鉴定1例、省级调查诊断3例、市级调查诊断6例；诊断为异常反应4例、偶合症6例。围绕“主动接种疫苗，共享健康生活”宣传主题，开展第37个“全国儿童预防接种日”宣传活动，开设现场咨询点58处，专题讲座11次，发放宣传折页9165份、宣传单15627份。

【艾滋病防治】 持续加大性病、艾滋病、丙肝综合防治工作，印发《2023年全市艾滋病防治主要措施落实质量考评方案》《2023年全市艾滋病防治主要工作任务分解表》，开展抗体筛查534812人次，二级及以上医疗机构住院病人HIV筛查率61.26%。加强100%安全套使用推广工作，安全套项目覆盖娱乐场所569家，覆盖从业人员5736人，干预目标人员1706人。实施艾滋病病毒感染者和病人免费抗病毒治疗，免费抗病毒治疗率95.05%，对770名艾滋病病毒感染者落实家庭内传播控制措施。

【结核病防治】 全市发现和治疗活动性肺结核患者1107例，病原学检查阳性率69.71%，病原学阳性肺结核病患者治愈率93.26%。联合市人社局、市教育局开展学生、教职工常规体检结核病筛查，应筛查87302人，实际筛查86827人，筛查率99.46%。学校肺结核单病例预警信号响应及时率97.78%，对每一例病例均进行疫情处置，报告学校肺结核患者33例，未发生3例及以上学校结核病聚集性疫情。

【精神卫生】 开展疑似严重精神障碍患者摸排，落实“双排查、双通报、双列管”机制，定期开展面访和危险性评估。全市筛查人员25.8万人，新诊断复核患者247人，筛选易肇事肇祸患者4275人，均建立档案纳入管理。全市患者规范管理率92.96%，比上年上升1.4%；服药率92.54%，比上年上升5.18%，全市未发生严重肇事肇祸案事件。制定出台《荆门市精神分裂症患者应用长效针剂治疗试点工作实施方案》，推广沙洋县智能化综合服务平台试点经验，进一步加强患者智能管控，对无监护、弱监护患者进行长效针剂治疗，切实降低肇事肇祸风险。启动社会心理服务体系建设试点工作，组建68名心理专家团队，开通4条心理健康咨询热线，建立569家心理咨询室，开展277场次心理健康科普活动，受益人群达47万人次。

（李广志）

妇幼保健

【概况】 全市辖区住院分娩活产数10677人，住院分娩率100%，无孕产妇死亡，孕产妇死亡率为0；5岁以下儿童死亡29人，其中婴儿（不满周岁）死亡19人、新生儿（产后28天以内）死亡7人，5岁以下儿童死亡率、婴儿死亡率、新生儿死亡率分别为2.72‰、1.78‰、0.66‰。

【母婴安全保障】 落实母婴安全“五项核心制度”，组织开展安全管理评审,对死亡病例和成功救治案例进行专家复盘,梳理倒查管理、救治环节责任落实,压实母婴安全管理责任。加强业务能力培训,健全市、县危急重症临床医疗救治队和基层救治组,配足配强两个救治中心专业人员和救治设备,完善抢救应急预案,规范转诊流程,统筹调配救治力量,保障急危重症孕产妇、新生儿绿色救治通道畅通高效。

【妇幼健康服务能力】 加强市、县两级6家妇幼保健院、16家综合医院、中医院和镇、村两级基层医疗机构服务能力建设,全市妇幼健康专业技术服务人员总数达1800余人。推进妇幼保健机构标准化建设,完成市妇幼保健院妇儿大楼建设项目,启动三级妇幼保健机构等级评审,东宝区妇幼保健院入围国家妇幼保健机构能力建设项目。开展妇幼健康职业技能竞赛岗位练兵,组织妇幼保健机构绩效考核,提升妇幼保健机构服务能力。

【出生缺陷综合防治】 深入实施出生缺陷防治行动,免费为13547名育龄妇女增补叶酸、为10644人进行婚前医学检查、为11508人进行孕前优生健康检查。出台落实免费无创产前基因(NIPT)检测政策,为6501名孕妇减免检测费用775万元。争取中国出生缺陷干预救助基金会项目,市中心医院、市妇幼保健院为1000余名孕妇免费开展中孕期三联血清学筛查。制定《2023—2025年荆门市新生儿疾病筛查工作方案》《2023—2025年荆门市免费新生儿先天性心脏病筛查工作方案》,全市新生儿“五病”筛查10666人,听力筛查10633人,实现“应筛尽筛”。

【妇幼健康惠民项目】 开展适龄妇女“两癌”免费筛查工作,采样机构乡镇卫生院、社区卫生服务中心实现全覆盖,并扩至二级及以上医疗机构,全市有69家医疗机构提供免费筛查服务。启动孤独症筛查工作,制定《荆门市0—6岁儿童孤独症筛查干预服务工作方案》,明确68家初筛机构、6家复筛机构、3家诊断机构、7家干预康复机构,建立0—6岁儿童孤独症初筛、复筛、诊断、康复、救助服务体系。

【妇幼健康服务】 强化出生医学证明管理,对全市22家签发机构2020年以来签发的5.1万余份出生医学证明进行风险排查,对3家不规范的签发机构,暂停签发权限。印发《关于推进医疗机构落实侵害未成年人权益案件强制报告制度和打击妇女儿童犯罪专项行动工作的通知》,推动全市各级各类医疗机构全面落实强制报告制度,向公安机关报案并报告未成年人侵害案件线索48起。

(李广志)

基层卫生

【卫生服务体系】 完善城乡三级医疗卫生服务体系,全面消除服务“空白点”,打造城市15分钟、农村30分钟医疗卫生服务圈。以脱贫攻坚与乡村振兴相衔接工作为切入点,强化基层医疗机构规范运行,落实“五个全面”公益性职责。在冬春季呼吸道传染病多病同防工作中,实行病床使用率、人员培训配备、药品储备供应、设备配备等日监测调度,充分发挥基层健康守门人作用。

【医疗服务能力】 开展基层医疗卫生机构“胸痛、卒中、心律失常”三站同创,推进心脑血管疾病一体化防治。完成胸痛救治单元认证47家、心律失常防治单元认证34家、卒中防治站认证62家。组织开展“优质服务基层行”活动,易家岭社区卫生服务中心通过基本标准评审,实现所有机构达标创建全覆盖;4家机构通过推荐标准评审,望兵石社区卫生服务中心代表湖北通过国家一致性评价;37家通过基本标准“回头看”、6家通过推荐标准“回头看”;掇刀区团林铺卫生院、麻城镇卫生院成功创建社区医院。子陵铺镇中心卫生院中医康复科、柴湖镇卫生院中医康复科、后港镇中心卫生院外科、双河镇卫生院中医康复科、石牌镇卫生院康复科、新市社区卫生服务中心烧伤科、团林铺卫生院内科创建为省级基层百强特色科室。

【人才队伍建设】 组织开展荆门市基层卫生人才岗位练兵竞赛活动,选拔6名选手组成2支队伍参加全省决赛,分别包揽全省团体一、二等奖,6名选手均获个人奖。193名新毕业学生与各县(市、区)签订合同,为基层医疗机构注入新鲜血液。落实村医上岗管理和请销假制度,在村卫生室设置去向牌,足额落实5项村医补助政策,人均年收入达5.6万元。

【家庭医生签约服务】 深入开展“健康敲门行动”,统筹城市医联体、县域医共体内的医疗机构,组织家庭医生团队1400个、成员3065人(其中二级及以上医疗机构专科医生450人),采取分区包片的方式开展下沉服务,全年健康随访78.6万人次、健康体检40.5万人次、长处方服务3.31万人次、协助转诊服务3400余人次。

【基本公卫服务项目】 做实做细12类45项基本公共卫生服务项目,不断增强基层群众健康获得感。居民规范化电子健康档案覆盖率92.63%;适龄儿童国家免疫规划疫苗报告接种率95%;0—6岁儿童健康管理率94.38%;0—6岁儿童眼保健和视力检查覆盖率93.94%;孕产妇早孕建册率96.08%,产后访视率96.72%;65岁及以上老年人城乡社区规范健康管理服务率77.92%;高血压患者管理人数25.76万人、高血压患者基层规范管理服务率

82.61%;2 型糖尿病患者管理人数 7 万人、2 型糖尿病患者基层规范管理服务率 82.76%;社区在册居家严重精神障碍患者健康管理率 91.36%;肺结核患者管理率 99.50%;老年人中医药健康管理率 76.36%;0—36 月龄儿童中医药健康管理服务率 86.22%;传染病和突发公共卫生事件报告率 100%。

（李广志）

医政管理

【医疗质量安全】 落实《医疗质量管理办法》和 18 项医疗核心制度,开展市级医疗质量安全、药学、临床检验、医院感染管理等专项督导检查 30 余次。定期收集分析医疗纠纷化解情况、医疗鉴定等医疗质量负性事件数据,建立反向质量管理机制,让服务更有“温度”,业务更有“质量”。全市二级及以上医疗机构投诉管理部门设置率 100%,医疗纠纷人民调节比例 100%,未发生重大涉医案事件。创建三级医院省级临床重点专科 14 个,创建二级医院省级临床重点专科 12 个。7 家储血点医疗机构成功对接市中心血站采供血大数据可视化集成平台,全市无偿献血 31895 人次,献血量 1029.12 万毫升,无血液安全事件发生,蝉联十一届无偿献血先进市。

【医疗服务水平】 开展“提升医疗质量、改善护理服务”和“提升患者体验”活动,制发医疗质量、患者体验“双提升”任务清单,建立季度跟踪问效机制,全面提升服务质量。市中心医院开展达芬奇机器人手术 162 台、ECMO 技术 8 例,结直肠肛门外科成功创建省级临床医学研究中心;市人民医院成功通过三甲综合医院复审,并获全国用户满意服务(医疗服务类)四星级(全省唯一),首例机器人辅助下膝关节置换术典型案例获“改善医疗服务行动全国医院擂台赛”铜奖;市中医医院重症医学科成功申报国家中医优势专科,脑病科成功入选高级认知障碍诊疗中心及记忆障碍防治中心;市妇保院完成健康大楼建设,并进行“三位一体”智慧医院系统改造;钟祥市引进智慧发药系统,便捷群众取药购药服务;东宝区子陵铺镇中心卫生院智能中医康复科成功创建省“百强特色专科”;掇刀区建立全市首个“健康驿站”;屈家岭管理区易家岭社区卫生服务中心开设老中医义诊点。组织开展全市“服务百姓健康行动”,共义诊 19040 人次,收治住院患者 132 人,患者义诊手术 12 台,减免患者检查费用 109187 元。

【医疗质量监管】 联合医保部门开展不合理医疗检查及用药突出问题专项治理行动,建立完善处方动态监测、高值高频检验检查分析点评、不合理检查及用药专项治理定期通报及公示等 44 项制度,查处典型案例 4 起,荆门市专项治理工作经验在全省推广。推进医疗机构检验检查结果互认,82 项检验项目和 60 项检查项目实行市域和宜荆荆都市圈互认,临床检查检验结果同质化水平进一步提高。全年各级各类医疗机构检验结果互认 12 万余人次,互认减免费用 990 余万元;检查结果互认 11 万余人次,互认减免费用 2089 万余元。

（李广志）

健康荆门建设

【开展专项行动】 建立重点工作统筹调度机制,深入推进健康荆门 15 个专项行动,印发《健康荆门行动 2023 年任务方案》,通过现场推进会、专题会、视频会、书面述职等形式开展工作调度。加强信息报送,规范工作信息采编,将“一报一微一刊一台”全媒体宣教内容分解到各地各专病防治中心。加强督办反馈,每月通报重点工作进展。将健康荆门纳入县、市、区党政领导班子和市直部门政绩考核目标,每季度开展考核。围绕 64 个重点指标开展健康荆门监测评估工作。

【普及健康生活】 加强健康县、市、区及健康细胞建设,全市累计创建健康细胞 6304 个,其中健康机关/单位 1066 个、健康村/社区 789 个、健康学校 501 个、健康医院 155 个、健康企业 43 家、健康食堂 171 家、健康家庭 3509 个,打造健康主题公园、健康步道及健康广场 26 个、健康小游园 11 个、健康驿站/健康小屋 33 个。开展老年健康促进行动,东宝区泉口街道青山社区、钟祥市石牌镇关庙村、洋梓镇肖山村和沙洋县沙洋镇新河社区被评为全国示范性老年友好型社区。市、县、乡镇三级公立医疗机构基本创建为省老年友善医疗机构。积极推进全民健身,人均体育场地面积 2.8 平方米,全市总体质达标率达 92.5%。举办“舞动荆楚 · 和美乡村”等全民健身赛事活动 180 场次,举办滑翔伞定点世界杯总决赛等大型品牌赛事 30 余场次。

【优化健康服务】 推进“323”攻坚行动防筛管治各项工作任务,印发《荆门市影响群众健康突出问题“323”攻坚行动 2023 年工作要点》,完成高血压、糖尿病等高危因素和心脑血管疾病一体化筛查 135.29 万人次,完成率 155.5%;完成心血管病高危人群筛查干预入组数 2081 人,完成率 92.08%(排名全省第一);完成慢阻肺高危人群筛查 18007 人,完成率 108.15%;完成城乡妇女宫颈癌筛查 39.44 万人,完成率 158%。基层医疗机构成功实施 77 例急性心梗基层溶栓 + 转运 PCI,静脉溶栓时间中位数平均值,由 43 分钟缩短至 30 分钟,实现了将急性心肌梗死救治关口有效前移,提高了心血管疾病患者的救治及时率和成功率。东宝区"基层溶栓/救护车溶栓+转运PCI"区域联动救治模式在全省推广,被遴选为全省11个基层溶栓能力提升示范点之一。

(李广志)

人口监测与家庭发展

【"三孩"生育政策】 全面落实积极生育支持政策,为6501名孕妇免除无创产前基因检测费用774.92万元、为196个符合条件家庭发放购房补贴394万元、为233个三孩家庭发放育儿补贴139.8万元。各项政策惠及近万个幼儿家庭,有效缓解生育养育负担,营造良好生育环境。落实人口统计监测工作制度,全年上报出生人口10938人,同比减少741人,降幅6.77%。荆门市促进人口长期均衡发展工作被评为"湖北卫生健康十件大事",并荣获首批全国婴幼儿照护服务示范城市(全省唯一)。

【普惠托育服务】 加快推进普惠托育服务体系建设,出台《荆门市幼儿园托班开设与管理暂行办法》《荆门市党建引领城市社区托育服务设施建设实施方案》等文件,创新实施社区托育、托幼一体、医育结合等多元化托育服务模式,增加普惠托育有效供给。开展示范托育机构创建活动,成功创建省级示范性托育机构3家,市级示范性托育机构3家。加快建设市托育综合服务中心,推进托育综合服务规范管理。落实托育机构统计调查制度,定期开展安全生产等专项检查。全市开展托育服务机构266家(含幼儿园托班),总托位数9711个,千人口托位数3.81个。

【计划生育奖扶】 全市兑现农村奖扶对象9.13万人、奖扶资金8769.8万元,特别扶助对象4431人、扶助资金4256.9万元;城镇非从业居民独生子女父母奖励2442人、资金854.7万元,企业退休职工计生奖励3445人、资金1205.75万元。解决4431名计划生育特别扶助对象在医疗、养老、生活照料、精神慰藉等方面的困难和问题,落实计生特殊家庭联系人制度、就医绿色通道、家庭医生签约服务"三个全覆盖",为符合条件对象购买300元/人补充医疗保险和300元/人住院护理补贴保险,为65周岁以上对象提供1200元/年政府购买居家养老服务,为自愿居家养老的半失能对象发放600元/月失能照护补贴,全方位落实帮扶关怀机制。

(李广志)

卫生综合监督执法

【"双随机、一公开"】 完善医疗卫生综合监管会议制度,开展卫生健康"双随机、一公开"监督执法,积极构建"双随机、一公开"监管、"互联网+监管"、"信用+综合监管"相互补充的多元监管格局,完成国家随机监督抽查任务587件,通过监督检查立案30起,罚款7.21万元,监督抽查、案件查处公示率100%。"互联网+监管"系统录入信息2105条。

【公共卫生和生活饮用水】 加强重点公共场所卫生监督,先后在全市范围内开展公共场所暑期集中行动、抗(抑)菌制剂突出问题专项整治工作,对"四小"公共场所和消毒产品生产企业进行专项监督检查,立案查处31家,罚款1.98万元。加强生活饮用水监管,建立监测点46个,集中供水、二次供水、学校供水卫生监测实现全覆盖。对集中供水每日进行5项指标监测,每月对12项指标进行监测,每季对42项指标进行监测。

【学校卫生】 在春秋开学季开展中小学校及托幼机构卫生专项检查,对学校传染病防控、教学环境、饮用水卫生、"一案八制"落实及校内环境消毒消杀进行督导,对4家采光、照明及教学环境不合格的学校进行立案查处,督促学校对校舍及采光、照明设施进行更新升级。

【医疗卫生】 规范医疗服务市场秩序,开展公立医疗机构骨科高值耗材督查、不合理医疗检查及用药专项治理、医药领域腐败问题集中整治、工程建设领域突出问题专项治理、严厉打击非法应用人类辅助生殖技术等专项行动,办结违法违规行为案件43起,没收违法所得0.6万元,罚款53.5万元。

【职业卫生】 开展以"改善工作环境和条件,保护劳动者身心健康"为主题的职业病防治法宣传周活动。深入推进分类监督执法试点工作,全市纳入职业卫生分类监督执法试点企业164家。组织开展对辖区内放射卫生新、改、扩建设项目预防学卫生学监督与评审,对1277名从事放射诊疗、工业探伤的放射工作人员进行职业健康体检。

(李广志)

社会生活

人民生活

【概况】 2023年,全市经济社会全面恢复常态化运行,一系列稳增长政策效应逐步显现,全市经济承压开局、逐月回升、总体向好,居民收入稳步增长。城镇居民人均可支配收入(以下简称城镇居民收入)43543元,同比增长5.5%,总量居全省第六位。农村居民人均可支配收入(以下简称农村居民收入)25772元,同比增长7.6%,总量居全省第三位。

【城镇居民生活】 全市城镇居民收入43543元,同比增加2270元。其中,城镇居民人均工资性收入24128元,同比增长6.6%;人均经营净收入7411元,同比增长9%;人均财产净收入3365元,同比增长2.4%;人均转移净收入8639元,同比增长1.1%。全市城镇居民人均消费支出29618元,同比增长6.6%,城镇居民恩格尔系数为31.9%,比上年上升1.1个百分点。八大类支出中,食品烟酒支出9434元,同比增长10.1%;衣着类消费2790元,同比增长2%;生活用品及服务支出1965元,同比增长5.4%;医疗保健支出2233元,同比增长1.5%;交通通信支出3199元,同比增长9.7%;娱乐教育文化服务支出3655元,同比增长6.2%;居住支出5213元,同比增长4.6%;其他商品和服务支出1129元,同比增长5.1%。

城镇居民收入增长的主要因素:一是高精赋能助力高质量就业,保障居民工资性收入。就业总量稳增,呈现就业大局稳、重点群体稳、公共服务优"两稳一优"的良好态势。数字赋能,高新专精企业增加,提供高质量就业渠道,2023年新增省级专精特新企业110家,国家专精特新"小巨人"企业18家,新增13家省级服务型制造示范企业。实施"荆工巧匠·技兴荆门"行动,培养急需紧缺技能人才,打造"荆彩民间"劳务品牌,职业院校持续输送技能人才,提高就业质量。二是外贸电商示范转型双发力,助企纾困强信心,有力带动经营收入增长。中欧班列长城汽车专列、荆门至宁波舟山港、荆门至广州南沙港等国际物流班列实现首发,有效降低"荆门制造"外运成本。同时将电商作为企业发展"转型动力",突出电商示范工作,积极发展平台经济,推动发展直播经济。及时下发纾困资金,助力企业经营向好。三是盘活闲置资金资产,提高财产性收入。通过金融理财知识宣讲普及,帮助居民树立正确理财观念、提高理财能力。四是离退休金提标发放,民生兜底政策有效落实,保障居民收入。总体调整水平以湖北省退休人员2022年月人均基本养老金的4%确定,惠及全市企业和机关事业单位24.77万余名退休(退职)人员。城乡居民养老保险金上涨40—60元,机关事业单位退休人员月人均增长约3.29%。民生兜底政策有效落实。发放就业困难人员社保补贴、公益性岗位补贴、失业保险待遇6189.94万元,惠及209家企业、18600人,保障就业困难人员、零就业家庭、失业人员等困难群体的基本生活。

【农村居民生活】 全市农村居民收入25772元,同比增加1820元。其中人均工资性收入9482元,同比增长14.7%;人均经营净收入10948元,同比增长3.2%;人均财产净收入733元,同比增长3.1%;人均转移净收入4609元,同比增长5.7%。

全市农村居民人均消费支出16881元,同比增长9.7%,农村居民恩格尔系数为33%,比上年下降1.1%。八大类支出中,食品烟酒支出5575元,同比增长6.1%;衣着支出1264元,同比增长6.9%;生活用品及服务支出1383元,同比增长6.5%;医疗保健支出1222元,同比增长1.3%;交通通信支出1777元,同比增长14%;教育文化娱乐支出1985元,同比增长17.5%;居住支出3100元,同比增长16.4%;其他用品和服务支出575元,同比增长7.3%。

农村居民收入增幅较快的主要因素:一是通过"引进来走出去",提高农村劳务水平和工资收入。依托商会、招商站点打造5个驻外劳务工作站,新建10个劳务协作基地,"三访三促"引导留城。促进脱贫监测人口就业,对就业困难家庭建立健全"一户一档、一人一策、合力帮扶"工作机制。打造"钟祥石牌豆腐郎”等特色劳务品牌,建设劳务品牌专家工作室、培训基地。按照“中心站+标准站+微站”思路,携手乡镇、村等打造零工市场升级版,打造标准化、规范化零工驿站,提供用工、资讯、维权、培训等全方位服务。二是农业产效全面提升,助推经营收入增长。全年粮食产量293.49万吨,同比增长1.38%;油菜面积、产量达到十年来最高水平,蔬菜实现增产增收;畜禽产能持续增长,禽蛋产品再获殊荣,渔业生产稳步推进,市场水产品供给充足。农业科技装备稳步增强,提高农业生产效率。北斗终端应用面积26.3万公顷,位居全省前列。成功承办全国粮食机收减损技能大比武和全省粮食烘干能力建设培训活动,粮食烘干能力占全省1/7,烘干信息化应用在全省率先试点运行。绿色发展成效显著,推动投入品减量增效,降低种养成本。全面拓展绿色防控和专业化统防统治,确保化学农药使用量实现负增长,成功申报省厅地膜科学回收利用项目,大力推进农作物秸秆综合利用。深入推进“六个一”工程,引导“链主”企业牵头组建产业联盟,已组建桥米、油菜、生猪、蔬菜、小龙虾等8个产业联盟。“农业+”如火如荼,促农增收,先后举办湖北省油菜花节、蟠龙菜美食节、双井西瓜品牌推介活动、萝卜产业大会、小龙虾美食文化旅游节、农民丰收节等节会活动,集中展销荆门优质农产品。三是土地、产权、经营制度改革协同发力,拓宽财产收入来源。稳步推进农村承包地改革,印发《2023年全市推进农村股份经济合作社实体运行、发展村集体经济工作方案》,农业经营水平加快提升,农业社会化服务深入推进。四是农业产业及救助资金到位,转移净收入增长有力。荆门各县(市、区)均出台到户产业奖补政策,产业帮扶资金落实到位。调整全市社会救助标准,进一步缩小城乡差距,兜牢困难群众基本生活。印发《市人民政府办公室关于调整全市社会救助标准的通知》,农村特困供养标准全省第二,农村低保标准全省第三。

(刘程浩)

社会保障

【概况】 聚焦新就业形态人员、灵活就业人员、农民工等重点群众,实施精准扩面,全市参保人数达203.85万人(其中企业职工参保70.83万人,机关事业参保9.82万人,城乡居民参保123.19万人),基本养老保险参保率93.5%;多层次养老保险体系建设不断完善,推进企保问题数据治理,在全省率先完成职业年金五类人员利息记实,制定当期增量、历史存量做实方案。实现退休“中人”职业年金待遇由职业年金基金列支发放;巩固脱贫攻坚成果同乡村振兴有效衔接,精准落实困难群体代缴政策,完成3.7万名困难群体583.4万元社保代缴工作,代缴完成率100%。

【养老保险待遇发放】 高质量落实待遇发放任务,调整25.83万名企业和机关退休人员基本养老金,月人均增加3.8%;居保基础养老金标准提高5元,增至130元,各县市区再自行提标2—5元。全市居保人均待遇水平161元/月,较上年同期增加10元,增幅6.6%;牢牢守住确保基本养老待遇按时足额发放底线,按时足额发放全市74.56万名离退休人员养老保险待遇147.47亿元。

【工伤保险】 全市参加工伤保险人数30.98万人(完成省计划任务的103.3%),比上年末增加1.45万人。建筑业工伤保险全市新开工项目413个,参保率100%。全年工伤保险基金收入1.26亿元,基金支出1.6亿元。年末工伤保险基金累计结存1.06亿元,上解工伤保险省级调剂金621万元,上解率100%。全市新增工伤待遇进卡率100%。办结工伤认定案件2014件,其中认定工伤1897件,不予认定24件,终止86件,撤销7件,全部实现网上办结。市本级办结工伤认定案件643件,其中认定工伤592件,不予认定7件,终止41件,撤销3件;工伤认定行政复议案件5件,行政诉讼案件6件,均无改变结论数案件。工伤认定准确率100%,工伤认定行政复议维持率100%、诉讼维持率100%。落实工伤保险待遇调整和确定机制,完成调增工伤职工伤残津贴、供养亲属抚恤金、生活护理费工作,人均涨幅10%。全市提标涉及伤残津贴142人,护理费93人,供养亲属237人。2572人享受工伤保险待遇16035.29万元(其中,发放非定期待遇2110人,14257.45万元;发放长期待遇462人,1777.84万元)。推行工伤职工专家组现场鉴定制度。全年召开13次鉴定会,为1329名伤残职工和105名病残职工提供高质高效的现场鉴定服务。制定《关于进一步加强劳动能力鉴定工作的通知》,完善劳动能力鉴定制度建设。全面推进工伤预防五年行动计划,完成《2021—2022年荆门市工伤预防项目未开展活动清单》,线上线下开展工伤预防宣传活动10场,互动式、体验式培训9场;实施荆门市2023年危险化学品企业工伤预防能力提升培训项目,上半年培训10期508人,下半年培训6期660人。

【基金防控】 坚持底线思维,兜牢基金安全底线。扎实开展企保待遇项目清理、特殊工种信息库录入,推动政策执行规范。加强退休审核、劳动能力鉴定全流程管理,把好进口出口关;开展社保基金管理巩固提升行动,完善信息系统风控预警、稽核内控、权限管理等方面功能,进一步健全政策、经办、信息、监督“四位一体”风险防控体系;落实大数据比对筛查机制,推动非现场监督工作常态化。针对养老、工伤、失业保险疑点数据全领域核查,疑点数据核查率100%。

【政务服务】 依托政务服务平台、鄂汇办App,32个事项“指尖可办”,网上办、掌上办成为主渠道。拓展“静默核查”数据库渠道,提升资格认证的便捷度和精准度。通过系统智能比对、识别,社保政策“免申即享”“免审认定”;积极配合就业、人才、市场监管等部门,做好“就业一件事”“高校毕业一件事”“企业开户一件事”等工作,“群众少跑腿”惠及面不断拓展。“退休一件事”暖心便民服务被评为“全国社保之最·暖心贴心社保服务窗口案例”;东宝区申报全省“社银合作”标准化试点,以满分成绩通过省考核组验收。在东宝区试点的基础上,对标对表先进地区,全市全域推进“社银合作”,在工行、农行、建行、邮储、农商行等五大银行,设立59个社银合作网点,打造“15分钟社保服务圈”,满足参保群众“就近办”需求。

【社会保障卡】 全市社保卡持卡人数为284.83万人;电子社保卡签发数为173.72万人,其中,市本级63%、沙洋75.9%、钟祥64.3%、京山72%、东宝60.8%、掇刀60.4%、屈家岭80.8%。

（市人社局）

医疗保障

【概况】 2023年,市医保局认真落实市委、市政府工作部署,主动担当作为,认真履职尽责,各项重点工作积极稳妥推进,取得较好成效。荆门市入选国家医保反欺诈大数据应用监管试点城市,荆门市医保局获“第四届湖北改革奖”。

【基金运行情况】 全市基本医保参保247.61万人,参保率97%。其中,职工医保(含生育保险)参保49.28万人,基金收入22.3亿元,支出19.3亿元;城乡居民医保参保198.33万人,基金收入20.9亿元,支出21.3亿元;长期护理保险参保243.6万人,基金收入2.19亿元,支出1.6亿元。

【参保扩面】 将医保扩面征缴任务分解到县、市、区,纳入政府层面定期调度重点项目,压紧压实各级党委、政府履行全民医保的主体责任。市、县两级建立医保、税务、民政、人社、乡村振兴、公安、残联等多部门沟通机制,联动推进扩面征缴。对照国家、省反馈荆门疑似未参保和重复参保人员信息,清理重复参保、暂停参保3.7万人次,不断提升全民参保数据质量。

【基本医保市级统筹】 全市医保基金“市管、市用”,实行基金收入全市“一本账”,基金支付全市“一盘棋”。县市区医保部门服从大局,主动转变观念,及时调整思路,将工作重点转移到征缴、监管等职能职责上,摒弃“坐等大锅饭”、滥开口子搞变通念头,全市医保制度抵御运行风险和基金共济能力进一步增强。

【门诊共济】 全市统一宣传口径,全方位宣传政策要点和经办流程,提前向社会传递预期,同时围绕门诊统筹经办服务各个环节,及时制定门诊统筹定点医药机构管理、门诊费用结算、门诊医疗费用信息管理等配套办法,调试信息系统,将全市所有符合条件的医药机构全部纳入门诊统筹定点范围。全年全市参保职工享受门诊共济待遇180万人次(涉及34万人),发生门诊医疗总费用35590万元,政策范围内费用29623万元,基金支出9665万元。

【惠荆保】 出台《荆门市惠民商业医疗保险实施方案》,将参保患者政

2023年,荆门市医保局获“第四届湖北改革奖”

（市医保局 供图）

策外医疗费用纳入商业保险保障范围,为重特大疾病、罕见病患者再筑“第四道保障线”,构建形成基本医保“保基本”、大病保险“作补充”、医疗救助“兜底线”、惠民商保“防重病”的多层次集成、无缝隙衔接的医疗保障新体系。“惠荆保”是指政府部门引导、商业保险机构经办、市场充分运作、群众自愿参保,商业保险机构承担保险责任并自负盈亏,不具有理财投资性质的惠民商业医疗保险。基本医保参保人员(包括职工医保和城乡居民医保)不限年龄、健康状况、既往病史、职业类别、户籍等,均可自愿参保,保费与个人疾病风险脱钩。筹资标准按照不超过上一年度全市城乡居民人均可支配收入的0.5%确定(100元左右),每年9月1日至12月31日为集中参保缴费期,职工医保参保人员还可使用个人账户余额为本人及其家庭成员购买。鼓励有条件的用人单位为员工购买;鼓励通过慈善、捐赠等方式为特殊群众购买。作为基本医疗保险的补充,纳入“惠荆保”支付范围的医疗费用有四类:医保政策内住院自付费用,即参保人员在医保定点医疗机构住院发生的医保政策范围内费用经基本医保、大病保险、医疗救助报销后的自付费用,不含基本医保住院起付标准;医保政策外住院自费费用,即参保人员在医保定点医疗机构因住院发生的医保政策范围外自费费用;门诊慢特病自付费用;特定高额药品费用,针对恶性肿瘤、罕见病,根据实际将医

保政策外特定高额药品费用纳入保障范围,原则上不少于25种。“惠荆保”于9月正式上线,至年底,全市参保18.4万人,参保率7.5%,参保人数和参保率均居全省前列。

【长护试点】 继续坚持边试边改、不断完善的试点改革思路,着力在规范长期护理服务行为,提升护理服务质量上再发力,高质量完成国家医保局交办的国家长期照护师职业标准制定,高标准打造一批长期护理保险示范定点护理机构、居家护理示范户,长护险管理服务不断规范化、正规化。7月,国家医保局、财政部一行专题到荆门调研,对全市长护险试点工作给予充分肯定。12月,国家医保局发来感谢信,再次对荆门市长护险探索实践给予鼓励。

【按病种分值付费(DIP)支付方式改革】 全面实施DIP付费方式改革,先后出台10多个配套措施,建立以“1+N”为框架的基本政策体系和运行管理机制,在所有定点住院医疗机构开展全员、全流程培训,做到全市6个县市区、140家医疗机构、4595个病种、住院医疗费用“四个全面覆盖”,并在全省率先创建15家DIP付费基层示范医疗机构。运行一年来,医保运行数据呈现“三下降”,即住院次均费用、患者自付金额、平均住院床日同比分别下降7.48%、5.01%、5.65%。

【医疗服务价格】 按规定开展调价评估和测算,上调99项技术劳务占比高、成本和价格严重背离的医疗服务项目价格,制定出台口腔种植医疗服务项目价格及单颗全流程价格,通过价格调控和耗材集采,单颗常规种植牙总费用控制在5300元以内,价格大幅降低。

【药品耗材带量采购】 全市执行国家和省组织药品带量采购14批次、428个品种,医用耗材带量采购14个批次、20大类,支付市中心医院等7家医疗机构药品集采结余资金151万元,医保战略购买作用不断显现,有效推进医保、医药、医疗“三医”联动改革。

【衔接乡村振兴】 不断完善资助参保、待遇倾斜和预警监测等工作机制,实行“人找政策”和“政策找人”双向并行,保证困难群众“应保尽保”“应报尽报”,最大限度缓解困难群众就医压力,有效防范因病致贫返贫。县(市、区)两级医保部门会同乡村振兴部门,对全市驻村干部开展医保帮扶政策轮训,并编印政策明白卡,通过村干部、驻村工作队、乡村医生入户宣讲。全市资助参保累计4816万元,政策范围内的医疗费用报销比例始终保持在“10987”的目标范围内。

【保障新冠患者救治】 严格落实“乙类乙管”政策规定,及时扩大药品报销范围。提前向全市所有住院定点医院拨付周转资金2.8亿元,缓解医院资金垫付压力。将新冠患者救治发生的住院费用不纳入DIP支付范围,据实与医疗机构结算,全市新冠病毒患者住院救治4.65万人次,医保支付达2.49亿元。

【医保基金监管】 在全市范围内开展医保基金监管宣传月活动,通过报纸、网络、媒体等专栏,组织专班深入街道社区和村镇现身说法,邀请人大代表、政协委员、媒体记者、参保群众兼任社会监督员,全年曝光欺诈骗保典型案例50例,社会各界关注医保基金安全、积极参与医保基金监督的氛围越来越浓。全市全年挽回医保基金流失5132万元,行政处罚46例,处罚金额397万元。其中,率先完成国家审计反馈问题处理整改,认定的63.91万元违规资金全部追回;组织全市140家定点医疗机构自查自纠,主动退回资金658.14万元;联合公安等部门侦办钟祥市某医院欺诈骗保案,对涉案19人采取行政强制措施,涉案的两名党员移交纪委监委查处,该案件为公安部部督案件,被省局评为全省最佳执法案例,受到省局主要领导高度肯定,要求总结荆门经验,在全省推广。

【优化医保营商环境】 贯彻全省经办管理服务体系建设总体要求,按照“市县同权、市域一体”的原则,再次梳理全市经办政务服务事项清单,实现办事名称、项目编码、提供材料、办结时限、流程环节、服务标准全市“六统一”。先后实施女职工生育津贴“免申即享”、门诊慢特病待遇随到随受理、零售药店定点改审核为备案、异地就医备案采取承诺制且在全省率先实行全市通办、全面实施“一窗通办”等便民服务,进一步缩短医保政务服务事项办结时限,异地就医备案1个工作日办结,生育津贴享受7个工作日内办结,长护待遇审核3—30个工作日内办结,整体提速50%以上。按照市、县、乡镇(街道)、村(社区)“四级”经办服务体系建设要求,全市建立市级服务点1个、县级服务点6个,乡镇(街道)、村(社区)级服务点1610个,按照高频经办服务事项“应下尽下”的原则,委托乡镇(街道)办理13项,乡镇代收代办15项,村(社区)代收代办12项,基层可办事项高于全省规定。

全市开通异地就医结算的定点医药机构1001家,其中,医疗机构346家,零售药店655家,较2022年底分别增长138%、43%,超额完成省政府工作报告十大民生实事任务。

(秦　凤)

劳动就业

【概况】 2023年,全市就业工作重点指标任务全面完成,城镇新增就业5.5万人,完成年计划5.5万人的

100%；发放创业担保贷款7.27亿元，完成年计划6亿元的121.2%；组织就业创业培训2.8万人，完成年计划2.5万人的112%；失业保险参保27.13万人，完成年计划27.12万人的100.03%。

【就业创业】 实施“雁归农谷·就在荆门”行动，研究制定《关于推动中心城区产业工人市民化的若干措施》《推动中心城区人口集聚人才扎根三年行动方案》，完善返乡进城就业创业政策支持体系。开展返乡进城就业创业服务月、返乡务工人员职称评审周、“秋雁传信 返乡迎归”、中秋晚会返乡典型宣传等系列活动，对接荆门驻深圳办事处开通春节返乡专列，发布《致全市在外务工人员的一封信》，送出2万份就创政策大礼包，赴佛山、广州等地开展返乡就业创业招引活动6场，建立7个外出打工者协会及引资引智工作站，引导在外务工人员返乡就业创业10725人。

持续实施惠民政策进万家活动，依托政务服务网、一站式政务窗口、微信服务端等，强化政策宣传推介，严格执行“零次跑”“网上办”“掌上办”等高效率服务，全面推行失业保险稳岗返还“免申即享”、各类就业补贴“直补快办”，促进就业及失业保险惠企利民政策精准、高效落地见效，兑现稳岗返还、社保补贴等政策资金1.51亿元，就创补贴政策惠及劳动者7.7万人次，稳定岗位15.19万个。

将创业担保贷款高效办纳入优化营商环境改革事项，对标省内先进市州，同步推进创贷网办系统开发建设和创贷微信小程序受理，着力推动实现申贷资料自动提取、核实、查证等智能化服务。10月中旬，创贷网办系统上线试运行。全年累计为创业者发放个贷最高30万元、企业贷最高500万元的创业担保贷款2960笔、7.28亿元。对照省、市、县级示范要求，创建省级返乡创业示范项目4个、市级返乡创业示范园5家，创建市级大学生创业孵化示范3家，其中2家被评为省级示范。开展“马兰花”创业培训6324人，扶持创业4890人、带动就业17655人。

研究制定劳务品牌建设指导意见，依托“荆品名门”农产品区域公共品牌，赋能打造“钟祥石牌豆腐郎”“京山对节白蜡园艺师”等5个特色劳务品牌。围绕劳务品牌建设，拍摄5部劳务品牌宣传片，建成5个工作室，开展劳务品牌技能培训9574人、带动就业创业20058人。“京山对节白蜡园艺师”马倩被人社部评为“全国特色劳务品牌代言人”；森宝园艺获评省级劳务品牌领军企业。

【服务企业用工】 按照招聘活动“不打烊”“天天都是春风行动”的标准，“线上+线下”“域内+域外”密集举办春风行动、民营企业服务月、金秋招聘月等招聘会842场，在陕西大荔、宜昌长阳等地新建10个劳务协作基地，累计服务企业1万余家次，发布岗位30万个次，帮助企业招工5.5万人次，助力规上工业企业缺工率稳定在2%左右。

组建由人社部门、人力资源机构人员组成的用工包联服务队，面向亿纬动力、长城汽车等39家重点企业，提供“321”（3名人社服务专员、2家人力资源公司同时对接1家重点企业）用工跟踪包联，帮助企业招工2.43万人次。春风行动期间，提前超额帮助部分重点企业完成一季度招工计划；7月，在较短时间内帮助长城汽车招录急紧缺用工4000余人，获企业赠送锦旗；10月，专题开展长城汽车产业园用工情况沉浸式调研，深入查找企业在招工、用工、留工等方面的现实问题，形成《长城汽车产业园用工情况的调查报告》。深入推进实施职业技能提升行动，围绕产业布局，完善急需紧缺职业（工种）信息发布制度，发布就业创业培训指引，建设亿纬动力、通用航空、化工、电子商务4个实训基地，推行职业技能培训、职业介绍和跟踪服务“三位一体”的培训就业服务机制，推广送教上门就近就地服务模式，通过岗前、岗位技能提升、企业新型学徒制培训及以工代训等方式，有针对性帮助劳动者提升技能水平、建设高素质人才队伍。全市累计开展电工、叉车工、服装缝纫工等就业技能培训2.03万人，组织福耀玻璃、长城汽车等24家企业新录用人员岗前培训2406人。

【重点群体就业】 实施困难家庭援助计划，聚焦城镇“零就业”家庭、低保家庭、残疾人家庭和低收入家庭就业需求，通过入户调查、电联回访、劳动力资源信息采集小程序摸底等方式，建立困难家庭就业援助档案4720户5737人，建立健全“一户一档、一人一策、合力帮扶”工作机制，积极提供岗位推荐、技能培训、公岗兜底等针对性服务，帮扶就业4720户5724人，动态清零10户“零就业家庭”，实现困难家庭至少一人稳定就业工作目标。围绕打造“15分钟就业圈”，按照“一地多站、市县镇覆盖”规划和“中心站+标准站+微站”思路，依托乡镇（街道）人力资源服务中心、社区（村）人力资源服务站、“爱心驿站”、“骑手之家”等，采取共建、新建及统一名称、标识、服务功能等措施，打造82家标准化、规范化零工驿站，绘制零工驿站“电子地图”，建成驿站全部接入零工驿站小程序，发布零工岗位10.4万个次，促成就业1.24万余人次。8月，全市零工驿站集中开展为灵活就业群体送清凉活动，提升了零工驿站知晓度和服务灵活就业群体质效。

【智慧就业】 推动线上线下服务模式、全业务场景深度融合，整体推进“荆门智慧就业”平台建设，全面提升就业服务信息化水平。线上，迭代升级“荆门网上就业局”，开发建设集用工就业数据库、直播带岗就业社区、创业担保贷款网办系统、共享用工服务平台于一体的"荆门智慧就业"系统,突出数字赋能,促进就业服务提质增效。线下,建设市、县两级一体化智慧就业服务大厅,以智慧就业服务线下配套、就业交流服务空间优化为目标,打造就业创业服务综合体。

坚持开展规上工业企业用工动态监测,动态掌握重点产业、企业、项目用工需求,同时,全域实施劳动力资源数据采集,精准、全面归集劳动力基本情况、就业状况、技能等级等基础数据,在扎实配合做好全省农村劳动力资源信息库建设基础上,建立健全劳动力资源、返乡务工人员、困难群体、高校毕业生、企业岗位数据全覆盖的用工就业数据库,进一步夯实公共就业服务大数据支撑。采集入库企业信息 2893 家、劳动力资源信息 162.65 万人,其中,返乡务工人员 2.79 万人、困难群体 6155 人、高校毕业生 14.18 万人。

通过掇刀区先行试点、其他县市区陆续跟进方式,分行业、分园区组建福耀玻璃等 148 家企业加盟的共享用工联盟,打造线上有服务小程序及共享用工数据池、线下有调度服务中心及权益维保服务团队的共享用工平台,共享用工信息 3831 人,开展用工余缺调剂 847 人,进一步拓展了缓解企业用工问题的新思路。

【就业资金监管】 制定荆门市失业保险待遇发放和劳务派遣单位截滞留稳岗返还资金问题专项整治工作方案,严格落实动员部署、问题排查、重点整治、建章立制等各环节工作任务,排查整改失业保险待遇发放问题 1 条、劳务派遣单位截滞留稳岗返还资金 59 条,追回相关问题资金 61.29 万元。

围绕职业技能培训和评价专项整治工作要求,结合职能安排人员加入全市专项整治专班,配合做好自查自纠以及对县市区的交叉检查工作,重点排查整改就业创业培训方面超龄脱贫劳动力、重度残疾参加培训、培训期间参加企业职工养老保险疑点数据问题,开展就创培训工作自查自纠、交叉检查,排查整改超龄脱贫劳动力、重度残疾参加培训等疑点数据 976 条,追回培训补贴资金 98.33 万元。

聚焦核查清理城镇新增就业问题数据,通过信息筛查比对、电话抽查、实地检查等方式,在全市范围统筹开展 1—8 月城镇新增就业数据核查工作,建立健全城镇新增就业数据规范采集、定期核查工作机制,核查清理单位就业人员参保信息不准、灵活就业人员信息登记不全等城镇新增就业问题数据 1.72 万余条。

【劳动争议快调速裁】 印发《关于开展优化营商环境劳动争议快调速裁工作的通知》,并制定《荆门市劳动争议速裁工作规则》。全市受理速裁案件 565 件,其中调解结案 531 件,均在 30 天内结案。

【协调劳动关系队伍建设】 2023 年,选树湖北省金牌劳动关系协调员 13 名,金牌协调劳动关系社会组织 1 家(全省 30 家)。首次开展市级"金牌劳动关系协调员"选树工作,印发《关于选树 2023 年荆门市金牌劳动关系协调员的通知》,在全市从事协调劳动关系工作的人员中,选树荆门市金牌劳动关系协调员 105 名。

【企业薪酬调查】 调查企业 472 家,从业人员 43928 人,数据显示,2022 年荆门市全行业从业人员平均工资报酬为 63297 元/年。

【劳动监察】 全市共受理各类举报投诉案件 519 起,立案查处 14 起,结案率 100%。办结国家欠薪平台线索 1321 起,市长热线投诉 5504 起,督促企业补签劳动合同 3889 人,补缴社会保险费 131.4 万元,通过"双随机、一公开"监管系统随机抽取检查 92 家用人单位,为 8746 名劳动者追发工资 5503 万元。综合评定劳动保障诚信等级 A 级企业 4890 家,B 级 4433 家,C 级 6 家,向社会公布拖欠工资典型案件 3 起,向公安机关移送涉嫌拒不支付劳动报酬犯罪案件 3 起;开展"百名监察员服务千企"活动,举办 16 场劳动保障政策法规培训班;印发《荆门市保障农民工工资支付实施办法》,全市培育"标准化安薪项目"84 个,通过工资专户安全发放农民工工资 13.8 亿元,引导 93 家施工企业通过保函、保险等方式替代存储工资保证金 10089 万元,为企业减轻资金压力。

(市人社局)

住房保障

【概况】 全年发放住房租赁补贴 612 户,完成率 115%;筹集保租房 710 套,完成率 100%;棚改住房基本建成 500 套,完成率 100%;综合民生政策完成奖补兑现 1597 人,完成率 123%。

【公租房保障】 全年新筹集公租房 354 套,签订公租房配建协议 5 份,在商品房开发项目中配建公租房 205 套、15382.92 平方米,收取公租房易地建设资金 1299.78 万元。开展 2023 年度公租房申报审核工作,受理申请 1408 户,审核通过 773 户,为工作生活不便的 55 户特殊困难家庭调换房源。全市政府投资公租房目标计划 14213 套,录入 16242 套,完成率 114.28%,正在保障家庭 17401 户,完成率 122.43%,录入有效配给 14465 户,完成率 101.78%,各项指标完成率名列全省前列。根据《湖北省 2023 年公租房小区规范管理评价实施方案》测评发现的问题,强化措施,完成中心城区、钟祥市 6 个小区 18 个问题整改。全面开展公租房小区规范管理检查,基本摸清全市公租房现状。针对屈家岭公租房小区存在的突出问题，向屈家岭管委会下发《关于加强公租房小区规范化管理的通知》，督促制订《关于加强屈家岭管理区公租房小区规范管理实施方案》，重点指导加强公租房规范管理。完成2023年省第三方测评，成绩达到优良水平。贯彻落实《荆门市中心城区公租房运营管理考核细则》。每半年进行一次基本运营管理考核，年底进行年度绩效考核，参照《湖北省公租房小区规范管理评价办法（试行）》要求，对保障对象满意度和绩效目标开展独立评价，对考核过程中暴露的问题，督促市保障房运营公司及时整改，提高公租房管理水平。

【保租房保障】 积极完善先租后售型保障性租赁住房支持政策，申请先租后售型保障性租赁住房的，租金不高于同地段、同品质住房市场租赁价格70%；租赁满5年后，承租人可申请将现有保租房转化为共有产权住房，购买部分（不低于60%）或全部产权，已交5年租金计入购房款。共有产权房销售价格按照同地段、同品质市场价9折，买断剩余产权份额时，按照首次购买部分产权价格确定；共有产权房满5年，在购买完全产权后可申请转为商品住房。截至2023年，纳入住房城乡建设部计划并获得中央补助资金保障性租赁住房项目15个、房源710套。其中，中心城区6个220套，沙洋县3个180套，钟祥市4个200套，京山市2个110套。

（市住建局）

民政工作

【社会救助】 城乡低保标准分别提高至800元/月、610元/月，城乡特困供养标准分别提高至1600元/月、1200元/月，城市低保、特困供养标准均居全省第三位，农村低保、特困供养标准均居全省第二位。全市共发放社会救助资金3.6亿元，惠及困难群众近12万人。建立全市困难群众监测预警救助平台，设立阳光慈善救助基金，专门用于救助低收入人口和突发困难户“两类对象”。2023年，全市摸排“两类对象”24038人，平台发布预警信息1720条，开展专项救助1.45万人次。

【养老服务】 加快《荆门市居家养老服务条例》立法进程，制定《关于推进基本养老服务体系建设的实施意见》《荆门市社区（村）幸福里食堂建设运营管理办法》，建立基本养老服务清单制度。建成占地10公顷、绿化覆盖率45%、床位1000张，条件一流、硬件一流、环境一流的荆门市颐养院，建成互联互通、资源共享的市智慧养老服务平台，建设县级区域性养老服务中心12个、社区（村）养老服务驿站222个、完成特困老年人家庭适老化改造2061户。建设社区（村）幸福里食堂53个，切实解决失能、独居、“空巢”、高龄老年人等特殊困难群体养老和助餐服务需求。

推进公办养老机构社会化运营改革，全市188名失能特困人员实现县级供养机构集中照护。积极招引国内外大型养老企业参与全市养老服务，推进市政府与上海九如城养老集团签订了战略合作协议，制定全市第一份养老服务体系高质量发展专项规划。

【儿童福利】 加强未成年人特别是事实无人抚养儿童、农村留守儿童和困境儿童安全保护工作，宣传贯彻未成年人保护法，组织71名儿童督导员和1564名儿童主任开展培训。荆门市东宝区仙居乡仙居社区儿童主任王灵芝被列为2023年“荆楚最美儿童主任”宣传展示对象。

【社区建设】 推进智慧社区建设，建立集党建、政务、养老等多功能于一体的智慧社区网络平台。完善社区“一老一小”服务设施，依托党群服务中心，建强社区养老服务驿站、幸福里食堂、托育中心等养老育幼设施。调整优化社区规模，市委市政府印发《关于加强新时代党建引领 推进基层社会治理创新的实施意见》，联合市委组织部印发《社区规模调整优化实施方案》等政策文件，推动基层群众自治组织职能事务、阵地建设、自治机制、队伍管理规范化。推进社区减负增效，制定《城市社区工作者管理办法》，开展规范村级组织工作事务、机制牌子和证明事项专项行动，社区工作事项、证明事项减少30%。健全社区工作者入口管理、选任招聘、职业发展的阶梯式成长机制，全面落实“四岗十八级”薪酬待遇制度。

【社会组织】 联合审计、财政、市场监管部门开展执法，抽查67家社会组织。撤销“僵尸型”社会组织77家，完成34家3A以上市级社会组织等级评估及授牌工作。开展“双百连心”助力乡村振兴行动，累计帮扶资金108.6万元，帮扶物资40.5万元。

【区划地名】 规范东宝掇刀两区界线管理，落实“一标三实”工作部署，理顺中心城区社区边界，开展中心城区38条道路命名。细化与周边七市行政区域界线，完成荆门—宜昌线界线联检。

【流浪乞讨人员救助】 全面加强街面巡查救助，及时救助789人次。加大与公安部门沟通联系，采取信息化技术手段，成功求助寻亲2人次。

【婚姻登记】 全年共办理结婚登记10306对、离婚登记3713对，补发类6052例。

【殡葬管理】 全年摸排“三沿五区”散坟，涉及39个乡镇（街道），通过迁坟、深埋、立碑改卧碑等方式全部整治完成,完成率100%;全年建成城乡公益性公墓142个,"十四五"期间累计建成187个,覆盖48%以上乡镇中心村。

(市民政局)

退役军人事务

【概况】 2023年,聚焦"让退役军人就业更加充分、安置更有质量、保障更加有力,服务更加精准,关心关爱退役军人的氛围更加浓厚"目标,认真践行"完善架构与履职尽责同步,思想引领与荣誉激励并重、帮扶解困与扶持创业并重、化解矛盾与权益维护并重、服务保障退役军人与发挥退役军人作用并重"的"一同步四并重"工作理念,退役军人工作呈良好发展态势。全国优待证持证人在荆门亮证即可免费乘坐公交车、免费游览国有景区的政策出台实施,受到退役军人事务部推介。

【思想政治引领与权益维护】 扎实开展"老兵永远跟党走"老兵宣讲工作,"荆楚楷模·最美退役军人"张立、石险峰被确定为首批全省"老兵宣讲团"成员,并在全省宣讲。持续开展市、县两级"四大家"领导与退役军人"结对连心"活动,为困难退役军人办实事、解难题。开展"手拉手·心连心·帮战友"和"情暖荆楚老兵"活动,使用困难帮扶资金770余万元,用于帮扶困难退役军人。市、县两级关爱退役军人协会工作有序开展,累计筹集关爱退役军人基金近千万元,关爱帮扶一大批退役军人。深入挖掘退役军人背后故事,让"平凡人"出彩闪光,《中国退役军人》杂志刊登京山为困难退役军人帮扶解困工作案例,全省推介刊发掇刀区思想政治工作经验,京山市白谷洞村三代"兵书记"接续乡村振兴工作的事迹得到社会各界高度评价。荆门籍退役军人郭锋获评2023年度"荆楚楷模·最美退役军人",郭锋、皮志勇、刘伟、范道贵等入围全省退役军人"每周一星"。

【移交安置】 采取积分选岗为主、双向选择为辅的"直通车"阳光安置方式,探索"重点对象直接安置、专业人才对口安置、特殊人才选调安置"等移交安置工作方式。军转干部全部安置在行政机关,转业士官全部安置在全额事业单位和中央企业。逐步完善自主择业转业军官和逐月领取退役金退役军官(军士)管理工作,全年缴纳医保资金36万元,按规定发放自主择业军转干部住房补贴和独生子女费10.7万元。落实2023年退役士兵待安置期间相关待遇,发放生活费并缴纳养老保险和医疗保险24万元。为2022年秋冬季和2023年春季返乡自主就业退役士兵发放一次性经济补助1017万元。荆门退役军人安置就业等工作情况被国务院办公厅简报刊用。

【就业创业】 组织开展"春风行动""民营企业服务月""退役军人专场招聘会"等线上线下招聘活动33场次,实现上岗就业1069人次,完成"兵教师"招考试点工作。与公安、消防等职能部门,亿纬锂能、长城汽车、牧原股份等知名企业建立人力输送渠道。壮大"兵支书""兵委员"队伍,全市1559个行政村(社区)中,221个村(社区)党组织书记是退役军人,占比14.1%,担任村(社区)"两委"委员的退役军人480名。组建荆门市退役军人就业创业导师团队,选聘19名导师为退役军人进行就业创业宣传指导和帮扶。调整优化适应性、技能培训课程,免费培训自主就业退役士兵709人次。编印《荆门市退役军人教育培训及就业创业政策指南》,扩大政策知晓度和覆盖面。发掘、培育优秀军创项目、助力军创企业做大做强,在全社会营造支持退役军人就业创业的良好氛围,12月,湖北李七虾餐饮管理有限公司在湖北省第三届"军创杯"比赛中荣获二等奖。推进免抵押、免担保"退役军人创业贷"政策落实,累计发放贴息贷款1630万元。

【服务体系建设】 印发《关于进一步加强全市基层退役军人服务站建设的意见》,推进基层退役军人服务中心(站)规范化建设。增设思政工

2月21日,荆门市首批"戎耀荆盟"社会化拥军单位授牌仪式现场

(市退役军人局 供图)

作室、法律援助室等功能场所，倾力打造“新时代退役军人之家”，全市组建市、县、镇、村四级退役军人服务中心（站）1647 个，三星级（含）以上服务中心（站）占比 96.96%。全市退役军人和其他优抚对象建档立卡、档案管理、“军人退役一件事”，返乡落户一事联办等工作得到全面落实。共建立退役军人志愿者服务队 500 多支，吸纳 7000 多人，组织参与义务巡逻、救援抢险等志愿服务，打造退役军人长江卫士服务队、映山红服务队、红五星服务队、防污突击队等志愿服务品牌。选聘多名优秀退役军人担任军事科目教官和国防教育老师，参训学生达 2700 余人次。

【双拥共建】 印发 2023 年度双拥工作要点及分工方案，落实军地互办实事双清单制度，协调交警、城管、卫健等部门完成驻荆门某部新兵转场服务保障。妥善办理 42 名军人子女入（转）学申请，落实随军家属专项招考岗位 5 个、随军家属随调安置 3 人。组织开展军民联欢晚会、军地座谈会、军旅文化作品展播等系列活动，推动驻荆门部队与全市中小学结对共建，深入开展国防教育。在荆门电视台、《荆门日报》、公交车车身、高速出入口等位置开展宣传，全方位、多层次加强尊军崇军文化建设。组织各地广泛开展“纪念延安双拥运动 80 周年”、青少年国防教育征文等活动。创新开展“遍访功臣模范家庭、弘扬延安双拥精神”活动，走访 80 余名功臣模范并送去慰问金 8.3 万元。积极打造深圳大道东“双拥一条街”、双泉公园“双拥主题公园”、掇刀人民医院“优抚医院”、望兵石学校“少年军校”、长城汽车“拥军优属示范企业”的“五个一”双拥示范点，全力创建全国双拥模范城。新兵入伍和退役返乡时，举行简短热烈的仪式，增强军人荣誉感。

【优待抚恤】 对标对表执行优待抚恤政策，各类优抚对象抚恤优待金按月兑付率 100%。先后组织 136 名对象到九宫山疗养所、省荣军医院、市康复医院开展专项疗养和短期疗养。搭建“戎耀荆盟”社会化拥军平台，76 家成员单位为现（退）役军人和优抚对象提供 128 项优先优惠优待服务，召开专题新闻发布会向社会各界推介。出台《荆门市退役军人及其他优抚对象免费乘坐公交和免门票游览景区实施方案》，设置优待专用通道，推行亮证即可享受“双免费”政策。有序组织清明祭英烈、“9·30”烈士纪念日活动，形成崇尚英雄、缅怀先烈的良好氛围。市“四大家”领导常态化开展春节、八一走访慰问，共为驻荆门部队送去慰问物资价值 161.3 万元。春节期间，为退役军人发放慰问年画 8.7 万份，免费书写赠送春联 3000 余副。落实《立功受奖军人家庭送喜报工作办法》，为 427 名立功受奖军人家庭送去喜报，发放奖励金 14.96 万元，持续推进“关爱边海防官兵”活动，全年慰问边海防部队官兵家庭 30 个，送去慰问金 5.3 万元，协调解决困难，让部队官兵全身心投入练兵备战。

【普法工作】 全面深入学习宣传贯彻落实退役军人保障法，将退役军人保障法学习纳入全市守法普法工作要点和党委常委会、政府常务会学习内容。结合“普法宣传”“宪法日”等活动，开展进机关、进学校、进军营、进企业、进社区、进农村“六进”活动。印制发放退役军人保障法宣传册 3000 余份、《退役士兵安置条例》、《烈士褒扬条例》等政策法规 1200 余份。精心制作《中华人民共和国退役军人保障法》短视频，通过“一端两微”播放宣传，利用各类媒体平台推送《中华人民共和国退役军人保障法》相关视频 1945 条。深入社区积极宣讲《中华人民共和国退役军人保障法》，结合常态化联系走访退役军人，送法上门 3800 余人次。组织退役军人参加丁店村义务巡防队，开展法治宣传 48 场次，义务巡逻 1000 余次，调解民事纠纷 290 起，抓获违法人员 68 名，处置火情 20 余起。

【共同缔造】 对接基层共同缔造需求，引导退役军人主动融入共同缔造，开展思想理论、基层治理、乡村振兴、实用技术等教育培训，累计开展思想理论教育培训 36 场，培训村干部后备人才、高素质农民 2358 人次，组织 646 人开展技能培训，90% 以上人员取得职业技能等级证书，581 人成为生产经营能手。组织退役军人典型开展理论政策宣讲和爱国主义、国防教育，培育社会主义新风尚。组建老兵宣讲团 7 个，组织 136 人次到社区、村宣讲 68 场次。发挥“兵支书”基层治理带头作用，将基层党员、居民群众、社区人员和退役军人有序组织起来，围绕人居环境整治、基础设施完善、成果维护等出资出力、投工投劳，推进基层治理体系和治理能力现代化。京山市新市街道白谷洞村“三代兵支书”接续奋斗，组织发动群众推进“白谷烟树”项目，提升改造村庄环境，运用白谷洞村水资源、山林资源等优势，带动村民共同致富。

（杨　浩）

民族宗教事务

【政治引领】 邀请省委统战部副部长、省民宗委党组书记、主任沙玉山到荆为市委理论学习中心组专题辅导，并以视频形式扩大到 78 个市直部门和 7 个县（市、区），推动新时代党的民族宗教工作理论和方针政策落地生根。举办铸牢中华民族共同体意识宣传月活动，开展民族团结进校园、民族团结一家亲趣味运动会、“粽香十里端午情·民族团结一家亲”联谊交友等系列活动,以活动聚共识促团结。开展铸牢中华民族共同体意识、宗教理论知识宣传宣讲8场次,举办全市铸牢中华民族共同体意识大讲堂暨宗教工作三级网络两级责任制培训班,采取“1个主会场+66个分会场”形式,对市县乡三级党政分管民宗工作领导干部、全市所有的村支部书记和宗教教职人员2000余人进行培训,提升能力素质,强化责任担当。

【督查迎检】 将迎接贯彻落实中央民族工作会议精神检查和宗教工作督查,作为全年民族宗教工作主线。市委书记胡亚波主持召开市委常委会,听取民族宗教工作情况汇报,研究迎接中央民族工作会议精神检查和宗教工作督查的“三个任务清单”。市委副书记、市长陈家伟主持召开市政府常务会,学习传达中央、省委民族工作会议和全国、全省宗教工作会议精神,解决民族宗教具体问题。市委常委、市委统战部部长刘振军先后召开全市民宗局长会议、民族宗教迎检工作推进暨民宗领域风险隐患研判会等会议推进检查督查迎检工作,组织市委统战工作领导小组组建5个工作专班开展专项督导,及时纠正问题13个。7个县市区党政主要负责人分别调研民族宗教工作,组织召开党委常委会、政府常务会专题研究民族宗教工作,解决场所房屋安全、道路出行等问题30余个。对省委统一战线工作领导小组反馈的“宗教场所财务管理需规范”“互联网宗教信息服务主体清理整顿工作需深入”等5个问题立行立改,全部按期销号结账。

【融合发展】 深化民族乡村“2+1”结对帮扶,组织市县两级22个单位对全市11个民族村落实帮扶项目14个、资金862.54万元,各民族乡村发展态势好,沙洋县三峡土家族村民族乡村振兴工作获省委书记王蒙徽肯定。有序接纳新疆等地683名少数民族务工人员到荆门务工,举办国家通用语言文字培训班52期、参学参训近2000人次,完成福力德公司以就业带创业等3个省级“三交计划”项目,促进各族群众广泛交往、全面交流、深度交融。全年新建荆门红石榴家园示范点7个,铸牢中华民族共同体意识教育基地10个,打造各民族交往交流交融四色基地44个(其中革命教育“红色基地”5个、产业发展“绿色基地”12个、平安和谐“蓝色基地”21个、互嵌交融“暖色基地”6个),申报国家级民族团结进步示范区示范单位3个,获评省级示范单位6个。“四色基地”等经验做法获中央统战部、国家民委信息内刊推广刊发。

【规范管理】 坚持国内宗教中国化方向,积极引导宗教与社会主义社会相适应。推进“三化三区”建设走深走实,举办荆门市宗教界第二届讲经交流暨坚持宗教中国化方向理论座谈会,跟踪培养20名较高层次“双通”宗教教职人才。举行荆门市首届宗教界“中华优秀传统文化体验周”活动,近5000名宗教界人士和信教群众接受熏陶。协助市人大开展《宗教事务条例》《湖北省宗教事务条例》执法检查,提升基层宗教事务治理水平。指导市级宗教团体常态化开展业务活动,市内五大宗教团体采取轮值的方式,每季度举行一次宗教团体联席会议,每年召开一次负责人述职评议会议,宗教团体自身建设不断加强,公孙清高、定林堂、王志胜3名宗教界代表人士在省级宗教团体换届中当选为副会长(副主席)。创新开展宗教活动场所“美丽行动”,获省民宗委在全省推广。全年新建省级宗教中国化示范点2个、市级5个,省级平安宗教活动场所示范单位4个、市级8个,打造省级宗教中国化历史教育基地1个、市级“三个基地”(宗教中国化历史教育基地、优秀传统文化教育基地、红色教育基地)4处。

(市民宗委)

应急管理

【概况】 2023年,全市应急管理系统坚持以习近平新时代中国特色社会主义思想和党的二十大精神为引领,深入贯彻落实习近平总书记关于安全生产的一系列重要指示批示精神,紧盯“火、爆、塌、撞、淹、挤”等六大危险因素,全力做好安全生产、防灾减灾救灾和应急救援各项工作。全年共发生生产安全事故32起、死亡37人,事故起数、死亡人数同比分别下降20%、13.95%,比2019年分别下降71.9%、73%,危化品、矿山行业未发生生产安全事故。顺利应对汉江秋汛,全年未发生较大以上的森林火灾其他重大自然灾害。在全省第一届“宜荆荆恩”安全技能竞赛中获优秀组织奖。在全省应急救援力量技能竞赛中,获3个全省专业单项科目第1名,5个单项科目第2名,1个单项科目第3名,社会应急救援队伍综合成绩全省第2名。在全省第四届森林消防职业技能竞赛中,获水泵接力项目团体二等奖、负重越野项目团体三等奖、灭火装备应用项目团体三等奖和综合团体二等奖。局机关被评为全市机关党建品牌展示一等奖、湖北省应急管理新闻宣传暨学用报刊先进单位。

【机构变更】 经市委编委同意,以市安全生产执法监察支队为基础,组建市应急管理综合执法支队,机构级别为副县级,不再保留市安全生产执法监察支队。

【安全生产】 压实责任。2023年,市委常委会、市政府常务会12次研究安全生产工作,市安委办组织召开22次安全生产会议，学习习近平总书记关于安全生产重要论述、国务院安委会"十五条"硬措施，省安委会"二十条"铁办法，安排部署工作开展，市委、市政府主要领导逢会必讲安全生产，时刻绷紧安全生产之弦不放松。市安委办广泛征求各行业监管部门意见，报请市安委会全会审议后，印发《荆门市"三管三必须"职责清单》，涵盖滑翔伞、通航飞行等新兴领域，进一步厘清各专委会、部门职责。

安全防范。市安委办在两会、"五一"、端午、高温汛期、中秋国庆等重点时段，均下发提醒函，要求各地、各部门深刻吸取近期事故教训，围绕危化品、矿山、烟花爆竹、燃气爆炸、有限空间防中毒窒息等防范重点，开展隐患排查整治。4月15日起，全市持续开展安全生产大检查，"五一"期间检查不停歇，市安委办下发通报18期，排查各类隐患33211处。中秋、国庆"两节"期间，市、县两级党政领导、监管部门及各园区、乡镇（街道）每天560人参与隐患排查，共排查各类隐患16177处，目前隐患已全部整改到位，确保了重点时段平安稳定。

重点监管。危化品领域开展危化品企业指导帮扶4批次118家次，查出隐患1743项，对存在重大隐患企业均下达行政执法文书；矿山领域落实"1169"工作法，聘请专家开展"一对一"现场指导服务55人次，排查一般隐患1750余处，非煤矿山矿山安全生产零死亡；建设领域每月对全市房屋市政在建工程、水利交通工程进行不间断排查整治，着力推进智慧工地建设、严肃查处"三包一挂"违法违规行为，排查各类安全隐患164个；燃气领域深刻吸取宁夏"6·21"事故教训，深入开展燃气领域专项排查整治，排查企业4721次，发现问题隐患443处，全市5750家餐饮店已全部安装燃气"三件套"，未发生各类燃气事故；交通领域加强高速交通、道路交通等9个领域安全治理，查处各类交通违法28万余起，整改三环线96处安全隐患。

专项整治。深入开展重大隐患事故专项排查整治2023行动，以"三制"推进重大隐患排查行动。实行重大隐患分析制，在市应急指挥中心加挂"隐患管理中心"牌子，严格落实"隐患分析会议"制度；实行隐患周调度制，各地、各部门每周向市安办报送重大隐患清单，统一备案督办整改；实行专家服务保留反馈制，聘请省级以上专家参与，创新实施隐患"保留反馈"，对专家查出的隐患保留一定数量隐患反馈企业，督办企业自主排查，不全部排查到位不能销号。精准执法阶段以来，开展交叉检查69次，约谈曝光联合惩戒196家企业，约谈通报部门及企业46次。全年全市共排查各类重大隐患1103处，其中企业自查465处，部门检查638处（含挂牌督办48处）。

隐患排查。持续推进"百日双扫"行动，市应急管理局每周派出半数干部以"四不两直"形式拉网式排查，将"双扫"情况报告给市领导。全年共派出104组检查组检查416家企业，全市检查市场主体4390家，查出隐患20327处，其中一般隐患19330处，重大隐患997处，印发通报19期。

执法检查。持续开展"零点行动""双随机、一公开""暗查暗访"等执法检查，全年查处违法案件27起，实施处罚149.98万元。牵头组织调查事故5起，追责问责生产经营单位11个，事故责任人26人，实施处罚420.45万元。

【防汛抗旱】 搭建荆门应急气象服务平台，研究制定《荆门市强降雨防范应对工作指南（试行）》，成功应对13轮极端天气，对县、乡两级实行电话"叫应"提醒159次，储备编织袋、砂石料、冲锋舟、救生衣等物资。2023年以来共出现9次强降水过程，全市累计有27站大暴雨、77站暴雨，过程累计面雨量为73毫米。中秋国庆假期，下发"八个严禁"，对汉江流域58座超汛限或溢洪水库平稳泄洪。高峰时全市共上防守人员10824人，其中，县处级干部57人，乡镇干部378人，防守劳力10312人，防汛技术人员77人。沿江各乡镇制定并完善了转移预案，按照"八个应转尽转"要求，及时组织低洼地区和圩垸678户1594人转移避险，其中，钟祥市299户613人，沙洋县379户981人。战胜了1984年以来皇庄最高水位的汉江秋汛，实现了"不死一人，不溃堤坝，不毁涵闸，不出现大的内涝渍水，不出现长时间的断水断路"的防汛工作目标。5月份漳河水库枯水蓝色预警后，全市458座水库开闸放水，13处大中型泵站全部开机，累计提引放水5.46亿立方米。

【森林防灭火】 印发《荆门市森林防灭火队伍建设标准（试行）》《荆门市森林防灭火物资储备配置标准（试行）》《荆门市镇村两级森林防灭火工作要点》等，指导各地规范性建设。组织自然资源、气象部门联合会商研判，每月对7个县市区进行督导，并挂牌隐患整改，目前已督办各地完成68处隐患整改。重点防火期内，实行每日火情报告，下发工作提醒函10份，指导各地各部门落实管控措施。指导5个乡镇、10个村、1个林场开展森林防灭火工作示范创建，并配发部分防灭火物资装备。组织61场森林防灭火演练，实现所有乡镇全覆盖。

【地质灾害防治】 制发《关于加快成立抗震救灾指挥部和修订地震应急预案工作的通知》，各县市区全部完成应急预案修订工作。更新全市220处地质灾害隐患点灾害类型、防治现状及专管员、群测群防员信息，制作《荆门市地质灾害隐患点基本情况统计表》手册。

【灾害救助】 严格执行政策标准，按照“户报、村评、乡审、县定”程序，精准确定冬春需救助对象，建立分类救助台账，并进行公示，通过银行将冬春救助资金按期打入受灾群众个人账户，救灾物资造册签字发放，确保冬春救助款物及时合规发放。全市共发放2022—2023年冬春救助资金1744万元、物资11760件(套)，救助受灾困难群众103756人。

【修订完善应急预案】 2023年度，市城管委、市交通局、市生态环境局、市旅游局、市应急局分别牵头修订《荆门市中心城区防汛排涝应急预案》《荆门市水上搜救应急预案》《荆门市突发环境事件应急预案》《荆门市旅游突发事件应急预案》《荆门市自然灾害救助应急预案》，全市完成23个专项应急预案修订及修编工作，进一步规范应急预案管理，提升应急处置能力。

【基层应急管理改革】 深入贯彻落实全省基层应急管理能力建设现场会精神，组织调研组赴十堰房县考察学习。全市49个乡镇全部实现应急站挂牌，按照“1个专用办公场所、至少3名专职人员、1辆消防车辆”标准，配备专职工作人员260名、兼职工作人员128名，消防车70辆。为中心城区61个社区配备了“应急小白”宣传救援车辆和灭火救援装备。常态化组织应急站所开展救援技能训练、火灾扑救、安全防范宣传等工作。

【应急队伍建设】 按照“一专多能，一队多用、一岗多职”要求，东宝区、漳河新区应急局先后成立区综合应急救援大队。各县市区成立民兵应急营，全市基干民兵应急力量5000多人，全部纳入政府应急力量体系。在现有荆门市蓝天救援队和京山飞鹰救援队的基础上，新组建成立荆门蓝天救援中心和京山市中志协救援队，社会应急救援队伍达8支，骨干队员近500人。2023年京津冀及周边多地发生洪涝灾害，甘肃发生地震等，全市社会应急力量均主动参与救援。

【防灾减灾宣传教育】 “5·12”全国防灾减灾日期间，全市共举办集中宣传118场次、发布公益短信16万条、发放宣传资料17万份、展示宣传专栏1222个、组织在线访谈5次。各地组织开展了防汛、地震、火灾等实战演练活动。

【持续推动“两项制度”】 全域实行“岗前三分钟”警示教育。聚焦动火作业、有限空间作业、高空作业、无证上岗、违现转包分包等29项最不托底的环节，从全国事故教训中精选3分钟警示教育视频560个，在全市各行各业推广，要求每天交接班时全员必看、现场点名。全面推动“风险明白卡”落实落地。结合流域综合治理负面清单，梳理各行业领域问题风险和隐患，将危化领域从业人员“四知卡”推向各个行业。各领域、各企业已公布“明白卡”2.7万张，员工“四知卡”近10万份。督促企业落实“风险明白卡”“岗前三分钟”制度，纳入周五安全必查日内容，印发通报8期，约谈7名行业监管部门负责人、22名企业负责人，“两项制度”在全省危险化学品安全监管工作现场会上推广。

【提升行政执法规范化水平】 制定《2023年度履行推进法治建设第一责任人职责清单》《2023年全市应急管理法治建设工作要点》，严格行政执法“三项制度”，公示年度执法计划、执法检查、行政处罚等信息，做到行政执法全过程记录。严格执行重大执法决定法治审核制度，对重大行政执法决定进行法治审核，并经案审会讨论通过。开展多轮案卷评查工作，抽选全市应急管理系统涉企行政执法案卷12份，进行集中复评复查，聘请第三方专业服务机构对2021年以来的78份行政处罚案卷进行全面评查，先后4次接受国家、省、市司法部门案卷抽查评查，形成问题反馈报告，督促整改，进一步规范行政执法行为，保障执法人员依法履行职责。

【规范培训机构】 全市安全生产培训机构共12家，2023年累计举办考试431期，“三项岗位”人员23665人，其中特种作业21653人，主要负责人567人，安管人员1445人，合格率90%以上。

(市应急局)

·消防救援·

【概况】 2023年，市消防救援支队忠实践行习近平总书记重要训词精神，以“制度建设年”为定位，圆满完成年度重点工作，成功举办全省新能源灾害事故跨区域灭火救援、长城汽车产业园灭火救援、航空应急救援综合、防汛抢险应急救援综合等大型实战演练，完成火灾防控、灭火救援、执勤安保、抗洪抢险、铲冰除雪等任务，持续保持队伍管理和火灾形势“双稳定”。全市发生火灾1828起，同比上升6.77%，未发生较大以上和有影响的火灾事故。全市共检查单位6499家，整改火灾隐患3962处，行政处罚194家、临时查封32家、责令“三停”23家、行政拘留10人。全市共接处警3893起，抢救、疏散2000余人，抢救财产价值过亿元，成功处置“3·23”湖北博韬合纤厂房火灾、“4·14”钟祥威龙船厂爆炸事故、“10·17”沙洋澳格森厂房火灾等急难险重任务。支队被国家消防救援局评为“执勤训练工作先进支队”，被总队评为“安全工作先进支队”，被市委市政府评为“政绩目标考核立功单位”并记集体三等功，2个集体被评为“全市五四红旗团支部”；4名个人被评为“优秀团干部”和“优秀团员”；1人被评为2023年度湖北省市场监管领域部门联合“双随机、一公开”工作先进个人；1人被评为“荆门建市40年40人”，2人被评为“荆门市道德模范”，1人被评为“荆门市五四奖章标兵”，1人被评为“荆门市三八红旗手”，百余人获得各级表彰，“火焰蓝”形象赢得各界广泛赞誉。

精准治理消防隐患。市委、市政府9次召开常委会、常务会、专题会、调度会研究部署消防工作。市领导定期听取工作汇报，12次带队检查、督办消防工作。开展7次人大、政协走访、座谈活动，将消防安全纳入县（市、区）党政领导班子政绩考核项目清单，实施季度考评。分行业推进消防安全重大风险隐患专项排查整治2023行动，开展高层建筑、“两违”整治、“九小场所”、燃气领域、危化企业、老旧小区、电动自行车、寄递物流场所、消防车道等10类专项检查，市、县两级政府挂牌重大火灾隐患26家，组织行业部门联席会、重大火灾隐患督办会、专项行动推进会、重点单位约谈会等活动，会商防范措施、曝光典型隐患、约谈提示提醒。

积极服务发展大局。严格贯彻落实优化营商环境工作清单，30余次上门帮扶重点企业解决消防难题。制发消防安全风险“明白卡”，编印6类场所消防安全风险指南。推动将“生命通道”治理纳入交警部门“警辅通·随手拍”执法平台。实战化推进支队火调能力建设，取得片区竞赛第一名。推动建设10个科普教育基地，荆门消防“红按钮”标识和“消仔”IP形象深入人心，参加全省消防文创大赛获得一等奖。全市6支“红按钮”宣传服务队联合238个社区开展“五进”宣传600余次，培训教育70余万人次，高质量策划“3·15”消防产品专项宣传、消防安全第一课、“119”消防宣传月启动仪式等大型宣传活动，全民消防安全意识不断增强。

队伍管理正规有序。支队坚持“两严两准”和“五个不动摇”，落实安全分析、培训和督查制度，开展队伍管理教育专项督察，常态化开展管酒治酒工作，全年未发生违法违纪案件，队伍持续安全稳定。统筹推进正规化达标创建工作，坚持“软件”与“硬件”并行，编制印发《正规化指导手册》6个分册、摄制2部示范教片。支队所属事业单位战保大队“开门立户”、人员上岗，新招录42名消防员和91名政府专职消防员充实队伍，探索实行“20+10”轮班执勤，修订《荆门市政府专职消防员管理规定》，制定大队主官及副职工作联系点制度，推行小型站单编执勤模式。规范“六员队伍”运行模式，开展4轮次队伍教育管理专项督察，发现并督促整改问题500余处，摸排并帮扶转化队伍管理重点人60余人次，落实优抚优待，有效调动指战员工作积极性。

大力推进基础建设。支队积极争取党委政府支持，全市共落实地方消防经费1.06亿元，同比增长9.6%。市政府召开“十四五”消防规划中期调度会暨全市消防救援站建设现场推进会，推动全市基础建设目标任务落实落细。市消防训练基地、战勤保障消防站、新园路特勤站、后港消防救援站、胡集消防救援站升级特勤站改造工程相继建成投用。月亮湖路消防救援站改扩建工程、柴湖消防救援站、钱场消防救援站正在建设中。市消防训练基地模拟训练设施、基地综合训练楼和智能战保物资储备库即将开工建设。支队战勤保障大队和49个乡镇消防救援所完成挂牌，全市核定61个事业编制，基层消防治理体系建设实现突破。全市采购消防车15辆、装备8145套（件）列装一线，装备逐步从数量向高精尖转型。

有效提升实战能力。支队坚持“党委统训、全员普训、按岗施训、真考严训”的练兵原则，确保指战员和专职消防员全部轮训一次。支队组建灭火救援专家组，定期召开联席会议。深入中石化荆门分公司、湖北亿纬锂能等重点企业驻厂培训并挂牌成立实训基地。推进化工、水域、地震等6支专业队建设，先后开展地震救援、水域救援、危化场所、高层建筑、地下建筑、仓库厂房、大空间大跨度、城市综合体、应急通信演练、森林火灾扑救等大型实战演练，举办大讲堂、战例研讨、案例复盘、桌面推演和消防设施调查测试。扎实推进作战训练改革工作，推广2车4—6枪初战控火新模式。全面推进“一短三快”初战机制改革，建成智能接处警、融合通信系统、移动指挥终端，采取“自建、共建、联建”方式，整合装备、共享数据，推进无人机编队建设，已初具战力，全市应

11月2日，2023年荆门市“119”消防宣传月启动仪式暨“消防十二时辰”游园闯关活动在园博园举行
（市消防救援支队　供图）

急救援能力明显提升。

【重大消防救援纪实】 2023年3月23日3时39分,荆门市消防救援支队指挥中心接到群众报警称,荆门掇刀区福耀二路湖北博韬合纤有限公司(涤纶厂)厂房内导热油起火。接警后,支队指挥中心迅速调派长坂坡路特勤消防站、荆东消防站、月亮湖消防站、军马场消防站、丹桂路消防站、爱飞客消防站共计出动11车54人前往处置。支、大队全勤指挥部遂行出动,4时2分,救援力量陆续到场。现场为四层框架结构厂房二楼导热油起火,两人被困,4时15分,两名被困人员被救出,4时30分,明火扑灭,过火面积40平方米,无人员伤亡。

2023年4月14日11时5分,荆门市消防救援支队指挥中心接到报警称,荆门钟祥市南湖原种场威龙造船厂一艘运输船在维修作业时爆炸导致部分船体垮塌。支队共出动9车35人,支、大队两级全勤指挥部遂行出动,支队长王仕宝在一线指挥救援。荆门市委书记胡亚波第一时间赶赴现场,组织指挥处置,责成市应急管理局和钟祥市成立工作专班,全力搜救失联人员,抢救受伤人员。经核实,事故原因疑为现场作业人员喷涂油漆时,喷雾遇火引发爆炸,已搜救出11人,还有最后1名被困者(已确认死亡)被埋压。经现场侦察,垮塌船体面积较大,长约20米,高约7米,厚度约3厘米,被困人员位置已确定,埋压较深。根据现场指挥部统一部署,消防救援力量负责对船体周边进行清理、警戒,协助专业工程队对倒塌的船体钢板进行切割、起吊,事故造成7人死亡,5人受伤送医救治。

2023年8月14日23时12分,荆门市消防救援支队指挥中心接到群众报警称,荆门掇刀区掇刀石街道驰衡汽修仓库起火。接警后,支队指挥中心迅速调派长坂坡路特勤站3车15人前往处置,23时20分到达现场,发现为仓库起火,现场无法处置。地面有大量的油料流出形成流淌火,到场后用泡沫进行覆盖阻隔,高压线断裂有电火花无法出水处置。23时53分供电到场断电开展强攻,0时13分明火熄灭进行降温,0时38分全部处置完毕。现场仓库为钢构,里面存储有车辆废弃油料电瓶等物品,大致过火面积40—50平方米,1时1分安全返回。

2023年10月17日2时43分,荆门市消防救援支队指挥中心接到群众报警称,荆门沙洋县经济开发区工业二路湖北澳格森化工有限公司起火。接警后,支队指挥中心迅速调派开源大道消防站、荆河路消防站、后港消防站、长坂坡路特勤消防站、荆东消防站共计出动16车85人前往处置,支、大队全勤指挥部随警出动。2时46分,开源大道消防站、荆河路消防站到达现场,经询问厂区负责人及无人机侦察,现场为澳格森化工有限公司厂区生产车间环保过滤装置着火,起火建筑为砖混结构共2层,着火部位为1层外围,过火面积约300平方米,无人员伤亡。针对现场情况,沿厂区东侧铺设一条干线架设水炮对火势进行堵截,两支枪在车间北侧进行灭火。3时25分,进攻由外部堵截控火转为内攻灭火,一支枪从车间东南侧入口进入内部灭火,两支枪从车间西南侧入口进入内部灭火,两支枪在车间北侧进行灭火。3时46分,支队全勤指挥部和荆东、特勤增援力量相继到场。3时50分,现场明火被扑灭,经无人机高空红外侦察,车间顶部仍有高温区域,一支枪登顶进行冷却灭火。4时8分,现场明火已全部被扑灭,确定无复燃可能后,留守1车6人继续监控。7时50分,留守力量归队。

2023年11月25日0时1分,荆门市消防救援支队指挥中心接到群众报警称,荆门掇刀区麻城镇金寨村一废旧服装边角料加工厂房起火。接警后,支队指挥中心迅速调派长坂坡路特勤消防站、新园路特勤消防站、荆东消防站、月亮湖消防站共计出动9车47人前往处置,支、大队全勤指挥部、通信保障队遂警出动。0时27分到达现场,现场为废旧服装边角料堆垛着火,储量约1200吨,厂房面积约2000平方米,过火面积约800平方米,无人员伤亡。18时23分成功处置,18时50分安全返回。

(贺俊华)

县(市、区)概况

沙洋县

【概况】 沙洋县辖13个镇,1个省级经济开发区,2个新区,44个社区居委会,233个村民委员会。全县面积214637.34公顷。其中耕地面积12.21万公顷。年末,全县户籍人口56.29万人,常住人口38.82万人。人口出生率3.26‰,人口死亡率11.6‰,人口自然增长率-8.34‰。全年实现地区生产总值325.17亿元,比上年增长6.4%。其中,第一产业增加值82.58亿元,增长4.3%;第二产业增加值76.98亿元,增长8.9%;第三产业增加值165.62亿元,增长6.3%。三次产业结构比为25.4∶26∶48.6。全年完成财政总收入12.95亿元,比上年增长30.1%。一般公共预算收入9.12亿元,增长21.3%。一般公共预算收入中税收收入6.14亿元,增长30.5%。一般公共预算支出51.15亿元,增长24.8%。沙洋县获国家农产品质量安全县和国家平安渔业示范县,15年蝉联全国生猪调出大县。曾集镇获评首批国家农业产业强镇,纪山镇获评省级乡村振兴示范乡镇,岳飞城田园综合体成功创建国家AAA级旅游景区。

全年实现农林牧渔业总产值149.84亿元,比上年增长2.4%;实现农林牧渔业增加值88.73亿元,增长4.5%。粮食作物种植面积12.81万公顷,比上年增长0.33%;棉花种植面积413.33公顷,下降16.22%;油料作物种植面积5.8万公顷,增长6.23%;蔬菜种植面积1.45万公顷,增长5.5%。主要农产品产量:粮食91.49万吨,比上年增长1.18%;棉花400吨,与上年持平;油料15.51万吨,增长6.09%;蔬菜50.94万吨,增长6.48%。生猪出栏91万头,比上年增长4.35%;牛出栏2.46万头,增长4.68%;羊出栏2.62万只,增长0.38%;家禽出笼1392.43万羽,增长0.25%;肉类总产量7.56万吨,增长7.69%;禽蛋产量4万吨,增长4.71%。水产品产量20.7万吨,增长4.55%。年末农业机械总动力130.23万千瓦,比上年增长1.29%。农机化综合作业率86.2%。机耕面积15.97万公顷,机播面积11.32万公顷,机收面积14.56万公顷。全年造林面积450公顷,比上年下降38.64%;木材采伐4.12万立方米,增长24.34%。持续深化农村领域改革,按户连片耕种经验被写进农业农村部解决承包地细碎化试点工作指导意见;宅基地制度改革试点工作顺利通过农业农村部评估验收,宅基地基础信息调查成果获评全省优秀等次;毛李镇双店村被确定为第二轮延包到期后再延长三十年国家级试点和省级小田并大田改革试点。成功举办全省第三届油菜花旅游节和首届花卉苗木交易会,沙洋油菜花海荣获“2023湖北最美油菜花海”称号,“农谷壹号”高油酸菜籽油荣获中国食品博览会金奖。

全年新增规模以上工业企业15家,达180家。规模以上工业增加值比上年增长7.6%。规模以上工业中,轻工业下降0.9%,重工业增

10月31日,首届湖北(荆门沙洋)花卉苗木交易会暨林业生态产品招商推介会开幕式在沙洋县十里铺苗圃产业示范园举行

(沙洋县融媒体中心　供图)

长8.7%。全县23个工业大类行业中,13个行业增加值下降。规模以上工业企业实现营业收入214亿元,比上年增长15.2%;实现利润总额9.32亿元,增长25.3%;亏损企业亏损额1.34亿元,增长59.5%。工业产品销售率96.6%。实施技改项目75个,完成投资49亿元;新增国家级专精特新"小巨人"企业4家、省级专精特新中小企业15家。

全年完成固定资产投资比上年增长13.2%。第一产业完成投资比上年下降20.4%;第二产业完成投资比上年增长24.5%;第三产业完成投资比上年增长7.3%。主要行业中,制造业完成投资比上年增长16.4%;电力、燃气及水的生产和供应业完成投资比上年下降172.1%;交通运输、仓储和邮政业完成投资比上年增长105.2%;房地产业完成投资比上年下降28.3%;水利、环境和公共设施管理业完成投资比上年增长37.2%。全年房地产开发完成投资11.86亿元,比上年下降28.6%;房屋施工面积153.6万平方米,比上年增长9.4%;房屋竣工面积50.1万平方米,比上年增长294.5%。商品房销售面积19万平方米,比上年增长4.4%;商品房销售额64.27亿元,比上年下降3.9%。推进城市更新,优化城市干道10.4千米,改造老旧小区26个,实施美丽街区改造5.4万平方米,整治城区雨污管网45.6千米,新增停车位742个,安装路灯938盏,完成户外广告专项治理528处,建成公园游园31个,新增绿化10.9万平方米。

全年社会消费品零售总额143.82亿元,比上年增长7.6%。其中,城镇消费品零售额103.5亿元,增长12.3%;乡村消费品零售额40.27亿元,下降2.8%。分行业看,限额以上商品零售30.92亿元,增长11.2%;限额以上餐饮收入5.81亿元,增长32.3%。外贸出口总额18亿元,增长19.2%。年末全县金融机构各项存款余额424.3亿元,比年初增加28.45亿元。其中,住户存款339.13亿元,比年初增加39.16亿元;非金融企业存款34.62亿元,比年初减少0.14亿元;机关团体存款44.2亿元,比年初减少0.26亿元。年末金融机构各项贷款余额222.59亿元,比年初增加30.87亿元。其中,短期贷款28.57亿元,比年初增加3.75亿元;中长期贷款31.67亿元,比年初增加7.32亿元。完成道路货运量461.9万吨,增长6%;货物周转量8864.14万吨千米,增长6%;道路旅客运输量246.6万人,增长45.57%;城市公交周转量290.77万人,下降5%;出租车旅客周转量454.2万人,下降13%。接待国内外游客400万人次,其中接待乡村旅游游客264万人次;旅游综合总收入19.2亿元,其中乡村旅游综合收入11.8亿元。全县共有星级饭店1家、国内旅行社2家、旅行社门市部1家、国家A级景区4个、荆门市乡村旅游精品点3个、湖北旅游名村1个、旅游商品专营店1个。

全县有各级各类学校77所。其中中等职业教育学校1所、普通高中3所、初中13所,九年一贯制2所、特校1所、小学19所、幼儿园38所。年末在校学生32647人,专任教师2864人。年末全县广播人口综合覆盖率100%,电视人口综合覆盖率100%。全县有卫生机构321个。其中综合医院3个、卫生院12个,城区社区卫生服务中心1个,中医医院1个,妇幼保健院1个,眼科医院1个,疾病预防控制中心1个,监督综合执法局1个,社区服务站8个,村卫生室257所,诊所34个,卫生所、医务室1个。卫生机构人员2611人,执业(助理)医师831人,注册护士923人。全县卫生机构编制床位2364张,实有床位2277张。其中,医院床位1280张,专业公共卫生机构(妇幼保健院)床位102张,卫生院床位845张,城区社区卫生服务中心(站)床位50张。

全年城镇新增就业人员10590人,城镇失业人员实现再就业6447人;年末城镇登记失业人数2726人,城镇登记失业率3.4%。全县城镇居民人均可支配收入41746元,比上年增加2176元,增长5.5%;农村居民人均可支配收入26191元,增加1827元,增长7.5%。年末,城镇职工养老保险参保57980人,其中在职人员34770万人,享受待遇人员23210万人;机关事业单位养老保险参保13091人,其中在职人员7820人,享受待遇人员5271人;参加失业保险职工21012人,参加医疗保险职工4.57万人,年内领取失业保险金357人;城乡居民社会养老保险参保27.45万人,城乡居民医疗保险35.69万人。全县城镇最低生活保障对象1029人,农村最低生活保障对象7018人。发放住房租赁补贴137户,补贴金额19.41万元。

(韩　蓉)

钟祥市

【概况】 钟祥市辖15个镇、1个乡、2个街道,3个水库、3个农场,3个省级开发区,493个村民委员会,65个社区居民委员会。全市土地面积440339.87公顷,耕地面积19.8万公顷。全市户籍人口101.29万人,常住人口85.27万人,户籍总户数33.28万户。全年新出生人口3629人,人口出生率4.25‰,人口死亡率4.71‰。全年全市地区生产总值640.52亿元,比上年增长6.1%。其中,第一产业增加值99.41亿元,增长4.4%;第二产业增加值250.97亿元,增长4.1%;第三产业增加值290.14亿元,增长8.5%。第二产业中,工业增长4.4%,建筑业下降0.2%。第三产业中,交通运输、仓储和邮政业增长15.6%,批发零售业增长5.4%,住宿和餐饮业增长1.8%,金融业增长7.9%,房地产业增长0.6%,其他服务业增长11.4%。三次产业结构由上年的14.7∶42.6∶42.7调整为15.5∶39.2∶45.3。

全年地方公共财政预算收入21.53亿元,比上年增长14.7%。其中,税收收入完成13.57亿元,增长15.3%。地方公共财政预算支出71.39亿元,增长2%。其中,一般公共服务支出6.89亿元,下降6%;农林水事务支出15.08亿元,增长0.4%;科学技术支出2.16亿元,增长2.1%;教育支出9.92亿元,增长16.5%;文化体育与传媒支出2.24亿元,增长10.6%;节能环保支出1.34亿元,增长6.9%;卫生健康支出5.62亿元,下降6.9%;社会保障和就业支出11.19亿元,增长14.3%;住房保障支出2.52亿元,增长1.4%;交通运输支出4.94亿元,增长24.1%。钟祥市获评全国自然资源节约集约示范县、全国平安渔业示范县、国家级水产健康养殖和生态养殖示范区、全省创新型县市、省级全域旅游示范区、荆楚文旅名县、全省森林城市等称号。

全年实现农林牧渔业总产值187.83亿元,比上年增长5.3%。粮食总播种面积17.63万公顷,粮食总产量97.61万吨。猪、牛、羊分别出栏152.05万头、3.24万头、8.64万只,家禽出笼960.49万羽,禽蛋产量3.63万吨,水产品产量16.1万吨。全市林地面积13.49万公顷,森林面积12.79万公顷,活立木蓄积量907.48万立方米,森林覆盖率25.84%。新增国家农民合作社示范社2个、“两品一标”产品8个,荆沙蔬菜合作社连续两年入选中国农民合作社500强。推广绿色高效技术入选全国农业绿色发展典型案例。胡集镇、双河镇上榜全国千强镇,柴湖镇入选省级乡村振兴示范镇创建名单。成功承办第三届全国萝卜产业发展大会、中部五省智能农机田间作业邀请赛、全省春季田管暨生猪生产现场会等活动。长滩镇、胡集镇获评省级美丽城镇示范乡镇,客店镇获评全省村庄清洁行动先进单位。

全市有规模以上工业企业259家,规模以上工业增加值118.3亿元,比上年增长5.5%;实现工业总产值545.44亿元,比上年下降11.9%;实现营业收入464.07亿元,比上年下降13.1%。其中,磷化工企业40家,实现工业总产值201.36亿元,比上年下降10.8%;营业收入182.76亿元,比上年下降11.9%。农产品加工企业90家,实现工业总产值187.93亿元,比上年下降20.1%;营业收入155.36亿元,比上年下降23.8%。新增专精特新企业24家、高新技术企业30家、“瞪羚”企业9家。引进高层次创业团队3个。金汉江主编修订的《精制棉国家标准》正式发布。中昇华祥获批国家级“两化融合”企业。胡集、双河化工园区通过省级合规认定。

全年固定资产投资额比上年增长1.2%,其中房地产投资比上年下降36.5%。商品房销售面积51.55万平方米,比上年下降9.3%,商品房销售额21.83亿元,比上年下降9.1%。按产业划分,第一产业投资比上年下降8.5%;第二产业投资比上年下降4.3%,其中工业投资比上年下降4.3%;第三产业投资比上年增长8.8%。改造老旧小区77个、背街小巷162条。新增城市游园5个。皇庄电排站改扩建工程荣获全国水利工程“大禹奖”。全年建筑业增加值14.87亿元,比上年下降0.2%。

全年社会消费品零售总额271.77亿元,比上年增长5.8%。其中,城镇消费品零售额182.39亿元,比上年增长5.9%;乡村消费品零售额83.38亿元,比上年增长5.6%。分行业看,限额以上批发零售业零售额65.7亿元,比上年下降13.9%;限额以上住宿餐饮业零售额16.24亿元,比上年下降6.2%。从限上占比看,限额以上零售额81.94亿元,比上年下降12.5%,占全社会消费品零售总额的比重为30.1%。

全年进出口企业累计进出口14.1亿元,比上年增长25.5%。其中,累计出口12.64亿元,比上年增长21.7%。

全年交通运输、仓储及邮政业增加值26.27亿元,比上年增长15.6%。沿江高铁钟祥南站主体结构封顶。丰乐汉江公路大桥试通车。234国道绕城段、482省道丰北线建成通车,266省道文石线开放交通,331省道双河至文集段改建、祥龙大道高铁连接线等道路加快建设,全域快速联通交通网络基本形成。农村寄递物流实现村级快递服务网点全覆盖。全年邮政包裹进出口量1321.06万件,比上年下降4.8%。全年共接待游客1500万人次,比上年增长22%。旅游总收入95亿元,比上年增长18.8%。成功承办全国县域旅游高质量发展交流会、第二届穿越湖北汽车自驾比赛等活动,明显陵文化旅游景区创AAAAA进入冲刺阶段。清平乐民宿获评荆门首家等级民宿。莫愁村获评省级“非遗+旅游”优秀案例。

全市立项实施科技计划项目10项,其中,省级2项,荆门8项。金汉江、兴利食品、浩伟科技获得省科技进步奖二等奖,浩伟科技参加省乡村振兴实用技术大赛获得三等奖。

全市有各级各类学校115所,其中,普通中学48所、小学64所、职业中学2所、特殊教育学校1所;另有幼儿园130所。在校学生89320人,有教职工9845人,有专任教师7809人。全市有公共图书馆1个,馆藏图书336611册(件)(其中电子图书10万册),博物馆1个。

全市有各类医疗卫生机构639个,其中医院19个,乡镇卫生院18个,社区卫生服务中心3个,诊所、卫生所、医务室102个,乡村卫生室494个。实有床位6359张,卫生专业技术人员5565人,执业助理医师2156人、执业医师1744人、注册护士2700人。县域医共体信息平台、人民医院血透中心建成投用,中医院创成国家级胸痛中心,乡镇心脑血管一体化防治站实现全覆盖。组织举办健康跑、乒乓球赛、篮球赛、羽毛球赛及重阳节老年人系列赛事活动20余场次。承办省健身舞锦标赛、省大众足球联赛等省级以上赛事6场。组队参加省第二届社区运动会男子三人制篮球赛获冠军,参加省青少年足球锦标赛获第三名,参加省健身行农民健身操(舞)比赛获一等奖。

全市城镇常住居民人均可支配收入达42465元,比上年增长5.3%;农村常住居民人均可支配收入达26481元,比上年增长7.6%。全市年末城乡居民养老保险参保49.06万人,年内新增就业人员12800人,失业保险参保50435人。全市城乡居民基本医疗保险参保72.44万人,职工医疗保险参保12.11万人。城乡低保分别提高至每人每月750元、610元。发放残疾人“两项补贴”2309.3万元。办理异地就医备案7.3万人次。新建社区养老服务综合体2处、养老服务驿站7处。

全年完成长江入河排污口整治。南湖水生态保护修复、浰河流域水污染综合整治等项目加快建设。国控、省控考核断面水质全部达标。大气优良天数同比增加5天,达标率89.6%。磷石膏综合利用率提升至70%。长寿镇获评省级森林城镇。禁渔常态化执法监管经验在全省交流。全市连续3年被全省通报为河湖长制重点工作成绩突出地区。

(郭　荣)

京山市

【概况】 京山市辖12个镇、3个街道办事处和1个经济开发区,33个社区居民委员会,356个村民委员会。全市土地面积353778.57公顷,耕地面积10.8万公顷。2023年末,全市户籍总人口60.52万人,其中,城镇人口24.59万人,乡村人口35.93万人。全年出生人口2168人,出生率3.3‰;死亡人口4314人,死亡率6.61‰;人口自然增长率-3.31‰。全市完成生产总值409.84亿元,比上年增长6%。其中,第一产业增加值77.77亿元,增长4.5%;第二产业增加值124.04亿元,增长3.4%;第三产业增加值208.03亿元,增长8.2%。三次产业结构比由2022年的19.5∶31.8∶48.6调整为19∶30.2∶50.8。在第三产业中,交通运输仓储和邮政业、批发和零售业、住宿和餐饮业、金融业、房地产业、营利性服务业及非营利性服务业增加值分别增长25%、11.3%、11%、14.4%、-0.7%、8.5%、0.9%。

全年农林牧渔业总产值126.72亿元,比上年增长5.4%。粮食种植面积108587公顷,比上年增加87公顷;棉花种植面积593公顷,比上年减少33公顷;油料种植面积26280公顷,比上年增加3033公顷。粮食总产量66.19万吨,比上年增长0.7%;棉花总产量0.06万吨,比上年下降2.3%;油料产量6.66万吨,比上年增长9.7%。全年园林水果产量8.89万吨,增长2.1%;蔬菜产量42.12万吨,增长1.7%。全年生猪出栏91.84万头,增长2.1%;牛出栏1.55万头,增长4.6%;羊出栏6.37万只,增长0.3%;家禽出笼1415.95万羽,增长0.1%;禽蛋产量5.41万吨,增长5%。全年水产品产量8.9万吨,增长4.5%。省级以上农业产业化重点龙头企业24家,国家现代农业产业园创建项目通过农业农村部中期评估,京山入选第四批国家农业绿色发展先行区、全国休闲农业重点县(市)。京和米业入选2023中国农业企业500强,京山桥米被列为国家地理标志产品保护示范区创建单位,省级农产品质量安全县通过验收。入选2022年度湖北省金融服务乡村振兴共建创新示范区,连续6年在全省巩固脱贫成果后评估中获得综合评价好等次。

全年规模以上工业企业285家,规模以上工业企业增加值比上年增长5%。全年产品销售率为94.58%。全年规模以上工业企业实现利润23.45亿元,比上年下降31.4%。新增省级“专精特新”中小企业19家、总数达35家,新增国家级专精特新“小巨人”1家、总数达2家,新增科创“新物种”企业7家、总数达11家;认定高新技术企业45家、总数达114家,获批第四批省级创新型县(市、区)建设单位。京山轻机、京兰水泥获得国家级绿色工厂认证,京山轻机入选国家级工业设计中心,华信机械、达权、脉辉金茂获评省级制造业单项冠军,雄韬锂电、克拉弗特、京和米业入选省级智能制造试点示范企业,宋河精细化工产业园初步通过应急管理厅首批D级化工园区创建验收。

全年固定资产投资比上年增长7.8%,其中房地产开发投资比上年下降17.7%。按产业划分,全市一、二、三次产业投资分别下降5.5%、增长31.4%、下降18%。全年具有总承包和专业承包资质建筑企业完成总产值34.12亿元,增长5.5%;建筑单位房屋施工面积143.49万平方米,增长12.2%;房屋建筑竣工面积120.02万平方米,增长6.4%。

全年实现社会消费品零售总额184.03亿元,比上年增长8.5%。其中,限额以上企业(单位)实现销售额68.09亿元,下降3%;限额以上企业(单位)实现营业额9.57亿元,增长9.7%。全年全市实现进出口总额18.26亿元,下降2.1%,其中,出口总额17.84亿元,增长6.2%;进口总额0.42亿元,下降77.9%。全年实际使用外资863万美元,增长1776.1%。全年完成货物周转量264068万吨千米,下降62%;旅客周转量6385万人千米,增长16.6%;公路里程3440.89千米,增长2.4%;等级公路3248.96千米,增长2.9%。全市邮电业务收入55271万元,增长31%。移动电话用户达到

483437 户;天翼高清(电视)用户 53220 户。全年全市国内旅游人数 1757 万人次,增长 21%;国内旅游收入 108.8 亿元,增长 25.1%。全市有星级饭店 1 家,名胜风景区和文物保护区 89 个。新增天沐温泉、通天峡等景区景点 7 个,为历年新增数量最多的一年;举办中国(京山)绿林网球·英雄会暨第十届中国温泉旅游推广季、中国(京山)观鸟节、绿林万人漂、武林风自由搏击赛等各类活动 78 场。《新市镇志》入选第八批中国名镇志丛书。

全年各类教育招生 15618 人,在校生 58591 人,毕业生 17682 人,其中,中等职业教育招生 1359 人,在校生 4040 人,毕业生 1416 人;普通高中招生 2365 人,在校生 6631 人,毕业生 2099 人;普通初中在校生 12369 人,小学在校生 25397 人,幼儿园在园幼儿 10066 人。全市有科研机构 9 个,全年共签订技术合同 698 项,技术合同成交金额 306947.84 万元,其中,技术交易额 74492.43 万元。全年专利授权量 657 件,其中,发明专利 22 件,实用新型专利 571 件,外观设计专利 64 件。2023 年末,全市有艺术表演团体 357 个,公共图书馆 1 个,博物馆 1 个。全市有医疗卫生机构 410 家,其中医院 13 家,基层医疗卫生机构 388 家,专业公共卫生机构 8 家。疾病预防控制中心(防疫站)1 家。妇幼保健院 1 家。

全市有卫生技术人员 3606 人,其中执业(助理)医师 1320 人,注册护士 1714 人;医疗卫生机构床位 4163 张,其中医院床位 2925 张,基层医疗卫生机构床位 938 张。全市有体育场馆 3 个,开展群众性体育活动 122 次,拥有全民健身路径 635 条。全年销售体育彩票 6845.7 万元。

全年登记市场主体 62411 户,比上年年末净增 9466 户,增长 17.9%。全市城镇新增就业 17697 人,年内安置下岗失业人员 10769 人。全市城镇常住居民人均可支配收入 42284 元,比上年增长 5.5%;农村常住居民人均可支配收入 25713 元,增长 7.4%。年末全市参加基本养老保险 43.66 万人,其中,城镇职工参加基本养老保险 13.85 万人,参加城乡居民基本养老保险 29.81 万人。参加工伤保险 3.4 万人。参加失业保险 3.17 万人。全市参加基本医疗保险 50.39 万人,其中,城镇职工参加基本医疗保险 6.13 万人;城乡居民参加基本医疗保险 44.26 万人。参加生育保险 3.3 万人。全年城镇居民最低生活保障对象 2089 人,农村居民最低生活保障 7798 人。全市提供住宿的社会服务单位 24 个,床位 2920 张。

全年共创成国家级、省级生态镇 15 个,省级生态村 109 个,新添 1 个省级生态村(永兴镇汀河村)。配合省、荆门市审批建设项目 172 家,其中登记表备案项目 111 家,报告表项目 61 家,建设项目环境影响评价验收为企业自主验收,核发排污许可证 160 家(新核发 13 家,变更 46 家,延续 94 家,重新申请 7 家),新建项目环评、“三同时”执行率达 100%。全年有效监测天数 364 天,优良天数 325 天,全年空气质量优良率为 89.3%,PM2.5 年均浓度、优良率、重污染天数均能达到 2023 年环境空气质量改善目标要求。全面落实河湖长制,市域内主要河流水环境质量总体上稳中趋好;市域内重点水库水环境质量总体保持稳定;集中式饮用水水源地水环境质量稳定达标,全市集中式饮用水水源地水质达标率 100%。

(黄　梅)

东宝区

【概况】 东宝区辖 1 个乡、5 个镇、2 个街道和 1 个省管工业园,39 个社区居委会,124 个村民委员会。全区土地面积 167955.46 公顷。常用耕地总面积 2.58 万公顷。全区常住人口 35.17 万人。年末户籍人口 30.7 万人,比上年末减少 947 人,户籍人口城镇化率 66.8%。全年出生人口 1211 人,出生率为 3.94‰;死亡人口 1356 人,死亡率为 4.41‰。全年实现地区生产总值 427.84 亿元,比上年增长 6.3%。其中,第一产业增加值 21.46 亿元,增长 3.5%;第二产业增加值 164.69 亿元,增长 8.5%;第三产业增加值 241.7 亿元,增长 5.1%。全年完成地方财政总收入 21.18 亿元,比上年增长 23%;一般公共预算收入 12.87 亿元,其中税收收入 10.93 亿元,增长 21.2%。一般公共预算支出 27.62 亿元,比上年增长 12.2%。

全年实现农林牧渔业总产值 38.04 亿元。其中,农业产值 16.29 亿元,林业产值 0.93 亿元,牧业产值 11.4 亿元,渔业产值 6.58 亿元,农林牧渔服务业产值 2.84 亿元。全区粮食作物种植面积 22726 公顷,与上年基本持平;产量 14.8 万吨,增长 1.4%。油菜种植面积 14562.3 公顷,比上年增长 0.7%;产量 3.61 万吨,与上年基本持平。全年生猪出栏 33.82 万头,羊出栏 21.45 万只,牛出栏 4194 头,家禽出笼 258.23 万羽,禽蛋产量 6837.4 吨。全区淡水养殖面积 10785 公顷,其中精养鱼池面积 2321 公顷、堰塘 2121 公顷。完成水产品产量 2.54 万吨,产值 6.5 亿元。新增中蜂养殖 5000 群。全年完成人工造林 212.4 公顷,其中基地造林 180.93 公顷,村庄绿化 7 公顷,新建标准化绿道 30.4 千米(折合 10.13 公顷),组织开展义务植树 14.33 公顷 12000 余株。完成退化林修复 2666.67 公顷。完成子陵铺镇八角村、万家坪村 2 个省级森林乡村的创建并通过省级核查验收。完成 33.33 公顷松材线虫病一体化治理试点项目的实施。深入开展美丽乡村建设,建成省级美丽乡村示范村 10 个、整治村 43 个。农村户厕改建累计完成 25365 座、公厕 146 座,农村卫生厕所普及率达到 99.54%,超过省定90%的标准。全区有市级以上农业产业化龙头企业40家,其中国家级2家、省级10家。19家农业企业获“荆品名门”品牌标识授权。全区“三品一标”产品总数22个,企业总数12家。全区农机总动力46.07万千瓦,拖拉机保有量24716台(其中大中型拖拉机1766台),拖拉机配套农机具53745部。插秧机保有量1562台,联合收割机保有量1780台,秸秆打捆机保有量154台。全区主要农作物综合机械化作业水平86.33%。全年完成主要农作物土地机械耕整3.72万公顷,机耕率98.64%;机械播种2.21万公顷,机播率58.54%;机械收获3.28万公顷,机收率86.93%。

全区完成规模以上工业总产值344.7亿元,规模工业增加值比上年增长6.1%。完成工业投资139.22亿元,比上年增长13.7%;完成技改投资47.03亿元,增长23.1%。完成工业用电量12.82亿千瓦时,比上年下降14.5%;完成工业增值税3.74亿元,增长66.6%;全区新增规模企业22家。电子信息产业全年实现规模以上工业总产值34.8亿元,比上年下降1.9%;绿色家居产业51.5亿元,下降22.5%;磷化产业202.88亿元,下降1.2%。

全区实现社会消费品零售总额251.2亿元,比上年增长0.1%。完成进出口总额24.7亿元,比上年增长79%。其中,出口15.1亿元,增长57.3%;进口9.6亿元,增长128.6%。全区建有电商运营中心2个、农村电商仓储配送中心2个、电商创业园4个,整合优化升级41个农村电商服务站,基本实现农村电子商务全覆盖。农产品线上交易额达8.5亿元。全年先后与汇垠德擎股权投资基金、省农担公司、农发行等5家金融机构签订战略合作协议,达成融资意向62.5亿元。举行金融“早春行”“政银企”三方对接活动等27场次,帮助48家企业实现放款27.9亿元,各项贷款余额居全市首位。全年化解不良贷款3.63亿元,降幅36%,不良贷款率为1.32%。东宝区获评“2022年度湖北省金融信用示范县(市、区)”。

全年完成有效技术需求59项,完成技术合同交易额26.74亿元,转化科技成果33项。获批认定高新技术企业63家,总量达到127家;获批认定科技型中小企业193家,高新技术产业增加值占地区生产总值的比重达18.92%。截至年底,全区有省级科技企业孵化器1个,省级企校联合创新中心9家,省级星创天地5个,省级“瞪羚”企业12家。

全区有各类学校75所。其中,中等职业教育学校1所,九年一贯制学校5所(民办1所),初级中学7所,小学21所,幼儿园41所(民办22所)。在校学生35012人,其中中职学生1170人,初中学生8189人,小学学生19571人,幼儿园学生6082人;教职工2986人,其中中职教职工86人,初中教职工691人,小学教职工1389人,幼儿园教职工820人。全年投入500万元完成长宁实验幼儿园装修改造项目并顺利开园,扩充公办幼儿园学位360个。投入2.39亿元推进实验小学和金虾路小学合并迁建工作,于6月30日开工建设。全区文化产业单位(法人单位及个体户)3720家,从业人员2.12万人。2023年全年举办文化队伍培训20次,培训来自各村(社区)文艺骨干2200余人次。各乡镇(街道)综合文化站举办文艺骨干培训12次,培训业务骨干1200余人次,发展志愿者500余人。区文化馆全年到馆人数10万人次,开展文艺活动200余场,线上线下参与96万余人次;公益展览3场,线上线下参观4万余人次。区图书馆全年到馆21万人次,数字资源扩容至12TB;开展全民阅读活动220场,参与16万余人次;公益展览23场,参观14万余人次。全年接待旅游987.55万人次,实现旅游综合收入65.89亿元。

全区有医疗卫生机构248家。其中医院8家,基层医疗卫生机构237家,专业公共卫生机构3家。卫生技术人员1544人,其中执业医师和执业助理医师698人,注册护士644人。医疗卫生机构床位有1285张。其中,医院890张,乡镇卫生院294张。培训注册各级社会体育指导员1090名。其中,国家级社会体育指导员9名、一级159名、二级251名、三级671名。全区全年举办大型体育赛事活动30余场,成功举办2023滑翔伞定点世界杯总决赛“圣境山杯”2023年全国滑翔伞定点联赛暨总决赛、湖北省滑翔伞锦标赛等各项活动。圣境山滑翔基地一级平台、东宝文体中心运动员食堂及公寓已建设完成,东宝文体中心已建成并正常运营。投入资金130多万元采购健身器材432件投入到16个社区、29个村和东宝工业园的全民健身站点中。东宝文体中心体育场馆对外免费和低收费开放,接待249848人次;各乡镇、东宝工业园、各行政村文体广场免费对群众开放,人均体育场地使用面积3.38平方米。

全年对全区100个文明单位、109个文明村镇、27个文明校园进行确认命名。上榜中国好人1人、荆楚楷模1人、市学雷锋活动示范点2个、岗位学雷锋标兵3人、荆门好人6人、新时代好少年3人。

全年全区城镇新增就业1.05万人,城镇失业人员再就业9135人,发放创业担保贷款10848万元,组织城乡劳动者就业创业培训3712人。失业保险参保30309人。社会救助对象5200人,累计发放社会救助资金4300万元。下拨6所农村福利院公益经费157.5万元。全年全区资助困难家庭学生6062人,资助金额394.05万元,走访慰问困难教师80人,成立东宝龙泉教育基金会。“雨露计划”补贴965人次,金额144.75万元。

全区已建通车的沥青(水泥)公路里程2245.879千米(含漳河镇),每百平方千米公路密度达173千米。绕城公路东西外环17.345千米(子陵镇石莲火焰冲至王朗沟水库段已调整为新207国道)。已建成投入使用铁路3条:长荆铁路东宝段全长约10千米;焦柳铁路东宝段全长约19.5千米;浩吉铁路东宝段全长53.15千米。全年完成37座危桥改造工程(拆除重建26座,维修加固11座)。全年34个项目开工建设,完成物流园路、杨冲路桥、圣境大道公交站台等8个市政工程建设,28个老旧小区改造等。新开通85路、86路城乡公交线路,优化调整工业园区4条公交线路,保障园区员工出行。开展"推进涉路施工许可全流程电子化"改革,该事项于6月获批纳入全省首批改革试点清单,于11月验收通过,排名全省第二。

全区环境空气质量有效监测天数365天,达标天数267天,达标率73.2%,PM2.5浓度均值42.6微克每立方米,比上年下降0.4个百分点。东宝区9个"十四五"地表水考核断面达标率100%。4座中型水库水质均达到或优于地表水Ⅲ类标准,达标率100%。全区5处乡镇集中式饮用水水源地均达到《地表水环境质量标准》(GB 3838—2002)Ⅲ类标准,达标率100%。磷石膏综合利用率71.24%。全区6个乡镇成功创建成为"省级生态乡镇",102个行政村成功创建成为"省级生态村",省级生态镇创建率100%,省级生态村创建率77.86%。

(凌　蕾)

掇刀区

【概况】 掇刀区与荆门高新区实行一体化融合发展,辖2个镇、4个街道、49个社区居委会、75个村委会、626个村民小组。全区土地面积57240.11公顷,其中,耕地面积249.95平方千米。截至年末,全区常住人口42.64万人,户籍人口21.19万人。全年出生人口1454人,死亡人口1510人。全年实现地区生产总值431.62亿元,比上年增长9.1%,其中,第一产业增加值14.1亿元,增长2.3%;第二产业增加值257.99亿元,增长12.1%;第三产业增加值159.54亿元,增长5.2%。全年实现财政总收入49.39亿元,比上年增长89.7%,其中,一般公共预算收入23.21亿元,增长45.9%;税收收入20.24亿元,增长42.1%。全年财政支出43.47亿元,比上年增长3.5%,其中,一般公共预算支出26.67亿元,增长9.9%;政府性基金支出14.39亿元,减少9.5%。

全区实现农林牧渔业总产值24.87亿元,比上年增长3.39%;农林牧渔业增加值15.36亿元,增长2.7%。其中,农业总产值13.15亿元,减少1.54%;林业总产值0.58亿元,增长11.24%;牧业总产值3.94亿元,增长21.26%;渔业总产值4.49亿元,增长4.14%;农林牧渔服务业总产值2.71亿元,增长7.11%。主要农作物播种面积36790公顷,比上年减少90公顷,其中,粮食播种面积16430公顷,增加160公顷;油料播种面积16010公顷,减少340公顷;蔬菜播种面积3800公顷,增加140公顷。主要农产品产量:粮食产量13.3万吨,增长1%;油产量3.86万吨,减少2.14%;蔬菜产量13.28万吨,增长3.62%;水果产量0.86万吨,增长7.02%;水产品产量1.91万吨,增长4.65%;禽蛋产量0.48万吨,增长4.7%;家禽出笼299.61万羽,增长0.4%;生猪出栏10.25万头,增长1.8%。全区有农民专业合作社464家,家庭农场236家,其中,2023年新增合作社24家、家庭农场35家;国家级示范合作社5家,省级示范合作社10家,省级示范家庭农场11家,市级"十佳"合作社5家,市级"十佳"家庭农场4家,市级示范合作社30家,市级示范家庭农场22家。获有效"两品一标"认证10个。全区有农机专业合作社12家,农机大户1466家,创建农机示范合作社3家,其中,国家级农机示范合作社1家,省级农机示范合作社1家,市级农机示范合作社1家。农作物耕种收机械化综合水平为86.5%,秸秆综合利用率98%。全区建改无害化户厕9121座,卫生厕所普及率100%。

全区有规模工业企业184家。全年实现规模工业总产值1501.7亿元,比上年增长29.6%;规上高新技术产业增加值213.84亿元,高新

长城汽车新能源汽车生产车间　　(掇刀区史志研究中心　供图)

制造业总产值1054.14亿元;规模工业增加值增速16.3%,规模工业产销率99.39%。以锂电为主的新能源新材料、以汽车为主的智能装备制造、以循环为特色的绿色化工三大千亿级产业全年分别完成工业产值600亿元、349.3亿元、498.5亿元,分别增长25.5%、90.2%、14.5%。主要工业产品产量:原油加工579.64万吨,增长30.91%;发电量65.75亿千瓦时,减少9.35%;玻璃包装容器17.08万吨,减少3.06%;钢化玻璃732.08万平方米,增长9.99%;夹层玻璃578.72万平方米,增长14.17%;纸面石膏板2042.66万平方米,减少39.48%;混凝土101.44万立方米,减少42.3%;非织造布3.88万吨,增长7.78%;硫酸11.05万吨,增长16.32%;锂离子电池54484.29万只,增长9.8%;服装4956.32万件,增长5.76%;口罩50万只,减少70.59%;轮胎934.11万条,增长64.12%;沥青和改性沥青防水卷材7895.49万平方米,减少2.2%;汽车105361辆,增长139.09%。

全区社会固定资产投资增长速度7.8%,其中,民间固定资产投资增长1.4%,房地产开发投资增长11.44%;按产业划分,第一产业、第二产业、第三产业完成投资占比为0.7∶71.6∶27.7,增幅分别为32.4%、3.4%、19.8%。施工项目282个,其中,新开工项目110个;竣工项目181个。

全区实现社会消费品零售总额131.52亿元,比上年增长8.2%。外贸出口总额51.31亿元,比上年减少34.84%;进出口总额86.12亿元,比上年减少31.3%;外商直接投资1137万美元。全区市场主体62694户,比上年增长12.93%,其中,新登记11119户,增长41.54%;注册资本1122.96亿元,其中,新登记注册资本342.36亿元。推行"先证后核、证照同发"改革试点,办理食品类1461件、药械类110件。全区从事道路运输行业企业243家,其中,货运企业214家,危化品运输企业26家,客运企业3家。货运车辆10939辆,其中,普货运输车辆9766辆,危化品运输车辆1173辆。农村客运营运车辆20辆,候车亭96个,招呼站77个,约租牌14个,行政村通班车率100%。机动车维修企业126家,其中,一类维修企业17家、二类维修企业76家、三类维修企业33家。驾驶员培训机构7家,教练车224台,教练员219人。全区公路总里程1179.859千米,其中,国道65.172千米,省道4.099千米,县道158.752千米,乡道322.504千米,村道629.332千米。

全区建成省级以上科技创新平台95家,其中,省重点实验室2家,技术转移中心1家,产业技术研究院2家,工程技术研究中心10家,校企共建研发中心8家,企校联合创新中心11家,科技成果转化中试研究基地2家,星创天地6家,科技企业孵化器3家,众创空间6家,人才创新创业平台(人才超市)3家,院士专家工作站7家,企业技术中心20家,工程研究中心6家,省级中小企业公共服务示范平台3家,省级小型微型企业创新创业示范基地2家,国家级小型微型企业创新创业示范基地1家,产业技术创新战略联盟1家,海智(离岸创新)工作站1家。全年完成技术合同登记总额30.46亿元,其中,重大科技成果转化项目50个;专利授权2097件,比上年减少0.8%;新申请注册商标635件,授权400件,累计注册商标2218件。全年高企认定82家(新申报56家、复审26家)。全年完成高新技术产业增加值213.84亿元,占地区生产总值比重的45.1%。全年累计登记入库科技型中小企业241家,孕育一批科创"新物种"企业,16家企业入库2022年湖北省科创"新物种"企业,全区科创"新物种"企业达28家。全区有中小学校26所,其中小学17所,初中4所,九年一贯制学校4所(含民办黄龙文武学校),职业高级中学1所。义务教育阶段学校在校学生32835人,其中,小学24394人,初中8441人;职高2251人(学籍人数)。幼儿园64所,其中,公办幼儿园18所,民办幼儿园46所;在园幼儿11046人,其中,公办幼儿园3541人,民办幼儿园7505人;公办园在园幼儿数占比32.1%。九年义务教育完成率100%。全区有综合文化服务中心5个,体育、旅游产业企业93家,其中,规模以上(年度营业额2000万元以上)企业4家。公共图书馆1个,藏书19.2万册。村级公共文化服务中心67家,社区文化室37个,覆盖率100%。"村村响"工程建有区级平台1个,镇级平台2个,村级用户终端610个;"户户通"村级用户7200户。城乡体育健身路径311处。接待国内外游客223万人次,实现旅游收入4.9亿元,同比分别增长11.5%、11.36%。全区有各级各类医疗卫生机构220家,其中,医院6家(荆门市中心医院、荆门市中医医院、荆门市掇刀人民医院、荆门安帧医院、荆门民健中医医院、荆门中瀚医疗美容医院);基层医疗卫生计生机构214家(乡镇卫生院2家,社区卫生服务中心5家,个体诊所116家,社区卫生服务站21家,村卫生室67家,卫生和计划生育综合监督执法局1家,疾病预防控制中心1家,妇幼保健计划生育服务中心1家)。医疗机构开放床位3584张,执业医师(含助理)1632人,注册护士2256人。

全区城镇新增就业11413人,培训3616人,城镇登记失业率2.63%。发放社保补贴297.73万元、公益性岗位补贴53.84万元。全区养老保险参保总16.89万人,参保率93.8%。其中,城镇职工养老保险参保72824人(企业职工参保68150人、机关事业单位职工参保4674人),在市直参保25194人,城乡居民养老保险参保70902人。失业保险参保39855人,工伤保险参保43729人。全区参加基本医疗保险单位2539个,参保人员45113

人,其中,灵活就业参保人员3797人。城镇常住居民人均可支配收入47329元,比上年增长5.6%;农村常住居民人均可支配收入27030元,增长8%。全区城市低保944户1465人,年发放低保金995万余元;农村低保381户750人,年发放低保金570余万元。临时救助176人次,发放救助资金78.159万元;精准核实符合政策重度残疾人767名、困难残疾人2251名,发放补贴331万余元。中央补助资金2.3069亿元,启动并完成老旧小区改造项目50个,涉及改造居民2.8万户,改造面积281.9万平方米。

全年完成造林面积86.67公顷,育苗面积2公顷。全区PM2.5累计年均浓度46.3微克每立方米,空气质量优良天数比例为72.8%;重污染天数7天。国控地表水水质优良率100%,跨界断面水质达到考核标准。

(张　薇)

漳河新区

【概况】 漳河新区成立于2012年8月,托管东宝区漳河镇、掇刀区双喜街道,共49个行政村、9个社区居委会。全区土地面积486平方千米,总人口15万人。全年实现地区生产总值37.3亿元,比上年增长6.3%;完成固定资产投资107.6亿元,比上年增长8%;完成社会消费品零售总额21.35亿元,比上年增长9.6%;完成一般公共预算收入5.7亿元,比上年下降6.13%。

以“绿色低碳发展先行区”为定位,构建“1+2”现代产业体系,发展动能加速汇聚。通航产业领先,海军工程大学合作研发的H6新型航空器项目投入运营;自主研制的“祥云”AS700民用载人飞艇成为国内首款获得型号合格证的载人飞艇;墨行航空M22飞机实现下线首飞;通飞华中AG50完成PC取证并下线交付10架,市域供应链配套达40%,初步形成5家整机制造规模;航空工业应急救援综合实战演练在漳河机场圆满举行,鄂西北应急救援基地航空水上训练救援分中心建成投入运营。现代服务业发展,漳河万达商圈获评2023年湖北省夜间消费集聚区称号;阿里巴巴共道数字产业园已集聚电商企业270家,麦麦科技、我好喜欢等电商平台实现营收1.65亿元;极客公园获批国家AAAA级旅游景区、第五批湖北省全民国防教育基地,迎接村成功入选省级旅游名村。昆虫产业突破,成功举办中国昆虫产业峰会暨第一届荆门昆虫产业论坛,签约项目17个,总投资56.8亿元;英赛生物产业中心复方蜂毒擦剂项目投入运营,诺赛大健康、谷蛋生物项目加快推进。

以发展实体经济为主攻方向,推进招商引资项目落地,营商环境持续优化,项目建设态势强劲。新签约林诺药业、威凯通航空运营基地等亿元以上项目31个,签约金额106.4亿元。实施重大项目攻坚行动,加快推进国华汇金五星级酒店等项目132个,新开工中国移动荆门大数据中心等项目34个,入库项目39个。成功创建创新信用场景应用等2项改革事项,其中“办问协同、全程互动”办税缴费服务新模式首次纳入国家试点。坚持以控制成本为核心优化营商环境,兑现惠企资金11479万元。持续加大金融服务实体经济,新增贷款投放约14亿元。新增市场主体2211户、“四上”企业62家。新增高新技术企业7家,新认定“瞪羚”企业2家、新获批省级专精特新企业2家。

以“宜荆荆”都市圈建设为关键节点,全力建设绿色低碳、宜居宜业、智慧韧性的现代活力之城,品质生活显著提高。重点调度城建项目82个,提速荆山大道、科创片区和高铁片区市政道路、5处电力通道节点工程建设,漳河环库公路、关公大道(响岭路—荆沙铁路)等主次干道已建成通车;爱飞客污水处理厂扩容(二期)工程已完工。开展城市环境综合整治、店招店牌专项整治、管网溯源排查,确保市政设施安全运行。坚持违建“零增长”“零容忍”,拆除各类新增违法建设153处。漳河镇被评为年度“四好农村路”省级示范乡镇。

以加快建设宜居宜业和美乡村为目标,巩固乡村振兴成效。实施“6+1”工程,建成荆门市小龙虾良种选育繁育中心,双井西瓜、果冻橙、漳河清水虾等特色农产品源头优势凸显;成功举办茶叶节、西瓜节、柑橘节等农文旅节庆活动,可可田园等一批农旅综合体成为荆城市民近郊休闲“打卡地”。常态化开展防返贫监测帮扶,统筹衔接资金4407万元建设项目61个,农村寄递物流村级服务网点实现全覆盖,顺利通过全省巩固脱贫成果后评估考核。漳河镇漳发柑橘专业合作社李丽华获“全国农业农村劳动模范”称号、湖北省“十佳农民”表彰。双喜街道双井村被授予“国家西甜瓜产业技术体系示范基地”“华中农业大学产业示范基地”。漳河镇迎接村被评为省级“清廉村居”。

以“绿水青山就是金山银山”为发展理念,生态底色更加亮丽。高标准编制漳河流域综合治理和统筹发展规划,48项重点任务、128个重点项目按节点推进,并运用共同缔造理念开展乌盆河小流域综合治理试点。全面加强漳河水库保护,推进59项重点攻坚任务落地,分类整治养殖鱼塘62处、违规水上船坞平台14处,淘汰老旧渔船21艘,建设23万平方米生态缓冲带,稳定保持Ⅰ类水质,漳河水库被评为湖北省“美丽河湖”。强力推进大气污染防治,打造全市密度最大的“蓝天卫士”视频监控系统,秸秆禁烧成效位居全市前列。实施“农村厕所粪污、洗涤污水、厨房污水、农村黑臭水体”四水共治,完成纳入省民生实事的3条黑臭水体整治任务。全面推行化肥农药“双减”行动,实现辖区内耕地和地块“零污染”。漳河镇香山村、雄峰村获2023年湖北省森林乡村称号。

坚持以人民为中心的发展思想,深入推进以“人”为核心的现代化,民生福祉持续增进。深入开展下基层察民情解民忧暖民心实践活动,收集解决问题1967个;践行“四下基层”优良传统,推动三批次清单56个问题、30个积案全面销号。创新人大代表履职机制,与新疆精河县成立“漳河精河人大代表履职交流联络站”。大力实施“两个畅通”工程,办结率和满意率100%。加快推进优质教育均等化,4所小区配套幼儿园完成移交,义务教育教联体覆盖率达75%;成功举办市第八届校长论坛。持续实施城乡低保标准一体化,保障水平位居全市第一;在全市率先完成5个村级公益性公墓建设和20户困难老年人居家适老化改造任务;新建幸福里食堂2个、养老服务驿站3个、智慧就业服务大厅1家、零工驿站4家。建成全市第一家紧密型医疗联合体、第一家中西医结合专病防治站,率先完成社区托育服务设施全覆盖;漳河镇卫生院在“优质服务基层行”活动中表现突出,受到国家卫健委通报表扬。坚决守牢安全生产底线,本质安全水平不断提升。矛盾纠纷多元调解“1+N”创新机制获评全市新时代“枫桥式工作法”先进典型。双井村被评为全国乡村治理示范村。

(漳河新区综合办公室)

屈家岭管理区

【概况】 屈家岭管理区辖4个办事处,12个社区居民委员会。辖区面积223平方千米。户籍人口62300人,常住人口51200人,其中,城镇人口28200人,农业人口23000人。全区实现地区生产总值29.33亿元,比上年增长6.1%;规上工业增加值增速5.3%;第一产业增加值5.62亿元,第二产业增加值7.55亿元,第三产业增加值15.49亿元;一般公共预算收入8750万元,增长52.3%;社会消费品零售总额17.79亿元,增长7.2%。城镇居民人均收入42018元,农村居民人均收入25562元。

全年农林牧渔业产值10.26亿元,比上年增长4.8%;完成粮食生产5.46万吨、蔬菜生产4.92万吨,新扩稻虾养殖面积66.67公顷,新增梅花鹿存栏量1000只。生猪出栏8万头,家禽出笼6.64万羽。发展名特优水产,精养鱼池面积510公顷,水产品产量2750吨。农业机械总动力11.33万千瓦,农机综合作业率85%,各类农业机械3147台(套),机械耕整率98%,小麦和水稻机收率99%以上。收割机跨区机收作业创全省示范,连续8年超过450台。继续推进“6+2”农业产业化工程(一袋米、一头猪、一壶油、一只虾、一枝花、一棵菜、一只鹿、一颗桃)初具规模。黄桃产业基地1333.33公顷,亩均产值超3000元,集种植、旅游、加工于一体。

全年注册合作社219家,认定农民专业合作社155家,农民合作社经营面积占土地总面积的13.8%,区级以上示范社27家,其中,国家级1家,省级4家,市级16家,区级6家。培育“六有”(有健全组织机构,有具体章程制度,有统一生产标准,有规范财务管理,有合理盈余分配,有一定品牌影响)农民合作社14家,退伍军人领办农民合作社5家,种植型合作社125家,经营面积1400公顷,注册商标7个;纳入国家家庭农场名录系统876家,家庭农场经营总面积占全区土地总面积的45%。区级以上示范家庭农场32个,其中,省级8家,市级7家,区级17家,培育“六有”家庭农场32家,退伍军人领办家庭农场6家,种植型家庭农场700个,经营面积4933公顷,注册商标9个,培育新增农业市场主体30个。核定支持农业保护耕地面积9445公顷,全年发放补贴资金1132.67万元,惠及农户7649户。

全区有社会化服务组织50多家,重点选择粮食作物机械耕、种、防、收、仓储烘干等关键薄弱托管环节,集中进行补助,农业生产社会化服务总面积26546.67公顷,农业生产托管率25.72%,增长1.08%,服务亩均节本增效150多元。管理区社会化服务典型案例《多措并举提升农业社会化服务能力》刊登于《中国农垦》2023年第7期,并转载至“学习强国”学习平台,做法经验推广全国。

全年收集扶贫预警信息1392条,新识别监测户21户68人。落实春季“雨露计划”职业教育补助113人16.95万元,落实9家企业吸纳脱贫人员一次性奖补3.6万元、税收减免16.9万元。脱贫人口人均纯收入2.1万元,同比增幅14.48%,其中人均生产经营性净收入和工资性收入合值高出上年1888元,万元以下脱贫人口降至10户22人。推广“龙头企业+合作社+基地+农户”帮扶模式。管理区与湖北聚汇农业签订豇豆种植乡村振兴产业合作协议,采取免费供种,统一技术指导,订单收购等帮扶模式,带动16个村410户农户种植豇豆,其中脱贫户109户,亩平增收5000元以上。

全年新增规上工业企业2家、高新技术企业7家,培育国家级专精特新“小巨人”企业1家、省级创新型中小企业13家、省级专精特新企业3家、省级“两化融合”试点示范企业2家。全年完成固定资产投资18.72亿元,立项省级重点研发项目2个、省级制造业高质量发展专项项目2个、省预算内创新能力建设项目1个、市级电商发展专项资金项目3个。企业授信11.25亿元,发放贷款4.95亿元。谋划储备工业项目161个,总投资313.4亿元。向上争取6批55个项目,总投资46.89亿元。集中开工项目14个,总投资29.97亿元。新增高新技术企业6家,共17家;新增创新型中小企业5家,共12家;申报认定省级专精特新3家,共6家;"成长工程"新增2家,入库科技型中小企业46家,增长20家。登记重大科技成果转化8项,征集有效技术需求8项。完成第五次全国经济普查清查工作和初步数据审核工作。完成清查单位和个体户9378家,比第四次全国经济普查增长178%。

全年招商专班外出拜访客商181批次,接待客商338批次。提供招商信息49条。全区招商签约亿元以上项目19个,签约总额104.4亿元,其中完成签约重大项目2个。开工入库项目13个,其中亿元以上项目4个,总入库金额9.7亿元。

全年实现城镇新增就业2295人,城镇失业人员再就业3801人,就业困难人员再就业3515人,发放创业担保贷款1000万元,组织就业创业培训191人。劳动力信息采集2.1万人,失业保险参保2636人,高校毕业生就业创业330人,新增返乡创业26人。建立企业用工需求信息数据库,收集26家企业791个工作岗位。定期不定期在多个平台发布用工信息和开展"就业大篷车"下乡送岗入户活动,搭建求职者与用人单位招聘"快车道",帮助企业招聘372人。全区参加工伤保险3179人;企业职工养老保险33494人,城乡居民养老保险7254人;城镇职工医疗保险17693人,城乡居民医疗保险31341人;特殊困难人群个人缴费实行全额资助1434人,定额资助3471人;发放低保金、特困供养金951万元。落实残疾人"两项补贴"制度,开展困难人员小额保险帮扶。全区有养老服务机构4家,养老床位数361张。对全区20户特殊困难老年人家庭进行入户评估,制定一户一策改造方案,实施居家适老化改造工程全部完工。有序引导大学毕业生到乡、能人回乡、农民工返乡、企业家入乡创业,带动就业80人。落实"大学生引(回)屈计划",全方位摸排各类岗位需求441个,先后组织33家企业5批次跟团赴西安、沈阳、大连、武汉、恩施等省内外高校参加招聘会,开展线上线下招聘会40余场次,引进大学生330人。

全区组织"新十条"和"乙类乙管"专题培训医护282人,统筹协调药品和防护物资储备,保证临床足量供应。推进"323"攻坚行动(心脑血管病、癌症、慢性呼吸系统病;高血压、糖尿病;出生缺陷、儿童青少年近视、精神卫生问题),聚焦基层心脑血管疾病一体化防治,开展高血压、糖尿病、高脂血症等慢病和心脑血管疾病患者初筛3万余人;开展线上科普宣传活动3次,线下科普宣传活动26场,举办医护专业培训26场;义诊宣传活动25场。与钟祥、京山血防部门开展联防联控,巩固血吸虫病传播阻断达标成果,全区调查钉螺面积357.8万平方米,累计灭螺面积74.51万平方米。在3个办事处各设置1个社区卫生服务站和2个村卫生室,在社区卫生服务中心建立公共卫生急救中心和急救站。开始建设1.4万平方米发热门诊项目。全区电子健康档案率98%,家庭医生签约21641人,续约13711人,重点人群签约9917人(其中残疾人签约1341人,脱贫人口签约3843人),重点人群签约76.03%。开展农村危房改造工作,农村低收入群体住房安全保障率100%。全区燃气"三件套"餐饮企业158家全部安装,居民用户燃气"三件套"安装率97.44%。

全年向上争取资金1751.5万元,为交通项目建设提供坚强的资金保障。完成县乡道改造39千米,农村公路建设20千米,农村公路桥梁新建47.5延米,危桥改造7座;完成拨付年度衔接推进乡村振兴(农村公路建设)资金200万元的后评估考核任务,完成国、省干线路基修整43千米和S483军屈线姜畈至长滩办事处1.36千米大修任务,更换公路安防设施200米;完成4个办事处200千米农村公路日常养护,完成美丽农村路养护36千米,完成7000平方米次差路段整治。全年完成投资8490.5万元,占年度目标任务的107.4%。全区拥有公路营运汽车239辆,其中,载客汽车21辆,成客运量22078人,旅客周转量2307.15万人千米;载货汽车218辆,完货运量25万吨。筹资100万元建设寄递公共配送中心,实施快递配送补贴政策,按各村网点线路,优化末端配送渠道,农村寄递物流配送无死角全覆盖。易家岭办事处被省交通运输厅命名为示范乡镇"四好农村路",获得200万元农村公路建养资金奖补。

屈家岭考古遗址公园成功创建国家AAAA级旅游景区,并入选长江主题国家级旅游线路,被国家社会科学院评为2023年"中国六大考古新发现"。经全面调查和系统发掘,屈家岭遗址新发现多组史前水利系统,距今约5100年,是全国迄今发现最早的水利设施;约510平方米的屈家岭文化大型建筑是全国迄今最早的磉墩遗存,此2项考古工作取得的重大成果入选2023年度全国十大考古新发现。成功举办TAO文化节、梅花鹿采茸节。举办2023年箭舞中华·全民健身主题活动全国射箭比赛。举办2023年湖北省青少年举重锦标赛。承办首届"中国农谷杯"象棋公开赛,全国15个省、市、自治区,全省14个地市州200余名棋手参赛,多名国家象棋大师助阵。举办五三农场建场70周年系列纪念活动,承办全省建垦70周年纪念活动,全省农垦高质量发展推进乡村振兴交流培训班暨座谈会,开展"中国农谷"优质农产品展示展销、农谷美食节、全省农垦改革发展成果展等活动。各项旅游纪念活动吸引游客35万人次,旅游综合收入3.5亿元。

全区空气优良率89.7%,同比上升1.8个百分点,PM10平均浓度53毫克每立方米,PM2.5平均浓度33毫克每立方米。全区5家石料矿山全部关停,4个市控地表水考核断面达标率75%。着力推进污水处理厂二期项目建设,污水管网工程完成45%,完成投资580万元,土建完成60%;投资627万元对城区部分老旧设施进行维修改造。扎实开展“清保”行动,生活垃圾分类自然村占比41.3%,生活垃圾无害化处理率、农村生活污水治理率均达100%,卫生户厕普及率95.96%。投入资金300万元实施农村饮水安全提升工程,解决居民安全饮水问题,自来水通行政村、自然村比例100%,群众自来水入户率99.98%。4个办事处全部获评省级生态镇,全区30个村(社区)有29个获评省级生态村。管理区被湖北省生态环境保护委员会授予“湖北省生态文明建设示范区”称号。

(吕心海)

人物·荣誉

优秀模范人物

·全国维护妇女儿童权益先进个人·

鲁方芳　荆门市第三方人民调解员协会调解员、荆门市“12338”妇女维权热线志愿者负责人

·全国维护妇女儿童权益先进集体·

荆门市东宝区人民法院城区人民法庭

·全国三八红旗手·

樊翠兰　东宝区妇女健身协会党支部书记

·全国最美家庭·

韩龙玲家庭

·中国好人·

万　艺　女，汉族，1971年7月生，荆门市漳河新区双喜街道工作人员。她坚持帮扶关爱残疾人30多年，策划组织近200场关心关爱残疾人的活动，为他们找工作、找朋友。带领团队上门为残疾人做心理疏导、日常家务等1000余次，以传播助残文明风尚为己任，让残友们感受到了党的好政策和社会大家庭的温暖。2018年9月获评“荆楚楷模”，2020年1月获评第五届“荆门市道德模范”，2023年第一季度获评“中国好人”。

苏玉梅　女，汉族，1969年9月生，中共党员，荆门市东宝区泉口街道浏河社区党委书记、居委会主任，湖北省第十二次党代会代表，荆门市第十届人大代表。她扎根社区35年，把社区治理作为毕生热爱的事业，真心实意为居民群众办实事办好事，被社区居民誉为“贴心人”。2003年9月获评“全国优秀社区工作者”，2018年6月获评第四届“荆门市道德模范”，2019年2月获评“全国三八红旗手”，2020年9月获评“全国优秀共产党员”，2020年9月获评“全国抗击新冠肺炎疫情先进个人”，2021年10月获评“湖北好人”，2023年第四季度获评“中国好人”。

·荆楚楷模·

韩士法　男，54岁，中共党员，荆门市东宝区公路建设养护中心栗溪公路管理站站长，荆门山乡公路的“守护神”。他扎根山区养路、护路33年，每年巡查公路1万多千米，保障近80千米的山区公路畅通无阻。恶劣天气时，他每天都要扛着15千克应急抢险工具，沿着重点路段来回徒步20多千米。他创新采用乳化沥青稀浆封层的办法铺筑路面，减少因地表水渗入造成路面龟裂、网裂等问题，被全省推广使用。从一名普通“养路工”成长为养路护路的“专家能手”，曾被评为“全国百名模范养护工”“湖北省劳动模范”“荆门市特等劳模”等。

李　鑫　男，39岁，中共党员，荆门市气象局业务管理科科长，荆门观云测天号脉搏的“气象卫士”。他克服恶劣环境远赴中国南极中山站完成一年科考任务，主动请缨远赴新疆开展援疆气象服务工作，长期扎根基层开展防灾减灾、气象科普、应急保障等工作，利用新媒体创新开展气象科普活动，在平凡岗位上做出卓越贡献。曾获“全国气象先进工作者”“荆门市道德模范”等荣誉。

李　涛　男，47岁，中共党员，荆门市公安局高新区·掇刀区分局麻城镇派出所驻村辅警，荆门群众身边的“平安卫士”。他2006年自发组建“李涛义务巡防队”，带领村民治安巡查。17年来，自掏腰包近30万元，购买巡逻车等器材，开展义务巡逻1000余次，调解民事纠纷280余起，抓获违法人员70余名。在“共同缔造”“下基层察民情解民忧暖民心”等实践活动中，他带动全镇21个村场社区都成立义务巡逻队，实施“五联机制”，推行“185”片

区治理新模式,深入察访民情,义务巡逻周边7个村,帮助服务群众,调解矛盾纠纷60余起,调处成功率100%。他用17年的坚守换来丁店村连续13年“零发案”,先后获“湖北省社会治安综合治理先进工作者”“荆门市十大杰出青年”“荆门市好党员”等荣誉。

洪少华 男,51岁,中共党员,荆门市沙洋县公安局刑侦大队教导员、警务技术一级主管,荆门“小木棍”撑起来的“大神探”。他是一个有着20多年病龄的强直性脊柱炎患者,骨质纤维硬化增生,已经从腰椎延伸到胸椎,但他用一根木棍抵腰,克服疾病疼痛,坚守在基层公安刑侦工作一线28年,练就了一身过硬本领,成为业内专家,被誉为刑侦“神探”,他所领导的刑事科学技术室被评为“全国一级示范刑事技术室”。先后荣立公安系统个人三等功3次、个人二等功1次,个人一等功1次,曾获“湖北最美警察”“全国特级优秀人民警察”等荣誉,2019年被湖北省委省政府记公务员一等功1次。

·荆楚最美家庭·

朱洪亮家庭

·荆楚书香家庭·

叶忠藻家庭　朱琴家庭
王泽群家庭　陈雪家庭
裴吉安家庭

·湖北省三八红旗手·

史贵芳　湖北九曜物流有限公司副总经理
丁　琼　京山市公安局杨集派出所所长
高昀昳　柴湖镇人民政府党委委员、纪委书记
田予爱　钟祥市茂泰蔬菜种植专业合作社理事长

·湖北省三八红旗集体·

沙洋县妇联
东宝区教育局

·荆门市三八红旗手标兵·

严　华　钟祥市人民医院护理部主任
李亚红　京山绿丰家庭农场有限公司总经理
丁照葵　东宝区马河镇三里岗村党支部书记、村委会主任
王　芳　掇刀区军马场学校党支部书记、校长
李丽华　漳河新区漳发柑橘专业合作社理事长
洪　霞　屈家岭管理区丰盛家庭农场场长
张　华　荆门市公安局技侦支队科员
赵杏芳　荆门市教育科学研究所所长、党支部书记
曾凡梅　荆门市东方百货大厦总会计师
董朝蓉　京山申通快递有限公司工会主席

·荆门市三八红旗手·

丁　琳　沙洋县妇联家儿部部长
曾凤兰　沙洋县韬合家庭农场负责人
范雨晴　沙洋县曾集镇党委委员、副镇长
李亚妮　沙洋县公安局政治处副主任、干部人事科科长、妇委会主任
刘海燕　沙洋县高阳镇高阳小学教师
孙宜娇　荆门双梓文化传媒有限公司负责人
田梦璠　沙洋县绿色食品产业招商服务分中心主任
肖道丽　沙洋县疾病预防控制中心副主任
张　红　沙洋县人民医院产科主任、副主任医师
黄贤翠　钟祥市融媒体中心大活动策划部主任
冯　娟　钟祥市审计局党组成员、总审计师
杨小英　钟祥市实验小学教师
邓朝华　钟祥市第八中学教师
李红颜　钟祥市第二中学教师
周　琴　钟祥市第一中学教师
李海燕　钟祥市妇幼保健院副院长
郑文娇　钟祥市社会福利院服务部养老护理员
钟　萍　钟祥市长寿镇刘畈村党支部书记
曾　艳　钟祥市市容环境卫生管理局清扫队队长
周　景　京山市妇联党组成员、妇儿工委办副主任
邓　凌　京山市孙桥镇党委宣传统战委员
燕会仙　京山市钱场镇副镇长
但惠文　京山市教育局体卫艺股负责人
王红霞　京山市住房和城乡建设局窗口负责人
周雅珊　京山市人民医院重症医学科护士长、主管护师
丁园玲　京山市鸿运农机专业合作社负责人
杨淑兰　湖北瑞莱丝有限公司董事长
山　杉　东宝区妇联党组成员、副主席
陈　珊　东宝区纪委监委宣传部负责人、区反腐倡廉教育中心主任
付婉迪　东宝区总工会协理员
黄艳华　荆门市齐家家政服务有限责任公司总经理
罗晓菊　东宝区龙泉街道金虾河社区党委副书记
樊　平　国网荆门供电公司东宝区供电中心营销室主任兼城区服务站站长

王雪艳　东宝区泉口街道泉口社区党委副书记
赵玉兰　掇刀区掇刀石小学校长
刘晓琴　掇刀区卫生健康局基妇股负责人
田陈芝　湖北亦得闲商贸有限公司总经理
李　娟　掇刀区掇刀石街道幸福社区党支部书记、居委会主任
刘　冷　荆门市第一人民医院妇科副主任医师
何梦雪　掇刀区融媒体中心工作人员(助理记者)
刘士翠　漳河新区漳河镇烽火台社区居民委员会委员
毕　荟　漳河新区双喜街道关坡社区党支部书记、社区主任
龚　芬　荆门市天鹅学校教科室主任
王秀枝　屈家岭管理区第一初级中学教师
孙晓芳　屈家岭管理区宣传统战部副部长、妇联主席
李珊珊　屈家岭遗址保护中心经济师、助理馆员
柯　丹　荆门市委机关轻印刷中心副主任
魏小芳　荆门市人大社会建设委员会办公室主任
张　昕　荆门市政府办公室信息技术服务中心科员
彭苏娟　荆门市政协教科卫体工作科科长、一级主任科员
黄晓宇　荆门市纪委监委派驻国资委纪检监察组一级科员
周小莉　荆门市委组织部考核科科长、一级主任科员
李慧敏　荆门市委宣传部新闻科科长
罗　艳　荆门市委统战部研究室副科级干部
金程成　荆门市综治中心主任
蒋　玲　荆门市信访局办信(网上信访)科科长
李克英　荆门市委组织部副部长、老干部局局长
张爱华　荆门日报工会副主席、专刊一部副主任
罗红梅　荆门市总工会经审办主任、女工部部长
罗丽蓉　荆门市发改委助理会计师
梁　菊　荆门市司法局立法科负责人
张　莉　荆门市地方性债务管理中心副主任
罗娟娟　荆门市人力资源和社会保障局工资福利科科长、一级主任科员
赵津津　荆门市交通局办公室主任
吕　垚　荆门市应急管理局四级主任科员
赵祥平　荆门市审计局经贸审计科科长
严婷婷　荆门市统计局机关党总支专职副书记
杨秀萍　荆门市民防办301工程管理处处长
张玮琼　荆门市公共资源交易中心受理发布科科员
梁　瑜　荆门市住房公积金中心审计稽核科科长
许玉霞　荆门市房地产监察大队办公室主任
李星星　荆门市烈士陵园管理处副处长
吴吉亮　荆门市汉江河道堤防管理处计划财务科科长
马　成　荆门市十里牌林场办公室主任
赵红珍　荆门市生态环境保护综合执法支队污染源在线监管科科长
丁小婷　荆门市农业技术推广中心计财科科长
邹娟娟　荆门市消防救援支队指挥中心初级专业技术职务
朱德艳　荆楚理工学院生物工程学院院长
毛　静　荆门市一中高级教师、工会组长
袁德琼　荆门市城建幼儿园党支部委员、副园长
邵　玲　荆门市第一人民医院心血管内科Ⅰ病区主任、副主任医师
全君洁　荆门市第二人民医院发热门诊护士长、副主任护师
李咏红　荆门中医医院呼吸与危重症医学科主任、副主任医师
宁雪莲　荆门市公共交通集团有限公司公汽三公司驾驶员
刘银保　荆门市荆新一级公路沈集收费站收费三班副班长
陈会林　国网荆门供电公司检修分公司综合室主任
綦仙莲　中国特种飞行器研究所前沿创新部高级工程师
许为佳　中国石化荆门石化公司炼油二部环保技术岗工程师
陈　姣　中国联通荆门市分公司客户经理
黄　悦　英博金龙泉啤酒(湖北)有限公司办公室宣传处处长
王玉荣　荆门市远通快递有限责任公司客服
刘　佳　荆门市鸣与音乐工作室负责人
辛玉琴　荆门市掇刀石中学一级教师
郑　琼　荆门市音乐家协会会员
李　琴　荆门市家庭教育研究会会员
李　娜　钟祥市文峰酒业有限公司团购部经理
张　薇　东宝区文峰中学教师
史胜男　荆门市实验小学中级教师
袁梦婷　漳河新区漳河镇袁集村支部纪检委员、村委会女工委员
黄　晶　荆门市爱鸟文化研究会副主席

专业技术人才和高技能人才

·荆门工匠·

杨　成　湖北航特装备制造股

份有限公司省级技能大师工作室牵头负责人,车工高级技师、铣工技师。先后获得湖北“工匠杯”智能制造应用技术大赛数车职工组一等奖,第八届全国数控技能大赛获优胜奖,湖北省第六届“军工杯”技能竞赛获数控铣第七名,荆门市“中国农谷好手艺”大赛获数控车工三等奖。2018 年获湖北省技术能手,2019 年获湖北省首席技师。在技术攻关上,他解决了 20 多项技术难题,参与的车间年度技改项目,每年为公司降本在 50 万元以上。2019 年成立荆门市“杨成大工匠工作室”,2022 年获批成立杨成省级技能大师工作室,带领团队成员完成了多项技术攻关活动并开展 10 多场专项技能培训,培训 200 余人次,为车间培养了 20 多名中高级技能人才及调试开发人员,培训人员参加省市技能大赛获奖 7 人次。2023 年 6 月,杨成大师工作室被确定为 2022 年度省级技能大师工作室。

熊燕利 湖北金石炼化建设有限公司职工,从事电焊工作,是全国技术能手、湖北省首席技师、楚天名匠、湖北省技能大师、湖北省劳动模范。通过 28 年理论和实际操作相结合的学习,他先后取得压力容器焊接项目合格证近 20 项,熟练掌握手工电弧焊、氩弧焊、埋弧焊、等离子弧焊、CO_2 气体保护焊、管道自动焊等焊接方法,精通各类金属材料的焊接,具备Ⅰ、Ⅱ、Ⅲ、Ⅳ类钢材的焊接资格。攻克了热处理加热炉加热片焊接修复、加热炉炉管现场有障碍焊接技术、钛合金焊接技术及带磁焊接技术等技术难点。他还把多年钻研积累的焊接技术无私传授给学员,所带学员全部成为公司的生产骨干,并多次在省市技能大赛中获奖,2021 年获湖北省“带徒名师”荣誉称号。2015 年建立熊燕利技能大师工作室,2016 年获湖北省“荆楚工匠”荣誉称号,2022 年获“湖北省技能大师”荣誉称号。

吴国峰 湖北凯龙化工集团股份有限公司子公司天华新材料科技(荆门)股份有限公司两膜车间主任。主要承担公司共挤膜、复合膜及雷管包装膜研发、生产及技术工作,获得多项荣誉称号。2022 年通过反复试验使共挤膜产成品率从 92% 提升至 96%,降低生产成本约 300 元/吨,同时不断改进复合膜 PE 配方,降低生产成本约 1000 元/吨,同年被集团公司聘为纸塑包装类二级技术专家。他共参与发明实用新型专利 9 项,负责电子雷管线卡连接器项目建设投产工作,预计每年可创收利润 532 万元。

王卫平 湖北明弘科技集团有限公司硅酸盐制品工程师,荆门“大工匠”工作室牵头人、汉上英才技术创新人才、荆门市青年五四奖章标兵。先后主持、参加《玻璃瓶检测装置》《错误的排瓶装置》《啤酒瓶的冷却和热量回收装置》等项成果,获国家实用新型专利 20 多项,解决了很多生产工艺和技术难题。通过多年来的工作实践,将传统吹吹法制瓶工艺改进为压吹法工艺,最优控制玻璃强度,抗冲击,耐内压,使玻璃瓶在同等强度条件下可以减轻自重 25%,有效减少资源消耗,降低运输成本,提高竞争优势,让企业成为行业标准的制定者、瓶罐行业引领者。

李　波 湖北文峰酒业有限公司一级品酒师,湖北省白酒特邀评委,钟祥市第八批市管专业技术拔尖人才,“李波大工匠工作室”主要负责人,主要负责白酒酿造工艺研发创新及酒体设计开发。他始终坚守匠心,追求卓越,用他的执着和专注诠释着工匠精神。他领导的“李波大工匠工作室”自 2015 年成立以来,秉承为公司发展提供技术支持的核心理念,把技术创新放在工作首位,为公司快速发展打下了坚实基础。他以师徒结对传帮带为主,从食品检验员、品酒师、酿酒师等各个领域培养了 60 余名技术接班人。他主导设计开发的金文峰陶藏 16 酒、国花瓷酒多次获布鲁塞尔国际烈酒大奖赛银奖、ISGC 国际烈酒大赛金奖。

苏　斌 湖北亿纬动力有限公司动力研究院工艺与设备中心技术总监,轻工(电池)工程师。2004 年参加工作至今,一直从事锂离子电池制造工艺与设备开发相关工作,具有丰富的技术基础和行业经验。2006 年担任美国 A123 公司与天津力神公司合作项目主管,完成从产线建设、产品投产及工艺管理等系列工作,建成年产 1200 万只 18650 动力电池生产线;2009 年主导引进 40 毫克每立方分米(ppm)日本进口长野生产线,主导引进当年国内最领先的韩国 130 毫克每立方分米(ppm)全自动装配生产,将电池产能由不足 300 万只/月提升至 800 万只/月;2017 年主导建设完成 4 吉瓦时动力锂离子生产线,并完成工艺流程制定、设备验收和量产推进工作;2021 年,主持建设亿纬动力工艺与设备开发实验室,完成预锂试验室、叠片试验室、包膜实验室和精度测量实验室等。先后获得天津市“讲理想,比贡献”优秀项目奖、天津市职工优秀技术创新成果奖、天津力神电池股份有限公司“发展贡献奖”,是江苏省镇江新区“两大高地”骨干型人才,拥有授权专利超过 50 份,其中第一、第二作者专利超过 15 份。

李波涛 园林工程师,2002 年 12 月退伍后创办荆门市楚风园绿化工程有限公司,从事花卉苗木盆景生产和园林工程施工,师从盆景艺术家韩国荣学习盆景制作,已建成对节白蜡、米叶冬青微型盆景繁育基地 4 公顷,特色景观树、造型树基地 26.67 公顷,年生产小微盆景 10 万盆、景观树 1 万株。培养园林工程项目经理 15 人、园林技术工人 120 余人,被聘为科技特派员,派驻兴垱村、双碑村、石堰村指导苗农科学标准化种植花卉苗木。先后获得第二届“湖北省新农村建设百业青年标兵”、“荆门市党员创业之星”、“湖北省优秀农民工”、“荆门市十大创业带头人”、第8届“全国农村青年致富带头人”、第6届“荆门青年五四奖章”和湖北省“湖北乡村好青年”等荣誉称号。

见义勇为人物

2023年，市见义勇为促进会共表彰奖励见义勇为先进群体和先进个人9件12人，发放奖金5.4万元，为7户困难家庭发放“爱心账户”资助金8.4万元。见义勇为先进群体和先进个人事迹如下。

毛永权 男，汉族，1960年1月出生，一家生活超市老板。

2022年11月9日上午9点，家住名泉社区的一位80多岁独居老人李某在自家门口用煤炉熬猪油。老人一边熬猪油，一边晒太阳，不知不觉就睡着了，浑然不知油锅起火，油锅被大火烧得啪啪响，迅速波及到了旁边堆放的杂物上，且老人家中堆放的杂物也较多，火势一旦蔓延，将造成严重后果。

危急关头，毛永权刚好路过，当时火苗已蹿至一米多高。因事发突然，他一边喊老人躲开，一边箭步拿到旁边墙上挂着的拖把，甩进附近水池打湿，又往锅里扔去。沸腾的猪油随着湿淋淋的拖把落入四下飞溅，落到毛永权的脸上、手上，火苗随油溅到衣服上，还在继续燃烧。他一边扑打火苗一边往后退，直到看着锅里的火慢慢熄灭，他才检查伤势，发现手背上、脸上都起了大大小小的水泡，遂赶紧骑摩托车去了医院。一周后，他出院时，脸上、手上仍有伤疤。

毛永权不顾自身安危，英勇救火的事迹在居民群迅速传开，大家纷纷称赞他为“中国好邻居”。事后，社区工作人员走访毛永权，想宣传一下他见义勇为的事迹，毛永权腼腆一笑说道：“我当时也没想那么多，就是想着赶紧灭火，不能让火势蔓延，如果再碰到这样的事，还是会帮的。不过下次不会用湿拖把往油锅里扔了，听说盖锅盖和扔青菜最安全。”

毛永权面对熊熊大火时，奋不顾身，毫不犹豫地投身火海，他的行为，充分体现了中华民族扶危济困、助人为乐的传统美德，体现了舍己救人、勇于献身的高尚情操，为广大群众树立了良好的榜样。

为大力弘扬见义勇为精神，经研究决定，授予毛永权“荆门市见义勇为先进个人”荣誉称号，并奖励人民币5000元。

易仁新 男，汉族，1969年9月出生，东宝区子陵铺镇金榜村村民。

2023年1月16日上午11点30分左右，在万南路金榜村路段一辆小型轿车失控冲入并倒扣堰塘里，车门无法打开，塘水就快要没过倒扣的轿车，司机被困车内命悬一线。路过的垃圾清运车司机彭良泽发现有车辆倒扣堰塘，因没有救援设备，便打电话向金榜村村委会求援。村治调主任周道忠第一时间组织村民易仁新、曾祥国、李小平、李强、金尚宝、张玲、李定芝等人带上工具火速赶至现场营救。

时值隆冬，塘面漂浮着不少碎冰，冰水倒灌车内，若不及时救起，车内司机极有可能因体温过低或溺水缺氧导致生命危险。村民易仁新不顾严寒，奋身一跃，跳入冰水中，入水查看落水司机及汽车状况，将麻绳系在汽车后悬架上。易仁新又争分夺秒回到岸上，同众村民一起将汽车拉向岸边。汽车被拉至距岸边3米处后，车身终于右侧朝上翻转过来。易仁新担心车内人员安全，没有丝毫停留，再次跳入冰水中，奋力爬上车身，用木杠将汽车副驾驶车窗玻璃砸破，一把将司机黄某从汽车窗户救出。紧接着，易仁新不顾浑身湿透，与村民们一起将司机黄某带到村民家火炉旁更换湿衣服，又一起将司机黄某送上“120”救护车。一直到救援结束，易仁新才拖着冰冷的身体回家换下早已湿透的衣服。由于村民救援及时，获救者经医生诊断无大碍。

事后，金榜村一众乡邻绳拉扶车破窗救起司机的义举在当地广为传颂，看东宝、九派通、《荆门晚报》、腾讯网等媒体先后进行报道。“若没有好心人的相救，我这条命很可能就交待在那了。”司机黄某向救助他的好心人表示感谢。

易仁新在人民群众生命遇到危险时，义无反顾，两次跳入冰冷的水中破窗救起被困司机，谱写了新时代的正气之歌。

为大力弘扬社会正气，鼓励见义勇为行为，经研究决定，授予易仁新“荆门市见义勇为先进个人”荣誉称号，并奖励人民币5000元。

贾鲸鲸 男，汉族，1985年6月出生，沙洋县沙洋水陆派出所辅警。

2023年1月17日上午10时许，一名路过沙洋县城区平湖湖畔的群众突然发现湖中疑似有人溺水，便大声喊“救人呀，有人落水了”。外出办事路过的贾鲸鲸听到呼救，立刻循声跑去，边跑边联系沙洋镇水陆派出所民警携带救援装备支援，并叮嘱他们联系医院。

贾鲸鲸快速跑到湖边，只见距离湖边10米远有一名落水人员面部朝下在水面漂浮，生死不明，情况非常危急。时间就是生命，贾鲸鲸没有丝毫犹豫，纵身一跃跳入湖中。当时正是三九天，气温零度左右，湖水寒冷刺骨，贾鲸鲸奋力游向溺水者，因受冰凉湖水的刺激，在距溺水者2米多时，贾鲸鲸的一条腿突然抽筋了，不能动弹，情况非常危急，他迅速冷静下来，边踩水边处理抽筋的那条腿。经过1分钟的处理，虽然腿很痛,但能向前游了,他顾不上疼痛,咬着牙努力游向溺水人员,他将溺水者托出水面,并朝着岸边游去。此刻,已昏迷的溺水者毫无知觉,长时间的浸泡加重了溺水者的重量,已疲惫不堪的贾鲸鲸有些拉不动溺水者,但他仍坚持着。幸好,沙洋水陆派出所民警及时赶到增援,民警迅速抛下救生圈、救身衣,贾鲸鲸一手抓着救生圈一手拖着溺水者往岸边游,其间,贾鲸鲸接连呛了好几口水,在民警的帮助下把溺水者拖至岸边安全地点。此时的贾鲸鲸体力已经严重透支,甚至差点没入水中,急促的呼吸让他头晕目眩,但他仍记挂溺水人员的安危,焦急地对过来关心他身体状况的热心群众说:“不用管我,快送人去医院!”直到看到溺水者熊某(女,66岁,沙洋镇人)被抬上救护车紧急送往医院抢救,贾鲸鲸的心才终于落了地。

贾鲸鲸寒冬腊月纵身跃入水中勇救落水者的事迹,感动了很多在现场的群众,大家纷纷为他点赞。他的行动为平安沙洋建设汇聚了正能量。

为大力倡导见义勇为精神,弘扬社会正气,经研究决定,授予贾鲸鲸“荆门市见义勇为先进个人”荣誉称号,并奖励人民币5000元。

陈　诚　男,汉族,1989年8月出生,广东省源天工程有限公司项目主管。

2023年3月5日上午10时许,陈诚在惠亭水库大坝巡视除险加固工程时,看到下方有两人,一个好像在游泳,另一个在岸上旁观。考虑到水库不许游泳,陈诚打算进行劝阻。走近时,岸上一名年轻女子大声喊:“我同学落水了。”陈诚观察到,在距离岸边2米处有一位女子,背部朝天,拼命挣扎,不断下沉。时间就是生命,陈诚顾不得多想,厚厚的冬衣未曾脱下,便立即跳入水中救人。三月的惠亭水库,冰冷刺骨,陈诚咬着牙奋力游向落水女孩,紧紧抓住女孩的衣服,竭力将其托起,往岸边推。冬衣已全部被水浸湿,游起来仿佛背着千斤重的石块,无形中了增加救人的难度。眼看到岸边,湿漉漉的冬衣紧紧地贴着身体,动作舒展不开,尝试了好几次才将女孩托举上岸。随后,陈诚利用掌握的急救知识,采取胸外按压,直到该女孩吐出几口水并咳嗽,陈诚心里的石头才落了下来。随后,陈诚联系了“120”救护车,将其送往医院后,便默默地离开了。

陈诚英勇救人的行为,挽回了女孩的生命,充分体现了见义勇为、敢于担当的高尚品格和临危不惧、奋不顾身的优秀品质。他的事迹被各级媒体广泛报道,得到了社会各界的广泛赞誉。

为大力倡导见义勇为精神,弘扬社会正气,经研究决定,授予陈诚“荆门市见义勇为先进个人”荣誉称号,并奖励人民币5000元。

包矿林　男,汉族,1958年9月出生,钟祥市张集镇包畈村村民。

2023年3月25日下午3时许,包矿林身背药桶骑着摩托车前往自家麦田喷药,路过本村村民宗某兴(男,现年73岁,平时独居)家门口时,看见他一手揪着一名男子胸口衣服(后看清是宗威,男,现年32岁,张集镇包畈村党支部副书记)往门外推搡,另一只手用菜刀拍打对方头顶,起初以为宗某兴在吓唬对方,就放慢车速细细观察。突然,他发现宗某兴由刀拍变成了刀砍,宗威的脸上淌满鲜血,于是紧急调转车头,迅速跳下摩托车,仓促中连人带车摔倒在地。他顾不上疼痛,爬起来后,看见宗某兴将宗威压在身下,用刀不断砍向其头部、面部和胳膊。危急时刻,包矿林冲向宗某兴,用脚猛踢其握刀的手臂,连踢几次,将刀踢落在地面。他趁势将宗某兴拽起,拉到一边,阻止其继续行凶,自己却被宗某兴不断殴打。包矿林一边应对宗某兴,一边高声疾呼:“杀人啦!杀人啦!”并询问宗威能不能起身行走,让其出去找人救治。宗威缓缓站起来,爬上摩托车慢慢驶离,但终因失血过多,体力不支,行驶没多远就昏倒在地。闻讯赶来的村民李世武看到后,马上拨打“110”和“120”,又联系村干部,一起将宗威送到了张集卫生院救治。包矿林在警察赶到后,才离开现场。

包矿林在他人遇到严重危险时,挺身而出,勇敢施救,谱写了新时代见义勇为正气之歌。

为了表彰见义勇为先进,大力弘扬社会正气,经研究决定,授予包矿林“荆门市见义勇为先进个人”称号,并奖励人民币5000元。包矿林入选2023年第四季度“全国见义勇为勇士榜”。

金鹏程　男,中共党员,1968年6月出生,荆楚理工学院保安。

赵　兵　男,1968年1月出生,荆楚理工学院保安。

2023年3月31日下午2时55分许,一辆大货车从象山大道由北向南行驶至荆楚理工学院东门口路段时,驾驶室下突然传出爆炸声,随即浓烟滚滚、蹿出火苗,司机也从车上掉落下来。正在荆楚理工学院东门值守的保安金鹏程和赵兵两人第一时间发现了险情,他们二人迅速返回值班室提起两瓶灭火器冲向着火的货车,一左一右对准起火部位进行喷射灭火。经紧急扑救,火势被成功扑灭,避免了更大的损失。随后两人又合力将从车上摔下来的货车司机许师傅送至荆门市人民医院进行救治。经过数月救治,货车司机基本痊愈后,于5月25日专程来到荆楚理工学院送锦旗表达谢意。

金鹏程、赵兵在人民群众财产受到威胁时,义无反顾、临危不惧,充分体现了中华民族扶危济困、助人为乐的传统美德。

为大力弘扬社会正气,鼓励见义勇为行为,经研究决定,授予金鹏程、赵兵“荆门市见义勇为先进群体”荣誉称号,并每人奖励人民币4000元。

许世华　男,中共党员,1963年4月出生,荆门市人社局退休职工。

胡宝国　男,1962年7月出生,太平洋保险公司退休职工。

2023年5月7日早晨6时左右,许世华正在天鹅湖公园晨练,突然发现天鹅湖西北角水面上漂着一人。随即,许世华与一同晨练的胡宝国快速向疑似有人落水处靠拢。待两人跑近仔细一看,离岸边数米远的湖面上浮着一人,可能是刚落水不久,落水者正浮在水面拼命挣扎。见此情景,许世华快速做出反应,来不及脱鞋便跳入水中抓住落水者,岸上的胡宝国则搭人梯合力将落水者救上岸。随后“120”急救车赶到将落水者送医救治。因救治及时,落水者并无大碍。

据了解,落水者是一位居住在附近年近七旬的老太。事发前,老太在天鹅湖边行走时不慎坠湖,不识水性的她命悬一线,幸亏被及时发现救起,否则后果不堪设想。救人者许世华和胡宝国是游泳爱好者,有水中救人的经验,对于此次救援,他们均称“小事一桩”。5月9日,《荆门晚报》报道了许世华和胡宝国搭人梯救起落水群众的事迹。

许世华、胡宝国在群众遇到生命危险时,挺身而出,积极施救,成功保卫群众生命,谱写了新时代的正气之歌。

为大力弘扬社会正气,鼓励见义勇为行为,经研究决定,授予许世华、胡宝国“荆门市见义勇为先进群体”荣誉称号,并每人奖励人民币4000元。

黄　勇　男,汉族,1973年11月出生,中共党员。

李思华　男,汉族,1973年10月出生。

2023年8月4日上午,漳河新区响岭村工作人员黄勇到村十组落实完土地流出后期耕种工作,上午9点59分回村办公室临近总干渠掇刀大桥路段时,发现总干渠北边有一位落水人员。黄勇紧急赶到现场,在附近找到一根救援用的应急竹竿及时稳住了落水人员,由于总干渠该段坡面刚硬化,坡度陡又有青苔,暂时无法直接将落水人员拉上岸,紧急救生链距离落水点有50米左右,只好利用救援竹竿一步一步把落水人员往救生链方向移动,此时刚好响岭村村民李思华开车路过,看情况紧急,也立即停车加入救援。在两个人的共同努力下,上午10点13分经过十几分钟的努力,终于将落水人员成功救上岸。(经调取总干渠监控显示,该落水人员在上午9点37分落水后一直在岸边挣扎,直至9点59分黄勇赶到现场,利用救援竹竿才稳住落水者)

黄勇、李思华的救人精神与行为值得肯定。为弘扬善举,经研究决定,授予黄勇、李思华“荆门市见义勇为先进群体”荣誉称号,并每人奖励人民币4000元。

丁杰铭　男,汉族,1990年8月出生,荆门市东宝工业园区长宁社区长宁锦园小区居民,东宝区老年大学教师。

2023年10月27日凌晨1点多,长宁锦园小区18栋业主赵某醉酒请代驾送其回家。待车辆停进小区后,赵某因38元代驾费与代驾发生争执,不仅不给代驾费,还在开车撵人的同时把另一辆业主的车撞了,他知道闯了祸,想要开车往小区大门方向逃跑。

深夜车辆的碰撞声惊醒了时任长宁锦园小区首届业委会副主任的丁杰铭,他听到响声后迅速下楼,远远看到赵某借着酒劲,见人就撵,还慌不择路地开车逃窜,又把小区门口的道闸给撞断。眼看赵某就要逃走,丁杰铭拿起手机拍照准备记录车牌号。哪知赵某发现后情绪激动,下车就要打人。丁杰铭主动上前制止、劝说,冷不防被赵某抓住朝头部捶了两拳,并被赵某恼羞成怒两眼怒视着。丁杰铭这时没有害怕也没有退缩,他心中只有一个想法,为了保护小区公共设施和确保代驾及周围人员的人身安全,只想凭借一己之力控制好醉酒的赵某不再伤人搞破坏,忍痛将其撂倒,然后找到小区保安,请其帮忙报警。在等待中,赵某凭蛮力挣脱,再次对丁杰铭拳脚相向,丁杰铭迅速闪躲,找准机会又一次撂倒赵某,并移交给赶来的民警。一场因醉酒引发的风波就此停息。

丁杰铭在群众人身安全和公共设施遭受不法侵害时,义无反顾出手制止,有效维护了治安秩序,避免了他人财产损失,谱写了新时代正气之歌。

为大力弘扬见义勇为精神,经研究决定,授予丁杰铭“荆门市见义勇为先进个人”荣誉称号,并奖励人民币5000元。

(市委政法委)

文献法规

地方性法规

·荆门市人民代表大会常务委员会关于集中修改部分地方性法规的决定·

（2023年8月24日荆门市第十届人民代表大会常务委员会第十三次会议通过 2023年9月27日湖北省第十四届人民代表大会常务委员会第五次会议批准）

荆门市第十届人民代表大会常务委员会第十三次会议决定：

一、对《荆门市城市管理条例》作出修改

（一）将条例中的“住建部门”修改为“住房和城乡建设主管部门”，“水务部门”修改为“水行政主管部门”，“规划部门”修改为“自然资源主管部门”，“环境保护部门”修改为“生态环境主管部门”，“工商部门”修改为“市场监督管理主管部门”，“市政部门”修改为“市政主管部门”，“园林部门”修改为“园林主管部门”，“河道、渠道管理部门”修改为“河道、渠道管理主管部门”，“农贸市场管理部门”修改为“农贸市场管理主管部门”，“交通运输部门”修改为“交通运输主管部门”，“城市管理部门”修改为“城市管理主管部门”，“城市管理相关部门”修改为“相关主管部门”，“有关城市管理部门”修改为“有关主管部门”，“城市管理各部门”修改为“城市管理主管部门和相关主管部门”。

（二）将第八条第二款修改为：“发展改革、公安、民政、司法行政、自然资源、生态环境、住房和城乡建设、交通运输、水行政、商务、文化和旅游、卫生健康、市场监督管理、林业等相关主管部门，应当按照各自职责，共同做好城市管理工作。”

（三）将第二十七条修改为：“县级以上人民政府应当建立分类投放、分类收集、分类运输、分类处理的生活垃圾管理系统，实现生活垃圾分类制度有效覆盖。

“产生、收集厨余垃圾的单位和其他生产经营者，应当将厨余垃圾交由具备相应资质条件的单位进行无害化处理。”

（四）将第三十条修改为：“运输煤炭、垃圾、渣土、砂石、土方、灰浆等散装、流体物料的车辆应当采取密闭或者其他措施防止物料遗撒造成扬尘污染，并按照规定路线行驶。”

（五）将第三十一条修改为：“文化娱乐、体育、餐饮等场所的经营管理者应当采取有效措施，防止、减轻噪声污染。

“使用空调器、冷却塔、水泵、油烟净化器、风机、发电机、变压器、锅炉、装卸设备等可能产生社会生活噪声污染的设备、设施的企业事业单位和其他经营管理者等，应当采取优化布局、集中排放等措施，防止、减轻噪声污染。

“禁止在商业经营活动中使用高音广播喇叭或者采用其他持续反复发出高噪声的方法进行广告宣传。对商业经营活动中产生的其他噪声，经营者应当采取有效措施，防止噪声污染。

“在街道、广场、公园等公共场所组织或者开展娱乐、健身等活动，应当遵守公共场所管理者有关活动区域、时段、音量等规定，采取有效措施，防止噪声污染；不得违反规定使用音响器材产生过大音量。”

（六）将第三十二条修改为：“在噪声敏感建筑物集中区域，禁止夜间进行产生噪声的建筑施工作业，但抢修、抢险施工作业，因生产工艺要求或者其他特殊需要必须连续施工作业的除外。

“因特殊需要必须连续施工作业的，应当取得住房和城乡建设主管部门的证明，并在施工现场显著位置公示或者以其他方式公告附近居民。”

（七）将第三十四条、第四十二条中的“饮食”修改为“餐饮”。

（八）将第四十二条第一款第五项中的“环境保护管理方面”修改为“生态环境保护方面”，第六项中的“工商行政管理方面”修改为“市场监督管理方面”。

第二款中的“县级城市管理部门”修改为“其他国家行政机关”。

（九）将第四十三条修改为：“城市管理主管部门和相关主管部门应当根据违法行为的性质和危害后果，先行采取教育、劝诫、疏导等措施。违法行为轻微并及时改正，没有造成危害后果的，不予行政处罚。初次违法且危害后果轻微并及时改正的，可以不予行政处罚。”

（十）删除第四十八条中的“法制机构”。

（十一）将第五十八条中的“行政处分”修改为“处分”。

（十二）删除第六十三条。

（十三）将第六十四条改为第六十三条，其中的“商务部门”修改为“市场监督管理主管部门”。

（十四）将第七十条改为第六十九条，修改为：“违反本条例第三十条规定，运输煤炭、垃圾、渣土、砂石、土方、灰浆等散装、流体物料的车辆，未采取密闭或者其他措施防止物料遗撒的，由城市管理主管部门责令改正，处二千元以上二万元以下罚款；拒不改正的，车辆不得上道路行驶。”

（十五）将第七十一条改为第七十条，修改为：“违反本条例第三十一条第一款、第二款规定，超过噪声排放标准排放社会生活噪声的，由城市管理主管部门责令改正，处五千元以上五万元以下罚款；拒不改正的，处五万元以上二十万元以下罚款，并可以报经县级以上人民政府批准，责令停业。

“违反本条例第三十一条第三款规定，在商业经营活动中使用高音广播喇叭或者采用其他持续反复发出高噪声的方法进行广告宣传，或者未对商业经营活动中产生的其他噪声采取有效措施造成噪声污染的，由公安机关责令改正，处五千元以上五万元以下罚款；拒不改正的，处五万元以上二十万元以下罚款，并可以报经县级以上人民政府批准，责令停业。

“违反本条例第三十一条第四款规定，在街道、广场、公园等公共场所组织或者开展娱乐、健身等活动，未遵守公共场所管理者有关活动区域、时段、音量等规定，未采取有效措施造成噪声污染，或者违反规定使用音响器材产生过大音量的，由公安机关说服教育，责令改正；拒不改正的，给予警告，对个人可以处二百元以上一千元以下罚款，对单位可以处二千元以上二万元以下罚款。”

（十六）将第七十二条改为第七十一条，修改为：“违反本条例第三十二条规定，未按照规定取得证明，在噪声敏感建筑物集中区域夜间进行产生噪声的建筑施工作业的，由工程所在地城市管理主管部门责令改正，处一万元以上十万元以下罚款；拒不改正的，可以责令暂停施工。”

（十七）将第七十三条改为第七十二条，第一项中的“饮食服务业经营者未安装和未正常使用油烟净化设施，超标准排放油烟的”修改为“排放油烟的餐饮服务业经营者未安装油烟净化设施、不正常使用油烟净化设施或者未采取其他油烟净化措施，超过排放标准排放油烟的”，“二万元”修改为“五万元”。

第二项修改为：“在县级人民政府禁止的时段和区域内露天烧烤食品或者为露天烧烤食品提供场地的，责令改正，没收烧烤工具和违法所得，并处五百元以上二万元以下罚款。”

（十八）将第七十五条改为第七十四条，其中的“妨碍车辆、行人通行的，由公安机关交通管理部门处二百元罚款，并可以将机动车拖离现场；不妨碍交通的，可以锁定机动车车轮”修改为“妨碍其他车辆、行人通行的，由公安机关交通管理部门处二百元罚款，并可以将该机动车拖移至不妨碍交通的地点或者公安机关交通管理部门指定的地点停放”。

增加一款，作为第二款：“因采取不正确的方法拖车造成机动车损坏的，应当依法承担补偿责任。”

（十九）将第七十七条改为第七十六条，其中的“行政法规”修改为“法规”。

二、对《荆门市生态环境保护条例》作出修改

（一）将条例中的“环保部门”修改为“生态环境主管部门”，“经信部门”修改为“经济和信息化主管部门”，“住建部门”修改为“住房和城乡建设主管部门”，“发改部门”修改为“发展改革主管部门”，“教育行政部门”修改为“教育行政主管部门”，“市政部门”修改为“市政主管部门”，“城市管理部门”修改为“城市管理主管部门”，“国土资源部门、规划部门”修改为“自然资源主管部门”，“林业部门”修改为“林业主管部门”，“水务部门”修改为“水行政主管部门”，“农业部门”修改为“农业农村主管部门”，“交通运输部门”修改为“交通运输主管部门”，“工商部门”修改为“市场监督管理主管部门”，“旅游部门”修改为“文化和旅游主管部门”，“有关部门”修改为“有关主管部门”，“其他相关部门”修改为“其他相关主管部门”。

（二）将第五条第二款修改为：“生态环境保护规划应当与国土空间总体规划相衔接。”

（三）将第六条第一款修改为：“县级以上人民政府应当编制生态功能区规划，向社会公布。”

（四）将第八条修改为：“禁止在生态保护红线内从事不符合法律、法规和国家有关规定的活动。”

（五）将第十八条第一款中的“能耗”修改为“碳排放”。

删除第四款。

（六）删除第二十九条第二款。

（七）将第三十条修改为：“各级人民政府应当加强饮用水水源保护，保障饮用水安全。

“县级以上人民政府应当合理布局饮用水水源取水口，公开饮用水水源地目录信息，在饮用水水源地保护区的边界设立符合国家标准的地理界标和警示标志。”

（八）将第四十一条第一款中的“负有治理恢复责任的采矿权人”修改为“矿山地质环境治理恢复责任人”。

（九）将第五十四条修改为：“建立环境污染责任保险制度。

“从事环境高风险生产经营活

动的单位,应当依法投保环境污染责任保险。鼓励其他单位投保环境污染责任保险。”

(十)删除第六十二条。

(十一)将第六十七条改为第六十六条,其中的“行政处分”修改为“处分”。

(十二)将第六十八条改为第六十七条,其中的“在生态保护红线区从事不符合主体功能定位的开发经营活动的”修改为“在生态保护红线内从事不符合法律、法规和国家有关规定的活动的”。

(十三)删除第六十九条。

三、对《荆门市城市建筑垃圾管理条例》作出修改

(一)将条例中的“人民政府城市管理部门”修改为“城市管理主管部门”,“水务部门”修改为“水行政主管部门”,“交通运输部门”修改为“交通运输主管部门”,“住建部门”修改为“住房和城乡建设主管部门”,“发改部门”修改为“发展改革主管部门”,“各部门”修改为“主管部门和相关主管部门”,“其他城市建筑垃圾管理相关部门”修改为“相关主管部门”。

(二)将第七条第一款修改为:“工程施工单位应当在施工现场配备建筑垃圾管理人员,按照下列规定处理建筑垃圾:

“(一)编制建筑垃圾处理方案。建筑垃圾处理方案包括建筑垃圾的产生地点、总量、类型、分类处理方式、运输单位、运输车辆、运输路线、运输时间等内容。

“(二)在开工五日前将建筑垃圾处理方案向工程所在地县级城市管理主管部门或者其派驻机构备案。

“(三)法律、法规规定的其他要求。”

删除第三款。

将第四款改为第三款,其中的“五个工作日”修改为“五日”。

(三)将第十一条第二款修改为:“市城市管理主管部门应当会同自然资源、生态环境、水行政等主管部门,编制建筑垃圾处理场建设规划,采取论证会、听证会或者其他方式征求专家和公众的意见,报市人民政府批准后公布实施。”

(四)将第十八条第三款中的“单位和个人违反本条例处置建筑垃圾的信息”修改为“单位或者个人违反本条例处置建筑垃圾受到行政处罚的信息”。

(五)删除第二十二条。

(六)新增一条,作为第二十四条:“违反本条例第十四条第二款规定,未按照要求报告或者报告严重失实的,由县级以上城市管理主管部门责令限期改正;逾期不改正的,处二千元以上一万元以下罚款。”

(七)删除第二十七条。

四、对《荆门市民用建筑装饰装修管理条例》作出修改

(一)将“住房和城乡建设部门”修改为“住房和城乡建设主管部门”,“市场监管部门”修改为“市场监督管理主管部门”,“行政审批部门”修改为“行政审批主管部门”,“城市管理部门”修改为“城市管理主管部门”,“相关部门”修改为“有关主管部门”。

(二)将第四条中的“安全生产”修改为“应急管理”,“等部门”修改为“等主管部门”。

(三)将第六条中的“其他相关部门”“有关部门”修改为“相关主管部门”。

(四)将第二十条修改为:“禁止在十二时至十四时三十分、十八时至次日八时以及法定节假日进行产生噪声污染的住宅装饰装修活动。其他时间进行住宅装饰装修活动的,应当采取有效措施,防止、减轻噪声污染。”

(五)将第三十一条修改为:“违反本条例第二十条规定,在禁止时间内进行产生噪声污染的住宅装饰装修活动,或者在其他时间进行住宅装饰装修活动未采取有效措施造成噪声污染的,由公安机关说服教育,责令改正;拒不改正的,给予警告,对个人可以处二百元以上一千元以下罚款,对单位可以处二千元以上二万元以下罚款。”

本决定自公布之日起施行。

《荆门市城市管理条例》《荆门市生态环境保护条例》《荆门市城市建筑垃圾管理条例》《荆门市民用建筑装饰装修管理条例》根据本决定作相应修改并对条文顺序作相应调整,重新公布。

·荆门市长湖保护条例·

(2023 年 10 月 31 日荆门市第十届人民代表大会常务委员会第十四次会议通过 2023 年 12 月 1 日湖北省第十四届人民代表大会常务委员会第六次会议批准)

第一章 总 则

第一条 为了加强长湖流域的水资源保护和水污染防治,保护与修复生态环境,推进长湖流域综合治理和统筹发展,实现人与自然和谐共生,根据《中华人民共和国水污染防治法》《中华人民共和国长江保护法》《中华人民共和国河道管理条例》《湖北省湖泊保护条例》等有关法律、法规,结合本市实际,制定本条例。

第二条 本市行政区域内的长湖流域保护和发展适用本条例。

本条例所称长湖流域,是指本市行政区域内长湖和注入长湖的拾桥河、西荆河、大路港河、唐林河、龙垱河及其他河流的集水区。长湖流域范围由市人民政府划定,向社会公布。

第三条 长湖流域保护和发展,应当坚持生态优先、绿色发展,遵循统筹协调、科学规划、系统治理、协同推进的原则,实施形态保护、水质保护、功能保护、生态保护。

第四条 长湖流域县级以上人民政府应当将长湖流域保护和发展工作纳入国民经济和社会发展规划,将长湖流域保护和发展工作所需经费列入财政预算，建立长湖流域保护和发展协调机制，协调解决长湖流域保护和发展工作中的重大问题。

水行政、发展改革、经济和信息化、公安、财政、自然资源、生态环境、住房和城乡建设、交通运输、农业农村、文化和旅游、应急管理、市场监督管理、城市管理等相关主管部门应当按照职责分工，做好长湖流域保护和发展工作。

长湖流域镇人民政府、街道办事处应当在职责范围内做好长湖流域保护和发展工作，指导长湖流域村民委员会、居民委员会将长湖流域保护和发展内容纳入村规民约、居民公约，组织和引导村民、居民参与长湖流域保护和发展。

第五条　长湖管理机构应当在长湖保护范围内，依法履行下列职责：

（一）宣传、执行有关法律、法规，依据长湖流域保护和发展规划组织编制并实施长湖保护专项规划；

（二）负责湖泊、湿地、水产种质资源、野生动植物保护管理工作；

（三）组织开展长湖水资源保护、水污染防治、水环境整治、水生态保护和修复；

（四）集中行使生态环境保护、湿地保护、野生动植物保护、水资源管理、港航管理、渔业渔政管理、旅游市场管理等方面的行政处罚权；

（五）市人民政府确定的与长湖流域保护和发展相关的其他职责。

市人民政府应当按照前款规定，确定长湖管理机构和市人民政府相关主管部门关于长湖流域保护和发展工作的具体分工。

第六条　长湖流域保护实行河湖长制。长湖流域各级河湖长负责长湖流域保护和发展相关工作，对长湖流域保护目标任务完成情况进行督导和考核。

第七条　市人民政府应当建立长湖流域生态保护补偿机制，制定生态保护补偿办法，对因承担生态保护责任而致经济社会发展受到限制的区域予以补偿。

第八条　长湖流域各级人民政府应当按照相关规划的要求，优化产业布局，发展循环经济，推动传统产业绿色转型，推行绿色生产生活方式，建设生态宜居美丽家园，推进长湖流域绿色发展。

第九条　任何单位和个人都有保护长湖流域的义务，有权对污染长湖流域环境、破坏长湖流域生态的违法行为进行劝阻、举报。

对在长湖流域保护和发展工作中作出突出贡献的单位和个人，长湖流域县级以上人民政府应当按照国家有关规定给予奖励。

第十条　支持检察机关、法律规定的其他机关和符合条件的社会组织，对污染长湖流域环境、破坏长湖流域生态，损害社会公共利益的行为，依法提起民事公益诉讼。

支持检察机关对在长湖流域生态环境和资源保护领域负有监督管理职责的行政机关和法律、法规授权的其他组织违法行使职权或者不作为，致使社会公共利益受到侵害的，依法提出检察建议、提起行政公益诉讼。

第二章　规划与管控

第十一条　市发展改革主管部门应当会同水行政、生态环境等相关主管部门，编制长湖流域保护和发展规划，报市人民政府批准后实施。长湖流域保护和发展规划应当统筹长湖流域生态环境保护和绿色发展，并与长湖保护规划、市流域综合治理和统筹发展规划等相衔接。

市人民政府有关主管部门、长湖流域县级人民政府应当根据长湖流域保护和发展规划，制定实施方案，报市人民政府备案后实施。

第十二条　长湖流域保护和管理范围分为长湖保护范围和长湖主要入湖河道管理范围：

（一）长湖保护范围包括长湖保护区和长湖控制区。长湖保护区按照长湖设计洪水位划定，包括湖堤、湖泊水体、湖盆、湖洲、湖滩、湖心岛屿等。长湖控制区原则上按不少于保护区外围500米的范围划定。

（二）长湖主要入湖河道管理范围。有堤防的河道，其管理范围为两岸堤防之间的水域、沙洲、滩地（包括可耕地）、行洪区，两岸堤防及护堤地；无堤防的河道，其管理范围按照历史最高洪水位或者设计洪水位划定。

市人民政府依法划定长湖保护范围和长湖主要入湖河道管理范围，勘界立桩，向社会公布。

第十三条　市水行政主管部门应当会同发展改革、交通运输等主管部门编制长湖及其主要入湖河道岸线保护规划，实行岸线分区管理，强化岸线用途管制和节约集约利用，清除违法建筑，取缔非法码头、水上餐饮船舶等设施，保持长湖及其主要入湖河道岸线自然形态。

第十四条　在长湖保护范围内，禁止建设光伏、风力发电项目；在长湖保护区，禁止建设与长湖生态保护与修复、防汛抗灾、航运与道路等公共设施无关的项目。已经建成的，应当依法拆除。

第十五条　在长湖保护区内，禁止从事餐饮、住宿、摆摊、设点等经营活动。

禁止破坏界桩、水文、气象、航标、渔标、科研、测量、环境监测、执法船停靠等公共设施。

第十六条　在长湖保护区和长湖主要入湖河道管理范围内，禁止填湖建房、填湖建造公园、填湖造地、围湖造田、筑坝拦汊和其他侵占或者分割河湖水域的行为。

长湖流域县级以上人民政府应当根据长湖保护规划，在长湖保护区内实施退垸还湖。

第十七条　在长湖控制区和长湖主要入湖河道管理范围内，禁止从事可能对湖泊产生污染的项目建设和其他危害湖泊生态环境的活动。

第十八条　在长湖保护范围和

长湖主要入湖河道管理范围内的建设项目,应当符合相关规划要求,严格实行工程建设方案审查和环境影响评价。建设项目应当留足入湖通道和视线通廊。

负责审批的主管部门应当在上述项目审批前,征求长湖管理机构的意见。

第三章　水污染防治

第十九条　长湖及其主要入湖河道的水体水质根据水功能区划要求,按照不低于国家《地表水环境质量标准》Ⅱ类标准的目标采取保护和污染防治措施。

第二十条　向长湖及其主要入湖河道排放的水污染物,应当达到国家和本省规定的排放标准。

市人民政府应当实施长湖重点水污染物排放总量削减和控制计划,分解至长湖流域县级人民政府,落实到排污单位,实行排放总量控制。

长湖流域县级以上人民政府应当采取建设人工湿地、水源涵养林、沿河沿湖植被缓冲带等措施,对达标排放的污水进行减污处理。

第二十一条　市生态环境主管部门应当在长湖流域县级行政区域交界处、主要入湖口设置地表水环境质量监测断面,定期监测并发布监测信息。监测数据作为考核长湖流域水环境保护工作和生态保护补偿的重要依据。

第二十二条　在长湖保护区内,禁止新建排污口;对不能达标排放的已有排污口,应当依法整治、关闭。

第二十三条　长湖流域县级以上人民政府应当完善城镇生活污水收集处理设施,推进雨污分流管网建设,提高城镇污水收集率和处理率。城镇污水处理厂污染物排放应当达到国家和本省规定的最高排放标准。

长湖流域县级以上人民政府应当结合乡村振兴战略实施,改造农村户厕,建设集中或者分散的污水处理设施,加强农村生活污水治理。

第二十四条　长湖流域县级以上人民政府及其有关主管部门应当统筹建设城乡垃圾分类收集、运输、处理设施,实现垃圾无害化处理和资源化利用。

第二十五条　市人民政府应当制定农药、化肥等农业投入品减量计划和农业废弃物资源化利用目标,分解至长湖流域县级人民政府。

长湖流域县级人民政府应当依照有关农业面源污染防治的法律、法规和技术规范,指导农业生产经营者科学、安全使用农业投入品和依法回收、利用、处置农业废弃物,防止、减少农业面源污染。

第二十六条　长湖流域县级以上人民政府应当加强畜禽养殖监管,划分畜禽养殖禁养区、限养区和适养区,向社会公布。

畜禽养殖者应当依法处置畜禽养殖废弃物。规模养殖场应当依法建设畜禽粪污处理设施,提高畜禽粪污综合利用率。

第二十七条　长湖流域县级以上人民政府应当加强水产养殖环境治理,科学划定养殖区域,发展生态养殖,推进养殖尾水节水减排和排污口规范设置。水产养殖尾水排放应当符合水环境管理要求,不得直接排放和污染生态环境。

第二十八条　长湖管理机构应当根据长湖水环境质量保护目标和长湖流域保护专项规划,建立入湖机动船舶准入和总量控制制度。

依法批准入湖的机动船舶应当配有防渗、防溢、防漏、垃圾收集设备,防止残油、废油、船舶污水等污染物入湖。推广使用清洁能源作为动力的船舶。

第二十九条　在长湖保护范围和长湖主要入湖河道管理范围内禁止下列行为:

(一)排放未达到国家和本省规定排放标准的污水;

(二)排放、倾倒工业废渣、城镇垃圾和其他废弃物,或者在最高水位线以下的滩地、岸坡堆放、贮存固体废弃物或者其他污染物;

(三)在水体清洗车辆或者装贮过油类、有毒有害污染物的容器;

(四)围网、网箱、围栏养殖,投肥、投粪养殖,养殖珍珠;

(五)使用电鱼、毒鱼、炸鱼等捕捞方法或者不符合规定的网具捕捞;

(六)法律、法规规定的其他污染水体的行为。

第四章　生态保护与修复

第三十条　长湖流域县级以上人民政府应当实行最严格的水资源管理制度,坚持节水优先,保障城乡生活用水和生态用水,科学安排生产用水。

长湖流域县级以上水行政主管部门按照职责分工对长湖及其主要入湖河道的取水、用水和排水实行全过程管理,控制取水总量,保障生态用水。长湖水位接近最低生态水位时,应当采取补水等措施。

第三十一条　长湖流域县级以上人民政府应当采取清淤疏浚、调水引流、河湖连通等措施,综合治理长湖流域水生态系统。

第三十二条　长湖流域县级以上人民政府应当采取退田还湿、退垸还湿、封滩育草、种植护岸林等措施,建设河道湿地、入湖口湿地、湖区湿地、滨湖湿地,修复长湖流域湿地生态系统。

第三十三条　市农业农村主管部门应当定期开展长湖流域渔业资源调查、监测,坚持自然增殖和人工放流相结合的原则,保护鲌类鱼等水产种质资源。

长湖设立禁渔区,确定禁渔期。在长湖禁渔区内和禁渔期间,任何单位和个人不得进行捕捞和爆破等水下作业,不得销售非法捕捞的渔获物。国家、省对以特定资源利用、科研调查、苗种繁育和增殖渔业等为目的的捕捞有规定的除外。

第三十四条　长湖流域县级以

上人民政府应当定期开展长湖流域生物多样性本底调查和野生动植物资源调查，进行监测、评估，制定并实施长湖流域生物多样性保护方案。

长湖管理机构应当在长湖保护范围和长湖主要入湖河道管理范围内科学投放水生植物、滤食性鱼类、底栖生物等，恢复和保护生物多样性，促进生态平衡。

禁止非法猎捕、采集、交易野生动植物及其制品等行为，禁止破坏野生动物栖息地。

第三十五条 长湖流域县级以上人民政府应当加强有害生物防治，治理凤眼莲、空心莲子草、福寿螺等外来物种。

任何单位和个人未经批准，不得擅自引进、释放或者丢弃外来物种。

第五章 区域协作

第三十六条 市人民政府应当与长湖流域相邻地区人民政府，协商建立长湖流域联席会议机制，协调解决长湖流域自然资源保护和利用、防汛抗旱、水资源调度和配置、项目工程建设、生态保护补偿等重大问题，预防和应对水污染事件，共同做好长湖流域保护和发展工作。

第三十七条 市人民政府及其有关主管部门在编制涉及长湖流域保护和发展的相关规划时，应当加强与长湖流域相邻地区人民政府及其有关主管部门的沟通和协商，做好相关规划目标的协调统一和规划措施的相互衔接。

第三十八条 市人民政府及其有关主管部门应当与长湖流域相邻地区人民政府及其有关主管部门，建立健全长湖流域生态环境、资源、水文、气象、自然灾害等监测网络体系和信息共享系统，加强水质、水量等监测，提高监测预警能力，实现信息共享。

第三十九条 市人民政府及其有关主管部门应当与长湖流域相邻地区人民政府及其有关主管部门，建立长湖流域协同执法机制，统一执法程序、裁量基准和处罚标准，协商确定执法计划，组织联合调查、协同执法。

第四十条 长湖流域县级以上人民代表大会常务委员会应当与长湖流域相邻地区同级人民代表大会常务委员会，建立协同监督机制，联合开展执法检查、专题调研等活动，保障有关法律、法规在长湖流域的实施。

第六章 法律责任

第四十一条 违反本条例，法律、法规有规定的，从其规定。

第四十二条 违反本条例第十五条第一款的规定，由长湖管理机构按照下列规定予以处罚：

（一）从事餐饮、住宿经营的，责令停止违法行为，没收违法所得，并处一千元以上五千元以下罚款。

（二）从事摆摊、设点经营的，责令停止违法行为；拒不改正的，没收违法所得，可以并处五百元以上一千元以下罚款。

第四十三条 违反本条例第二十九条第三项规定，由长湖管理机构或者生态环境主管部门按照下列规定予以处罚：

（一）在水体清洗装贮过油类、有毒有害污染物的车辆或者容器的，责令停止违法行为，限期采取治理措施，消除污染，处二万元以上二十万元以下罚款。

（二）在水体清洗前项规定以外的车辆的，责令停止违法行为，处五百元以上一千元以下罚款。

第四十四条 国家机关及其工作人员在长湖流域保护和发展工作中违反本条例规定，滥用职权、玩忽职守、徇私舞弊的，依法给予处分；构成犯罪的，依法追究刑事责任。

第七章 附 则

第四十五条 市人民政府派出的区域性管理委员会按照本条例有关县级人民政府的规定执行。

第四十六条 本条例自2024年3月1日起施行。

统计资料

表 14 国民经济主要指标

指标	单位	2022 年	2023 年	比同期(%)
一、户籍人口	万人	284.47	282.71	-0.62
常住人口	万人	254.77	255.00	0.09
二、地区生产总值	亿元		2272.30	6.7
第一产业	亿元		303.83	4.1
第二产业	亿元		876.52	7.5
第三产业	亿元		1091.94	6.8
三、市场主体期末总户数	户	348883	393172	12.7
#企业	户	68994	85847	24.4
四、固定资产投资增长速度	%	13.1	6.8	-6.3
第一产业	%	-9.7	-14.8	-5.1
第二产业	%	20.0	11.6	-8.4
第三产业	%	7.5	3.3	-4.2
五、一般公共预算收入	亿元	103.17	122.79	19.0
#税收收入	亿元	71.39	84.07	17.8
一般公共预算支出	亿元	284.06	310.04	9.1
六、居民消费价格指数	%	101.6	99.7	-1.9
七、农业总产值	亿元	532.83	551.00	4.4
农业增加值	亿元		329.76	4.4
八、规模以上工业增加值增长速度	%	-6.5	10.2	16.7
九、货物周转量	万吨千米	1173537	1403484	19.6
旅客周转量	万人千米	42785	53862	25.9
十、全社会用电量	亿千瓦时	134.45	145.96	8.6
#工业用电量	亿千瓦时	90.42	101.58	12.3
十一、社会消费品零售总额	亿元	969.12	1042.13	7.5
十二、进出口总额	亿元	200.7	163.3	-13.5
出口	亿元	136.2	116.9	-11.3
进口	亿元	64.5	46.4	-18.6
十三、实际使用外资(1—11 月)	万美元	3459	1868	-46.0
十四、金融机构本外币各项存款余额	亿元	2990.98	3318.76	11.0
金融机构本外币各项贷款余额	亿元	1734.09	1956.04	12.8
十五、城镇常住居民人均可支配收入	元	41273	43543	5.5
农村常住居民人均可支配收入	元	23952	25772	7.6

注：一般公共预算收入使用剔除增值税留抵退税因素后的可比增速。

注：实际使用外资数据从 2022 年 7 月开始采用商务部反馈数据。

表 15　户籍人口

单位:万人

地区	2022 年	2023 年
全市合计	284.47	282.71
沙洋县	56.98	56.29
钟祥市	101.96	101.30
京山市	60.93	60.52
东宝区	34.86	34.74
掇刀区	23.49	23.63
屈家岭管理区	6.25	6.23

注:人口数为当年年底数。

表 16　常住人口

单位:万人

地区	2022 年	2023 年
全市合计	254.77	255.00
沙洋县	38.79	38.82
钟祥市	85.25	85.27
京山市	53.45	53.10
东宝区	35.03	35.17
掇刀区	42.25	42.64

注:非人口普查年份,常住人口仅核定至5个标准行政区划,人口数为当年年底数。

表 17　国民经济核算

单位:亿元

地区	2023 年	比同期(%)
地区生产总值	2272.30	6.7
第一产业	303.83	4.1
第二产业	876.52	7.5
第三产业	1091.94	6.8
县市区生产总值		
沙洋县	325.17	6.4
钟祥市	640.52	6.1
京山市	380.51	6.0
东宝区	427.84	6.3

续表 17

地区	2023 年	比同期(%)
掇刀区	431.62	9.1
漳河新区	37.30	6.3
屈家岭管理区	29.33	6.1
县市区第一产业增加值		
沙洋县	82.58	4.3
钟祥市	99.41	4.4
京山市	71.48	4.4
东宝区	21.46	3.5
掇刀区	14.10	2.3
漳河新区	8.52	0.7
屈家岭管理区	6.29	5.6
县市区第二产业增加值		
沙洋县	76.98	8.9
钟祥市	250.97	4.1
京山市	116.48	3.3
东宝区	164.69	8.5
掇刀区	257.99	12.1
漳河新区	1.87	42.1
屈家岭管理区	7.55	5.3
县市区第三产业增加值		
沙洋县	165.62	6.3
钟祥市	290.14	8.5
京山市	192.55	8.3
东宝区	241.70	5.1
掇刀区	159.54	5.2
漳河新区	26.91	6.3
屈家岭管理区	15.49	6.8

注:地区生产总值(GDP)为季度核算。本表中 GDP 均为初步核算数;自 2018 年 10 月起,分县市区 GDP 按七个地方实际管控区域公布。

表 18　固定资产投资

指标	2022 年	2023 年	2023 年占全部投资比重(%)
固定资产投资增长速度(%)	13.1	6.8	
#民间固定资产投资	11.2	6.4	70.8
#基础设施投资	13.0	10.2	19.2
#建筑安装工程投资	17.4	1.8	70.4
一、按项目构成划分			
500 万元及以上项目投资	18.5	9.6	89.7
房地产开发投资	-24.6	-12.6	10.3
二、按产业划分			
第一产业	-9.7	-14.8	2.8
第二产业	20.0	11.6	52.5
#工业	20.0	11.5	52.5
第三产业	7.5	3.3	44.6
三、施工项目个数(个)	2337	1707	
#新开工	1520	602	
竣工项目个数(个)	1122	579	

表 19　分行业固定资产投资增长速度

指标	2022 年(%)	2023 年(%)
合计	13.1	6.8
农林牧渔业	7.0	-6.3
采矿业	54.6	-36.3
制造业	19.8	13.4
电力、燃气及水的生产和供应业	10.2	12.1
建筑业		
批发和零售业	-27.6	6.2
交通运输、仓储和邮政业	41.7	35.5
住宿和餐饮业	23.3	-13.4
信息传输、计算机服务和软件业	50.2	-32.7
金融业	410.2	-100.0
房地产业	-20.6	-8.1
租赁和商务服务业	41.9	30.1
科学研究、技术服务和地质勘查业	122.7	100.2
水利、环境和公共设施管理业	0.9	-7.1
居民服务和其他服务业	11.4	182.3
教育	-36.8	-0.2
卫生、社会保障和社会福利业	-31.8	-20.6
文化、体育和娱乐业	87.0	-28.3
公共管理和社会组织	57.0	-2.1

表 20　房地产开发和销售

指标	2022 年	2023 年	比同期(%)
房地产开发经营企业单位数(个)	199	181	-9.0
房地产开发投资(万元)	1542258	1347433	-12.6
#住宅	1301896	1117374	-14.2
房屋施工面积(万平方米)	2119.71	1863.48	-12.1
#住宅	1662.7696	1447.16	-13.0
房屋新开工面积(万平方米)	240.1402	227.01	-5.5
#住宅	182.0762	176.62	-3.0
土地购置面积(万平方米)	3.96		
土地成交价款(万元)	6234		
房屋竣工面积(万平方米)	460.59	334.18	-27.4
#住宅	374.93	262.00	-30.1
商品房销售面积(万平方米)	228.38	204.32	-10.5
#住宅	207.7577	181.44	-12.7
商品房销售额(万元)	1061788	936545	-11.8
#住宅	930570	809737	-13.0
商品房待售面积(万平方米)	224.72	213.32	-5.1
#住宅	118.12	125.79	6.5

表 21　县市区固定资产投资增长速度

指标	2022 年(%)	2023 年(%)
全市合计	13.1	6.8
沙洋县	17.3	13.2
钟祥市	10.5	1.2
京山市	3.8	7.8
东宝区	17.3	7.0
掇刀区	17.7	7.8
漳河新区	19.9	8.0
屈家岭管理区	16.2	0.2

表 22　县市区房地产投资增长速度

指标	2022 年(%)	2023 年(%)
全市合计	-24.6	-12.6
沙洋县	-9.5	-28.6
钟祥市	-22.4	-36.5
京山市	-50.7	-17.7
东宝区	-54.1	-7.4
掇刀区	-36.7	11.4
漳河新区	11.5	-6.4
屈家岭管理区	172.5	-53.3

表 23　县市区民间固定资产投资增长速度

指标	2022 年(%)	2023 年(%)
全市合计	11.2	6.4
沙洋县	24.8	16.6
钟祥市	9.7	-2.8
京山市	-5.7	16.6
东宝区	26.4	9.5
掇刀区	11.0	-0.1
漳河新区	-2.2	29.3
屈家岭管理区	33.4	-42.8

表 24　市场主体

指标	总计	企业类
2023 年末总户数(户)	393172	85847
比同期(%)	12.7	24.4
2023 年末注册资本(金)(亿元)	6700.49	5953.12
比同期(%)	7.8	7.6
2023 年新登记户数(户)	76908	24476
比同期(%)	-1.8	43.5
2023 年新登记注册资本(金)(亿元)	832.05	740.30
比同期(%)	-12.4	-4.2

表25　居民消费价格指数

指标	2022年	2023年
总指数	101.6	99.7
一、食品烟酒	102.2	99.3
粮食	99.6	100.5
鲜菜	102.9	97.1
畜肉	94.5	90.7
水产品	98.7	97.4
蛋	106.9	100.6
鲜果	114.4	106.3
二、衣着	102.3	101.6
三、居住	99.3	99.5
四、生活用品及服务	101.4	100.2
五、交通和通信	105.4	97.5
六、教育文化和娱乐	100.9	100.4
七、医疗保健	99.9	100.8
八、其他用品和服务	101.5	103.6

注:以上年同期为100。

表26　农村基本情况

指标	单位	2022年	2023年
土地面积	平方千米	12404	
行政区划			
乡政府	个	2	2
镇政府	个	48	48
街道办事处	个	11	11
村民委员会	个	1322	1319
国有农林牧渔场从业人员	万人	4.72	4.58
农业从业人员	万人	2.61	2.3537
非农业从业人员	万人	2.11	2.2236
化肥施用量(折纯)	万吨	27.39	27.19

表 27　农业总产值及指数

指标	单位	2022 年	2023 年
一、农林牧渔业总产值(现价)	亿元	532.83	551.00
农业	亿元	223.14	242.58
林业	亿元	10.78	10.78
牧业	亿元	122.82	110.36
渔业	亿元	124.96	131.77
农林牧渔服务业	亿元	51.12	55.50
二、农林牧渔业总产值指数	上年 = 100	104.9	104.4
农业	上年 = 100	102.8	102.8
林业	上年 = 100	108.3	111.2
牧业	上年 = 100	104.4	104.6
渔业	上年 = 100	106.7	105.2
农林牧渔服务业	上年 = 100	111.1	107.1

表 28　主要农作物播种面积及农产品产量

指标	2022 年	2023 年
农作物总播种面积(万亩)	1049.98	1075.31
粮食作物	701.31	703.82
# 夏收粮食	182.74	183.89
秋收粮食	518.57	515.29
棉花	4.72	4.59
油料	235.74	256.33
#油菜籽	205.07	224.15
蔬菜	82.68	85.25
主要农产品产量(万吨)		
粮食	289.51	293.49
# 夏收粮食	40.17	40.63
秋收粮食	249.35	250.85
棉花	0.31	0.32
油料	41.17	44.51
#油菜籽	34.50	37.28
蔬菜	196.80	203.44
水果(含果用瓜)	65.73	67.69

注:水果产量包含园林水果和果用瓜。

表29 畜牧、水产生产情况

指标	单位	2022年	2023年
畜禽年末存栏(笼)			
牛	万头	14.02	14.00
生猪	万头	217.96	224.18
羊	万只	31.75	31.73
家禽	万只	3668.48	3559.92
畜禽当年出栏(笼)			
牛	万头	7.70	8.12
生猪	万头	375.11	390.45
羊	万只	39.52	39.70
家禽	万只	4417.10	4427.67
猪、牛、羊肉产量	万吨	30.85	32.52
禽蛋产量	万吨	13.78	14.43
淡水养殖面积	万亩	75.51	75.51
水产品产量	万吨	49.43	52.30

注:因湖泊、水库全面禁养,淡水养殖面积仅包括池塘、河沟养殖。

表30 县市区农业总产值

单位:亿元

地区	2022年	2023年	比同期(%)
全市合计	532.83	551.00	4.4
沙洋县	146.31	149.84	5.2
钟祥市	171.37	187.83	5.3
京山市	130.38	126.72	5.4
东宝区	36.90	38.04	4.4
掇刀区	24.76	24.87	3.4
漳河新区	12.74	12.53	2.2
屈家岭管理区	10.36	11.16	6.5

表 31　县市区农业增加值

单位:亿元

地区	2023 年	比同期(%)
全市合计	329.76	4.4
沙洋县	88.73	4.5
钟祥市	108.16	4.6
京山市	79.21	4.7
东宝区	22.77	3.7
掇刀区	15.36	2.7
漳河新区	8.59	0.8
屈家岭管理区	6.93	5.7

表 32　规模以上工业增加值增长速度

指标	2022 年(%)	2023 年(%)
总计	-6.5	10.2
总计中:		
轻工业	-19.9	-0.5
重工业	1.6	14.1
总计中:		
国有企业	14.3	-19.8
股份制企业	-9.1	8.0
外商及港澳台商投资企业	44.8	4.2
其他经济类型企业	-7.9	95.3
总计中:国有控股企业	-4.7	15.5
总计中:大中型工业企业	6.2	26.7
总计中:民营工业企业	-6.9	9.4

表 33　规模以上工业产品销售率

指标	2022 年(%)	2023 年(%)
总计	94.88	97.37
总计中:		
工业	94.81	97.59
重工业	94.93	97.27
总计中:		
国有企业	99.27	100.00
股份制企业	94.88	97.23
外商及港澳台商投资企业	94.42	97.79
其他经济类型企业	93.41	98.54
总计中:国有控股企业	96.04	100.06
总计中:大中型工业企业	96.99	98.58

表 34　分行业规模以上工业增加值增长速度

指标	2022 年(%)	2023 年(%)
总计	-6.5	10.2
煤炭开采和洗选业		
非金属矿采选业	-14.8	-17.5
农副食品加工业	-19.5	-21.4
食品制造业	-25.4	-13.6
酒、饮料和精制茶制造业	-30.7	-39.8
纺织业	-7.8	-16.6
纺织服装、服饰业	-46.7	-6.4
皮革、毛皮、羽毛及其制品和制鞋业	34.8	-8.7
木材加工和木、竹、藤、棕、草制品业	-16.6	4.3
家具制造业	-20.3	-34.3
造纸和纸制品业	-41.4	-9.4
印刷和记录媒介复制业	2.1	-38.6
文教、工美、体育和娱乐用品制造业	-4.1	-5.7
石油、煤炭及其他燃料加工业	-15.4	30.5
化学原料和化学制品制造业	-12.4	36.7
医药制造业	13.4	0.4

续表 34

指标	2022 年(%)	2023 年(%)
化学纤维制造业	-9.3	-9.4
橡胶和塑料制品业	-20.0	-13.0
非金属矿物制品业	5.3	-4.0
黑色金属冶炼和压延加工业	26.7	275.7
有色金属冶炼和压延加工业	-81.4	22.6
金属制品业	-24.9	-12.6
通用设备制造业	-27.0	-15.9
专用设备制造业	-26.1	-4.5
汽车制造业	147.5	99.2
铁路、船舶、航空航天和其他运输设备制造业	15.1	18.7
电气机械和器材制造业	-26.1	94.6
计算机、通信和其他电子设备制造业	722.6	-59.7
仪器仪表制造业	0.1	-79.8
其他制造业		142.0
废弃资源综合利用业	25.6	34.8
电力、热力生产和供应业	20.1	-4.1
燃气生产和供应业	-14.2	0.8
水的生产和供应业	-12.6	3.7

表 35　规模以上工业主要产品产量

指标	2023 年	比同期(%)
原油加工量(万吨)	579.64	30.9
汽油	191.62	33.3
煤油	54.03	66.7
柴油	132.10	35.6
发电量(亿千瓦时)	138.37	-9.0
磷矿石(折含 $P_2O_5$30%)	157.43	14.0
大米(万吨)	362.03	-25.9
饲料(万吨)	85.74	-7.9
啤酒(万千升)	21.23	-2.6
纱(万吨)	6.17	2.1
服装(亿件)	0.65	-10.1
农用氮磷钾化肥(折纯)	225.92	20.4
氮肥(折含 N100%)	45.17	7.9
磷肥(折含 $P_2O_5$100%)	145.64	28.4

续表 35

指标	2023 年	比同期(%)
钾肥(折氧化钾 100%)	35.10	8.2
磷酸一铵(实物量)(万吨)	291.83	-18.5
磷酸二铵(实物量)(万吨)	41.62	-23.5
化学纤维(万吨)	5.51	1.4
塑料制品(万吨)	56.60	0.3
水泥(万吨)	1153.53	-3.5
石膏板(亿平方米)	1.26	-19.3
平板玻璃(万重量箱)	1120.69	34.0
包装专用设备(台)	86	-34.4
互感器(万台)	0.08	-99.4
锂离子电池(万只)	54688.82	9.8

表 36　规模以上工业企业主要经济指标

（一）

单位:个

指标	企业单位数		#亏损单位数	
	2022 年	2023 年	2022 年	2023 年
总计	971	1079	111	173
总计中:采矿业	35	39		5
制造业	904	1003	109	164
电力、热力、燃气及水生产和供应业	32	37	2	4
在总计中:公有制企业	47	48	7	9
非公有制企业	924	1031	104	164
总计中:集体企业				
股份制企业	899	998	101	161
外商及港澳台投资企业	35	40	9	7
总计中:轻工业	404	428	43	61
重工业	567	651	68	112
总计中:大型企业	20	22	2	3
中型企业	59	56	13	15
小型企业	834	796	90	134
微型企业	58	205	6	21
总计中:国有控股企业	41	42	6	7

（二）

单位：亿元

指标	营业收入		亏损企业亏损额	
	2023 年	比上年（%）	2023 年	比上年（%）
总计	2933.53	7.9	16.00	59.7
总计中：采矿业	35.98	-9.0	0.13	85.7
制造业	2811.47	8.5	14.69	59.3
电力、热力、燃气及水生产和供应业	86.09	-4.2	1.18	61.6
在总计中：公有制企业	558.43	11.3	1.57	130.9
非公有制企业	2375.10	7.1	14.43	54.5
总计中：集体企业	0.00	0.0	0.00	0.0
股份制企业	2517.14	4.2	15.27	80.5
外商及港澳台投资企业	177.42	-1.2	0.48	-67.3
总计中：轻工业	907.80		6.52	56.0
重工业	2025.74	11.8	9.48	62.6
总计中：大型企业	1543.77	25.4	1.82	184.4
中型企业	346.75	19.0	3.69	17.9
小型企业	987.27	-13.7	10.27	74.4
微型企业	55.75	4.6	0.23	-34.3
总计中：国有控股企业	547.60	11.7	1.42	115.2

（三）

单位：亿元

指标	税金总额		利润总额	
	2023 年	比上年（%）	2023 年	比上年（%）
总计	149.45	48.9	160.06	3.5
总计中：采矿业	1.60	44.1	4.60	-4.2
制造业	144.16	48.8	149.25	4.4
电力、热力、燃气及水生产和供应业	3.70	52.9	6.21	-10.6
在总计中：公有制企业	86.37	28.5	13.51	2.6
非公有制企业	63.08	90.1	146.55	3.5
总计中：集体企业	0.00	0.0	0.00	0.0
股份制企业	125.75	46.7	142.68	5.5
外商及港澳台投资企业	6.62	114.9	10.93	39.2
总计中：轻工业	13.00	39.2	69.93	35.7
重工业	136.44	49.8	90.13	-12.6
总计中：大型企业	116.54	49.7	93.59	25.9
中型企业	9.51	60.9	17.79	-0.6
小型企业	22.02	39.2	42.85	-23.8
微型企业	1.38	72.5	5.83	-6.3
总计中：国有控股企业	85.68	27.9	12.92	5.0

（四）

单位:亿元

指标	应交增值税		资产合计	
	2023年	比上年(%)	2023年	比上年(%)
总计	53.87	88.6	2912.81	10.3
总计中:采矿业	0.62	29.2	38.17	20.1
制造业	50.31	92.9	2663.76	10.6
电力、热力、燃气及水生产和供应业	2.94	47.0	210.88	4.6
在总计中:公有制企业	14.51	11.5	420.16	1.6
非公有制企业	39.36	153.1	2492.65	11.9
总计中:集体企业				
股份制企业	45.90	95.5	2613.37	8.8
外商及港澳台投资企业	5.24	124.9	165.57	4.2
总计中:轻工业	9.08	76.3	986.56	11.0
重工业	44.79	91.3	1926.25	9.9
总计中:大型企业	29.10	110.1	1425.69	11.6
中型企业	7.16	70.5	434.00	18.4
小型企业	16.46	64.8	927.39	7.5
微型企业	1.15	125.5	125.73	-6.5
总计中:国有控股企业	13.92	8.1	400.99	1.8

（五）

指标	存货		平均用工人数	
	2023年(亿元)	比上年(%)	2023年(万人)	比上年(%)
总计	334.66	-2.8	14.86	-0.1
总计中:采矿业	1.81	-7.7	0.23	15.0
制造业	329.89	-2.8	14.20	-0.1
电力、热力、燃气及水生产和供应业	2.96	10.0	0.43	-8.5
在总计中:公有制企业	31.83	-14.0	1.47	-20.5
非公有制企业	302.84	-1.4	13.39	2.8
总计中:集体企业				
股份制企业	302.72	-4.1	13.05	-1.4
外商及港澳台投资企业	19.67	-3.8	1.14	10.7
总计中:轻工业	99.39	-11.4	5.90	-5.9
重工业	235.28	1.5	8.96	4.1
总计中:大型企业	183.28	-12.3	5.41	5.7
中型企业	43.49	20.3	3.22	8.4
小型企业	100.19	6.7	5.96	-5.1
微型企业	7.70	49.8	0.27	-47.1
总计中:国有控股企业	30.31	-16.2	1.43	-21.0

表 37　全社会用电量

单位:亿千瓦时

指标	2022 年	2023 年	比同期(%)
全社会用电量	134.45	145.96	8.6
一、全行业用电	112.46	124.83	11.0
第一产业	2.58	2.88	11.6
第二产业	92.02	103.07	12.0
#工业	90.42	101.58	12.3
第三产业	17.87	18.88	5.7
二、城乡居民生活用电	21.99	21.13	-3.9
城镇居民	12.75	11.33	-11.1
乡村居民	9.24	9.80	6.1

表 38　规模以上工业"4211"产业发展情况

产业链名称	2023 年企业个数		2023 年工业总产值	
	全部	本年进规	总量(亿元)	增速(%)
绿色化工	191	25	976.06	0.2
新能源新材料	74	10	653.70	30.1
汽车智能装备	213	24	482.54	38.4
农产品加工业	274	18	406.40	-21.5
建材	238	35	327.39	-7.8
电子信息及其他	53	9	424.91	45.1
产业链名称	2023 年营业收入		2023 年利润总额	
	总量(亿元)	增速(%)	总量(亿元)	增速(%)
绿色化工	957.63	2.9	36.41	-3.4
新能源新材料	695.94	25.6	60.79	43.1
汽车智能装备	454.48	40.9	19.96	2.7
农产品加工业	365.73	-20.0	17.24	-22.9
建材	310.74	-1.6	22.86	-20.6
电子信息及其他	461.07	38.7	46.03	95.5

表39 县市区规模以上工业企业主要经济指标

(一)

单位:个

地区	企业单位数		#亏损单位数	
	2022年	2023年	2022年	2023年
全市合计	971	1079	111	173
沙洋县	165	180	16	19
钟祥市	233	259	20	44
京山市	264	285	12	12
东宝区	128	142	24	42
掇刀区	155	184	37	54
漳河新区	1	2	0	0
屈家岭管理区	25	27	2	2

(二)

地区	增加值增长速度(%)		产品销售率(%)	
	2022年	2023年	2022年	2023年
全市合计	-6.5	10.2	94.88	97.37
沙洋县	-35.1	7.6	93.61	96.63
钟祥市	0.1	5.5	92.15	94.24
京山市	-32.5	5.0	91.72	94.58
东宝区	7.1	6.1	90.96	96.87
掇刀区	21.4	16.3	101.01	99.39
漳河新区				
屈家岭管理区	16.0	5.3	96.39	98.65

(三)

单位:亿元

地区	营业收入		亏损企业亏损额	
	2023年	比上年(%)	2023年	比上年(%)
全市合计	2933.53	7.9	16.00	59.7
沙洋县	214.00	15.2	1.34	59.5
钟祥市	464.07	-13.1	2.65	138.7
京山市	329.01	-19.6	0.35	-65.0
东宝区	332.75	-4.3	3.27	144.0
掇刀区	1569.23	28.7	8.39	50.1
漳河新区	1.27	-5.9	0.00	0.0
屈家岭管理区	23.21	3.4	0.01	-92.9

（四）

单位：亿元

地区	税金总额		利润总额	
	2023 年	比上年（%）	2023 年	比上年（%）
全市合计	149.45	48.9	160.06	3.5
沙洋县	4.24	58.8	9.32	25.3
钟祥市	9.34	4.4	20.65	-26.7
京山市	4.70	1.1	23.45	-31.4
东宝区	6.05	14.8	22.15	-19.4
掇刀区	124.04	58.0	83.48	47.6
漳河新区	0.05	66.7	0.04	-20.0
屈家岭管理区	1.02	229.0	0.96	15.7

（五）

单位：亿元

地区	应交增值税		资产合计	
	2023 年	比上年（%）	2023 年	比上年（%）
全市合计	53.87	88.6	2912.81	10.3
沙洋县	3.39	80.3	191.06	25.5
钟祥市	6.28	27.4	392.50	8.3
京山市	3.19	0.3	351.53	-6.1
东宝区	3.48	21.3	486.79	1.2
掇刀区	36.54	136.8	1461.40	17.6
漳河新区	0.04	33.3	1.70	18.9
屈家岭管理区	0.94	308.7	27.83	2.2

（六）

地区	存货		平均用工人数	
	2023 年（亿元）	比上年（%）	2023 年（万人）	比上年（%）
全市合计	334.66	-2.8	14.9	-0.1
沙洋县	26.04	46.6	1.1	-19.7
钟祥市	52.62	3.3	2.7	-0.4
京山市	26.74	-11.1	2.2	-13.2
东宝区	51.69	-5.1	2.8	-0.4
掇刀区	173.39	-7.2	5.8	12.0
漳河新区	0.20	-4.8	0.01	0.0
屈家岭管理区	3.98	5.6	0.2	5.6

表 40　建筑业企业生产情况

指标	2022 年	2023 年	比同期(%)
一、企业个数(个)	195	218	11.8
二、建筑业总产值(亿元)	187.15	198.12	5.9
1. 建筑工程产值	156.51	166.05	6.1
2. 安装工程产值	20.78	21.73	4.6
3. 其他产值	9.86	10.33	4.8
三、劳动人员情况(人)			
从业人员期末人数	43483	49075	12.9

表 41　县市区建筑业总产值

单位:亿元

地区	2022 年	2023 年	比同期(%)
全市合计	187.15	198.12	5.9
沙洋县	11.10	11.89	7.1
钟祥市	31.22	32.47	4.0
京山市	32.35	34.12	5.5
东宝区	63.66	66.99	5.2
掇刀区	45.28	46.56	2.8
漳河新区	1.67	4.95	195.4
屈家岭管理区	1.86	1.14	-38.6

表 42　社会消费品零售总额

单位:亿元

指标	2022 年	2023 年	比同期(%)
社会消费品零售总额	969.12	1042.13	7.5
#限额以上	359.09	359.58	0.1
按经营地区分			
1. 城镇	694.99	746.11	7.4
#城区	550.99	591.08	7.3
2. 乡村	274.14	296.02	8.0
批发业和零售业销售额	1793.08	1986.48	10.8
批发业	1128.64	1271.45	12.7
零售业	664.44	715.03	7.6
住宿业和餐饮业营业额	155.04	175.16	13.0
住宿业	48.01	52.92	10.2
餐饮业	107.03	122.24	14.2

表 43　限额以上批发零售和住宿餐饮业法人单位数

单位:个

指标	2022 年	2023 年	比同期(%)
全市合计	754	1065	41.2
分行业			
批发业	197	270	37.1
零售业	406	545	34.2
住宿业	52	73	40.4
餐饮业	99	177	78.8
分地区:			
沙洋县	135	199	47.4
钟祥市	142	232	63.4
京山市	206	239	16.0
东宝区	111	160	44.1
掇刀区	126	183	45.2
漳河新区	27	42	55.6
屈家岭管理区	7	10	42.9

表 44　县市区社会消费品零售总额

单位:亿元

地区	2022 年	2023 年	比同期(%)
全市合计	969.12	1042.13	7.5
沙洋县	133.69	143.82	7.6
钟祥市	256.86	271.77	5.8
京山市	169.66	184.03	8.5
东宝区	251.24	271.86	8.2
掇刀区	121.60	131.52	8.2
漳河新区	19.47	21.35	9.6
屈家岭管理区	16.60	17.79	7.2

表 45　交通运输

指标	单位	2022 年	2023 年	比同期(%)
货物运输量	万吨	8911	10671	19.7
公路	万吨	8796	10589	20.4
水路	万吨	115	82	-28.7
货物周转量	万吨千米	1173537	1403484	19.6
公路	万吨千米	1129462	1369310	21.2
水路	万吨千米	44075	34174	-22.5
旅客运输量	万人	653	768	17.6
公路	万人	650	758	16.5
水路	万人	2.76	10.21	269.9
旅客周转量	万人千米	42785	53862	25.9
公路	万人千米	42744	53710	25.7
水路	万人千米	42	152	262.9

表 46　邮政、电信

指标	单位	2022 年	2023 年
一、邮政行业业务总量	亿元	13.10	15.17
函件	万件	20.45	41.52
包裹	万件	0.06	2.74
快递业务总量	万件	18498.10	22869.76
快递出口件	万件	6590.80	8191.53
快递进口件	万件	11907.30	14678.23
报纸累计份数	万份	2996.62	2844.97
杂志累计份数	万份	79.94	75.14
汇票	万笔	0.11	0.14
邮政行业业务总收入	亿元	12.26	13.97
快递业务收入	亿元	6.22	7.38
二、电信业务收入	亿元	19.62	20.05
移动电话年末用户	万户	265.70	265.77
本地固定电话用户	万户	17.55	18.92
城市	万户	10.70	12.16
农村	万户	6.85	6.76
局用电话交换机容量	万门	2.20	2.50
移动电话交换机容量	万户	316.00	413.00
互联网宽带接入用户	万户	118.06	136.87

表 47　规模以上服务业基本情况

指标	单位数（个）	营业收入（亿元）	营业收入比同期（%）
全市合计	221	123.77	17.3
道路运输业	40	29.74	18.2
水上运输业	3	0.50	13.2
航空运输业	2	0.74	9.1
多式联运和运输代理业	1	0.45	-63.0
装卸搬运和仓储业	12	3.58	-10.9
邮政业	3	7.34	12.8
电信、广播电视和卫星传输服务	5	23.54	4.2
互联网和相关服务	2	0.44	-41.7
软件和信息技术服务业	4	0.83	-65.0
物业管理	10	1.29	-33.7
房地产中介服务	1	0.16	-33.4
租赁业	3	2.84	20.8
商务服务业	50	31.58	85.8
专业技术服务业	23	6.86	5.4
科技推广和应用服务业	1	0.00	-100.0
水利管理业	1	0.20	24.4
生态保护和环境治理业	2	1.53	5.7
公共设施管理业	9	3.80	40.5
土地管理业	1	0.04	-83.6
居民服务业	4	0.32	-16.1
其他服务业	4	0.39	0.7
教育	9	1.94	23.1
卫生	12	4.47	2.9
社会工作	4	0.28	-0.5
广播、电视、电影和录音制作业	2	0.17	33.8
文化艺术业	2	0.02	-44.84
体育	2	0.08	-43.66
娱乐业	9	0.65	-49.86

表 48　县市区规模以上服务业营业收入

地区	单位(个)	营业收入(万元)	比同期(%)
全市合计	221	1237732	17.3
沙洋县	22	45522	-2.2
钟祥市	39	208730	148.9
京山市	40	127940	5.0
东宝区	57	503361	4.6
掇刀区	45	317925	16.2
漳河新区	16	27356	-34.7
屈家岭管理区	2	6898	15.6

表 49　县市区规模以上其他营利性服务业营业收入

单位:万元

地区	2023 年	比同期(%)
全市	441620	38.4
沙洋县	22459	7.1
钟祥市	152437	346.9
京山市	34572	6.5
东宝区	123482	4.9
掇刀区	91834	5.5
漳河新区	16836	-37.1
屈家岭管理区		

表50 财政收入情况

单位:亿元

指标	2022年	2023年	比同期(%)
一般公共预算收入	103.17	122.79	19.0
1. 地方税收收入	71.39	84.07	17.8
增值税	19.77	33.57	69.8
企业所得税	10.17	10.50	3.3
个人所得税	2.66	3.29	23.8
资源税	2.52	2.23	-11.2
城市维护建设税	5.88	6.48	10.2
房产税	4.28	5.08	18.5
印花税	1.46	2.01	37.7
城镇土地使用税	3.62	3.46	-4.3
土地增值税	3.88	3.16	-18.6
车船税	1.96	2.01	2.5
耕地占用税	8.25	6.61	-20.0
契税	6.55	5.31	-19.0
环境保护税	0.33	0.31	-7.8
2. 非税收入	31.77	38.71	21.8
专项收入	4.97	5.68	14.3
#教育费附加收入	2.66	2.96	11.2
地方教育附加收入	1.77	1.87	5.9
行政事业性收费收入	5.93	9.26	56.0
罚没收入	5.25	5.78	10.2
国有资本经营收入	0.11	0.05	-58.5
国有资源(资产)有偿使用收入	9.86	13.59	37.7
捐赠收入	0.09	0.56	544.6
政府住房基金收入	4.78	2.93	-38.7
其他收入	0.78	0.88	11.8
政府性基金收入	70.05	71.65	2.3

表 51　财政支出情况

单位:亿元

指标	2022 年	2023 年	比同期(%)
一般公共预算支出	284.06	310.04	9.1
1. 一般公共服务	31.02	33.87	9.2
2. 国防			
3. 公共安全	10.60	10.37	-2.2
4. 教育	36.74	40.20	9.4
5. 科学技术	9.24	10.35	12.1
6. 文化体育与传媒	5.61	6.10	8.8
7. 社会保障和就业	38.77	44.58	15.0
8. 卫生健康	30.67	31.00	1.1
9. 节能环保	7.44	7.96	7.0
10. 城乡社区	22.24	23.30	4.8
11. 农林水	50.04	51.59	3.1
12. 交通运输	11.97	14.60	22.0
13. 资源勘探信息等	5.07	7.72	52.3
14. 商业服务业等	1.88	1.61	-14.4
15. 金融	0.43	0.27	-36.8
16. 援助其他地区	0.01	0.01	43.8
17. 自然资源海洋气象等	3.31	2.98	-9.8
18. 住房保障	8.03	10.33	28.7
19. 粮油物资储备	1.54	1.82	18.0
20. 灾害防治与应急管理	2.36	2.45	3.7
21. 其他支出	0.45	1.97	334.6
22. 债务付息	5.51	5.98	8.6
23. 债务发行费用支出	0.03	0.03	0.3
政府性基金支出	116.25	109.11	-6.1
科学技术			
文化体育与传媒	0.01	0.01	-56.1
社会保障和就业	1.99	2.14	7.4
节能环保			
城乡社区	60.38	58.64	-2.9
农林水	0.24	0.37	50.6
交通运输	1.96	1.74	-11.2
资源勘探信息等			
金融			
其他支出	44.58	38.26	-14.2
债务付息	7.02	7.88	12.4
债务发行费用	0.06	0.07	20.8

表 52 县市区一般公共预算收入

单位:亿元

地区	2022 年	2023 年	比同期(%)
全市合计	103.17	122.79	19.0
沙洋县	7.52	9.12	21.3
钟祥市	18.78	21.53	14.7
京山市	15.20	18.16	19.4
东宝区	10.70	12.87	20.2
掇刀区	15.91	23.21	45.9
漳河新区	6.07	5.68	-6.4
屈家岭管理区	0.57	0.88	52.3
市直	28.42	31.34	10.3

表 53 县市区一般公共预算支出

单位:亿元

地区	2022 年	2023 年	比同期(%)
全市合计	284.06	310.04	9.1
沙洋县	40.97	51.15	24.9
钟祥市	69.98	71.39	2.0
京山市	50.62	54.24	7.2
东宝区	24.62	27.61	12.1
掇刀区	24.27	26.67	9.9
漳河新区	6.42	7.07	10.0
屈家岭管理区	4.68	5.05	8.0
市直	62.50	66.85	7.0

表 54　金融机构本外币信贷收支情况

单位:亿元

指标	2022 年	2023 年
各项存款	2990.98	3318.76
一、境内存款	2989.25	3317.28
(一)住户存款	2251.16	2573.35
1. 活期存款	583.48	582.62
2. 定期及其他存款	1667.68	1990.73
(二)非金融企业存款	404.85	417.52
1. 活期存款	234.25	216.10
2. 定期及其他存款	170.61	201.42
(三)机关团体存款	303.09	295.50
(四)财政性存款	29.88	30.08
(五)非银行业金融机构存款	0.26	0.83
二、境外存款	1.73	1.47
各项贷款	1734.09	1956.04
一、境内贷款	1732.43	1954.69
(一)住户贷款	493.96	561.41
1. 短期贷款	149.98	184.16
(1)消费贷款	30.94	34.89
(2)经营贷款	119.03	149.27
2. 中长期贷款	343.98	377.25
(1)消费贷款	281.34	284.85
(2)经营贷款	62.64	92.40
(二)非金融企业及机关团体贷款	1238.47	1393.28
1. 短期贷款	276.30	328.37
2. 中长期贷款	832.46	956.81
3. 票据融资	128.95	107.33
4. 融资租赁		
5. 各项垫款	0.77	0.77
(三)非银行业金融机构贷款		
二、境外贷款	1.65	1.35

表 55 保险

单位:亿元

指标	2022 年	2023 年	比同期(%)
原保费收入	74.36	81.77	10.0
财产险公司	22.64	24.90	10.0
人身险公司	51.72	56.88	10.0
赔款及给付	23.35	28.31	21.2
财产险公司	13.22	16.28	23.2
人身险公司	10.13	12.02	18.7

表 56 县市区原保费收入

单位:亿元

地 区	2022 年	2023 年	比同期(%)
沙洋县	55491	55973	0.9
财产险公司	27795	27425	-1.3
人身险公司	27696	28547	3.1
钟祥市	117279	124441	6.1
财产险公司	61057	67516	10.6
人身险公司	56222	56925	1.3
京山市	87078	91693	5.3
财产险公司	35115	37235	6.0
人身险公司	51964	54458	4.8
东宝区	247824	296373	19.6
财产险公司	78048	88789	13.8
人身险公司	169776	196583	15.8
掇刀区	203864	248114	21.7
财产险公司	26435	15878	-39.9
人身险公司	211189	232236	10.0
屈家岭管理区	1021	1135	11.2
财产险公司	1021	1135	11.2
人身险公司			

注:东宝区含漳河新区。

表57　各类学校基本情况

指标	2022 年	2023 年
学校数(所)	678	674
1. 大学	2	2
2. 中职教育	12	12
3. 普通中学	130	132
初中	103	104
高中	27	28
4. 小学	188	186
5. 特殊学校	4	4
6. 幼儿园	342	338
在校学生数(人)	357082	352989
1. 大学	28622	28424
2. 中职教育	20802	20606
3. 普通中学	106249	109696
初中	67447	69454
高中	38802	40242
4. 小学	136818	137527
5. 特殊学校	397	391
6. 幼儿园	64194	56345
毕业生数(人)	93809	97230
1. 大学	7728	8421
2. 中职教育	6469	6794
3. 普通中学	33564	34208

续表 57

指标	2022 年	2023 年
初中	21058	21410
高中	12506	12798
4. 小学	23101	23479
5. 特殊学校	50	65
6. 幼儿园	22897	24263
教职工数(人)	30861	30272
1. 大学	1519	1615
2. 中职教育	1597	1708
3. 普通中学	11828	11905
初中	7962	7871
高中	3866	4034
4. 小学	8592	8147
5. 特殊学校	135	146
6. 幼儿园	7190	6751
专任教师数(人)	24576	24325
1. 大学	1050	1141
2. 中职教育	1336	1431
3. 普通中学	10300	10446
初中	7059	7049
高中	3241	3397
4. 小学	8048	7658
5. 特殊学校	127	131
6. 幼儿园	3715	3518

表 58　规上高新技术产业发展情况

指标	单位	2022 年	2023 年
高新技术产业增加值	亿元	415.90	442.95
其中:制造业	亿元	398.50	422.91
建筑业	亿元	15.80	2.15
服务业	亿元	1.60	17.89
高新制造业总产值	亿元	1814.83	1969.89

注:从 2019 年起,湖北省高新技术产业实施新的统计方案,统计口径调整为“高新技术企业＋符合国家统计局战略性新兴产业、高技术产业(制造业)、高技术产业(服务业)、知识产权(专利)密集型产业分类标准的企业”。

表 59　城镇居民收入与消费

指标	单位	2022 年	2023 年
调查样本	个	310	
平均每户家庭人口数	人	3.1	
城镇居民人均可支配收入	元	41273	43543
平均每人每年消费性支出	元	27785	
1. 食品类消费	元	8566	
2. 衣着类消费	元	2736	
3. 生活用品及服务	元	1864	
4. 医疗保健	元	2201	
5. 交通和通信	元	2917	
6. 娱乐教育文化服务	元	3441	
7. 居住	元	4986	
8. 其他商品和服务	元	1074	

表60 农村家庭基本情况与人均各项支出

指 标	单位	2022 年	2023 年
调查样本	个	340	
平均每户常住人口	人		
平均每户整半劳动力	人		
平均每户经营耕地面积	亩		
平均每人年末使用房屋面积	平方米	44.91	
平均每人年可支配收入	元	23952	25772
平均每人支出合计	元		
#家庭经营费用支出	元	9226	
购置生产性固定资产支出	元	1297	
税费支出	元	2	
生活消费支出	元	15389	
1. 食品类消费	元	5255	
2. 衣着类消费	元	1182	
3. 生活用品及服务	元	1298	
4. 医疗保健	元	1206	
5. 交通和通信	元	1559	
6. 娱乐教育文化服务	元	1689	
7. 居住	元	2664	
8. 其他商品和服务	元	536	

表61 县市区城镇常住居民人均可支配收入

单位:元

地区	2022 年	2023 年	比同期(%)
全市	41273	43543	5.5
沙洋县	39570	41746	5.5
钟祥市	40328	42465	5.3
京山市	40080	42284	5.5
东宝区	44819	47329	5.6
掇刀区	44819	47329	5.6

表62 县市区农村常住居民人均可支配收入

单位:元

地区	2022 年	2023 年	比同期(%)
全市	23952	25772	7.6
沙洋县	24364	26191	7.5
钟祥市	24611	26481	7.6
京山市	23941	25713	7.4
东宝区	25071	27027	7.8
掇刀区	25028	27030	8.0

索　　引

K

L

M

N

Q

R

S

图书在版编目（CIP）数据

荆门年鉴. 2024 / 荆门市史志研究中心编. -- 北京 : 方志出版社, 2024. 11. -- ISBN 978-7-5144-6492-4

Ⅰ. Z526.33

中国国家版本馆 CIP 数据核字第 2024MS9145 号

责任编辑：张健
责任校对：张玉霞
责任印制：梅中英
出 版 者：方志出版社
地　　址：北京市朝阳区潘家园东里 9 号（国家方志馆 4 层）
邮　　编：100021
网　　址：http://www.zgfzcb.cn
发　　行：方志出版社图书营销中心（010-67110500）
印　　刷：荆州市精彩印刷有限公司
开　　本：889 毫米×1194 毫米　1/16
印　　张：27.5
字　　数：993 千字
版　　次：2024 年 11 月第 1 版
印　　次：2024 年 11 月第 1 次印刷
定　　价：218.00 元